Abbruch der Zahlungsströme als Mittel zur Bekämpfung unerlaubter Internetglücksspiele

SCHRIFTENREIHE ZUR GLÜCKSSPIELFORSCHUNG

Herausgegeben von Tilman Becker

Band 11

Christina Brugger

Abbruch der Zahlungsströme als Mittel zur Bekämpfung unerlaubter Internetglücksspiele

Bibliografische Information der Deutschen Nationalbibliothek
Die Deutsche Nationalbibliothek verzeichnet diese Publikation in der Deutschen Nationalbibliografie; detaillierte bibliografische Daten sind im Internet über http://dnb.d-nb.de abrufbar.

Zugl.: Konstanz, Univ., Diss., 2012

D 352
ISSN 1861-759X
ISBN 978-3-631-62830-0

PL Academic Research ist ein Imprint der Peter Lang GmbH

www.peterlang.de

Vorwort

Die vorliegende Arbeit wurde im Wintersemester 2011/2012 vom Fachbereich Rechtswissenschaft der Universität Konstanz als Dissertation angenommen.

Viele Menschen haben mich dabei unterstützt und leider kann ich nur einen Teil hier namentlich nennen:

Besonders danke ich meinem Doktorvater Herrn Prof. Dr. Jörg Ennuschat, der mich nicht nur bei der Anfertigung meiner Dissertation, sondern auch während der Arbeit an seinem Lehrstuhl stets hilfreich begleitet hat. Die Untersuchung ist aus einem Forschungsprojekt am Lehrstuhl hervorgegangen, das die Staatliche Lotterieverwaltung in Bayern gefördert hat.

Danken möchte ich auch dem Zweitgutachter, Herrn Prof. Dr. Daniel Thym, LL.M., für die zügige und umsichtige Anfertigung des Zweitgutachtens.
Für die Gewährung eines Promotionsstipendiums geht mein Dank an den Gleichstellungsrat der Universität Konstanz, für einen Forschungszuschuss an Lotto Sachsen-Anhalt. Der Löwen Entertainment GmbH, Bingen, bin ich ebenso wie der Sparkasse Pfullendorf-Meßkirch und ihrem früheren Vorstandsvorsitzenden Hermann Stengele für den großzügigen Druckkostenzuschuss zu Dank verpflichtet.

Weiter möchte ich Bernd Schwab für den wertvollen Praxiseinblick und meinen Lehrstuhlkollegen Stephanie Klestil, Jan Leven und Dr. Ruth Christina Siegel für ihre Hilfseinsätze danken.

Danke sagen möchte ich meiner Familie, insbesondere Josefine Seifert, und meinem Lebensgefährten Christoph Conrad für die jahrelange Unterstützung und Geduld. In großer Dankbarkeit widme ich diese Arbeit den zwei wunderbarsten Menschen in meinem Leben, meinen Eltern.

Zürich, im September 2012

Inhaltsverzeichnis

Abkürzungsverzeichnis

a.A.	andere(r) Ansicht
ABl.	Amtsblatt
Abs.	Absatz
AcP	Archiv für die civilistische Praxis (Zeitschrift)
a.E.	am Ende
a.F.	alte Fassung
AEUV	Vertrag über die Arbeitsweise der Europäischen Union
AfP	Archiv für Presserecht (Zeitschrift)
AG	Amtsgericht
Anh.	Anhang
Anm.	Anmerkung
Art.	Artikel
Aufl.	Auflage
BayObLG	Bayerisches Oberstes Landesgericht
BayVBl.	Bayerische Verwaltungsblätter (Zeitschrift)
Bbg.	Brandenburg
Bd.	Band
BGB	Bürgerliches Gesetzbuch
BGBl.	Bundesgesetzblatt
BGH	Bundesgerichtshof
BGHSt	Entscheidungen des Bundesgerichtshofs in Strafsachen
BKR	Zeitschrift für Bank- und Kapitalmarktrecht
BReg	Bundesregierung
BT	(Deutscher) Bundestag
BT-Drs.	Drucksache(n) des Deutschen Bundestages
BVerfG	Bundesverfassungsgericht
BVerfGE	Entscheidungen des Bundesverfassungsgerichtes
BVerwG	Bundesverwaltungsgericht
B-W	Baden-Württemberg
bzw.	beziehungsweise
CR	Computer und Recht (Zeitschrift)
c't	Magazin für Computertechnik (Zeitschrift)
DDR	Deutsche Demokratische Republik

ders.	derselbe
d.h.	das heißt
DÖV	Die öffentliche Verwaltung
DRiZ	Deutsche Richterzeitung (Zeitschrift)
DStR	Deutsches Steuerrecht (Zeitschrift)
DVBl.	Deutsches Verwaltungsblatt (Zeitschrift)
ebd.	ebenda
EG	Europäische Gemeinschaften
EGV	Vertrag zur Gründung der Europäischen Gemeinschaft
ELR	European Law Reporter (Zeitschrift)
endg.	endgültig
entspr.	entsprechend
ERA Forum	Zeitschrift der Europäischen Rechtsakademie
Erg.-L.	Ergänzungslieferung
etc.	et cetera
EU	Europäische Union
EuR	Europarecht (Zeitschrift)
EuGH	Europäischer Gerichtshof
EuZW	Europäische Zeitschrift für Wirtschaftsrecht (Zeitschrift)
EWG	Europäische Wirtschaftsgemeinschaft
EWS	Europäisches Wirtschafts- und Steuerrecht (Zeitschrift)
ex	ehemaliger
f.	(und) folgende (Seite/Norm/Randnummer)
ff.	(und) folgende (Seiten/Normen/Randnummern)
Fn.	Fußnote(n)
FS	Festschrift
GA	Goltdammer's Archiv für Strafrecht (Zeitschrift)
GA (+ Eigenname)	Generalanwalt/anwältin
GATS	General Agreement on Trade in Services
GBl.	Gesetzblatt
geänd.	geändert(e)
GewArch	Gewerbearchiv (Zeitschrift)
GewO	Gewerbeordnung
GG	Grundgesetz
ggü.	gegenüber
GlüÄndStV(-E)	Glücksspieländerungsstaatsvertrag(sentwurf)
GlüSpG-E	Entwurf eines Glücksspielgesetzes für das Land Schleswig-Holstein
GlüStV(E)	Glücksspielstaatsvertrag(sentwurf)

GRUR (-Beil.)	Gewerblicher Rechtsschutz und Urheberrecht (-Beilage) (Zeitschrift)
GRUR Int.	Gewerblicher Rechtsschutz und Urheberecht – Internationaler Teil (Zeitschrift)
GS	Gedächtnisschrift
HB	Handbuch
HbgVerfG	Hamburgisches Verfassungsgericht
HK	Handkommentar
h.M.	herrschende Meinung
Hrsg.	Herausgeber
http(s)	Hypertext Transfer Protocol (Secure)
i.d.F.	in der Fassung
IT	Informationstechnik
i.V.m.	in Verbindung mit
JA	Juristische Arbeitsblätter (Zeitschrift)
JR	Juristische Rundschau (Zeitschrift)
JURA	Juristische Ausbildung (Zeitschrift)
JurPC	Zeitschrift für Rechtsinformatik (Onlinezeitschrift)
JuS	Juristische Schulung (Zeitschrift)
JZ	Juristenzeitung (Zeitschrift)
Kap.	Kapitel
KG	Kammergericht
Komm.	(EU-)Kommission
KWG	Gesetz über das Kreditwesen
K&R	Kommunikation und Recht (Zeitschrift)
krit.	kritisch
LG	Landgericht
lit.	Litera
LottStV	Lotteriestaatsvertrag
Ls.	Leitsatz
LT-Drs.	Landtagsdrucksachen
Mio.	Million(en)
MMR	Multimedia und Recht (Zeitschrift)
m.w.N.	mit weiteren Nachweisen
m.V.a.	mit Verweis auf
NDR	Norddeutscher Rundfunk
NJW	Neue Juristische Wochenschrift (Zeitschrift)
No.	Number (Nummer)
Nr.	Nummer
NStZ	Neue Zeitschrift für Strafrecht

NVwZ	Neue Zeitschrift für Verwaltungsrecht
NWVBl.	Nordrhein-Westfälische Verwaltungsblätter (Zeitschrift)
ÖJZ	Österreichische Juristenzeitung (Zeitschrift)
OLG	Oberlandesgericht
pdf	Portable Dokument Format
RennwLottG	Rennwett- und Lotteriegesetz
RennwLottG AB	Ausführungsbestimmungen zum Rennwett- und Lotteriegesetz
RFStV	Rundfunkstaatsvertrag
RGSt	Entscheidungen des Reichsgerichts in Strafsachen
RIW	Recht der internationalen Wirtschaft (Zeitschrift)
RL	Richtlinie
Rn.	Randnummer
Rs.	Rechtssache
S.	Seite
SächsVBl.	Sächsische Verwaltungsblätter (Zeitschrift)
S-H	Schleswig-Holstein
Slg.	Sammlung
SlgLottVO-DDR	Sammlungs- und Lotterieverordnung der Deutschen Demokratischen Republik
SpuRT	Zeitschrift für Sport und Recht
StPO	Strafprozessordnung
StIGHE	Entscheidungen des Ständigen Internationalen Gerichtshofs
StV	Staatsvertrag
TRIPS	Agreement on Trade-Related Aspects of Intellectual Property Rights
u.a.	und andere; unter anderem
UIGEA	Unlawful Internet Gambling Enforcement Act
Urt.	Urteil
usw.	und so weiter
UWG	Gesetz gegen den unlauteren Wettbewerb
verb.	verbunden(e)
vgl.	vergleiche
VO	Verordnung(en)
Vol.	Volume (Band)
vs.	versus
VwGO	Verwaltungsgerichtsordnung
VwZG	Verwaltungszustellungsgesetz
VwVfG	Verwaltungsverfahrensgesetz
VwVG	Verwaltungsvollstreckungsgesetz

Vorbem.	Vorbemerkung(en)
wistra	Zeitschrift für Wirtschafts- und Steuerstrafrecht
WM	Wertpapier-Mitteilungen (Zeitschrift)
WRP	Wettbewerb in Recht und Praxis (Zeitschrift)
www	World Wide Web
ZaöRV	Zeitschrift für ausländisches Recht und Völkerrecht
z.B.	zum Beispiel
ZBB	Zeitschrift für Bankrecht und Bankwirtschaft
ZEuS	Zeitschrift für Europarechtliche Studien
ZfBR	Zeitschrift für deutsches und internationales Bau- und Vergaberecht
ZfWG	Zeitschrift für Wett- und Glücksspielrecht
zit:	zitiert (als):
ZRP	Zeitschrift für Rechtspolitik
ZStR	Schweizerische Zeitschrift für Strafrecht
ZStW	Zeitschrift für die gesamte Strafrechtswissenschaft
z.T.	zum Teil
ZUM	Zeitschrift für Urheber- und Medienrecht
zust.	zustimmend (e/er/en)
ZVglRWiss	Zeitschrift für Vergleichende Rechtswissenschaft

Einführung

Kaum eine juristische Materie ist einem so rasanten Wandel unterworfen wie das Glücksspielrecht. Stets am Puls der Zeit zu sein – darin liegt sein Reiz, aber zugleich auch seine größte Herausforderung.

Die vorliegende Arbeit hat den Glücksspielstaatsvertrag 2008 zum Gegenstand. Die Druckfassung kann aber an den wichtigsten Stellen die Neuentwicklungen unter dem Glücksspieländerungsstaatsvertrag, seinem Entwurf und dem – zwischenzeitlich aufgegebenen – Sonderweg Schleswig-Holsteins als Fußnoten und Textergänzungen berücksichtigen.

A. Fragestellungen der Arbeit

… „kein Markt wie jeder andere"

Onlineglücksspiele erfreuen sich weltweit großer Beliebtheit. Im Laufe nur weniger Jahre hat sich eine milliardenschwere Wirtschaftsbranche entwickelt.[1]

Auf dem Markt finden sich, vor allem seit Deutschland 2008 sein legales, staatliches Angebot vorübergehend[2] einstellt, auch unseriöse, meist aus dem Ausland operierende Unternehmen, die Glücksspiele zur Begehung von Betrugsstraftaten und als Plattform für Geldwäscheaktivitäten nutzen.

Generell können Onlineglücksspiele ein erhebliches Gefahrenpotential bergen. Gerade Minderjährige und labile Personen laufen Gefahr, sich von dem schillernden Angebot und der Aussicht auf hohe Geldgewinne blenden zu lassen. Für die Risiken besteht bei den Spielbegeisterten hingegen oft kein Bewusstsein. Dabei kann exzessives Spiel zu einem Abdriften in die Abhängigkeit mitsamt

---

1 Zu den steigenden Umsätzen im – nach Rechtslage unter dem GlüStV 2008 in Deutschland – unerlaubten Onlineglücksspielsektor: *Wissenschaftl. Forum Glücksspiel*, ZfWG 2010, 305; Goldmedia Studie 2010, Glücksspielmarkt Deutschland 2015 – Situation des Glücksspielmarktes in Deutschland, Key Facts/Executive Summary, Stand: 19.04.2010, S. 9.

2 Zur Marktöffnung durch den neuen Glücksspieländerungsstaatsvertrag (GlüÄndStV 2012), der am 01. Juli 2012 in Kraft getreten ist, unter Teil 1 E. V. Die finale Fassung, der Vertragsentwurf sowie die Erläuterungen sind abrufbar unter: www.gluestv.de/Gesetzesdatenbank/Staatsvertraege/Erster-Glueckspielaenderungsstaatsvertrag; zul. aufgerufen am 10.09.2012.

ihrer Begleiterscheinungen führen, beispielsweise zu einem Verlust sozialer Kontakte und Verschuldung.[3]

… grenzenloses Surfen

Das deutsche Recht enthält scheinbar klare Verbotsnormen: Nach § 284 StGB ist die Veranstaltung von Glücksspielen ohne Erlaubnis verboten – und über eine Genehmigung nach deutschem Recht verfügt ein ausländischer Anbieter nicht. Im Verwaltungsrecht versperrt das derzeit noch geltende Lotterie- und Wettmonopol anderen Marktteilnehmern den Zugang zu einer Genehmigung. Gemäß §§ 4 Abs. 4, 2 Abs. 2 GlüStV 2008 sind Internetglücksspiele im Lotterie-, Wett- und Spielbankensektor in Deutschland untersagt.[4]

Die Schwierigkeit liegt aber in der „Natur" des Internets: Es macht nicht an den Staatsgrenzen halt, das deutsche Straf- und Ordnungsrecht hingegen grundsätzlich schon. Wie aber geht es damit um, dass eine ausländische Onlinedienstleistung ihre Wirkungen im Inland entfaltet?

Die strikten Regelungen des sog. Internationalen Strafrechts in § 9 Abs. 1 StGB zur Anwendbarkeit deutschen Strafrechts auf einen grenzüberschreitenden Sachverhalt eignen sich nur eingeschränkt, um ein ausländisches Onlineglücksspiel als Delikt nach § 284 StGB zu erfassen. Lediglich mittels argumentativer Hilfsgriffe lässt sich ein inländischer „Handlungs- oder Erfolgsort" bejahen. Das Verwaltungsrecht mag hier flexibler sein.

Doch was in beiden Fällen bestehen bleibt, ist das Problem der Rechtsdurchsetzung. Eine Auseinandersetzung mit diesem können sich die staatlichen Verantwortungsträger in Deutschland nicht entziehen, um ihrer Schutzverpflichtung den Bürgern gegenüber nachzukommen.

Greift nationales Recht aber unberechtigt in ausländische Sachverhalte ein, so kann eine Missachtung des völkerrechtlichen Grundsatzes der Nichteinmischung zu schweren zwischenstaatlichen Konflikten führen. Diese Situation ist keineswegs eine hypothetische, die nur in der völkerrechtlichen Literatur eine Rolle spielt. Das rigorose Vorgehen eines Staates gegen ausländische Onlineglücksspiele kann zu jahrelangen internationalen Handelsstreitigkeiten führen. Dies zeigt das WTO-Verfahren *US-Gambling* zwischen den USA und dem kleinen Ka-

---

3 Zum Gefährdungspotential von Onlineglücksspielen: *Hayer/Bachmann/Meyer*, Wiener Zeitschrift für Suchtforschung (WZS) 2005, Nr. 1/2, 29 (32 ff.).

4 Nach § 10 a GlüÄndStV 2012 wird das Verbot privater Sportwettangebote nach § 10 Abs. 6 GlüÄndStV 2012 im Rahmen einer Experimentierklausel suspendiert. Für Onlinesportwetten greift § 10 a Abs. 4 GlüÄndStV 2012.

ribikstaat Antigua und Barbuda, der ein beliebter Niederlassungsort für Onlineanbieter ist.

… die Grundformel: Glücksspiel = Spiel um Geld

Die rechtlichen und praktischen Schwierigkeiten, die ein direktes Vorgehen gegen die Onlineanbieter mit sich bringt, gilt es zu vermeiden. Daher richtet sich seit einigen Jahren der Fokus darauf, unerlaubte Handlungen im Internet mittels eines Ansatzes an der Infrastruktur zu bekämpfen. Bislang stehen die Datenwege im Fokus: In Deutschland ansässige Internetprovider werden durch Ordnungsverfügung zur Sperrung von Onlineseiten verpflichtet.[5]

Eine in den USA entwickelte Strategie baut auf dem Kernelement des Glücksspielbegriffs auf: Glücksspiel = Spiel um Geld. Ein für Spieler wie Veranstalter attraktives Angebot setzt einen reibungslosen Geldfluss voraus. Mit dem Ziel, diesen zu unterbrechen, schnüren die USA auf Grundlage des Unlawful Internet Gambling Enforcement Act (UIGEA) ein umfassendes Maßnahmenpaket, in dessen Zentrum die Kreditkarten als wirtschaftlich bedeutendstes Online-Zahlungsverfahren stehen.[6]

Dabei macht sich der US-Normgeber eine Besonderheit zunutze: Kreditkartenzahlungen sind bislang das einzige Verfahren, bei dem es mit Hilfe einer speziellen Codierung, dem sog. Merchant Category Code (MCC), technisch möglich ist, schon während einer laufenden Transaktion Informationen über die Branche des Zahlungsempfängers zu erhalten. Im Mittelpunkt des UIGEA steht die an die Zahlungsunternehmen gerichtete Verpflichtung, den Geldfluss für Onlineglücksspiele zu sperren. So einfach diese knapp beschriebene Strategie klingt, so umstritten ist sie und sie führt zu teils heftigen Konfrontationen zwischen Gesetzgeber und Bankenbranche. Denn jede staatliche Einflussnahme auf das hocharbeitsteilige und komplexe Kreditkartensystem bedeutet einen erheblichen Eingriff in das privatwirtschaftliche Handeln der betroffenen Unternehmen.

Auch deckt die Maßnahme nicht alle Zahlungsformen ab und ist zudem anfällig für Manipulationen. Um ein Ausweichen der Glücksspielanbieter und -nutzer auf andere Verfahren zu vermeiden, wird das Regelwerk daher um Vorgaben ergänzt, die eine kontinuierliche und sorgfältige Kontrolle der Vertragsbe-

---

5 Siehe hierzu beispielsweise: *Ennuschat*, in: Becker, Glücksspiel im Internet, 2011, S. 51; *Steegmann*, Basisinfrastruktur, 2010, S. 124 ff.; *ders.*, in: Becker, Glücksspiel im Internet, 2011, S. 69; aus datenschutzrechtlicher Sicht: *Klingbeil*, in: Becker, Glücksspiel im Internet, 2011, S. 35.

6 *Katko*, MMR 2007, 278.

ziehungen der beteiligten Dienstleister untereinander sowie zu den Glücksspielanbietern gewährleisten sollen.

Der deutsche Gesetzgeber nimmt die Chance wahr, von den Erfahrungen der US-Behörden zu profitieren und schafft erstmals mit § 9 Abs. 1 S.3 Nr.4 GlüStV 2008 die rechtliche Grundlage für Eingriffe in die Zahlungswege unerlaubter Glücksspiele. Danach kann die zuständige Behörde des jeweiligen Landes im Einzelfall „*Kredit- und Finanzdienstleistungsinstituten die Mitwirkung an Zahlungen für unerlaubtes Glücksspiel und an Auszahlungen aus unerlaubtem Glücksspiel untersagen*".[7]

Eine Umsetzung in die Praxis erfolgt bislang nicht, wenngleich die Bezirksregierung Düsseldorf erste Konzepte erarbeitet.[8] Auch das Schrifttum befasst sich nur vereinzelt mit der Thematik.[9] Umso spannender ist die Frage, wie eine solche aussehen könnte. Und: Erlaubt die knappe deutsche Ermächtigungsnorm überhaupt eine verlässliche Unterbindung des Zahlungsflusses für unerlaubte Onlineglückspiele?

Maßstab und zugleich Grenze für die Entwicklung eines „deutschen UIGEA" ist dabei der Wortlaut der Ermächtigungsgrundlage. Hierin, das sei für die Lektüre der Arbeit vorausgeschickt, bedürfen insbesondere die Bestimmung und die Auswahl der Mitwirkungspflichtigen einer eingehenden Klärung.

... Idee mit Zukunft

Derzeit befindet sich das deutsche Glücksspielwesen erneut in einer Umbruchsphase. Mit seinen strikten Vorgaben für Lotterien und Sportwetten, die der Gesetzgeber als Reaktion auf das *Oddset*-Urteil des Bundesverfassungsgerichts[10] einführt, schießt er über das Ziel hinaus: Im Vergleich mit den erheblich weniger strengen Regelungen für die nicht monopolisierten, aber mindestens ebenso suchtgefährlichen Glücksspielbereiche, erkennt der EuGH in der Rechtssache *Carmen Media Group Ltd.*[11] eine deutliche Schieflage. Auch einige deutsche Gerichte,[12] darunter das BVerwG,[13] sehen erhebliche Reibungsflächen zwischen der unterschiedlichen Regulierung der einzelnen Glücksspielformen.

---

7 Die Vorschrift fand mit Modifikationen an derselben Stelle Eingang in den GlüÄndStV 2012.

8 *Büssow/v. Schmeling*, ZfWG 2010, 239 (249).

9 *Ennuschat*, in: BeckOK-GewO, Stand: 01.07.2011, § 33 h Rn. 32; *Steegmann*, Basisinfrastruktur, 2010, S. 207; *Rock/Seifert*, ZBB 2008, 259; 2009, 377.

10 BVerfG 2006, 16.

11 EuGH, Rs. C-46/08 – *Carmen Media Group Ltd.*, ZfWG 2010, 344.

12 Vgl. etwa BayVGH, ZfWG 2011, 197 (200); OVG NRW, ZfWG 2011, 204 (208); VGH Kassel, Urteil vom 16.08.2011 – 8 B 926/10, Rn. 16 (juris).

Trotz der derzeitigen Unstimmigkeiten zwischen den Ländern stehen zwei Eckpunkte einer Neuregelung des Glücksspielmarktes ab 2012 fest: Erstens wird der Sportwettenmarkt einer kontrollierten Liberalisierung unterzogen, während das Lotteriemonopol in seiner bisherigen Form beibehalten wird. Zweitens ist eine partielle „Wiedereröffnung" der Internetsparte geplant.

Auch in diesem Fall verliert eine ordnungsrechtliche Strategie auf Basis der Ermächtigungsnorm nach § 9 Abs. 1 S. 3 Nr. 4 GlüStV 2008 allerdings nichts von ihrer Bedeutung. Denn weiterhin wird es illegale Internetangebote in beträchtlichem Umfang geben. Dies gilt etwa für das Segment des Onlinepokers, das auch nach dem GlüÄndStV 2012 von einer Liberalisierung ausgenommen bleibt.[14]

Der Staat hat nicht nur ein reges Interesse, sondern auch eine Schutzpflicht gegenüber seinen Bürgern, ein Glücksspielregime zu schaffen, das strikt zwischen legalen, streng kontrollierten Angeboten einerseits und unerlaubten andererseits trennt. Die Länder haben dies erkannt und eine Nachfolgeregelung für Eingriffe an der Zahlungsinfrastruktur in ihre Entwürfe aufgenommen.

… noch vieles offen

Dem Glückspielrecht als aktueller, anspruchsvoller und vielseitiger Querschnittsmaterie wird derzeit nicht nur von Seiten der Praxis, sondern auch im Schrifttum viel Aufmerksamkeit zuteil.

Die überwiegende Anzahl der glücksspielrechtlichen Abhandlungen legt den Fokus dabei allerdings auf die Frage der Vereinbarkeit der staatlichen Restriktionen mit höherrangigem Recht.[15] Dies gilt insbesondere auch mit Blick auf den Internetsektor sowie die Behandlung ausländischer Onlineangebote.[16] Ebenso lassen die strafrechtlichen Auseinandersetzungen[17] mit der glücksspielrechtlichen Zentralnorm des § 284 StGB auf Sachverhalte mit Auslandsbezug, welche Internetglücksspiele regelmäßig aufweisen, noch Fragen offen.

---

13 So weist das BVerwG in seinem Urteil vom 01.06.2011 – 8 C 5.10, Rn. 41 f. (juris), etwa auf das behördliche Vollzugsdefizit im Rennwettsektor hin.

14 Dazu unter Teil 1 E. V. 3. b).

15 Z.B. *Ennuschat*, NVwZ 2001, 771; *ders.*, in: Gebhardt/Grüsser-Sinopoli, Glücksspiel in Deutschland, 2008, § 12; *Hettich*, Neue Fragen, 2006; *Hüsken*, Staatsaufsicht, 2008; *Korte*, Glücksspielwesen, 2004; *Ibler*, in: FS Götz, 2005, S. 421.

16 Siehe etwa *Klam*, Problematik von Glücksspielen, 2002; *Mintas*, Glücksspiele im Internet, 2009; *Steegmann*, Basisinfrastruktur, 2010.

17 Siehe etwa *Brandl*, Spielleidenschaft und Strafrecht, 2003; *Klam*, Problematik von Glücksspielen, 2002; *Mintas*, Glücksspiele im Internet, 2009; *Thumm*, Strafbarkeit von Internetglücksspielen, 2004; *Hecker/Schmitt*, ZfWG 2006, 59 (Teil 1) u. 301 (Teil 2); *Lesch*, GewArch 2003, 321, *ders.*, wistra 2005, 241; *Mayer*, JR 2004, 447.

In eine Forschungslücke stößt vor allem auch das Kernstück der Abhandlung, die ordnungsrechtliche Strategie zum Abbruch der Zahlungsströme für illegale Glücksspielangebote. So fehlt es trotz seiner erheblichen internationalen rechtspolitischen Brisanz an einer umfangreichen Aufarbeitung des US-Vorbildes, dem *Unlawful Internet Gambling Enforcement Act.*[18]

Nur in Grundzügen setzt sich die deutsche Fachwelt bisher mit den rechtlichen und praktischen Rahmenbedingungen auseinander, um auf Grundlage des § 9 Abs. 1 S. 3 Nr. 4 GlüStV 2008 Zahlungen per Kreditkarte oder durch andere Online-Zahlungsverfahren zu unterbinden.[19]

Eine weitere, große Kluft zwischen rechtlicher Relevanz und wissenschaftlicher Beachtung offenbart sich bei der Behandlung des Verbots von Internetglücksspielen aus welthandelsrechtlicher Sicht. Gerade bei einer in der Zukunft nicht unwahrscheinlichen Harmonisierung des Glücksspielrechts auf EU-Ebene wird das WTO-Recht als internationaler Rechtsrahmen für den Umgang mit außereuropäischen Onlineangeboten einen immensen Bedeutungszuwachs erlangen. Dass damit viele rechtlich ungeklärte, aber politisch brisante Fragen einhergehen, zeigt das Schlichtungsverfahren *US-Gambling.*[20] Diese werden im deutschsprachigen Schrifttum jedoch nur vereinzelt behandelt.[21] Auch eine grundlegende Bearbeitung, die sich dem komplexen Zusammenspiel aus mitgliedsstaatlichem, Unions- und Völkerwirtschaftsrecht widmet, fehlt für den durch zahlreiche Besonderheiten geprägten Dienstleistungssektor „Onlineglücksspiel" vollständig. Erst recht gilt diese Feststellung für Eingriffe in den internationalen Zahlungsverkehr durch die gezielte Blockade von Kreditkartenzahlungen.

Ziel der Arbeit ist es, diese Lücken spürbar zu verkleinern.

B. Aufbau der Untersuchung

Die Arbeit gliedert sich in fünf Kapitel und einen Schlussteil, der die wichtigsten Aussagen knapp zusammenfasst.

---

18 Siehe unten unter: Teil 3 A.

19 Siehe etwa *Ennuschat*, in: BeckOK-GewO, Stand: 01.07.2011, § 33 h Rn. 32; *Steegmann*, Basisinfrastruktur, 2010, S. 207; *Rock/Seifert*, ZBB 2008, 259; 2009, 377. Vgl. auch unter: www.timelaw.de/cms/upload/pdf/BLN_01-2007-dt.pdf zur Diskussion in Forschung und anwaltlicher Praxis über die Umsetzbarkeit der Ermächtigungsnorm; zul. aufgerufen am 10.09.2012.

20 Siehe unten unter: Teil 5 A. I.–III.; ferner *Katko*, MMR 2007, 278.

21 *Ennuschat* in: Dietlein/Hecker/Ruttig, Glücksspielrecht, 2008, Nr. 5 – GATS; *Meng/Lahann*, in: Gebhardt/Gruesser-Sinopoli, Glücksspiel in Deutschland, 2008, § 14; *Steegmann*, Basisinfrastruktur, 2010; *Hüsken*, GewArch 2010, 49.

I. Teil 1: Skizzierung des Rechtsrahmens

Der **erste Teil** behandelt den Rechtsrahmen für Onlineglücksspiele in Deutschland. Hierzu skizziert die Arbeit zuerst die Tatbestandsmerkmale des herrschenden Glücksspielbegriffs (A.), erläutert das in § 4 Abs. 4 GlüStV 2008 enthaltene Kriterium „im Internet" (B.) und benennt die wichtigsten Erscheinungsformen von Onlineglücksspielen (C.). Den größten Teil des Kapitels nimmt die Darstellung des Rechtsrahmens für Internetglücksspiele ein (D.). Dabei widmet sich die Arbeit dem einfach-rechtlichen Rahmen unter dem GlüStV 2008 (D. I.-III.) ebenso wie den deutschen Reformbestrebungen (D. V.) als Reaktion auf die *Carmen-Media*-Entscheidung des EuGH (D. IV.) und der Frage nach einer Vereinbarkeit des Internetverbotes mit höherrangigem Recht (D. VI.).[22]

II. Teil 2: Anwendbarkeit deutschen Straf- und Verwaltungsrechts auf Internetglücksspiele

Der **zweite Teil** beschäftigt sich mit der Anwendbarkeit deutschen Straf- und Verwaltungsrechts auf Internetglücksspiele ausländischer Anbieter, die im Bundesgebiet über keinen Unternehmenssitz verfügen. Nachdem die Arbeit den Grundgehalt des Internationalen Strafrechts skizziert hat (A. I.), widmet sie sich dem bedenklich weiten Handlungsbegriff für ausländische Internetangebote (A. II.) sowie unter dem Stichwort „Erfolgsort" den Auswirkungen im Inland (A. III.). Anschließend werden eine Konzeption zur Überwindung der rechtlichen Schwächen des § 9 StGB bei Internetdelikten dargestellt (A. IV.) und nach einer Zusammenführung der bisherigen Erkenntnisse (A. V.) Ansätze für eine völkerrechtskonforme Einschränkung des deutschen Strafanwendungsanspruchs erörtert (A. VI.). Der Abschnitt schließt mit einem Vorschlag zur Vermeidung von Konflikten mit ausländischen Rechtsordnungen (A. VII.) und der Feststellung einer dringenden Reformbedürftigkeit des deutschen Strafrechts für Internetsachverhalte (A. VIII.). Im Anschluss befasst sich die Arbeit mit der Anwendbarkeit des deutschen Verwaltungs- und speziell Glücksspielrechts auf ausländische Internetglücksspiele (B. I.-III.). Dabei klärt sie, ob im Öffentlichen Recht ein vergleichbares Bedürfnis nach allgemein-verbindlichen Kriterien für eine völkerrechtskonforme Einschränkung der Rechtsanwendung wie im Strafrecht besteht (B. IV.).

---

22 EU-Wettbewerbsrecht findet keine Berücksichtigung. Hierzu näher: *Ennuschat*, in: Gebhardt/Gruesser-Sinopoli, Glücksspiel in Deutschland, 2008, § 12 Rn. 12 ff.; *Braun*, ZEuS 2005, 211 (217 ff.); *Rausch*, GewArch 2001, 102 (110).

III. Teil 3: Der Abbruch der Zahlungsströme

Das Kernstück der Arbeit bildet das **dritte Kapitel**, das sich mit der Unterbindung des Geldtransfers zwischen Spielern und Onlineanbietern beschäftigt. Die deutschen Ordnungsbehörden können auf den Erfahrungsschatz der USA zurückgreifen, wo seit mehreren Jahren Kreditkartentransaktionen für unerlaubte Glücksspiele anhand technischer Details kenntlich gemacht und gesperrt werden. Mit dem *Unlawful Internet Gambling Enforcement Act* (*UIGEA*) und seiner Umsetzungsverordnung erhielt die Bekämpfungsstrategie einen verbindlichen Rechtsrahmen, der auch andere Zahlungsverfahren erfasst (A. I.). Dessen grundlegende Regelungen werden skizziert (A. II.-III.), ehe sich die Untersuchung der im Mittelpunkt der US-Strategie stehenden Codierung und Sperrung von Kartentransaktionen widmet (A. IV.). Schließlich wird auf weitere Zahlungsformen und flankierende Maßnahmen eingegangen (A. V.). Danach wendet sich die Arbeit dem „Black Friday" im Frühjahr 2011 nebst seiner Vorgeschichte zu und zeigt daran die hohe Praxisrelevanz eines behördlichen Vorgehens gegen Zahlungsdienstleister für unerlaubte Onlineglücksspiele in den USA (A. VI.). Der Abschnitt schließt mit einer Zusammenführung und ersten Bewertung der Erkenntnisse (A. VII.).

Mit § 9 Abs. 1 S. 3 Nr. 4 GlüStV 2008 enthält auch das deutsche Recht erstmals eine Ermächtigungsgrundlage, um Kredit- und Finanzdienstleistungsinstituten die Mitwirkung am Ein- und Auszahlungsvorgang für unerlaubtes Glücksspiel zu untersagen.

Für eine zuverlässige Codierung und Sperre bedarf es der Mitwirkung einer großen Anzahl unterschiedlicher Zahlungsunternehmen. Daher bemüht sich die Arbeit, anhand des Gesetzeswortlauts den Kreis möglicher Adressaten abzustecken. Hier offenbaren sich zahlreiche Schwächen der Vorschrift. Der Abschnitt B. I. erörtert diese und schließt mit einem Änderungsvorschlag. Für eine pflichtgemäße Ermessensausübung haben sich die Ordnungsbehörden sodann mit dem Verantwortungsgrad der Betroffenen zu befassen. Da die Auslegung der Norm Unklarheiten zu Tage fördert, endet auch dieser Abschnitt mit einem eigenen Vorschlag zur Ergänzung der Regelung (B. II.). Um Zuständigkeitskonflikte zu vermeiden und eine effektive Rechtsdurchsetzung zu gewährleisten, bietet sich ein koordiniertes, länderübergreifendes Tätigwerden an (B. III.). Eben so wenig wie ein isoliertes Vorgehen eines Bundeslandes anzuraten ist, empfiehlt es sich, die Strategie allein auf Einzelmaßnahmen zu stützen. Vielmehr sollten selbige in einen allgemeinverbindlichen Rechtsrahmen eingebettet werden (B. IV.), der wie das US-Vorbild in den Grenzen der Ermächtigungsnorm eine Reihe weiterer Aspekte regelt (B. V.). Zuletzt geht die Arbeit auf den Entwurf des Glücksspieländerungsstaatsvertrags und den Sonderweg Schleswig-Holsteins ein (B. VI.-VII.). Dieser Abschnitt ist für die Druckfassung um die zwischenzeitlichen Entwicklungen einschließlich dem Inkrafttreten des GlüÄndStV am 01. Juli 2012 ergänzt (B. VIII.).

IV. Teil 4: Vereinbarkeit der Ermächtigungsnorm für Zahlungssperren mit Verfassungs- und Unionsrecht

Im **vierten Teil** knüpft die Arbeit unmittelbar an das vorangegangene Kapitel an und untersucht den im dritten Kapitel vorgestellten Ansatz an den Zahlungsströmen auf seine Vereinbarkeit mit Verfassungs- und Unionsrecht. In einem ersten Schritt werden die verfassungs- (A. I.) und europarechtlichen Gewährleistungen (A. II.) skizziert. Ein Schwerpunkt liegt auf der Anwendbarkeit der Kapital- und Zahlungsverkehrs- in Abgrenzung zur Dienstleistungsfreiheit auf die Adressaten des § 9 Abs. 1 S. 3 Nr. 4 GlüStV 2008. Nach einer knappen Beschäftigung mit dem Eingriffs- bzw. Beschränkungskriterium (B) widmet sich die Arbeit der Rechtfertigungsebene (C). Auf eine Festlegung des anzulegenden Maßstabs (C I.-II.) folgt eine für das Verfassungs- und Unionsrecht parallel angelegte Verhältnismäßigkeitsprüfung (C III.).

V. Teil 5: Die welthandelsrechtliche Perspektive

Das **fünfte Kapitel** befasst sich schließlich mit der welthandelsrechtlichen Perspektive. In diesem Rahmen erfolgt anhand des Schlichtungsverfahrens *US-Gambling* eine Darstellung der komplexen Streitbeilegungsmechanismen sowie der auf Internetglücksspiele anwendbaren Vorgaben des WTO-Rechts. Da ebenso wie im Unionsrecht die Veranstaltung und die Vermarktung von Glücksspielen unter die Regelungen über Dienstleistungen fallen, steht das General Agreement on Trade in Services (GATS) im Mittelpunkt der Untersuchung (A. I.-V.). Aus der Untersuchung lassen sich wichtige Erkenntnisse für mögliche welthandelsrechtliche Verfahren, bei denen europäische Glücksspielbeschränkungen auf dem Prüfstand sind, gewinnen (A. VI.). Zuletzt behandelt die Arbeit die für die EU und ihre Mitgliedstaaten geltenden Rahmenbedingungen im Bereich der Finanzdienstleistungen, um gezielte Beschränkungen des Zahlungsverkehrs aus wirtschaftsvölkerrechtlicher Perspektive zu erfassen (B).

VI. Schlussbetrachtung

In einem Abschlussteil werden die wesentlichen Erkenntnisse der Arbeit thesenartig zusammengeführt.

1. Teil: Skizzierung des Rechtsrahmens

Die nachfolgende Arbeit befasst sich mit dem Verbot der Veranstaltung von Glücksspielen im Internet, das in § 4 Abs. 4 GlüStV 2008[1] geregelt ist. Die zweite Tatbestandsvariante dieser Norm, das Vermitteln von Glücksspielen, bleibt ausgeklammert.[2] Zur Durchsetzung des Verbots hat der Gesetzgeber unter anderem die Ermächtigungsnorm des § 9 Abs. 1 S. 3 Nr. 4 GlüStV 2008 geschaffen, nach der die zuständigen Behörden befugt sind, Banken und Finanzdienstleistungsunternehmen die Mitwirkung am Ein- und Auszahlungsvorgang für unerlaubtes Glücksspiel zu untersagen. Ein Verstoß gegen das Internetverbot kann jedoch nicht nur ein ordnungsbehördliches Einschreiten zur Folge haben. Die Veranstaltung von Glücksspielen im Internet erfüllt den Straftatbestand des § 284 Abs. 1 StGB. Die verwaltungsakzessorische Norm greift ein, sofern ein Glücksspielveranstalter keine gültige Erlaubnis vorweisen kann, deren Erteilung öffentlich-rechtlich geregelt ist. Indem § 4 Abs. 4 GlüStV 2008 die Erteilung einer Erlaubnis von vornherein ausschließt, liegt bei einer Zuwiderhandlung gegen das Internetverbot zugleich eine Straftat nach § 284 Abs. 1 StGB vor.

Um die Reichweite des straf- und verwaltungsrechtlichen Veranstaltungsverbotes abzustecken, ist es erforderlich, die wichtigsten Grundbegriffe, die in der nachfolgenden Untersuchung verwendet werden, zu klären.

---

1 Die Regelung wurde an derselben Stelle in den GlüÄndStV 2012 übernommen. Das Verbot wird aber durch die Ausnahmevorschrift des § 4 Abs. 5 i.V.m. 6 durchbrochen. Die Norm gestattet den Ländern für das Internet den Eigenvertrieb von Lotterien und die Erlaubniserteilung an Privatunternehmen für die Sportwettveranstaltung und für die Vermittlung von Sportwetten und Lotterien. Die Ausnahme vom Verbot für Internet-Sportwetten greift die Experimentierklausel nach § 10a Abs. 4 GlüÄndStV 2012 nochmals gesondert auf und gestaltet sie aus.

2 Zur Tätigkeit gewerblicher Lotterievermittler: *Schmitt*, in: Dietlein/Hecker/Ruttig, Glücksspielrecht, 2008, § 19 GlüStV; *Diegmann/Hoffmann/Ohlmann*, Spielrecht, 2008, Rn. 205 ff.; *Ohlmann*, WRP 1998, 1043 (1052 ff.); *Stober*, GewArch 2003, 305 ff. Auch die damit verbundenen kartellrechtlichen Fragestellungen werden im Rahmen der Arbeit nicht behandelt. Zu diesen näher: BGH, ZfWG 2007, 269 m. Anm. *Hecker*, ZfWG 2007, 276; OLG Düsseldorf, ZfWG 2007, 277; *Ristelhuber/Schmitt*, ZfWG 2007, 261. Entsprechendes gilt für die Übergangsregelung zum Onlineverbot nach § 25 Abs. 6 GlüStV 2008. Dazu: *Postel*, in: Dietlein/Hecker/Ruttig, Glücksspielrecht, 2008, § 25 GlüStV Rn. 14 ff., 37 ff.; *Gruhn/Striemer/Turzinski*, ZfWG 2008, 89 (91) – zu sog. geschlossenen Benutzergruppen.

Hierzu erläutert die Arbeit in einem ersten Schritt die tatbestandlichen Merkmale eines Glücksspiels. Die vorherrschende Glücksspieldefinition ermöglicht eine Abgrenzung zu anderen Spielformen, auf die der GlüStV und damit auch das Internetverbot sowie die Ermächtigungsgrundlage zum Einschreiten gegen Zahlungsanbieter keine Anwendung finden (unter A.). Daneben bedarf auch der Wortlaut der Verbotsnorm nach § 4 Abs. 4 GlüStV 2008 hinsichtlich des Kriteriums „im Internet" einer Erörterung (unter B.). Da die Auslegung des Veranstaltungsbegriffs maßgebliche Bedeutung für die Lokalisierung eines Spielvorgangs und damit für die Anwendung deutschen Rechts auf ausländische Onlineangebote hat, wird diese Thematik eingehend im zweiten Teil der Arbeit behandelt.

Es folgt ein kurzer Aufriss der wichtigsten Erscheinungsformen von Glücksspielen im Internet (unter C.). Den größten Teil des Kapitels nimmt aber die Darstellung des Rechtsrahmens für Onlineglücksspiele ein (unter E.). Diese widmet sich dem einfach-rechtlichen Rahmen unter dem GlüStV 2008 und der Frage nach einer Vereinbarkeit des Internetverbotes mit höherrangigem Recht.[3] Weiterhin werden die deutschen Reformbestrebungen als Reaktion auf die *Carmen-Media*-Entscheidung des EuGH behandelt. Die Druckfassung der Arbeit kann dabei auch den Glücksspieländerungsstaatsvertrag (GlüÄndStV 2012) mitberücksichtigen.

A. Glücksspielbegriff

Der Glücksspielbegriff, der – jedenfalls in seinen Grundzügen[4] – sowohl dem Straf- als auch dem Öffentlichen Recht zugrunde liegt, setzt sich aus insgesamt vier Elementen zusammen, von denen an dieser Stelle die Kriterien Zufallsabhängigkeit (unter I.), Gewinnerwartung (unter II.) und Einsatz bzw. Entgeltlichkeit (unter III.) umrissen werden. Weiterhin finden sowohl die Strafnorm als auch der Staatsvertrag nur Anwendung auf Glücksspiele, die öffentlich veranstaltet werden (unter IV.).

---

3 EU-Wettbewerbsrecht findet keine Berücksichtigung. Hierzu näher: *Ennuschat*, in: Gebhardt/Gruesser-Sinopoli, Glücksspiel in Deutschland, 2008, § 12 Rn. 12 ff.; *Braun*, ZEuS 2005, 211 (217 ff.); *Rausch*, GewArch 2001, 102 (110).

4 Zur Frage, ob strafrechtlicher und staatsvertraglicher Glücksspielbegriff deckungsgleich sind, siehe bejahend: OVG RhPf, ZfWG 2009, 413 (415); OVG NRW, ZfWG 2008, 204 (205); *Bolay,* MMR 2009, 669 ff.; *Hambach/Münstermann*, K&R 2009, 457 ff.; verneinend: *Dietlein*, in: *Dietlein/Hecker/Ruttig,* Glücksspielrecht, 2008, § 3 Rn. 2, 5.

I. Überwiegende Zufallsabhängigkeit

Das erste Charakteristikum eines Glücksspiels bildet die Zufallsabhängigkeit. Nach der „klassischen“ strafrechtlichen Glücksspieldefinition, welche die Rechtsprechung[5] und überwiegende Teile der Literatur[6] zugrunde legen, ist ein Glücksspiel ein Spiel, bei dem die Entscheidung über Gewinn oder Verlust nicht wesentlich von den Fähigkeiten, den Kenntnissen, Erfahrungswerten oder von der Aufmerksamkeit der Teilnehmer bestimmt wird, sondern allein oder doch zumindest hauptsächlich vom Zufall abhängt.[7] Dieses allgemeine Verständnis wird auch von der landesrechtlichen Vorschrift des § 3 Abs. 1 S. 2 GlüStV 2008[8] aufgegriffen, nach der „in jedem Fall“ ein Glücksspiel vorliegt, „wenn der ungewisse Eintritt oder Ausgang zukünftiger Ereignisse maßgeblich ist“.[9]

Die „Entscheidung über Gewinn oder Verlust“ bezieht sich auf ein ungewisses Ereignis, auf dessen künftigen Ausgang der Spieler seine Prognose abgibt. Dieses bildet die Grundlage für das eigentliche Spielelement, das in der Teilnahmehandlung zum Ausdruck kommt. Die alleinige oder zumindest überwiegende Zufallsabhängigkeit charakterisiert die Entscheidung über den Ausgang des Ereignisses.[10] Als Maßstab dient der Horizont eines aufgeklärten Durchschnittsspielers.[11]

---

5 RGSt 18, 1(6); 6, 70 (74); 62, 136 (165); BGHSt 2, 274 (276); 34, 171 (175); 36, 74 (80); NVwZ 2002, 862 (863); BVerwGE 114, 92 (94); 115, 179 (185); GewArch 1985, 59 (60); VGH Kassel NVwZ 05, 101; VG Halle, Beschluss vom 04.08.2004 – 1 B 25/04, Rn. 20 (juris); LG Bochum, NStZ-RR 2002, 170; LG Frankfurt/Main, ZfWG 2008, 52 (53); AG Karlsruhe-Durlach, NStZ 01, 254.

6 Vgl. nur: *Beckemper*, in: BeckOK-StGB, Stand: 01.05.2011, § 284 Rn. 8; *Hecker/Schmitt*, in: Dietlein/Hecker/Ruttig, Glücksspielrecht, 2008, Nr. 6 – § 284 StGB Rn. 10; *Fischer*, StGB, 58. Aufl. 2011, § 284 Rn3; *Groeschke/Hohmann*, in: MK-StGB, Bd. IV, 2006, § 284 Rn. 5; *Lackner/Kühl*, StGB, 26. Aufl. 2007, § 284 Rn. 2; *Heine*, in: Sch/Sch, StGB, 28. Aufl. 2010, § 284 Rn. 5; *Kleinschmidt*, Gewinnspiele, 2005, S. 14; *Steegmann*, Basisinfrastruktur, 2010, S. 29; *Dickersbach*, GewArch 1998, 265 (267); *Hecker/Ruttig*, GRUR 2005, 393 (397); *Hofmann/Mosbacher*, NStZ 2006, 249 (251); *Holznagel*, MMR 2008, 439 (440); *Pelz/Stempfle*, K&R 2004, 570 (572); *Raitz von Frentz/Masch*, ZUM 2006, 189; *Rossen-Stadtfeld*, ZUM 2006, 793 (798).

7 Vgl. auch § 168 Abs. 1 ÖStGB; Art. 3 Abs. 1 Österr. Spielbankengesetz.

8 An entsprechender Stelle im GlüÄndStV 2012.

9 Näher: *Dietlein*, in: ders./Hecker/Ruttig, Glücksspielrecht, 2008, § 3 GlüStV Rn. 3.

10 BGHSt 2, 274 (276); BGHSt 34, 171 (175); BGHSt 36, 74 (80); *Saenger*, in: HK-BGB, 6. Aufl. 2009, § 762 Rn. 2; *Stadler*, in: Jauernig, BGB, 13. Aufl. 2009, § 762 Rn. 3; *Bahr*, Glücks- und Gewinnspielrecht, 2. Aufl. 2007, Rn. 15; *Klam*, Problematik von Glücksspielen, 2002, S. 97 ff.; *Steegmann*, Basisinfrastruktur, 2010, S. 31; *Ernst*, MMR 2005, 735 (737); *Lampe*, JuS 1994, 737 (740); *Stögmüller*, K&R 2002, 27 (28).

11 BGHSt 2, 274 (276 f.); *Berberich*, Das Internet-Glücksspiel, 2004, S. 29; *Heine*, wistra 2003, 441 (443); *Koenig/Ciszewski*, GewArch 2007, 402; *Hofmann/Mosbacher*, NStZ 2006, 249 (251); *Rossen-Stadtfeld*, ZUM 2006, 793 (798). Zur im Unionsrecht herrschenden Vorstellung

Das Zufallskriterium ermöglicht eine Abgrenzung von den Geschicklichkeitsspielen, bei denen die technischen oder geistigen Fähigkeiten überwiegen[12] und auf die der GlüStV 2008 und die Strafnorm des § 284 Abs. 1 StGB nicht anwendbar sind.[13] Andersherum kann das Geschicklichkeitselement beispielsweise bei überaus schweren Fragen bei einem Ratespiel so hoch angesetzt sein, dass die Entscheidung über Gewinn oder Verlust im Ergebnis als zufallsabhängig und das Spiel damit als Glücksspiel zu bewerten ist.[14]

II. Gewinnerwartung

Ein weiteres Kriterium beschäftigt sich mit der Motivation für die Spielteilnahme. Diese liegt in der Erwartung eines nicht unerheblichen Gewinns für den Fall, dass die Prognose des Spielers über den Ausgang des jeweiligen Ereignisses eintritt.[15] Die Gewinnerwartung bildet das Unterscheidungsmerkmal von den nicht durch § 284 StGB sowie dem GlüStV 2008 erfassten Unterhaltungsspielen, bei denen kein oder nur ein unerheblicher Gewinn erlöst werden kann.[16]

Andererseits begründet sie den Einbezug der „Sportwetten" in den glücksspielrechtlichen Regelungsrahmen. Bei dieser Spielform, auf die an späterer Stelle eingegangen wird,[17] war eine begriffliche Abgrenzung von den Wetten nach § 762 BGB notwendig.[18] Der zivilrechtliche Typus der Wette unterscheidet

---

des durchschnittlich informierten, aufmerksamen und verständigen Verbrauchers näher: *Heine*, wistra 2003, 441 (443). Abzulehnen ist dagegen die Sicht des BGH, NStZ 2003, 373, der auf einen eher unbedarften Spieler abstellt. Diese Sichtweise lässt sich nicht mit dem Leitbild eines „aufgeklärten Durchschnittsverbrauchers" in Einklang bringen.

12 BVerwGE 114, 92 (95); RGSt 62, 163 (166); BGH, NVwZ 2002, 862 (863) zur Reichweite des § 33 d GewO; NStZ 2003, 372; *Dietlein*, in: ders./Hecker/Ruttig, Glücksspielrecht, 2008, § 3 GlüStV Rn. 4; *Saenger*, in: HK-BGB, 6. Aufl. 2009, § 762 Rn. 2; *Stadler*, in: Jauernig, BGB, 13. Aufl. 2009, § 762 Rn. 3; *Berberich*, Das Internet-Glücksspiel, 2004, S. 29; *Kleinschmidt*, Gewinnspiele, 2005, S. 16; *Steegmann*, Basisinfrastruktur, 2010, S. 31; *Beckemper*, NStZ 2004, 39 (40); *Dickersbach*, GewArch 1998, 265 (268); *Ennuschat*, in: GS Tettinger, 2007, S. 41 (44 f.); *Koenig/Ciszewski*, GewArch 2007, 402; *Pelz/Stempfle*, K&R 2004, 570 (572); *Raitz von Frentz/Masch*, ZUM 2006, 189 (190); *Schilling*, GewArch 1995, 318 ff.; *Schöttle*, K&R 2008, 155 (156).

13 Zu § 33 d GewO als Rechtsrahmen für einige Formen des Geschicklichkeitsspiels: *Raitz von Frentz/Masch*, ZUM 2006, 189.

14 Dieser Aspekt spielt insbesondere eine Rolle bei der entgeltlichen Gewinnspielteilnahme. Näher dazu: *Kleinschmidt*, Gewinnspiele, 2005, S. 17.

15 *Raitz von Frentz/Masch*, ZUM 2006, 189 (191).

16 VG Halle, Beschluss vom 04.08.2004 – 1 B 25/04 (juris); *Berberich*, Das Internet-Glücksspiel, 2004, S. 29; *Diegmann/Hoffmann/Ohlmann*, Spielrecht, 2008, Rn. 9; *Raitz von Frentz/Masch*, ZUM 2006, 189 (190).

17 Unter Teil 1 C. II.

18 Hierzu auch: *Habersack*, in: MK-BGB, Bd. V, 5. Aufl. 2009, § 762 Rn. 7.

sich hinsichtlich seines Vertragszwecks von den Spielverträgen. Während das Ziel eines Spiels die Erlangung eines Vermögensvorteils zu Lasten anderer Beteiligter ist, dient die Wette der Bekräftigung eines ernst gemeinten Meinungsstreits über die Richtigkeit einer Tatsache.[19] Die Motivation für die Teilnahme an einem Glücksspiel besteht in der Erwartung eines nicht unerheblichen Gewinns für den Fall, dass die Prognose des Spielers eintritt.[20] Der GlüStV 2008 enthält in § 3 Abs. 1 S. 3 für die landesrechtliche Ebene eine Klarstellung: Danach sind auch Wetten gegen Entgelt auf den Eintritt oder Ausgang eines zukünftigen Ereignisses Glücksspiele.[21]

III. Einsatz bzw. Entgelt

Schließlich muss die Teilnahme in strafrechtlicher Hinsicht für den Spieler an die Hingabe eines Einsatzes geknüpft sein.[22] Hierunter ist eine nicht ganz unbeträchtliche Vermögensleistung zu verstehen, die der Spieler in der Hoffnung auf einen Gewinn, gleichzeitig aber mit dem Risiko eines Verlustes an seinen Gegner oder den Veranstalter erbringt.[23] Die Pflicht zur Einsatzerbringung kann auch in versteckter Form vorliegen.[24] Anders als das Strafrecht legt § 3 Abs. 1 S. 1 GlüStV 2008[25] nicht den Einsatzbegriff zugrunde, sondern spricht von einem Entgelt. Nach allgemeinem Sprachgebrauch wird hierunter die in einem Vertrag vereinbarte Gegenleistung verstanden.[26] Gegenüber dem Einsatz wird das Entgelt als weiter gehend und das Überschreiten einer Erheblichkeitsschwelle als nicht maßgeblich angesehen.[27] Es soll jede Zahlung umfassen, die ein Spieler zur

---

19 *Janoschek*, in: BeckOK-BGB, Stand: 01.03.2011, § 762 Rn. 4; *Dietlein*, in: ders./Hecker/Ruttig, Glücksspielrecht, 2008, § 3 GlüStV Rn. 7; *Saenger*, in: HK-BGB, 6. Aufl. 2009, § 762 Rn. 2; *Stadler*, in: Jauernig, BGB, 13. Aufl. 2009, § 762 Rn. 5; *Habersack*, in: MK-BGB, Bd. V, 5. Aufl. 2009, § 762 Rn. 7; *Berberich*, Das Internet-Glücksspiel, 2004, S. 29; *Steegmann*, Basisinfrastruktur, 2010, S. 36; *Beckemper*, NStZ 2004, 39; *Kröner*, ZfWG 2006, 71 (73); *Leupold/ Bachmann/Pelz*, MMR 2000, 648; *Raitz von Frentz/Masch*, ZUM 2006, 189 (190).

20 *Raitz von Frentz/Masch*, ZUM 2006, 189 (191).

21 An entsprechender Stelle im GlüÄndStV 2012.

22 *Berberich*, Das Internet-Glücksspiel, 2004, S. 29:

23 BGHSt 34, 171 (175 ff.); *Hofmann/Mosbacher*, NStZ 2006, 249 (251); zu den Bemessungsgrundlagen: *Petropoulos*, wistra 2006, 332 (336).

24 RGSt 60, 127 (128); 65, 194 (197) zu Preisaufschlägen für „Gratisauslosungen“; BGHSt 11, 209 (210) zum „Gratisroulette“ mit der Verpflichtung, Verzehrgutscheine zu erwerben; dazu auch: VG München, ZfWG 2009, 70 (72); *Kleinschmidt*, Gewinnspiele, 2005, S. 18 ff.; *Raitz von Frentz/Masch*, ZUM 2006, 189 (191).

25 Entsprechend auch § 3 Abs. 1 S. 1 GlüÄndStV 2012.

26 *Steegmann*, Basisinfrastruktur, 2010, S. 30.

27 VG Düsseldorf, ZfWG 2009, 300; VG München, ZfWG 2009, 70 (72); *Steegmann*, Basisinfrastruktur, 2010, S. 30.

Teilnahme entrichten muss, mithin beispielsweise auch reine Kostendeckungsbeiträge, die unabhängig vom Spielausgang verloren gehen.[28]

Anhand dieses Kriteriums lässt sich eine Abgrenzung zu den Gewinnspielen vornehmen. Dabei handelt es sich um eine Spielform, bei der kein oder zumindest kein erheblicher Einsatz verlangt wird.[29] Gewinnspiele waren ursprünglich ein reines Marketinginstrument, mit dessen Hilfe die Aufmerksamkeit der Verbraucher auf Produkte oder Dienstleistungen gelenkt werden sollte.[30] Durch die Verwendung sog. Mehrwert- oder Premiumdienste-Nummern entstand mit kostenpflichtigen Telefongewinnspielen und sog. Dial-In-Shows, d.h. interaktiven Ratespielen im Rundfunk, eine neue lukrative Branche.[31] Diese bewegte sich wegen der hohen Telefongebühren, die großteils dem Veranstalter zuflossen, lange Zeit in einem rechtlichen Grenzbereich zum unerlaubten Glücksspiel[32] und wurde mit § 8 a RStV erstmals einer allgemeinverbindlichen, rechtlichen Regulierung unterworfen.[33] Die nachfolgende Untersuchung beschränkt sich allerdings auf Internetglücksspiele und blendet daher Spielformen in anderen Mediensektoren aus.[34]

IV. Öffentlichkeit

Die Strafnorm des § 284 StGB wie auch der Glücksspielstaatsvertrag finden nur Anwendung auf öffentliche Glücksspiele. Wann ein Glücksspiel öffentlich ist, definiert § 3 Abs. 2 GlüStV 2008[35]: Ein solches liegt vor, wenn für einen größeren, nicht geschlossenen Personenkreis eine Teilnahmemöglichkeit besteht.[36] Weiterhin wird der Begriff über den eigentlichen Wortlaut hinaus auf gewohnheitsmäßig

---

28 *Steegmann*, Basisinfrastruktur, 2010, S. 30.

29 *Raitz von Frentz/Masch*, ZUM 2006, 189 (191).

30 Zu Gewinnspielen aus betriebswirtschaftlicher Sicht: *Kleinschmidt*, Gewinnspiele, 2005, S. 3.

31 Zu diesen: *Berberich*, Das Internet-Glücksspiel, 2004, S. 40 ff.

32 Zur Problematik näher: *Diegmann/Hoffmann/Ohlmann*, Spielrecht, 2008, Rn. 51 ff.; *Kleinschmidt*, Gewinnspiele, 2005, S. 20 ff.; *Eichmann/Sörup*, MMR 2002, 142. Zur wettbewerbsrechtlichen Perspektive: *Diegmann/Hoffmann/Ohlmann*, Spielrecht, 2008, Rn. 56; *Böhm*, MMR 1998, 585 (586 f.).

33 Staatsvertrag für Rundfunk und Telemedien (RStV) vom 31.08.1991, i.d.F. des 13. StV zur Änderung rundfunkrechtlicher Staatsverträge vom 10. März 2010, GBl. B-W 2010, S. 307; in Kraft seit 01.04.2010; näher: *Diegmann/Hoffmann/Ohlmann*, Spielrecht, 2008, Rn. 67.

34 Zum Anwendungsbereich der §§ 8 a, 58 Abs. 3 RStV siehe sogleich unter Teil 1 C. V.

35 Entsprechend in GlüÄndStV 2012.

36 BGHSt 9, 39 (42); LG München I, NJW 2002, 2656; *Beckemper*, in: BeckOK-StGB, Stand: 01.05.2011, § 284 Rn. 17; *Lackner/Kühl*, StGB, 26. Aufl. 2007, Rn. 10; *Groeschke/Hohmann*, in: MK-StGB, Bd. IV, 2006, § 284 Rn. 5; 12; *Heine*, in: Sch/Sch, StGB, 28. Aufl. 2010, § 284 Rn. 9; *Hofmann/Mosbacher*, NStZ 2006, 249 (251); *Raitz von Frentz/Masch*, ZUM 2006, 189 (192).

veranstaltete Glücksspiele in Vereinen oder sonstigen geschlossenen Gesellschaften erstreckt. Die zweite Tatbestandsvariante deckt sich inhaltlich vollständig mit dem Begriffsverständnis des § 284 Abs. 2 StGB.[37] Für Glücksspiele im Internet, an denen die Spieler, typischerweise ohne eine Clubmitgliedschaft abzuschließen oder mit dem Veranstalter zuvor in einen persönlichen Kontakt zu treten, teilnehmen können, ist nur die erste Fallvariante relevant und regelmäßig unproblematisch zu bejahen. Bei den untersuchten Konstellationen ist mithin von einem öffentlichen Glücksspiel auszugehen.[38]

B. Begriffsklärung: Veranstaltung von Glücksspielen im Internet

Nach dem derzeit noch geltenden Verbotstatbestand des § 4 Abs. 4 GlüStV 2008 sind die Veranstaltung und daneben die Vermittlung, auf die im Rahmen dieser Arbeit nicht eingegangen werden soll,[39] von Glücksspielen im Internet untersagt.

Aus dem Gesetzeswortlaut ergibt sich allerdings nicht, welche Konstellationen das Verbot erfasst. Da die Formulierung „im Internet“ keineswegs selbsterklärend ist, befasst sich der folgende Abschnitt mit der inhaltlichen Reichweite der Verbotsnorm (unter I.) und den wichtigsten ausgeklammerten Fallgestaltungen (unter II.).

I. Inhaltliche Reichweite des Internetverbotes

Auch wenn von dem Internet als einem virtuellen Raum gesprochen wird, stellt es kein räumliches Gebilde wie eine klassische Spielbank dar, in die sich Spieler und Anbieter begeben, um ein Glücksspiel durchzuführen. Das Internet ist vielmehr nur ein Netzwerk, das seinen Nutzern einen Informationsaustausch ohne persönlichen Kontakt ermöglicht. Eine Veranstaltung von „Glücksspielen im Internet“ kann mithin nur bedeuten, dass bei mindestens einer wesentlichen Komponente eine Nutzung des Internet erfolgt. Welche Fallkonstellationen hierunter zu fassen

---

37 Näher: *Beckemper*, in: BeckOK-StGB, Stand: 01.05.2011, § 284 Rn. 18; *Dietlein*, in: ders./ Hecker/Ruttig, Glücksspielrecht, 2008, § 3 GlüStV Rn. 9; *Lackner/Kühl*, StGB, 26. Aufl. 2007, § 284 Rn. 10; *Groeschke/Hohmann*, in: MK-StGB, Bd. IV, 2006, § 284 Rn. 13; *Heine*, in: Sch/Sch, StGB, 28. Aufl. 2010, § 284 Rn. 10;

38 Ebenso: *Thumm*, Strafbarkeit von Internetglücksspielen, 2004, S. 39 f.; *Duesberg*, JA 2008, 270 (271); *Mailänder*, ZfWG 2009, 395 (396).

39 Einen Überblick über die Strukturen des Lotterievertriebs einschließlich der rechtlichen Einordnung der Beteiligten bieten: *Salaw-Hanslmaier/Brunner*, ZfWG 2012, 240.

sind, ist durch Auslegung zu ermitteln.[40] Dabei sind sowohl der Glücksspiel- als auch der Veranstaltungsbegriff, die dem § 4 Abs. 4 GlüStV 2008 zugrunde liegen, zu berücksichtigen.

Aus der Glücksspieldefinition sind nur das Ereignis, auf dessen Ausgang der Spieler seine Prognose abgibt, und die eigentliche Spielteilnahme einschließlich des Zahlungsvorgangs zur Leistung des Einsatzes relevant. Die drei anderen Merkmale, Zufallsabhängigkeit, Einsatz bzw. Entgelt und Gewinnchance, können an dieser Stelle außer Acht bleiben. Sie bieten keine Erkenntnisse für die Frage, wann ein Glücksspiel im Internet veranstaltet wird.

Neben dem Glücksspiel- ist weiterhin der im Straf- und Verwaltungsrecht vorherrschende weite Veranstaltungsbegriff zu berücksichtigen. Danach wird ein Glücksspiel veranstaltet, sobald dem Spieler eine unmittelbare Teilnahmemöglichkeit eröffnet ist.[41] Der Veranstaltungsbegriff steht mithin in engem Zusammenhang mit dem Teilnahmeelement der Glücksspieldefinition. Aus Sicht der Landesgesetzgeber ist dieses allein maßgeblich für die Frage, ob ein Glücksspiel im Internet veranstaltet wird: Nach den Erläuterungen zu § 4 Abs. 4 GlüStV-E 2008 dient das Verbot dazu, den Einsatz des Internets als Vertriebsweg zu unterbinden.[42] Die Länder begründen diese Entscheidung mit dem erheblichen Gefahrenpotential, das von Internetglücksspielen für die Spieler ausgehen könne. Hierzu zählen sie den – mangels persönlicher Kontrollen – nur schwer umsetzbaren Jugendschutz. Weiterhin sehen sie die Anonymität des Spielenden und das Fehlen jeglicher sozialen Kontrolle im Internet im Hinblick auf die Glücksspielsucht als bedenklich an.[43] Indem der Gesetzgeber in seinen Erläuterungen sodann von dem „Vertriebsweg Internet“ spricht, wechselt er in die Perspektive des Glücksspielanbieters. In seinen Ausführungen zum spezifischen Gefahrenpotential für den Spieler bringt er jedoch bereits zum Ausdruck, dass er unter einer „Glücksspielveranstaltung im Internet“ ausschließlich die Möglichkeit des Kunden, online mitzuspielen, versteht.

---

40 *Postel*, in: Dietlein/Hecker/Ruttig, Glücksspielrecht, 2008, § 4 GlüStV, Rn. 97.

41 LG Frankfurt/Main, NJW 1993, 945 (946); *Beckemper*, in: BeckOK-StGB, Stand: 01.05.2011, § 284 Rn. 19; *Hecker/Schmitt*, in: Dietlein/Hecker/Ruttig, Glücksspielrecht, 2008, Nr. 6 – § 284 StGB, Rn. 17; *Lackner/Kühl*, StGB, 26. Aufl. 2007, § 284 Rn. 11; *Heine*, in: Sch/Sch, StGB, 28. Aufl. 2010, § 284 Rn. 12; *Brandl*, Spielleidenschaft und Strafrecht, 2003, S. 82 ff.; ausführl.: *Thumm*, Strafbarkeit von Internetglücksspielen, 2004, S. 45 ff.; *Gülzow*, Jura 1983, 102; *Heine*, wistra 2003, 441 (445); *Horn*, NJW 2004, 2047 (2053); *Janz*, NJW 2003, 1694 (1696); *Pelz/Stempfle*, K&R 2004, 570 (573); *Raitz von Frentz/Masch*, ZUM 2006, 189 (192); *Schmitt*, ZfWG 2010, 235 (237).

42 Erläuterungen zum GlüStVE, LT-Drs. Bayern 15/8486, S. 15.

43 Erläuterungen zum GlüStVE, LT-Drs. Bayern 15/8486, S. 15.

Für eine Teilnahme ist regelmäßig das vorherige Anlegen eines Kundenprofils erforderlich, auf das der Nutzer mit Hilfe seines Passwortes zugreifen kann.[44] Um die einzelnen Einsätze zu erbringen, füllt der Spieler vor einem oder mehreren Durchgängen sein Kundenkonto auf. Auf diesem werden auch mögliche Bonuszahlungen und Gewinne verbucht. Entscheidet sich der Nutzer für eine Zahlung mit Kreditkarte, so nimmt der Aufladevorgang nur wenige Augenblicke in Anspruch und ein Übergang zur Spielteilnahme ist fast übergangslos möglich. Maßgeblich für die Annahme einer Glücksspielveranstaltung im Internet ist mithin, dass alle Schritte zur Teilnahme und Leistung des Einsatzes im Internet vorgenommen werden können.

II. Irrelevanz des Interneteinsatzes bei Ereignis

Das Medium Internet spielt teilweise auch bei dem Ereignis als dem zweiten, elementaren Bestandteil eines Glücksspiels eine Rolle. Das Spielereignis kann vollständig softwaregesteuert sein und ausschließlich auf einem an das Internet angeschlossenen Rechner ablaufen. Als Beispiele lassen sich ein Online-Roulette oder ein Internet-Bingospiel nennen. Ein Zufallsgenerator ermittelt in diesem Falle die Gewinnzahlen, die meist zeitgleich auf der Spielseite angezeigt werden.[45] Oft bietet sich dem Teilnehmer die Möglichkeit, den Spielverlauf live mitzuverfolgen und währenddessen den Einsatz zu leisten oder zu erhöhen.

Die meisten Glücksspielformen basieren jedoch auf einem tatsächlichen Ereignis, dessen Ausgang der Spieler vorherzusagen versucht. Beispiele hierfür sind Fußballspiele, Pferderennen oder die Ziehung der Lottozahlen in einem Fernsehstudio. Auf der Internetseite des Glücksspielanbieters werden im Wesentlichen nur die Informationen, die der Spieler für eine Teilnahme benötigt, mitgeteilt. Bei einer Live-Sportwette können auch Sequenzen des Wettkampfes übertragen werden.

Bei einigen Spielformen im Internet ist es schwierig, zu erkennen, ob hinter der Darstellung auf den Onlineseiten des Spielanbieters noch ein „reales" Ereignis steht oder letztlich nur ein Arbeitsprozess von dessen Server angezeigt wird. So kann ein Roulette-Spiel nicht nur ausschließlich elektronisch ablaufen, sondern auch in einer Spielbank stattfinden. Der Kessel ist in diesem Fall über eine Webcam für die Internetnutzer einsehbar. Für eine Einordnung unter den Tatbestand des § 4 Abs. 4 GlüStV 2008 kann es allerdings im Ergebnis keine Rolle spielen, wie intensiv das Internet für die Abhaltung des Spielereignisses einge-

44 Zum Ablauf einer Online-Registrierung eingehend: *Berberich*, Das Internet-Glücksspiel, 2004, S. 29.

45 *Thumm*, Strafbarkeit von Internetglücksspielen, 2004, S. 38.

setzt wird. Dies lässt sich mit dem teilnahmebezogenen Veranstaltungsbegriff begründen, der nur auf die Nutzung des Internets als Vertriebsweg eingeht. Sobald eine solche vorliegt, entfaltet sich das internetspezifische Gefahrenpotential und ein Onlineglücksspiel ist zu bejahen.

Mit diesem engen Begriffsverständnis lassen sich auch Erscheinungsformen identifizieren, die aus dem Anwendungsbereich der Verbotsnorm herausfallen, obwohl es auch bei ihnen zu einer Nutzung des Internets kommt. Denkbar ist zum Beispiel eine Variante, bei der das Spielereignis wie eine elektronische Lotterieziehung zwar online stattfindet und über die Website des Veranstalters einsehbar ist. Die Teilnahme fände hingegen auf einem anderen Wege als über das Internet statt, z.B. via Telekommunikationsmedium, postalisch oder durch Abgabe eines Teilnahmescheins.

Eine solche Konstellation wäre trotz Einsatzes des Internets aus dem Anwendungsbereich des § 4 Abs. 4 GlüStV 2008 auszuklammern, da dieses gerade nicht als Vertriebsweg gebraucht würde. Die Spielvariante fiele dann unter den herkömmlichen Verbotstatbestand unerlaubter Glücksspiele gem. § 4 Abs. 1 GlüStV 2008. Weder für die Teilnehmer noch für einen privaten Anbieter wäre ein solches Angebot allerdings in der Praxis besonders reizvoll. Die Spieler würden wahrscheinlich durch die umständliche Prozedur abgeschreckt werden, während der Veranstalter mit inländischen Agenturen oder Postsendungen nach Deutschland ein erhöhtes Strafverfolgungsrisiko zu befürchten hätte.

Für eine „Veranstaltung von Glücksspielen im Internet" ist daher allein der Vertriebsweg, d.h. das Medium für den Teilnahmevorgang, maßgeblich.

C. Glücksspielformen im Internet

Die Arbeit konzentriert sich auf das Glücksspielangebot privater Onlineveranstalter, die meist aus dem Ausland agieren. Einige Internetseiten offerieren zwar die Teilnahme an Lotterien (unter I.), meist umfasst die Produktpalette der großen Anbieter jedoch Sportwetten (unter II.), Poker (unter III.) und/oder „klassische" Casinospiele wie Roulette und Black Jack sowie virtuelle Geldspielgeräte (unter IV.). Neue Erscheinungsformen wie beispielsweise Hausverlosungen drängen seit mehreren Jahren ebenfalls auf den Onlinemarkt, bleiben aber aus der weiteren, rechtlichen Untersuchung ausgeklammert (unter V.).

I. Lotterien

Bei Lotterien handelt es sich um eine Sonderform eines Glücksspiels, das im Wesentlichen auf Grundlage des GlüStV 2008 geregelt ist. Gem. § 3 Abs. 3 S. 1 GlüStV 2008[46] sind Lotterien Glücksspiele, bei denen eine Vielzahl von Spielern die Möglichkeit hat, einen bei Spielbeginn nach feststehenden Regeln zu ermittelnden Geldgewinn nach einem festen Spielplan und gegen einen bestimmten Einsatz zu erwerben. Über Gewinn und Verlust entscheidet der Zufall.[47] Werden anstatt Geld-, Sachgewinne ausgelobt, so handelt es sich um eine Ausspielung.[48] Auf eine unerlaubte Lotterie- bzw. Ausspielungsveranstaltung findet in strafrechtlicher Hinsicht nicht § 284 Abs. 1, sondern § 287 Abs. 1 StGB Anwendung.[49]

Im Internet sind unterschiedliche Erscheinungsformen denkbar. Das Spektrum reicht von der Veranstaltung eigener Lotterien des jeweiligen Seitenbetreibers bis zu sog. „Schwarzen Lotterien", die ohne Erlaubnis auf den Gewinnzahlen der staatlichen Anbieter aufbauen.[50] Hinzu kommen verschiedene Formen der Lotterievermittlung, die an dieser Stelle ausgeblendet werden.

II. Sportwetten

Anders als bei den Lotterien ist die Glücksspieleigenschaft einer der wichtigsten Spielformen im Internet, den Sportwetten, lange Zeit umstritten gewesen:[51] Hierbei handelt es sich gem. § 3 Abs. 3 S. 3 GlüStV 2008[52] um Wetten, die sich auf den Ausgang von Sportereignissen beziehen und in Form von Einzel- oder Kombinationswetten angeboten werden. Nach deutschem Recht gelten neben

---

46 Entsprechend im GlüÄndStV 2012.

47 *Dietlein*, in: ders./Hecker/Ruttig, Glücksspielrecht, 2008, § 3 GlüStV Rn. 11; *Berberich*, Das Internet-Glücksspiel, 2004, S. 33; *Kleinschmidt*, Gewinnspiele, 2005, S. 14; *Raitz von Frentz/Masch*, ZUM 2006, 189 (190); *Tettinger*, DVBl. 2000, 868.

48 Vgl. § 3 Abs. 3 S. 2 GlüStV; *Berberich*, Das Internet-Glücksspiel, 2004, S. 30; *Kleinschmidt*, Gewinnspiele, 2005, S. 14; *Leupold/Bachmann/Pelz*, MMR 2000, 648; *Raitz von Frentz/Masch*, ZUM 2006, 189 (190).

49 Zu dieser Vorschrift näher: *Rüping*, JZ 2005, 234.

50 Hierzu bereits eine Entscheidung des OLG Köln aus dem Jahre 1998, abgedr. in: ZfWG 2009, S. 22; hierzu und zu neuen Entwicklungen vgl. die Urteilsanmerkung von *Schmitt*, ZfWG 2009, 23.

51 *Pelz/Stempfle*, K&R 2004, 570 (573).

52 Nach § 3 Abs. 1 S. 3 GlüÄndStV 2012 sind „Wetten gegen Entgelt auf den Eintritt oder Ausgang eines zukünftigen Ereignisses" Glücksspiele. Sportwetten werden in § 3 Abs. 1 S. 4 GlüÄndStV 2012 legaldefiniert als „Wetten zu festen Quoten auf den Ausgang von Sportereignissen oder Abschnitten von Sportereignissen".

den üblichen Erlaubnisvoraussetzungen die Vorgaben des § 21 GlüStV 2008.[53] Im Internet dominieren weltweit Festquotenwetten nach dem Buchmacherprinzip, bei denen der mögliche Gewinn anders als bei dem Totalisatorprinzip dem Spieler bereits im Zeitpunkt der Teilnahme bekannt ist.[54] Diese Spielform, der auch die staatliche Oddset-Wette entspricht, übt gerade auf Teilnehmer, die über eine gewisse Sachkunde z.B. im Profifußball verfügen oder diese zumindest für sich beanspruchen, einen besonderen Reiz aus. Mit dem Argument, die Wettentscheidung hänge maßgeblich von den Spezialkenntnissen und Erfahrungswerten der Teilnehmer ab, wird teilweise ein Dominieren der Zufallsabhängigkeit abgelehnt.[55] Aus Sicht der überwiegenden Rechtsprechung[56] und des Schrifttums[57] bilden Sportwetten jedoch unabhängig von ihrer Veranstaltungsform kein Geschicklichkeits-, sondern ein Glücksspiel. Dieselbe Haltung nimmt auch der Europäische Gerichtshof ein, dessen glücksspielrechtliche Entscheidungen zu einem erheblichen Teil mitgliedstaatliche Sportwettregelungen zum Gegenstand haben.[58]

---

53 § 21 hat in der Fassung des GlüÄndStV 2012 mehrere signifikante Änderungen erfahren. Mit der Ergänzung um „Abschnitte von Sportereignissen" sind Halbzeitwetten zulässig. Auch das strikte Verbot von Livewetten ist aufgehoben; Ereigniswetten (z.B. nächster Elfmeter) sind hingegen noch immer untersagt. Näher: Begründung des Entwurfs zum Ausführungsgesetz des GlüÄndStV, LT-Drs. NRW 16/17, S. 40.

54 *Pelz/Stempfle*, K&R 2004, 570; *Rausch*, GewArch 2001, 102.

55 LG Bochum, NStZ-RR 2002, 170 (171); AG Karlsruhe-Durlach, NStZ 2001, 254 f. mit zust. Anm. *Wrage*, NStZ 2001, 256; *Voßkuhle/Bumke*, Rechtsfragen der Sportwette, 2002, S. 17 ff.; *Lesch*, GewArch 2003, 321 (322 f.); *Rausch*, GewArch 2001, 102 (105).

56 BVerfG, ZfWG 2006, 16 (25, Rn. 88 – implizit beantwortet); BVerwG, NVwZ 1995, 475 (476); NJW 2001, 2648; NVwZ 2006, 1175 (1177); BGH GRUR 2002, 636; NStZ 2003, 372 (373); BayObLG, NJW 2004, 1057; OLG Hamburg, MMR 2002, 471 (472); OLG Hamm, MMR 2002, 551 (552); OLG Köln, GRUR 2000, 533 (534); GRUR 2000, 538 (539); LG Bremen, ZfWG 2008, 280 (281); LG München I, NJW 2002, 2656.

57 *Berberich*, Das Internet-Glücksspiel, 2004, S. 39 f.; *Grünwald/Koch*, MMR 2008, 711; *Heine*, wistra 2003, 441 (443); *Hofmann/Mosbacher*, NStZ 2006, 249 (251); *Leupold/Bachmann/Pelz*, MMR 2000, 648; *Raitz von Frentz/Masch*, ZUM 2006, 189 (190); *Rossen-Stadtfeld*, ZUM 2006, 793 (798); *Schmitt*, ZfWG 2006, 11 (12); zurückhaltend: *Horn*, NJW 2004, 2047 (2048).

58 Vgl. nur EuGH, Rs. C-67/98, Slg. 1999, I-7289 – *Zenatti*, Rn. 13, 18 f.; EuGH, verb. Rs. C-338/04, C-359/04 und C-360/04, Slg. 2007, I-1891 – *Placanica u.a.*, Rn. 50 ff.; GA Colomer, Schlussanträge vom 16.05.2006, verb. Rs. C-338/04, C-359/04 und C-360/04 – *Placanica u.a.*, ZfWG 2006, 117 ff. (Rn. 144, 147, 150).

III. Poker

Als dritter, wirtschaftlich sehr bedeutender Spieltypus, der sich des Internets als Medium bedient, ist das Pokerspiel zu nennen.[59] Der weltweite Boom macht auch vor den deutschen Internetnutzern keinen Halt.[60] Angesichts der Erfahrung und den taktischen Fähigkeiten vieler regelmäßiger Spieler wird die Zufallsabhängigkeit des Spielausgangs teilweise in Frage gestellt. Mehrere wissenschaftliche Studien[61] und einige – vorwiegend– ausländische Gerichte[62] verneinen bislang den Glücksspielcharakter des Turnierpokers.

---

59 Die Glücksspieleigenschaft bejahend: EuGH, Rs. C-6/01, Slg. 2003, I-8621 – *Anomar*, Rn. 15; VG Frankfurt/Main, Beschluss vom 12.02.2008 – 7 G 4212/07 (Rn. 6, juris); Beschluss vom 21.09.2007 – 7 G 2700/07(2) (Rn. 4, juris); VG München, Beschluss vom 08.05.2007 – M 22 S 07.900 (Rn. 29, juris); VG Münster, Beschluss vom 03.04.2008 – 9 L 13/08, ZfWG 2008, 151 Ls; VG Weimar, ZfWG 2008, 62; LAG Hessen, NZA-RR 1999, 526 (527); LG Köln, Urteil vom 02.02.2006 – 31 O 605/04 (Rn. 3, juris); *Dietlein*, in: ders./Hecker/Ruttig, Glücksspielrecht, 2008, § 3 GlüStV Rn. 4; § 33 d GewO Rn. 5; *Lackner/Kühl*, StGB, 26. Aufl. 2007, § 284 Rn. 3; *Ennuschat*, in: GS Tettinger, 2007, S. 41 (49 f.); *Duesberg*, JA 2008, 270 (271); *Fischhaber/Manz*, GewArch 2007, 405 (406); *Gülzow*, Jura 1983, 102; *Hüsken*, ZfWG 2009, 77 (80); *Mailänder*, ZfWG 2009, 395 (396); *Meyer/Hayer*, ZfWG 2008, 153 (160); *Raitz von Frentz/Masch*, ZUM 2006, 189.

60 Vgl. hierzu: *Fischhaber/Manz*, GewArch 2007, 405; zu aktuellen Umsätzen und Nutzerzahlen *Tonhäuser*, unter: www.nw-news.de/owl/regionale_wirtschaft/4607318_Online-Poker-Anbieter_verdienen_Millionen.html; zul. aufgerufen am 10.09.2012.

61 Vgl. z.B. *Alon*, „Poker, Chance and Skill (2007)“, unter: www.math.tau.ac.il/~nogaa/PDFS/skill.pdf; *Borm/v.d. Genugten*, „On a measure of skill for games with chance elements“ (1996), unter: http://arno.uvt.nl/show.cgi?fid=3300; *Dreef/Borm/v.d. Genugten*, „A New Relative Skill Measure for Games with Chance Elements“ (2001), unter: http://arno.uvt.nl/show.cgi?fid=4298; *Hendrickx/Borm/v.d. Genugten/Hilbers*, „Measuring skill in more-person games with applications to poker“ (2008), unter: http://arno.uvt.nl/show.cgi?fid=90312; *Cabot/Hannum*, Poker: Public Policy, Law, Mathematics and The Future of an American Tradition, unter: www.scribd.com/doc/2964346/Legal-Poker-Public-Policy-Law-Mathematics-and-The-Future-of-an-American-Tradition-Anthony-Cabot-Robert-Hannum-2006. Quellen zul. aufgerufen am 10.09.2012.

62 Australien: Magistrates Court of South Australia, Urteil vom 15.07.2008 – [2008] SAMC 62 (Police vs. Jones, Police vs. Ravesi); Niederlande: Rechtsbank's-Gravenhage (Landgericht Den Haag), Urteil vom 02.07.2010 – 09/867520-08; Schweden: Högsta Domstolens Dom (Oberster Gerichtshof in Strafsachen, Stockholm), Urteil vom 06.04.2011 – B 27060-09; USA: Court of Common Pleas, Pennsylvania, Urteil vom 14.01.2009 – 2008-CP-19-CR-00733 (Commonwealth of Pennsylvania vs. Dent), unter: www.ryanrussell.com/include/siteinfo/link/PA%20Texas%20Holdem%20Case%202009.pdf; Court of Common Pleas Charleston, Urteil vom 01.10.2009 – 2009-CP-10-001551 (Chimento et. al. vs. State of South Carolina/County of Charleston); Mount Pleasant Municipal Court, Urteil vom 19.02.2009 – 98045DB u.a. (State of South Carolina/County of Charleston vs. Chimento et al.), unter: www.moultrienews.com/news/court. Quellen zul. aufgerufen am 10.09.2012.

Auch in der deutschen Literatur gibt es Ansätze, von einer generellen Beurteilung des Pokerspiels abzusehen und nach einzelnen Spielformen und deren Rahmenbedingungen wie der Anzahl der Spielrunden zu differenzieren.[63]

Zumindest bei den im Netz angebotenen schnellen Formen des Cashpokers,[64] bei denen ein Spielausstieg bereits nach einer Runde möglich ist, werden das Überwiegen des Zufallsmoments und damit die Glücksspieleigenschaft aber mehrheitlich bejaht.[65]

Neben der Zufallsabhängigkeit rankt sich eine weitere Diskussion um die Frage, ab welcher Höhe ein Teilnahmebeitrag für ein Pokerturnier als ein erheblicher Einsatz bzw. Entgelt anzusehen ist. Das Spektrum bislang entschiedener Einzelfälle reicht von null Euro als Entgeltgrenze bis zu 25 Euro, die als noch zulässige Organisationskosten beispielsweise für Raummiete und Bewirtung und nicht als ein die Strafbarkeit begründender Einsatz angesehen werden.[66] Die Problematik betrifft allerdings in sämtlichen Fällen nur die Veranstaltung stationärer Pokerturniere.[67] Bei Pokerspielen im Internet fallen derartige Kosten nicht an. Die von den Spielern eingesetzten, teilweise hohen Beträge sind mithin als Entgelt bzw. erheblichen Einsatz anzusehen und begründen keine Zweifel an der Glücksspieleigenschaft.

IV. Casinospiele

Die Zufallsabhängigkeit und damit die Glücksspieleigenschaft klassischer Casinospiele wie Roulette und Black Jack sind in Rechtsprechung und Schrifttum anerkannt.[68] Das Angebot stationärer Spielbanken beschränkt sich jedoch nicht

---

63 Zur Einstufung der Variante Texas Hold'em als Geschicklichkeitsspiel: *Koenig/Ciszewski*, GewArch 2007, 402 (404); *Kretschmer*, ZfWG 2007, 93 (99); *Holznagel*, MMR 2008, 439 (444); ablehnend ggü. einer pauschalen Einstufung und für eine Anwendung eines mathematischen Analysemaßstabs zur Ermittlung der Geschicklichkeits- bzw. Zufallsanteile: *Rock/Fiedler*, ZfWG 2008, 412 (415 ff.).

64 Zur steuerrechtlichen Behandlung von Pokergewinnen: *Kazemi*, ZfWG 2012, 310.

65 VG Hamburg, ZfWG 2008, 220 (222); VG Wiesbaden, ZfWG 2008, 285; *Steegmann*, Basisinfrastruktur, 2010, S. 33. *Fischhaber/Manz*, GewArch 2007, 405 (406); *Kretschmer*, ZfWG 2007, 93 (99).

66 VG München, Beschluss vom 08.05.2007 – M 22 S 07.900, Rn. 40 (juris): Eintrittsgeld von 15 Euro = Einsatz.

67 VG Frankfurt a.M., NJW 2008, 1096: Kostenlose Teilnahme an Pokerturnier nur nach vorheriger Online-Registrierung kann als Werbung für unerlaubtes Glücksspiel gem. § 284 Abs. 4 StGB angesehen werden; VG Münster, Beschluss vom 03.04.2008 – 9 L 13/08, ZfWG 2008, 151 Ls: entspr. für Charity-Turnier.

68 VG München, Beschluss vom 08.05.2007 – M 22 5 07.900 (juris); LG Bochum, NStZ-RR 2002, 170; *Lackner/Kühl*, StGB, 26. Aufl. 2007, § 284 Rn. 3; *Diegmann/Hoffmann/Ohlmann*,

auf diese. In ihnen findet sich – teilweise räumlich abgetrennt oder sogar in eigenen Dependancen – typischerweise ein Automatensaal mit Glücksspielautomaten. Parallel dazu bietet das gewerbliche Spielwesen mit bundesweit mehr als 200.000 Geldspielgeräten, die sich vorwiegend in Spielhallen und Gaststätten befinden, ein flächendeckendes Spielangebot.[69]

Die erhebliche Nachfrage nach Automatenspielen spiegelt sich auch im Internet wider: Onlinecasinos bedienen diese, indem sie Programme, die Geldspielgeräte virtuell abbilden, in ihre Produktpalette aufnehmen. Noch ist die Diskussion, ob diese nach deutschem Recht genehmigungspflichtig sind und falls ja, unter welche gesetzliche Regelungen sie fallen, in vollem Gange. Die Problematik soll an dieser Stelle nicht vertieft werden, nur so viel: Auf dem Prüfstand sind meist Konstellationen, in denen ein Automatenspiel im Internet mit denselben Einsatzhöhen und Spielfrequenzen angeboten wird wie die nach § 33 c GewO erlaubnisfähigen Geräte in stationären Spielhallen. Die Gerichte[70] und das Schrifttum[71] bemühen sich vor dem Straftatbestand des § 284 Abs. 1 StGB um eine Grenzziehung zwischen den §§ 33 c GewO einschließlich der Spielverordnung,[72] Erscheinungsformen, die den §§ 58 Abs. 4, 8a RStV[73] unterfallen, und dem Verbot von Internetglücksspielen nach § 4 Abs. 4 GlüStV 2008.

Ausländische Internetangebote, deren Eindämmung den Gegenstand der Arbeit bildet, werden aber im Regelfall nicht die Vorgaben deutschen Gewerberechts berücksichtigen. Bei der Verwendung der Begriffe „Internetglücksspiele" ist mithin keine rechtliche Aufsplittung nach den einzelnen Glücksspielkategorien, die in Onlinecasinos angeboten werden, vorzunehmen.

Spielrecht, 2008, Rn. 8; *Kleinschmidt*, Gewinnspiele, 2005, S. 14; *Heine*, wistra 2003, 441 (445); *Klenk*, GA 1976, 361 (364); *Leupold/Bachmann/Pelz*, MMR 2000, 648; *Raitz von Frentz/Masch*, ZUM 2006, 189; *Wrage*, NStZ 2001, 256. Zum sog. Spiralo-Roulette: BGHSt 2, 274; *Wrage*, NStZ 2001, 256. Zu Darstellungsproblemen bei Black Jack im Internet näher: *Steegmann*, Basisinfrastruktur, 2010, S. 48.

69 *Reeckmann*, ZfWG 2010, 229.

70 OVG Sachsen-Anhalt, GewArch 2006, 163, zu § 284 Abs. 1 StGB; VG Halle, ZfWG 2009, 207; VG Halle, Beschluss vom 04.08.2004 – 1 B 25/04 (juris), zu § 284 Abs. 1 StGB; LG Köln, ZfWG 2010, 149; AG Wiesbaden, GewArch 2005, 485.

71 *Odenthal*, GewArch 2006, 58 (59 f.) zum Anwendungsbereich des § 33 d GewO als Auffangvorschrift; nach *Postel*, ZfWG 2009, 246 (250 f.), und *Schmitt*, ZfWG 2010, 235 (237), liegt ein Fall des § 4 Abs. 4 GlüStV 2008 vor.

72 Spielverordnung in der Fassung der Bekanntmachung vom 27.01.2006, BGBl. 2006 I, S. 280.

73 Fassung des 13. Staatsvertrages zur Änderung rundfunkrechtl. Staatsverträge vom 10.03.2010, in Kraft getreten am 01.04.2010, abrufbar unter: www.lfk.de/fileadmin/media/recht/04-2010/13.RStV-April2010.pdf; zul. aufgerufen am 10.09.2012.

V. Neuere Spielformen im Internet

Neuere Spielformen im Internet bleiben hingegen aus der Untersuchung ausgeklammert. Zu diesen zählen beispielsweise Onlinegeschicklichkeitsspiele.[74] Auf diese können die Regelungen des §§ 8 a, 58 Abs. 4 RStV Anwendung finden, sofern insbesondere der Einzeleinsatz die in § 8 a Abs. 1 S. 6 RStV vorgegebene Grenze von 0,50 Euro pro Spiel nicht übersteigt.[75] Sie fallen in diesem Rahmen weder unter die Vorgaben des Glücksspielstaatsvertrags noch den Straftatbestand des § 284 Abs. 1 StGB.

Weiterhin sind zum Kreis der neueren Spielformen die sog. Hausverlosungen zu rechnen, d.h. Onlinegewinn- bzw. Geschicklichkeitsspiele deren Teilnahmegebühr deutlich über der Grenze des § 8 a RStV von 0,50 Euro liegt.[76] Hierbei handelt es sich nicht um Spiele, die in der Produktpalette herkömmlicher Onlinewettbüros oder -casinos zu finden sind, sondern auf eigenständigen Internetseiten angeboten werden.[77]

D. Ergebnis zu den Abschnitten A bis C

Gegenstand der nachfolgenden Untersuchung sind ausschließlich „klassische" Onlineglücksspiele wie Sportwetten, Poker, Casinospiele sowie ferner Lotterien, bei denen der gesamte Teilnahmevorgang über das Internet erfolgt.

E. Einbettung der Regelungen zu Onlineglücksspielen in den Rechtsrahmen

Nach einem Aufriss des Untersuchungsgegenstandes soll der Rechtsrahmen für Onlineglücksspiele in Deutschland skizziert werden. Denn die Regelungen des Glücksspielrechts sind, insbesondere durch das unionsrechtliche Kohärenz-Erfordernis, derart miteinander verklammert, dass eine rechtliche Bewertung einzelner Teilfragen – wie der Frage nach der Finanzblockade illegalen Onlineglücksspiels – nur in der Zusammenschau erfolgen kann. Gerade diese Einbettung der

74 Zu den rechtlichen Rahmenbedingungen eingehend: *Bolay*, ZfWG 2010, 88.

75 *Bolay*, ZfWG 2010, 88 (89), sieht als weiteres Erfordernis ein Mindestmaß an redaktionellem Inhalt an.

76 VG Berlin, MMR 2009, 794 m. krit. Anm. *Liesching*, MMR 2009, 795; VG München, ZfWG 2009, 70 (72) – Lospreis von 19 Euro; *Mintas*, ZfWG 2009, 82 (83 f.).

77 Näher: *Mailänder*, ZfWG 2009, 395.

Ermächtigungsnorm für Zahlungssperren in das umstrittene Gefahrenabwehrkonzept des GlüStV 2008 hat zur Folge, dass ungeachtet der – hier aufgezeigten[78] – Eignung der Maßnahme eine praktische Umsetzung vorerst unterbleibt.

Hierzu geht die Arbeit auf die vorwiegend dualistische Struktur des deutschen Glücksspielrechts ein (unter I.), ehe sie sich der landesrechtlichen Seite, dem GlüStV 2008, zuwendet (unter II und III.). Dessen Schicksal besiegelt die Carmen-Media-Entscheidung des EuGH im September 2010 (unter IV.). Dies umfasst insbesondere die Reformansätze, die eine Öffnung des Wettmarktes und der Onlinesparte vorsehen. Die fehlende Einigkeit über die Ausgestaltung führt zu einem alleinigen Vorstoß Schleswig-Holsteins, der zwischenzeitlich zu Gunsten einer im ganzen Bundesgebiet einheitlichen Regelung aufgegeben worden ist. Die seit dem 01. Juli 2012 geltende Rechtslage wird für die Drucklegung berücksichtigt und als ergänzenden Abschnitt aufgenommen. Nach dem Blick auf die Neuregelung (unter V.) folgt der Hauptteil dieses Kapitels, der die wichtigsten Aspekte zur Vereinbarkeit des Internetverbotes mit höherrangigem Recht behandelt (unter VI.).

I. Vorwiegend dualistische Struktur des deutschen Glücksspielrechts

Die genannten Glücksspielformen werden durch den Glücksspielstaatsvertrag 2008 erfasst. Dies ist notwendig zu erwähnen, da, anders als der Begriff „Glücksspielstaatsvertrag“ es vermuten ließe, das Glücksspielwesen in Deutschland derzeit noch keineswegs einheitlich von einem Regelwerk erfasst wird. Noch immer herrscht ein historisch begründeter, höchst problematischer Dualismus aus bundesrechtlichen Zuständigkeitsfeldern, die – zumindest weitgehend – der Gewerbefreiheit unterliegen (unter 1.), und landesrechtlich streng reglementierten Materien (unter 2.). Der Glücksspielstaatsvertrag 2008 und mit ihm das Internetverbot und die Ermächtigungsnorm nach § 9 Abs. 1 S. 3 Nr. 4 finden nur Anwendung auf die zweite Kategorie. Der nachfolgende Abschnitt dient einer Einordnung der Vorgaben in das glücksspielrechtliche Gesamtgefüge, während eine Darstellung der Zielsetzungen staatlicher Glücksspielbeschränkungen und deren Umsetzung an späterer Stelle erfolgt.[79]

---

78 Eingehend unter Teil 4 C. III. 1.

79 Unter Teil 1 E. III., VI. 3. b).

1. Bundesrechtlich normierte Glücksspielformen

Auf bundesrechtlicher Ebene spielen, gestützt auf den Kompetenztitel des Art. 74 Abs. 1 Nr. 11 GG (Recht der Wirtschaft), nur zwei Glücksspielformen eine Rolle:

Zu nennen sind erstens die in Deutschland eher wenig verbreiteten Pferdewetten.[80] Auf Grundlage des Rennwett- und Lotteriegesetzes aus dem Jahre 1922, das als Bundesrecht fortgilt,[81] und durch Ausführungsbestimmungen[82] ergänzt wird, unterliegen die Veranstaltung und der Vertrieb durch Buchmacher und Totalisatorunternehmen der Gewerbefreiheit.[83] Nicht abschließend geklärt ist, ob der Vertrieb von Rennwetten über das Internet zulässig ist. Das BVerwG verneint dies in Auslegung des § 2 Abs. 2 RennwLottG als Grundlage für räumlich begrenzte Erlaubnisse,[84] weist aber auf die gegenteilige Verwaltungspraxis, die Internetrennwetten zumindest duldet, hin.[85]

Nach dem Entwurf der Bundesländer mit Ausnahme Schleswig-Holsteins, auf den an späterer Stelle in diesem Abschnitt eingegangen wird, sollen die Rennwetten als Sonderform der Sportwetten von der – landesrechtlichen – Neuregelung des Glücksspielrechts teilweise miterfasst werden.[86]

Der privaten Unternehmertätigkeit steht daneben eine der wirtschaftlich stärksten und am weitesten verbreiteten Glücksspielbranchen offen: das gewerbliche Spielwesen.[87] Seine rechtliche Grundlage findet es in den §§ 33 c ff. der Gewerbeordnung. Diese Vorschriften umfassen im Schwerpunkt die Zulassungsvorgaben für die Aufstellung von Geldspielgeräten in Spielhallen und Gaststätten sowie den eigentlichen Betrieb der Spielstätten.[88] Die nähere Ausge-

80 Zur ökonomischen Bedeutung der Rennwetten: *Albers*, in: Gebhardt/Gruesser-Sinopoli, Glücksspiel in Deutschland, 2008, § 4 Rn. 22.

81 RennwettLottG vom 08.04.1922, RGBl. 1922 I, S. 393, zul. geändert durch VO vom 31.10.2006, BGBl. 2006 I, S. 2407.

82 Ausführungsbestimmungen zum Rennwett- und Lotteriegesetz vom 16.06.1922, zul. geändert durch Gesetz vom 21.08.2002, BGBl. 2002 I, S. 3322.

83 Näher: *Ennuschat*, in: Dietlein/Hecker/Ruttig, Glücksspielrecht, 2008, Nr. 10 – RennwLottG, Rn. 1 ff.; *Wache*, in: Erbs/Kohlhaas, Strafrechtl. NebenG, Bd. III, Stand: 177. Erg.-L. 2009, R 70 – RennLottG, Rn. 1 ff.; *Diegmann/Hoffmann/Ohlmann*, Spielrecht, 2008, Rn. 43 ff.

84 BVerwG, Urteil vom 01.06.2011 – 8 C 5.10, Rn. 38 ff. (juris).

85 BVerwG, Urteil vom 01.06.2011 – 8 C 5.10, Rn. 42 ff. (juris); die Entscheidung ablehnend: *Reichert*, Zum Bundesverwaltungsgerichtsurteil vom 01. Juni 2011: Unzulässigkeit von Internetangeboten von Sportwetten (BVerwG 8 C 5.10)?, Artikel vom 11.08.2011, unter: http://isaguide.de/law/articles/33652.html; zul. aufgerufen am 10.09.2012.

86 Näher unter: Teil 1 E. V. 1. d).

87 *Berberich*, Das Internet-Glücksspiel, 2004, S. 56 f., versteht den Begriff „Glücksspielrecht" eng und fasst das gewerbliche Spielrecht nicht darunter.

88 Ausführlich: *Diegmann/Hoffmann/Ohlmann*, Spielrecht, 2008, Rn. 270 ff.

staltung ist in der auf Grundlage des § 33 f GewO ergangenen Spielverordnung geregelt.[89] Die ausschließlich bundesrechtliche Kompetenz wurde allerdings im Rahmen der Föderalismusreform[90] durchbrochen. Art. 74 Abs. 1 Nr. 11 GG weist nunmehr den Bereich der Spielhallen den Ländern zu.[91] Nachdem das liberal ausgestaltete gewerbliche Spiel den EuGH veranlasst, die Unionsrechtskonformität des deutschen Lotterie- und Wettmonopols anzuzweifeln,[92] reagieren die Länder: Während Berlin eine Vorreiterrolle bei der Ausarbeitung eines eigenen Spielhallengesetzes einnimmt,[93] enthält der Länderentwurf zur Novellierung des GlüStV 2008 mit Stand von April 2011 (GlüÄndStV-E 04/2011)[94] einheitlich geltende restriktive Vorgaben.[95]

2. Landesrechtliche Kompetenzbereiche

Die den Untersuchungsgegenstand bildenden Internetspiele fallen insgesamt in die Regelungskompetenz der Länder. Der Grund hierfür liegt in einer Regelung, die den Dualismus des deutschen Glücksspielrechts zum Ausdruck bringt: In § 33 h erklärt die Gewerbeordnung die Vorschriften zum gewerblichen Spielrecht, namentlich die §§ 33 c bis g, für nicht anwendbar auf „die Zulassung und den Betrieb von Spielbanken“ (Nr. 1), auf die „Veranstaltung von Lotterien und Ausspielungen“ mit Ausnahme kleinerer Verlosungen bei Volksfesten und vergleichbaren Anlässen (Nr. 2) sowie auf die „Veranstaltung anderer Spiele im Sinne des § 33 d Abs. 1 S. 1 GewO, die Glücksspiele im Sinne des § 284 StGB sind“ (Nr. 3). Zu der dritten Kategorie zählen Sportwetten in Form des traditionellen Toto sowie die neuere Form der Festquotenwetten.[96] Alle drei in § 33 h

89 Verordnung über Spielgeräte und andere Spiele mit Gewinnmöglichkeit (Spielverordnung) in der Fassung vom 21.01.2006, BGBl. 2006 I, S. 280; näher: *Odenthal*, ZfWG 2006, 286.

90 Gesetz zur Änderung des Grundgesetzes vom 28.08.2006, BGBl. 2006 I, S. 2034.

91 Zur Reichweite der Rechtsänderung: *Ennuschat/Brugger*, ZfWG 2006, 292; *Dietlein*, ZfWG 2008, 12 (Teil 1), 77 (Teil 2).

92 Zu möglicherweise restriktiveren Regelungen für das gewerbliche Spielrecht als Reaktion auf „*Carmen Media Group Ltd.*“ bereits: *Ennuschat*, GewArch 2010, 425 (427).

93 Spielhallengesetz Berlin (SpielhG Bln) vom 20.05.2011, in Kraft getreten am 01.06.2011, GVBl. Berlin 2011, S. 223 ff., abrufbar unter: www.baberlin.de/fileadmin/user_upload/landesverband/Berlin-Ostdeutschland/GVBl._Berlin_14_2011_S.223-225.pdf; zul. aufgerufen am 10.09.2012; hierzu: *Wild*, ZfWG 2012, 385; insbesondere zum Gesetz unter dem Aspekt der Kompetenzregelung des Art. 74 Abs. 1 Nr. 11 GG: *Pieroth/Lammers*, GewArch 2012, 1 ff.

94 Dazu unter Teil 1 E. V. 1.

95 Zu Regelungsansätzen auf Grundlage des Evaluationsberichts des BMWi: *Krewer/Wagner*, ZfWG 2011, 90 (92 ff.).

96 *Dietlein/Hüsken*, in: Dietlein/Hecker/Ruttig, Glücksspielrecht, 2008, § 33 h GewO Rn. 6; *Ennuschat*, in: BeckOK-GewO, Stand: 01.07.2011, § 33 h Rn. 28.

genannten Bereiche sind mithin der Gewerbefreiheit entzogen und fallen – zumindest bislang – in die Zuständigkeit der Länder.[97]

Sowohl Lotterien als auch Sportwetten werden bisher mehrheitlich dem Sicherheits- und Ordnungsrecht nach Art. 30, 70 GG zugeordnet.[98] Auch die Länder vertreten in ihrer Entwurfsbegründung zum GlüStV 2008 diese Haltung,[99] obwohl das BVerfG in der Sportwettenentscheidung das Lotterie- und Wettmonopol als Gegenstand des Wirtschaftsrechts und damit als Anwendungsfall der konkurrierenden Gesetzgebung nach Art. 74 Abs. 1 Nr. 11 GG ansieht.[100] Solange der Bund noch keinen Anspruch erhebt, selbst in diesem Bereich regelnd tätig zu werden, ist die Frage nach der Kompetenz nachrangig.[101]

Auch der Spielbankensektor stellt – zumindest nach bisherigem Verständnis – einen Gegenstand des Rechts der öffentlichen Sicherheit und Ordnung nach Art. 30, 70 GG dar.[102] Nach dieser Sichtweise ist die Bereitstellung eines angemessenen Angebotes an Casinospielen für die Bevölkerung daher nicht von dem Erwerbsstreben einzelner Privatunternehmen abhängig. Unter der Gemeinwohlerwägung eines umfassenden Spielerschutzes vor den Gefahren unkontrollierten Glücksspiels bleibt bislang der Spielbankenbereich der öffentlichen Hand überlassen.[103] Den Rechtsrahmen bilden die einzelnen Spielbankengesetze der Länder, die auf ihrer Grundlage erlassenen Spielbankordnungen[104] und punktuelle Regelungen im GlüStV 2008.[105] Dabei hat der Föderalismus verschiedene Formen

---

97 *Gebhardt/Gohrke*, in: Gebhardt/Gruesser-Sinopoli, Glücksspiel in Deutschland, 2008, § 22 Rn. 8.

98 BVerwGE 4, 294 (295); *Berberich*, Das Internet-Glücksspiel, 2004, S. 57; *Tettinger/Ennuschat*, Grundstrukturen des deutschen Lotterierechts, 1999, S. 14; *Bethge*, ZfWG 2007, 245; *Dietlein*, BayVBl. 2002, 161; *Ennuschat*, NVwZ 2001, 771; *Lukes*, in: FS Stree/Wessels, 1993, S. 1013 (1017); *Ohlmann*, WRP 1998, 1043 (1044); *ders.*, WRP 2005, 48; *Tettinger*, DVBl. 2000, 868 (876); *ders.*, GewArch 2002, 89.

99 Erläuterungen zum GlüStVE, LT-Drs. Bayern 15/8486, S. 9.

100 BVerfG 2006, 16 (30, Rn. 155); entspr.: *Voßkuhle/Bumke*, Rechtsfragen der Sportwette, 2002, S. 50 f.; *Horn*, NJW 2004, 2047 (2048, Fn. 17); *Stober*, GewArch 2003, 305 (314 f.).

101 *Brugger*, ZfWG 2008, 20 (21).

102 BVerfGE 28, 119 ff.; BVerwG, NVwZ 1995, 475 (476); *Dietlein/Nagel*, in: Dietlein/Hecker/Ruttig, Glücksspielrecht, 2008, § 20 GlüStV Rn. 1; *Marcks*, in: Landmann/Rohmer, GewO, Stand: 57. Erg.-L. 2010, Bd. I, § 33 h Rn. 2; *Diegmann/Hoffmann/Ohlmann*, Spielrecht, 2008, Rn. 226; *Gebhardt/Gohrke*, in: Gebhardt/Gruesser-Sinopoli, Glücksspiel in Deutschland, 2008, § 22 Rn. 6; *Ennuschat*, NVwZ 2001, 771 (772).

103 BVerfG(K), NVwZ-RR 2008, 1 (2 ff.).

104 Eine laufend aktualisierte Auflistung findet sich unter: https://gluecksspiel.uni-hohenheim.de/spielbank.html; zul. aufgerufen am 10.09.2012.

105 Gem. § 2 S. 2 GlüStV 2008 gelten für Spielbanken nur die §§ 1, 3 bis 8, 20 und 23 GlüStV 2008. Die eingeschränkte Geltung der Vorschriften aus dem Staatsvertrag regelt in entsprechender Weise § 2 Abs. 2 GlüÄndStV 2012.

hervorgebracht, wie die Länder ihre Aufgabe wahrnehmen.[106] So ist teilweise der Betrieb nur der öffentlichen Hand gestattet, während in anderen Bundesländern Private auf Grundlage einer staatlichen Konzession tätig werden dürfen.[107]

Künftig könnten auch Spielbankengesetze der konkurrierenden Gesetzgebung nach Art. 74 Abs. 1 Nr. 11 GG zugeordnet werden, sofern man die Aussage des BVerfG zum Sportwettbereich für übertragbar hält.[108]

II. Fortschreibung des Monopols für Lotterien und Sportwetten unter dem GlüStV 2008

Die großen Lotterien, als „Lotterien mit besonderem Gefährdungspotential" bezeichnet,[109] und die Sportwetten mit Ausnahme der bereits genannten Rennwetten, unterliegen bis zur Novellierung des Glücksspielstaatsvertrags einheitlich einem staatlichen Monopol.[110] Seit Juli 2012 wird der Wettsektor für private Unternehmen unter rechtlich engen Rahmenbedingungen geöffnet, während die großen Lotterien dem Staatsmonopol unterstellt bleiben.[111]

Ein staatliches Alleinveranstaltungsrecht für Sportwetten und Lotterien besteht nicht erst seit Inkrafttreten des GlüStV am 01. Januar 2008, sondern mit Unterbrechungen seit mehr als einem Jahrhundert.[112] Aber erst der LottStV, der im Jahr 2004 in Kraft tritt, enthält für alle Länder einheitlich geltende Tatbestandsvoraussetzungen zur Erteilung einer Genehmigung für große Lotterien und Sportwetten nach dem Festquoten- und Buchmacherprinzip.

Die Markteinführung dieser neuen Wettform erfolgt Anfang der 90er-Jahre ausgerechnet auf Grundlage sog. DDR-Sportwettenerlaubnisse:[113] Vier Lizenzen, die privaten Anbietern kurz vor dem Untergang der DDR erteilt werden, erweisen

---

106 *Dietlein/Nagel*, in: Dietlein/Hecker/Ruttig, Glücksspielrecht, 2008, § 20 GlüStV Rn. 2.

107 *Ennuschat*, in: Tettinger/Wank/Ennuschat, GewO, 8. Aufl. 2011, § 33 h Rn. 67.

108 Dies ist nach *Ennuschat*, in: BeckOK-GewO, Stand: 01.07.2011, § 33 h Rn. 6; *ders.*, in: Tettinger/Wank/Ennuschat, GewO, 8. Aufl. 2011, § 33 h Rn. 3 denkbar.

109 Vgl. § 22 GlüStV 2008, dazu näher: *Dietlein*, in: ders./Hecker/Ruttig, Glücksspielrecht, 2008, § 22 GlüStV Rn. 1.

110 Genauer gesagt unterliegen sie 16 einzelnen Ländermonopolen mit unterschiedlichen Gestaltungsformen, die als deutscher Lotto-Toto-Block eine Kooperation eingegangen sind; ausführlich dazu: *Ohlmann*, WRP 1998, 1043 (1050 f.).

111 Hierzu näher unter Teil 1 E. V.

112 Ein geschichtlicher Aufriss findet sich bei: *Steegmann*, Basisinfrastruktur, 2010, S. 51 ff.; *Ohlmann*, ZfWG 2007, 101; zur Rechtslage vor Inkrafttreten des LottStV: *Hüsken*, Staatsaufsicht, 2008, S. 120.

113 *Schmitt*, ZfWG 2006, 11.

sich bis heute als Störfaktor im deutschen Wettmonopol.[114] Sowohl ihre Geltungswirkung als auch ihr Inhalt sind heftig umstritten. Da sich die vorliegende Arbeit im Schwerpunkt mit der Bekämpfung ausländischer Onlineangebote befasst, verzichtet sie darauf, diese Diskussion näher zu beleuchten. Zum Meinungsstand soll daher nur Folgendes festgehalten werden: Mehrheitlich wird den Genehmigungen eine Erlaubniswirkung für die Veranstaltung und Vermittlung von (Internet-)Sportwetten zumindest im Bereich der alten Länder abgesprochen.[115]

Der lukrative Sportwettenmarkt weckt nicht nur bei den Inhabern der DDR-Lizenzen, sondern auch bei anderen privaten Anbietern Begehrlichkeiten. Deren rechtliche Bemühungen, das staatliche Monopol zu durchbrechen, münden im März 2006 in die sog. Sportwetten- oder Oddset-Entscheidung des BVerfG: Die Verfassungsbeschwerde einer Münchener Buchmacherin, der auf Grundlage des bayerischen Staatslotteriegesetzes[116] eine Konzession für die Veranstaltung privater Sportwetten verweigert wird, bringt die Monopolregelung als Ganzes auf den verfassungsrechtlichen Prüfstand. In dem Urteil stellt das BVerfG die Verfassungswidrigkeit des staatlichen Glücksspielmonopols auf Grundlage des LottStV 2004 fest.[117] Grund hierfür ist ein eklatanter Widerspruch zwischen den verfassungsrechtlichen Vorgaben in der Theorie und ihrer Umsetzung in der Realität. Der LottStV 2004 ist allerdings nicht mit sofortiger Wirkung gem. § 95 Abs. 3 S. 1 BVerfGG nichtig,[118] sondern wird nur für unvereinbar mit dem Verfassungsrecht erklärt.[119] Innerhalb eines Übergangszeitraums von knapp 21 Mona-

114 *Pelz/Stempfle*, K&R 2004, 570 (571).

115 BVerwG, ZfWG 2007, 151 ff.; BVerwG, Urteil vom 01.06.2011 – 8 C 5.10, Rn. 45 ff. (juris); OVG NRW, NVwZ-RR 2004, 653 ff.; BayVGH GewArch 2005, 78 ff.; VGH BW ZfWG 2007, 432 ff.; *Gebhardt*, in: ders./Gruesser-Sinopoli, Glücksspiel in Deutschland, 2008, § 15 Rn. 4; *Steegmann*, Basisinfrastruktur, 2010, S. 82 m.w.N.; *Bethge*, BayVBl. 2008, 97 (100). Wirkung nur im Bundesland, für dessen Bezirk die Erlaubnis erteilt wurde: *Bethge*, ZfWG 2007, 245; *Dietlein/Hecker*, WRP 2003, 1175 (1176); *Hecker/Schmitt*, ZfWG 2006, 59 (67); *Postel*, ZfWG 2007, 181 (191). Für eine Geltung im gesamten Bundesgebiet: BVerwG NVwZ 2006, 1423 ff.; *Pelz/Stempfle*, K&R 2004, 570 (573); *Raitz von Frentz/Masch*, ZUM 2006, 189 (195); *Rixen*, NVwZ 2004, 1410 (1414); *Rossen-Stadtfeld*, ZUM 2006, 793 (801 f.); *Scholz/Weidemann*, ZfWG 2007, 83 ff.; *Siara*, ZfWG 2007, 1 (9); *Voßkuhle/Baußmann*, GewArch 2006, 395 ff. Für eine tatbestandsausschließende Wirkung der Lizenzen i.R.d. § 284 Abs. 1 StGB: *Heine*, wistra 2003, 441 (441, 443 f.); *Petropoulos*, wistra 2006, 332 (336). Umfassend zur Problematik: *Dietlein/Postel*, in: Dietlein/Hecker/Ruttig, Glücksspielrecht, 2008, Nr. 9 – SlgLottVO-DDR; *Mintas*, Glücksspiele im Internet, 2009, S. 231 ff.

116 Staatslotteriegesetz Bayern vom 29.04.1999, BayGVBl. 1999, S. 226.

117 Siehe zum „Vorboten" der Entscheidung, dem Kammerbeschluss des BVerfG vom 27.04.2005 – 1 BvR 223/05: *Dietlein*, WRP 2005, 1001; *Ennuschat*, DVBl. 2005, 1288 (1289).

118 BVerfG, ZfWG 2006, 16 (30, Rn. 146).

119 BVerfG, ZfWG 2006, 16 (30, Rn. 147); hierzu: *Hüsken*, Staatsaufsicht, 2008, S. 125; *Bethge*, ZfWG 2007, 169 f., 173 f.

ten[120] erhält der Gesetzgeber die Gelegenheit zur Schaffung einer verfassungsgemäßen Neuregelung.[121]

III. Regelungsgehalt des GlüStV 2008 unter Berücksichtigung des Oddset-Urteils

Bevor sich die Arbeit der wegweisenden EuGH-Entscheidung *Carmen Media Group Ltd.* zum GlüStV 2008 widmet (unter IV.), skizziert sie die Grundlagen des überprüften Rechtsrahmens, namentlich die Zielsetzungen des Staatsvertrags (unter 1.) und die wichtigsten Neuerungen (unter 2.).

1. Zielsetzungen des GlüStV 2008

Der GlüStV 2008 hat sich ausweislich seines § 1 der Bekämpfung und Vorbeugung von vier glücksspielspezifischen Gefahren verschrieben.[122] Hierfür greift er teilweise auf die bereits im LottStV 2004 geregelten Zielsetzungen zurück. Vor allem aber gibt er die Grundaussagen des BVerfG im Sportwettenurteil aus dem Jahre 2006 zu den zwingenden Gemeinwohlgründen wieder, an dessen Verwirklichung das Monopol unter dem LottStV 2004 in der Praxis scheitert.

In erster Linie dienen die Beschränkungen dazu, das Entstehen von Glücksspiel- und Wettsucht zu verhindern und die Voraussetzungen für eine wirksame Suchtbekämpfung zu schaffen (Nr. 1),[123] da von dieser schwerwiegende Folgen für den Betroffenen selbst wie auch die Familien und die ganze Gesellschaft ausgehen können.[124] Die Verhinderung pathologischen Spielens[125] stellt eine Ausprägung des Schutzes der Volksgesundheit dar, die seit langem als zwingen-

120 Zum Übergangsrecht: *Hüsken*, Staatsaufsicht, 2008, S. 126; *ders.*, ZfWG 2009, 13; *Bethge*, ZfWG 2007, 169 (170).

121 BVerfG, ZfWG 2006, 16 (30, Rn. 156). Mit der Unionrechtswidrigkeit des Übergangsrechts setzt sich der EuGH in der Rs. C-409/06 – *Winner Wetten*, ZfWG 2010, 380 Ls., auseinander.

122 Näher zu den maßgeblichen Gemeinwohlerwägungen *Dietlein*, in: Dietlein/Hecker/Ruttig, Glücksspielrecht, 2008, § 1 GlüStV Rn. 1 ff.; *Gebhardt/Postel*, in: Gebhardt/Gruesser-Sinopoli, Glücksspiel in Deutschland, 2008, § 21 Rn. 53; *Steegmann*, Basisinfrastruktur, 2010, S. 69; *Engels*, WRP 2008, 470 (472 f.).

123 BVerfG, ZfWG 2006, 16 (25, Rn. 98); Erläuterungen zum GlüStVE, LT-Drs. Bayern 15/8486, S. 10.

124 BVerfG, ZfWG 2006, 16 (26, Rn. 99).

125 So die korrekte Bezeichnung der „Spielsucht", die nach den internationalen Klassifizierungssystemen für Krankheiten: ICD-10 bzw. DSM-IV den Störungen der Impulskontrolle zugeordnet wird. Näher zum Spielsuchtbegriff: *Knoll*, Forum Nr. 10/2009, S. 3; zu Prävalenzschätzungen: *Becker*, ZfWG 2009, 1 (2 ff.).

des Gemeinwohlinteresse anerkannt ist und ihre verfassungsrechtliche Verankerung in Art. 2 Abs. 2 GG findet.[126]

Die Kritik, der Gesetzgeber habe das Suchtpotential von Glücksspielen nicht ausreichend belegt und sich mit dünnen empirischen Nachweisen zufrieden gegeben,[127] wird durch das BVerfG mit seinem Hinweis auf den weiten Beurteilungsspielraum, der erst bei „offensichtlich fehlsamen Annahmen ende" zurückgewiesen.[128]

In engem Zusammenhang dazu steht der zweite, bereits im LottStV 2004 aufgeführte[129] Beweggrund: Danach soll das Glücksspielangebot begrenzt, der natürliche Spieltrieb der Bevölkerung in geordnete und überwachte Bahnen gelenkt und insbesondere ein Ausweichen auf nicht erlaubte Glücksspiele verhindert werden (Nr. 2). Weiterhin sind der Minderjährigen- und generell der Spielerschutz zu gewährleisten (Nr. 3).

Zuletzt ist sicherzustellen, dass Glücksspiele ordnungsgemäß durchgeführt, die Spieler vor betrügerischen Machenschaften geschützt und die mit Glücksspielen verbundene Folge- und Begleitkriminalität abgewehrt werden (Nr. 4). In dem Sportwetten-Urteil führt das BVerfG hierzu aus, dass abhängige Spieler ihre Sucht durch kriminelle Handlungen finanzieren.[130] Weiterhin liege wegen der mit Sportwetten erzielbaren hohen Gewinne der Einstieg des organisierten Verbrechens nahe. So bestehe ein für Festquotenwetten spezifisches Betrugsrisiko, wenn auf das Ergebnis in entsprechender Weise Einfluss genommen werde.[131] Generell sei bei Glücksspielen nicht vollkommen auszuschließen, dass Spielablauf, -geräte oder -mittel in betrügerischer Weise manipuliert[132] werden.

---

126 BVerfG, ZfWG 2006, 16 (25, Rn. 98 f.); entspr.: EU-Komm., Aufforderungsschreiben vom 31.01.2008, Verletzungsverfahren 2007/4866, ZfWG 2008, 32 (35); *Johnston*, Unterlassungsansprüche, 2009, S. 72; *Alber*, in: Becker, Staatsvertrag, 2009, S. 1 (32).

127 Bereits kritisch zum verwendeten Spielsuchtbegriff: *Kühne*, in: FS Schroeder, 2006, 545 (546); zur unzureichenden Empirie: EU-Komm., Aufforderungsschreiben vom 31.01.2008, Verletzungsverfahren 2007/4866, ZfWG 2008, 32 (34); *Korte*, NVwZ 2009, 283 (285); *Lüderssen*, in: FS Seebode, 2008, 219 (223).

128 BVerfG, ZfWG 2006, 16 (26, Rn. 102); dazu: *Korte*, NVwZ 2009, 283 (285). Vgl. auch: *Wissenschaftl. Forum Glücksspiel*, ZfWG 2008, 1 (2 ff.); ZfWG 2010, 305 (308 ff.), nach dessen Einschätzung es als sicher gelte, dass Glücksspiele Suchtanreize bergen.

129 § 1 Nr. 1 LottStV 2004.

130 BVerfG, ZfWG 2006, 16 (26, Rn. 105); zur Beschaffungskriminalität auch: *Hettich*, Neue Fragen, 2006, S. 98; *Johnston*, Unterlassungsansprüche, 2009, S. 81 ff.

131 BVerfG, ZfWG 2006, 16 (26, Rn. 103, 105 f.).

132 BVerfG, ZfWG 2006, 16 (26, Rn. 103).

2. Wichtige Neuerungen im GlüStV 2008

Mit der Fortschreibung des Alleinveranstaltungsrechts der Länder für Lotterien mit besonderem Gefährdungspotential[133] und Sportwetten[134] bleibt der GlüStV 2008 auf bekanntem Terrain. Neu hinzu kommt allerdings ein umfangreicher Erlaubnisvorbehalt,[135] der sowohl die Veranstaltungssparte als auch die Vertriebstruktur des staatlichen Anbieters einer eingehenden Prüfung durch eine unabhängige Glücksspielaufsicht unterstellt.[136]

Eine der am stärksten einschneidenden Änderungen vollzieht der Gesetzgeber mit dem vollständigen Internetverbot nach § 4 Abs. 4 GlüStV 2008, auf das sogleich in einem separaten Abschnitt eingegangen wird.[137]

Zu weiteren erheblichen Verschärfungen gegenüber der Vorgängernorm zählen beispielsweise strikte Werbebeschränkungen.[138] Hat es bisher ausgereicht, wenn die Werbemaßnahmen angemessen sind und nicht den Zielen des § 1 LottStV 2004 widersprechen, so haben sie sich gem. § 5 GlüStV 2008 auf eine „Information und Aufklärung" über die Spielmöglichkeit ohne Aufforderungs- und Anreizcharakter[139] zu beschränken.[140] Das Gebot einer maßvollen, informativen Werbung wird flankiert durch zahlreiche Verbote, die einen erheblichen Teil der Fernsehreklame betreffen und zur Einstellung der Werbung im Internet und über Telekommunikationsanlagen führen.[141]

Hinzu kommen Hinweis- und Aufklärungspflichten, die der Suchtprävention dienen und eine Spielteilnahme Minderjähriger verhindern sollen. Die Veranstalter werden über die Einhaltung der expliziten Vorgaben hinaus verpflichtet, ein Sozialkonzept zu entwickeln.[142] Ein Novum stellt auch die Schaffung eines Fachbeirats

---

133 In der politischen Diskussion spielen die beiden ebenfalls in Länderregie veranstalteten Klassenlotterien, für die neben dem GlüStV weitere Ländervereinbarungen zur Anwendung kommen, neben den Sportwetten und dem Zahlenlotto nur eine geringe Rolle, zu diesen: *Diegmann/Hoffmann/Ohlmann*, Spielrecht, 2008, Rn. 34 f.; *Brugger*, ZfWG 2008, 20 (23); *Ohlmann*, WRP 1998, 1043 (1049, 1054 ff.); *ders.*, WRP 2005, 48 (49).

134 Dazu: *Brugger*, ZfWG 2008, 20.

135 *Gebhardt/Postel*, in: Gebhardt/Gruesser-Sinopoli, Glücksspiel in Deutschland, 2008, § 21 Rn. 54; *Ennuschat*, ZfWG 2008, 83 (85 f.).

136 Siehe näher zur Umsetzung des Erlaubnisvorbehaltes: *Brugger*, ZfWG 2008, 20 (21).

137 Teil 1 E. VI.

138 Zu diesen nach dem GlüStV 2008 sowie dem GlüÄndStV 2012: *Becker*, ZfWG 2012, 229.

139 Vgl. § 5 Abs. 2 S. 1 GlüStV 2008.

140 Näher: *Engels*, WRP 2008, 470 (475); *Ennuschat*, ZfWG 2008, 83 (86).

141 Zu den Werberestriktionen: *Brugger*, ZfWG 2009, 256 (257); *Engels*, WRP 2008, 470 (475); *Heermann*, WRP 2008, 479 (481 ff.); *Schmits*, ZfWG 2007, 197 (199).

142 Gem. § 6 GlüStV unter Einhaltung der „Richtlinien zur Vermeidung und Bekämpfung von Glücksspielsucht" im Anhang des Staatsvertrags; hierzu: *Nagel*, in: Dietlein/Hecker/Ruttig, Glücksspielrecht, 2008, § 6 GlüStV Rn. 2 ff.

gem. § 10 Abs. 2 GlüStV 2008 dar.[143] Als unabhängige Kontroll- und Beratungsinstanz überwacht das Expertengremium die Einhaltung der ordnungsrechtlichen Zielsetzungen, insbesondere der Suchtbekämpfung, durch die Länder.[144]

Einen Schritt weiter geht die Verpflichtung, eine übergreifende Sperrdatenbank für Problemspieler einzurichten, die Selbst- und Fremdsperren ermöglicht. Der Gesetzgeber ergreift die Gelegenheit zur Neugestaltung des landesrechtlich normierten Glücksspielwesens und erstreckt gem. § 2 Abs. 2 GlüStV 2008 einige Vorgaben des Staatsvertrags wie die Sperrregelung, aber auch das Internetverbot nach § 4 Abs. 4 GlüStV 2008[145] auf den Spielbankensektor.[146]

Um dessen Vollzug zu gewährleisten, enthält der nicht abschließende Katalog des § 9 GlüStV 2008 konkrete Eingriffsnormen, nach denen die zuständigen Landesbehörden zum Erlass von Verfügungen gegen die Anbieter sowie die Erbringer von Zahlungs- und Internetdienstleistungen berechtigt sind.[147] Der Ermächtigungsnorm des § 9 Abs. 1 S. 3 Nr. 4 GlüStV 2008, die zu einer Unterbindung des Zahlungsflusses für unerlaubte Glücksspiele berechtigt, widmet sich die Arbeit im dritten Kapitel.

IV. Die Schicksalsentscheidung *Carmen Media Group Ltd.*

Am 08. September 2009 erschüttert eine EuGH-Entscheidung das deutsche Glücksspielwesen in seinen Grundfesten. Das Vorlageverfahren *Carmen Media Group Ltd.*[148] des Verwaltungsgerichts Schleswig-Holstein zu einem vom deutschen Markt ausgeschlossenen Anbieter von Internetglücksspielen mit Sitz in Gibraltar bringt zuerst den GlüStV 2008 auf den unionsrechtlichen Prüfstand und anschließend zu Fall. Am selben Tag entscheidet der Gerichtshof die Vorlagerechtssachen der Verwaltungsgerichte Stuttgart und Gießen,[149] *Markus Stoß u.a.*[150]

143 Rechtsgrundlage ist die Verwaltungsvereinbarung vom 19.12.2007 über die Zusammenarbeit der Länder bei der Glücksspielaufsicht und die Einrichtung des Fachbeirats nach § 10 Abs. I S. 2 GlüStV (VwVGlüStV), GVBl. Bbg. I 2008, S. 106.

144 *Dietlein/Postel*, in: Dietlein/Hecker/Ruttig, Glücksspielrecht, 2008, § 10 GlüStV Rn. 10 ff.; *Haltern*, ZfWG 2009, 313 f.; *Manthey/Rubin*, ZfWG 2010, 324 (325).

145 Dazu: BVerwG, Urteil vom 01.06.2011 – 8 C 5.10, Rn. 11 (juris).

146 Diese sind: §§ 1 (Ziele des Staatsvertrags); 3 bis 8 (Begriffsbestimmungen, Allgemeine Bestimmungen, Werbung, Sozialkonzept, Aufklärung und Spielersperre); 20 (Spielbanken) und 23 (Sperrdatei, Datenverarbeitung); dazu: *Dietlein/Hüsken*, in: Dietlein/Hecker/Ruttig, Glücksspielrecht, 2008, § 2 GlüStV Rn. 11 ff.

147 *Ennuschat*, in: BeckOK-GewO, Stand: 01.07.2011, § 33 h Rn. 31 f.; *Steegmann*, Basisinfrastruktur, 2010, S. 124 ff.

148 EuGH, Rs. C-46/08 – *Carmen Media Group Ltd.*, ZfWG 2010, 344.

149 VG Stuttgart, ZfWG 2007, 313; VG Gießen, Beschluss vom 07.05.2007 – 10 E 13/07 (juris).

150 EuGH, verb. Rs. C-316/07 u.a. – *Markus Stoß u.a.*, ZfWG 2010, 332.

sowie Köln, *Winner Wetten*,[151] zu Untersagungsverfahren gegen Vermittlungsbüros für EU-ausländische Wettanbieter. Beide betreffen allerdings nicht den GlüStV 2008, sondern die Vorgängerregelung, die bis Ende 2007 als Übergangsrecht weiter gilt.

Im Zentrum der von der EU-Kommission unterstützten Verfahren *Carmen Media Group Ltd.* und *Markus Stoß u.a.* steht die Frage nach dem Auslegungsmaßstab für das sog. Kohärenzkriterium:[152] Als Aspekt der Geeignetheit[153] bzw. Gegenprobe zur gesamten Verhältnismäßigkeitsprüfung[154] fordert der EuGH seit dem Urteil *Zenatti*, dass mitgliedstaatliche Glücksspielbeschränkungen „kohärent und systematisch" sein müssen. Dies ist der Fall, wenn sie wirklich den vorgegebenen ordnungsrechtlichen Zielsetzungen dienen und nicht nur vorgeschoben werden, um andere, meist fiskalische Zwecke zu verdecken.[155]

Die deutsche Rechtsprechung einschließlich des BVerfG und große Teile der Literatur legen wie auch die Generalanwälte in mehreren Schlussanträgen[156]

---

151 EuGH, Rs. C-409/06 – *Winner Wetten*, ZfWG 2010, 407.

152 Zur Herleitung aus Art. 10 EG a.F.: *Krenzler/Schneider*, EuR 1994, 144 (158 f.). Zu praktischen Anwendungsfeldern des Abstimmungsgebotes ausführlich: *Bunk*, Verpflichtung, 1999, S. 101 ff.; *Sick*, Das Kohärenzgebot, 2001, S. 14; *Pechstein*, EuR 1996, 137 (141); *Ress*, JuS 1992, 985 (987). Zur Bedeutung als Rechtfertigungsgrund im Steuerwesen: EuGH, Rs. C-204/90, Slg. 1992, I-249 – *Bachmann*, Rn. 23; Rs. C-9/02, Slg. 2004, I-2409 – *Lasteyrie du Saillant*, Rn. 63; Rs. C-319/02, Slg. 2004, I-7477 – *Manninen*, Rn. 42. Zum Verbrauchervertragsrecht: *Von Vogel*, Verbrauchervertragsrecht, 2006, S. 112 ff., 279. Siehe weiterhin zum Begriffsverständnis: *Ennuschat*, ZfWG 2011, 153 (156). *Lippert*, EuR 2012, 90 (92), sieht das Kriterium als eigenständige Schranken-Schranke neben der Verhältnismäßigkeit an.

153 EuGH, Rs. C-243/01 – *Gambelli*, Slg. 2003, I-13076, Rn. 67; verb. Rs. C-338/04; C-359/04; C-360/04 – *Placanica u.a.*; Slg. 2007, I-1891, Rn. 53; EFTA-Gerichtshof, Rs. E-1/06 – *Gaming Machines*, ZfWG 2007, 134 (138, Rn. 42); OVG Hamburg, Beschluss vom 16.11.2007 – 1 Bs 187/07, ZfWG 2007, 471 Ls; GA Bot, Schlussanträge vom 14.10.2008, Rs. C-42/07 – *Liga Portugesa*, ZfWG 2008, 323 (348, Rn. 302).

154 So auch: VG Stuttgart, ZfWG 2007, 313 (316, Rn. 31). Als eigenständiges Kriterium: GA Mengozzi, Schlussanträge vom 04.03.2010, Rs. C-316/07 u.a. – *Markus Stoß u.a.*, ZfWG 2010, 55 (59, Rn. 37); *Koenig/Ciszewski*, ZfWG 2008, 397 (398).

155 EuGH, Rs. C-67/98, Slg. 1999, I-7289 – *Zenatti*, Rn. 35 f.; Rs. C-243/01, Slg. 2003, I-13076 – *Gambelli*, Rn. 62, 67; verb. Rs. C-338/04; C-359/04; C-360/04, Slg. 2007, I-1891 – *Placanica u.a.*, Rn. 53; näher: *Gebhardt*, ZfWG 2011, 161 (162 f.); *Keber*, ZfWG 2011, 83; speziell zum Kriterium im Hinblick auf Werbebeschränkungen: *Ennuschat*, ZfWG 2011, 153. *Haltern*, ZfWG 2011, 77 (82), sieht ein Risiko für Inkohärenz insbes. bei fiskalisch motivierten Handelsbarrieren.

156 GA Mengozzi, Schlussanträge vom 04.03.2010, Rs. C-316/07 u.a. – *Markus Stoß u.a.*, ZfWG 2010, 55 (62, Rn. 70); GA Bot, Schlussanträge vom 14.10.2008, Rs. C-42/07 – *Liga Portugesa*, ZfWG 2008, 323 (348, Rn. 303); tendenziell in Richtung einer Einzelbetrachtung auch noch: EuGH, verb. Rs. C-338/04, C-359/04 und C-360/04, Slg. 2007, I-1891 – *Placanica u.a.*, Rn. 49 m. Bspr.: *Arendts*, ZfWG 2007, 79; *Ennuschat*, ZfWG 2007, 77 f.; *Hamacher/Soldner*, SpuRt 2007, 89 (91 f.); *Stein*, ZfWG 2007, 133. Eine Entscheidung zum französischen Alkoholwerbeverbot dürfte allerdings nicht als vergleichbar anzusehen sein: EuGH, Rs. C-262/02, Slg. 2004,

einen sektoralen Betrachtungswinkel an, mit dem sie nur die Regelungen für den jeweils streitgegenständlichen Glücksspielsektor einer rechtlichen Bewertung unterwerfen. Danach erachten sie die Restriktionen unter dem GlüStV 2008 für Lotterien und Sportwetten für verfassungs- und unionsrechtskonform.[157]

Der EuGH greift hingegen die Kritik der Verwaltungsgerichte und der EU-Kommission[158] insbesondere an der vergleichsweise liberalen, zu wenig an der Suchtbekämpfung ausgerichteten[159] Regulierung des Rennwett-[160] und des gewerblichen Spielsektors[161] auf und bezieht die beiden Sparten in seinen Prüfungsumfang mit ein:[162] Die Vorlagegerichte können aus Sicht des EuGH „berechtigten Anlass zu der Schlussfolgerung haben", dass die Behörden in Bezug

---

I-6569 – *Komm./.Frankreich (loi-evin)*, Rn. 32 f.; so aber: GA Mengozzi, Schlussanträge vom 04.03.2010, Rs. C-316/07 u.a. – *Markus Stoß u.a.*, ZfWG 2010, 55 (62, Rn. 71); GA Bot, Schlussanträge vom 14.10.2008, Rs. C-42/07 – *Liga Portugesa*, ZfWG 2008, 323 (349, Rn. 307); *Hecker/Schmitt*, ZfWG 2008, 436 (439); zu Recht krit.: *Koenig/Ciszewski*, ZfWG 2008, 397 (405).

157 BVerfG(K), ZfWG 2009, 99 (101, Rn. 17); BReg, Mitteilung an die Komm. vom 20.05.2008, Verletzungsverfahren 2007/4866, ZfWG 2008, 173 (183, Rn. 85 ff.); VGH Bayern, ZfWG 2008, 197 (200); OVG Hamburg, ZfWG 2008, 136 (139); ZfWG 2007, 308 f.; Beschluss vom 16.11.2007 – 1 Bs 187/07, ZfWG 2007, 471 Ls; Beschluss vom 26.09.2008 – 4 Bs 101/08, ZfWG 2008, 396 Ls; Beschluss vom 27.02.2009 – 4 Bs 235/08, ZfWG 2009, 152 Ls.; OVG NRW, ZfWG 2008, 122 (123); VG Potsdam, Beschluss vom 02.04.2008 – 3 L 687/07, ZfWG 2008, 151 Ls; VG Stuttgart, ZfWG 2008, 140 (145); LG Bremen, ZfWG 2008, 280 (281 f.); LG Frankfurt/Main, ZfWG 2008, 52 (55); *Dietlein*, in: Dietlein/Hecker/Ruttig, Glücksspielrecht, 2008, Art. 3 GG Rn. 4; *ders.*, ZfWG 2009, 327; *Hüsken*, Staatsaufsicht, 2008, S. 232; *Hecker/Schmitt*, ZfWG 2008, 436 (439); *Ennuschat*, ZfWG 2009, 329; *Mailänder*, ZfWG 2009, 334; *Stein*, ZfWG 2009, 332 (334).

158 EU-Komm., Schriftsatz an den EuGH vom 10.12.2007, verb. Rs. C-316/07 – *Marcus Stoss u.a.*, ZfWG 2008, 94 (97, Rn. 39); Schriftsatz an den EuGH vom 19.05.2008, Rs. C-46/08 – *Carmen Media Group Ltd.*, ZfWG 2008, 428 (433, Rn. 34); für eine Inkohärenz auch: *Johnston*, Unterlassungsansprüche, 2009, S. 76 ff.

159 VG Stuttgart, ZfWG 2007, 313 (316, Rn. 29); *Bartholmes*, ZfWG 2007, 233; *Koenig/Ciszewski*, ZfWG 2008, 397 (403) m.V.a. BReg, Mitteilung an die Komm. vom 20.05.2008, Verletzungsverfahren 2007/4866, ZfWG 2008, 173 (184, Rn. 97); zum Gefährdungsgrad auch: *Becker*, ZfWG 2009, 1 (2 ff.); *Lüderssen*, in: FS Seebode, 2008, S. 219 (224); *Reeckmann*, ZfWG 2010, 229; dagegen: *Knoll*, Forum Nr. 10/2009.

160 EU-Komm., Schriftsatz an den EuGH vom 19.05.2008, Rs. C-46/08 – *Carmen Media Group Ltd.*, ZfWG 2008, 428 (433 f., Rn. 34); Schriftsatz an den EuGH vom 10.12.2007, verb. Rs C-316/07 – *Marcus Stoss u.a.*, ZfWG 2008, 94 (97, Rn. 39).

161 EU-Komm., Aufforderungsschreiben vom 31.01.2008, Verletzungsverfahren 2007/4866, ZfWG 2008, 32 (36); Schriftsatz an den EuGH vom 10.12.2007, verb. Rs C-316/07 – *Marcus Stoss u.a.*, ZfWG 2008, 94 (97, Rn. 39); Schriftsatz an den EuGH vom 19.05.2008, Rs. C-46/08 – *Carmen Media Group Ltd.*, ZfWG 2008, 428 (434, Rn. 35).

162 Entspr. bereits *Koenig*, ZfWG 2009, 229. Für einen sektorenübergreifenden Betrachtungswinkel auch: *Marberth-Kubicki/Hambach/Berberich*, K&R 2012, 27 (33).

auf andere Glücksspielarten, die dem Monopol nicht unterliegen eher eine Politik der Angebotsausweitung als der systematischen und kohärenten Begrenzung zur Vermeidung übermäßiger Glücksspielausgaben und zur Bekämpfung der Spielsucht verfolgen oder zumindest dulden. Damit sei die Beschränkung der Dienstleistungsfreiheit durch das Wettmonopol nicht mehr gerechtfertigt.[163] Auch zu dem Internetverbot nach § 4 Abs. 4 GlüStV 2008 äußert sich der EuGH. Allerdings fällt die Antwort, auf die näher an späterer Stelle eingegangen wird, sehr knapp aus.[164]

V. Ausblick: Neuregelung ab 2012

Die Länder werden mithin durch den EuGH angehalten, erneut tiefgreifende Änderungen des Glücksspielrechts vorzunehmen. Der Weg bis zur Novelle, dem Glücksspieländerungsstaatsvertrag, ist dabei kein geradliniger und einfacher.[165]

In die Druckversion der vorliegenden Arbeit kann die endgültige Vertragsfassung und die Neuausrichtung Schleswig-Holsteins noch aufgenommen werden. Die Darstellungen zur Entwurfsphase werden damit um die aktuellste Rechtslage wesentlich ergänzt.

Die wichtigste Neuheit im Rahmen der Glücksspielnovellierung ab 2012 ist die Aufgabe des Sportwettenmonopols. Das staatliche Alleinveranstaltungsrecht für große Lotterien soll hingegen im Wesentlichen in seiner bisherigen Form erhalten bleiben.[166]

Über zentrale Punkte des geplanten Konzessionsmodells besteht zwischen den Ländern zuerst noch keine Einigkeit. Daher enthält sich Schleswig-Holstein bei der Abstimmung zum Entwurf eines „Ersten Glücksspieländerungsstaatsvertrags" mit Stand vom 14. April 2011 (GlüÄndStV-E 04/2011, unter 1.).[167] Zuvor stellen bereits die CDU- und die FDP-Fraktion des nördlichsten Bundeslandes gemeinsam ein eigenes, deutlich liberaler ausgestaltetes Konzept – auch im Hinblick auf die Onlinesparte – vor (unter 2.).[168] Nachdem durchdringt, dass die EU-

163 EuGH, verb. Rs. C-316/07 u.a. – *Markus Stoß u.a.*, ZfWG 2010, 332 (341, Rn. 106 f.); Rs. C-46/08 – *Carmen Media Group Ltd.*, ZfWG 2010, 344 (349, Rn. 71).

164 Unter Teil 1 E. VI. 3. b) dd).

165 Einen Überblick über die Rechtsprechung seit der Carmen Media-Entscheidung bieten *Marberth-Kubicki/Hambach/Berberich*, K&R 2012, 27 (28 f.).

166 Zu den Kernelementen der Neuregelung näher: *Windoffer*, DÖV 2012, 257 (259).

167 Erster Glücksspieländerungsstaatsvertrag (GlüÄndStV), Entwurfsfassung vom 14.04.2011 (GlüÄndStV-E 04/2011), unter: www.gluestv.de/Gesetzesdatenbank/Staatsvertraege/Erster-Gluecksspielaenderungsstaatsvertrag; zul. aufgerufen am 10.09.2012.

168 Entwurf des Glücksspielgesetzes Schleswig Holstein (GlüSpG-E S-H), LT-Drs. S-H 17/1100 vom 03.12.2010, unter: www.landtag.ltsh.de/infothek/wahl17/drucks/1100/drucksache-17-1100.pdf:

Kommission im Rahmen der Notifizierung Kernpunkte des GlüÄndStV-E 04/2011 voraussichtlich nicht als europarechtskonform billigen wird, signalisieren einige weitere Länder, sich dem schleswig-holsteinischen Modell anschließen zu wollen. Der Ausgang des politischen Tauziehens ist lange Zeit ungewiss. Zwischenzeitlich ist es zu Gunsten eines für alle Länder einheitlichen, gegenüber der Entwurfsfassung leicht gelockerten Staatsvertrags beendet (unter 3.). Schwierige rechtliche Fragestellungen werden auch dieses Mal wahrscheinlich ebenso wenig wie bei den Vorgängerregelungen auf sich warten lassen.

1. Der 15-Länder-Entwurf (GlüÄndStV-E 04/2011)

Der GlüÄndStV-E in der Fassung vom 14. April 2011 enthält gegenüber dem GlüStV 2008 eine Erweiterung seiner Zielsetzungen. Das Ziel, den Spieltrieb in der Bevölkerung durch ein legales Angebot zu kanalisieren, wird ergänzt um den Aspekt, auf diese Weise den Schwarzmarkt einzudämmen.[169] Weiterhin soll den Gefahren für die Integrität des sportlichen Wettbewerbs bei der Veranstaltung und dem Vertrieb von Sportwetten vorgebeugt werden.[170] Alle Ziele stehen gleichrangig nebeneinander.[171]

Kernpunkte des GlüÄndStV-E 04/2011 sind die Umwandlung des Sportwettmonopols in ein eingeschränktes Konzessionsmodell (unter a), die Aufgabe des umfassenden Internetverbotes (unter b), ein hoher Steuersatz für die Erlaubnisnehmer sowie die Beibehaltung einer Ermächtigung für Internetsperren (unter c). Weiterhin sind die Länder bemüht, dem Kohärenzgebot durch einen partiellen Einbezug des Rennwett- und Spielhallensektors Rechnung zu tragen (unter d.).

a) Sportwettensektor: zögerliche Liberalisierung

In ihrer Protokollerklärung im Rahmen der Ministerpräsidentenkonferenz im März 2011 betonen die Vertreter der Länder Berlin, Bremen, Hamburg, Mecklenburg-Vorpommern, Nordrhein-Westfalen und Rheinland-Pfalz die Notwendigkeit, aus verfassungs- und europarechtlichen Gründen im Bereich der Sportwetten die Vergabe einer oder mehrerer Konzessionen so auszugestalten, dass kein Wettbewerb zwischen einzelnen Konzessionären stattfindet. Die Regulierungsziele des Staatsvertrags stünden einem auf die Expansion des Sportwettenmarktes

---

zul. aufgerufen am 10.09.2012. Auf die Problematik möglicherweise fehlender Gesamtkohärenz durch unterschiedliche Regelungen weist *Hecker*, WRP Die erste Seite 2012, Nr. 2, hin.

169 § 1 S. 1 Nr. 2 GlüÄndStV-E 04/2011.

170 § 1 S. 1 Nr. 5 GlüÄndStV-E 04/2011.

171 § 1 S. 1 GlüÄndStV-E 04/2011. Kritisch hierzu, da die Spielsuchtbekämpfung nicht als gleich-, sondern bei Zugrundelegung des Sportwetten-Urteils von 2006 als vorrangig anzusehen sei: *Gebhardt/Postel*, ZfWG 2012, 1 (5).

angelegten Wettbewerbsmodell entgegen.[172] Das Lotteriemonopol soll jedoch in seiner bisherigen Form beibehalten werden.[173]

Eine umfassende Liberalisierung ist demnach nicht beabsichtigt. Der GlüÄndStV-E mit Stand vom 14. April 2011 enthält in § 10 a eine sog. Experimentierklausel, nach der für eine Laufzeit von sieben Jahren[174] maximal sieben Sportwettkonzessionen nach einer umfangreichen Zuverlässigkeitsprüfung vergeben werden dürfen. Die Lizenzen umfassen auch das Internet als Vertriebsweg.[175]

Als Bewerber kommen ebenfalls Unternehmen in Betracht, die ihren Sitz im EU-Ausland haben, solange sie zusätzlich einen Ansprechpartner und eine Kontoverbindung im Inland vorweisen können.

Bereits im Zuge der Glücksspielreform 2007 wird ein zahlenmäßig begrenztes Lizenzmodell als mögliche Alternative zum Erhalt des Wettmonopols untersucht. Experten sehen eine kontingentierte Zulassung gewissermaßen als das „Öffnen der Büchse der Pandora" an: Eine Flut weiterer Zulassungsanträge sei zu erwarten, deren erfolgreiche Abwehr aus unionsrechtlicher Sicht zweifelhaft sei.[176] Die EU-Kommission steht einem auf sieben Lizenzen begrenzten Modell, soweit bekannt, kritisch gegenüber und wird dies möglicherweise auch im Rahmen des Notifizierungsverfahrens zum Ausdruck bringen.[177]

b) „Wiedereröffnung" der Internetsparte

Mit der Novellierung ist eine Abkehr von dem Totalverbot für Internetglücksspiele, das mit § 4 Abs. 4 GlüStV 2008 erst Einzug gefunden hat, beabsichtigt.

---

172 Protokollerklärung MPK vom 10.03.2011, abrufbar unter: www.sachsen-anhalt.de/fileadmin/Elementbibliothek/Bibliothek_Politik_und_Verwaltung/Bibliothek_StK/MPK_2010_2011/Dokumente/endg._Ergebnisprotokoll_der_MPK_am_10.03.2011_in_Berlin.pdf; näher zur geplanten Neuregelung: Ostthüringer Zeitung, Beitrag vom 17.06.2011, unter: www.otz.de/startseite/detail/-/specific/Landtag-lehnt-Oeffnung-des-Sportwettenmarktes-ab-937535098. Quellen zul. aufgerufen am 10.09.2012.

173 Dies ergibt sich aus 1) der Beibehaltung der Vorgaben des GlüStV 2008 zum Lotterierecht, 2) der ausdrücklichen Begrenzung der neu eingefügten Konzessionsvorschriften auf Sportwetten, 3) der Formulierung „Lotterien im Eigenvertrieb" nach § 4 Abs. 5 GlüÄndStV-E 04/2011. Zu den Vorgaben des höherrangigen Rechts für ein fortbestehendes Lotteriemonopol: *Diesbach/Ahlhaus*, ZUM 2011, 129 (130 ff.).

174 Damit liefe die Experimentierklausel zwei Jahr früher als der Staatsvertrag aus: § 34 Abs. 2 S. 1 GlüÄndStV-E 04/2011 sieht eine Geltungsdauer der Gesamtregelung bis Ende 2020 vor.

175 § 10 a IV GlüÄndStV-E 04/2011.

176 *Stein/von Buttlar*, in: Ennuschat, Aktuelle Probleme d. Rechts d. GS, 2008, S. 81 (101, Rn. 55).

177 *Bolzen*, Deutscher Glücksspielstaatsvertrag vor dem Aus, Artikel vom 11.07.2011, unter: www.welt.de/print/die_welt/wirtschaft/article13479666/Deutscher-Gluecksspielstaatsvertrag-vor-dem-Aus.html; zul. aufgerufen am 10.09.2012.

Auf diese Weise soll dem milliardenstarken Schwarzmarkt Paroli[178] geboten und es sollen die an unerlaubte, meist ausländische Onlineanbieter abgewanderten Spieler zurückgeholt werden.[179]

Dazu folgt dem Verbot nach § 4 Abs. 4 GlüÄndStV-E 04/2011 ein Abs. 5. Dieser gestattet bei Einhaltung der dort aufgelisteten spielerschutzrechtlichen Vorgaben den Ländern den Eigenvertrieb von Lotterien im Internet. Weiterhin wird das Internet für die Lotterievermittlung sowie die Veranstaltung und Vermittlung von Sportwetten im Internet durch Konzessionsnehmer und deren Vertriebspartner geöffnet. Damit im Zusammenhang stehende Beschränkungen sind beispielsweise das Verbot, Wetten und Lotterien über dieselbe Domain anzubieten.[180]

Auch für die Glücksspielwerbung ist eine teilweise Rücknahme eben der Restriktionen geplant, welche die Länder unter dem GlüStV 2008 noch als notwendig erachten. So wird nach § 5 Abs. 3 GlüÄndStV-E 04/2011 neben dem Fernsehen[181] auch das Internet wieder als Werbeplattform erschlossen.[182]

c) *Weitere Kernregelungen: Internetsperren und hohe Abgabenlast*

Neben der Experimentierklausel sind es vor allem drei Regelungen, die negative Reaktionen hervorrufen und möglicherweise von der EU-Kommission als rechtlich bedenklich angesehen werden.

Erstens betrifft dies die Eingriffsgrundlage für Internetsperren, der im Gegensatz zur Ermächtigung für Zahlungssperren heftige Ablehnung entgegenschlägt.[183] In der öffentlichen Diskussion wird allerdings kaum auf die Tatsache eingegangen, dass die Norm bereits in ganz ähnlicher Form in § 9 Abs. 1 S. 3 Nr. 5 GlüStV 2008 enthalten ist.

Zweitens wird als mindestens ebenso problematisch die Abgabenlast von 16 2/3 Prozent des Spieleinsatzes angesehen, deren Höhe den Vorgaben des RennwLottG entspricht.[184] Diese Quote wird als unrealistisch und nicht lukrativ eingestuft. Aus Branchensicht hätte die Festsetzung zur Folge, dass die Wettanbieter nicht

---

178 Zu diesem: *Marberth-Kubicki/Hambach/Berberich*, K&R 2012, 27 (32).

179 Hierzu näher unter Teil 1 E. VI. 4 a) dd).

180 § 4 Abs. 5 Nr. 5 GlüÄndStV-E 04/2011.

181 Mit Ausnahme von Werbung für Sportwetten im Umfeld von Sportsendungen, die gem. § 5 Abs. 3 S. 3 GlüÄndStV-E 04/2011 weiterhin nicht erlaubnisfähig sind.

182 § 5 Abs. 3 S. 3 GlüÄndStV-E 04/2011.

183 Beitrag auf Golem, Netzsperren über Glücksspielstaatsvertrag rücken näher, unter: www.golem.de/1104/82857.html; zul. aufgerufen am 10.09.2012.

184 Der Steuersatz für Totalisatorunternehmer und Buchmacher für Rennwetten richtet sich nach §§ 10 und 11 RennwLottG. Nach § 17 S. 3 RennwLottG beträgt er 20 % des Nettolospreises, das ebenfalls 16 2/3 % des Bruttopreises entspricht. Näher dazu: *Birk*, in: Dietlein/Hecker/Ruttig, Glücksspielrecht, 2008, SteuerR Syst A Rn. 13, 26.

mehr in der Lage sind, wirtschaftlich zu arbeiten.[185] Drittens erhält nach § 20 Abs. 3 GlüÄndStV-E 04/2011 pro Land nur eine Spielbank das Recht, ihr stationäres Angebot von Tischspielen einschließlich Poker über das Internet zugänglich zu machen. Damit kommt es von vornherein nicht zu einer mit den Sportwettenregelungen vergleichbaren Marktöffnung.

d) Kohärenzbestrebungen durch Regelungen für Spielhallen und Pferdewetten

Um der Kritik des EuGH an der mangelnden Gesamtkohärenz Rechnung zu tragen, enthält der GlüÄndStV-E 04/2011 partielle Regelungen für die beiden bislang ausschließlich bundesrechtlich normierten Glücksspielbereiche, dem gewerblichen Spiel und den Rennwetten.[186]

Der Regelungsgehalt für die erste Kategorie erstreckt sich auf den bereits angesprochenen, aus der konkurrierenden Gesetzgebung nach Art. 74 Abs. 1 Nr. 11 GG abgespaltenen Teil des Spielhallenrechts. Gem. § 24 GlüÄndStV-E 04/2011 ist für die Errichtung und den Betrieb einer Spielhalle eine zusätzliche Erlaubnis nach dem Staatsvertrag erforderlich. Diese soll die Einhaltung der ordnungsrechtlichen Zielsetzungen nach § 1 des Staatsvertragsentwurfs sicherstellen. Über die Erteilung entscheidet gem. § 24 Abs. 3 GlüÄndStV-E 04/2011 im Rahmen der Konzentrationswirkung ebenfalls die nach Landesrecht für Erlaubnisse nach § 33 i GewO zuständige Behörde. Die knappen Regelungen überlassen die nähere Ausgestaltung der räumlichen Vorgaben den Ausführungsgesetzen der Länder.[187] Diesen wird damit zugleich ein Gesetzgebungsauftrag erteilt. Die Spielhallenregelungen im GlüÄndStV-E 04/2011[188] enthalten ähnliche Beschränkungen wie das Spielhallengesetz des Landes Berlin.[189] Hierzu zählen beispielsweise die Beachtung eines Mindestabstandes zwischen mehreren Spielhallen,[190] ein Verbot von Mehrfachkonzessionen[191] oder eine zahlenmäßige Begrenzung der Erlaubnisse

185 Siehe zur Pressekonferenz führender privater Glücksspielanbieter: *Koopmann*, Artikel vom 18.04.2011, unter: www.hochgepokert.com/2011/04/18/glucksspielstaatsvertrag-schleswig-holstein-im-alleingang-eine-regelung-fur-deutschland/. Ausführlich auch: *Schmidt/Lima de Miranda*, ifw Kiel Policy Brief Nr. 44 / März 2012, Regulierung des Glücksspiels in Deutschland, S. 1, unter: https://www.ifw-kiel.de/wirtschaftspolitik/politikberatung/kiel-policy-brief/KPB_44.pdf. Quellen zul. aufgerufen am 10.09.2012.

186 Hierzu näher: *Gebhardt/Postel*, ZfWG 2012, 1 (8 f.); *Windoffer*, DÖV 2012, 257 (259 f.).

187 §§ 24 Abs. 3 S. 2, 25 Abs. 1 S. 2, Abs. 3 GlüÄndStV-E 04/2011.

188 Siehe zu den Verschärfungen näher: *Reekmann*, ZfWG 2012, 255; *Wild*, ZfWG 2012, 247.

189 Spielhallengesetz Berlin (SpielhG Bln) vom 20.05.2011, in Kraft getreten am 01.06.2011, GVBl. Berlin 2011, S. 223 ff., abrufbar unter: www.baberlin.de/fileadmin/user_upload/landesverband/Berlin-Ostdeutschland/GVBl._Berlin__14_2011_S.223-225.pdf; zul. aufgerufen am 10.09.2012.

190 § 25 Abs. 1 GlüÄndStV-E 04/2011.

191 § 25 Abs. 2 GlüÄndStV-E 04/2011.

innerhalb eines Gemeindegebiets.[192] Der Entwurf sieht weiterhin eine Durchbrechung des Bestandsschutzes für Spielhallenerlaubnisse vor, die vor und ab dem 06. April 2011 gem. § 33 i GewO erlassen wurden. Die nachträglich durch den Staatsvertrag angeordnete Beschränkung des Geltungszeitraums auf fünf bzw. ein Jahr(e) bei Mehrfachkonzessionen,[193] könnte, sofern die Regelung in Kraft tritt, künftig die Verwaltungsgerichte beschäftigen.[194]

Um eine kohärente Ausgestaltung des gesamten Wettsektors zu erzielen, enthält der Entwurf ergänzende Anforderungen an die Veranstaltung von Pferdewetten. Diese betreffen u.a. die bislang problematische, da von der bundesrechtlichen Regelung nicht explizit erfasste Frage, ob und unter welchen Voraussetzungen Rennwetten über das Internet zulässig sind. In § 27 Abs. 2 GlüÄndStV-E 04/2011 wird die Veranstaltung und Vermittlung im Internet nur gestattet, wenn neben den Anforderungen des RennwLottG eine Reihe von Spielerschutzvorgaben eingehalten werden.[195]

2. Der Gegenentwurf Schleswig-Holsteins

Mit dem im Dezember 2010 veröffentlichten „Entwurf eines Gesetzes zur Neuordnung des Glücksspiels (GlüSpG-E S-H)“[196] und seiner Enthaltung in der Abstimmung zum GlüÄndStV-E 04/2011 schlägt Schleswig-Holstein nicht zum ersten Mal einen Sonderweg ein. Bereits in der Entwurfsphase zum GlüStV 2008 legt die CDU-Fraktion des schleswig-holsteinischen Landtages im Frühjahr 2007 einen Alternativentwurf zum Staatsvertrag der Länder vor. Dieser sieht eine Umgestaltung des Sportwettenmarktes in ein Konzessionsmodell vor, kann sich aber im Ergebnis nicht durchsetzen.[197]

Diesmal ist es den Urhebern des schleswig-holsteinischen Sonderwegs, der CDU- und der FDP-Landtagsfraktion, deutlich ernster. Bereits Anfang Mai 2011 beurteilt die EU-Kommission den ihr vorgelegten Gesetzentwurf Schleswig-

192 § 25 Abs. 3 GlüÄndStV-E 04/2011.

193 § 29 Abs. 4 GlüÄndStV-E 04/2011.

194 Krit. zu den Beschränkungen für Spielhallenbetreiber im GlüÄndStV-E: *Hufen*, Vorgutachten für die Spitzenverbände der Deutschen Automatenwirtschaft, Stichpunkte daraus unter: http://isa-casinos.de/law/articles/33071.html; zul. aufgerufen am 10.09.2012.

195 Nach § 4 Abs. 5 GlüÄndStV-E: Ausschluss minderjähriger oder gesperrter Spieler (Nr. 1); Höchsteinsatz- und Verlustlimits, Kreditverbot (Nr. 2); keine besonderen Suchtanreize durch schnelle Spielwiederholung (Nr. 3); Entwicklung und Evaluierung von Sozialkonzept i.S.d. § 6 (Nr. 4).

196 LT-Drs. S-H 17/1100 vom 03.12.2010, unter: www.landtag.ltsh.de/infothek/wahl17/drucks/1100/drucksache-17-1100.pdf; zul. aufgerufen am 10.09.2012.

197 Entwurf vom 06.03.2007 unter: https://gluecksspiel.uni-hohenheim.de/fileadmin/einrichtungen/gluecksspiel/Staatsvertrag/StaatsvertragAlternativentwurf.pdf; zul. aufgerufen am 10.09.2012.

Holsteins im Rahmen des Notifizierungsverfahrens.[198] Bis auf zwei kleinere Anmerkungen billigt die Kommission das Konzept.[199] Allerdings betrifft das Notifizierungsverfahren im Grundsatz auch nur die Frage nach der Gemeinschaftsrechtskonformität der zu notifizierenden technischen Regelungen. Mithin kann die Stellungsnahme nicht mit einer umfassenden unionsrechtlichen Begutachtung gleichgesetzt werden. Die dreimonatige Stillhaltepflicht Schleswig-Holsteins läuft bereits am 10. Mai 2011 ab, so dass dem Land auf unionsrechtlicher Grundlage keine Gesetzgebungshindernisse entgegenstehen.[200]

Im Gegensatz zu dem Entwurf der 15 Länder regelt das schleswig-holsteinische Modell keine zahlenmäßige Begrenzung der Wettlizenzen. Dahinter steht die, auf Erfahrungswerten anderer Staaten beruhende Überlegung, dass sich auf längere Sicht die Nachfrage auf eine kleinere Anzahl renommierter Unternehmen beschränken wird.[201]

Die Vergabe einer Lizenz ist ebenfalls an eine umfangreiche Zuverlässigkeitsprüfung geknüpft, welche die persönliche und wirtschaftliche Integrität der Anbieter gewährleisten soll.

Wie der GlüÄndStV-E 04/2011 lässt der GlüSpG-E das Lotteriemonopol unangetastet,[202] enthält aber weitergehende Regelungen für die wirtschaftlich bedeutsame Sparte der Onlinecasinos. Für diese sieht der Gesetzentwurf Schleswig-Holsteins ebenfalls ein Konzessionsmodell vor, dessen Vergabeverfahren parallel zu den Sportwettlizenzen ausgestaltet ist. Für Bewerber um Wett- und Casinolizenzen, die über eine Genehmigung eines anderen EU- oder EWR-Staates verfügen, wird gesetzlich vermutet, dass die Zuverlässigkeit gewährleistet ist und

---

198 Auf Grundlage der RL 98/34/EG vom 22.06.1998 über ein Informationsverfahren auf dem Gebiet der Normen und techn. Vorschriften, ABl. L 204 vom 21.07.1998, S. 37; RL 98/48/EG vom 20.07.1998 zur Änderung der RL 98/34/EG, ABl. L 217 vom 05.08.1998, S. 18. Zum Regelungszweck der RL, Verursachung von Handelschranken durch technische Vorgaben: GA Bot, Schlussanträge vom 14.10.2008, Rs. C-42/07 – *Liga Portugesa*, ZfWG 2008, 323 (327 f., Rn. 50).

199 Pressemitteilung der CDU- und der FDP-Fraktion im Landtag S-H vom 10.05.2011, unter: www.baberlin.de/nachricht0.html?&tx_ttnews[tt_news]=1255&tx_ttnews[backPid]=128&cHash=228ae6ccc2; zul. aufgerufen am 10.09.2012.

200 EU-Komm., Abgabe von Bemerkungen gem. Art. 8 Abs. 2 RL 98/34/EG vom 22.06.1998, Schreiben vom 06.05.2011, unter: www.landtag.ltsh.de/infothek/wahl17/umdrucke/2300/umdruck-17-2391.pdf; zul. aufgerufen am 10.09.2012.

201 Siehe die Pressekonferenz führender privater Glücksspielanbieter: *Koopmann*, Artikel vom 18.04.2011, Glücksspielstaatsvertrag: Schleswig-Holstein im Alleingang – Eine Regelung für Deutschland unter: www.hochgepokert.com/2011/04/18/glucksspielstaatsvertrag-schleswig-holstein-im-alleingang-eine-regelung-fur-deutschland/; zul. aufgerufen am 10.09.2012.

202 Vgl. dazu die ausführliche Begründung in den Erläuterungen zum GlüSpG-E S-H, LT-Drs. S-H 17/1100 vom 03.12.2010, S. 45 ff., unter: www.landtag.ltsh.de/infothek/wahl17/drucks/1100/drucksache-17-1100.pdf; zul. aufgerufen am 10.09.2012.

keine Versagungsgründe vorliegen.[203] Eine wesentliche Erleichterung gilt dabei für die landeseigene Spielbank SH GmbH als Betreiberin aller fünf stationären Spielbanken in Schleswig-Holstein.[204] Sie sind zur Veranstaltung und dem Vertrieb von Onlinecasinospielen zuzulassen.[205] Die Erlaubnis zum Betrieb der Internetcasinos umfasst alle herkömmlich in Präsenzspielbanken angebotenen Glücksspielarten wie Baccara, Black Jack und Roulette. Das Pokerspiel als Cashgame wird mit Sicherheit den größten Marktanteil für sich beanspruchen.

Regelungen für Spielhallen und Rennwetten enthält der Gesetzesentwurf jedoch nicht. Die CDU- und die FDP-Fraktion weisen hierzu in ihrer Entwurfsbegründung ausdrücklich auf die bundesrechtliche Regelungszuständigkeit hin.[206] Diese Beschränkung auf Lotterien, Sportwetten und Spielbanken beanstandet die EU-Kommission trotz der *Carmen-Media*-Entscheidung zur Gesamtkohärenz nicht.[207]

Ein maßgeblicher Unterschied zum Länderentwurf liegt neben der weitergehenden Liberalisierung in dem deutlich niedriger veranschlagten Steuersatz von 20 Prozent auf den Rohertrag, d.h. den Umsatz abzüglich der ausgeschütteten Gewinne.[208].

Das Konzept Schleswig-Holsteins wird sowohl von der EU-Kommission als auch von Seite der privaten Glücksspielanbieter positiv bewertet.[209] Letztere kündigen bereits im Frühjahr 2011 an, Veranstaltungskonzessionen in Schleswig-Holstein beantragen zu wollen.[210] Angemerkt sei allerdings, dass etwa das Nebeneinander zwischen weit reichendem Lotteriemonopol und liberalisiertem

---

203 Zum Prinzip der gegenseitigen Anerkennung siehe unten Teil 1E. VI. 4. b) bb).

204 § 1 Abs. 2 SpielbG S-H i.d.F. vom 12.04.2007, GVOBl. S-H 2007, S. 233.

205 § 18 Abs. 3 GlüSpG-E S-H.

206 Begründung zum GlüSpG-E S-H, S. 49 f., LT-Drs. S-H 17/1100 vom 03.12.2010, www.landtag.ltsh.de/infothek/wahl17/drucks/1100/drucksache-17-1100.pdf; zul. aufgerufen am 10.09.2012.

207 EU-Komm., Abgabe von Bemerkungen gem. Art. 8 Abs. 2 RL 98/34/EG vom 22.06.1998, Schreiben vom 06.05.2011, unter: www.landtag.ltsh.de/infothek/wahl17/umdrucke/2300/umdruck-17-2391.pdf; zul. aufgerufen am 10.09.2012.

208 Begriffserläuterung in: Goldmedia Studie 2010, Glücksspielmarkt Deutschland 2015 – Situation des Glücksspielmarktes in Deutschland, Key Facts/Executive Summary, Stand: 19.04.2010, S. 2. Eingehend zu den unterschiedlichen Bemessungsgrundlagen mit deutlicher Präferenz für den Rohertrag: *Herzig/Stock*, ZfWG 2012, 12.

209 Siehe die Pressekonferenz führender privater Glücksspielanbieter: *Koopmann*, Artikel vom 18.04.2011, Glücksspielstaatsvertrag: Schleswig-Holstein im Alleingang – Eine Regelung für Deutschland unter: www.hochgepokert.com/2011/04/18/glucksspielstaatsvertrag-schleswig-holstein-im-alleingang-eine-regelung-fur-deutschland/; zul. aufgerufen am 10.09.2012.

210 Artikel vom 13.04.2011 zur Pressekonferenz privater Glücksspielanbieter, unter: www.gamesundbusiness.de/news/details/gluecksspielstaatsvertrag-in-der-kritik-2810/; zul. aufgerufen am 10.09.2012.

Sportwettenmarkt[211] oder die Reichweite der Legalisierungswirkungen von in Schleswig-Holstein genehmigten Onlineangeboten, noch Fragen offen lassen.

3. Inkrafttreten des Ersten Glücksspieländerungsstaatsvertrags (GlüÄndStV 2012) zum 01. Juli 2012

Am 01. Juli 2012 erlangt der Erste Glücksspieländerungsstaatsvertrag durch Ratifizierung von 14 Ländern[212] als landesrechtliche Regelung Wirksamkeit – gerade rechtzeitig, um diese Neuerung in der Druckfassung dieser Arbeit noch aufgreifen zu können. Bevor auf die zentralen inhaltlichen Abweichungen gegenüber der Entwurfsfassung sowie den wichtigsten Äußerungen der EU-Kommission eingegangen wird (unter b), widmet sich die Arbeit dem Bundesland, das zum zweiten Mal die größte Aufmerksamkeit für sich beansprucht (unter a).

a) Ergänzung: Künftig einheitliche „Marschroute" aller 16 Länder

Erneut ist es Schleswig-Holstein, das im Zuge der Glücksspielnovellierung die Aufmerksamkeit auf sich lenkt. Das nördlichste Bundesland beabsichtigt, sich künftig ebenfalls dem Staatsvertrag und damit den anderen 15 Länder anzuschließen. Die Entscheidung, den Sonderweg aufzugeben, hat ihren Grund in der Änderung der politischen Machtverhältnisse im Zuge der Landtagswahlen im Mai 2012. Schon im Wahlkampf räumt die SPD der Aufhebung des Glücksspielgesetzes eine hohe Priorität ein und bringt hierzu im April 2012 einen Gesetzentwurf in den Landtag ein.[213] Die Fortsetzung dieses Bestrebens findet sich im Koalitionsvertrag der „Dänen-Ampel" aus SPD, den Grünen und dem Südschleswigschen Wählerverband (SSW) wieder.[214] Danach ist eine bundeseinheitliche Regelung des Glücksspiels durch Beitritt zum Staatsvertrag erklärtes Ziel der Landesregierung. Aus Sicht der Koalition gilt es insbesondere auszuloten, wie das Land das Glücksspielgesetz aufheben kann, ohne sich Schadensersatzansprüchen auszusetzen. Weiterhin beabsichtigt die Regierung, zu prüfen, wie es

---

211 Kritisch hierzu etwa *Haltern,* ZfWG 2011, 13 ff. und 77 ff.

212 Das Gesetzgebungsverfahren in Nordrhein-Westfalen ist zu diesem Zeitpunkt noch nicht abgeschlossen.

213 LT-Drs. S-H 17/2508 vom 17.04.2012, Entwurf eines Gesetzes zur Aufhebung des Gesetzes zur Neuordnung des Glücksspiels (Glücksspielneuordnungsaufhebungsgesetz).

214 Koalitionsvertrag 2012 bis 2017 (Horizonte für den Norden), unter: http://ssw.de/pdf/120603 Koalitionsvertrag2012-2017SPDB90GSSW.pdf; zul. aufgerufen am 10.09.2012.

durch eine Gesetzesänderung wettbewerbsrechtlich möglich ist, die Lizenzvergabe zu stoppen.[215]

b) Stellungnahme der EU-Kommission zum GlüÄndStV-E

Im April 2011 übersendet die Bundesrepublik der EU-Kommission den ersten Staatsvertragsentwurf zur Notifizierung. Die Antwort der Kommission folgt Ende Juli 2011. Da sich das Verfahren nach der Richtlinie 98/34/EG auf technische Vorschriften bezieht,[216] rückt die Kommission diejenigen Regelungen mit Internet- und Medienbezug in den Mittelpunkt.[217] Sie nimmt sich aber, wie dies in den letzten Jahren vermehrt zu beobachten ist, die Freiheit, an einigen Stellen Äußerungen zu tätigen, die über den eng begrenzten Prüfungsradius der Richtlinie hinausreichen. Wie auf Seiten der deutschen Liberalisierungsbefürworter erwartet, nimmt die Kommission eine eher kritische Haltung gegenüber den zentralen Regelungsaspekten ein. Insbesondere die bereits angesprochene, mit sieben Stück sehr geringe Anzahl an Lizenzen sowie die hohe Abgabelast lassen es aus Kommissionssicht als sehr schwierig erscheinen, ein wirtschaftlich tragfähiges und in der Folge stabiles und attraktives Onlineangebot für Sportwetten bereitzustellen.[218]

Auf diese Kritik reagieren die Länder prompt. Die geänderte Fassung, auf die sich die Länder im Oktober 2011 einigen, sieht eine Erhöhung auf 20 Lizenzen vor. Weiterhin wird der ursprünglich vorgesehene Steuersatz von 16 2/3 Prozent auf nunmehr fünf Prozent des Spieleinsatzes gesenkt[219] sowie der Höchsteinsatz von 750 Euro pro Monat auf 1000 Euro angehoben.[220]

---

215 Koalitionsvertrag 2012 bis 2017 (Horizonte für den Norden), Zeilen 507 bis 511, unter: http://ssw.de/pdf/120603Koalitionsvertrag2012-2017SPDB90GSSW.pdf; zul. aufgerufen am 10.09.2012.

216 Hierzu näher unter Teil 1 E. VI. 2. b).

217 Vor einer Überinterpretation der Aussagen im Notifizierungsverfahren warnt *Arendts*, Weitere Stellungnahme der Europäischen Kommission zum Glücksspiel-Änderungsstaatsvertrag: Keine Billigung, keine Verdammung, Artikel vom 21.03.2012, unter: www.isa-guide.de/isa-gaming/articles/35309.html; zul. aufgerufen am 10.09.2012.

218 Ausführliche Stellungnahme und Bemerkungen der EU-Kommission vom 18.07.2011 – C (2011) 5319, ZfWG 2011, 325 (327).

219 Antwort der Länder auf das Schreiben der EU-Kommission vom 07.12.2011, S. 2, unter: www.deutscherlottoverband.de/fileadmin/user_upload/documents/EU-Kommission/20121207_bundeslaender.pdf; zul. aufgerufen am 10.09.2012. Ablehnend gegenüber dem Spieleinsatz als Berechnungsgrundlage: *Herzig/Stock*, ZfWG 2012, 12 (15).

220 Antwort der Länder auf das Schreiben der EU-Kommission vom 07.12.2011, S. 4, unter: www.deutscherlottoverband.de/fileadmin/user_upload/documents/EU-Kommission/20121207_bundeslaender.pdf; zul. aufgerufen am 10.09.2012.

In ihrem abschließenden Schreiben vom 20. März 2012 begrüßt die EU-Kommission die genannten Lockerungen,[221] ganz im Gegensatz zu einer anderen Änderung gegenüber dem Ausgangsentwurf:

Im notifizierten Ausgangsentwurf vom 14. April 2011 ist vorgesehen, dass von den in Deutschland zugelassenen Spielbanken in jedem Land eine das Recht erhält, über eine eigene Internetplattform Casinospiele und Poker anzubieten.[222] Auch hierzu erbittet sich die Kommission in ihrem ersten Schreiben eine präzise Erläuterung, wie das Auswahlverfahren transparent und ohne Diskriminierung ablaufen könnte. In der finalen Fassung streichen die Länder die Option einer Onlinelizenz für Casinos ganz, so dass es im Ergebnis bei einem umfassenden Verbot bleibt.[223] Auf diese Entscheidung geht die Kommission in ihrem zweiten Schreiben ausführlich ein und weist ausdrücklich auf die Notwendigkeit eines hinreichenden Nachweises der Verhältnismäßigkeit der Maßnahme hin.[224]

Insbesondere von Seiten der Liberalisierungsbefürworter wird der Stimme eines nationalen Gremiums, das sich eingehend mit Marktbarrieren befasst, erhebliches Gewicht zugewiesen. Die auf Grundlage des § 44 Abs. 1 S. 1 GWG eingesetzte Monopolkommission der Bundesregierung sieht in ihrem im Juli 2012 veröffentlichten Gutachten[225] die angesprochenen sowie weitere Regelungsaspekte[226] mit sehr kritischen Augen. Dies gilt unter anderen für die Begrenzung der Wettlizenzen auf 20 Stück, welche das Gremium als willkürlich und ohne Zusammenhang mit der Ereignisfrequenz als Risikomerkmal festgelegt sowie als mögliche Quelle langwieriger Rechtsstreitigkeiten ansieht.[227] Zudem kritisiert die Monopolkommission die Besteuerung, die sich nach dem Wetteinsatz richtet,

221 Mitteilung 792 der EU-Kommission vom 20.03.2012, ZfWG 2012, 171.

222 § 20 Abs. 3 GlüÄndStV-E 04/2011.

223 Antwort der Länder auf das Schreiben der EU-Kommission vom 07.12.2011, S. 4, www.deutscher lottoverband.de/fileadmin/user_upload/documents/EU-Kommission/20121207_bundeslaender.pdf. Diese Entscheidung wird von der Monopolkommission der BReg abgelehnt: Gutachten 2010/2011, Stand: Juli 2012, unter: www.monopolkommission.de/haupt_19/mopoko_volltext_h19.pdf, S. 20; zul. aufgerufen am 10.09.2012.

224 Mitteilung 792 der EU-Kommission vom 20.03.2012, ZfWG 2012, 171 (173).

225 Monopolkommission, Gutachten 2010/2011, Stand: Juli 2012, abrufbar unter: www.monopol kommission.de/haupt_19/mopoko_volltext_h19.pdf; zul. aufgerufen am 10.09.2012.

226 U.a. das Verbot von Online-Casinospielen: Monopolkommission, Gutachten 2010/2011, Stand: Juli 2012, abrufbar unter: www.monopolkommission.de/haupt_19/mopoko_volltext_h19.pdf, S. 20, und der strengen Vertriebsregelungen für Lotterieprodukte, S. 17 ff.; zul. aufgerufen am 10.09.2012.

227 Monopolkommission, Gutachten 2010/2011, Stand: Juli 2012, abrufbar unter: www.monopol kommission.de/haupt_19/mopoko_volltext_h19.pdf, S. 14 f.; zul. aufgerufen am 10.09.2012.

anstelle – wie im schleswig-holsteinischen Modell – auf den Rohertrag, als zu hoch und nicht auf andere Glücksspielfelder wie Casinospiele übertragbar.[228]

Nicht unerwähnt bleiben soll der Entschluss der Länder, die Parallelvorschrift zur Untersagung des Zahlungsflusses zu streichen. Internetsperren wie sie nach § 9 Abs. 1 S. 3 Nr. 5 GlüStV 2008 und an selber Stelle im GlüÄndStV-E 04/2011 vorgesehen waren, kommen in dem finalen Entwurf nicht mehr vor. Die Länder begründen ihre Entscheidung mit der kritischen Haltung der EU-Kommission gegenüber der Eingriffsgrundlage sowie der ablehnenden Stellungnahme durch Malta im Notifizierungsverfahren.[229] Bemerkenswert ist dabei zweierlei: Erstens fallen die Aussagen im Ergebnis nicht kritischer aus als zu den anderen im Notifizierungsschreiben behandelten Themen. Die Kommission erbittet sich darin in erster Linie nähere Informationen zur Anwendung der Untersagungsermächtigung unter dem Blickwinkel der Verhältnismäßigkeit und Wirksamkeit.[230] Allerdings ist von Anfang an kaum eine Vorschrift so umstritten wie die Untersagungsermächtigung gegenüber Internetprovidern. Zweitens richtet sich die Anfrage der EU-Kommission auch auf die Umsetzung der Ermächtigungsnorm zur Untersagung des Zahlungsflusses, die den Schwerpunkt dieser Arbeit bildet und an der die Länder in der finalen Fassung des GlüÄndStV festhalten.

Allerdings dürfte die Haltung der EU-Kommission nicht der einzige Beweggrund sein: Im November 2011 und im Januar 2012 erklären die Verwaltungsgerichte Düsseldorf[231] und Köln[232] die Verfügungen der Bezirksregierung Düsseldorf, die zwei großen Zugangsanbietern untersagt, Nutzern den Zugriff auf Sportwettseiten zu ermöglichen, für rechtswidrig.

Inwieweit die neuen Regelungen und die Wirkungen, die sie zeitigen, gerichtlich angefochten werden, ist zum jetzigen Zeitpunkt noch ungewiss. Es spricht allerdings viel für die Richtigkeit der Aussage *Heckers*:

> *„Dies sind nur einige Themen aus dem Katalog des neuen Glücksspielstaatsvertrages, die angesichts der widerstreitenden Interessen in den nächsten Jahren die Gerichte beschäftigen werden. Rechtsfrieden scheinen die neuen Gesetze nicht zu bringen.“*[233]

---

228 Monopolkommission, Gutachten 2010/2011, Stand: Juli 2012, abrufbar unter: www.monopol kommission.de/haupt_19/mopoko_volltext_h19.pdf, S. 15 ff.; zul. aufgerufen am 10.09.2012.

229 Antwort der Länder auf das Schreiben der EU-Kommission vom 07.12.2011, S. 4, unter: www.deutscherlottoverband.de/fileadmin/user_upload/documents/EU-Kommission/20121207_ bundeslaender.pdf; zul. aufgerufen am 10.09.2012.

230 Ausführliche Stellungnahme und Bemerkungen der EU-Kommission vom 18.07.2011 – C (2011) 5319, ZfWG 2011, 325 (331).

231 VG Düsseldorf, ZfWG 2012, 50.

232 VG Köln, ZfWG 2012, 56.

233 *Hecker*, WRP Die erste Seite 2012, Nr. 2.

VI. Vorgaben des höherrangigen Rechts für Internetglücksspiele in Deutschland

Das umfassende Verbot der „Veranstaltung und Vermittlung von Glücksspielen im Internet“ nach § 4 Abs. 4 GlüStV 2008 gilt primär für die beiden Regelungsgegenstände des GlüStV 2008, die Lotterien und Sportwetten. Durch § 2 Abs. 2 GlüStV 2008 wird es auch auf den Spielbankensektor erstreckt.

Dabei kommen der Untersagungsnorm mehrere Aufgabe zu: Erstens entzieht sie den staatlichen Anbietern ein wirtschaftlich wichtiges Betätigungsfeld als Reaktion auf die scharfe Kritik des BVerfG, das im Sportwetten-Urteil auf erhebliche Defizite im Minderjährigenschutz und der Suchtprävention bei dem Internetspielangebot des staatlichen Veranstalters hingewiesen hatte.[234]

Die Befürworter einer Liberalisierung sehen das Verbot jedoch in erster Linie als Einschränkung privater, häufig EU-ausländischer Onlineangebote. Genau genommen ergibt sich deren Unzulässigkeit jedoch bereits aus dem repressiven strafrechtlichen Verbot nach § 284 Abs. 1 StGB,[235] von dessen Geltung nur der staatliche Anbieter in den engen Grenzen des § 10 Abs. 2 GlüStV 2008 befreit ist.[236] Verstoßen private Anbieter gegen das Internetverbot, so dient § 4 Abs. 4 GlüStV 2008 schließlich als Ausgangspunkt für ein Einschreiten der Gefahrenabwehrbehörden. Hierzu zählen auch Maßnahmen gegen Zahlungsdienstleister auf Grundlage der Ermächtigungsnorm nach § 9 Abs. 1 S. 3 Nr. 4 GlüStV 2008, die im Zentrum dieser Arbeit steht.

Mit der Frage, wie ein Angebot ausgestaltet sein muss, um als „Glücksspiel im Internet“ im Sinne des § 4 Abs. 4 GlüStV 2008 zu gelten, befasst sich die Arbeit bereits an früherer Stelle.[237]

Dieser Abschnitt widmet sich nun der Vereinbarkeit des Onlineverbots mit höherrangigem Recht (unter 2.). Zuvor soll jedoch auf das Urteil des BVerwG eingegangen werden, das im Juni 2011 erstmals dezidiert zu § 4 Abs. 4 GlüStV 2008 und seiner Rolle im staatlichen Glücksspielmonopol Stellung nimmt (unter 1.).

1. Entscheidung des BVerwG zu Onlineverbot

Ein Aspekt ist spätestens seit der „Absage“ des EuGH an das deutsche Glücksspielmonopol in den Mittelpunkt gerückt: Die Frage, ob das Internetverbot „monopolakzessorisch“ ist und damit eine Maßnahme zur Durchsetzung des staatlichen Alleinveranstaltungsrechts darstellt oder aber einer separaten Prüfung unterliegt.

---

234 Erläuterungen zum GlüStVE, LT-Drs. Bayern 15/8486, S. 15.

235 Zu diesem näher unter Teil 2.

236 *Dietlein/Postel*, in: Dietlein/Hecker/Ruttig, Glücksspielrecht, 2008, § 10 GlüStV Rn. 20 ff.

237 Unter Teil 1 B.

Diese wird am 01. Juni 2011 in aller Deutlichkeit durch das BVerwG beantwortet.[238] Das Gericht beschäftigt sich speziell mit dem Internetverbot nach § 4 Abs. 4 und dem parallel ausgestalteten Werbeverbot nach § 5 Abs. 3 GlüStV 2008.[239] Die Entscheidung wird umso mehr mit Spannung erwartet, als der EuGH in seinen Urteilen vom 08. September 2010 nicht gehalten ist, Stellung zur Vereinbarkeit des deutschen Onlineverbots mit höherrangigem Recht zu beziehen.[240]

Das BVerwG prüft die Verbotsnormen als unabhängig von Gültigkeit und Bestand des staatlichen Glücksspielmonopols allgemein geltende Vorgaben. Ihre Bewertung sei nicht an die Frage der Verfassungs- und Unionsrechtskonformität des staatlichen Monopols gebunden.[241]

Im Ergebnis bewertet das Gericht das Veranstaltungs- wie auch das Werbeverbot im Internet als vereinbar mit höherrangigen Gewährleistungen.[242] Umfasst ist auch die bereits behandelte Kohärenzproblematik speziell mit Blick auf das Internetverbot. Eine Missachtung des Rechtsprinzips erkennt das BVerwG auch in der fehlenden Geltungserstreckung des § 4 Abs. 4 GlüStV 2008 auf den Bereich der Rennwetten als Sonderform der streitgegenständlichen Sportwetten nicht.[243] Zum einen erlaube § 2 Abs. 2 RennwLottG keine Vermarktung von Internetrennwetten,[244] zum anderen komme diesem Sektor, falls er behördlich geduldet werde, nur ein unbedeutend geringer Marktanteil zu.[245] Nachdem der EuGH in seiner *Carmen Media*-Entscheidung dem deutschen Glücksspielmonopol eine deutliche Absage gerade aufgrund der mangelnden Kohärenz erteilt hat, verwundert diese stark relativierende Aussage des BVerwG.[246]

---

238 Die Entscheidung als ganze ablehnend: *Reichert*, Zum Bundesverwaltungsgerichtsurteil vom 01. Juni 2011: Unzulässigkeit von Internetangeboten von Sportwetten (BVerwG 8 C 5.10)?, Artikel vom 11.08.2011, unter: http://isa-guide.de/law/articles/33652.html; zul. aufgerufen am 10.09.2012.

239 Ein Überblick über diese und weitere BVerwG-Entscheidungen findet sich bei *Gebhardt/Postel*, ZfWG 2012, 1 (3 ff.).

240 Vgl. zu den daher sehr knappen Äußerungen des EuGH unter: Teil 1 E. VI. 3. b) bb).

241 BVerwG, Urteil vom 01.06.2011 – 8 C 5.10, Rn. 12 (juris); krit. durch *Reichert*, Zum Bundesverwaltungsgerichtsurteil vom 01. Juni 2011: Unzulässigkeit von Internetangeboten von Sportwetten (BVerwG 8 C 5.10)?, Artikel vom 11.08.2011, unter: http://isa-guide.de/law/articles/33652.html; zul. aufgerufen am 10.09.2012.

242 BVerwG, Urteil vom 01.06.2011 – 8 C 5.10 (juris): Rn. 18 ff. für das Verfassungsrecht, Rn. 30 ff. für das Unionsrecht.

243 Vergleichbar sektoriell ausgerichtet ist auch die Argumentation des BGH in seinem Urteil „Sportwetten im Internet II“ vom 28.09.2011, ZfWG 2012, 23 (28, Rn. 53).

244 BVerwG, Urteil vom 01.06.2011 – 8 C 5.10, Rn. 37 ff. (juris).

245 BVerwG, Urteil vom 01.06.2011 – 8 C 5.10, Rn. 41 f. (juris).

246 Ablehnend *Reichert*, Zum Bundesverwaltungsgerichtsurteil vom 01. Juni 2011: Unzulässigkeit von Internetangeboten von Sportwetten (BVerwG 8 C 5.10)?, Artikel vom 11.08.2011, unter: http://isa-guide.de/law/articles/33652.html; zul. aufgerufen am 10.09.2012.

Auf die weiteren Ausführungen, die das Urteil zu den Gemeinwohlzwecken und der Verhältnismäßigkeit des Veranstaltungsverbots tätigt, wird sogleich an den jeweiligen Stellen hingewiesen.

2. Grundrechtliche und -freiheitliche Gewährleistungen für Internetglücksspiele

Im Folgenden skizziert die Arbeit die für Onlineglücksspiele einschlägigen verfassungs- (unter a) und grundfreiheitlichen Gewährleistungen (unter b).

a) Verfassungsrecht

Die Tätigkeit der privaten Anbieter von Internetglücksspielen bildet ein nach Art. 12 Abs. 1 GG geschütztes Berufsbild.[247] Eine fehlende Erlaubtheit hindert, selbst wenn sie nach § 284 Abs. 1 StGB strafrechtliche Konsequenzen hat, die Qualifizierung als Beruf nicht. Eine solche entfällt nur im Falle von schlechthin gemeinschädlichen Handlungen, zu denen die Glücksspielveranstaltung nicht zählt.[248] In den bisherigen glücksspielrechtlichen Verfahren, die einen Eingriff in die Berufsfreiheit behandeln, stellt sich wegen der ausschließlich inländischen Betroffenen nicht die Frage, ob Art. 12 I GG als Deutschengrundrecht durch Übertragung des Gewährleistungs- und Rechtfertigungsrahmens auf Art. 2 Abs. 1 GG auch Anwendung auf EU-Ausländer finden kann. Sie soll im Rahmen dieser Arbeit ebenfalls ausgeklammert bleiben.[249] Daneben geht das BVerwG auf mögliche Verstöße gegen den Gleichbehandlungsgrundsatz nach Art. 3 Abs. 1 GG u.a. wegen der Regelungen für Spiele im Rundfunk und Telemedien nach §§ 8 a, 58 Abs. 4 RFStV sowie der Übergangsregelung nach § 25 Abs. 6 GlüStV 2008 ein, verneint diese aber.[250]

---

247 BVerfG, ZfWG 2006, 13 (24, Rn. 80 ff); zur Erfüllung des Berufsbegriffs für die Lotterietätigkeit statt vieler: *Haltern*, ZfWG 2011, 77; *Jahndorf*, VerwArch 95 (2004), 359 (369); *Janz*, NWVBl. 2006, 248 (250); *Jarass*, DÖV 2000, 753 (754 ff.); *Pischel*, JA 2008, 202 (203).

248 BVerfG, ZfWG 2006, 13 (24, Rn. 83 f.); ZfWG 2008, 351 (352); OLG Frankfurt/Main, ZfWG 2009, 268 (271); für eine Streichung des Kriteriums der Gemeinschädlichkeit als Ausschlusskriterium für einen Schutz nach Art. 12 GG: *Brüning*, JZ 2009, 29.

249 Zu dieser Problematik näher: *Ruffert*, in: BeckOK-GG, Stand: 01.07.2011, Art. 12 GG Rn. 35. *Dieterich/Schmidt*, in: ErfK-ArbR, 11. Aufl. 2011, Art. 12 GG Rn. 12; *Scholz*, in: Maunz/Dürig, GG, Bd. III, 61. Stand: Erg.-L. 2011, Art. 12 Rn. 103 ff.

250 BVerwG, Urteil vom 01.06.2011 – 8 C 5.10, Rn. 24 ff. (juris).

b) *Unionsrecht*

Die Vereinbarkeit mitgliedstaatlicher Glücksspielbeschränkungen mit Unionsrecht hat sich bis heute an primärem Unionsrecht zu messen,[251] auch wenn die Bemühungen der Kommission um eine sekundärrechtliche Harmonisierung derzeit wieder deutlicher spürbar werden.[252] Nur punktuell wird der Glücksspielsektor in einzelnen Richtlinien behandelt.[253] Besondere Bedeutung im Sekundärrecht kommt der Notifizierungsrichtlinie[254] zu, deren Ziel der Abbau technischer Hindernisse für Waren- und Dienstleistungen ist. Sie verpflichtet die Gesetzgebungsorgane der Mitgliedstaaten, Regelungsentwürfe, die „technische Vorschriften" betreffen, der EU-Kommission zur Begutachtung vorzulegen.[255] Diese Pflicht erstreckt sich auch auf den GlüStV 2008.[256] Entsprechend basiert die Stellungnahme der Kommission zum Entwurf Schleswig-Holsteins für ein neues Glücksspielgesetz (GlüSpG-E) auf diesen Vorgaben.[257]

---

251 EU-Komm., Schriftsatz an den EuGH vom 10.12.2007, verb. Rs. C-316/07 – *Marcus Stoss u.a.*, ZfWG 2008, 94 (100, Rn. 59); GA Mengozzi, Schlussanträge vom 04.03.2010, verb. Rs. C-316/07 - *Markus Stoß u.a.*, ZfWG 2010, 55 (56, Rn. 5); OVG NRW, ZfWG 2008, 122 (126); *Berberich*, Das Internet-Glücksspiel, 2004, S. 92; *Diegmann/Hoffmann/Ohlmann*, Spielrecht, 2008, Rn. 94; *Voßkuhle*, VerwArch 87 (1996), 395 (414).

252 Siehe dazu das Grünbuch „Online-Glücksspiele im Binnenmarkt" der EU-Kommission vom 24.03.2011, unter: http://ec.europa.eu/internal_market/consultations/docs/2011/online_gambling/com2011_128_de.pdf; zul. aufgerufen am 10.09.2012.

253 Siehe dazu (1) Anhang I der RL 2005/29/EG vom 11.05.2005 über unlautere Geschäftspraktiken, ABl. L 149 vom 11.06.2005, S. 22 (Behauptung, bestimmte Produkte könnten die Gewinnchance bei Glücksspielen erhöhen, als irreführende Geschäftspraxis); (2) RL 2005/60/EG vom 26.10.2005 zur Verhinderung der Nutzung des Finanzsystems zum Zwecke der Geldwäsche und der Terrorismusfinanzierung, ABl. L 309 vom 25.11.2005, S. 15; zul. geänd. durch RL 2009/110/EG vom 16.09.2009, ABl. L 76 vom 10.10.2009, S. 7 über die Aufnahme, Ausübung und Beaufsichtigung der Tätigkeit von E-Geld-Instituten, ins deutsche Recht durch das GwG transferiert; dazu: Erwägungsgrund Nr. 39 zur RL 2005/60/EG; die entsprechenden Vorgaben enthielt schon die Vorgängerrichtlinie RL 2001/97/EG vom 04.12.2001, ABl. L 344 vom 28.12.2001, S. 76 (Melde- und Sorgfaltspflichten bei Kasinos).

254 RL 98/34/EG vom 22.06.1998 über ein Informationsverfahren auf dem Gebiet der Normen und techn. Vorschriften, ABl. L 204 vom 21.07.1998, S. 37; RL 98/48/EG vom 20.07.1998 zur Änderung der RL 98/34/EG, ABl. L 217 vom 05.08.1998, S. 18.

255 Näher: Art. 8 der RL 98/34/EG. Zu den wesentlichen Vorschriften im Ablauf eines Notifizierungsverfahrens: GA Bot, Schlussanträge vom 14.10.2008, Rs. C-42/07 – *Liga Portugesa*, ZfWG 2008, 323 (328, Rn. 50 ff.); *Stein*, in: FS Hirsch, 2008, S. 185 (193).

256 *Ennuschat*, in: Gebhardt/Gruesser-Sinopoli, Glücksspiel in Deutschland, 2008, § 12 Rn. 31; näher dazu auch: *Stein*, ZfWG 2007, 397. Zur Frage, ob neben dem GlüStV auch die Ausführungsgesetze notifizierungspflichtig sind: OLG Frankfurt/Main, ZfWG 2009, 268 (271); *Streinz/Herrmann/Kruis*, ZfWG 402 (404 f.).

257 Dazu oben: Teil 1 E. V. 2.

Für Anbieter von Internetglücksspielen aus EU-Mitgliedstaaten und Gebieten, in denen EU-Recht gilt, findet in erster Linie die Dienstleistungsfreiheit nach Art. 56 Abs. 1 AEUV Anwendung. Bei der Nutzung technischer Kommunikationsmittel[258] wie dem Internet[259] ist die sog. Korrespondenzdienstleistungsfreiheit, um die der EuGH in zulässiger Rechtsfortbildung den Anwendungsbereich des Art. 56 AEUV erweitert, einschlägig. Bei dieser Erbringungsform überschreiten nur die Dienstleistungen selbst, nicht aber die beteiligten Personen die Grenze.[260]

Die in Art. 57 AEUV geregelte Vorrangstellung der Niederlassungsfreiheit nach Art. 49 AEUV wirkt sich regelmäßig nicht aus, solange der Anbieter keine Ansiedlung seines Unternehmens beispielsweise durch Gründung einer Zweigstelle oder einer Agentur im Zielstaat anstrebt.[261]

Die Dienstleistungsfreiheit ist nach der Rechtsprechung des EuGH auch bei den sog. offshore bookmaking-Lizenzen anwendbar. Diese Wetterlaubnisse werden von EU-Mitgliedstaaten bzw. Gebieten, in denen das Unionsrecht Anwendung findet,[262] erlassen. Ihr Geltungsbereich beschränkt jedoch auf die Vermarktung im Ausland. Im Falle *Carmen Media Group Ltd.* erfolgt dies aus steuerlichen Gründen. Der Gerichtshof legt einen formellen Maßstab für die Frage nach der Anwendung der Dienstleistungsfreiheit an. Art. 56 AEUV fordere nur, dass der Leistungserbringer in einem anderen Mitgliedstaat als der Emp-

---

258 EuGH, Rs. 155/73, Slg. 1974, 409 – *Sacchi*, Rn. 6 (Vermarktung: Telekommunikation und Fernsehen); Rs. 15/78, Slg. 1978, 1971 – *Koestler*, Rn. 3 (Bankgeschäfte); Rs. 205/84, Slg. 1986, 3755 – *Komm./.BRD*, Rn. 18 ff. (Direktversicherungen) sowie z.B. Service- und Beratungsdienstleistungen im Bereich e-business und e-commerce, dazu: *Micklitz*, EuZW 2001, 133 ff.

259 *Hoeller/Bodemann*, NJW 2004, 122 (125).

260 EuGH, Rs. C-67/98, Slg. 1999, I-7289 – *Zenatti*, Rn. 27; Rs. C-243/01, Slg. 2003, I-13031 – *Gambelli*, Rn. 46, 58 f.; verb. Rs. C-338/04, C-359/04 und C-360/04, Slg. 2007, I-1891 – *Placanica u.a.*, Rn. 42 ff.; *Johnston*, Unterlassungsansprüche, 2009, S. 94; *Wilms*, Lotterietätigkeit, 2001, S. 65; *Koenig/Braun*, SächsVBl. 2002, 157 (159); *Krieger*, JZ 2005, 1021 (1022), *Stein*, RIW 1993, 838 (842).

261 Zum Eingriff in Art. 49 AEUV durch das Verbot der Wettvermittlung durch inländische Agenturen: EuGH, verb. Rs. C-338/04, C-359/04 und C-360/04, Slg. 2007, I-1891 – *Placanica u.a.*, Rn. 42 ff.; Rs. C-243/01, Slg. 2003, I-13031 – *Gambelli*, Rn. 46, 58 f.; verb. Rs. C-316/07 – *Markus Stoß u.a.*, ZfWG 2010, 332 (336, Rn. 59); zur ausschließlichen Heranziehung der Dienstleistungsfreiheit: GA Bot, Schlussanträge vom 14.10.2008, Rs. C-42/07 – *Liga Portugesa*, ZfWG 2008, 323 (342, Rn. 226); GA Mengozzi, Schlussanträge vom 04.03.2010, verb. Rs. C-316/07 – *Markus Stoß u.a.*, ZfWG 2010, 55 (59, Rn. 39 f.); EU-Kommission, Schriftsatz an den EuGH vom 10.12.2007, verb. Rs. C-316/07 – *Marcus Stoss u.a.*, ZfWG 2008, 94 (95, Rn. 27).

262 Wie Gibraltar in der Rechtssache Rs. C-46/08 – *Carmen Media Group Ltd.*, ZfWG 2010, 344 (345, Rn. 23).

fänger ansässig sei.[263] Die Frage, ob die Dienstleistung im Ausgangsstaat zulässigerweise erbracht werde, spiele hingegen keine Rolle.[264]

3. Rechtfertigungsmaßstab für Internetverbot

Der Rechtfertigungsmaßstab bei Eingriffen in das Grundrecht der Berufsfreiheit und der unionsrechtlich gewährleisteten Dienstleistungsfreiheit unterscheidet sich zwar in seiner Herleitung, jedoch kaum in seinem Umfang, wie unter a) gezeigt wird.

a) Grundlegende Aussagen zum Prüfungsrahmen

Die Prüfung des Internetverbots auf seine Vereinbarkeit mit Verfassungs- und Unionsrecht kann weitgehend gemeinsam erfolgen.[265]

Nach der verfassungsgerichtlich begründeten Drei-Stufen-Lehre stellt ein Ausschluss privater Onlineanbieter, der unter dem GlüStV 2008 bereits aus der Monopolregelung erfolgt und mit § 4 Abs. 4 GlüStV 2008 eine Klarstellung erhält, einen Eingriff auf der Berufswahlebene als intensivste Eingriffsform dar.[266] Eine solche objektive Zulassungsschranke kann nur mittels verhältnismäßiger Maßnahmen aus Gründen der Abwehr einer nachweisbaren oder höchstwahrscheinlichen Gefahr für ein überragend wichtiges Gemeinschaftsgut gerechtfertigt werden.[267] Eine Abschwächung dieses strengen Maßstabs, wie sie das BVerfG unter dem Schlagwort „unerwünschte Tätigkeit“ mit Blick auf das heftig kritisierte baden-württembergische Spielbankenmonopol im Jahre 2000 vornimmt, kann als vereinzelt gebliebene Entscheidung im Rahmen dieser Arbeit außer Acht bleiben.[268]

---

263 EuGH, Rs. C-46/08 – *Carmen Media Group Ltd.*, ZfWG 2010, 344 (346, Rn. 43).

264 EuGH, Rs. C-46/08 – *Carmen Media Group Ltd.*, ZfWG 2010, 344 (Rn. 28).

265 Dies gilt allerdings nicht mit Blick auf das verfassungs- und unionsrechtliche Konsistenz- bzw. Kohärenzgebot. Während das BVerfG betont, dass lediglich eine sektorielle Konsistenz gegeben sein muss, vgl. BVerfG, ZfWG 2009, 99 (101), verpflichtet das Unionsrecht laut EuGH zu einer Gesamtbetrachtung der Glücksspielregulierung (Gesamtkohärenz), siehe etwa EuGH, Rs. C-46/08 – *Carmen Media Group Ltd.*, ZfWG 2010, 344 (349, Rn. 71)).

266 OLG Frankfurt/Main, ZfWG 2009, 268 (271); *Thaysen*, Sportwetten, 2009, S. 55; zum Spielbankenmonopol *Huber*, in: FS Rengeling, 2008, S. 57 (60); *Jahndorf*, VerwArch 95 (2004), 359 (370); *Korte*, NVwZ 2009, 283 (284); *Petropoulos*, wistra 2006, 332.

267 BVerfGE 7, 377 (408); *Kment*, NVwZ 2006, 617 (619).

268 BVerfGE 102, 197 (214 f.); dazu: *Horn*, in: Hermes/Horn/Pieroth, Glücksspielstaatsvertrag, 2007, S. 91 (107); *Hettich*, Neue Fragen, 2006, S. 95 f.; *Brüning*, JZ 2009, 29 (31 f.); *Huber*, in: FS Rengeling, 2008, S. 57 (61). Das für die untersuchten Normen maßgebliche Sportwettenurteil folgt im Wesentlichen den Vorgaben der Drei-Stufen-Lehre; ein lehrbuchmäßiger Prüfungsaufbau hierzu sich bei: *Pischel*, JA 2008, 202 (203).

Der EuGH verzichtet zunehmend darauf, grundfreiheitliche Beschränkungen auf die im AEUV enthaltenen Rechtfertigungsgründe wie Art. 52 i.V.m. 62 AEUV im Fall der Dienstleistungsfreiheit zu stützen. Stattdessen greift er auch bei mitgliedstaatlichen Glücksspielbeschränkungen auf die ungeschriebenen „zwingenden Allgemeininteressen“ zurück.[269] Als umfassender Prüfungsmaßstab hat sich dabei die sog. Gebhardformel herausgebildet, die dem verfassungsrechtlichen Schema weitgehend entspricht.[270] Nach der Formel ist die Beschränkung einer Grundfreiheit nur zulässig, wenn sie in nicht diskriminierender Weise angewandt wird, zwingenden Gründen des Allgemeininteresses entspricht, zur Erreichung des verfolgten Zieles geeignet ist und nicht über das hinausgeht, was hierzu erforderlich ist.[271]

b) Zwingende Allgemeininteressen im Onlineglücksspielsektor

Auch die entscheidungsrelevanten Gemeinwohlziele für Glücksspielbeschränkungen entsprechen sich im Verfassungs- (unter aa) und Unionsrecht (unter bb) im Wesentlichen. Insbesondere darf eine Maßnahme in beiden Fällen keine fiskalischen Motive in den Vordergrund rücken (unter cc). Schließlich sehen sich sowohl die deutschen Gerichte als auch der EuGH veranlasst, zum spezifischen Gefahrenpotential von Internetglücksspielen Stellung zu nehmen (unter dd).

aa) Generelle Zielsetzungen des GlüStV 2008 unter Berücksichtigung des Oddset-Urteils

Der GlüStV 2008 hat sich ausweislich seines § 1 der Bekämpfung und Vorbeugung von vier glücksspielspezifischen Gefahren verschrieben. Hierfür greift er teilweise auf die bereits im LottStV 2004 geregelten Zielsetzungen zurück. Vor allem aber gibt er die Grundaussagen des BVerfG im Sportwettenurteil aus dem Jahre 2006 zu den zwingenden Gemeinwohlgründen wieder, an dessen Verwirklichung das Monopol unter dem LottStV 2004 in der Praxis scheitert.

In erster Linie dienen die Beschränkungen dazu, das Entstehen von Glücksspielsucht und Wettsucht zu verhindern und die Voraussetzungen für eine wirk-

269 EuGH, Rs. C-65/05, Slg. 2006, 10341 – *Komm./.Griechenland*, Rn. 49; verb. Rs. C-338/04, C-359/04 und C-360/04, Slg. 2007, I-1891 – *Placanica u.a.*, Rn. 45, 49.

270 EuGH, Rs. C-55/94, Slg. 1995, I-4165 – *Gebhard*, Rn. 37; zur Herleitung aus der Cassis-de-Dijon-Rechtsprechung siehe unten: Teil 1 E. VI. 3 b) bb)); zum Maßstab auch: BVerwG, Urteil vom 01.06.2011 – 8 C 5.10, Rn. 21 (juris).

271 EuGH, Rs. C-55/94, Slg. 1995, I-4165 – *Gebhard*, Rn. 37; zuvor bereits u.a.: Rs. C-19/92, Slg. 1993, I-1663 – *Kraus*, Rn. 32; entspr.: Rs. C-424/97, Slg. 2000, I-5123 – *Haim*, Rn. 57.

same Suchtbekämpfung zu schaffen (Nr. 1),[272] da von dieser schwerwiegende Folgen für den Betroffenen selbst wie auch die Familien und die ganze Gesellschaft ausgehen können.[273] Die Verhinderung pathologischen Spielens[274] stellt eine Ausprägung des Schutzes der Volksgesundheit dar, die seit langem als zwingendes Gemeinwohlinteresse anerkannt ist und ihre verfassungsrechtliche Verankerung in Art. 2 Abs. 2 GG findet.[275]

Die Kritik, der Gesetzgeber habe das Suchtpotential von Glücksspielen nicht ausreichend belegt und sich mit dünnen empirischen Nachweisen zufrieden gegeben,[276] wird durch das BVerfG mit seinem Hinweis auf den weiten Beurteilungsspielraum, der erst bei „offensichtlich fehlsamen Annahmen ende" zurückgewiesen.[277]

In engem Zusammenhang dazu steht der zweite, bereits im LottStV 2004 aufgeführte[278] Beweggrund: Danach soll das Glücksspielangebot begrenzt, der natürliche Spieltrieb der Bevölkerung in geordnete und überwachte Bahnen gelenkt und insbesondere ein Ausweichen auf nicht erlaubte Glücksspiele verhindert werden (Nr. 2). Weiterhin sind der Minderjährigen- und generell der Spielerschutz zu gewährleisten (Nr. 3).

Zuletzt ist sicherzustellen, dass Glücksspiele ordnungsgemäß durchgeführt, die Spieler vor betrügerischen Machenschaften geschützt und die mit Glücksspielen verbundene Folge- und Begleitkriminalität abgewehrt werden (Nr. 4). In dem Sportwettenurteil führt das BVerfG hierzu aus, dass abhängige Spieler ihre Sucht nicht selten durch kriminelle Handlungen finanzieren.[279] Weiterhin liege

272 BVerfG, ZfWG 2006, 16 (25, Rn. 98); Erläuterungen zum GlüStVE, LT-Drs. Bayern 15/8486, S. 10.

273 BVerfG, ZfWG 2006, 16 (26, Rn. 99).

274 So die korrekte Bezeichnung der „Spielsucht", die nach den internationalen Klassifizierungsystemen für Krankheiten: ICD-10 bzw. DSM-IV den Störungen der Impulskontrolle zugeordnet wird. Näher zum Spielsuchtbegriff: *Knoll*, Forum Nr. 10/2009, S. 3; zu Prävalenzschätzungen: *Becker*, ZfWG 2009, 1 (2 ff.).

275 BVerfG, ZfWG 2006, 16 (25, Rn. 98 f.); entspr.: EU-Komm., Aufforderungsschreiben vom 31.01.2008, Verletzungsverfahren 2007/4866, ZfWG 2008, 32 (35); *Johnston*, Unterlassungsansprüche, 2009, S. 72; *Alber*, in: Becker, Staatsvertrag, 2009, S. 1 (32).

276 Bereits kritisch zum verwendeten Spielsuchtbegriff: *Kühne*, in: FS Schroeder, 2006, 545 (546); zur unzureichenden Empirie: EU-Komm., Aufforderungsschreiben vom 31.01.2008, Verletzungsverfahren 2007/4866, ZfWG 2008, 32 (34); *Korte*, NVwZ 2009, 283 (285); *Lüderssen*, in: FS Seebode, 2008, 219 (223).

277 BVerfG, ZfWG 2006, 16 (26, Rn. 102); dazu: *Korte*, NVwZ 2009, 283 (285). Vgl. auch: *Wissenschaftl. Forum Glücksspiel*, ZfWG 2008, 1 (2 ff.); ZfWG 2010, 305 (308 ff.), nach dessen Einschätzung es als sicher gelte, dass Glücksspiele Suchtanreize bergen.

278 § 1 Nr. 1 LottStV 2004.

279 BVerfG, ZfWG 2006, 16 (26, Rn. 105); zur Beschaffungskriminalität auch: *Hettich*, Neue Fragen, 2006, S. 98; *Johnston*, Unterlassungsansprüche, 2009, S. 81 ff.

wegen der mit Sportwetten erzielbaren hohen Gewinne der Einstieg des organisierten Verbrechens nahe. So bestehe ein für Festquotenwetten spezifisches Betrugsrisiko, wenn auf das Ergebnis in entsprechender Weise Einfluss genommen werde.[280] Generell sei bei Glücksspielen nicht vollkommen auszuschließen, dass Spielablauf, -geräte oder -mittel in betrügerischer Weise manipuliert werden.[281]

bb) Gemeinwohlziele bei Glücksspielbeschränkungen nach EuGH

Der EuGH akzeptiert wie das BVerfG in ständiger Rechtsprechung eine Reihe von Zielsetzungen, mit denen mitgliedstaatliche Restriktionen im Glücksspielbereich gerechtfertigt werden können. Er zieht hierbei die allgemein anerkannten, sehr weit gefassten Oberbegriffe des Verbraucherschutzes und der Vermeidung von Störungen für die soziale Ordnung heran.[282]

Diese konkretisiert er durch präzisere Ziele wie die Spiellust innerhalb der Bevölkerung in geregelte Bahnen zu lenken, Betrug und anderen Straftaten vorzubeugen und zu verhindern, dass Glücksspiele zu einer Quelle für den persönlichen Gewinn einzelner Unternehmer werden.[283] Damit soll den glücksspielspezifischen Gefahren Einhalt geboten werden. Er sieht als solche das Risiko übermäßigen[284] bis hin zu abhängigen Spielens[285] an mit möglichen schädlichen persönlichen und sozialen Folgen wie Überschuldung, Zerrüttung familiärer Strukturen, Isolation und Beschaffungskriminalität. Staatliche Maßnahmenkonzepte berücksichtigen daher häufig labile und schutzbedürftige Bevölkerungsgruppen wie Jugendliche in besonderer Weise.

Da in anderen Mitgliedstaaten der Schwerpunkt auf der Kriminalitätsbekämpfung liegt, ist dieses Gemeinwohlziel bislang vor allem im Unionsrecht von

280 BVerfG, ZfWG 2006, 16 (26, Rn. 103, 105 f.).

281 BVerfG, ZfWG 2006, 16 (26, Rn. 103).

282 EuGH, verb. Rs. 110/78 und 111/78, Slg. 1979, 35 – *Van Wesemael u.a.*, Rn. 28; Rs. 220/83, Slg. 1986, 3663 – *Komm./.Frankreich*, Rn. 20; Rs. C-124/97, Slg. 1999, I-6067 – *Läärä*, Rn. 33; Rs. C-243/01, Slg. 2003, I-13031 – *Gambelli*, Rn. 67; verb. Rs. C-316/07 – *Markus Stoß u.a.*, ZfWG 2010, 332 (338, Rn. 74); zu weiteren Zielen vgl. *Alber*, in: Becker, Staatsvertrag, 2009, S. 1 (4).

283 EuGH, Rs. 275/92, Slg. 1994, I-1039 – *Schindler*, Rn. 60; Rs. C-67/98, Slg. 1999, I-7289 – *Zenatti*, Rn. 35; Rs. C-243/01, Slg. 2003, I-13031 – *Gambelli*, Rn. 67; verb. Rs. C-338/04, C-359/04 und C-360/04, Slg. 2007, I-1891 – *Placanica u.a.*, Rn. 46; verb. Rs. C-316/07 – *Markus Stoß u.a.*, ZfWG 2010, 332 (338, Rn. 75 f.); näher auch: *Hecker*, ELR 10/2007, 357 (358); *Janz*, NJW 2003, 1694 (1700); *Koenig/Braun*, SächsVBl. 2002, 157 (160); *Koenig/Fechtner*, EWS 2006, 529 (530).

284 GA Bot, Schlussanträge vom 14.10.2008, Rs. C-42/07 – *Liga Portugesa*, ZfWG 2008, 323 (326, Rn. 30).

285 GA Bot, Schlussanträge vom 14.10.2008, Rs. C-42/07 – *Liga Portugesa*, ZfWG 2008, 323 (326, Rn. 31).

Bedeutung. In der Entscheidung *Liga Portuguesa* erkennt der EuGH beispielsweise an, dass staatliche Restriktionen Betrug und Wettmanipulation[286] sowie den Missbrauch von Glücksspielen als Plattform für Geldwäscheaktivitäten verhindern können.[287]

cc) Ausschluss fiskalischer Interessen nach Verfassungs- und Unionsrecht

Im Zentrum jeder glücksspielrechtlichen Streitigkeit steht die Frage nach dem Umgang mit dem nicht zu leugnenden[288] Interesse des Staates, durch eigene Glücksspielaktivitäten oder zumindest eine starke Marktkontrolle Einnahmen für seinen Haushalt zu erzielen.[289] Diese ist, mangels ausdrücklicher gesetzlicher Vorgaben, allein anhand der Rechtsprechung des BVerfG und des EuGH beantworten.[290]

Anders als die öffentliche Diskussion es häufig vermuten ließe,[291] lehnt das Bundesverfassungsgericht die Verfolgung wirtschaftlicher Interessen nicht kategorisch ab.[292] Jedoch hebt es bereits in seinem Urteil zu dem baden-württembergischen Spielbankenmonopol aus dem Jahr 2000 hervor, dass die Absicht, aus fiskalischen Gründen die Einnahmen des Staats zu erhöhen, allein als Rechtfertigungsgrund für Beschränkungen der Berufswahlfreiheit nicht ausreiche.[293] Während das BVerfG in dieser Entscheidung aber eine Einnahmenabschöpfung zu Gunsten der Allgemeinheit nicht beanstandet,[294] zeigt es in dem Oddset-Urteil

286 EuGH, Rs. C-42/07 – *Liga Portuguesa*, ZfWG 2009, 304 (310, Rn. 71 f.) mit Anmerkung von *Alber*, ZfWG 2009, 325; dazu auch: GA Bot, Schlussanträge vom 14.10.2008, Rs. C-42/07 – *Liga Portugesa*, ZfWG 2008, 323 (326, Rn. 32).

287 Dazu: GA Bot, Schlussanträge vom 14.10.2008, Rs. C-42/07 – *Liga Portugesa*, ZfWG 2008, 323 (326, Rn. 33/346, Rn. 274).

288 *Horn*, in: Hermes/Horn/Pieroth, Der Glücksspielstaatsvertrag, 2007, S. 91 (119).

289 Siehe hierzu den geschichtlichen Überblick bei *Jahndorf*, VerwArch 95 (2004), 359 (365 ff.).

290 Art. 105 Abs. 1, 106 Abs. 1, 108 Abs. 1 GG zu den sog. Finanzmonopole sind auf den Glücksspielsektor nicht anwendbar: BVerwG, BayVBl. 2002, 185 (187); im Ergebnis ebenso: *Johnston*, Unterlassungsansprüche, 2009, S. 53; *Jahndorf*, VerwArch 95 (2004), 359 (365). Zum Rechtsrahmen für die Schaffung solcher: *Rausch*, GewArch 2001, 102 (106 f.). Zu Finanzmonopolen generell: BVerfGE 14, 105 (111 ff.) zum Branntweinmonopol; näher zur Thematik: *Scholz*, in: Maunz/Dürig, GG, Stand: 56. Erg.-L. 2009, Art. 12 Rn. 259; zum Begriff der Finanzmonopole: *Johnston*, Unterlassungsansprüche, 2009, S. 51.

291 Vgl. die Argumentation der Beschwerdeführerin in: BVerfG, ZfWG 2008, 44; differenzierend zwischen wichtigen und überragend wichtigen Gemeinwohlinteressen: *Jarass*, DÖV 2000, 753 (760).

292 *Koenig/Ciszewski*, DÖV 2007, 313 (318).

293 BVerfGE 102, 197 (216 f.) m.V.a. die Begründung des streitgegenständlichen Spielbankengesetzes: LT-Drs. Baden-Württemberg 11/6878, S. 4, 6 sowie BVerfGE 28, 119 (146).

294 Abl. *Hettich*, Neue Fragen, 2006, S. 99; krit. hinsichtl. des Fiskalzwecks: *Jahndorf*, VerwArch 95 (2004), 359, 371. Unklar bleiben vor allem, wo die Grenzen zwischen zulässiger Gewinnabschöpfung und unzulässigem Erhöhungsinteresse liegen und anhand welcher Kriterien (z.B. Zeiträume und Umstände wie die Einführung neuer Angebote, eine Lockerung der gesetzlichen

einen deutlich kritischeren Umgang mit den Fiskalinteressen. Diese haben in jedem Fall hinter die primären Zielsetzungen der Begrenzung der Wettleidenschaft und Bekämpfung der Wettsucht zurückzutreten.[295] Gerade die Verwendung der Erträge zur Förderung öffentlicher Belange könne zu Interessenkonflikten führen.[296]

In ähnlicher Weise argumentieren der EuGH sowie der EFTA-Gerichtshof. Nach ihrer Auffassung kann die Erzielung staatlicher Einnahmen, mit der in erheblichem Maße gemeinnützige Aktivitäten finanziert werden, nicht isoliert, sondern nur in der Zusammenschau mit den anderen Zielen Einschränkungen privatwirtschaftlicher Betätigung rechtfertigen.[297] Mit seinen Worten dürfen sie lediglich eine „erfreuliche Nebenfolge" sein, nicht aber den eigentlichen Grund der restriktiven Politik bilden.[298]

Diese Einschränkung kann auch für eine Maßnahme wie das Internetverbot in der Ausgestaltung des GlüStV 2008 relevant werden. Die Regelung verfolgt zwar durch die Schließung der staatlichen Onlinespielsparte für sich genommen keinen Fiskalzweck. Wertet man, anders als das BVerwG in seinem Urteil vom 01. Juni 2011, das Onlineverbot nach § 4 Abs. 4 GlüStV 2008 aber nicht als isolierte Regelung, sondern als Teil der ordnungsrechtlichen Gesamtkonzeption des

---

Bedingungen, die Festlegung höherer Abschöpfungs- oder niedrigerer Auszahlungsquoten) eine Überschreitung festzustellen ist.

295 BVerfG, ZfWG 2006, 16 (28, Rn. 127 f.); OVG NRW, ZfWG 2008, 122 (124).

296 BVerfG, ZfWG 2006, 16 (28, Rn. 124); zust.: *Horn*, in: Hermes/Horn/Pieroth, Der Glücksspielstaatsvertrag, 2007, S. 91 (118 f.). Siehe aber auch BVerfG, NVwZ-RR 2008, 1 (2): Abschöpfung von Mitteln als Weg der Suchtbekämpfung verfassungsgemäß.

297 Zur Gesamtbetrachtung der Regelungsziele: EFTA-Gerichtshof, E-3/06 – *Ladbrokes*, Rn. 44 (gekürzt in: ZfWG 2007, 218 f.); Rs. E-1/06 – *Gaming Machines*, ZfWG 2007, 134 (137, Rn. 34); EuGH, Rs. 275/92, Slg. 1994, I-1039 – *Schindler*, Rn. 58; Rs. C-67/98, Slg. 1999, I-7289 – *Zenatti*, Rn. 31; entspr.: *Hambach*, SpuRt 2004, 102 (103); *Jahndorf*, VerwArch 95 (2004), 359 (366 f.).

298 EuGH, Rs. 275/92, Slg. 1994, I-1039 – *Schindler*, Rn. 60; Rs. C-124/97, Slg. 1999, I-6067 – *Läärä*, Rn. 33; Rs. C-6/01, Slg. 2003, I-8621 – *Anomar*, Rn. 73; Rs. C-67/98, Slg. 1999, I-7289 – *Zenatti, Rn.* 36/37; Rs. C-243/01, Slg. 2003, I-13031 – *Gambelli*, Rn. 62; GA Bot, Schlussanträge vom 14.10.2008, Rs. C-42/07 – *Liga Portugesa*, ZfWG 2008, 323 (345, Rn. 263); dazu auch: *Alber*, in: Becker, Staatsvertrag, 2009, S. 1 (33); *Hoeller/Bodemann*, NJW 2004, 122 (123); *Jahndorf*, VerwArch 95 (2004), 359 (375). Zur Gesamtbetrachtung der Regelungsziele: EFTA-Gerichtshof, Rs. E-1/06 – *Gaming Machines*, ZfWG 2007, 134 (137, Rn. 34); EFTA-Gerichtshof, E-3/06 – *Ladbrokes*, Rn. 44 (gekürzt in: ZfWG 2007, 218 f.); EuGH, Rs. 275/92, Slg. 1994, I-1039 – *Schindler*, Rn. 58; Rs. C-67/98, Slg. 1999, I-7289 – *Zenatti*, Rn. 31. Zur dogmatischen Ableitung aus Art. 36 AEUV, der sich auf „Tatbestände nicht wirtschaftlicher Art" beschränkt: EuGH, Rs. 72/83, Slg. 1984, 2727 – *Campus Oil*, Rn. 35; Rs. C-120/95, Slg. 1998, 1831 – *Decker*, Rn. 39; Rs. C-203/96, Slg. 1998, I-4075 – *Dusseldorp*, Rn. 44; Rs. C-158/96, Slg. 1998, I-1931 – *Kohll*, Rn. 41; Rs C-254/98 – *TK-Heimdienst*, Slg. 2000, I-151, Rn. 33; vgl. weiter auch BVerwG, Urteil vom 01.06.2011 – 8 C 5.10, Rn. 35 (juris).

GlüStV 2008, so spielen die wirtschaftlichen Interessen der Länder eine zentrale Rolle für die Bewertung der Verfassungs- und Unionsrechtskonformität.[299]

dd) Besonderes Gefährdungspotential von Internetglücksspielen aus Sicht des deutschen Gesetzgebers, des BVerfG und des EuGH

Das Internetverbot begründen die Länder mit dem aus ihrer Sicht gegenüber stationären Glücksspielen erhöhten Risikopotential. Diese Einschätzung findet in der deutschen Rechtsprechung und Teilen der Literatur vor allem im Hinblick auf das erhöhte Suchtpotential, das Internetglücksspielen zugeschrieben wird, eine Bestätigung: In seiner Sportwetten-Entscheidung führt das BVerfG aus, der erhöhte Gefährdungsgrad resultiere aus strukturellen Besonderheiten wie der leichten Verfügbarkeit und der hohen Ereignisfrequenz.[300] Als weitere Risikofaktoren werden die Möglichkeit einer anonymen und niedrig-schwelligen Spielteilnahme[301] und das Fehlen jeglicher sozialen Kontrolle genannt.[302]

Eine ähnliche Haltung nimmt bereits das Hamburgische Verfassungsgericht zur Unzulässigkeit der staatlichen Onlinecasinosparte aus dem Jahr 2004 ein, in der das Gericht ebenfalls insbesondere auf die fehlende soziale Kontrolle des Spielers abstellt.[303]

In den Entwurfserläuterungen zum GlüStV 2008 sieht der Landesgesetzgeber unter Bezugnahme auf das Sportwettenurteil auch eine effektive, lückenlose Kontrolle des Jugendschutzes im Internet nicht gewährleistet.[304] Von Seiten der Liberalisierungsbefürworter wird allerdings vorgetragen, dass diese Annahme nur für die unzureichenden Jugendschutzanforderungen des staatlichen Internetangebotes unter dem LottStV 2004, nicht aber für die strengen Schutzvorgaben, die einige private Veranstalter vorsehen, Geltung beanspruchen könne.[305]

---

299 BVerwG, Urteil vom 01.06.2011 – 8 C 5.10, Rn. 12 (juris).

300 BVerfG, ZfWG 2006, 16 (29, Rn. 139); entspr. HbgVerfG, NVwZ 2004, 1484 (1485); *Ennuschat*, in: ders., Aktuelle Probleme d. Rechts d. GS, 2008, S. 55 (69, Rn. 49 ff.); *Ibler*, in: FS Götz, 2005, 421 (422 f.); *Korte*, Glücksspielwesen, 2004, S. 16; *Leupold/Bachmann/Pelz*, MMR 2000, 648 (652).

301 BReg, Mitteilung an die Komm. vom 20.05.2008, Verletzungsverfahren 2007/4866, ZfWG 2008, 173 (178 f., Rn. 46) m.V.a. *Hayer/Bachmann/Meyer*, WZS 2005, 29 ff.; entspr. auch: *Leupold/Bachmann/Pelz*, MMR 2000, 648 (652).

302 *Hettich*, Neue Fragen, 2006, S. 148; *Ennuschat*, in: ders., Aktuelle Probleme d. Rechts d. GS, 2008, S. 55 (69, Rn. 49 ff.).

303 HbgVerfG, NVwZ 2004, 1484 (1485); dazu *Hettich*, Neue Fragen, 2006, S. 148.

304 Erläuterungen zum GlüStVE, LT-Drs. Bayern 15/8486, S. 15; BVerfG, ZfWG 2006, 13 (26, Rn. 102).

305 Z.B. *Koenig*, Wirkungen der Urteile des Europäischen Gerichtshofs …, unter: www.isa-guide.de/print/articles/30846.html; zul. aufgerufen am 10.09.2012.

Auch der EuGH erkennt ein besonderes Gefahrenpotential bei Internetglücksspielen. Diese könnten gerade bei gefährdeten Bevölkerungsgruppen wie Jugendlichen und Personen mit einer ausgeprägten Spielneigung Suchtprobleme und übermäßige Ausgaben hervorrufen oder fördern. Als risikobehaftet sieht der Gerichtshof den einfachen und ständig möglichen Zugang zu den Spielen und die potentiell große Vielfalt solcher Angebote mit internationalem Charakter in einem Umfeld, das zudem durch die Isolation des Spielers, Anonymität und fehlende soziale Kontrolle gekennzeichnet ist.[306] In seinen Entscheidungen *Liga Portuguesa* und *Carmen Media Group Ltd.* betont der EuGH weiterhin das spezifische und erhöhte Betrugsrisiko,[307] das Onlineglücksspiele im Vergleich zu den herkömmlichen Vertriebswegen aus seiner Sicht wegen des fehlenden unmittelbaren Kontakts zwischen Verbraucher und Anbieter bergen.[308] Dabei ist an unseriöse Anbieter zu denken, die Gewinne nicht oder nur teilweise auszahlen oder den Ablauf von Online-Casinospielen manipulieren.

Zudem lasse sich eine Einflussnahme auf den Ausgang eines Sportereignisses durch einen Wettanbieter, der zugleich als Sponsor auftritt, nicht ausschließen.[309]

Hierzu zählt ein möglicher Missbrauch von Internetglücksspielen als Kanal zur „Waschung" kriminell erworbener Gelder.[310] Inwieweit es kriminellen Vereinigungen gelingt, über mehrere Nutzerprofile große Summen einzuspeisen, hängt von dem Sicherheitsstandard des jeweiligen Spielangebots ab. Ein Risiko besteht insoweit auch für ein staatliches oder streng reguliertes privates Angebot im Rahmen eines Lizenzmodells, auch wenn dies deutlich geringer sein sollte als die Geldwäsche über eine unkontrollierte Offshore-Plattform.

---

306 EuGH, Rs. C-46/08 – *Carmen Media Group Ltd.*, ZfWG 2010, 344 (351, Rn. 103).

307 Zu Betrugsgefahren und missbräuchlicher Mittelverwendung durch die staatlichen Anbieter: *Hettich*, Neue Fragen, 2006, S. 111 f.; zum Wettskandal „Hoyzer": *Saliger/Rönnau/Kirch-Heim*, NStZ 2007, 361; *Schäfers*, ZfWG 2008, 236; *Schlösser*, NStZ 2005, 423; *Schwab*, NJW 2005, 938.

308 EuGH, Rs. C-42/07 – *Liga Portuguesa*, ZfWG 2009, 304, 310 (Rn. 70); Rs. C-46/08 – *Carmen Media Group Ltd.*, ZfWG 2010, 344 (351, Rn. 101); dazu auch: *Dietlein*, ZfWG 2009, 327.

309 EuGH, Rs. C-42/07 – *Liga Portuguesa*, ZfWG 2009, 304, 310 (Rn. 71); Rs. C-46/08 – *Carmen Media Group Ltd.*, ZfWG 2010, 344 (351, Rn. 102).

310 *Hettich*, Neue Fragen, 2006, S. 98/109, erkennt nur ein Geldwäscherisiko bei Spielbanken. Diese Einschätzung spiegelt sich im derzeitigen GwG und den zugrunde liegenden Richtlinien wider, in denen nur für Spielcasinos, nicht aber für Wettveranstaltungen besondere Regelungen gelten. Am 01.08.2012 veröffentlicht das Bundesfinanzministerium einen Gesetzentwurf zum Einbezug des Onlineglücksspielsektors in das GwG, abrufbar unter: www.bundesfinanzministerium.de/Content/DE/Publikationen/Aktuelle_Gesetze/Gesetzentwuerfe_Arbeitsfassungen/2012-08-01-geldwaesche-glueckspiel.pdf?__blob=publicationFile&v=3; zul. aufgerufen am 10.09.2012.

4. Kontroverse zu Verhältnismäßigkeit des Internetverbots nach § 4 Abs. 4 GlüStV 2008

Das vollständige Onlineverbot stellt die hinsichtlich ihrer Verhältnismäßigkeit wohl umstrittenste Regelung innerhalb des GlüStV 2008 dar. Im Folgenden sollen knapp die einzelnen Positionen skizziert und in einem kurzen Zwischenergebnis zusammengefasst werden.

a) Von Beginn an Uneinigkeit über Geeignetheit

Die Kritik betrifft bereits die erste Stufe der Verhältnismäßigkeitsprüfung, die Geeignetheit.

aa) Positive Bewertung durch BVerfG und BVerwG

In seiner Kammerentscheidung aus dem Jahre 2008 sieht das BVerfG das umfassende Internetverbot in § 4 Abs. 4 GlüStV 2008 als ein taugliches Mittel an, um die Bevölkerung vor den genannten Gefahren zu schützen. Mit der Möglichkeit, die Teilnahme des Einzelnen zu erschweren, könne einem Abgleiten in ein problematisches Spielverhalten entgegengewirkt werden. Zudem eigne sich das Internetverbot, um Präventionslücken im Hinblick auf den Minderjährigenschutz zu schließen.[311] Weiterhin solle das klare Verbot die Durchsetzung bei allen Beteiligten, insbesondere Internet- und Zahlungsunternehmen erleichtern.[312] Dieser Wertung schließt sich das BVerwG in seinem Urteil vom 01. Juni 2011 in Kenntnis der Umsetzungsschwierigkeiten des Onlineverbotes und der Reformüberlegungen an.[313]

bb) Ablehnende Haltung der Kommission gegenüber Internetverbot

Unbestritten ist die positive Haltung gegenüber einem vollständigen Onlineverbot von Anfang an keineswegs. Von Seiten der EU-Kommission und der Liberalisierungsbefürworter wird unter dem Stichwort „Darlegungslast" die fehlende wissenschaftliche „Unterfütterung" des geltend gemachten Gefahrenpotentials von Internetglücksspielen kritisiert. Auch die Verwaltungsgerichte in der Rechtssache *Markus Stoß u.a.* legen dem EuGH unter Berufung auf das Urteil *Lindman*[314] die Frage vor, ob die betreffenden nationalen Behörden bereits vor Erlass ihrer res-

311 BVerfG, ZfWG 2008, 351 (356); zust. OVG Berlin-Brandenburg, ZfWG 2008, 466 (467); OLG Frankfurt/Main, ZfWG 2009, 268 (271). Näher dazu: *Keber*, ZfWG 2011, 83 (84).

312 BReg, Mitteilung an die Komm. vom 20.05.2008, Verletzungsverfahren 2007/4866, ZfWG 2008, 173 (177, Rn. 38; 180, Rn. 64); Erläuterungen zum GlüStVE 2008, LT-Drs. Bayern 15/8486, S. 15.

313 BVerwG, Urteil vom 01.06.2011 – 8 C 5.10, Rn. 21 (juris).

314 EuGH, Rs. C-42/02, Slg. 2003, I-3519 – *Lindman*, Rn. 25.

triktiven Vorgaben im Rahmen des Wettmonopols eine wissenschaftliche Untersuchung durchführen müssen, um die Verhältnismäßigkeit ihrer Maßnahmen zu untermauern.[315]

Der Gerichtshof gibt Generalanwalt *Mengozzi* Recht, der in seinen Schlussanträgen ausführt,[316] dass diese Frage auf einem fehlerhaften Verständnis des Urteils *Lindman* beruhe: Darin und in den nachfolgenden Entscheidungen hebe der EuGH nur die Verpflichtung eines Mitgliedstaates hervor, im Falle einer gerichtlichen Überprüfung alle für die Entscheidung über die Verhältnismäßigkeit maßgeblichen Umstände vorzulegen.[317] Dagegen lasse sich aus diesen Entscheidungen nicht ableiten, einem Mitgliedstaat sei nur deshalb der Nachweis der Verhältnismäßigkeit verwehrt, weil er keine Untersuchungen vorlegen könne, die dem Erlass seiner restriktiven Regelungen zugrunde liegen.[318]

In erster Linie stellt die EU-Kommission aber die Geeignetheit des Internetverbotes nach § 4 Abs. 4 GlüStV 2008 mit Blick auf seine praktische Umsetzbarkeit anhand von Sperrungsverfügungen gegenüber Onlinedienstleistern in Abrede. Aus ihrer Sicht ist es den deutschen Behörden nahezu unmöglich, ein solches Verbot in der Praxis durchzusetzen. Als Beleg zieht die Kommission eine Erklärung der ehemaligen deutschen Justizministerin Zypries aus dem Jahre 2007 heran, die auf die rechtlichen und praktischen Schwierigkeiten einer Blockade der Internetseiten von Terroristen hinweist.[319] Dieselben Schwierigkeiten zeigen sich aus ihrer Sicht auch bei unerlaubten Internetglücksspielen. Da die Websites nicht weltweit blockiert werden könnten, drohe die rasche Entwicklung eines Schwarzmarkts und damit verbunden ein höheres Spielsuchtrisiko für in Deutschland lebende Personen.[320]

Die Bundesregierung rügt in ihrem Antwortschreiben, die Erklärung der Ministerin sei aus dem Zusammenhang gerissen, da jene das Internetverbot und die

---

315 VG Stuttgart, ZfWG 2007, 313 (315, Rn. 25); dazu: EuGH, verb. Rs. C-316/07 u.a. – *Markus Stoß u.a.*, ZfWG 2010, 332 (337, Rn. 70).

316 GA Mengozzi, Schlussanträge vom 04.03.2010, Rs. C-316/07 u.a. – *Markus Stoß u.a.*, ZfWG 2010, 55 (63, Rn. 81 f.).

317 EuGH, verb. Rs. C-316/07 u.a. – *Markus Stoß u.a.*, ZfWG 2010, 332 (337, Rn. 71) m.V.a. Rs. C-227/06, Slg. 2008, 46 – *Komm./Belgien*, Rn. 62 f.; Rs. 227/82, Slg. 1983, 3883 – *van Bennekom*, Rn. 40; Rs. C-358/95, Slg. 1997, I-1431 – *Morellato*, Rn. 14.

318 EuGH, verb. Rs. C-316/07 u.a. – *Markus Stoß u.a.*, ZfWG 2010, 332 (337, Rn. 72).

319 Eine ähnliche Debatte gab es 2009 in Deutschland auch zu der Frage der Blockierung von Internetseiten mit kinderpornographischem Inhalt, vgl. hierzu z.B. *Roggenkamp* (Beitrag vom 17.06.2009), www.welt.de/politik/wahlkampf-virtuell/article3943925/SPD-vergibt-in-Kinder porno-Debatte-ihre-Chance.html; zul. aufgerufen am 10.09.2012.

320 EU-Komm., Aufforderungsschreiben vom 31.01.2008, Verletzungsverfahren 2007/4866, ZfWG 2008, 32 (35).

Schließung unerlaubter Websites in Deutschland keinesfalls für sinnlos halte.[321] Die Regierung kritisiert die Einschätzung der Kommission, nach der eine Geeignetheit des Verbots offensichtlich nur dann gegeben sei, wenn es weltweit und ausnahmslos durchgesetzt werden könne.[322] Ein derart strenger Rechtfertigungsmaßstab stehe in Widerspruch zur Rechtsprechungslinie von EuGH und BVerfG, nach der es ausreicht, wenn eine Maßnahme in gewissem Umfang dazu beitragen kann, schädlichen Wirkungen vorzubeugen.[323] Danach wird nur eine Beurteilung, die auf Grundlage der bei Erlass vorliegenden Erkenntnisse offensichtlich irrig erscheint, gerichtlich beanstandet.[324]

cc) Positive Haltung des EuGH

Die Haltung bekräftigt der EuGH in der Rechtssache *Markus Stoß u.a.* Er hebt erneut den weiten Spielraum des Gesetzgebers bei der Beurteilung der Geeignetheit des Verbotstatbestandes hervor. Seiner Ansicht nach stehen rechtstatsächliche Probleme, die bei der Durchsetzung des Internetverbotes auftreten können, dessen Geeignetheit nicht entgegen.[325] Auch in seiner Entscheidung *Carmen Media Group Ltd.* unterstreicht der EuGH die grundsätzliche Geeignetheit eines vollständigen Internetverbotes wie es das deutsche Glücksspielrecht vorsieht. Ein solches könne ein taugliches Mittel sein, um die legitimen Ziele der Spielsuchtbekämpfung, des Jugendschutzes und der Vermeidung von Anreizen zu übermäßigen Ausgaben zu verfolgen. Dies gelte selbst dann, wenn das entsprechende Spielan-

---

321 BReg, Mitteilung an die Komm. vom 20.05.2008, Verletzungsverfahren 2007/4866, ZfWG 2008, 173 (181, Rn. 73).

322 BReg, Mitteilung an die Komm. vom 20.05.2008, Verletzungsverfahren 2007/4866, ZfWG 2008, 173 (181, Rn. 69).

323 BReg, Mitteilung an die Komm. vom 20.05.2008, Verletzungsverfahren 2007/4866, ZfWG 2008, 173 (181, Rn. 70 f.); ebenso VG Gelsenkirchen, Urteil vom 28.07.2006, Az: 15 K 2170/03, das die Geeignetheit von Internetsperren bejaht, sobald die Zweckerreichung, der Zugang zum illegalen Angebot, für den „normalen“ Nutzer erschwert wird. Vgl. weiterhin zum Geeignetheitsmaßstab: BVerfGE 63, 88 (115); 67, 157 (163, 175); 96, 10 (23); 103, 293 (307); EuGH, verb. Rs. 279/84 u.a., Slg. 1987, 1069 – *Rau*, Rn. 34; Rs. 265/87, Slg. 1989, 2237 – *Schräder*, Rn. 21; Rs. C-415/93, Slg. 1995, I-4921 – *Bosman*, Rn. 108 ff., 135; Rs. C-380/03, Slg. 2006, I-11573 – *Deutschland./.Parlament und Rat*, Rn. 155; VGH Bayern, ZfWG 2008, 197 (199 f.); OVG Berlin-Brandenburg, ZfWG 2008, 466 (467); OVG NRW, ZfWG 2008, 122 (123); VG Stuttgart, ZfWG 2008, 140 (142); *Frenz*, HB EuropaR, Bd. V, 2010, Rn. 756 f.; *Thaysen*, Sportwetten, 2009, S. 53; *Postel*, WRP 2006, 703 (716 f.).

324 EuGH, Rs. 40/72, Slg. 1973, 125 – *Schröder*, Rn. 14; verb. Rs. C-267/88 bis C-285/88, Slg. 1990, I-435 – *Wuidart u.a.*, Rn. 14; Rs. C-280/93, Slg. 1994, I-4973 – *Bananenmarktordnung*, Rn. 90; *Frenz*, HB EuropaR, Bd. V, 2010, Rn. 757.

325 EuGH, verb. Rs. C-316/07 u.a. – *Markus Stoß u.a.*, ZfWG 2010, 332 (339, Rn. 86 f.); zust.: *Ennuschat*, GewArch 2010, 425 (426).

gebot über herkömmliche, sprich: stationäre Kanäle zulässig bleibe.[326] Allerdings sieht der Gerichtshof wegen der begrenzten Vorlagefragen keinen Anlass, darüber hinaus zur Geeignetheit des Internetverbots näher Stellung zu beziehen.[327]

dd) Zwischenergebnis: Weiter Gestaltungsspielraum und einige Bedenken

Sowohl das Bundesverfassungsgericht als auch der EuGH gestehen dem deutschen Gesetzgeber einen erheblichen Gestaltungsfreiraum zu. Hiermit treffen sie allerdings keine abschließende Aussage über die tatsächliche Situation auf dem deutschen Glücksspielmarkt, sondern zeigen dem Gesetzgeber nur die Rahmenbedingungen auf.

Dieser regelt mit dem umfassenden Internetverbot nach § 4 Abs. 4 GlüStV 2008 insbesondere den Rückzug des staatlichen Anbieters aus dem Onlinemarkt. Das Verbot soll zu einer Absenkung der Nachfrage in der Wett-, aber auch der Casinosparte führen und die deutschen Spieler zu den legalen, stationären Angeboten umleiten.

Die Maßnahme bleibt allerdings hinter den Erwartungen, welche die Länder mit ihr verbunden haben, zurück. Letztlich kommt es gerade zu einer erheblichen Abwanderung der wettaffinen, insbesondere der Hocheinsatzspieler in einen präventionsfreien Schwarzmarkt.[328] Eine Erhebung geht davon aus, dass derzeit 86 Prozent der deutschen Wettteilnehmer Kunden privater, meist über das Internet tätiger Wettunternehmen sind.[329] Die Studie belegt weiterhin, dass der Markt für Onlineglücksspiele in Deutschland seit Jahren stetig wächst.[330]

---

326 EuGH, Rs. C-46/08 – *Carmen Media Group Ltd.*, ZfWG 2010, 344 (352, Rn. 105); dazu: *Ennuschat*, GewArch 2010, 425 (426).

327 EuGH, Rs. C-46/08 – *Carmen Media Group Ltd.*, ZfWG 2010, 344 (352, Rn. 95, 97 f.).

328 *Pohl*, Der Glücksspielstaatsvertrag, Interview vom 20.07.2010, unter: www.presseanzeiger.de/meldungen/it-computer-internet/368295.php; *Schneider*, Gutachten: Volkswirtschaftliche Analyse des legalen/illegalen Marktes für Glücksspiel in Deutschland, Stand: 07/2007, S. 61, Pressemeldung unter: www.presseportal.de/pm/43972/1043629/deutscher_buchmacherverband_essen_e_v; *Sieber*, Gutachten: Möglichkeiten der Spielsuchtprävention und des Jugendschutzes in einem geöffneten Sportwetten- und Online-Casino-Markt, Stand: 06.09.2010, S. 7, unter: www.vprt.de; zu einem Vergleich der Schwarzmarktanfälligkeit von Lotterien und Sportwetten: *Haltern*, ZfWG 2011, 77 (79). Quellen zul. aufgerufen am 10.09.2012.

329 Goldmedia Studie 2010, Glücksspielmarkt Deutschland 2015 – Situation des Glücksspielmarktes in Deutschland, Key Facts/Executive Summary, Stand: 19.04.2010, S. 7; von 90 Prozent sprach DOSB-Generaldirektor *Vesper* in einem Interview vom 08.11.2010 unter: www.fussball.de/vesper-interview-zu-sportwetten-schwarzmarkt-kennt-keine-regeln-/id_43368166/index; zul. aufgerufen am 10.09.2012.

330 Goldmedia Studie 2010, Glücksspielmarkt Deutschland 2015 – Situation des Glücksspielmarktes in Deutschland, Key Facts/Executive Summary, Stand: 19.04.2010, S. 9 f.

Trotz der grundsätzlichen Billigung des Onlineverbots durch den EuGH, das BVerfG und zuletzt auch das BVerwG gibt sein geringer Abschreckungseffekt auf Anbieter ungenehmigter Internetglücksspiele gerade dem Schrifttum Anlass, an der Eignung zu zweifeln.[331]

b) Diskussion um Erforderlichkeit und Angemessenheit

Während sich das BVerfG und im Anschluss daran das BVerwG zugunsten des Onlineverbots aussprechen (unter aa), stellt insbesondere die EU-Kommission von Anfang an auch die Erforderlichkeit[332] eines Totalverbotes in Abrede (unter bb). Als mildere, mindestens ebenso geeignete Mittel führt sie eine unbeschränkte Anerkennung EU-ausländischer Genehmigungen und, aktueller denn je, ein streng kontrolliertes Zulassungsverfahren für private Internetanbieter an.

aa) Bejahung von Erforderlichkeit und Angemessenheit durch BVerfG und BVerwG

Von Seiten der deutschen Gerichte einschließlich des Bundesverfassungsgerichts wird die Erforderlichkeit eines umfassenden Internetverbots überwiegend ausdrücklich gebilligt.[333] So führt das BVerfG in seinem Kammerbeschluss im Jahre 2008 aus, es sei nicht erkennbar, welche Alternativen zu einer vollständigen Untersagung in Betracht kämen, um den spezifischen Gefährdungen des Onlineglücksspiels ebenso wirksam zu begegnen. So können im Internet Spielverträge bequem und rund um die Uhr von zuhause aus abgeschlossen werden, was zu einer Gewöhnung und Verharmlosung führen könne. Darin liege eine spezifische Gefahr, die nicht durch Beschränkungen oder Auflagen ausgeglichen werden könne. Entsprechendes gelte für den Minderjährigenschutz. Um einen solchen zuverlässig zu gewährleisten, seien angesichts von Umgehungs- und Manipulationsmöglichkeiten aufwändige, technische Maßnahmen nötig. Auch der Suchtgefahr bei erwachsenen Spielern könne nicht zuverlässig entgegengewirkt werden. Zu der Gefahr, dass die Zugangskontrollen gewerblicher Anbieter unterlaufen werden, trete eine weitere: Bei einer Mehrzahl von Veranstaltern könne ein Spie-

---

331 *Backu*, ITRB 2011, 17 (20); für das Verfassungsrecht: BVerfG, ZfWG 2008, 351 (356) m. Anm. *Hilf/Ploeckl*, ZfWG 2009, 8 ff.; hierzu Erwiderung von *Schwan*, ZfWG 2009, 80.

332 Zum Erforderlichkeitskriterium: BVerfGE 25, 1 (12, 19 f.); 38, 281 (302); 40, 196 (223); 49, 24 (58); 77, 84 (106); 100, 313 (375); 115, 276 (309); EuGH, Rs. C-426/93, Slg. 1995, I-3723 – *Deutschland./.Rat*, Rn. 42 ff.; *Zuleeg*, in: von der Groeben/Schwarze, EUV/EGV, Bd. I, 6. Aufl. 2003, Art. 5 EG Rn. 39; *Papier*, in: Maunz/Dürig, GG, Stand: 56. Erg.-L. 2009, Art. 14 Rn. 589; *Frenz*, HB EuropaR, Bd. V, 2010, Rn. 761; *Thaysen*, Sportwetten, 2010, S. 53 f.

333 BVerfG, ZfWG 2008, 351 (357); OLG Frankfurt/Main, ZfWG 2009, 268 (271); VG Regensburg, ZfWG 2008, 388 (389).

ler Beschränkungen umgehen, indem er abwechselnd oder gleichzeitig mehrere Angebote nutzt.[334]

Nach Auffassung der Rechtsprechung verfängt auch der – soeben diskutierte[335] – Einwand nicht, durch das Internetverbot werde illegalen Sportwettangeboten insbesondere aus dem Ausland das Feld überlassen. Derartige Überlegungen können keine Verpflichtung des Gesetzgebers begründen, den seiner Ansicht nach gebotenen Schutzstandard zu senken.[336] Diesen Einschätzungen zur Erforderlichkeit schließt sich das BVerwG vollständig durch Verweis auf den Kammerbeschluss an.[337]

Es erachtet das Internetverbot auch als verhältnismäßig im engeren Sinne. Zwar könne das Verbot die Glücksspielanbieter empfindlich in ihrer beruflichen Betätigungsfreiheit und ihrem wirtschaftlichen Erfolg treffen. Andererseits diene die Norm unmittelbar der Spielsuchtprävention und damit einem Gemeinwohlbelang von hohem Rang.[338]

Nicht nur im Rahmen der Geeignetheit betonen das BVerfG und im Anschluss an dieses das BVerwG den erheblichen Einschätzungsspielraum, der den Ländern bei ihren Entscheidungen über Art und Intensität glücksspielrechtlicher Maßnahmen zukommt. Damit unterstreichen die Gerichte nicht nur die regulatorische Freiheit, die der Gesetzgeber genießt. Vielmehr weisen sie zugleich auf die Kehrseite der Medaille hin: die Verantwortung, die Richtigkeit seines Handelns während des gesamten Geltungszeitraums der Vorschriften zu prüfen und seine Berechtigung zu reflektieren.

Hierzu können auch die Überlegungen für eine Alternative zum Totalverbot angesichts eines nicht zu leugnenden Schwarzmarktes zählen. Mit der geplanten Aufgabe der vollständigen Internetabstinenz zeigen die Länder ihre Offenheit gegenüber einem liberaleren Ansatz.

bb) Alternativvorschläge der EU-Kommission und deren Bewertung durch den EuGH

Die Zielsetzung der EU-Kommission ist ein möglichst weit reichender Abbau von Handelshindernissen. Sie setzt sich daher unter dem Prüfungspunkt der Erforderlichkeit für Lizenzierungsmodelle ein, die aus ihrer Sicht eine mildere, aber mindestens gleich geeignete Alternative zu staatlichen Totalverboten und

334 BVerfG, ZfWG 2008, 351 (357); OLG Frankfurt/Main, ZfWG 2009, 268 (272).

335 Unter Teil 1 E. VI. 4. a) dd).

336 OLG Frankfurt/Main, ZfWG 2009, 268 (272); VGH Bayern, ZfWG 2009, 27 (45).

337 BVerwG, Urteil vom 01.06.2011 – 8 C 5.10, Rn. 22 (juris).

338 BVerwG, Urteil vom 01.06.2011 – 8 C 5.10, Rn. 23 (juris).

Monopolstrukturen im Glücksspielbereich darstellen.[339] Sie teilt damit auch die Ansicht der Liberalisierungsbefürworter, nach welcher die einem Internetverbot zugrunde liegenden Gemeinwohlinteressen ebenso effektiv im Rahmen einer – wie auch immer gestalteten[340] – Wettbewerbslösung eingehalten werden können.[341]

Einen deutlichen Schritt weiter geht in diesem Rahmen die Forderung nach einer Geltungserstreckung EU-ausländischer Erlaubnisse auf andere Mitgliedstaaten. Die Diskussion darum[342] wird unter den Stichworten „Grundsatz der gegenseitigen Anerkennung" bzw. „Herkunftslandsprinzip" geführt.[343] Diese unionsrechtliche Maxime beruht auf Leitlinien, die der EuGH im *Cassis de Dijon*-Urteil[344] zum freien Warenverkehr entwickelt hat und die inzwischen auch auf Dienstleistungen erstreckt werden. Danach sind alle für den Handelsverkehr relevanten rechtlichen und technischen Regelungen des Mitgliedstaats als einander gleichwertig zu behandeln. Güter und Dienstleistungen sind daher in der ganzen Union verkehrsfähig, solange sie nach dem Recht ihres Herkunftslandes zulässig sind.[345] Das Prinzip der gegenseitigen Anerkennung kann als übergeordneter Grundsatz an die Stelle einer Rechtsangleichung treten oder als Verpflichtung in den sekundärrechtlichen Vorschriften harmonisierter Bereiche enthalten sein. Mangels Harmonisierung kommt im deutschen Glücksspielwesen nur die erste Variante in Betracht.[346]

Diesem Prinzip folgt bislang beispielsweise das britische Sportwettenrecht durch vollständige Anerkennung von Zulassungen für Anbieter aus dem EWR,

---

339 Vgl. die Stellungnahme zum Entwurf Schleswig-Holsteins unter Teil 1 E. V. 2. sowie weiterhin: EU-Komm., Aufforderungsschreiben vom 31.01.2008, Verletzungsverfahren 2007/4866, ZfWG 2008, 32 (37).

340 Zum Vorschlag eines Konzessionsmodells bereits: *Thaysen*, Sportwetten, 2009, S. 112 ff.; *Stein/ von Buttlar*, in: Ennuschat, Aktuelle Probleme d. Rechts d. GS, 2008, S. 81 (88, Rn. 17 ff.); *dies.*, ZfWG 2006, 273; *Winkelmüller*, GewArch 2007, 411 (414).

341 EU-Komm., Schriftsatz an den EuGH vom 10.12.2007, verb. Rs. C-316/07 – *Marcus Stoss u.a.*, ZfWG 2008, 94 (100, Rn. 56 ff.); i.d.S. auch *Janz*, NWVBl. 2006, 248 (251).

342 EU-Komm., Schriftsatz an den EuGH vom 10.12.2007, verb. Rs. C-316/07 – *Marcus Stoss u.a.*, ZfWG 2008, 94 (101, Rn. 63 f.); VG Schleswig-Holstein, ZfWG 2008, 68 (70).

343 Siehe zu der Weiterentwicklung des Prinzips der gegenseitigen Anerkennung: 1) Mitteilung der Kommission zu Auslegungsfragen – Erleichterung des Marktzugangs für Waren in einem anderen Mitgliedstaat: praktische Anwendung des Prinzips der gegenseitigen Anerkennung (2003/C 265/02); ABl. vom 04.11.2003, C 265, S. 2; 2) Pressemitteilung der Kommission vom 28.10.2003, IP/03/1470; 3) Mitteilung der Kommission über die Auswirkungen des Urteils des Europäischen Gerichtshofs vom 20. Februar 1979 in der Rs. 120/78 („Cassis de Dijon"), ABl. C 256 vom 03.10.1980, S. 2 f.

344 EuGH, Rs. 120/78, Slg. 1979, 649 – *„Cassis de Dijon"*, Rn. 8.

345 *Schnattinger*, Rückwirkung, 2005, S. 44.

346 OVG NRW, ZfWG 2008, 122 (126); *Badura*, in: Ennuschat, Aktuelle Probleme d. Rechts d. GS, 2008, S. 7 (48).

Gibraltar sowie sog. white listed states wie z.B. den Kanalinseln.[347] Aus einer Reihe von Gründen, darunter unterschiedliche Schutzstandards, eine fehlende Beteiligung der im Ausland lizenzierten Anbieter an den Gebühren zur Finanzierung der britischen Gambling Commission[348] sowie zuletzt den rechtlichen Unsicherheiten nach dem Black Friday ist künftig eine Konzessionierung nach britischem Recht notwendig.[349]

Allerdings stellt der Grundsatz keine unüberwindbare Sperre für mitgliedstaatliche Beschränkungen dar. Andernfalls liefe die bereits dargestellte Rechtfertigungsdogmatik stets leer, sobald die strittige Materie im Heimatstaat des ausländischen Mitbewerbers bereits einer Regelung unterworfen wäre, deren Voraussetzungen er einhält. Dies hätte auch dann zu gelten, wenn erhebliche Unterschiede im Genehmigungsniveau der beiden Staaten vorlägen.[350] Der freie Verkehr darf daher weiterhin ausnahmsweise durch Vorgaben des Empfangsstaates behindert werden, wenn mit ihnen ein zwingendes Allgemeininteresse verfolgt wird, sie keine Diskriminierung bewirken und der Verhältnismäßigkeit genügen, sprich: gerechtfertigt sind. Das Ermessen der Mitgliedstaaten, das Schutzniveau des nationalen Glücksspielregimes einschließlich des Sortiments und der Veranstaltungsbedingungen ihrer angebotenen Spiele festzulegen, wird mithin nicht durch das Eingreifen des Herkunftslandsprinzips beschränkt.[351]

Im Rahmen dieses Ermessen kommt den Mitgliedstaaten grundsätzlich auch das Recht zu, die Ausübung eines Spieles in ihrem Hoheitsgebiet vollständig zu untersagen.[352] Insoweit besteht keine Verpflichtung, eine EU-ausländische Erlaubnis für eine Betätigung im deutschen Rechtsraum anzuerkennen.[353] Das Vorliegen

347 Hierzu eingehend: *Hilf/Ploeckl*, ZfWG 2010, 311 (313).

348 Näher: *Hilf/Ploeckl*, ZfWG 2010, 311 (313).

349 Dazu: IAGA (International Association of Gaming Advisors), unter: www.theiaga.org/web/guest/jurisdictional-updates/-/blogs/uk-remote-gambling-14-july-2011; *Bennett* (eGaming Review vom 14.07.2011), unter: www.egrmagazine.com/news/1679057/government-announces-uk-gambling-reform-plans.thtml. Quellen zul. aufgerufen am 10.09.2012.

350 *Hecker*, ZfWG 2007, 119 (122) und *Ruttig*, WRP 2007, 621 (622), sprechen von einem „race to the bottom" mit Blick auf inhaltliche wie steuerrechtliche Genehmigungsvorgaben.

351 GA Bot, Schlussanträge vom 14.10.2008, Rs. C-42/07 – *Liga Portugesa*, ZfWG 2008, 323 (345, Rn. 256); *Badura*, in: Ennuschat, Aktuelle Probleme d. Rechts d. GS, 2008, S. 7 (43, 48 f.)

352 GA Bot, Schlussanträge vom 14.10.2008, Rs. C-42/07 – *Liga Portugesa*, ZfWG 2008, 323 (344, Rn. 252); VGH Baden-Württemberg, Beschluss vom 11.02.2009 – 6 S 3328/08, Rn. 6 (juris).

353 VGH Baden-Württemberg, NVwZ 2007, 724; offengelassen: VGH Bayern, Beschluss vom 19.03.2007 – 24 CS 07.384, Rn. 20 (juris); OVG Berlin-Brandenburg, Beschluss vom 12.10.2007 – OVG 1 S 121.07, Rn. 2 (juris); OVG Hamburg, NVwZ 2007, 725; OVG Münster, ZfWG 2008, 122 (126); OVG Rheinland-Pfalz, Beschluss vom 02.05.2007 – 6 B 10118/07.OVG, Rn. 4 (juris); VG Braunschweig, Beschluss vom 21.03.2007 – 5 B 334/06, Rn. 7 (juris); VG Magdeburg, Urteil vom 09.08.2007 – 3 A 297/06 MD, Rn. 33 (juris); sowie ältere Entscheidungen der OVG Münster,

einer solchen befreit die Anbieter aus Sicht des BGH und weiterer Gerichte daher auch nicht von einem Strafbarkeitsvorwurf wegen unerlaubter Glücksspielveranstaltung.[354]

Auch der EuGH nimmt in der Rechtssache *Markus Stoß u.a.* explizit Stellung zur Geltungserstreckung einer EU-ausländischen Wettlizenz auf Deutschland und damit einer Durchbrechung des generellen Internetverbots.[355] Unter Bezugnahme auf die Schlussanträge des Generalanwalts *Mengozzi*[356] im selben Verfahren betont er, im Falle eines verhältnismäßig ausgestalteten Monopols im Empfangsstaat sei eine Verpflichtung zur Anerkennung ausländischer Erlaubnisse per se ausgeschlossen.[357] Allerdings stellt der EuGH auch klar, dass bei einer durch die mitgliedstaatlichen Gerichte festgestellten Unionsrechtswidrigkeit zumindest strafrechtliche Sanktionen gegen Wirtschaftsteilnehmer anderer EU-Staaten zu unterlassen seien, denen die Erteilung einer inländischen Erlaubnis verwehrt wurde.[358]

Als milderes Mittel gegenüber einem Totalverbot kommt daher in erster Linie eine kontrollierte Marktöffnung mittels eines Konzessionssystems in Betracht. Eine Verpflichtung zur gegenseitigen Anerkennung besteht mangels sekundärrechtlicher Regelungen hingegen derzeit nicht.

5. Fazit: Lockerung des Internetverbotes ab 2012

Auch wenn der EuGH und das BVerfG Deutschland einen weiten Beurteilungsspielraum bei der Regelungsintensität des Onlinesektors zugestehen, so haben sich die Länder zu Recht für eine Lockerung des vollständigen Internetverbots entschlossen.

Wenn man von einer Abwanderung der Spieler in nach deutschem Recht unerlaubte Internetglücksspiele in einem Umfang von vorsichtig gerechnet mindestens 80 Prozent ausgeht, dann ist dem Gesetzgeber in seiner Bereitschaft, liberalere Wege einzuschlagen, beizupflichten.

NVwZ-RR 2003, 351 (352) und VG München, NVwZ 2004, 1517 (1518); *Thaysen*, Sportwetten, 2009, S. 95; *Duesberg*, JA 2008, 270 (272); *Ruttig*, WRP 2007, 621 (622).

354 BGH, NJW 2004, 2158 (2160); OLG München, GRUR-RR 2006, 137; offen gelassen: LG Frankfurt/Main, NStZ-RR 2007, 201 (202); *Duesberg*, JA 2008, 270 (272).

355 EuGH, verb. Rs. C-316/07 u.a. – *Markus Stoß u.a.*, ZfWG 2010, 332 (342, Rn. 108).

356 GA Mengozzi, Schlussanträge vom 04.03.2010, Rs. C-316/07 u.a. – *Markus Stoß u.a.*, ZfWG 2010, 55 (64, Rn. 94).

357 EuGH, verb. Rs. C-316/07 u.a. – *Markus Stoß u.a.*, ZfWG 2010, 332 (342, Rn. 109, 113); im Ergebnis auch: EU-Komm., Schriftsatz an den EuGH vom 10.12.2007, verb. Rs. C-316/07 – *Marcus Stoss u.a.*, ZfWG 2008, 94 (101, Rn. 64).

358 EuGH, verb. Rs. C-316/07 u.a. – *Markus Stoß u.a.*, ZfWG 2010, 332 (342 f., Rn. 115) m.V.a. verb. Rs. C-338/04; C-359/04; C-360/04, Slg. 2007, I-1891 – *Placanica u.a.*, Rn. 69; zur Feststellung der Unionsrechtswidrigkeit durch nationale Gerichte: *Stein*, ZfWG 2010, 353 (355).

Die Entscheidung, die Internetsparte kontrolliert (wieder) zu öffnen, ist aus verfassungs- und unionsrechtlicher Sicht nicht zu beanstanden. Die Prämisse „Schwarzmarktbekämpfung", die beiden Novellierungsentwürfen zugrunde liegt, stellt ein höchstrichterlich anerkanntes Gemeinwohlziel dar. Dieses kann als eigenständige Handlungsvorgabe hervorgehoben oder von den Zielen „Kanalisierung" oder „Kriminalitätsbekämpfung" umfasst werden.

Eine Öffnung des Internetsektors wird in zahlreichen EU-Mitgliedstaaten als geeigneter Weg erachtet, um die Risiken, die illegale Internetangebote bergen, gezielt einzudämmen. Hierzu zählen auch Länder wie Dänemark[359] oder Spanien,[360] die zuvor ebenso wie Deutschland auf strikte Monopolstrukturen und Verbote gesetzt haben. Um den Anforderungen an Spielerschutz und wirtschaftliche Verlässlichkeit zu genügen, sehen die Entwürfe Schleswig-Holsteins und der anderen Länder strenge und – wie ausgeführt[361] – teilweise derzeit sehr umstrittene Vorgaben für eine Konzessionserteilung vor.

Da die Arbeit gerade diejenigen illegalen Anbieter, die sich auch künftig bewusst einem Vergabeverfahren entziehen werden, zum Gegenstand hat, bleiben die künftigen Vorgaben an legale Angebote im Detail ausgeklammert.

---

359 *De Zeeuw*, Denmark, Beitrag in Gambling Compliance vom 14.01.2011, S. 6; zul. aufgerufen am 08.08.2011.

360 *Gil*, Spain's Online Gambling Bill: A Special Report, Beitrag in Gambling Compliance vom 27.05.2011, S. 4; zul. aufgerufen am 08.08.2011.

361 Vgl. oben Teil 1 E. V. 1. und 2.

2. Teil: Anwendbarkeit deutschen Straf- und Verwaltungsrechts auf Internetglücksspiele

In den weitaus meisten Fällen stammen Glücksspielangebote im Internet nicht von deutschen, sondern ausländischen Anbietern, die im Inland über keinen Unternehmenssitz verfügen. Zu klären ist daher, ob für sie deutsches Straf- (unter A.) und Verwaltungsrecht (unter B.) zur Anwendung kommen kann. Dreh- und Angelpunkt für einen Einbezug der ausländischen Anbieter in die deutsche Glücksspielrechtsordnung ist die Erfüllung des Straftatbestandes der unerlaubten Veranstaltung von Glücksspielen nach § 284 StGB.

Nur wenn sich eine inländische Glücksspielveranstaltung nach dem Verständnis des deutschen Strafrechts feststellen lässt, kommt die Vorschrift zur Anwendung. Dieser Paragraph bildet nach in erster Linie durch die Rechtsprechung vertretener Auffassung[1] den Kern des deutschen Glücksspielrechts: Danach enthält § 284 StGB eine generelle Strafandrohung für jede Form von Glücksspielveranstaltung, die nur durch den Nachweis einer behördlichen Erlaubnis behoben werden kann.

Dem Verständnis der Erlaubnis als Rechtfertigungsgrund und nicht, wie überwiegend in der Literatur vertreten, als negatives Tatbestandsmerkmal[2] liegt die Einschätzung zugrunde, dass Glücksspielen ein sozialethischer Unwert anhaftet.[3]

Eine Strafbarkeit scheidet danach nur aus, wenn im Einzelfall aufgrund übergeordneter Interessen ein grundsätzliches Verbot aufgehoben werden kann.[4] Hier besteht die Verknüpfung mit dem Ordnungsrecht der Länder, deren Erlaubnistat-

---

1 BVerfG, NVwZ 2001, 790 (793); BVerwG, NJW 2001, 435 (436); NJW 2001, 2648; NVwZ 2006, 1175 (1177); BGH, NJW 2002, 2175 (2176); NJW 2004, 2158 (2160).

2 *Beckemper*, in: BeckOK-StGB, Stand: 01.05.2011, § 284 Rn. 24; *Lackner/Kühl*, StGB, 27. Aufl. 2011, § 284 Rn. 12; *Groeschke/Hohmann*, in: MK-StGB, Bd. IV, 2006, § 284 Rn. 20; *Wohlers*, in: NK-StGB, Bd. II, 3. Aufl. 2010, § 284 Rn. 21; *Heine*, in: Sch/Sch, StGB, 28. Aufl. 2010, § 284 Rn. 18; *Heine*, wistra 2003, 441 (443); *Pelz/Stempfle*, K&R 2004, 570 (571). Eingehend zur Diskussion um die Einstufung des Erlaubniskriteriums: *Mintas*, Glücksspiele im Internet, 2009, S. 229 ff.; *Volk*, Glücksspiel im Internet, 2006, S. 73 ff.

3 VGH Kassel, NVwZ 2005, 99 (103 f.); OLG Celle, NJW 1969, 2250; OLG Köln, GRUR 2000, 538 (540); a.A. *Wohlers*, in: NK-StGB, Bd. II, 3. Aufl. 2010, § 284 Rn. 21.

4 *Volk*, Glücksspiel im Internet, S. 74 f.

bestände in engen Grenzen eine Befreiung des staatlichen Anbieters von dem Strafvorwurf des § 284 StGB vorsehen. Die Ausnahme vom Repressivverbot soll dabei dem Ziel dienen, den unvermeidbaren Spieltrieb der Bevölkerung in legale Bahnen zu lenken. Die Erlaubnisnormen des GlüStV 2008[5] treffen eine Entscheidung über die Frage, welche Fallgestaltungen eine rechtfertigende Wirkung entfalten.

Zugleich scheiden auf Grundlage der landesrechtlichen Vorgaben auch diejenigen Erscheinungsformen aus, die außerhalb des rechtlich zulässigen Rahmens stattfinden. Als unerlaubtes Glücksspiel können diese mit Hilfe gefahrenabwehrrechtlicher Maßnahmen bekämpft werden. Voraussetzung ist abermals, dass es sich um einen Sachverhalt handelt, auf den das deutsche Recht, in diesem Fall das der Gefahrenabwehr, anwendbar ist.[6]

A. § 284 StGB als traditionelle Kernregelung des deutschen Glücksspielrechts

Bei § 284 Abs. 1 StGB handelt es sich um eine deutsche Strafnorm. Dementsprechend kann sie nur ein Täter verwirklichen, der in den Anwendungsbereich des deutschen Strafrechts fällt. Ob dies auch für einen Internetanbieter mit Unternehmenssitz im Ausland zutrifft, soll unter Zugrundelegung der Vorgaben des sog. Internationalen Strafrechts nach §§ 3 ff. StGB geklärt werden.

Hierzu skizziert die nachfolgende Untersuchung in einem ersten Schritt dessen maßgeblichen Regelungsgehalt (unter I.). Im Anschluss geht die Arbeit näher auf den bedenklich weiten Handlungsbegriff ein, den Rechtsprechung und Gesetzgeber auch für ausländische Internetangebote zugrunde legen (unter II.). Sodann richtet sich der Blick auf die Auswirkungen unerlaubten Handelns im Inland, die unter dem Stichwort „Erfolgsort" eine rechtliche Berücksichtigung finden (unter III.). Weiterhin wird eine Konzeption vorgestellt, mit Hilfe derer die rechtlichen Schwächen des § 9 StGB überwunden werden sollen (unter IV.). Nach einer Zusammenführung der bislang gewonnenen Erkenntnisse (unter V.) werden Ansätze für eine völkerrechtskonforme Einschränkung des deutschen Strafanwendungsanspruchs erörtert (unter VI.). Die Untersuchung schließt mit einem eigenen Lösungsvorschlag zur Vermeidung von Konflikten mit ausländischen Rechtsordnungen (unter VII.) und der Feststellung einer dringenden Reformbedürftigkeit des deutschen Strafrechts für Internetsachverhalte (unter VIII.).

5 Sowie nach der Novellierung des GlüÄndStV 2012.

6 Zur Anwendung deutschen Verwaltungsrechts unter Teil 2 B.

I. Grundlagen des Internationalen Strafrechts

Die Normen des sog. Internationalen Strafrechts im ersten Abschnitt des Strafgesetzbuchs (§§ 3 ff. StGB) bestimmen, wann ein Täter dem deutschen Strafrecht unterworfen wird. Die Grundregel findet sich in § 3 StGB: In ihr kommt das Territorialprinzip zum Ausdruck, nach dem das deutsche Strafrecht für diejenigen Taten greift, die im Inland begangen werden.[7] Eine Inlandstat liegt gem. § 9 StGB vor, wenn sich der Tatort im Inland feststellen lässt. Diese Norm gibt die Ubiquitätstheorie wieder.[8] Sie vereint die früher isoliert vertretene Tätigkeits-[9] und Erfolgstheorie.[10] Nach § 9 Abs. 1 StGB kommt als Tatort zum einen der Ort in Betracht, an dem der Täter tatbestandlich gehandelt hat (Var. 1) bzw. bei Unterlassungsdelikten hätte handeln müssen (Var. 2), zum anderen der Ort, an dem der Taterfolg eingetreten ist (Var. 3) oder nach der Vorstellung des Täters hätte eintreten sollen (Var. 4).

Daneben sieht das Internationale Strafrecht spezielle Regelungen vor, nach denen die deutsche Strafgewalt auf Taten, die sich vollständig im Ausland ereignen, ausnahmsweise Anwendung finden kann. Dazu zählen das Flaggenprinzip für deutsche Schiffe und Flugzeuge gem. § 4 StGB und der strafrechtliche Schutz für bestimmte inländische Rechtsgüter durch Auslandstaten gem. § 5 StGB.[11] Die Verfolgbarkeit von Taten gegen oder durch einen Deutschen im Ausland regelt schließlich § 7 StGB. Eine Sonderrolle nimmt § 6 StGB ein, nach dem das deutsche Strafrecht unabhängig vom Recht des Tatorts für Taten, die im Ausland begangen werden, gilt. Die Norm dient damit als Konkretisierung des Weltrechtsprinzips, indem sie die deutsche Strafgewalt auf international zu schützende Rechtsgüter erstreckt. Zu diesen zählt nach der abschließenden Aufstellung des § 6 StGB Hierzu zählt beispielsweise die Verbreitung sog. „harter“ Pornographie über das Internet[12] oder der unbefugte Vertrieb von Betäubungsmitteln.[13]

7 *Fischer*, StGB, 58. Aufl. 2011, § 3 Rn. 1; *Werle/Jeßberger*, in: LK-StGB, Bd. I, 12. Aufl. 2008, § 3 Rn. 3; *Ambos/Ruegenberg*, in: MK-StGB, Bd. I, 2003, § 9 Rn. 1; *Eser*, in: Sch/Sch, StGB, 28. Aufl. 2010, § 9 Rn. 1; *Satzger*, IES, 2. Aufl. 2008, § 5 Rn. 7.

8 RGSt 11, 20 (22); 67, 130 (138); 74, 56 (59); *Preisendanz*, StGB, 30. Aufl. 1978, § 9 Rn. 2; *Satzger*, NStZ 1998, 112 (113).

9 Historische Nachweise zu Tätigkeitstheorie: *Frank*, Das Strafgesetzbuch für das Deutsche Reich, 18. Aufl. 1931, § 3, Anm. IV 3; *Gerland*, Deutsches Reichsstrafrecht, 2. Aufl. 1932, S. 95.

10 *Von Liszt*, Lehrbuch des deutschen Strafrechts, 10. Aufl. 1900, S. 116.

11 Zur Relevanz des § 5 StGB bei Internetdelikten: *Germann*, Gefahrenabwehr, 2000, S. 230.

12 § 6 Nr. 6 StGB; dazu näher: *Perron/Eisele*, in: Sch/Sch, StGB, 28. Aufl. 2010, § 184 b Rn. 5 f.; *Germann*, Gefahrenabwehr, 2000, S. 229; *Collardin*, CR 1995, 618 (621); *Conradi/Schlömer*, NStZ 1996, 366 (369).

13 Gem. § 6 Nr. 5 StGB und den weiteren Fallgruppen des § 6 StGB, näher: *Eser*, in: Sch/Sch, StGB, 28. Aufl. 2010, § 6 Rn. 2 ff.

Die Veranstaltung unerlaubter Glücksspiele zählt allerdings nicht zu dem Katalog weltweit geächteter Straftaten.[14]

Für die Frage nach einem deutschen Strafverfolgungsanspruch verbleibt mithin ausschließlich § 9 Abs. 1 StGB. Hier heißt es:

> *„Die Tat ist an jedem Ort begangen, an dem der Täter gehandelt hat oder im Falle des Unterlassens hätte handeln müssen oder an dem der zum Tatbestand gehörende Erfolg eingetreten ist oder nach der Vorstellung des Täters eintreten sollte."*

Grundvoraussetzung ist demnach ein inländischer Handlungs- und/oder Erfolgsort. Im Folgenden widmet sich die Arbeit zunächst dem Handlungsort nach § 9 Abs. 1 Var. 1 StGB.

II. Handlungsort

Die relevante Handlung, auf die sich die Frage nach einem Tatort gem. § 9 Abs. 1 StGB richtet, ist das Veranstalten eines Glücksspiels im Sinne von § 284 Abs. 1 StGB. Hierunter wird die tatherrschaftlich-verantwortliche Schaffung der maßgebenden rechtlichen und organisatorischen Rahmenbedingungen für die Abhaltung unerlaubter Glücksspiele zu verstanden. Der Veranstalter bietet dem Publikum unmittelbar den Abschluss von Spielmöglichkeiten und ist Schuldner eines möglichen Gewinnanspruchs. Zu den Rahmenbedingungen zählen u. a. das Entwerfen des Spielplanes, die Festlegung der Bedingungen, die Anmietung der Räumlichkeiten, das Bereitstellen der Ausstattung oder auch das Auslegen der Wettprogramme.[15] Vor der Zielsetzung, die Gefahren unerlaubten Glücksspiels möglichst umfassend einzudämmen, entwickelt sich ein weites Verständnis des Veranstaltungsbegriffs.[16] So wird ein „Veranstalten" i.S.d. § 284 Abs. 1 StGB bereits bejaht, sobald den Spielern die Möglichkeit zur Beteiligung eröffnet ist. Eine tatsächliche Durchführung des Spiels oder zumindest der Abschluss konkreter Spielverträge ist hingegen zur Vollendung der Straftat nicht mehr erforderlich.[17]

---

14 *Wilms*, Lotterietätigkeit, 2001, S. 36.

15 RGSt 61, 12 (15); 62, 163 (165f.); BGH, NStZ 2003, 372 (373); BayObLG, NJW 1993, 2820 (2821) m. Anm. *Lampe*, JuS 1994, 737 (741); LG München I, NJW 2002, 2656; *Fischer*, StGB, 58. Aufl. 2011, § 284 Rn. 18; *Krehl*, in: LK-StGB, Bd. X, 12. Aufl. 2008, § 284 Rn. 18; *Wohlers*, in: NK-StGB, Bd. II, 2. Aufl. 2005, § 284 Rn. 18; *Heine*, in: Sch/Sch, StGB, 28. Aufl. 2010, § 284 Rn. 12; *Fritzemeyer/Rinderle*, CR 2003, 599 (600); *Heine*, wistra 2003, 441 (445), *Horn*, NJW 2004, 2047 (2053); *Janz*, NJW 2003, 1694 (1696); *Lesch*, wistra 2005, 241 (242); *Wohlers*, JR 2003, 388.

16 OLG Hamburg, MMR 2002, 471 (472).

17 *Wohlers*, in: NK-StGB, Bd. II, 2. Aufl. 2005, § 284 Rn. 18; entspr.: *Lampe*, JuS 1994, 737 (741).

Der weite Veranstaltungsbegriff des § 284 StGB führt insbesondere bei ausländischen Internetangeboten (unter 1.) in Rechtsprechung (unter 2.) und Gesetzgebung (unter 3.) zu einer weiten Interpretation des Handlungsortes gem. § 9 Abs. 1 Var. 1 StGB. Bedenken gegen die daraus folgende extensive deutsche Strafanwendung in allen Bereichen der Internetkriminalität (unter 4.) bringen einen internetspezifischen Ansatz zur Bestimmung des Handlungsortes hervor, der auch im Glücksspielbereich seine Berechtigung haben könnte (unter 5.).

1. Bestimmung des Handlungsortes

Als Handlungsort eines Begehungsdelikts kommt grundsätzlich jeder Ort in Frage, an dem der körperlich anwesende Täter eine auf die Tatbestandsverwirklichung gerichtete Aktivität im Ausführungsstadium der Tat erbringt.[18] Unproblematisch ist daher regelmäßig die Bestimmung des Handlungsortes bei stationären Glücksspielen. Bietet ein Täter in seinem Wettlokal oder seiner Pokerstube in einer deutschen Stadt den Kunden eine Teilnahmemöglichkeit an Glücksspielen, so entfaltet sich dort die strafbare Tätigkeit.

Der Einsatz von Fernkommunikationsmitteln ersetzt allerdings den direkten Kontakt zwischen Veranstalter und Spieler. Dies führt zu einem Auseinanderfallen der Aufenthaltsorte beider Akteure. Grenzüberschreitende Sachverhalte werden damit zur Regel und lösen die Frage nach der Anwendbarkeit des deutschen Strafrechts unter den Vorgaben der §§ 3, 9 Abs. 1 StGB aus. Wegen der unterschiedlichen Konstellationen mit Auslandsbezug ist eine einheitliche Beantwortung allerdings nicht möglich, sondern entscheidend, worin der Anknüpfungspunkt für das deutsche Recht zu sehen ist.

Die Anwendung deutschen Rechts entfällt in keinem Fall schon allein deshalb, weil der Datenfluss zwischen Anbieter und Spieler (auch) über ausländische Übertragungsknoten verläuft. Die Nutzung unterschiedlicher Transferwege für die einzelnen Datenpakete stellt eine technische Notwendigkeit des dezentral aufgebauten Internets dar, auf welche der Endnutzer keinen Einfluss hat.[19] Sofern ein Glücksspielveranstalter das Spielangebot an seinem deutschen Unternehmenssitz in das Netz einspeist und seine Seite von deutschen Kunden aufgerufen wird, ist ohne weiteres ein inländischer Handlungsort gem. § 9 Abs. 1 Var. 1 StGB zu

18 *Fischer*, StGB, 58. Aufl. 2011; § 9 Rn. 3; *Lemke*, in: NK-StGB, Bd. I, 2. Aufl. 2005, § 9 Rn. 7; *Satzger*, IES, 2. Aufl. 2008, § 5 Rn. 9; *Klengel/Heckler*, CR 2001, 243 (244). Lediglich vorbereitende Handlungen, sofern sie straflos sind (§ 30 Abs. 2 StGB), bleiben dagegen außer Acht: *Lemke*, in: NK-StGB, Bd. I, 2. Aufl. 2005, § 9 StGB Rn. 7.

19 *Werle/Jeßberger*, in: LK-StGB, Bd. I, 12. Aufl. 2008, § 9 Rn. 80; *Hilgendorf/Frank/Valerius*, Computer- u. InternetStR, 2005, Rn. 240; *Heinrich*, in: FS Weber, 2004, S. 91 (99).

bejahen: Alle für das Spiel wesentlichen Handlungen des Täters finden in Deutschland statt.[20]

Problematisch ist dagegen der Fall, in dem der Täter sämtliche Handlungen, die für die Erstellung einer funktionsfähigen Glücksspielseite erforderlich sind, wie beispielsweise die Programmierung der Spielesoftware, von seinem ausländischen Sitz aus vornimmt und nur das Angebot selbst auch in Deutschland abrufbar ist. Diese Konstellation ist allerdings von hoher praktischer Bedeutung: Zahlreiche Veranstalter legen ihren Unternehmenssitz bewusst in sog. Rechtsoasen, in denen sie bei gleichzeitig niedriger Steuerlast nur geringe bürokratische Hürden für die Erteilung einer Lizenz zu bewältigen haben oder ihre Tätigkeit keiner behördlichen Kontrolle unterliegt.[21]

2. Rechtsprechung zu ausländischen Glücksspielangeboten

Nach Ansicht der Rechtsprechung liegt bei Internetglücksspielen ausländischer Anbieter ein inländischer Handlungsort nach § 9 Abs. 1 Var. 1 StGB vor. Für die Gerichte kommt es hierzu weder auf den Aufenthaltsort des Veranstalters noch auf den Standort seines Servers an. Vielmehr genügt für die Erfüllung des Tatbestands bereits die schlichte Wahrnehmbarkeit durch den Spieler, um eine Veranstaltung in Deutschland und damit einen ausreichenden Inlandsbezug zu bejahen.[22] Wer Glücksspiele im Ausland veranstaltet und diese potenziellen Teilnehmern in Deutschland anbietet, solle bestraft werden, weil er damit sein Vertriebsgebiet ohne behördliche Erlaubnis nach Deutschland ausweitet.[23] Darin entfalte sich eine Handlung auf deutschem Boden und ein inländischer Handlungsort gem. § 9 Abs. 1 Var. 1 StGB sei zu bejahen.[24]

Dieses weite Verständnis legt das Reichsgericht bereits vor rund einhundert Jahren einer Entscheidung zu § 284 StGB zugrunde. Lotterien ausländischer Lotterieunternehmungen werden aus seiner Sicht bereits dann im Inland abgehalten, wenn dem Publikum eine Beteiligung durch Einrichtungen innerhalb des Reiches ermöglicht werde.[25] Jahrzehnte später wird dieser Ansatz in Strafverfahren zum Vertrieb von Lotterieprodukten mehrfach bestätigt. Zwar handelt es sich nur um ein Bundesland überschreitendes Handeln, wegen der notwendigen

---

20 *Fischer*, StGB, 58. Aufl. 2011, § 9 Rn. 5a; *Thumm*, Strafbarkeit von Internetglücksspielen, 2004, S. 80; *Conradi/Schlömer*, NStZ 1996, 366 (368); *Derksen*, NJW 1997, 1878 (1880); *Holtschneider*, c't 1996/Heft 1, S. 114.

21 Hierzu näher: *Hoeren*, MMR 1998, 297 ff.; *Rock/Seifert*, ZBB 2008, 259; *dies.*, ZBB 2009, 377.

22 OLG Hamburg, MMR 2002, 471 (472); LG Bremen, ZfWG 2008, 280 (281).

23 OLG Hamburg, MMR 2002, 471 (473).

24 OLG Hamburg, MMR 2002, 471 (472).

25 RGSt 42, 430 (433).

unterschiedlichen Erlaubnisse ist die Konstellation allerdings mit einem Sachverhalt mit Auslandsbezug vergleichbar. Wie in der früheren reichsgerichtlichen Entscheidung geht es hierin jedoch nicht nur um den Versand von Postwurfsendungen mit Teilnahmescheinen,[26] sondern auch um die Einrichtung von Agenturen zur Beratung der Spielinteressierten und zur Ausgabe der Teilnahmeformulare am „Zielort", die an die Zentrale im Ausgangsland weitergeleitet werden.[27] Damit entfalten sich die Aktivitäten der Veranstalter aus Sicht der Rechtsprechung in räumlich-faktischer Hinsicht im Inland und haben dort ihren Handlungsort.[28]

3. Gesetzgeber zu ausländischen Glücksspielangeboten

Der heutige Gesetzgeber geht bei der Frage nach dem Handlungsort eines grenzüberschreitenden Spielangebotes von denselben Überlegungen aus wie die Rechtsprechung. Er sieht die modernen Vertriebssysteme über Telefon, Fax und Internet, bei denen es keiner Einrichtungen im Zielstaat bedarf, als konsequente Weiterentwicklung der beschriebenen früheren Vermarktungspraxis über Wurfsendungen und Agenturen an.[29]

Bei näherer Betrachtung spricht einiges für dieses Verständnis: Der Glücksspielvertrieb über die Landesgrenzen hat seinen Ursprung in der Schaffung inländischer Zweigstellen. Als Ergänzung oder Alternative nutzen die Anbieter den postalischen Versand, der erstmalig nicht mehr deren Anwesenheit am Veranstaltungsort voraussetzt. Allerdings richten sich die Aktivitäten des Anbieters gezielt an das Inland und entfalten sich dort. Auf demselben Prinzip basiert die nächste Entwicklungsstufe, der individualisierte Kontakt zwischen Veranstalter und Teilnehmer per Telefon und Fax. Dies gilt zumindest, sofern die Kontaktaufnahme von dem Anbieter ausgeht. In diesen Fällen realisiert sich mit der Eingabe der deutschen Telefonnummer eines möglichen Wett- oder Lotteriekunden ein Handeln in Deutschland.

Eine Teilnahmemöglichkeit über das Internet kann sich hingegen in seiner Funktionsweise von den bisher genannten Vertriebswegen unterscheiden. So geht die Initiative im Regelfall nicht von dem Veranstalter, sondern von dem Spielinteressenten selbst aus. Dieser begibt sich – wenn auch häufig angelockt durch einen Werbebanner oder eine Email, die ihm eine Bonuszahlung verspricht – auf die Seite des ausländischen Anbieters. Unter Verweis auf den Unterschied zu

26 Näher zum Vertragsschluss in dieser Konstellation: *Wilms*, Lotterietätigkeit, 2001, S. 3 ff.

27 BGH, Urteil vom 24.09.1957, 5 StR 519/56; Urteil vom 28.5.1957, 1 StR 339/56, ZfWG 2007, 16 ff.; OLG Braunschweig, NJW 1954, 1777 (1779); dazu: *Pelz/Stempfle*, K&R 2004, 570 (573).

28 *Lesch*, wistra 2005, 241 (242).

29 Krit. *Pelz/Stempfle*, K&R 2004, 570 (573).

den früheren Postwurfsendungen könnte ein zielgerichtetes Handeln des Veranstalters im deutschen Rechtskreis verneint werden.

Der Gesetzgeber sieht jedoch bei der Strafrechtsreform im Jahr 1998 keinen Anlass, das Internet anders als die sonstigen Vertriebswege bei der Frage nach einem inländischen Veranstaltungsort zu bewerten.[30] Sein Wille, den Veranstaltungsbegriff uneingeschränkt auf die Nutzung von Fernkommunikationsmitteln anzuwenden, wird auch in der Neufassung des § 287 Abs. 1 StGB im Jahre 1998 deutlich. Diese Regelung stellt die unerlaubte Veranstaltung von Lotterien und Ausspielungen unter Strafe und geht aus Spezialitätsgründen der umfassenderen Strafnorm des § 284 Abs. 1 StGB vor.[31]

Inhaltlich hebt § 287 Abs. 1 StGB typische Begehungsformen des „Veranstaltens" von Lotterien hervor, bei denen die Schaffung eigener Einrichtungen durch den Anbieter heute keine zwingende Voraussetzung für die Tatbestandsverwirklichung ist.[32] So wird nach der Regelung eine Lotterie auch dann veranstaltet, wenn der Täter den Abschluss von Spielverträgen anbietet oder auf deren Abschluss gerichtete Angebote annimmt.

Nach § 287 Abs. 1 StGB sollen mithin auch Glücksspielanbieter, die mit Hilfe von Fernkommunikationsmitteln ihr Vertriebsgebiet nach Deutschland ausweiten, dem deutschen Strafrecht unterworfen werden. In systematischer Hinsicht besteht kein Anlass den Veranstaltungsbegriff nach § 284 StGB anders auszulegen als nach der engeren Vorschrift des § 287 StGB.[33]

Im Ergebnis findet nicht nur aus Sicht der glücksspielrechtlichen Rechtsprechung, sondern auch des Gesetzgebers deutsches Strafrecht auf Veranstalter ausländischer Internetglücksspiele grundsätzlich Anwendung, sofern deren Angebot in Deutschland abrufbar ist.[34]

4. Bedenken gegen das weite Verständnis des Handlungsortes

Der dargestellte Ansatz erweist sich aus einem Grund als sehr problematisch. Die Kritik richtet sich dabei nicht gegen die weite Interpretation des Veranstaltens i.S.d. §§ 284 Abs. 1, 287 Abs. 1 StGB. Mit dem frühen tatbestandlichen

---

30 Zur Interpretation des im Zuge der Strafrechtsreform 1998 neu geschaffenen § 284 Abs. 4 StGB siehe unter: Teil 2 A. III. 5.

31 *Groeschke/Hohmann*, in: MK-StGB, Bd. IV, 2006, § 287 Rn. 29; *Heine*, in: Sch/Sch, StGB, 28. Aufl. 2010, § 287 Rn. 23.

32 BReg., BT-Drs. 13/8587, S. 67; BT-Rechtsausschuss, BT-Drs. 13/9064, S. 21; näher dazu: *Wilms*, Lotterietätigkeit, 2001, S. 27 ff.

33 *Lesch*, wistra 2005, 241 (242).

34 OLG Hamburg, MMR 2002, 471 (473); dazu auch: BReg., BT-Drs. 13/8587, S. 67; 13/9064, S. 31; BGH (Senat), MMR 2000, 92; OLG Braunschweig, NJW 1954, 1777 (1779); OLG Köln, GRUR 2000, 538 (539).

Eingreifen wird ein möglichst umfassender Schutz inländischer Rechtsgüter erstrebt. Dies stellt eine zulässige Ermessensentscheidung des Gesetzgebers dar.

Jedoch ist es bedenklich, aus dem extensiven Veranstaltungsbegriff bei ausländischen Internetangeboten automatisch einen inländischen Handlungsort zu folgern.[35] Hierdurch geht die notwendige Trennung zwischen der Eingrenzung der tatbestandlichen Handlung gem. § 284 Abs. 1 StGB und der Festlegung des Tatortes nach § 9 Abs. 1 StGB verloren. Selbst wenn dies zum Charakter der Internetstraftaten nur schwer passen mag, so muss sich die Feststellung des inländischen Tatortes doch in die Kategorien des § 9 Abs. 1 StGB einfügen.

Wie bereits erwähnt, wird unter dem Handlungsort gem. § 9 Abs. 1 Var. 1 StGB derjenige Ort verstanden, an dem der Täter bei Tatausführung alle notwendigen Handlungen vornimmt. Im Falle von Internetglücksspielen ist dies die Erstellung der Seite, was beispielsweise die Einrichtung von Verlinkungen und Speichervorgänge umfasst. Diese Schritte erfüllen in der Zusammenschau auch ohne weiteres den extensiven Veranstaltungsbegriff, sie finden aber am Aufenthaltsort des Täters und damit im Ausland statt.

Damit fehlt es im Falle des Internets im Gegensatz zu den früheren Vertriebswegen für Glücksspiele an einem körperlichen Anknüpfungspunkt im Inland. Verzichtete man auf einen solchen und begnügte sich für einen inländischen Handlungsort mit der Abrufbarkeit im Zielstaat, so könnte dies zu einer Überdehnung des deutschen Strafanwendungsanspruchs führen. Eine solche birgt die Gefahr völkerrechtlicher Kollisionen. Die weit reichenden rechtlichen Konsequenzen zeigen sich beispielsweise an dem Schlichtungsverfahren *US-Gambling*.[36]

5. Lösungsweg: Internetspezifische Bestimmung des Handlungsortes?

Um eine Allzuständigkeit des deutschen Strafrechts für alle frei abrufbaren Onlineinhalte zu vermeiden, sieht eine Ansicht in der Literatur die reine Wahrnehmbarkeit durch deutsche Nutzer als nicht ausreichend an.[37] Ihre Lösung zielt auf eine internetspezifische Bestimmung des Handlungsortes. Neben dem Aufenthaltsort des Täters soll der Standort des Servers, auf dem die für das Spiel wesentlichen Daten lagern, Berücksichtigung finden. Als Anknüpfungspunkte für das deutsche Strafrecht genügen nach dieser Ansicht allerdings weder eine

35 So auch: *Härting*, K&R 2000, 143.

36 Hierzu unter Teil 5.

37 *Cornils*, JZ 1999, 394 (397); zust. *Eser*, in: Sch/Sch, StGB, 28. Aufl. 2010, § 9 Rn. 4; *Eser* in: Leipold, Rechtsfragen des Internets, 2002, 303 (318).

kurzfristige Zwischenspeicherung auf deutschen Proxy-Cache-Servern[38] noch eine schlichte Weiterleitung über einen inländischen Verbindungsrechner.

Ein inländischer Handlungsort gem. § 9 Abs. 1 Var. 1 StGB wird hingegen bejaht, wenn der Täter zwar im Ausland die Daten eingibt, sie aber auf einem deutschen Server dauerhaft abspeichert und seinem Kundenkreis den Zugang hierzu ermöglicht.[39] Die Gedankenführung lehnt sich an den strafrechtlichen Typus der sog. mehraktigen Delikte an. Als Beispiel sei der Raubtatbestand nach § 249 StGB genannt, der sich aus Gewalt- bzw. Drohungselement und Wegnahmehandlung zusammensetzt.[40] Bei dieser Deliktsgruppe wird die Handlung als Einheit betrachtet, obwohl die Teilakte an unterschiedlichen Orten begangen werden. Übertragen auf den Tatbestand des unerlaubten Glücksspiels gem. § 284 StGB oder anderer Delikte, die mittels des Internets verwirklicht werden können wie beispielsweise die Volksverhetzung gem. § 130 Abs. 1, 3 StGB, wird das Abspeichern der Daten auf den inländischen Servern als eigenständiger Teil der Tatbestandsverwirklichung angesehen.

Eine solche Argumentation muss jedoch in rechtlicher Hinsicht erheblichen Bedenken begegnen. Denn sie führte zu einer Abkehr von dem herkömmlichen Tathandlungsbegriff, da sie – zumindest in der Theorie – eine mögliche allgegenwärtige Anwesenheit des Täters voraussetzt: nämlich zum einen an dem ausländischen Ort, an dem er die Daten eingibt und die Entscheidung trifft, sie zur Speicherung an einen deutschen Server zu senden, zum anderen an dem Serverstandort selbst.[41] Die Parallele zu den mehraktigen Delikten ist auch deswegen nicht haltbar, weil der zweite Schritt, die Speicherung, ein technischer Vorgang ist und nicht ein von dem ersten Handlungsakt unabhängiges menschliches Verhalten.[42]

38 Ein Proxy-Cache-Server dient regelmäßig der Zwischenspeicherung (Caching) von Internetseiten und beschleunigt dadurch den Zugriff auf das Internet, indem er mehrfach angeforderte Seiten aus dem lokalen Netz statt aus dem Internet bereitstellt. Hierzu und zu weiteren Aufgaben von Proxy-Cache-Servern unter: www.klinikum.uni-muenchen.de/Medizinisch-Administrative-Informa tionstechnologie/de/service-und-support/Sicherheit/proxy-cache-server/index.html; zul. aufgerufen am 10.09.2012.

39 *Cornils*, JZ 1999, 394 (397); zust. *Eser*, in: Sch/Sch, StGB, 28. Aufl. 2010, § 9 Rn. 4; *ders.*, in: Leipold, Rechtsfragen des Internets, 2002, 303 (318); abl. *Thumm*, Strafbarkeit von Internetglücksspielen, 2004, S. 108 f.

40 *Leupold/Bachmann/Pelz*, MMR 2000, 648 (652).

41 *Volk*, Glücksspiel im Internet, 2006, S. 202 f.; ablehnend auch: *Werle/Jeßberger*, in: LK-StGB, Bd. I, 12. Aufl. 2008, § 9 Rn. 80; *Korte*, Glücksspielwesen, 2004, S. 278; *Leupold/Bachmann/Pelz*, MMR 2000, 648 (652).

42 *Korte*, Das staatliche Glücksspielwesen, 2004, S. 278; *Volk*, Glücksspiel im Internet, 2006, S. 203; *Leupold/Bachmann/Pelz*, MMR 2000, 648 (652).

Im Ergebnis überwiegen die rechtlichen Einwände gegen den vorgestellten internetspezifischen Ansatz.[43] Weiterhin führt er nicht zu praxistauglichen Lösungen: Die Veranstalter mit einem ausländischen Unternehmenssitz hinterlegen und betreuen ihre Daten im Regelfall auch auf Servern außerhalb Deutschlands.[44]

6. Zwischenergebnis

Die von der Rechtsprechung favorisierte extensive Interpretation des Handlungsortes bei § 284 Abs. 1 StGB kann zwar auf eine lange Entwicklungslinie zurückblicken und wird durch den Gesetzgeber gestützt. Die Argumentation verläuft allerdings vom gewünschten Ergebnis, einer möglichst weiten Anwendung deutschen Strafrechts, her. Hierfür wird über eine Reihe rechtlicher Kritikpunkte wie beispielsweise einer dogmatisch unsauberen Vermischung von Tathandlung und Tatortbestimmung gem. § 9 Abs. 1 StGB hinweg gegangen. Daher stellt sich die Frage nach anderen Lösungswegen, um das in Deutschland abrufbare Glücksspielangebot strafrechtlich zu würdigen.

III. Erfolgsort

Ein anderer Ansatz könnte sein, die Abrufbarkeit des Internetangebots durch deutsche Nutzer nicht als Tathandlung, sondern als Taterfolg zu werten. Auf diese Weise ließe sich möglicherweise sich ein inländischer Erfolgsort gem. § 9 Abs. 1 Var. 3 StGB bejahen.

In einem anderen Fall von Internetkriminalität, der Verbreitung der sog. Auschwitz-Lüge, über eine australische Seite gelangt der BGH im Jahr 2000 auf diesem Wege zu einer Strafbarkeit des Erstellers nach deutschem Recht (unter 1.). Dieses Ergebnis ist nur mit einem erheblichen Begründungsaufwand zu gewinnen: Der Straftatbestand der Volksverhetzung zählt wie das unerlaubte Glücksspiel nach § 284 Abs. 1 StGB zu den abstrakten Gefährdungsdelikten, für die mehrheitlich ein Taterfolg und damit ein Erfolgsort abgelehnt werden (unter 2.). Die Ausführungen des BGH legen allerdings ein weiteres Verständnis des Erfolgsbegriffs nahe (unter 3.). Auch wenn dem Urteil kein genereller Aussagewert beigemessen werden kann (unter 4.), bietet es doch wichtige Erkenntnisse für die Frage nach einem inländischen Erfolgsort bei Internetglücksspielen (unter 5.).

---

43 So auch: *Werle/Jeßberger*, in: LK-StGB, Bd. I, 12. Aufl. 2008, § 9 Rn. 80; *Leupold/Bachmann/Pelz*, MMR 2000, 648 (653).

44 *Klengel/Heckler*, CR 2001, 243 (244).

1. Erfolgsort bei der sog. Auschwitzlüge im Internet

Im Jahr 2000 befasst sich der BGH im Rahmen einer Revision mit der Anwendbarkeit deutschen Strafrechts auf einen Fall der Verbreitung rassistischer Inhalte über das Internet.[45]

Auf seiner frei abrufbaren, kostenlosen, englischsprachigen Internetseite bestreitet der Verfasser[46] in mehreren Textdateien die millionenfache Ermordung europäischer Juden während des Nationalsozialismus.[47] Die Behauptung, bei dem Holocaust handle es sich um eine deutschenfeindliche Propagandastrategie der Alliierten oder jüdischer Interessenverbände, wird auch als „Auschwitzlüge" bezeichnet. Die Entscheidung wird unter diesem Titel[48] sowie unter dem Namen des Verurteilten als „Toeben-Urteil" bekannt. Der Gerichtshof hat darüber zu befinden, ob der Urheber der Texte und Inhaber der Homepage wegen Verstoßes gegen den zum Schutz des öffentlichen Friedens geschaffenen Tatbestand der Volksverhetzung gem. §§ 130 Abs. 1, 3 StGB bestraft werden kann. Nach dieser Vorschrift macht sich strafbar, wer eine unter der Herrschaft des Nationalsozialismus begangene, durch das Völkerstrafgesetzbuch erfasste Handlung in einer Weise, billigt, leugnet oder verharmlost, die geeignet ist, den öffentlichen Frieden zu stören.[49] In inhaltlicher Hinsicht erfüllt die „Auschwitzlüge" den Leugnungstatbestand.[50] Die Schwierigkeit besteht jedoch darin, dass der Täter zwar deutschstämmig ist, aber seit seiner Kindheit in Australien lebt. Sämtliche zur Tatausführung notwendigen Schritte wie das Abspeichern der Dateien auf einem Server und das Einstellen in das Internet nimmt er in Australien vor.[51]

Das Landgericht Mannheim lehnt in der Ausgangsentscheidung mit dieser Argumentation einen inländischen Handlungsort gem. § 9 Abs. 1 Var. 3 StGB ab.[52] Dieses Ergebnis hält der Revision vor allem deshalb stand, weil der BGH die Frage, ob der Angeklagte im Inland tätig ist, offen lassen kann. Er sieht nämlich – anders als das Ausgangsgericht – in der Wahrnehmbarkeit der Dateien durch deutsche Internetnutzer einen Taterfolg, der zu einem inländischen Erfolgsort gem. § 9 Abs. 1 Var. 3 StGB führt. Zu diesem auf den ersten Blick gut nachvollziehbaren Ergebnis gelangt der Gerichtshof allerdings nur unter erheblichen argumentativen Anstrengungen wie die nachfolgende Darstellung zeigt.

45 BGHSt 46, 212.

46 Dr. Fredrick Toben, geb. als Gerold Friedrich Toeben.

47 BGHSt 46, 212 (224).

48 Vgl. den Titel in der amtlichen Sammlung: „Auschwitzlüge" im Internet.

49 Näher: *Lenckner/Sternberg-Lieben*, in: Sch/Sch, StGB, 28. Aufl. 2010, § 130 Rn. 1a.

50 BGHSt 46, 212 (216).

51 BGHSt 46, 212 (214); dazu: *Bremer*, MMR 2002, 147 (148).

52 BGHSt 46, 212 (214 f.).

2. Erfolgskriterium und Begründungsansatz des BGH

Die Ursache liegt in der deliktischen Struktur des § 130 Abs. 1, 3 StGB, die sich in entsprechender Weise im Tatbestand des unerlaubten Glücksspiels nach § 284 StGB wieder findet: Beide Strafnormen zählen zu den abstrakten Gefährdungsdelikten.[53]

Diese Kategorie setzt zur Erfüllung des Tatbestandes gerade keinen Erfolgseintritt in Form einer konkreten Gefährdung oder einer Rechtsgutsverletzung voraus. Vielmehr erfassen die abstrakten Gefährdungsdelikte typischerweise Verhaltensformen, die über eine ihnen innewohnende Gefährlichkeit verfügen. In dieser liegt der einzige Strafgrund.[54] Für die Tatbestandsmäßigkeit ist es mithin ohne Belang, ob tatsächlich eine konkrete Gefahrensituation bereits entsteht oder sogar eine Rechtsgutverletzung eintritt.[55] Die Gefährlichkeit ist lediglich das regelmäßige und typische Attribut der gesetzlich umschriebenen Handlung eines abstrakten Gefährdungsdeliktes.[56] Daher kann selbst eine im Nachhinein erwiesene objektive Ungefährlichkeit die Erfüllung des Tatbestandes und damit die Strafdrohung grundsätzlich nicht mehr ausschließen.[57]

Aus Sicht der herrschenden Meinung erübrigt sich daher mangels eines zur Tatbestanderfüllung nötigen Erfolgs bei abstrakten Gefährdungsdelikten die Frage nach einem Erfolgsort i.S.d. § 9 Abs. 1 Var. 3 StGB.[58] Damit sei bei abstrakten

---

53 Zu § 284 als abstraktes Gefährdungsdelikt: OLG Hamm, MMR 2002, 551 (552); *Postel*, in: Dietlein/Hecker/Ruttig, Glücksspielrecht, 2008, § 9 GlüStV Rn. 32; *Heine*, in: Sch/Sch, StGB, 28. Aufl. 2010, § 284 Rn. 2c; *Hettich*, Neue Fragen, 2006, S. 199; *Volk*, Glücksspiel im Internet, 2006, 158; *Barton/Gercke/Janssen*, wistra 2004, 321 (322); *Horn*, NJW 2004, 2048; *Leupold/Bachmann/Pelz*, MMR 2000, 648 (652); *Rüping*, JZ 2005, 234 (235).

54 *Heine*, in: Sch/Sch, StGB, 28. Aufl. 2010, Vor §§ 306 ff. Rn. 3; *Satzger*, IES, 2. Aufl. 2008, § 5 Rn. 21; zu den Zielsetzungen der abstrakten Gefährdungsdelikte: *Zieschang*, Die Gefährdungsdelikte, 1998, S. 369 ff. m.w.N. *Satzger*, NStZ 1998, 112 (113).

55 *Werle/Jeßberger*, in: LK-StGB, Bd. I, 12. Aufl. 2008, § 9 Rn. 31; *Ambos/Ruegenberg*, in: MK-StGB, Bd. I, 2003, § 9 Rn. 31; *Satzger*, IES, 2. Aufl. 2008, § 5 Rn. 21; *Hilgendorf*, ZStW 113 (2001), 650 (662 f.).

56 *Satzger*, IES, 2. Aufl. 2008, § 5 Rn. 21; *ders.*, NStZ 1998, 112 (115); ebenso: *Schröder*, JZ 1967, 522.

57 *Seelmann*, NJW 1990, 1257 (1259), der kritisiert, dass abstrakte Gefährdungsdelikte in Delikte zum Schutz von Sicherheitsgefühlen umgedeutet werden.

58 KG, NJW 1999, 3500 (3502); OLG München, StV 1991, 504; *Lackner/Kühl*, 26. Aufl. 2007, § 9 Rn. 2; *Lemke*, in NK-StGB, Bd. I, 2. Aufl. 2005, § 9 Rn. 18; *Eser*, in: Sch/Sch, StGB, 28. Aufl. 2010, § 9 Rn. 6; *Berberich*, Das Internet-Glücksspiel, 2004, S. 168 f.; *Bremer*, Strafbare Internet-Inhalte, 2001, S. 116; *Jescheck/Weigend*, StrafR AT, 5. Aufl. 1996, § 18 IV 2a; *Römer*, Verbreitungs- und Äußerungsdelikte, 2000, S. 126 f.; *Möhrenschlager*, in: Wabnitz/Janovsky, HB Wirtsch- u. St-StR, 3. Aufl. 2007, § 9 StGB Rn. 28; *Wilms*, Lotterietätigkeit, 2001, S. 40; *Barton/Gercke/Janssen*, wistra 2004, 321 (322); *Breuer*, MMR 1998, 141; *Clauß*, MMR 2001, 232; *Cornils*, JZ 1999, 394 (395); *Ebensperger*, ÖJZ 2002, 132 (144); *Graf*, DRiZ 1999, 281

Gefährdungsdelikten ausschließlich der Tätigkeitsort maßgeblich.[59] Lehnt man das weite Verständnis des Gesetzgebers und der Rechtsprechung im Rahmen des § 284 Abs. 1 StGB ab, so liegt bei ausländischen Internetangeboten der Handlungsort allein außerhalb Deutschlands. Als Folge wäre der Anwendungsbereich des deutschen Strafrechts nicht eröffnet und die Strafbarkeit des ausländischen Glücksspielanbieters zu verneinen.[60]

3. Mehrdeutige Auslegung des Erfolgskriteriums

Der BGH spricht sich allerdings gegen eine Gleichsetzung des für die Vollendung maßgeblichen Erfolgsbegriffs mit dem in § 9 Abs. 1 Var. 3 StGB enthaltenen „zum Tatbestand gehörenden Erfolg" aus. Für den Gerichtshof sind dabei die Normhistorie sowie ein Vergleich mit anderen Vorschriften des Strafgesetzbuchs, in denen das Erfolgskriterium eine Rolle spielt, maßgebend.

a) Wortlaut und Historie

Aus Sicht des Gerichtshofs müsse sich die Auslegung des Merkmals „zum Tatbestand gehörender Erfolg" an der ratio legis des § 9 StGB ausrichten. Maßgeblich sei dagegen nicht das Begriffsverständnis der allgemeinen Tatbestandslehre, die eine Einteilung in unterschiedliche Deliktskategorien vornehme. Nach dem Grundgedanken des § 9 StGB solle deutsches Strafrecht auch dann bei Vornahme der Tathandlung im Ausland Anwendung finden, wenn es im Inland zu einer Schädigung oder Gefährdung von Rechtsgütern kommt, deren Vermeidung das Ziel der jeweiligen Strafnorm sei.[61]

Der Gerichtshof lehnt die gegenteilige Argumentation, die einen Erfolgsort bei abstrakten Gefährdungsdelikten verneint, ab. Diese stütze sich in erster Linie auf den geänderten Wortlaut des § 9 Abs. 1 Var. 3 StGB:[62] Durch das Zweite Strafrechtsreformgesetz[63] wird der Erfolgsort nicht mehr wie in der Vorgängernorm

---

(284); *Hilgendorf*, NJW 1997, 1873 (1875); *ders.*, ZStW 113 (2001), 662 f.; *Horn/Hoyer*, JZ 1987, 965 (966); *Klengel/Heckler*, CR 2001, 243 (248); *Mankowski*, MMR 2002, 552; *Tiedemann/Kindhäuser*, NStZ 1988, 337 (346); *Ringel*, CR 1997, 302 (303); *Satzger*, NStZ 1998, 112 (115).

59 *Satzger*, NStZ 1998, 112 (115).

60 *Klam*, Problematik von Glücksspielen, 2002, S. 58 ff.; *Lehle*, Erfolgsbegriff, 1999, S. 174 ff.; *Breuer*, MMR 1998, 141 (143); *Collardin*, CR 1995, 618 (621); *Duesberg*, JA 2008, 270 (273); *Engel*, AfP 1996, 220 (226); *Hilgendorf*, NJW 1997, 1873 (1876 ff.); *Satzger*, NStZ 1998, 112 (115); *Stögmüller*, K&R 2002, 27 (32).

61 BGHSt 46, 212 (223).

62 BGHSt 46, 212 (223).

63 Zweites StRG vom 04.07.1969, BGBl. I 1969, S. 717, in Kraft getreten zum 01.01.1975, BGBl. I 1973, S. 909.

nur mit „Erfolg", sondern mit dem „zum Tatbestand gehörenden Erfolg" umschrieben.[64] Doch sei das Ziel der Neufassung gerade – entgegen der herrschenden Meinung – nicht, eine generelle Einschränkung des § 9 Abs. 1 Var. 3 StGB auf Erfolgsdelikte vorzunehmen.[65] Durch die Ergänzung des Normtextes sollen lediglich fern liegende Tatfolgen ausgeschieden werden.[66]

b) Systematische Argumente

Für die Möglichkeit, den Begriff „Erfolg" innerhalb des Strafgesetzbuchs in unterschiedlicher Weise zu verstehen, werden in Rechtsprechung und Literatur auch systematische Argumente angeführt.[67]

aa) § 306 a Abs. 1 Nr. 1 StGB (Schwere Brandstiftung)

Für eine unterschiedliche Verwendung des Erfolgsbegriffs innerhalb des StGB könnte eine Ansicht sprechen, die das abstrakte Gefährdungsdelikt des § 306 a Abs. 1 Nr. 1 StGB zum Gegenstand hat. Die Norm stellt das Inbrandsetzen eines Gebäudes, eines Schiffs, einer Hütte oder einer anderen Räumlichkeit, die der Wohnung von Menschen dient, unter Strafe. Angesichts der Mindeststrafe von einem Jahr sprechen sich gewichtige Stimmen dafür aus, eine Strafbarkeit des Täters zu verneinen, wenn dieser durch geeignete Maßnahmen einen Gefahreneintritt für andere Menschen mit Sicherheit ausschließt.[68] Wertet man die Schaffung des Verletzungsrisikos als Erfolg, ließe sich der Schluss ziehen, dass abstrakte Gefährdungsdelikte über das tatbestandlich umschriebene Verhalten hinaus auch einen „Gefährdungserfolg" aufweisen können.[69]

Damit würde man jedoch übersehen, dass im Falle des § 306 a Abs. 1 Nr. 1 StGB mittels einer teleologischen Reduktion einer Konstellation begegnet wird, die extrem von dem Leitbild des Gesetzgebers bei Schaffung des Tatbestandes abweicht. Es handelt sich mithin um einen Sonderfall zur Vermeidung unbilliger Härten, aus dem keine allgemeinverbindliche Umdeutung eines Gefährdungs- in ein Erfolgsdelikt abgeleitet werden darf.[70]

---

64 BGHSt 46, 212 (223).

65 BGHSt 46, 212 (223) m.V.a. *Sieber*, NJW 1999, 2065 (2069).

66 BGHSt 46, 212 (223).

67 *Korte*, Glücksspielwesen, 2004, S. 279; *Hilgendorf*, NJW 1997, 1873 (1876).

68 BGHSt 26, 124 f. (obiter dictum); 34, 118 f.; NJW 1982, 2329; *Heine*, in: Sch/Sch, 28. Aufl. 2010, § 306 a Rn. 2; *Geppert*, JURA 1998, 601 f; *Wolters*, JR 1998, 271 (272).

69 *Satzger*, NStZ 1998, 112 (115).

70 *Römer*, Verbreitungs- und Äußerungsdelikte, 2000, S. 128.

bb) § 13 StGB (Unterlassen) und § 78 a S. 2 StGB (Verjährung)

Ein weites Verständnis des Erfolgsbegriffs zeigt sich aus Sicht des BGH und Stimmen in der Literatur aber am Beispiel des § 13 StGB, der die Tatbegehung durch Unterlassen regelt.[71] So sei anerkannt, dass nicht nur Erfolgsdelikte, sondern auch abstrakte Gefährdungsdelikte durch Unterlassen begangen werden können, obwohl der Wortlaut des § 13 StGB verlangt, dass „der Täter den zum Tatbestand gehörenden Erfolg nicht abgewendet hat".[72] Weiterhin verwende auch die Verjährungsvorschrift des § 78 a S. 2 StGB die Formulierung „zum Tatbestand gehörender Erfolg". In einem konkreten Fall habe der BGH eine abstrakte Gefahr als Erfolg im Sinne des § 78 a S. 2 StGB angesehen.[73]

Es stellt sich die Frage, ob aus den Aussagen zu § 13 Abs. 1 und § 78 a S. 2 StGB unmittelbar auf einen Erfolgsort gem. § 9 Abs. 1 Var. 3 bei einem abstrakten Gefährdungsdelikt wie § 284 Abs. 1 StGB geschlossen werden kann.[74] Schließlich spricht zumindest ein erster Anschein dafür, dass gleiche Begriffe innerhalb eines Gesetzes auch dasselbe meinen. Jedoch sollten die unterschiedlichen Zielsetzungen der Normen nicht außer Betracht gelassen werden. Zweck einer Unterlassungstäterschaft nach § 13 Abs. 1 StGB ist es, denjenigen, der primär für die Erfüllung des Tatbestandes in Betracht kommt, auch dann zur Verantwortung zu ziehen, wenn er nicht aktiv tätig wird. Nach § 9 Abs. 1 StGB lassen sich dagegen das von der Strafnorm erfasste Verhalten und seine Wirkungen lokalisieren und so die Frage nach der Anwendbarkeit des deutschen Strafrechts beantworten. Aus der Möglichkeit, § 13 und § 78 a S. 2 StGB auch auf abstrakte Gefährdungsdelikte anzuwenden, kann daher nicht automatisch abgeleitet werden, jene müssten einen Erfolgsort nach § 9 Abs. 1 StGB haben. Was sich allerdings daran zeigt, ist die Bereitschaft in Rechtsprechung und Literatur, den „Erfolgsbegriff" innerhalb des Strafgesetzbuchs tatbestandsorientiert auszulegen.

c) Zwischenergebnis

Eine je nach Tatbestand unterschiedliche Auslegung des Erfolgskriteriums innerhalb des Strafgesetzbuchs ist durchaus möglich.

---

71 Ausführlich zur Entwicklung des „Erfolgsbegriffs" in § 13 I StGB: *Jaschinski*, Erfolg, 1995, S. 170 ff.

72 BGHSt 46, 212 (222); BGH, NStZ 1997, 545; BGHSt 38, 325 (338); *Stree/Bosch*, in: Sch/Sch, StGB, 28. Aufl. 2010, § 13 Rn. 3; *Baumann/Weber/Mitsch*, StrafR AT, 11. Aufl. 2003, § 15 Rn. 43; *Klam*, Problematik von Glücksspielen, 2002, S. 55; *Iburg*, NJW 1988, 2338 (2339); einschr. *Geidies*, NJW 1989, 821. Zur parallelen Vorschrift des § 8 OWiG siehe *Rengier*, in: KK-OwiG, 3. Aufl. 2006, § 8 Rn. 9 ff. m.w.N.

73 BGH, NStZ 1990, 36 (37); *Satzger*, NStZ 1998, 112 (117).

74 Hierfür: *Heinrich*, GA 1999, 72 (78).

4. BGH: Keine generelle Aussage zu abstrakten Gefährdungsdelikten?

Im Folgenden soll die Haltung, die der Bundesgerichtshof bei der Frage nach einem Erfolgsort bei abstrakten Gefährdungsdelikten einnimmt, skizziert werden. In der *Toeben*-Entscheidung spricht sich der Gerichtshof zwar für eine unabhängige Auslegung des Erfolgsbegriffs im Rahmen des § 9 StGB aus. Mit seinem Urteil will er allerdings bewusst keine allgemeinverbindliche Antwort auf die Frage nach einem Erfolgsort bei abstrakten Gefährdungsdelikten geben.[75]

Um dies zu verdeutlichen, hebt er die Sonderrolle hervor, die der Straftatbestand der Volksverhetzung im Kreis der abstrakten Gefährdungsdelikte innehat.[76] Die Strafnorm des § 130 Abs. 3 StGB zählt zur Untergruppe der sog. abstrakt-konkreten Gefährdungsdelikte.[77] Anders als die „rein"-abstrakten Gefährdungsdelikte wie § 284 StGB enthalten sie neben der gefährlichen Handlung ein weiteres Merkmal, die sog. Eignungsformel:[78] Im Falle des § 130 Abs. 3 StGB genügt nicht allein das Bestreiten des Holocausts. Die Äußerung muss weiterhin „geeignet sein, den öffentlichen Frieden zu stören". Eine solche Eignung darf allerdings nicht nur abstrakt bestehen; vielmehr müssen berechtigte und konkrete Gründe für die Befürchtung, der Angriff werde das Vertrauen der Betroffenen und deren Nachfahren in die öffentliche Rechtssicherheit erschüttern, vorliegen.[79] Diese Voraussetzung sieht der BGH im Fall *Toeben* als erfüllt an. In der Eignung zur Friedensstörung erkennt er weiterhin eine „konkrete Gefährdung" und wertet diese als Erfolg i.S.d. § 9 Abs. 1, Var. 3. StGB.[80] Auf diesem Wege gelangt er zur Annahme eines inländischen Erfolgsortes.

Der BGH beurteilt mithin nur den Sonderfall der abstrakt-konkreten Gefährdungsdelikte. Er begründet das Vorliegen eines Erfolgsortes anhand eines Merkmals, über das die „rein"-abstrakten Gefährdungsdelikte gerade nicht verfügen.[81] Im Ergebnis lässt der Gerichtshof in seiner Entscheidung ausdrücklich offen, ob ein inländischer Erfolgsort auch für „rein"-abstrakte Gefährdungsdelikte in Betracht kommt.[82] An seiner eingehenden Auseinandersetzung mit den

---

75 *Werle/Jeßberger*, in: LK-StGB, Bd. I, 12. Aufl. 2008, § 9 Rn. 29.

76 BGHSt 46, 212 (223).

77 Näher dazu: *Schröder*, JZ 1967, 522 (523 f.); *ders.*, ZStW 81 (1969), 7 (18 ff.); BGH, NJW 1994, 2161; BGH (Senat), NJW 1999, 2129; *Sieber*, NJW 1999, 2065 (2067). Die Normkategorie wird auch als potentielles Gefährdungsdelikt bezeichnet; vgl. hierzu und zu weiteren Bezeichnungen: *Zieschang*, Die Gefährdungsdelikte, 1998, S. 162 f. m.w.N.

78 Z.B. auch §§ 309 Abs. 1; 311 Abs. 1, 3 Nr. 1; 324 a Abs. 1 Nr. 1; 325 Abs. 1 und 325 a Abs. 1 StGB.

79 BGHSt 46, 212 (223), BGHSt 29, 26, BGHSt 46, 37.

80 BGHSt 46, 212 (223).

81 *Werle/Jeßberger*, in: LK-StGB, Bd. I, 12. Aufl. 2008, § 9 Rn. 29.

82 *Werle/Jeßberger*, in: LK-StGB, Bd. I, 12. Aufl. 2008, § 9 Rn. 30 m.V.a. BGHSt 46, 212 (223).

unterschiedlichen Erfolgsbegriffen zeigt sich jedoch, dass er sich einer weiten Auslegung grundsätzlich nicht verschließt.[83]

5. Erfolgsort bei § 284 StGB?

Bei der Annahme, ein abstraktes Gefährdungsdelikt könne über einen Erfolgsort nach § 9 Abs. 1 Var. 3 StGB verfügen, ist in einem zweiten Schritt eine weitere Überlegung anzustellen: Da die Rechtsgutsverletzung bei dieser Deliktsgruppe gerade keine tatbestandliche Voraussetzung bildet, ist ein anderes Verständnis des Erfolgsbegriffs als bei Verletzungsdelikten zugrunde zu legen. Unter der Annahme, dass der Erfolg bei einem abstrakten Gefährdungsdelikt an jedem Ort eintritt, an dem sich das tatbestandliche Risiko verwirklicht, könnte man den gesamten Gefahrenkreis um die Gefahrenquelle als „Erfolgsort"[84] und damit als Tatort i.S.d. § 9 Abs. 1, Var. 3 StGB verstehen.[85] Wenn eine im Ausland verursachte abstrakte Gefahr in die Bundesrepublik hineinwirkt, ist daher die Tat auch im Inland begangen mit der Folge, dass sie nach deutschem Strafrecht zu beurteilen ist.[86] Im Falle des unerlaubten Internetglücksspiels realisiert sich eine Gefahr für die durch § 284 Abs. 1 StGB geschützten Rechtsgüter, sobald deutsche Nutzer einen unbegrenzten Zugriff auf die entsprechenden Internetseiten haben.

Dieses vorläufige Ergebnis soll auf mögliche Widersprüche mit den gesetzgeberischen Zielen des Glücksspielstrafrechts überprüft werden. Hierzu sind die im Rahmen der Strafrechtsreform im Jahr 1998 erfolgenden Änderungen zu berücksichtigen.[87] Die Strafnorm des § 284 StGB wird um einen vierten Absatz ergänzt, der erstmals das Werben für unerlaubtes Glücksspiel unter Strafe stellt. In der Entwurfsbegründung zu § 284 Abs. 4 StGB weist der Gesetzgeber auf die Unklarheiten bei der strafrechtlichen Behandlung von ausländischen Glücksspielangeboten, das Kunden in Deutschland über Fax, Telefon und Internet nutzen können, hin.[88] Durch das Werbeverbot soll zumindest verhindert werden, dass sich Spieler aus Deutschland von derartigen ungenehmigten Angeboten angezogen fühlen.[89]

---

83 *Baumann/Weber/Mitsch*, StrafR AT, 11. Aufl. 2003, § 7 Rn. 44, sprechen von einer „ziemlich weiten Ausdehnung" des Erfolgsbegriffs.

84 *Martin*, Umweltbeeinträchtigungen, 1989, S. 121; ebenso: *Beisel/Heinrich*, JR 1996, 95 (96).

85 OLG Saarbrücken, NJW 1975, 506 (507); *Werle/Jeßberger*, in: LK-StGB, Bd. I, 12. Aufl. 2008, § 9 Rn. 32; *Germann*, Gefahrenabwehr, 2000, S. 233 f.; *Lehle*, Erfolgsbegriff, 1999, S. 102; *Hecker*, ZStW 115 (2003), 885 ff.; *Heinrich*, GA 1995, 75 f.; *Martin*, ZRP 1992, 19 (20).

86 BGHSt 36, 255 (257) – zum Straftatbestand der schweren Umweltgefährdung; *Martin*, ZRP 1992, 19 (20).

87 Zur Parallelvorschrift des § 287 Abs. 2 StGB: *Wilms*, Lotterietätigkeit, 2001, S. 42 ff.

88 BReg., BT-Drs. 13/8587, S. 67 f; BT-Rechtsausschuss, BT-Drs. 13/9064, S. 20 f.

89 *Barton/Gercke/Janssen*, wistra 2004, 321 (322) mit Verweis auf: BReg., BT-Drs. 13/8587, S. 67 f.; dazu auch: *Volk*, Glücksspiel im Internet, 2006, S. 187.

Dem Gesetzgeber geht es allerdings nicht darum, sein weites Verständnis von einem inländischen Handlungsort zur Disposition zu stellen. Er betont vielmehr nur die rechtlichen wie praktischen Schwierigkeiten, die sich im Falle einer Strafverfolgung ausländischer Internetveranstalter ergeben. Der Annahme eines inländischen Erfolgsortes steht die Gesetzesbegründung zu § 284 Abs. 4 StGB grundsätzlich nicht entgegen.[90]

Im Ergebnis sprechen weder die Aussage des Bundesgerichtshofs im Urteil *Toeben* noch die Ausführungen des Gesetzgebers zu § 284 Abs. 4 StGB gegen einen Erfolgsort bei dem abstrakten Gefährdungsdelikt der unerlaubten Glücksspielveranstaltung. Auch wenn der Gesetzgeber und die glücksspielrechtlichen Urteile bei Internetglücksspielen über ein weites Verständnis des Handlungsortes zum selben Ergebnis, der Strafbarkeit des ausländischen Anbieters gelangen, bleibt folgendes festzuhalten: Die strenge Zweiteilung in Handlungs- und Erfolgsort, die § 9 StGB vorsieht, ist nur gewahrt, wenn der Ort, an dem sich die Tatwirkungen entfalten, als Erfolgsort angesehen wird.

IV. Sonderweg: Tathandlungserfolg

In Teilen des Schrifttums wird die Gleichsetzung des Erfolgsortes nach § 9 Abs. 1 Var. 3 StGB mit einem „Gefährdungsort" bei abstrakten Gefährdungsdelikten im Internet als dogmatisch nicht haltbar angesehen.[91] Ein Lösungsansatz basiert auf der Annahme eines sog. „Tathandlungserfolgs".[92] Ein solcher liege in einer vom Täter verursachten, ihm zurechenbaren und im einschlägigen Tatbestand genannten Folge seiner Handlung.[93] Dabei komme es allein auf die Fassung der Strafnorm an, aus der sich ergebe, welche Auswirkungen des Täterverhaltens als Tathandlungserfolg zu werten seien.

Als Beispiel zieht die Literaturmeinung den Tatbestand des „Verbreitens und Zugänglichmachens" von strafbaren Schriften gem. § 130 Abs. 2 StGB heran. Dort differenziert sie zwischen den sog. Push- und den Pull-Technologien. Diese seien danach zu unterscheiden, ob der vom Ausland aus über das Internet agierende Täter die Dokumente aktiv an den Empfänger verschickt oder lediglich über seinen Server ins Netz stellt und damit den Interessierten die Möglichkeit

90 So aber: *Barton/Gercke/Janssen*, wistra 2004, 321 (322).

91 *Sieber*, NJW 1999, 2065 (2068).

92 *Sieber*, NJW 1999, 2065 (2068), zustimmend auch: *Volk*, Glücksspiel im Internet, 2006, S. 242; *Vec*, NJW 2002, 1535 (1538)

93 *Sieber*, NJW 1999, 2065 (2070).

bietet, sich die Informationen selbstständig herunter zu laden.[94] Nur in dem ersteren Fall einer Push-Technologie sei ein sich in Deutschland strafrechtlich auswirkender Tathandlungserfolg anzuerkennen.

Der Vorschlag einer Trennung zwischen „Push"- und „Pull-Technologien" überzeugt jedoch im Ergebnis nicht.[95] Er vermag zwar bei dem genannten Äußerungsdelikt zu kriminalpolitisch wünschenswerten Ergebnissen führen.[96] Der „Tathandlungserfolg" ist jedoch, soweit er über einen Erfolg im engeren Sinne hinausreicht, als Teil der Handlung anzusehen. Ein eigenständiges Abstellen auf den Begriff hätte daher zur Folge, dass die Differenzierung zwischen Handlung und Erfolg i.S.d. § 9 Abs. 1 StGB verloren geht.[97] Gegen die Differenzierung zwischen den beiden Technologien sprechen auch die Ausführungen des BGH in einer zur Verbreitung von Dateien mit kinderpornographischem Inhalt im Internet ergangenen Entscheidung. Darin vertritt das Gericht den Standpunkt, wegen des Ineinanderübergehens der technischen Vorgänge sei nicht zu unterscheiden, ob eine Zusendung der Daten durch den Anbieter (die „Push"-Komponente) oder eine „Abholung" (das „Pull"-Element) durch den Konsumenten vorliege.[98]

Das vorgeschlagene Modell eignet sich daher schon nicht für die Äußerungsdelikte, für die es konzipiert ist.[99] Erst recht lässt es sich nicht auf das strafbare Internetglücksspiel gem. § 284 StGB übertragen.[100] Dessen Abläufe betreffen sowohl den Server des Anbieters als auch den privaten Computer des Spielteilnehmers. Als Beispiel mag ein Online-Pokerspiel dienen: Die Aktionen des Nutzers wie die Abbildung der Karten finden auf dessen PC statt, von wo aus die Nutzeraktion dann an den Server gesendet wird. Dieser übermittelt die Aktionen der anderen Spielteilnehmer an den Computer des Nutzers zurück, der sie grafisch darstellt. Da in diesem Fall sowohl Übermittlungs- als auch Abfragehandlungen vorkommen, müsste der Vorgang folglich als „Push-and-Pull" bezeichnet werden, so dass eine Abschichtung der Verantwortlichkeiten nicht gelingen kann.

---

94 Zum Umgang mit Push- und Pull-Diensten im Urheberrecht: *Schack*, GRUR 2007, 639 (643); Push-Dienste als eine Art individualisiertes „Zeitungsabonnement": *Ernst*, in: Hoeren/Sieber, HB MultimediaR, Stand: 08/2009, 23. Aufl. 2010, Kap. 7.1, Rn. 65.

95 Abl. ebenfalls: *Thumm*, Strafbarkeit von Internetglücksspielen, 2004, S. 106 f.; *Duesberg*, JA 2008, 270 (273).

96 So auch: *Cornils*, JZ 1999, 394 (396).

97 *Cornils*, JZ 1999, 394 (396).

98 *Volk*, Glücksspiel im Internet, 2006, S. 219, und BGH, CR 2002, 45 ff.

99 Ebenso: *Koch*, GA 2002, 703 (711); *Schwarzenegger*, ZStR 118 (2000), 109 (126).

100 Dagegen: *Volk*, Glücksspiel im Internet, 2006, S. 243.

V. Zusammenführung der bisherigen Ergebnisse zu Handlungs- und Erfolgsort

Die Rechtsprechung zu § 284 Abs. 1 StGB, die zu einem inländischen Handlungsort gelangt, die weite Interpretation des Erfolgsortes zumindest bei den abstrakt-konkreten Gefährdungsdelikten sowie schließlich die Diskussion um die Öffnung des § 9 Abs. 1 Var. 3 StGB für alle abstrakten Gefährdungsdelikte präsentieren sich nicht als kunstvolles Mosaik. Sie wirken eher wie ein Stückwerk, dessen Einzelteile nicht zusammenzupassen scheinen. Die unterschiedlichen Argumentationsstränge veranschaulichen das Dilemma, dem sowohl die Normen des Internationalen Strafrechts als auch die betroffenen Tatbestände erliegen: ihr mangelnder Zuschnitt auf das Medium Internet.[101] Während die §§ 3, 9 StGB als Bezugspunkt des Strafanwendungsrechts die territoriale Souveränität als Grundlage einer im Ansatz präzisen Zweiteilung von Handlungs- und Erfolgsort voraussetzen, geht diese im Internet zwangsläufig verloren, da dort die Überschreitung nationaler Grenzen ein geradezu wesenstypisches Merkmal ist.[102] Diese Schwäche lässt sich auch nicht mit der Schaffung immer neuer Gefährdungstatbestände wie dem Straftatbestand des Werbens für unerlaubte Glücksspiele (§ 284 Abs. 4 StGB) ausgleichen. Ein solches gesetzgeberisches Vorgehen wirft eher neue Rechtsfragen auf als es zur Klärung bestehender beiträgt.

Solange § 9 Abs. 1 StGB keine ausdrückliche Anpassung erfährt, gibt es keinen anderen Lösungsweg als eine Lokalisierung des deliktischen Verhaltens anhand der bisherigen Vorgaben. Einer dogmatischen Weiterentwicklung, die sich in den zulässigen Grenzen der Auslegung bewegt, steht dies allerdings nicht entgegen.[103]

Die Rechtsprechung verhält sich etwas widersprüchlich bei der Einordnung von Tatwirkungen einmal als Handlung und im anderen Falle als Erfolg. Für die Behandlung der „rein"-abstrakten Gefährdungsdelikte ist die Auffassung, die einen inländischen Handlungsort bejaht, dem Gegenmodell jedoch einen Schritt voraus. Denn sie kann sich bereits auf maßgebliche Gerichtsentscheidungen

---

101 Nach dem für die Datenübertragung im Internet anhand kinderpornographischer Dateien herangezogenen spezifischen Verbreitensbegriff genügt es, wenn die Datei auf dem Rechner des Internetnutzers im flüchtigen Arbeitsspeicher angekommen ist. Der Anpassung des Verbreitungsbegriffs bei § 184 b Abs. 1 Nr. 1 StGB (§ 184 Abs. 3 Nr. 1 a.F.) für das Internet als Vermarktungsplattform strafbarer Pornographie ging schon eine extensive Auslegung des Begriffs der „Schrift" gem. § 11 Abs. 3 StGB voraus. Zur Problematik näher: BGHSt 47, 55 (59); BayObLG, NJW 2000, 2911 (2912); *Hörnle*, in: MK-StGB, Bd. II/2, 2005, § 184 b Rn. 13; *Derksen*, NJW 1997, 1878 (1881); *Pelz*, wistra 1999, 53 (54); eingehend: *Germann*, Gefahrenabwehr, 2000, S. 190 ff.

102 *Werle/Jeßberger*, in: LK-StGB, Bd. I, 12. Aufl. 2008, § 9 Rn. 75.

103 *Werle/Jeßberger*, in: LK-StGB, Bd. I, 12. Aufl. 2008, § 9 Rn. 76.

berufen, während diese für die Frage nach einer Erstreckung des Erfolgsortes noch ausstehen.

Letztlich liegen die beiden Argumentationsstränge gar nicht so weit auseinander, wie es auf den ersten Blick scheint. Denn sie verbindet die Absicht, zu einer Strafbarkeit ausländischer Internetinhalte nach deutschem Recht zu gelangen. Zumindest bis zu einer klärenden Entscheidung zur Frage nach einem Erfolgsort scheint für den Tatbestand des unerlaubten Glücksspiels gem. § 284 Abs. 1 StGB mit dem weiten Veranstaltungsbegriff ein Weg gefunden zu sein, um dieses Ziel zu erreichen.

VI. Notwendigkeit einschränkender Kriterien

Beide Lösungswege weisen allerdings im Ergebnis dieselbe Schwäche auf: eine ausufernde Anwendung des deutschen Strafrechts auf alle über das Internet begangenen abstrakten Gefährdungsdelikte.[104] Dabei drohen nicht nur eine Überforderung der Strafverfolgungsorgane angesichts einer Flut von Internetdelikten (unter 1.), sondern auch Konflikte mit den Rechtsordnungen anderer Staaten. Diese können von diplomatischen Verstimmungen bis zur Einleitung eines mehrere Jahre dauernden Streitbeilegungsverfahrens wie im Falle *US-Gambling* führen.[105] Mit Hilfe des Korrektivs eines völkerrechtlich legitimierenden Anknüpfungspunktes zum nationalen Recht bemüht sich die Rechtsprechung, möglichen Konflikten im Vorhinein zu begegnen (unter 2.). Sodann werden Vorschläge für Kriterien erörtert, mit deren Hilfe sich ein ausreichender Bezug des Onlineglücksspiels zum deutschen Rechtskreis belegen lässt (unter 3.).

1. Weitreichende Strafverfolgungspflicht

In der Praxis besteht eine weit reichende Verfolgungspflicht deutscher Straforgane. Diese stützt sich auf das Legalitätsprinzip nach § 152 Abs. 2 StPO, nach dem die zuständigen Behörden bei Vorliegen zureichender Anhaltspunkte grundsätzlich verpflichtet sind, wegen aller verfolgbaren Straftaten ein Ermittlungsverfahren gegen die Tatverdächtigen einzuleiten.[106] Dies könnte angesichts der

104 *Postel*, in: Dietlein/Hecker/Ruttig, Glücksspielrecht, 2008, § 9 GlüStV Rn. 33; *Klam*, Problematik von Glücksspielen, 2002, S. 58 ff.; *Lehle*, Erfolgsbegriff, 1999, S. 174 ff.; *Breuer*, NJW 1998, 141 (143); *Collardin*, CR 1995, 618 (621); *Engel*, AfP 1996, 220 (226); *Hilgendorf*, NJW 1997, 1873 (1876 ff.); *Leupold/Bachmann/Pelz*, MMR 2000, 648 (654); *Stögmüller*, K&R 2002, 27 (32).

105 Siehe hierzu ausführlich unter Teil 5.

106 *Pfeiffer*, StPO, 5. Aufl. 2005, Einleitung Rn. 4, § 152 Rn. 2; dazu auch: BVerfG, NStZ 1982, 430; BGHSt 15, 155 (159); *Kienle*, Internationales Strafrecht, 1998, S. 108 f.

großen Anzahl an Internetseiten, die deutschen Nutzern eine Teilnahme an Glücksspielen ermöglichen, eine unerfüllbare Aufgabe darstellen.[107]

Eine Einschränkung des Legalitätsprinzips ist hingegen an strenge Voraussetzungen gebunden. Nur in besonderen, abschließend geregelten Ausnahmefällen kommt im Strafverfahren an seiner Stelle das Opportunitätsprinzip zur Geltung. Nach diesem wird eine Entscheidung über die Einleitung und Weiterführung des Ermittlungsverfahrens in das pflichtgemäße Ermessen der Strafverfolgungsbehörden gestellt.[108]

Im Falle der nach deutschem Recht strafbaren Onlineangebote eines ausländischen Glücksspielveranstalters käme erstens ein Anwendungsfall des § 153 StPO (Nichtverfolgung wegen mangelnden öffentlichen Interesses oder geringer Schuld des Täters) in Betracht. Ein öffentliches Interesse an der Durchsetzung eines umfassenden Internetverbotes wird jedoch in aller Regel zu bejahen sein.

Zweitens wäre an eine Anwendung des 153 c Abs. 3 StPO zu denken. Die Vorschrift bietet die Möglichkeit, von einer Strafverfolgung abzusehen, wenn andernfalls ein schwerer Nachteil für die Bundesrepublik droht.[109] Dieser kann beispielsweise die äußere oder innere Sicherheit, aber auch das wirtschaftliche Wohl, den inneren Frieden oder den Arbeitsfrieden betreffen. Die Regelung könnte daher auch herangezogen werden, wenn von der Strafverfolgung ausländischer Täter Abstand genommen werden soll, um außenpolitische Konflikte zu vermeiden.[110] Die tatbestandlichen Voraussetzungen des § 153 c Abs. 3 StPO werden allerdings nur selten vorliegen:[111] Die Norm ist auf sog. Distanztaten zugeschnitten, bei denen die Handlung ausschließlich im Ausland begangen und der Erfolg im Inland eingetreten ist.[112] Legt man das weite Verständnis des inländischen Veranstaltungsortes bei § 284 Abs. 1 StGB durch die Rechtsprechung zugrunde, so dürfte § 153 c Abs. 3 StPO von vornherein nicht zu Anwendung kommen, da es sich nach dieser Auffassung gerade nicht um eine im Ausland begangene Tat handelt.

---

107 *Werle/Jeßberger*, in: LK-StGB, 12. Aufl. 2008, § 6 Rn. 28 m.V.a. BGH, NStZ 1999, 236; *Jofer*, Strafverfolgung, 1999, S. 118; *Kienle*, Internationales Strafrecht, 1998, S. 112; *Klam*, Die rechtliche Problematik, 2002, S. 69; *Römer*, Verbreitungs- und Äußerungsdelikte, 2000, S. 107; *Leupold/Bachmann/Pelz*, MMR 2000, 648 (654).

108 *Schoreit*, in: KK-StPO, 6. Aufl. 2008, § 153c Rn. 8.

109 Näher: *Kienle*, Internationales Strafrecht, 1998, S. 114 f.

110 *Jofer*, Strafverfolgung, 1999, S. 118.

111 *Werle/Jeßberger*, in: LK-StGB, 12. Aufl. 2008, § 6 Rn. 28, die auf eine mögliche Überforderung der inländischen Behörden hinweisen; *Germann*, Gefahrenabwehr, 2000, S. 234, Fn. 498; *Kienle*, Internationales Strafrecht, 1998, S. 108 ff.; *Breuer*, MMR 1998, 141 (143); *Hilgendorf*, NJW 1997, 1873 (1874); a.A. *Jofer*, Strafverfolgung, 1999, S. 114 ff. Letzter hält im Übrigen eine Einschränkung über § 17 StGB (Verbotsirrtum) für ausreichend.

112 *Schoreit*, in: KK-StPO, 6. Aufl. 2008, § 153 c Rn. 14; *Pfeiffer*, StPO, 5. Aufl. 2007, § 153 c Rn. 5.

2. Völkerrechtlich legitimierender Anknüpfungspunkt

Ein globaler „Export" des deutschen Strafrechts in die Heimatstaaten der jeweiligen Internetanbieter könnte zu einem Verstoß gegen das völkergewohnheitsrechtliche Gebot der Nichteinmischung[113] führen.[114] Als allgemeine Regel des Völkerrechts stellt es gem. Art. 25 GG einen Teil der deutschen Rechtsordnung dar und geht einfachen Gesetzen vor.[115] Dessen Inhalt ist es, die Gebietshoheit fremder Staaten zu achten. Danach wird der Staatsgewalt eines Landes grundsätzlich untersagt, ohne eine besondere Erlaubnis ihre Hoheitsakte auf fremdem Staatsgebiet vorzunehmen oder durchzusetzen.[116] Zur Vermeidung oder zumindest Behebung von Rechtskollisionen gilt daher folgender Grundsatz: Der Strafanspruch eines Staates bei Sachverhalten mit Auslandsbezug wird nur dann anerkannt, wenn ein „völkerrechtlich legitimierender Anknüpfungspunkt" zum Recht des eigenen Staates besteht.[117]

Es wird daher auch durch den BGH als bedenklich angesehen, für eine solche Verbindung zum deutschen Recht allein die Wahrnehmbarkeit von Internetinhalten im Inland genügen zu lassen. Da sich das Internet gerade durch einen Zugang zu weltweit verfügbaren Daten auszeichnet, wäre hierdurch kein ausreichend enger Bezug zum nationalen Strafanwendungsrecht gewährleistet.[118]

Zum einen ginge dabei die gesetzliche Differenzierung zwischen dem Territorialitätsprinzip in den §§ 3, 9 StGB und dem nur für schwerwiegende Ausnahme-

---

113 Siehe zu dessen nachträglicher Verankerung in internationalen Dokumenten etwa die *Declaration on Principles of International Law concerning Friendly Relations and Cooperation among States in accordance with the Charter of the UN* (04.10.1970); weiterhin wird heute auch das Einmischungsverbot als Ausfluss des Gedankens der souveränen Gleichheit der Staaten (Art. 2 Abs. 1 UN-Satzung) verstanden, näher: *Ambos*, in: MK-StGB, Bd. I, 2003, Vorbem. Zu den §§ 3-7, Rn. 19; zum Nichteinmischungsgebot siehe auch: *Hilgendorf*, NJW 1997, 1873 (1877) m.V.a. BGH-Ermittlungsrichter, NStZ 1994, 232 (233) – zu § 6 StGB (Völkermord); *Kuner*, CR 1996, 453 (456); *Holthausen*, NStZ 1992, 268; *Oehler*, NStZ 1994, 485.

114 *Germann*, Gefahrenabwehr, 2000, S. 234 m.V.a. *Kienle*, Internationales Strafrecht, 1998, S. 143 ff.; a.A. *Jofer*, Strafverfolgung, 1999, S. 109 ff.

115 *Ambos*, in: MK-StGB, Bd. I, 2003, Vorbem. Zu den §§ 3-7, Rn. 24 m.w.N.; siehe auch: *Herdegen*, in: Maunz/Dürig, GG, Bd. IV, Stand: 61. Erg.-Lfg. 2011, Art. 25 Rn. 27.

116 BGH, NStZ 1999, 236; *Rahlf*, in: MK-StGB, Bd. V, 1. Aufl. 2007, § 29 BtMG Rn. 255; *Germann*, Gefahrenabwehr, 2000, S. 641.

117 StIGHE 5, 71 (90) (Lotus-Entscheidung), zu dieser näher: *Ambos*, in: MK-StGB, Bd. I, 2003, Vorbem. Zu den §§ 3-7, Rn. 17 f.; BGHSt 46, 212 (224); BGH, NStZ 1999, 236 (Völkermord); BGHSt 1999, 240; BGH-Ermittlungsrichter, NStZ 1994, 232; *Schoreit*, in: KK-StPO, 6. Aufl. 2008, § 153 c Rn. 3; *Leupold/Bachmann/Pelz*, MMR 2000, 648 (654). Näher dazu: *Kienle*, Internationales Strafrecht, 1998, S. 143 ff.

118 BGHSt 45, 64 (66); entspr.: BGH-Ermittlungsrichter, NStZ 1994, 232; *Werle/Jeßberger*, in: LK-StGB, 12. Aufl. 2008, § 6 Rn. 28; *Leupold/Bachmann/Pelz*, MMR 2000, 648 (654).

fälle vorgesehenen Weltrechtsprinzip in § 6 StGB bei strafbaren Internetangeboten verloren.[119] Zum anderen drohen möglicherweise – ggf. auch politisch brisante – Rechtskollisionen mit anderen Staaten. Sofern diese ein ebenso weites Verständnis bei der Anwendung ihres Strafrechts auf Internetsachverhalte haben oder einen unzulässigen Eingriff in ihren Rechtskreis sehen, könnten hieraus Konflikte entstehen.[120]

In der zur Reichweite des § 9 Abs. 1 Var. 3 StGB bereits besprochenen *Toeben*-Entscheidung geht der BGH in Anschluss an frühere Urteile[121] gezielt auf das Erfordernis einer Einschränkung des Strafanwendungsanspruchs ein. Er belässt es unter Hinweis auf das Vorliegen eines inländischen Erfolgsortes bei der betreffenden Deliktskategorie nicht bei einer pauschalen Bejahung der Strafbarkeit. Als einschränkendes Kriterium verlangt er auch weiterhin die Feststellung des „völkerrechtlich legitimierenden Anknüpfungspunktes".[122]

Im Falle des Leugnungstatbestandes nach §§ 130 Abs. 1, 3 StGB lasse sich dieser wegen der Einzigartigkeit der während des Nationalsozialismus an den Juden begangenen Verbrechen in dem besonderen Bezug zur deutschen Geschichte erkennen.[123]

3. Einschränkung der Strafanwendung bei Onlineglücksspielen

Großen Teilen des Schrifttums genügt der Hinweis auf die deutsche Vergangenheit nicht, um die Verfasser ausländischer Internetdateien dem deutschen Strafrecht zu unterstellen. Dieser Aspekt trifft nur für Leugnung des Holocausts nach §§ 130 Abs. 1, 3 StGB zu. Für andere Gefährdungsdelikte im Internet bietet er jedoch keine Lösung.[124]

So fehlt es Straftaten wie dem unerlaubten Glücksspiel nach § 284 StGB an einem vergleichbaren spezifischen Bezug zu Deutschland, der aus der Deliktsnatur selbst resultiert.[125] Die strafrechtliche Problematik unerlaubter Internetglücksspiele stellt kein Charakteristikum des deutschen Rechts dar, sondern beschäftigt auch die Strafverfolgungsbehörden anderer Staaten. Ziel sollte daher sein, im konkreten Tathergang nach einem Bezug zum deutschen Strafrecht zu suchen. Um zu vermeiden, dass eine Reihe von Einzelfallentscheidungen die

---

119 *Germann*, Gefahrenabwehr, 2000, S. 234.

120 *Cornils*, JZ 1999, 394 (395); *Leupold/Bachmann/Pelz*, MMR 2000, 648 (654); *Sieber*, NJW 1999, 2065 (2067); *Vec*, NJW 2002, 1535 (1536).

121 BGH, StV 1999, 240; BGH, NStZ 1999, 236; BGH-Ermittlungsrichter, NStZ 1994, 232 m. Anm. *Oehler*, NStZ 1994, 485.

122 BGHSt 46, 212 (224).

123 BGHSt 46, 212 (224). Kritisch dazu: *Fischer*, StGB, 58. Aufl. 2011, § 9 Rn. 8a.

124 *Fischer*, StGB, 58. Aufl. 2011, § 9 Rn. 8a, nennt als Beispiel Pornographie über das Internet.

125 *Barton/Gercke/Janssen*, wistra 2004, 321 (323).

ohnehin schon herrschende Rechtsunsicherheit bei grenzüberschreitenden Gefährdungsdelikten noch verschärft, gehen die Bemühungen deshalb dahin, möglichst allgemeingültige Konturen zur Anwendung des deutschen Rechts zu erarbeiten. An dieser Stelle sollen einige Modelle für eine völkerrechtskonforme Einschränkung des deutschen Strafanwendungsanspruchs vorgestellt werden. Diskutiert wird eine Begrenzung, die sich an den Vorgaben des § 7 StGB zum Personalprinzip orientiert (unter a). Ein anderer Gedanke befasst sich mit einer möglichen Berücksichtigung subjektiver Kriterien (unter b). Demgegenüber wird vorgeschlagen, anhand objektiver Kriterien einen Anknüpfungspunkt zum deutschen Recht festzustellen (unter c).

a) Begrenzung in Anlehnung an § 7 StGB

Eine Überlegung geht dahin, den Anwendungsbereich des deutschen Strafrechts auf Internetdelikte nach dem Maßstab des § 7 StGB zu begrenzen. Die Norm beinhaltet das sog. aktive und passive Personalprinzip.[126] Danach kann deutsches Strafrecht unter bestimmten Voraussetzungen auch bei Auslandstaten zur Anwendung kommen, wenn der Täter oder das Opfer Deutsche sind. Für einen deutschen Täter, der im Ausland handelt, regelt § 7 Abs. 2 StGB das Eingreifen deutschen Strafrechts, wenn die Tat am Tatort mit Strafe bedroht ist oder der Tatort keiner Strafgewalt unterliegt. Um völkerrechtliche Konflikte zu vermeiden, die sich bei Internetdelikten aus unterschiedlich strengen Rechtsregimen des Ursprungs- und des Zielstaates ergeben können, wird in Anlehnung an § 7 Abs. 2 StGB die folgende Einschränkung vorgeschlagen: Internetdelikte ausländischer Seitenbetreiber sollen nur dann dem deutschen Strafrecht unterstellt werden, wenn das im Inland inkriminierte Verhalten auch nach dem Recht des ausländischen Handlungsortes einer Strafdrohung unterworfen ist.[127]

Auf diese Weise könnte zwar eine Begrenzung der deutschen Strafzuständigkeit erreicht werden. Damit wäre jedoch der Schutz inländischer Rechtsgüter nur noch in Abhängigkeit von ausländischen Wertvorstellungen gewährleistet.[128] Berücksichtigt man den Umstand, dass Glücksspielveranstalter meist gezielt von sog. Rechtsoasen aus tätig werden, liefe der deutsche Strafanwendungsanspruch weitgehend leer.[129] Auch eine Erleichterung für die zuständigen Strafverfolgungsbehörden dürfte durch eine derartige Einschränkung nicht zu erzielen sein. Ihnen

---

126 Dazu näher: *Eser*, in: Sch/Sch, StGB, 28. Aufl. 2010, § 7 Rn. 1.

127 *Kienle*, Internationales Strafrecht, 1998, S. 173 ff; dagegen: *Hilgendorf*, ZStW 113 (2001), 660 (665).

128 *Germann*, Gefahrenabwehr, 2000, S. 236; *Volk*, Glücksspiel im Internet, 2006, S. 227.

129 Zur Niederlassung von Internetanbietern in sog. Rechtsoasen: *Boele-Woelki*, in: Dicke/Hummer, Völkerrecht, 2000, S. 307 (320); *Hoeren*, MMR 1998, 297 f.

obläge bei der Feststellung strafbarer Internetinhalte die Aufgabe, die Rechtslage am ausländischen Handlungsort des Täters in Erfahrung zu bringen – allein aufgrund sprachlicher Barrieren eine kaum lösbare Aufgabe. Im Ergebnis ist eine Einschränkung der deutschen Strafgewalt, die sich an den Vorgaben des § 7 StGB orientiert, abzulehnen.

b) Finales Interesse: Gezielte Ausrichtung auf deutsches Recht

Auch die Heranziehung subjektiver Kriterien wird als Weg diskutiert, um die Reichweite des deutschen Rechts einzuschränken. Dabei wird darüber nachgedacht, nur einen Täter unter das deutsche Strafrecht fallen zu lassen, der über das Internet in Deutschland wirken will. Hierzu müsse er den Abruf der Daten im Inland in Kauf genommen haben oder diesen durch ein „zielgerichtetes Handeln“ verbunden mit einem „finalen Interesse“ herbeigeführt haben.[130]

Einem allein auf die Tätervorstellung abzielenden Ansatz ist allerdings nicht zu folgen: Die Kollisionsnormen des Internationalen Strafrechts sind gerade nicht Teil des gesetzlichen Tatbestandes, sondern ausschließlich Rechtsanwendungsvorschriften.[131] Diese strikte Trennung würde das Abstellen auf ein „finales Interesse“ umgehen. Überdies führten subjektive Anforderungen unweigerlich zu erheblichen Beweisschwierigkeiten[132] und böten damit keinen sicheren Anhaltspunkt für eine Strafbarkeit nach deutschem Recht.[133]

c) Objektive Kriterien für die Anwendung deutschen Strafrechts (Sprache, Währung etc.)

Beweisschwierigkeiten lassen sich möglicherweise durch eine Heranziehung objektiver Kriterien vermeiden, die zur Feststellung eines völkerrechtlich legitimierenden Anknüpfungspunktes zum deutschen Recht dienen.[134]

---

130 *Finke*, Die strafrechtliche Verantwortung, 1998, S. 54 ff, der hierzu dolus directus 1. Grades verlangt; *Collardin*, CR 1995, 618 (621); *Hinterseh*, JurPC 1996, 460 (463); ähnlich für das schweizerische Recht: *Heinzmann/Ochsenbein*, Kriminalistik 1998, 599 (603 f.).

131 *Germann*, Gefahrenabwehr, 2000, S. 235; *Jofer*, Strafverfolgung, 1999, S. 223; *Kienle*, Internationales Strafrecht, 1998, S. 165 f.; *Breuer*, MMR 1998, 141 (143); *Hilgendorf*, NJW 1997, 1873 (1876); *Leupold/Bachmann/Pelz*, MMR 2000, 648 (654).

132 *Korte*, Das staatliche Glücksspielwesen, 2004, S. 281; *Volk*, Glücksspiel im Internet, 2006, S. 223.

133 So auch: *Cornils*, JZ 1999, 394 (395).

134 Für einen objektiven Bezugspunkt: OLG Hamburg, MMR 2000, 92; *Germann*, Gefahrenabwehr, 2000, S. 235; *Hilgendorf/Frank/Valerius*, Computer- und InternetStR, 2005, Rn. 256; *Korte*, Glücksspielwesen, 2004, S. 281; *Hilgendorf*, NJW 1997, 1873 (1876 f.); *Sieber*, NJW 1999, 2065 (2068).

Es wäre daran zu denken, auf die Währung, in welcher der Einsatz zu leisten ist oder das verwendete Zahlungsverfahren abzustellen.[135] Im Vorgriff auf die späteren Ausführungen zur Zahlungspraxis bei Onlineglücksspielen soll folgendes festgehalten werden: In der Regel lässt sich aus den angebotenen Zahlungsarten kein Rückschluss auf die Nationalität der Kundenzielgruppe ziehen. Kreditkarten der beiden größten Anbieter Visa und MasterCard werden weltweit akzeptiert. Neben dem US-Dollar kann der Einsatz bei vielen Anbietern in Euro geleistet werden. Angesichts der großen Anzahl der Staaten, in denen der Euro die Währung darstellt, lässt sich kein automatischer Rückschluss auf deutsche Nutzer als Zielgruppe ziehen.[136] Zur Einrichtung einer inländischen Kontoverbindung können sich auch die ausländischen Anbieter entschließen, denen daran gelegen ist, möglichst vertrauenswürdig gegenüber deutschen Kunden aufzutreten. In diesem Fall wäre ein unmittelbarer Bezug zum deutschen Recht zu bejahen: Durch ein Konto bei einer deutschen Bank erfährt die Geschäftstätigkeit eine Verkörperung auf deutschen Boden.[137] Angesichts der Vielzahl möglicher Onlinebezahlverfahren ist die Angabe einer inländischen Kontoverbindung eher die Ausnahme. Sie stellt mithin kein verlässliches Kriterium dar, um das Gros ausländischer Onlineanbieter, die ihr Angebot gezielt an deutsche Nutzer richten, zu ermitteln.

Als taugliches objektives Kriterium könnte sich weiterhin die auf der Internetseite verwendete Sprache erweisen.[138] Aus Sicht des OLG Hamburg ist beispielsweise ein Glücksspiel, das zwar auf der venezolanischen Hauptseite auf englisch abgefasst ist, aber durch eine Verlinkung eine vollständig deutschsprachige Spielversion zur Verfügung stellt, potenziell auch auf den deutschen Markt ausgerichtet. Mangels einer inländischen Erlaubnis sieht das Gericht im Ergebnis den Tatbestand des § 284 StGB als verwirklicht an.[139]

Die Möglichkeit, eine muttersprachliche Version zu nutzen, kann die Entscheidung des Spielers für das Internet-Angebot maßgeblich beeinflussen. Da es beim Online-Glücksspiel um viel Geld geht und der Spieler eine ordnungsgemäße Auszahlung sicherstellen will, besteht möglicherweise ein deutlich höheres Misstrauen gegenüber fremdsprachigen Angeboten. So sind vor einer Teilnahme

---

135 *Fritzemeyer/Rinderle*, CR 2003, 599 (601); *Pelz/Stempfle*, K&R 2004, 570 (573).

136 *Glöckner*, ZVglRWiss 99 (2000), 278 (297).

137 *Pelz/Stempfle*, K&R 2004, 570 (573); näher dazu: *Steegmann*, Basisinfrastruktur, 2010, S. 208.

138 OLG Hamburg, MMR 2000, 92; *Bahr*, Glücks- und Gewinnspielrecht, 2007, Rn. 729; *Germann*, Gefahrenabwehr, 2000, S. 236; *Korte*, Glücksspielwesen, 2004, S. 282 f.; *Fritzemeyer/Rinderle*, CR 2003, 599 (600); dagegen: *Pelz*, ZUM 1998, 530 (531). Für die deutsche Sprache zur Bestimmung „territorial spezifizierter (Erfolgs-)Delikte“: *Hilgendorf*, NJW 1997, 1873 (1876 f.), *ders.* ZStW 113 (2001), 650 (670). Zum Wettbewerbsrecht: *Glöckner*, ZVglRWiss 99 (2000), 278 (296).

139 Leitsatz des OLG Hamburg, MMR 2000, 92.

umfangreiche Angaben z.B. zum Zahlungsverfahren zu machen, von dem nötigen Verständnis der AGB ganz abgesehen.[140] Insofern kommt der Verlinkung auf eine vollständig deutschsprachige Version des ansonsten englischsprachigen Internet-Angebotes ein starker Indizcharakter für die Ausrichtung auf den deutschen Markt zu.[141]

Ob die Verwendung der deutschen Sprache als einziges Merkmal maßgeblich sein kann, um deutsches Strafrecht heranzuziehen oder seine Anwendung abzulehnen, ist indes zweifelhaft. Als mindestens ebenso wichtig mögen es viele deutsche Nutzer ansehen, wie die Internetseite mit Blick auf Übersichtlichkeit und Benutzerfreundlichkeit ausgestaltet ist. Eine attraktive Homepage zeichnet sich beispielsweise durch eine klare Menüführung aus, mittels derer sich der Spieler mit wenigen Maus-Klicks registrieren und am Spiel teilnehmen kann.

Die Sprache wird bei vielen Spielinteressierten möglicherweise nicht das entscheidende Kriterium bilden. Es ist anzunehmen, dass der durchschnittliche spielaffine Internetnutzer, der die Angebote mehrerer Veranstalter vergleichen möchte, in der Regel über einen ausreichenden englischen Wortschatz verfügt.[142] In manchen Glücksspielsparten wie dem Pokern dominiert ein englischer Fachjargon die Kommunikation. Klammerte man alle englischsprachigen Seiten aus dem Anwendungsbereich des deutschen Rechts aus, so wäre ein Schutz derjenigen Spieler, die fremdsprachige Seiten besuchen, nicht gewährleistet.[143]

Anders herum biete eine Beschränkung auf deutschsprachige Internetinhalte keine Garantie, um Kollisionen mit dem Recht anderer Staaten von vornherein zu vermeiden. Deutsch ist Amtssprache in einer Reihe weiterer Staaten,[144] auch wenn es nicht so verbreitet ist wie Englisch, Spanisch, Russisch, Chinesisch oder Arabisch. Das Glücksspielregime in diesen Staaten könnte ein anderes und möglicherweise durchaus liberaleres sein.

Eine weitere Schwäche kann darin gesehen werden, dass die territoriale Spezifizierung in jedem Einzelfall festzustellen ist. Dies hätte nicht nur eine mangelnde Rechtsicherheit für die Betroffenen zur Folge, sondern wäre für die ermittelnden Strafbehörden auch mit einem großen praktischen Aufwand verbunden.[145]

---

140 *Korte*, Glücksspielwesen, 2004, S. 282.

141 *Germann*, Gefahrenabwehr, 2000, S. 236.

142 Ebenso *Volk*, Glücksspiel im Internet, 2006, S. 232; dagegen *Korte*, Glücksspielwesen, 2004, S. 282, der dem durchschnittl. Internet-Nutzer nur zumindest leidliche Englisch-Kenntnisse zugesteht.

143 Hierzu auch *Lesch*, wistra 2005, 241 (243), der einen nationalen Zuschnitt bei Verwendung der englischen Sprache ablehnt.

144 Diese sind: Belgien, Frankreich (Elsass und Lothringen), Italien (Südtirol), Liechtenstein, Luxemburg, Österreich, Schweiz, sowie ehemalige Amtssprache oder Minderheitensprache in zahlreichen weiteren Staaten wie z.B. Kasachstan, Namibia, Slowakei.

145 *Leupold/Bachmann/Pelz*, MMR 2000, 648 (654).

4. Zwischenergebnis: Unzureichender Aussagewert objektiver Kriterien

Um dem völkergewohnheitsrechtlichen Nichteinmischungsprinzip Rechnung zu tragen und für Internet-Delikte eine Universalgeltung des deutschen Strafrechts zu verhindern, ist dessen Anwendungsbereich deutlich einzugrenzen. Ein Mindestmaß an Rechtssicherheit für Strafverfolgungsbehörden wie auch für Glücksspielveranstalter und -teilnehmer lässt sich jedoch nur erzielen, wenn die Kriterien für eine restriktive, völkerrechtskonforme Ausrichtung des deutschen Strafrechts nicht lediglich aus einer Würdigung des Einzelfalls resultieren, sondern auf einem allgemeinverbindlichen Rahmen beruhen.

Darin liegt jedoch gerade die Schwäche der vorgeschlagenen Kriterien. Der Anhaltspunkt eines finalen Interesses krankt an der nur schwer möglichen Nachweisbarkeit. Den objektiven Merkmalen kann dagegen lediglich ein Indizcharakter zukommen, als verbindliche Eingrenzungskriterien sind sie jedoch in den meisten Fällen zu vage.[146] Die Notwendigkeit zur Schaffung generell gültiger Leitlinien zeigt sich umso stärker, als bisherige strafrechtliche Härten zum Beispiel durch die Bejahung eines unvermeidbaren Verbotsirrtums gem. § 17 StGB abgefedert werden.[147] Hierin liegt aber keine dauerhafte Lösung, da seit Januar 2008 mit § 4 Abs. 4 GlüStV ohnehin ein klares Internet-Verbot besteht und sich damit künftig kein Veranstalter auf eine Unkenntnis der Rechtslage mehr berufen kann.[148]

VII. Ansätze zur Neuausrichtung des Glücksspielangebotes im Internet

Im Folgenden soll der Frage nachgegangen werden, welche Möglichkeiten sich auf Grundlage des geltenden Rechts und zukünftig de lege ferenda zum Umgang mit dem grenzüberschreitenden Internetdelikt der unerlaubten Glücksspielveranstaltung nach § 284 StGB anbieten.

In diesem Rahmen sind zwei Zielsetzungen in Einklang zu bringen: zum einen die völkerrechtskonforme Begrenzung der Strafbarkeit, zum anderen aber auch der möglichst weitgehende Ausschluss einer Gefährdung für deutsche

146 So auch: *Cornils*, JZ 1999, 394 (395); *Ringel*, CR 1997, 302.

147 OLG Stuttgart, NJW 2006, 2422 (2423); LG München I, NJW 2004, 171 (172); *Jofer*, Strafverfolgung, 1999, S. 114 ff.; *Barton/Gercke/Janssen*, wistra 2004, 321 (326); *Meyer*, JR 2004, 447 (452); näher dazu auch: *Volk*, Glücksspiel im Internet, 2006, S. 224 f.; *Hecker/Schmitt*, ZfWG 2006, 301 f.

148 Auch unter der neuen Rechtslage dürfte den Vorschriften des GlüÄndStV 2012 deutlich zu entnehmen sein, dass eine Suspendierung von dem Verbot nur unter den engen Voraussetzungen einer behördlichen Erlaubnis eingreift.

Spielinteressenten. Es ist daran zu denken, auf Grundlage des geltenden Rechts Vorgaben für die Glücksspielveranstalter zur Neuausrichtung ihres Angebotes auszuarbeiten. Bei Einhaltung dieser Kriterien könnten die Anwendbarkeit deutschen Strafrechts verneint und die Anbieter damit von einer Strafdrohung nach § 284 Abs. 1 StGB freigestellt werden.

1. Erfordernis einer konkreten Gefährdung oder Verletzung

Um einem völkerrechtswidrigen Eingriff vorzubeugen, geht eine Überlegung dahin, die Anwendung deutschen Strafrechts erst zu bejahen, wenn eine konkrete Gefährdung oder tatsächliche Rechtsgutsbeeinträchtigung im Inland eintritt.[149] Diese Einschränkung wird als nötig erachtet, da eine abstrakte Gefahr als Anknüpfungspunkt für das deutsche Strafrecht völkerrechtlich schwer legitimierbar sei. So seien die Deliktsgruppe der abstrakten Gefährdungsdelikte und ihre charakteristische Struktur den meisten ausländischen Rechtsordnungen fremd.[150] Nähere Ausführungen zur Frage, ab wann eine konkrete Gefährdung bzw. Rechtsgutsverletzung i.R.d. § 284 Abs. 1 StGB vorliegt, bleibt der Vorschlag allerdings schuldig.

Festzuhalten bleibt jedoch: Der Ansatz gibt sich anders als Rechtsprechung und Gesetzgeber nicht mit der bloßen Abrufbarkeit zufrieden. Es ist zu überlegen, ob für eine „konkrete Gefährdung“ in diesem Sinne ein individualisierter Informationsaustausch zwischen Teilnehmern und Spielern zu fordern wäre. Danach könnte ein strafbares Verhalten des Anbieters nur ab dem Zeitpunkt zu bejahen sein, in dem sich der Spieler über die Anmeldemaske erstmals anmeldet und ihm damit eine individuelle Möglichkeit zur Zahlung des Einsatzes und zur Spielteilnahme eröffnet wird. Auf diese Weise wäre sichergestellt, dass sich ein kriminelles Handeln vom Ausland aus in Deutschland auswirkt. Gleichzeitig böten die einschränkenden Kriterien dem Anbieter die Möglichkeit, sich von dem Strafvorwurf nach § 284 Abs. 1 StGB freizustellen. Es läge in seiner Verantwortung, geeignete technische Maßnahmen zu treffen, um die Teilnahme deutscher Spieler am Internetglücksspiel zu verhindern.

Im Ergebnis ist das Erfordernis eines „konkreten Gefahreneintritts“ im Rahmen des § 284 StGB vor der bestehenden Rechtslage jedoch nicht haltbar. Die Folge wäre eine zu starke Annäherung eines abstrakten Gefährdungs- an ein Erfolgsdelikt. Allein mit den ohnehin unscharf konturierten Völkerrechtserwägungen könnte eine solche nicht gerechtfertigt werden. Zwar ließe sich einwenden, dass letztlich nur konsequent derjenige Weg weiter gegangen würde, der mit

149 *Hettich*, Neue Fragen, 2006, S. 204.
150 *Hettich*, Neue Fragen, 2006, S. 204.

der extensiven Auslegung des § 9 Abs. 1 Var. 3 StGB begonnen hat. Doch wäre bei dem Erfordernis einer konkreten Gefährdung oder Verletzung die Rechtssicherheit nur unzureichend gewährleistet: Zum einen sei an die bereits erwähnte Unklarheit, ab wann ein derartiger Erfolg im Inland zu verzeichnen ist, erinnert. Zum anderen würden Anbieter inländischer Online- oder stationärer Glücksspiele im Gegensatz zu den über das Internet tätigen ausländischen Veranstaltern deutlich schlechter behandelt. Während die erstgenannte Gruppe wegen des weiten Veranstaltungsbegriffs rasch den Grad strafbaren Handelns erreichte, würde der zweiten ein breites Spektrum straffreier Betätigung zugestanden.

Ein derartiges Resultat läge keineswegs im Interesse des Gesetzgebers und der zuständigen Behörden. Vielmehr liefe es den Bestrebungen zur Eindämmung des als besonders gefahrenträchtig eingestuften und einem konsequenten Verbot unterworfenen Internetglücksspiels geradezu diametral zuwider.

2. Technische Mindestanforderungen für Internetveranstalter

Nach den vorherigen Ausführungen zur Struktur des § 284 StGB müsste die mögliche Verneinung einer Strafbarkeit für den Anbieter von Internetglücksspielen an strenge Vorgaben geknüpft werden.

Bisher erhält der Veranstalter in aller Regel erst eine Information zur Identität und Herkunft des Spielers aus dessen Nutzerprofil. Es widerspräche allerdings dem weit gefassten Veranstaltungsbegriff, nach dem die bloße Wahrnehmbarkeit des Angebotes genügt, wenn die Ablehnung eines deutschen Spielers erst nach einer Überprüfung des Spielerkontos vorgenommen würde: Zu diesem Zeitpunkt wäre das Angebot für den Spieler nicht nur abrufbar. Es bestünde vielmehr bereits ein individualisierter Kontakt zwischen dem Anbieter und dem Spielinteressenten, mit der Folge, dass der Tatbestand der Veranstaltung bereits erfüllt wäre.

Zu spät käme auch eine Angabe in den Allgemeinen Geschäftsbedingungen oder auf einem Banner, nach der eine Teilnahme von Spielern mit Aufenthaltsort in Deutschland untersagt wird, sofern eine solche Mitteilung erst auf der eigentlichen Angebotsseite erfolgt. In einem solchen Fall würde der Spielinteressierte bereits die meist lockende, bunte Auswahl wahrnehmen, die zum Beispiel Hinweise auf Bonuszahlungen und hohe Jackpots enthält. Der Tatbestand der Veranstaltung wäre in diesem Fall bereits erfüllt.

Um dem Strafvorwurf zu entgehen, stehen den Glücksspielunternehmen mehrere Möglichkeiten zur Verfügung, ihr Angebot in einer Weise zu gestalten, die Gefährdungen für deutsche Nutzer ausschließt. Eine Überlegung ist, frei zugängliche Startseiten an die Stelle der bisherigen Eingangsportale treten zu lassen. Diese dürften nicht die übliche, schrille Produktwerbung aufweisen und müssten einen Ausschluss deutscher Nutzer sicherstellen. Beispielsweise könnte für den Besuch der Produktseite, unabhängig von einer späteren Spielteilnahme eine Registrierung einschließlich der Angabe der Adresse des Nutzers verlangt werden. Auf diesem Wege ließe sich von Veranstalterseite sicherstellen, dass alles getan wird, um eine Beteiligung deutscher Spielinteressenten auszuschließen.

Dieses Modell mag auf den ersten Blick eher realitätsfern klingen. Und tatsächlich sind ihm auf Anhieb mehrere Einwände entgegenzuhalten. Denn wie anders als durch eine reizvolle Startseite sollten die Kunden überhaupt auf ein Internet-Casino aufmerksam werden? Angenommen die Veranstalter hielten sich zwar an die vorgeschlagene Konzeption der Seite, dehnten aber ihre Werbeaktivitäten auf anderen Seiten aus, um ihren Umsatz zu sichern, so wäre ebenfalls wenig erreicht: In diesem Fall träte an die Stelle der Strafbarkeit nach § 284 Abs. 1 StGB zumindest ein strafbares Werben für Glücksspiele gem. § 284 Abs. 4 StGB.

In der Rechtsprechung und dem Schrifttum stehen andere Handlungsoptionen im Vordergrund. Viele Internetveranstalter beschränken sich auf Warnhinweise in Form von Bannern, Disclaimern[151] oder hervorgehobenen AGB-Klauseln. Durch diese werden Spielinteressenten aus Deutschland oder – nach entsprechenden Gerichtsentscheidungen – aus einzelnen Bundesländern bei Aufruf der Internetseite darüber informiert, dass sie das Angebot nicht nutzen dürfen. Nimmt man als Maßstab das Erfordernis, alles getan zu tun, um deutsche Spieler von einer Teilnahme auszuschließen, so begegnet die Anbringung derartiger Warnhinweise und vergleichbarer Vorkehrungen zu Recht erheblichen Bedenken.

In der Rechtsprechung wird beispielsweise die Eignung eines Disclaimers bezweifelt, da dieser nicht das Problem wahrheitswidriger Angaben der Spieler zu ihrem Aufenthaltsort löse.[152] Auch Stimmen in der Literatur lehnen die bloße Anbringung von Warnhinweisen als ausreichende Sicherungsmaßnahme ab. Um dem Strafvorwurf zu entgehen, müsse der Veranstalter sein Angebot vielmehr durch objektiv wirksame Mechanismen abschotten. Eine hundertprozentige Sicherung sei dabei zwar nicht zu verlangen. Vielmehr komme es für einen Ausschluss der objektiven Zurechnung auf die ernst gemeinte Absicht des Anbieters an, keine Nutzer aus Deutschland erreichen zu wollen.[153]

---

151 Siehe zur rechtlich problematischen Verwendung von Disclaimern: *Störing*, Das Märchen vom Disclaimer, Artikel vom 22.09.2005, unter: www.spiegel.de/netzwelt/web/0,1518,375970,00.html; zul. aufgerufen am 10.09.2012. Zu Disclaimern auch: *Hilf/Ploeckl/Gindler*, ZfWG 2010, 1 (3).

152 OVG NRW, Beschluss vom 12.01.2010 – 13 B 939/09, Rn. 51, ZfWG 2010, 76 Ls.; ähnlich: OLG Hamburg, K&R 2000, 138 (140).

153 *Lesch*, wistra 2005, 241 (243), zum sog. strafrechtlichen Regressverbot, der sodann auf die Verwendung der deutschen Sprache als Anknüpfungspunkt abstellt.

Dieser Maßstab wird auch auf internationaler Ebene als gültig angesehen: So betont die zuständige Generalanwältin in ihren Schlussanträgen zur EuGH-Rechtssache *Peter Pammer*, dass ein Unternehmen, das durch die Gestaltung seiner Website bestimmte Mitgliedstaaten als Tätigkeitsgebiet ausnimmt, sich auch an dieser Angabe festhalten lassen müsse.[154]

Als – durchaus umstrittene – Methode wird derzeit insbesondere die Geolokalisation[155] genannt, die eine Standortbestimmung des Nutzercomputers erlauben und darauf aufbauende technische Möglichkeiten ermöglichen soll, um den Zugang des Spielers zum Angebot zu versperren.[156]

Insgesamt wird es aus praktischer Sicht nicht im Interesse der meisten Glücksspielunternehmen liegen, potentielle Kunden aus Staaten, in denen das Internetglücksspiel verboten ist, fernzuhalten. Sie wählen ihren Unternehmenssitz bewusst in Rechtsoasen, aus denen ihnen von behördlicher Seite keine Kontrollen ihrer Aktivitäten einschließlich ihres Kundenstamms und die Auslieferung an ausländische Strafverfolgungsbehörden drohen.[157]

Doch gibt es Glücksspielanbieter, die großen Wert auf die Seriösität ihrer Geschäfte legen. Dies mag der Fall sein, um als Gesprächspartner in der politischen Diskussion um eine Liberalisierung des europäischen Glücksspielmarktes aufzutreten, wegen unternehmerischer Entscheidungen (z.B. ein geplanter Börsengang) oder schlicht, weil deren Führungskräfte beim Betreten anderer Staaten keine Verhaftungen und Strafverfahren befürchten wollen.[158]

---

154 GA Trstenjak, Schlussanträge vom 18.05.2010, Rs. C-585/08 – *Peter Pammer*, Rn. 92.

155 Eingehend dazu: *Hoeren*, ZfWG 2008, 229; ZfWG 2008, 311.

156 BReg, Mitteilung an die Komm. vom 20.05.2008, Verletzungsverfahren 2007/4866, ZfWG 2008, 173 (182, Rn. 77); FDP-Fraktion u.a., Kleine Anfrage vom 12.03.2008, BT-Drs. 16/8518; VGH Bayern, ZfWG 2008, 455 (461, Rn. 47 b ff.); ders., Beschluss vom 19.05.2010 – 10 CS 09.2672, Rn. 20 (juris); OVG Berlin-Brandenburg, Beschluss vom 16.03.2009 – 1 S 224.08, Rn. 19 (juris); OVG NRW, Beschluss vom 12.01.2010 – 13 B 939/09, ZfWG 2010, 76 Ls.; *Steegmann*, Basisinfrastruktur, 2010, S. 26 ff. Abl.: OVG Niedersachsen, ZfWG 2009, 184 (187); VG Mainz, ZfWG 2008, 299 f.; *Hilf/Ploeckl/Gindler*, ZfWG 2010, 1 (2). Nach OVG Niedersachsen, Beschluss vom 10.03.2011 – 11 MC 13/11, Rn. 23 (juris) genügt eine Lokalisierungstechnologie, die den Radius auf 40 Kilometer genau bestimmen kann, nicht als taugliche Maßnahme.

157 Hierzu näher: *Hoeren*, MMR 1998, 297 ff.; *Rock/Seifert*, ZBB 2008, 259; *dies.*, ZBB 2009, 377.

158 Zur Verhaftung der beiden Vorstände des Glücksspielanbieters *bwin* in Frankreich: Presseartikel vom 18.09.2006, unter: www.spiegel.de/wirtschaft/0,1518,437757,00.html; zul. aufgerufen am 10.09.2012; zu den Verhaftungen i.R.d. Black Friday näher unter: Teil 3 A. VI.

VIII. Fazit: Notwendigkeit gesetzlicher Neufassung

Letztlich handelt es sich auch bei den bisherigen Vorschlägen de lege lata nur um Hilfsgriffe. Eine gesetzliche Neufassung ist notwendig. Da durch das Internet als zentrales Kommunikationsmedium die Anzahl grenzüberschreitender Gefährdungsdelikte stark ansteigt, empfiehlt sich de lege ferenda eine Modifizierung des § 9 Abs. 1 StGB, die klarstellt, wann unkörperliche Verhaltensweisen wie die Datenübermittlung sowie deren Auswirkungen einen inländischen Tatort begründen können. So wird beispielsweise vorgeschlagen, § 9 StGB um einen dritten Absatz mit folgendem Wortlaut zu ergänzen: „*Ist eine Tat durch die Verbreitung von Informationen in weltweiten Datennetzen (Internet) begangen worden, so gilt das deutsche Strafrecht vorbehaltlich § 6 StGB*[159] *nur dann, wenn der Täter vom Inland aus gehandelt hat.*“[160]

Bleibt es auch zukünftig bei der bisherigen Fassung des § 9 Abs. 1 StGB, so sollte zumindest als „Weniger“ eine Änderung der glücksspielrechtlichen Strafvorschriften erwogen werden.[161] Diese könnte einer Neufassung der bisherigen §§ 284, 287 StGB liegen.

Eine Reform sollte sich dabei nicht nur die Begehungsform des „Veranstaltens“ beschränken, sondern insgesamt eine „Verschlankung“ der Tathandlungsvarianten des § 284 Abs. 1 StGB ins Auge fassen. So hat das „Halten“ eines Spiels gem. § 284 Abs. 1 Var. 2, das die tatsächliche Aufnahme eines Spiels voraussetzt,[162] eine gegenüber dem weiten Veranstaltungsbegriff nach § 284 Abs. 1 Var. 1 StGB deutlich geringere praktische Bedeutung.

Ein Vorschlag, der an allen drei Begehungsvarianten festhält, geht dahin, die Tatbestände als abstrakt-konkrete Gefährdungsdelikte auszugestalten. Hierzu soll der Schutzzweck, die Gewährleistung eines ordnungsgemäßen, manipulationsfreien Spielbetriebs, in die Normen integriert werden, so dass § 284 StGB folgenden Wortlaut erhielte: „Wer ohne behördliche Erlaubnis öffentlich ein Glücksspiel veranstaltet oder hält oder die Einrichtungen hierzu bereitstellt *und dadurch die Absicherung eines ordnungsgemäßen Spielbetriebs gefährdet*, wird mit Freiheitsstrafe ....“.[163] Dieser Vorschlag begründet allerdings wiederum

---

159 Dies soll nach *Koch*, GA 2002, 703 (713, Fn. 69) der strafrechtlichen Erfassung „harter Pornografie“ dienen.

160 *Koch*, GA 2002, 703 (713).

161 Mit der Schaffung neuer Strafvorschriften wie dem § 263 a StGB (Computerbetrug) und § 238 StGB (Nachstellen) geht der Gesetzgeber seit mehreren Jahren bereits auf neue Entwicklungen ein.

162 BayObLG, NJW 1993, 2820 (2821); *Groeschke/Hohmann*, in: MK-StGB, Bd. IV, 2006, § 284 Rn. 16; *Lampe*, JuS 1994, 737 (740); *Meurer/Bergmann*, JuS 1983, 668 (672); einschr. RGSt 29, 376 (378).

163 *Berberich*, Das Internet-Glücksspiel, 2004, S. 170.

bereits eine Strafbarkeit, bevor es zu einer konkreten Spielteilnahme oder zumindest dem Anlegen eines Nutzerprofils durch einen deutschen Spielinteressenten kommt. Die Problematik, allgemeinverbindlich Kriterien für den Nachweis eines völkerrechtlich legitimierenden Anknüpfungspunktes zu finden, stellt sich in entsprechender Weise.[164]

Die Schwierigkeiten bei der Lokalisierung ließen sich durch eine klar umrissene Beschreibung der Tathandlung umgehen, die auf einen individuellen Kontakt zwischen Veranstalter und potentiellen Spieler abstellt. Eine Umgestaltung des § 284 StGB zum Erfolgsdelikt könnte demnach lauten: „*Wer durch Entgegennahme persönlicher Daten oder eines Spieleinsatzes einem anderen die Teilnahme an einem unerlaubten Glücksspiel ermöglicht, wird mit Freiheitsstrafe* …“. Auf diese Weise ließe sich der Großteil der Sachverhalte im stationären und Internetvertrieb erfassen. Allein die Einrichtung einer Pokerstube oder eines Vermittlungsbüros, die noch nicht durch einen Spielinteressenten aufgesucht wird, bliebe straffrei. Hier wäre zu überlegen, ob es sich um eine Lücke handelt, die hingenommen werden kann oder durch Ergänzung des Tatbestandes oder Einführung einer Versuchsstrafbarkeit geschlossen werden sollte.

Mit Umgestaltung in ein Erfolgsdelikt wäre sichergestellt, dass eine nachweisliche Gefährdung inländischer Rechtsgüter besteht.

B. Die Anwendbarkeit des Öffentlichen Rechts

Die strafrechtliche Untersuchung ergibt eine völkerrechtlich bedenkliche Ausdehnung des deutschen Rechtsanwendungsanspruchs, die ihre Ursache in dem sehr weit verstandenen Veranstaltungsbegriff des § 284 Abs. 1 StGB hat. Die bisherigen Vorschläge für eine Begrenzung können angesichts der eher starren Vorschriften des Internationalen Strafrechts nicht vollständig befriedigen.

Die Frage nach der Anwendbarkeit deutschen Rechts geht von strafrechtlicher Seite aus, ist aber keineswegs auf diese beschränkt. Sie stellt sich in entsprechender Weise im Öffentlichen Recht, sofern der Veranstalter von Internetglücksspielen außerhalb Deutschlands tätig und lediglich sein Angebot von deutschen Nutzern wahrnehmbar ist. Der folgende Abschnitt befasst sich mit den Vorgaben, die das Verwaltungsrecht und speziell das Glücksspielrecht enthält (unter I.-III.). Weiterhin geht die Arbeit der Frage nach, ob im Öffentlichen Recht ein ebenso dringendes Bedürfnis nach allgemein-verbindlichen Kriterien für eine völkerrechtskonforme Einschränkung der Rechtsanwendung besteht (unter IV.).

---

164 *Berberich*, Das Internet-Glücksspiel, 2004, S. 170, geht auf die Sprache als Begrenzungsmerkmal ein. Entsprechend zu dieser Diskussion siehe oben, Teil 2 A. VI. 3. c).

I. Fehlen genereller Kollisionsnormen im Öffentlichen Recht

Eine unveränderte Übertragung der Erkenntnisse aus dem strafrechtlichen Teil in das Verwaltungsrecht verbietet sich, da sich beide Rechtsgebiete in einem Punkt maßgeblich voneinander unterscheiden: Im Strafrecht legen die Kollisionsnormen nach §§ 3 ff. StGB für alle Delikte abschließend fest, ob deutsches Recht zur Anwendung kommt. Hingegen fehlt es im Verwaltungsrecht an einer vergleichbaren allgemeingültigen Regelung,[165] da es kein in sich geschlossenes Internationales Verwaltungsrecht gibt.[166] An seiner Stelle beschäftigen sich punktuelle Ansätze im Schrifttum und einzelne Regelungen in den jeweiligen Fachgesetzen[167] mit Fragen grenzüberschreitenden Verwaltungshandelns wie beispielsweise dem räumlichen Anwendungsbereich von Normen des öffentlichen Rechts, der Anerkennung ausländischer Verwaltungsakte sowie im weiteren Sinne und mit Schnittstellen zum Völkerrecht auch mit dem Rechtsrahmen für international tätige Organisationen.[168]

In allen weiteren Fällen ist der räumliche Anwendungsbereich einer öffentlich-rechtlichen Vorschrift mangels eines „Internationalen Verwaltungsrechts" ausschließlich aus der Interpretation ihres materiellen Gehalts selbst zu ermitteln.[169] Der folgende Abschnitt befasst sich mit eben diesen Rechtsanwendungsvorschriften.

II. Relevante Normen des Glücksspielrechts

Als spezielles Regelwerk ist vorrangig der GlüStV 2008 zu berücksichtigen.[170] In seinem § 4 Abs. 4 GlüStV 2008[171] ist das ausdrückliche Verbot enthalten, Glücksspiele im Internet zu veranstalten. Die Norm trifft indes keine Aussage zur räumlichen Geltung des Verbotes. Allerdings liegt ihr ebenso wie den Regelungen zu stationären Glücksspielen der Veranstaltungsbegriff zugrunde.

---

165 *Hettich*, Neue Fragen, 2006, S. 206; *Volk*, Glücksspiel im Internet, 2006, S. 122 m.V.a. *Vogel*, Verwaltungsrechtsnorm, 1965, S. 299 f.

166 Eingehend zur Historie und dogmatischen Begründung des Begriffs: *Tietje*, Rechtstheorie 39 (2008), S. 255 ff.; *Ruffert*, in: Möllers/Voßkuhle/Walter, Internat. VwR, 2007, S. 395 (397 ff.).

167 Vgl. Beispiele für internationales Gesundheitsrecht bei: *Tietje*, Rechtstheorie 39 (2008), S. 255 (263 ff.); zum internationalen Umweltverwaltungsrecht: *Durner*, in: Möllers/Voßkuhle/Walter, Internat. VwR, 2007, S. 121 ff.; zum Steuerrecht: *Hettich*, Neue Fragen, 2006, S. 206.

168 Näher: *Matscher*, in: FS Beitzke, 1979, S. 641 (643 f.).

169 *Volk*, Glücksspiel im Internet, 2006, S. 122 f.; *Vogel*, Verwaltungsrechtsnorm, 1965, S. 299 ff.

170 Dies gilt ebenfalls für die Rechtslage nach dem GlüÄndStV 2012 als Rechtsrahmen.

171 An entsprechender Stelle im GlüÄndStV 2012 geregelt, allerdings durch die Ausnahmevorschrift des § 4 Abs. 5 GlüÄndStV 2012 durchbrochen.

Für die Lokalisierung einer Veranstaltung enthält der GlüStV 2008 anders als sein Vorgängerwerk, der LottStV 2004, erstmals eine ausdrückliche Regelung: Unter der Überschrift „Begriffsbestimmungen“ wird nach § 3 Abs. 4 GlüStV 2008[172] „ein Glücksspiel dort veranstaltet und vermittelt, wo dem Spieler die Möglichkeit zur Teilnahme eröffnet wird“. Die Gesetzesbegründung[173] geht dabei knapp auf den bereits im Rahmen des Handlungsortes nach § 9 Abs. 1 Var. 1 StGB skizzierten Entwicklungsweg grenzüberschreitender Glücksspielvermarktung ein. Dieser bestimmt den Veranstaltungsort aus der Perspektive eines potentiellen Teilnehmers: Gelte die Übermittlung von Spielscheinen per Brief oder die Eröffnung der Teilnahme über das Internet als Veranstaltung von Glücksspiel, so werde dieses letztlich auch dort veranstaltet, wo das Angebot ankomme. Dass der Veranstalter bei der Internetnutzung sein Angebot nicht an bestimmte Personen richte, ändere daran nichts. Er ermögliche durch die Einstellung seines Internetangebotes allen Spielinteressierten die Teilnahme an deren Aufenthaltsort.[174]

Im Ergebnis liege der Veranstaltungsort damit auch für diejenigen Angebote, die vom Ausland aus in das Internet eingestellt werden, in Deutschland.[175]

III. Andere Wertung durch Gewerberecht?

Anders als im Straf- muss im Verwaltungsrecht dieses weite räumliche Verständnis nicht in die Vorgaben ausdrücklicher Kollisionsnormen eingepasst werden. Vor Inkrafttreten des GlüStV 2008 wird im Schrifttum allerdings auf eine mögliche materiell-rechtliche Konfliktsituation hingewiesen, die im Falle inländischer Rechtsanwendung auf ausländische Onlineglücksspiele entstehen könnte. In der Anwendung der damaligen glücksspielrechtlichen Erlaubnisvorschriften auf ausländische Internetangebote wird ein Widerspruch zum gewerberechtlichen Grundsatz der Räumlichkeit gesehen. Nach diesem sei für eine Bewertung der Rechtslage derjenige Ort maßgeblich, an dem der Gewerbetreibende den selbstständigen Mittelpunkt seiner Tätigkeit habe.[176] Bei einem Internetglücksspiel, dessen Betreiber weder eine Niederlassung unterhalte noch einen Server im Inland betreibe oder dort tatrelevante Speicher- oder Programmiervorgänge

172 Entsprechend in GlüÄndStV 2012.

173 Erläuterungen zu GlüStV-E, LT-Drs. Bayern 15/8486, S. 13.

174 BGH, Urteil vom 28.05.1957 – 1 StR 339/56, ZfWG 2007, 16; Urteil vom 24.09.1957 – 5 StR 519/56 (juris); OLG Braunschweig, NJW 1954, 1777 (1779), jeweils zu den §§ 284 ff. StGB.

175 BGH, NJW 2004, 2158 (2160); NJW 2002, 2175 unter Hinweis auf BReg., BT-Drs. 13/8587, S. 67 f. und BT-Rechtsausschuss, BT-Drs. 13/9064, S. 21.

176 *Fröhler/Kormann*, GewO, 1978, § 12 a.F. (aufgehoben durch G vom 25.07.1984), Rn. 4; dazu *Volk*, Glücksspiel im Internet, 2006, S. 114; *Leupold/Bachmann/Pelz*, MMR 2000, 648 (649 f.).

vornehme, könne nicht von einer gewerblichen Tätigkeit in Deutschland ausgegangen werden. Ein inländischer Veranstaltungsort sei mithin zu verneinen.

Um die Anwendbarkeit des Räumlichkeitsgrundsatzes abzulehnen, genügt nicht lediglich ein pauschaler Verweis auf § 33 h GewO, der Lotterien, Spielbanken sowie weitere Glücksspiele, zu denen die Sportwetten gerechnet werden, vollständig aus dem Anwendungsbereich der spielrechtlichen Vorschriften der Gewerbeordnung (§§ 33 c bis g GewO) ausnimmt. So bedeutet die Auslagerung verschiedener Gewerbezweige aus der Gewerbeordnung in Spezialgesetze nicht, dass die in diesen geregelten Tätigkeiten keine gewerblichen sind.[177] Neben der Handwerksordnung und den Gaststättengesetzen lässt sich auch der Glücksspielstaatsvertrag gewerberechtlichen Sondergesetzen zuordnen. Hierfür sprechen auch die Ausführungen des BVerfG, das in dem Sportwettenurteil das staatliche Glücksspielmonopol dem Recht der Wirtschaft nach Art. 74 Abs. 1 Nr. 11 GG zuordnet.[178] Für die nach § 33 h GewO ausgeklammerten Spielformen kann mithin grundsätzlich ebenfalls die Gewerbeordnung mit Ausnahme der §§ 33 c bis g gelten.[179]

Dennoch nehmen die untersuchten Glücksspiele eine Sonderrolle ein, die eine Abweichung von dem Räumlichkeitsgrundsatz gebietet. Das stationär angebotene, erlaubte Pendant zu den Internetglücksspielen ist dem Veranstaltungsmonopol des Staates vorbehalten.[180] Gegenstand der Monopolregelungen des GlüStV 2008, zu denen das Internetverbot zählt, ist nicht lediglich die Überwachung privatwirtschaftlichen Unternehmertums.[181] Vielmehr dient die Unterbindung solcher Tätigkeiten der Sicherung ordnungsrechtlicher Zielsetzungen wie Sucht- und Kriminalitätsbekämpfung. Letzteres rechtfertigt den Erlass von Sonderregelungen, die zu unterschiedlichen Wertungen bei der Lokalisierung eines Sachverhaltes führen können.

Hebt man den gefahrenabwehrrechtlichen Charakter des Ordnungsrechts hervor, so müssen für dieses die Rahmenbedingungen geschaffen werden, um inländische Rechtsgüter auch dann vor einer Bedrohung zu schützen, wenn sich diese nicht auf herkömmliche Weise im Inland niederschlägt, sondern nur über

---

177 *Kahl*, in: Landmann/Rohmer, GewO, Bd. I, Stand: 57. Erg.-L. 2010, § 1 Rn. 4.

178 BVerfG, ZfWG 2006, 16 (25, Rn. 96); ZfWG 2008, 351 (353); OLG Frankfurt, ZfWG 2009, 268 (271); dazu: *Huber*, in: FS Rengeling, 2008, S. 57. *Ennuschat*, ZfWG 2006, 31 (32), weist auf die unzureichende Begründung dieser Einordnung ein. Eingehend zur Frage der Kompetenzverteilung: *Korte*, JA 2004, 770.

179 *Ennuschat*, in: Tettinger/Wank/Ennuschat, GewO, 8. Aufl. 2011, § 33 h Rn. 57; *Volk*, Glücksspiel im Internet, 2006, S. 114 ff; *Leupold/Bachmann/Pelz*, MMR 2000, 648 (649 f.). Beachte hierzu auch § 14 Abs. 2 GewO.

180 Nach dem GlüÄndStV 2012 ist dieses für den Sportwettenbereich aufgegeben worden.

181 Zum Spielbankenmonopol: *Sprenger-Richter*, in: Robinski, Gewerberecht, 2. Aufl. 2002, S. 12 f.

Fernkommunikationsmittel ihre schädlichen Wirkungen entfalten kann. Im vorliegenden Falle bedeutet dies, dass eine Störung der öffentlichen Sicherheit durch unzulässige Internetinhalte vorliegt, solange sie von deutschen Nutzern wahrnehmbar sind, unabhängig davon, ob sich Anbieter oder Server im In- oder Ausland befinden.[182]

Ein starres Festhalten am Kriterium der Räumlichkeit führte dabei nicht zu einer befriedigenden Lösung. Mit § 3 Abs. 4 GlüStV 2008 existiert mithin für den gefahrenabwehrrechtlichen Teilbereich „Glücksspiel" eine Sondervorschrift zur Lokalisierung eines Sachverhaltes, die für den Veranstaltungsort eine dem Internet angepasste Öffnung des Räumlichkeitskriteriums zulässt.

IV. Notwendigkeit völkerrechtskonformer Einschränkung

Das Fehlen allgemeingültiger Kollisionsnormen und die Nichtanwendung des Räumlichkeitskriteriums geben allerdings keine abschließende Antwort auf die Frage, ob nicht auch im Verwaltungsrecht Konflikte mit ausländischen Rechtsordnungen drohen können. Die Antwort liegt zwar ebenfalls nicht auf Tatbestandsseite in der Einschränkung des deutschen Rechtsanwendungsbereichs. Der maßgebliche Unterschied zwischen dem Straf- und dem Verwaltungsrecht könnte vielmehr auf der Rechtsfolgenseite zu finden sein: Anders als im Straf- stellt das Opportunitätsprinzip im Gefahrenabwehrrecht nicht nur eine Ausnahme, sondern die Regel dar.[183] Nach diesem entscheiden die Ordnungsbehörden unter Anwendung pflichtgemäßen Ermessens über das Ob und Wie eines Einschreitens. Auf den Fall unerlaubter Glücksspielveranstaltung im Internet gemünzt, umfasst das Ermessen die Frage, ob die Behörden bei (drohenden) Zuwiderhandlungen gegen den Verbotstatbestand des § 4 Abs. 4 GlüStV 2008 tätig werden, welche Maßnahme sie im Einzelfall für sinnvoll erachten und auch gegen welche Beteiligten sie Anordnungen erlassen.

In diesem Rahmen steht ihnen die Möglichkeit offen, Erwägungen zur Durchsetzbarkeit des Rechts gegenüber ausländischen Internetanbietern in ihre Entscheidung einfließen zu lassen. Das völkerrechtliche Prinzip der Nichteinmischung, das auch eine Vollstreckung der Entscheidung gegen den Willen des

182 BGH, Urteil vom 28. Mai 1957 – 1 StR 339/56; Urteil vom 24. September 1957 – 5 StR 519/56; GewArch 2004, 336; NJW 2002, 2175; OVG Münster, MMR 2003, 348 (350) mit Anm. *Spindler*, MMR 2003, 353 (354); OLG Braunschweig, NJW 1954, 1777 (1779); vgl. auch die Erläuterungen zum GlüStV-E, LT-Drs. Bayern 15/8486, S. 13. So im Ergebnis auch: *Berberich*, Das Internet-Glücksspiel, 2004, S. 114. Für Internetdelikte allgemein: *Germann*, Gefahrenabwehr, 2000, S. 237.

183 *Pfeiffer/Hannich*, in KK-StPO, 6. Aufl. 2008, Einl. Rn. 6.

ausländischen Staates auf seinem Staatsgebiet ausschließt, kann dabei eine der Leitlinien bei der Ermessensentscheidung sein.[184]

Der größere Entscheidungsspielraum, der den Verwaltungs- gegenüber den Strafbehörden zusteht, kann auch aus einem weiteren Grund zur Schaffung praxisgerechter Lösungen beitragen: Im strafrechtlichen Teil werden Versuche erörtert, um anhand bestimmter Merkmale wie der verwendeten Sprache oder der Währung einen Bezug zum deutschen Rechtskreis herzustellen. Kein Aspekt kann allerdings als alleiniges Bemessungskriterium überzeugen. Eine Strafandrohung erfordert aber als ultima ratio-Maßnahme[185] allgemeinverbindliche Anknüpfungsmerkmale, mit deren Hilfe eine verlässliche Aussage für eine Vielzahl von Fällen getroffen werden. Diese Problematik stellt sich im Verwaltungsrecht nicht in derselben Schärfe. Den Ordnungsbehörden bleibt im Rahmen ihres Ermessens die Möglichkeit, auf die Besonderheiten des Einzelfalls einzugehen und ihren weiten Handlungsspielraum mit entsprechender Begründung dennoch verantwortungsvoll und ohne Willkür zu nutzen. Die im strafrechtlichen Abschnitt vorgestellten Begrenzungsvorschläge können dabei helfen, ihre Anwendung ist aber nicht zwingend notwendig.

C. Ergebnis

Sowohl im Straf- als auch im Öffentlichen Recht besteht die Notwendigkeit, die Anwendung deutschen Rechts bei Internetglücksspielen aus dem Ausland zu begrenzen. Nur so kann dem völkerrechtlichen Grundsatz der Nichteinmischung Folge geleistet werden. Gegenüber dem Strafrecht enthält das Verwaltungsrecht deutlich flexiblere Rahmenregelungen, um praxistaugliche Lösungen zu erarbeiten. Allerdings bleibt das Vollzugsdefizit gegenüber ausländischen Glücksspielveranstaltern bestehen. Umso größer wird die Bedeutung ordnungsrechtlicher Strategien, die an der Infrastruktur ansetzen und deren Erfolg damit ein großes Stück unabhängiger von einer Einflussnahme auf die Anbieter selbst wird. Auf die innovative Konzeption, die Zahlungsströme zwischen Glücksspielveranstalter und -teilnehmer zu unterbrechen, geht die Arbeit im nachfolgenden Kapitel an.

---

184 *Germann*, Gefahrenabwehr, 2000, S. 646.

185 Dass von dieser bereits gebraucht gemacht wird, zeigt die Verhaftung der österreichischen Vorstände des Glücksspielanbieters *BWin* bei ihrer Einreise nach Frankreich, siehe hierzu: Bwin-Vorstände wieder auf freiem Fuß, Beitrag vom 18.09.2006, unter: www.isa-guide.de/allgemein/articles/13636.html; zul. aufgerufen am 10.09.2012.

3. Teil: Der Abbruch der Zahlungsströme

Wie in dem vorangegangenen Kapitel erörtert, führt ein isoliertes Vorgehen gegen die Glücksspielanbieter meist nicht zu einem zufrieden stellenden Resultat. Dies gilt vor allem, wenn diese ihren Unternehmenssitz im Ausland und somit außerhalb des Einflussbereichs deutscher Straf- und Ordnungsbehörden haben. Die nachfolgend behandelte Strategie konzentriert sich daher auf einen wesentlichen Teil der Infrastruktur für ein funktionierendes Internetglücksspiel. Anders als die Maßnahmen zur Sperrung von Internetseiten hat sie aber nicht den Datenfluss, sondern die Zahlungsströme im Blick. Ziel ist es, den Geldtransfer zwischen Spielern und Onlineanbietern zu unterbinden.

Pionierarbeit leisten dabei die USA, wo die Konzeption seit mehreren Jahren vor allem im Bereich der Kreditkartenzahlung zur Anwendung kommt. Sowohl die technische Funktionsweise als auch der umfangreiche Regelungsrahmen dienen Deutschland und anderen Staaten als Vorbild. Für ein grundlegendes Verständnis geht die Arbeit daher in einem ersten Teil auf die komplexe US-Strategie ein (unter A.).

Erstmals enthält der GlüStV 2008 eine Grundlage für Zahlungssperren im deutschen Recht. Diese ermächtigt die nach Landesrecht zuständige Behörde, Kredit- und Finanzdienstleistungsinstituten die Mitwirkung am Ein- und Auszahlungsvorgang für unerlaubtes Glücksspiel zu untersagen. Auch die Nachfolgeentwürfe der 15 Länder und Schleswig-Holsteins sowie die abschließende Fassung des GlüÄndStV 2012 sehen entsprechende Regelungen vor.[1] Eine praktische Umsetzung erfolgte – in erster Linie wegen der bereits dargestellten Diskussion um den GlüStV 2008 als Gesamtkonzeption – bislang nicht. Umso bedeutsamer ist es, auszuloten, wie eine solche auf Grundlage der knappen gesetzlichen Regelung denkbar ist (unter B.).

1 Zu den Regelung(sentwürf)en insgesamt siehe oben unter: Teil 1 E. V.

A. Die US-Strategie als Vorbild

Um die Zahlungswege für unerlaubte Glücksspiele zu blockieren, können Ordnungsbehörden in Deutschland auf den Erfahrungsschatz der USA zurückgreifen. Dort werden seit mehreren Jahren Kreditkartentransaktionen für unerlaubte Glücksspiele anhand technischer Details kenntlich gemacht und gesperrt.[2] Mit dem Unlawful Internet Gambling Enforcement Act (UIGEA) und seiner Umsetzungsverordnung erhält die Bekämpfungsstrategie einen verbindlichen Rechtsrahmen, der auch andere Zahlungsverfahren erfasst (unter I.). Dessen grundlegende Regelungen werden skizziert (unter II. und III.), ehe sich die Untersuchung der im Mittelpunkt der US-Strategie stehenden Codierung und Sperrung von Kreditkartentransaktionen widmet (unter IV.). Im Anschluss wird auf weitere Zahlungsverfahren und flankierende Maßnahmen eingegangen (unter V.). Sodann widmet sich die Arbeit dem „Black Friday" im Frühjahr 2011 nebst seiner Vorgeschichte und damit der hohen Praxisrelevanz eines behördlichen Vorgehens gegen Zahlungsdienstleister für unerlaubte Onlineglücksspiele in den USA (unter VI.). Den Abschluss bildet eine Zusammenführung und erste Bewertung der Erkenntnisse (unter VII.).

I. Gesetzgeberischer Hintergrund

Der Gedanke, am Zahlungsstrom anzusetzen, ist nicht neu. Er lehnt sich an eine sicherheitsrechtliche Konzeption an, die seit längerem in den USA umgesetzt wird. Bereits im Jahre 2002 gelingt es dem Generalstaatsanwalt des Staates New York, nach mehreren kleineren Banken auch die größte Herausgeberbank für VISA und MasterCard-Kreditkarten in den USA, die Citibank Inc., zu einem Übereinkommen zu bewegen.[3] Hierin verpflichtet sich das Unternehmen, Zahlungsvorgänge für Internetglücksspiele zu identifizieren und zu unterbinden. In technischer Hinsicht wird dies durch sog. Merchant Category Codes ermöglicht. Dies sind Zahlencodes, die bei einer laufenden Autorisierungsanfrage im Rah-

---

2 Eine knappe Darstellung des Rechtsrahmens findet sich bei *Brugger*, in: Becker, Glücksspiel im Internet, 2011, S. 91 (92 f.).

3 Attorney General of the State of New York, Assurance of Discontinuance, www.ag.ny.gov/sites/default/files/press-releases/archived/citibank.pdf; Department of Law, Office of the New York State Attorney General Eliot Spitzer; Pressemitteilung vom 14.06.2002: Financial Giant Joins Fight Against Online Gambling – Leading Credit Card Issuer Agrees to Block Key Internet Transactions; unter: www.ag.ny.gov/press-release/financial-giant-joins-fight-against-online-gambling. Quellen zul. aufgerufen am 10.09.2012.

men der Kreditkartenzahlung erkennbar sind. Anfang 2003 haben sich bereits zehn weitere, große Kreditinstitute der Vereinbarung angeschlossen.[4]

In der Folgezeit gibt es mehrfach Bestrebungen, die erprobte Strategie auf eine gesetzliche Grundlage zu stellen.[5] Nach Zustimmung im Kongress tritt schließlich im Oktober 2006 der Unlawful Internet Gambling Enforcement Act (kurz: UIGEA) als Teil eines umfangreichen ordnungsrechtlichen Gesetzespakets in Kraft.[6] Dieses Bundesgesetz gibt erstmalig einen einheitlichen Rechtsrahmen für die Verhinderung von Transaktionen für unerlaubte Internetglücksspiele vor. Es enthält die Ermächtigungsgrundlage an das US-Finanzministerium und das Board of Governors, das Leitungsorgan der US-Zentralbank, für eine Umsetzungsverordnung, welche die Vorgaben des UIGEA ausgestaltet und ergänzt. Im Oktober 2007 wird ein erster Verordnungsentwurf[7] verabschiedet, zu dem die betroffenen Zahlungsdienstleister, Glücksspielanbieter, aber auch Wohlfahrtsverbände, Spielervereinigungen und schließlich interessierte Privatpersonen innerhalb einer Dreimonatsfrist Stellung nehmen können.[8] Eine Vielzahl der eingegangenen Änderungsvorschläge wird in die endgültige Fassung, die im Januar 2009 in Kraft trat, eingearbeitet, so dass diese nur noch wenig Ähnlichkeit mit ihrer Vorgängerin aufweist.[9] Vorgesehen ist, dass die Zahlungsdienst-

---

4 Department of Law, Office of the New York State Attorney General Eliot Spitzer, Pressemitteilung vom 11.02.2003: Ten Banks End Online Gambling With Credit Cards – Spitzer Hails Establishment of New Banking Industry Standard; unter: www.ag.ny.gov/press-release/ten-banks-end-online-gambling-credit-cards; zul. aufgerufen am 10.09.2012.

5 Vgl. nur den Entwurf des „Internet Gambling Prohibition Act" vom 15.02.2006 (sog. Goodlatte Bill, H.R. 4777) und des „Unlawful Internet Gambling Enforcement Act of 2005" (sog. Leach Bill, H.R. 4411).

6 Es handelt sich um einen Abschnitt des umfangreichen Safe Port Act, HR 4954, (Title VIII – Unlawful Internet Gambling Enforcement). Die angegebenen §§ werden mit UIGEA benannt, die Nummerierung bezieht sich jedoch auf das gesamte Regelungswerk, das sich großteils mit Fragen der Hafensicherheit befasst. Der Gesetzestext ist abrufbar unter: http://thomas.loc.gov/cgi-bin/cpquery/?&dbname=cp109&sid=cp109xbGcm&refer=&r_n=hr711.109&item=&sel=TOC_229692& oder unter: http://frwebgate.access.gpo.gov/cgi-bin/getdoc.cgi?dbname=109_cong_public_laws&docid=f:publ347.109; näher dazu *Katko*, MMR 2007, 278 (279). Quellen zul. aufgerufen am 10.09.2012.

7 Notice of Joint Proposed Rulemaking vom 01.10.2007, Federal Register, Vol. 172 No. 192, p. 56680, unter: www.federalreserve.gov/reportforms/formsreview/RegGG_20071004_ifr.pdf (nachfolgend zitiert: VO-Entwurf, Fed. Reg., S. 56680); zul. aufgerufen am 10.09.2012.

8 Vgl. http://casinowatch.org/legislative/UIGEA.html. Die Stellungnahmen sind, sofern nicht nachfolgend ein externer Link angegeben ist, abrufbar unter: www.regulations.gov unter Eingabe der Docket-ID „Treas-DO-2007-0015". Eine Auswahl findet sich unter: www.federalreserve.gov/generalinfo/foia/petitionr1298.htm. Quellen zul. aufgerufen am 10.09.2012.

9 Final Rule vom 18.11.2008, Federal Register, Vol. 73, No. 223, p. 69382, unter: www.federalreserve.gov/reportforms/formsreview/RegGG_20081118_ffr.pdf (nachfolgend zitiert: Verordnung, Fed. Reg., S. 69382); zul. aufgerufen am 10.09.2012.

leister nach Ablauf einer elfmonatigen Übergangsfrist in der Lage sind, die Vorgaben aus UIGEA und Verordnung umzusetzen und so wirksam die Zahlungswege für unerlaubte Internetglücksspiele zu schließen.[10] Auf Drängen der Bankenbranche gewährt der Verordnungsgeber eine Verschiebung um sechs Monate. Am 01. Juni 2010 werden die Vorgaben schließlich bindend.[11]

Seit 2009 werden weitere Gesetzentwürfe zum Thema Glücksspiel vorgelegt, darunter Konzepte zur Lizenzierung von Sportwettangeboten.[12] Dies zeigt, dass das US-Glücksspielrecht rund um den UIGEA derzeit stark im Fluss ist. Die nachfolgenden Abschnitte widmen sich den wichtigsten Vorgaben des Regelungswerks.

II. Grundlage: Verbot der Zahlungsannahme

Das Fundament für den Abbruch der Zahlungsströme legt § 5363 UIGEA. Hiernach ist es Personen, die im Glücksspielgeschäft tätig sind, untersagt, von einer anderen Person für die Teilnahme an unerlaubten Internetglücksspielen Zahlungen zu akzeptieren:

> *„No person engaged in the business of betting or wagering may knowingly accept, in connection with the participation of another person in unlawful Internet gambling*
>
> *(1) credit, or the proceeds of credit, extended to or on behalf of such other person (including credit extended through the use of a credit card);*
>
> *(2) an electronic fund transfer, or funds transmitted by or through a money transmitting business, or the proceeds of an electronic fund transfer or money transmitting service, from or on behalf of such other person;*
>
> *(3) any check, draft, or similar instrument which is drawn by or on behalf of such other person and is drawn on or payable at or through any financial institution; or*
>
> *(4) the proceeds of any other form of financial transaction, as the Secretary and the Board of Governors of the Federal Reserve System may jointly prescribe by regulation, which in-*

---

10 Final Rule, S. 1: „However, compliance by non-exempt participants in designated payment systems is not required until December 1, 2009."

11 Siehe: Final rule; extension of compliance date, Fed. Reg., Vol. 74, No. 229, p. 62687 mit zahlreichen weiteren Nachweisen unter: http://edocket.access.gpo.gov/2009/pdf/E9-28746.pdf. Weiteres unter: www.gtlaw.com/NewsEvents/Publications/Alerts?find=122532. Siehe auch den Gesetzesvorschlag zur Verschiebung um ein Jahr: „Reasonable Prudence in Regulation Act" vom 06.05.2006 (Rep. Barney Frank, H.R. 2266) unter: www.aba.com/solutions/compliance/documents/c6d1428541224bd8be8b47a6f43907e2newuigeaproposedlegislation.pdf. Quellen zul. aufgerufen am 10.09.2012.

12 Vgl. dazu unten, Teil 3 A. VI. 3., u. a. Entwurf eines „Internet Gambling Regulation, Consumer Protection, and Enforcement Act" vom 05.05.2009 (Rep. Frank, H.R. 2267) und Entwurf eines „Internet Gambling Regulation and Tax Enforcement Act of 2009" vom 06.05.2009 (Rep. Mc Dermott, H.R. 2268).

volves a financial institution as a payor or financial intermediary on behalf of or for the benefit of such other person.“

Dieses Verbot besteht danach nicht bei allen für den elektronischen Geschäftsverkehr denkbaren Zahlungsformen. Nach § 5363 (1)-(3) UIGEA sind unmittelbar nur Kreditkartenzahlungen,[13] elektronische Überweisungen von Geldmitteln[14] und Scheckzahlungen betroffen. Die Umsetzungsverordnung ergänzt die Liste[15] um das amerikanische Überweisungssystem ACH, das in Europa dem elektronischen Lastschriftverfahren entspricht.[16] Zudem erläutert sie verschiedene Ausprägungen des elektronischen Überweisungsverkehrs[17] mit und ohne Einbezug weiterer, am Geldtransfer beteiligter Dienstleister.[18] Alle aufgeführten Zahlungsformen vereint, dass jeweils eine Finanzinstitution im Sinne des US-Bankenrechts bei der Auszahlung oder als dazwischen geschalteter Dienstleister mitwirkt.[19]

---

13 Zur Begriffsklärung für „credit card“ und „card issuer“ i.S.d. §§ 5362 (11) (A), 5363 (1) UIGEA vgl. 15 U.S.C., § 1602 (Truth in Lending Act = Title 15, Chapter 41, Subchapter I, Part A, § 1602, unter: www.law.cornell.edu/uscode/15/usc_sec_15_00001602----000-.html; zul. aufgerufen am 10.09.2012.

14 Zum Begriffsverständnis des electronic fund transfer vgl. § 5362 (11) (B); sec. 903 des Electronic Fund Transfer Acts, entspricht 15 U.S.C., sec. 1693 (a), unter: www.fdic.gov/regulations/laws/rules/6500-1350.html#6500904; zul. aufgerufen am 10.09.2012.

15 Sog. designated payment systems i. S. d. § 5363 (4) UIGEA; näher: *Rose*, Gambling and the Law: The Unlawful Internet Gambling Enforcement Act of 2006 Analyzed, unter: www.gamblingandthelaw.com/articles/286-prohibition-20-the-unlawful-internet-gambling-enforcement-act-of-2006-analyzed.html (Beitrag vom 13.12.2010); zul. aufgerufen am 10.09.2012.

16 Kurz für: Automated Clearing House System, ein elektronisches Zahlungssystem, das in den USA von mehr als 20.000 Finanzinstituten, über 3,5 Mio. Unternehmen und 130 Mio. Kunden verwendet wird. Der Begriff „Clearing“ beschreibt die Abwicklung von Zahlungen und ACH das Verfahren, mit dem Gelder zwischen den beteiligten Banken transferiert werden, aus: www.wirecard.de/footermenu/glossar/; näher dazu: www.achrulesonline.org/. Quellen zul. aufgerufen am 10.09.2012.

17 Die Geldbotengeschäfte wie beispielsweise Western Union werden nur einbezogen, sofern sie die Übertragung von Kapital vornehmen. Das Einlösen von Schecks, der Währungs-/Geldumtausch und die Erteilung oder Entgegennahme von Zahlungsanweisungen, Reiseschecks oder ähnlicher Zahlungsinstrumente sind davon nicht erfasst. Voraussetzung ist weiterhin, dass es Kunden ermöglicht wird, den Sendevorgang außerhalb einer terrestrischen Geschäftsstelle des Geldsendeunternehmens einzuleiten.

18 Genannt werden „wire transfer system“, was sich in etwa mit „elektronische (beleglose) Überweisungsverfahren unter Nutzung von Abwicklungskonten“ umschreiben lässt. Bereits in §§ 5363 (2), 5362 (11) (E) UIGEA aufgeführt sind die sog. „money transmitting businesses/services“ (in etwa: Geldbotengeschäft) wie beispielsweise Western Union. Zum Begriffsverständnis vgl. 31 U.S.C., § 5330 (d) (= Title 31, Money and Finance, Subtitle IV, Chapter 53, Subchapter II, § 5330: Registration of money transmitting businesses) unter: www.law.cornell.edu/uscode/31.

19 § 5363 (4) UIGEA: „... the proceeds of any other form of financial transaction (...) which involves a financial institution as a payor or financial intermediary on behalf of or for the bene-

Adressaten des Verbotes sind ausweislich der Gesetzesbegründung nur die Veranstalter und Vermittler unerlaubter Internetglücksspiele. Empfangen sie entgegen § 5363 UIGEA über die aufgeführten Zahlungsverfahren Geldbeträge von Spielern, so drohen ihnen bis zu fünf Jahre Haft oder eine Geldstrafe.[20] Zudem kann gegen sie eine sog. „permanent injunction“, d.h. eine dauerhafte, behördliche Untersagung der Glücksspieltätigkeit ergehen.[21]

III. Einbezug der Zahlungsdienstleister

Allein mit einem Verbot der Zahlungsannahme, das sich ausschließlich gegen den Veranstalter richtet, ließe sich der Geldstrom in den benannten Verfahren jedoch nicht wirksam unterbinden. Gerade ausländische Anbieter würden die neue Beschränkung ebenso wie die herkömmlichen Veranstaltungsverbote ignorieren und weiterhin die zahlreichen Umgehungsmöglichkeiten nutzen.[22]

Die US-Strategie richtet sich daher im Schwerpunkt auf Unternehmen, die mit der Abwicklung des Geldtransfers beschäftigt sind, die sog. financial transaction provider. Dies lässt sich – ohne damit eine Zuweisung in die Kategorien des deutschen Bankenaufsichtsrechts vorzunehmen – in etwa mit „Zahlungsdienstleister“ übersetzen. Nach der beispielhaften, nicht abschließenden Aufzählung des § 5362 (4) UIGEA fallen hierunter Kreditinstitute, Kartenherausgeber, Betreiber von Terminals, über die elektronische Zahlungsvorgänge eingeleitet werden, Überweisungsdienste, international, national, regional oder lokal operierende Zahlungsnetzwerke, am elektronischen Zahlungsverkehr beteiligte Dienstleister sowie alle Beteiligten in den von der Verordnung erfassten Zahlungsverfahren.[23] Sie sind verpflichtet, die Zahlungswege für unerlaubte Internetglücks-

---

fit of such other person.“ Zum Begriffsverständnis vgl.: § 5362 (11) (C) UIGEA: „The term „financial institution“ has the meaning given the term in sec. 903 of the Electronic Fund Transfer Act, except that such term does not include a casino, sports book, or other business at or through which bets or wagers may be placed or received.“ Sec. § 903 (8): „the term ‚financial institution‘ means a State or National bank, a State or Federal savings and loan association, a mutual savings bank, a State or Federal credit union, or any other person who, directly or indirectly, holds an account belonging to a consumer ...“.

20 § 5366 (a) UIGEA.

21 § 5366 (b) UIGEA.

22 Mit den Gründen für diese Annahme befasste sich die Arbeit bereits in Teil 2.

23 VO-Entwurf, Fed. Reg., S. 56682; näher zum weit gefassten Adressatenkreis: näher: *Rose*, Gambling and the Law: The Unlawful Internet Gambling Enforcement Act of 2006 Analyzed, unter: www.gamblingandthelaw.com/articles/286-prohibition-20-the-unlawful-inter net-gambling-enforcement-act-of-2006-analyzed.html (Beitrag vom 13.12. 2010); zul. aufgerufen am 10.09.2012.

spiele zu versperren. Hierzu enthält der UIGEA eine Regelung, die durch die Umsetzungsverordnung ergänzt und präzisiert wird:[24]

Auf Kreditkartenzahlungen zugeschnitten ist die Vorgabe, mit Hilfe von Autorisierungscodes Transaktionen für unerlaubte Glücksspiele vor oder während der Ausführung zu ermitteln und zu blockieren.[25] Für die anderen Zahlungsverfahren sowie als ergänzende Maßnahme bei Kreditkarten legt der Verordnungsgeber den Rahmen für eine sorgfältige und kontinuierliche Überwachung aller Leistungs- und Kundenbeziehungen fest.[26]

Die Hauptschwierigkeit, mit der die Beteiligten dabei konfrontiert werden und die letztlich auch den eineinhalbjährigen Aufschub verursacht, ist auf das Regelwerk des UIGEA selbst zurückzuführen: Es trifft keine Aussage darüber, wann ein unerlaubtes Internetglücksspiel vorliegt, sondern verweist hierzu ausdrücklich auf das auf den Sachverhalt jeweils anwendbare Bundes-, Staaten- oder indianische Stammesrecht.[27] Bezug genommen wird insofern auf eine Vielzahl einzelner, zusammenhangloser Regelungen. Ein dem § 4 Abs. 4 GlüStV 2008 vergleichbares und für fast alle Sparten geltendes Verbot findet sich gerade nicht. So sind beispielsweise trotz eines grundsätzlichen Verbotes in manchen US-Bundesstaaten Internetglücksspiele ausnahmsweise dann erlaubt, wenn der Spieler dabei die Staatsgrenzen nicht überschreitet.[28] Mangels einer einheitlichen Definition können die zur Mitwirkung verpflichteten Zahlungsdienstleister daher ohne eine intensive Beschäftigung mit den jeweils anwendbaren Gesetzen nicht erkennen, ob es sich bei den Glücksspielseiten ihrer Geschäftskunden um ein

24 § 5364 UIGEA: „Before the end of the 270-day period beginning on the date of the enactment of this sub-chapter, the Secretary and the Board of Governors of the Federal Reserve System, in consultation with the Attorney General, shall prescribe regulations (which the Secretary and the Board jointly determine to be appropriate) requiring each designated payment system, and all participants therein, to identify and block or otherwise prevent or prohibit restricted transactions through the establishment of policies and procedures reasonably designed to identify and block or otherwise prevent or prohibit the acceptance of restricted transactions in any of the following ways: ...“

25 § 5364 (a) (1) UIGEA; § _.5 (a) der Verordnung.

26 § 5364 (a) (2) UIGEA; §_.6 der Verordnung.

27 § 5362 (10) UIGEA. Damit unterscheidet sich die Systematik des UIGEA maßgeblich von der des GlüStV. Letzterer enthält erstens die Verbotstatbestände, klärt zweitens gem. § 3 Abs. 4 GlüStV 2008, wo und zugleich wann ein unerlaubtes Glücksspiel vorliegt, und enthält schließlich auch die Ermächtigungsgrundlagen zur Durchsetzung des Verbotes.

28 VO-Entwurf, Fed. Reg., S. 56681; näher zur rechtlichen Lage in Nevada: näher: *Rose*, Gambling and the Law: The Unlawful Internet Gambling Enforcement Act of 2006 Analyzed, unter: www.gamblingandthelaw.com/articles/286-prohibition-20-the-unlawful-internet-gambling-enforce ment-act-of-2006-analyzed.html (Beitrag vom 13.12.2010); zul. aufgerufen am 10.09.2012.

erlaubtes oder unerlaubtes Angebot handelt.[29] Damit droht eine Verweigerung legaler Transaktionen, das sog. Overblocking.[30]

Dies stellt aus zivilrechtlicher Sicht nichts anderes als eine Nichterfüllung der vertraglichen Verpflichtungen seitens der Zahlungsdienstleister dar. Ein konsequentes Befolgen der ordnungsrechtlichen Vorgaben könnte damit Schadensersatzklagen zur Folge haben.[31] Diesem Interessenkonflikt versucht der UIGEA durch eine umfassende Haftungsfreistellung vorzubeugen.[32] Danach soll ein Dienstleister, der eine Zahlung ablehnt, keinen zivilrechtlichen Regressansprüchen ausgesetzt werden, falls es sich bei ersterer um eine unerlaubte handelt,[33] er unter vernünftigen Erwägungen zu dieser (wenn auch im Ergebnis falschen) Annahme gelangt[34] oder die Zahlung verweigert, um – wie beispielsweise bei den Kreditkartenzahlungen – den Vorgaben des Systembetreibers zur Einhaltung der Verordnung zu genügen.[35]

IV. Blockieren unerlaubter Kreditkartentransaktionen

Im Zentrum der US-Strategie gegen unerlaubte Glücksspielgeschäfte steht die Unterbindung von Zahlungen mittels Kreditkarte. Dabei hat der Gesetzgeber die häufigste Erscheinungsform, die sog. Charge Card, vor Augen (näher unter 1.).

Für die „Hauptrolle", die der Kreditkartenzahlung innerhalb des UIGEA zuteil wird, gibt es zwei Gründe: Sie ist das einzige Verfahren, bei dem bisher eine technische Prüfung des angegebenen Zahlungszwecks bereits im Rahmen der Transaktionsanfrage möglich ist. Weiterhin stellt die Kreditkarte das wichtigste bargeldlose Zahlungsmittel weltweit dar. Gerade bei Geschäften über das Internet besteht meist keine gleichwertige Alternative. So sind Barzahlungen nicht möglich und Überweisungen wegen der Anonymität der Vertragspartner zumindest bei einem Erstkontakt nicht gebräuchlich. Zudem erhält das Unternehmen inner-

---

29 § 5362 (10) UIGEA. Vgl. dazu auch die Anhörung des Sachverständigen *Roseman* (US-Zentralbank, Bericht vom 02.04.2008) unter: www.federalreserve.gov/newsevents/testimony/roseman20080402a.htm; zul. aufgerufen am 10.09.2012.

30 Siehe dazu die Klarstellung in § _.5 (e) der Verordnung: „Nothing in this part requires or is intended to suggest that designated payment systems or participants therein must or should block or otherwise prevent or prohibit any transaction in connection with any activity that is excluded from the definition of 'unlawful Internet gambling' in the Act ..."

31 Stellungnahme der British Bankers' Association vom 13.12.2007, unter: www.federalreserve.gov/SECRS/2007/December/20071213/R-1298/R-1298_119_1.pdf; zul. aufgerufen am 10.09.2012.

32 § 5364 (d) UIGEA.

33 § _.5 (d) (1) der Verordnung.

34 § _.5 (d) (2) der Verordnung.

35 § _.5 (d) (3) der Verordnung.

halb weniger Sekunden nach Eingabe der Kreditkartendaten durch den Kunden die Nachricht, ob die Zahlung erfolgreich eingeleitet ist. Es kann unmittelbar mit der Auslieferung der Ware oder wie im vorliegenden Fall der Bereitstellung der Internetdienstleistung beginnen, ohne auf den Geldeingang zu warten und den damit häufig entstehenden Zeitverlust in Kauf nehmen zu müssen. Der Spieler selbst kann direkt im Anschluss an die erfolgreiche Dateneingabe mit dem Spiel beginnen; bei der Nutzung anderer Internetzahlungsdienste muss er häufig erst ein gesondertes Konto einrichten, über das Gelder an den Glücksspielanbieter transferiert werden.

Um täglich mehrere Millionen von Kreditkartenzahlungen abzuwickeln, bedarf es einer Vielzahl unterschiedlicher Dienstleister. Es soll daher ein Einblick in die Grundstrukturen vermittelt werden (unter 2 a), bevor die Arbeit eine stärkere Differenzierung der einzelnen Aufgabenbereiche innerhalb des „Kreditkartensystems" vornimmt (unter 2 b). Mit der Frage, wie ein ungehinderter Geldfluss via Kreditkarte (unter 3.) unterbrochen werden kann, befasst sich die Arbeit unmittelbar im Anschluss (unter 4.), jedoch nicht ohne die zentrale Problematik des „Overblocking" zu streifen (unter 5.) und flankierende Regelungen zu benennen (unter 6.).

1. Charge Card als Untersuchungsgegenstand

Der Ausdruck Kreditkarte ist im deutschen Recht weder gesetzlich noch in sonstiger Weise allgemeingültig definiert.[36] Die US-amerikanische Definition versteht darunter sehr allgemein jede Karte oder vergleichbare Belegform, die eingesetzt wird, um Geld, Eigentum, Arbeits- oder Dienstleistungen auf Kredit, also mit der Möglichkeit hinausgeschobener Zahlung, zu erwerben.[37] Dem heute herrschenden Begriffsverständnis liegen meist Universalkreditkarten, die nicht auf einen bestimmten Leistungszweck beschränkt sind,[38] in Form sog. Charge Cards zugrunde. Bei dieser wirtschaftlich bedeutendsten Erscheinungsform handelt es sich um eine pay-later-Karte, bei der die Zahlung noch nicht bei Erbringung der Leistung erfolgt.[39] Die angefallenen Beträge werden vielmehr gesammelt,

---

36 *Dorner*, Das Kreditkartengeschäft, 1991, S. 20.

37 Sec. 1602 (e) und (k) des Truth in Lending Act, 15 U.S.C. 1601-1667 f; entspricht: § 103 (e) und (k) des Consumer Credit Protection Act, unter: www.fdic.gov/regulations/laws/rules/6500-200.html m.w.N; zul. aufgerufen am 10.09.2012.

38 *Casper*, in: Baumbach/Hefermehl/Casper, WG/ScheckG/kartengestützte Zahlungen, 23. Aufl. 2008, Kartenzahlungen Rn. 4; *Blaurock*, in: Derleder/Knops/Bamberger, HB Bankrecht, 2004, § 43 Rn. 5; *Goetz*, Das internationale Kreditkartenverfahren, 1992, S. 7; *Neumann*, in: Kilian/Heussen, ComputerR-HB, Stand: 29. Erg.-L. 2011, Teil 11 Rn. 43.

39 *Weber*, Recht des Zahlungsverkehrs, 4. Aufl. 2004, S. 285.

gestundet und im Regelfall einmal pro Monat gegenüber dem Karteninhaber geltend gemacht.[40]

Dagegen sieht die Revolving Credit Card ein ratenweises, zinspflichtiges Abtragen der angefallenen Beiträge vor.[41] Eine neuartige Erscheinungsform, die sog. Prepaid Credit Card erlaubt einen Zahlungseingang auf das Kreditkartenkonto des Kunden.[42] Pay-later-Karten sind weiterhin von den sog. Debit- oder pay-now-Karten abzugrenzen. Bei diesen wird das Konto des Karteninhabers umgehend mit dem geschuldeten Betrag belastet.[43] Bei prepaid- oder pay-before-Karten kann schließlich nur mit einem ausreichenden Guthaben auf einem Speicherchip auf der Karte bezahlt werden.

Die nachfolgende Untersuchung basiert auf dem Grundmodell der Charge Card. Die anderen genannten Formen können zu einer Modifizierung des Ablaufs und der Beteiligtenstruktur führen und sollen, da es um ein Grundverständnis des wichtigsten Kartentypus geht, an dieser Stelle außer Betracht bleiben.

2. Leistungsbeziehungen im Kreditkartenverfahren

Das Kreditkartenverfahren unterscheidet sich – wie alle bargeldlosen Zahlungsmethoden – von der Barzahlung durch ein maßgebliches Merkmal: Zwischen Händler bzw. Dienstleistungserbringer und Karteninhaber tritt eine weitere Instanz, deren Aufgabe die Abwicklung der Transaktion ist.[44]

Um eine solche Zahlung „über die Ecke" automatisiert und täglich in millionenfacher Ausführung zu gewährleisten, bedarf es eines komplexen Geflechts aus unterschiedlichen Leistungsbeziehungen. Die Darstellung der einzelnen Rechtsverhältnisse soll in der für eine öffentlich-rechtliche Arbeit gebotenen Kürze erfolgen. Ein Verständnis der grundsätzlichen Funktionsweise ist jedoch erforderlich, um die direkten, aber auch die mittelbaren Auswirkungen eines Eingriffs in den Zahlungsstrom für alle Betroffenen zu bewerten.

---

40 *Blaurock*, in: Derleder/Knops/Bamberger, HB Bankrecht, 2004, § 43 Rn. 7; *Kienholz*, Kreditkarte, 2000, S. 4; *Neumann*, in: Kilian/Heussen, ComputerR-HB, Stand: 29. Erg.-L. 2011, Teil 11 Rn. 43; *Rock/Seifert*, ZBB 2008, 259 (263).

41 Näher zu den Risiken dieses Geschäftsmodells unter: www.welt.de/finanzen/article3459614/Verbraucherministerin-geisselt-neue-Kreditkarten.html (Artikel vom 28.03.2009); *Seibel* (Beitrag vom 27.04.2008), www.welt.de/finanzen/article1942747/Neue_Kreditkarten_Art_wird_zur_Kostenfalle.html; *Völklein* (Beitrag vom 10.03.2009), www.sueddeutsche.de/finanzen/428/461056/text/. Quellen zul. aufgerufen am 10.09.2012.

42 Näher: *Hutterer* (Beitrag vom 08.01.2011), www.focus.de/finanzen/banken/kreditkarten/tid-6948/prepaid-kreditkarten-muehelos-shoppen-zum-happigen-preis_aid_67607.html; zul. aufgerufen am 10.09.2012.

43 *Dannenberg/Ulrich*, E-Payment, 2004, S. 78.

44 *Neumann*, in: Kilian/Heussen, ComputerR-HB, Stand: 29. Erg.-L. 2011, Teil 11 Rn. 25.

a) *Dreigliedriges Grundmodell der Kreditkartenzahlung*

Das dreigliedrige Grundmodell setzt sich aus dem Spieler als Inhaber der Karte, dem Glücksspielveranstalter als sog. Vertragsunternehmen und dem Kartenherausgeber, der schlicht als Bank, Zahlstelle oder Kartengesellschaft bezeichnet wird, zusammen.[45] Im Unterschied zur Barzahlung erhält das Vertragsunternehmen bei Einsatz der Kreditkarte seine Vergütung nicht unmittelbar von dem Kunden, sondern durch den Kartenherausgeber erstattet. Dieser macht seinerseits einen Aufwendungsersatzanspruch gegen den Karteninhaber geltend.[46]

Ausgehend vom zivilrechtlichen Leistungsdreieck, das Rechtsprechung und Literatur zugrunde legen,[47] wird die Vertragsbeziehung zwischen Karteninhaber und Vertragsunternehmer als Valutaverhältnis bezeichnet. Dieser schuldrechtliche Vertrag bildet den wirtschaftlichen und rechtlichen Ausgangspunkt für die Verwendung einer Kreditkarte.[48] In Betracht kommen alle denkbaren Vertragstypen,[49] somit auch ein Spielvertrag i.S.d. §§ 762 f. BGB.[50]

Im sog. Deckungsverhältnis zwischen Kartenherausgeber und -inhaber wird der Kreditkarten- oder Emissionsvertrag geschlossen.[51] Die Hauptpflicht des Herausgebers besteht darin, die künftigen Zahlungsforderungen des Vertragsunternehmens gegen den Karteninhaber zu begleichen,[52] die des Karteninhabers dage-

---

45 *Langenbucher*, Die Risikozuordnung, 2001, S. 244.

46 *Blaurock*, in: Derleder/Knops/Bamberger, HB Bankrecht, 2004, § 43 Rn. 18 f.

47 BGH, WM 1984, 1213; *Casper*, in: Baumbach/Hefermehl/Casper, WG/ScheckG/kartengestützte Zahlungen, 23. Aufl. 2008, Kartenzahlungen Rn. 86; *Blaurock*, in: Derleder/Knops/Bamberger, HB Bankrecht, 2004, § 43 Rn. 10; *Hadding*, in FS Pleyer, 1986, S. 17 (21); *Hofmann*, BKR 2003, 321 (322); *Junker*, DStR 1994, 1461 (1462).

48 *Hadding*, in: FS Pleyer, 1986, S. 17 (19).

49 Kauf-, Miet-, Werk- oder Dienstleistungsverträge; auch unbenannte Vertragsgestaltungen sind erfasst: *Hofmann*, BKR 2003, 321 (322).

50 Zu §§ 762 ff. BGB näher: *Bahr*, Glücks- und Gewinnspielrecht, 2. Aufl. 2007, Rn. 530 ff.; *Diegmann/Hoffmann/Ohlmann*, Spielrecht, 2008, Rn. 149 ff.; *Ohlmann*, ZRP 2002, 354 (355). Ob deutsches Vertragsrecht bei einer Teilnahme an einem ausländischen Onlineglücksspiel tatsächlich anwendbar ist, ist an dieser Stelle irrelevant.

51 Als Rahmenvertrag, der keinem gesetzlichen Leitbild entspricht und sich als entgeltlicher Geschäftsbesorgungsvertrag mit werkvertraglichen Elementen in Form eines Dauerschuldverhältnisses gem. § 675 BGB beschreiben lässt: BGHZ 91, 224; BGHZ 137, 27 (30); *Weber*, Recht des Zahlungsverkehrs, 4. Aufl. 2004, S. 286; BGHZ 137, 27 (30); *Pichler*, NJW 1998, 3234 (3235). Für Dienstvertrag dagegen: OLG Frankfurt, WM 1993, 892.

52 Dies wird als Erfüllungsübernahme nach § 329 BGB qualifiziert, vgl. dazu: *Hadding*, DRiZ 2006, 355 (356), und geschieht nach h. A. auf Grundlage einer unwiderruflichen Weisung i.S.d. § 665 S. 1 BGB: BGHZ 152, 75 (79f.); OLG Köln, NJW-RR 2002, 621; OLG München, WM 1999, 2357; statt vieler auch: *Langenbucher*, NJW 2004, 3522; *Casper*, in: Baumbach/Hefermehl/Casper, WG/ScheckG/kartengestützte Zahlungen, 23. Aufl. 2008, Kartenzahlungen Rn. 96. Dagegen für eine formlose Anweisung: *Meder*, AcP 1998, 72 ff.

gen in der Erstattung der Kartenumsätze zu den vereinbarten Terminen und der Zahlung der jährlichen Nutzungsgebühr. Weitere Vertragspflichten des Emittenten sind die Ausgabe der Kreditkarte und die Führung des Kreditkartenkontos.[53]

Die dritte Seite des Dreiecks belegt zuletzt das Zuwendungs- oder Vollzugsverhältnis, das den Akzeptanzvertrag zwischen dem Kartenemittenten und dem Glücksspielunternehmen zum Gegenstand hat. Diese auch als Händler- oder Akquisitionsvertrag bezeichnete Rahmenvereinbarung[54] bildet die Grundlage für den Anschluss des Vertragsunternehmens an das Kreditkartensystem.[55] Jenes verpflichtet sich, die Zahlungen des Kunden mittels Kreditkarte zu Barzahlungspreisen und -bedingungen zu akzeptieren[56] und die Kaufpreisforderung gegenüber dem Kunden zu stunden.[57] Die Hauptpflicht des Emittenten liegt darin, dem Vertragsunternehmen bei Einhaltung der Prüfungs- und Sorgfaltspflichten die Kartenumsätze zu vergüten.[58]

---

53 *Weber,* Recht des Zahlungsverkehrs, 4. Aufl. 2004, S. 286.

54 Der Rahmenvertrag enthält ein antizipiert abgegebenes abstraktes Schuldversprechen gem. § 780 BGB: BGHZ 150, 286 (291 ff.); 152, 75 (80); 157, 256 (261); BGH, NJW-RR 2004, 1122; NJW-RR 2005, 1570; zustimmend statt vieler: *Casper*, in: Baumbach/Hefermehl/Casper, WG/ScheckG/kartengestützte Zahlungen, 23. Aufl. 2008, Kartenzahlungen Rn. 113 ff.; *Blaurock*, in: Derleder/Knops/Bamberger, HB Bankrecht, 2004, § 43 Rn. 18; *Neumann*, in: Kilian/Heussen, ComputerR-HB, Stand: 29. Erg.-L. 2011, Teil 11 Rn. 43; *Weber,* Recht des Zahlungsverkehrs, 4. Aufl. 2004, S. 287; *Einsele*, WM 1999, 1801 (1802); *Freitag*, ZBB 2002, 322 (327); *Hofmann*, BKR 2003, 321 (326); *Oechsler*, WM 2000, 1613 (1615f.); einen eigenständigen Ansatz verfolgt *Gras*, Zahlungszusagen, 2006, S. 145 ff. (153): Zahlungszusage als kausaler Vertrag sui generis. Insbesondere vor der Grundsatzentscheidung BGHZ 150, 286 im Jahre 2002 werden andere rechtliche Modelle diskutiert, was einen maßgeblichen Einfluss auf die Verteilung der unternehmerischen Risiken des Kreditkartensystems hat: (1) Forderungskauf: BGH NJW 1990, 2880; (2) Schuldbeitritt: *Pütthoff*, Die Kreditkarte in rechtsvergleichender Sicht Deutschland – USA, 1974, S. 146; (3) befreiende Schuldübernahme: dazu: *Hadding* in: FS Pleyer, 1986, S. 17 (30); (4) selbstschuldnerische Bürgschaft: dazu: *Hadding* in: FS Pleyer, 1986, S. 17 (30); (5) Kreditauftrag und -brief: *Zahrnt*, NJW 1972, 1077 (1078); (6) Dokumentenakkreditiv: dazu: *Hadding* in: FS Pleyer, 1986, S. 17 (30); (7) Anweisung: *Meder*, AcP 198 (1998) 72 ff.; (8) Garantievertrag: *Bitter*, ZBB 1996, 104 (122); (9) Vertrag sui generis: *Weller*, Das Kreditkartenverfahren, 1986, S. 61, 103f.

55 *Gößmann*, in: Langenbucher/Gößmann/Werner, Zahlungsverkehr, 2004, § 3 Rn. 65.

56 Dies stellt einen Vertrag zugunsten Dritter gem. § 328 BGB dar, da der Karteninhaber bei einem Vertragsschluss mit dem Händler einen Anspruch auf Bezahlung mittels Kreditkarte erwirbt: *Casper*, in: Baumbach/Hefermehl/Casper, WG/ScheckG/kartengestützte Zahlungen, 23. Aufl. 2008, Kartenzahlungen Rn. 12; *Schwintowski/Schäfer*, Bankrecht, 2. Aufl. 2004, § 13 Rn. 20; *Weber,* Recht des Zahlungsverkehrs, 4. Aufl. 2004, S. 287.

57 LG Düsseldorf, WM 1991, 1029; *Weber*, Recht des Zahlungsverkehrs, 4. Aufl. 2004, S. 285; dazu auch: *Köhler,* WM 1977, 250 f.

58 *Casper*, in: Baumbach/Hefermehl/Casper, WG/ScheckG/kartengestützte Zahlungen, 23. Aufl. 2008, Kartenzahlungen Rn. 111.

b) *Einbezug der wichtigsten Beteiligten in das arbeitsteilige Kreditkartenverfahren*

So anschaulich das Dreiecksmodell für ein Grundverständnis der zivilrechtlichen Zusammenhänge auch sein mag, so wenig entspricht es der heutigen Praxis.[59] Es geht nämlich von einer Doppelrolle der Kartengesellschaft bzw. Bank oder Zahlstelle aus, bei der diese zum einen mit dem Kunden einen Emissionsvertrag schließt und zum anderen die Vertragsunternehmen durch einen Akquisitionsvertrag an sich bindet.[60]

Tatsächlich basieren die Kreditkarten mit dem weltweit größten Marktanteil, VISA und MasterCard, jedoch auf dem sog. offenen Prinzip, auf das sich die nachfolgende Betrachtung beschränken wird. Bei ihm ist die Kartenemission strikt von der Unternehmensakquisition getrennt und der Kartenorganisation selbst kommen eigenständige Aufgaben zu.[61] Hinter der Ecke des Leistungsdreiecks, die in der zivilrechtlichen Literatur mit „Bank", „Zahlstelle" oder „Kartengesellschaft" bezeichnet wird, verbirgt sich damit in der Praxis ein aus zahlreichen Beteiligten bestehendes Gebilde, das sog. Kreditkartensystem.[62]

Wie bereits angedeutet, unterteilt sich das Kreditkartengeschäft in der Praxis grundsätzlich in zwei Bereiche. Vorzugswürdig ist es daher, die Leistungsbeziehungen anstelle eines Dreiecks in Form eines einfachen Säulenmodells darzustellen.

Die erste der beiden Säulen steht für den Karten ausgebenden Bereich, das Issuing, die zweite für den Händlerbereich, das Acquiring. Die Kreditkartenorganisation nimmt die übergeordnete Funktion ein und legt sich damit wie ein Dach über die beiden Teilbereiche. Sie schließt zwei Lizenzverträge, zum einen mit der Herausgeberbank und zum anderen mit dem Akquirierungsunternehmen. Diese regeln beispielsweise die Nutzung der Markenzeichen, des Netzwerkes, des vergebenen Kartennummernbereichs, die Art der auszugebenden bzw. zu akzeptierenden Karten, Fragen der Rückabwicklung und -belastung gescheiterter Transaktionen[63] und die zu entrichtenden Entgelte.[64]

---

59 *Martinek*, in: Staudinger, BGB, Bd. X, Neubearbeitung 2006, § 676 h (aufgehoben) Rn. 15; *Nobbe*, in: FS Hadding, 2004, S. 1007 (1008); *Reinfeld*, WM 1994, 1505 (1507).

60 *Schäfer*, in: Boos/Fischer/Schulte-Mattler, KWG, 3. Aufl. 2008, § 1 Rn. 147; *Hofmann*, BKR 2003, 321 f.; *Meder*, AcP 198 (1998), 72 (74); *Mundt/Buch*, WM 2001, 2142; *Pichler*, NJW 1998, 3234 (3235); präziser: *Schön*, AcP 198 (1998), 401 (411).

61 Lediglich bei den Kreditkarten Diners Club und American Express werden die beiden Aufgaben noch im Wesentlichen zentral wahrgenommen. Da sie in Deutschland nur über einen sehr geringen Marktanteil verfügt, soll diese Sonderform für die nachfolgende Untersuchung außer Betracht bleiben. Näher: *Reinfeld*, WM 1994, 1505 (1507); *Rock/Seifert*, ZBB 2008, 259 (263); *dies.*, ZBB 2009, 377 (378, 386).

62 *Reinfeld*, WM 1994, 1505 (1507 ff.).

63 Sog. Chargeback, näher dazu: *Reinfeld*, WM 1994, 1505 (1511 ff.); *Rock/Seifert*, ZBB 2008, 259 (265).

Beide großen Kreditkartenorganisationen, Visa und MasterCard, stellen eine Plattform[65] für die Acquirer und die Herausgeberbanken zur Verfügung, über welche die zentrale Verrechnung der gegenseitigen Verbindlichkeiten, das Clearing, und die Verbuchung auf der Empfängerseite, das Settlement, verläuft.[66] In diesem Rahmen erfolgt auch die Umsatz- und Gebührenverteilung zwischen den drei Akteuren.[67]

Das Kreditkartenkonto des Kunden, das der Herausgeberbank zur Verwaltung und Berechnung der Kreditkartenumsätze dient, darf nicht mit dessen Girokonto bei seiner Hausbank verwechselt werden. Von diesem werden die auf dem Kreditkartenkonto angefallenen Umsätze lediglich letztlich eingezogen. Auf der Issuing-Seite kann daher ein weiterer Beteiligter hinzutreten; die Kartenherausgabe und die Einrichtung des Kreditkartenkontos müssen nicht zwingend von der Hausbank des Spielers wahrgenommen werden. Letztere kann sich darauf beschränken, das Girokonto des Karteninhabers zu führen, während das Kreditkartengeschäft in den Händen eines anderen Unternehmens liegt.[68] Die nachfolgende Darstellung unterscheidet daher funktionsbezogen zwischen den Begriffen „Herausgeber- und Hausbank", selbst wenn es sich in der Praxis häufig um denselben Leistungserbringer handeln mag.

Auf der Akquirierungsseite sind die Anbindung und Betreuung der Vertragsunternehmen und die Führung des Verbuchungskontos durch die Händlerbank meist nicht nur sprachlich, sondern auch funktionell zu trennen.[69] In vielen Fällen handelt es sich allerdings bei dem Acquirer um eine Bank oder ein Unternehmen, das enge wirtschaftliche oder rechtliche Verflechtungen mit der Händlerbank aufweist.[70]

---

64 *Meicel Bock Organisationsberatung*, Clearing und Settlement Kreditkarten, unter: www.pay comm.de (anmeldepflichtige Fachdatenbank).

65 Base II von Visa und GCMS (global clearing management system) von MasterCard.

66 Eingehend zum technischen Ablauf: *Meicel Bock Organisationsberatung*, Clearing und Settlement Kreditkarten, unter: www.paycomm.de (anmeldepflichtige Fachdatenbank).

67 Dies betrifft neben den Lizenz- und Transaktionsgebühren für die Kreditkartenorganisation insbesondere die sog. Interchange fee. Dies ist eine am prozentualen Anteil des Umsatzes bemessene Gebühr, mit welcher der Acquirer der Karten ausgebenden Bank einen Teil der Kosten bei der Transaktionsabwicklung, der Kundenbetreuung, der Abrechnung, der Vorfinanzierung und ggf. Risikotragung bei Zahlungsausfällen erstattet. Näher dazu: *Meicel Bock Organisationsberatung*, Clearing und Settlement Kreditkarten, unter: www.paycomm.de (anmeldepflichtige Fachdatenbank); www.zahlungsverkehrsfragen.de/interchange.html; zul. aufgerufen am 10.09.2012.

68 Zu dieser Aufgabenteilung: *Casper*, in: Baumbach/Hefermehl/Casper, WG/ScheckG/kartengestützte Zahlungen, 23. Aufl. 2008, Kartenzahlungen Rn. 92.

69 *Rock/Seifert*, ZBB 2009, 377 (378).

70 Z.B. die ConCardis GmbH als ein Gemeinschaftsunternehmen der deutschen Banken und Sparkassen. Näheres unter www.concardis.de sowie B+S Card Service GmbH, deren Gesellschafter u. a. die Landesbanken Baden-Württembergs und Berlins sind, unter: https://www.bs-card-service.com/de/unternehmen-com.html; zul. aufgerufen am 10.09.2012.

Schließlich lagert die Herausgeberbank im Regelfall ihre technischen Serviceleistungen aus. Hierzu bedient sie sich eines sog. Issuing Processors. Dieser führt u. a. für die Bank das Kartenkonto, übernimmt das Autorisierungsverfahren, im Anschluss daran das Clearing und Settlement der Umsätze und erstellt schließlich die Abrechnung. Auf Seiten des Akquirierungsunternehmens wird in entsprechender Weise ein Acquiring Processor tätig.[71]

Mit dem Ziel, möglichst alle Beteiligten in einem offenen Kreditkartensystem in ihrer jeweiligen Funktion zu erfassen, soll im nächsten Abschnitt der Ablauf einer Kartenzahlung für ein Glücksspiel im Internet nachgezeichnet werden.[72]

3. Ungehinderter Ablauf einer Kreditkartentransaktion

Vor seiner ersten Teilnahme legt der Spieler ein persönliches Benutzerkonto an, auf das er über die Seite des Onlinecasinos mit Hilfe seines Kennworts gelangt. In diesem werden die Einzahlungen, Gewinne und Boni geführt, auf die der Spieler zugreifen kann, um Geld für die weitere Teilnahme an Glücksspielen des Veranstalters einzusetzen oder sich den Betrag wieder ausbezahlen zu lassen.

Möchte er nun mit Hilfe seiner Kreditkarte das Spielguthaben um weitere 100 € aufstocken, wählt er auf der Seite des Veranstalters die Option „Bezahlung mit Kreditkarte“ aus, gibt seine Kreditkartendaten ein und bestätigt den Vorgang.[73] Das Absenden der Daten löst eine Autorisierungsanfrage aus, die im Rechenzentrum des Acquiring Processors, der von dem Akquirierungsunternehmen mit der Zahlungsabwicklung beauftragt ist, eingeht. Der Prozessor ordnet die Kreditkarte anhand der Kartennummer entweder MasterCard oder Visa zu und speist sie daraufhin in das Autorisierungsnetz der jeweiligen Kartenorganisation ein. Von dort aus wird die Transaktionsanfrage dem zuständigen Issuing Processor der Herausgeberbank zugewiesen, in dessen System die Kartennummer und damit die Daten des Inhabers geführt werden. Im Datenverarbeitungssystem des Issuing Processors durchläuft die Transaktion verschiedene Prüfroutinen. In einem ersten Teilschritt wird in der Stammdatenbank geprüft, ob die Kartennummer tatsächlich im Bestand, noch gültig und nicht gesperrt ist und das Verfügungslimit des Kartenkontos den angeforderten Umsatz deckt. Im Risikopräventionssystem erfolgt eine Prüfung und Einstufung der transaktionsbezogenen

---

71 *Escher*, BKR 2002, 652 (654); *Jungmann*, WM 2005, 1351 (1352 f.).

72 Näher zur Aufgabenteilung auch: *Blaurock*, in: Derleder/Knops/Bamberger, HB Bankrecht, 2004, § 43 Rn. 5. Eine graphische Darstellung findet sich z.B. unter: http://usa.visa.com/merchants/operations/chargebacks_dispute_resolution/chargeback_cycle.html; zul. aufgerufen am 10.09.2012.

73 Zum Ablauf auch: *Rock/Seifert*, ZBB 2009, 377 (378).

Risiken, während die Autorisierungsstufe schließlich die Entscheidung über die Freigabe der Transaktion fällt.[74]

Sprechen keine Gründe gegen eine Freigabe, so ergeht eine positive Antwort in Form einer individuellen Transaktionsnummer. Diese wird über das Netz der Kartenorganisation zurückgesendet und gelangt über den Acquiring Processor an den Glücksspielanbieter. Nach Erhalt der positiven Mitteilung wird das Kundenkonto des Spielers um den angeforderten Betrag aufgestockt. Der gesamte Vorgang nimmt nur wenige Sekunden in Anspruch. Somit ist ein Übergang zur Spielteilnahme meist umgehend möglich.

Die Herausgeberbank erstellt anschließend auf Grundlage der Abrechnungsdaten ihres Issuing Processors einmal monatlich eine Kreditkartenabrechnung, auf dem sie detailliert den Umsatz aller Transaktionen des Karteninhabers auflistet. Den vereinbarten Saldo zieht sie dann per Lastschrift von seinem Konto ein, mit der die endgültige Bezahlung durch den Karteninhaber erfolgt. In entsprechender Weise verbucht das Akquirierungsunternehmen in regelmäßigen Abständen auf dem Konto des Händlers bei dessen Hausbank die erzielten Umsätze.

4. Zurückweisung der Autorisierungsanfrage

Der US-Strategie geht es darum, diesen reibungslosen Zahlungsfluss von den Spielern zu den Glücksspielanbietern zu unterbrechen. Hierzu greift der Gesetzgeber das in Einzelabsprachen zwischen Staatsanwaltschaft und Herausgeberbanken erprobte Vorgehen auf, das es ermöglicht, anhand von Zahlencodes unerlaubte Glücksspiele zu erkennen und zu blockieren.[75] Im Folgenden sollen die Grundlagen einer Codierung (unter a) und die Zurückweisung einer Transaktionsanfrage für Glücksspiele (unter b) dargestellt werden.

a) Nutzung der versandten Informationen

Der Gedanke hinter der Bekämpfungsmaßnahme ist so einfach wie vielversprechend. Er baut auf einem Charakteristikum des Kreditkartenverfahrens auf: Bei einer Transaktion werden über die bei allen bargeldlosen Zahlungsvorgängen üblichen Informationen hinaus[76] eine Reihe weiterer Details mitgeteilt, die zur Zahlungsabwicklung, aber auch zur Missbrauchsverhinderung dienen können.

---

74 *Meicel Bock Organisationsberatung*, Abwicklung und Autorisierung einer Kreditkartentransaktion, unter: www.paycomm.de (anmeldepflichtige Fachdatenbank).

75 § 5364 (a) (1) (A) UIGEA.

76 U.a. Zahlungsempfänger, Betrag, Datum.

Sie betreffen zum einen den Karteninhaber selbst,[77] bieten zum anderen aber auch Informationen über das zugrunde liegende Geschäft.[78]

Eine verlässliche Auskunft kann hierbei der sog. Merchant Category Code, kurz: MCC, bieten.[79] Hierbei handelt es sich um eine vierstellige Klassifikationsnummer, mit der die Kreditkartenorganisationen die einzelnen Marktsegmente des Waren- und Dienstleistungshandels kennzeichnen.[80] Sie wird einem Vertragsunternehmen entsprechend seines Tätigkeitsschwerpunkt zugewiesen.[81] Um wirtschaftliche Neuerungen einzubeziehen, aktualisieren und ergänzen die Kreditkartenorganisationen Visa und MasterCard die MCC-Listen regelmäßig. Bereits während der Autorisierungsanfrage, aber auch anschließend in der Kreditkartenabrechnung zeigt der jeweilige Merchant Category Code an, zu welchem Zweck die Zahlung dienen soll bzw. diente.

Beispielsweise lässt der Code 5441 auf einen Einkauf bei einem Süßwarenhändler schließen, während der Kreditkarteneinsatz beim Besuch einer Bowlingbahn die Nummer 7933 trägt. Der MCC 7995 bezeichnet unter der Kategorienüberschrift „Unterhaltung“ den Geschäftsbereich „Betting (including Lottery Tickets), Casino Gaming Chips, Off-Track Betting and Wagers“ und damit den Vertrieb jeglicher Art von Glücksspielen.[82]

Im alltäglichen Kreditkartenverkehr hilft der Merchant Category Code den Beteiligten, das Risikopotential der Transaktionen zu bewerten und so beispielsweise die Gefahren einer Rückbuchung einzuschätzen. Dies wirkt sich langfristig auf die interne Gebührenabrechnung zwischen der Kreditkartenorganisation, dem Akquirierungsunternehmen und der Herausgeberbank aus. Zusätzlich spielen die MCC beispielsweise bei den Meldepflichten nach amerikanischem Steuerrecht eine Rolle.[83]

---

77 Dies betrifft insbesondere die Übertragung der Karteninformationen wie Name des Karteninhabers, Gültigkeitsdatum der Karte, Name und Sitz der Herausgeberbank.

78 Eine der übermittelten Angaben, die auch in der Kreditkartenabrechung des Kunden erscheint, ist die Unternehmensbezeichnung des Händlers. Häufig lässt sie allerdings keinen Rückschluss auf die Art der getätigten Geschäfte zu, wenn beispielsweise der Zahlungsempfänger unter „XYZServices Ltd.“ firmiert.

79 Im Deutschen häufig mit „Händlercode“ übersetzt. Da diese Bezeichnung allerdings auch für andere Klassifikationsnummern herangezogen wird, verwendet die Arbeit, um Missverständnisse auszuschließen, die englische Bezeichnung.

80 Zur Auflistung und näheren Informationen unter: http://usa.visa.com/download/corporate/resources/mcc_booklet.pdf; zul. aufgerufen am 10.09.2012; zur Kennzeichnung auch: *Rock/Seifert*, ZBB 2008, 259 (264); *dies.*, ZBB 2009, 377 (379).

81 Sec. 4.03, siehe: www.irs.gov/irb/2004-31_IRB/ar17.html; zul. aufgerufen am 10.09.2012.

82 Dazu auch die Untersuchung des dän. Finanzministeriums vom 21.08.2003 unter: www.skm.dk/publikationer/udgivelser/1695/1914/; zul. aufgerufen am 03.07.2011.

83 Dazu: Internal Revenue Bulletin: 2004-31; Rev. Proc. 2004-43 vom 02.08.2004; unter: www.irs.gov/irb/2004-31_IRB/ar17.html; zul. aufgerufen am 03.07.2011.

Die US-Staatsanwaltschaft entdeckt ein weiteres Einsatzfeld und legt damit den Grundstein für die Bekämpfungsstrategie des UIGEA: Transaktionen für unerlaubte Glücksspiele zu identifizieren und im Anschluss abzulehnen.

b) Ablehnung der Autorisierung

Um eine Autorisierung ablehnen zu können, bedarf es eines manipulationsfreien Ablaufs, der in mehreren Schritten erfolgt und der Mitwirkung aller Beteiligten bedarf.

aa) Vorarbeiten

In einem ersten Schritt muss den Vertragsunternehmen der richtige Merchant Category Code zugewiesen werden. Zwar erarbeitet die Kreditkartenorganisation hierfür die technischen und vertraglichen Standards, sie steht aber selbst zu keiner Zeit mit den Onlineanbietern in einem direkten geschäftlichen Kontakt.

Für den Anschluss der Vertragsunternehmen an das Kreditkartensystem ist vielmehr der Acquirer zuständig. Daher obliegt es ihm auch, seinen Kunden den ihrem Geschäftsbereich entsprechenden Merchant Category Code zuzuweisen. Aus seiner Lizenzvereinbarung mit dem Kreditkartenunternehmen resultiert die Pflicht, umfangreiche Informationen über die Händler vor Abschluss des Akzeptanzvertrages einzuholen und gleichzeitig die Tätigkeit der Händler laufend zu überwachen, um beispielsweise einen unbemerkten Branchenwechsel zu verhindern. Dabei wird der Acquirer von einem Warn- und Informationssystem unterstützt, das ihm die Kreditkartenorganisation zur Verfügung stellt. In dieses Netzwerk können die Akquirierungsunternehmen Daten zu Vertragsunternehmen einspeisen und abrufen, die durch betrügerische Aktivitäten, falsche Angaben, häufige Rückbuchungen, Unzuverlässigkeit gegenüber den Kunden oder in anderer Form negativ auffallen.[84] Die Umsetzung der Kennzeichnungspflicht mit den entsprechenden Codes delegiert das Akquirierungsunternehmen wie alle anderen technischen Aspekte einer Zahlungsverkehrsabwicklung an seinen Prozessor.

bb) Ablauf

Mit der Zuweisung des richtigen Codes sind die Weichen gestellt, um eine Transaktion zugunsten eines Glücksspielanbieters abzulehnen. Wie bereits skizziert, veranlasst der Karteninhaber durch Eingabe und Bestätigung seiner Kreditkartendaten eine Anfrage von der Website des Onlinecasinos aus. Das übermittelte

84 Visa Europe hält hierfür den Visa Merchant Alert Service (VMAS) bereit. Näheres unter: www.visaeurope.com/; zul. aufgerufen am 10.09.2012.

Datenpaket trägt unter anderem die Information MCC 7995. Auf seinem Weg über den Acquiring zum Issuing Processor passiert es das Netzwerk der Kartenorganisation. In diesem wird anhand der Kartennummer eine Vorsortierung vorgenommen und die Anfrage dem richtigen Processor zur Bearbeitung zugewiesen. Mit dem Zahlungszweck, der aus dem jeweiligen MCC hervorgeht, befasst sich das Kartenunternehmen allerdings nicht.

Erst im Autorisierungsportal des Issuing Processors durchläuft die Anfrage das mehrstufige Prüfverfahren, in dem die Entscheidung über eine Freigabe oder Zurückweisung der Transaktion fällt. Hier lassen sich durch spezielle Einstellungen im Datenverarbeitungsprozess Anfragen mit dem Code 7995 filtern. Auch wenn die sonstigen Vorgaben für eine Autorisierung (z.B. Gültigkeit der Karte oder Einhaltung des Verfügungslimits) vorliegen, gibt der Issuing Processor anstelle einer Freigabe- eine Ablehnungsmitteilung heraus. Diese wird über das Netzwerk der Kreditkartenorganisation zum Acquiring Processor zurückgesendet.[85] Jede Entscheidung ist mit einem internen Actionscode versehen, aus dem sich der Grund für eine unbedingte Freigabe, eine Freigabe unter Vorbehalt oder eine Ablehnung entnehmen lässt. Auch diese Codes sind wie die MCCs nicht frei wählbar, sondern werden wiederum durch die Kreditkartenorganisationen den an der Zahlung beteiligten Dienstleistern zur standardisierten Verwendung vorgegeben. Im Netzwerk von Visa wählt der Issuing Processor beispielsweise den Actionscode 1 C2 mit dem Wortlaut: „Glücksspiel im Land der Karte nicht erlaubt" als Begründung für die Zurückweisung der Anfrage aus.

An der Darstellung zeigt sich, dass die technische Seite der Codierung und Sperrung ohne die unmittelbare Beteiligung der Herausgeberbanken verläuft. Erst mit einer Zeitverzögerung von mehreren Tagen erhalten diese von ihrem Prozessorunternehmen eine Aufstellung der erfolgten und abgelehnten Transaktionen. Im Zeitpunkt der Autorisierungsanfrage können sie den Zahlungszweck nicht erkennen und wären selbst auf eine nachträgliche Überprüfung des Geldflusses beschränkt. Nur dem Issuing Processor ist es somit „just in time" möglich, eine Transaktionsanfrage, die den fraglichen Code trägt, zu erkennen und zurückzuweisen. Übernimmt eine Herausgeberbank, wie in den Einzelabsprachen zwischen der Citibank und der Staatsanwaltschaft in New York geschehen, die Verpflichtung, Zahlungen für unerlaubte Glücksspiele zu unterbinden, so erfüllt sie diese durch ihr Einwirken auf die für sie tätigen Prozessorunternehmen.

85 Näher dazu auch die Untersuchung des dän. Finanzministeriums unter: www.skm.dk/publika tioner/udgivelser/1695/1914/; zul. aufgerufen am 10.09.2012.

5. Problem „Overblocking" und Lösungsansatz

Neben einer fehlenden einheitlichen Definition für „unerlaubtes Internetglücksspiel" gibt es speziell bei den Kreditkartenzahlungen einen weiteren Grund für das unerwünschte „Overblocking", das Sperren erlaubter Transaktionen: Es existiert nur ein einheitlicher Merchant Category Code (MCC 7995) für alle Arten von Glücksspiel ungeachtet des Veranstaltungsortes und der Frage, ob das Angebot aus Sicht der jeweiligen Behörde legal ist. Ein neuer MCC, der zusammen mit dem Code 7995 eine Unterscheidung zwischen legalen und illegalen Spielen zuließe, könnte die Problematik entschärfen.[86] Die Diskussion kommt nicht von ungefähr: Bereits heute verwenden zahlreiche staatliche US-Lotteriegesellschaften statt des MCC 7995 den Code 9399 für „government service", um einer generellen Zahlungssperre für ihr in den jeweiligen US-Bundesstaaten legales Angebot zu entgehen.[87]

Im Ergebnis entscheidet sich der Verordnungsgeber gegen eine Aufnahme des Vorschlages in den Maßnahmenkatalog: Der UIGEA selbst enthalte bewusst keine Vorgaben, wann ein spezifisches Glücksspiel als unerlaubt anzusehen sei oder nicht. Die Einführung eines neuen MCC bleibt danach jedoch eine Option, die im Ermessen der Kreditkartenorganisationen steht.[88] Letzteres ist zu begrüßen, da auf diesem Wege mit einem praxisgerechten Konzept zu rechnen ist. Ein Problem wird sich allerdings auch durch einen neuen MCC nicht lösen lassen: Bei „Offshore"-Glücksspielunternehmen, die Geschäftsbeziehungen zu nicht in den USA ansässigen Akquisitionsunternehmen pflegen, ist eine manipulationssichere Codierung nicht gewährleistet.[89] Hierin besteht auch eine der Strategien dreier großer Pokeranbieter, die in Umgehung des UIGEA US-Spielern eine Teilnahme ermöglichen. Auf das umfangreiche Ermittlungsverfahren, das unter dem Stichwort „Black Friday" bekannt wird, soll an späterer Stelle eingegangen werden.[90]

---

86 Verordnung, Fed. Reg., S. 69394; Stellungnahme des American Horse Council vom 12.12.2007; der North American Association of State & Provincial Lotteries vom 11.12.2007; Stellungnahme der British Bankers' Association vom 13.12.2007, unter: www.federalreserve.gov/SECRS/2007/December/20071213/R-1298/R-1298_119_1.pdf; zul. aufgerufen am 10.09.2012.

87 Schreiben der NASPL vom 07.04.2008 unter: www.federalreserve.gov/SECRS/2008/June/20080603/R-1298/R-1298_234_1.pdf; zul. aufgerufen am 10.09.2012.

88 Verordnung, Fed. Reg., S. 69391; 69394; *Kenneally*, Internet Gambling Regulation Compliance, Four Focus Points for Banks, ABA Bank Compliance, July/August 2009, unter: www.aba.com/Solutions/Compliance/Documents/dc5aa80ce0af46a6ad23ac594affc518Internet GamblingKenneally2009.pdf; zul. aufgerufen am 10.09.2012.

89 Verordnung, Fed. Reg., S. 69394.

90 Eingehend hierzu unter: Teil 3 A. VI.

6. Weitere Vorgaben für Kreditkarten

Bei den Kreditkartenzahlungen geht es im Rahmen der Rechtsverordnung hauptsächlich darum, die technischen und vertraglichen Weichen für eine zuverlässige Codierung und Blockade zu stellen. Die Verantwortung für die Erarbeitung einer tragfähigen Konzeption hat die Kreditkartenorganisation zu tragen. Deren Vorgaben haben wiederum die einzelnen Dienstleister und damit auch die Herausgeberbank einzuhalten, wobei keiner der Beteiligten von einer Mitwirkungspflicht ausgenommen wird. Zum Beispiel kann die Lizenzvereinbarung regeln, unter welchen Umständen bei Verstößen gegen das Verbot des § 5363 UIGEA ein Kundenkonto aufgelöst und die weitere Nutzung der Dienstleistungen unterbunden werden.[91]

Die Verpflichtungen können auch Unternehmen betreffen, die im Rahmen einer Co-Branding-Vereinbarung am Kreditkartensystem teilnehmen. Hierunter ist eine Kooperation des Kartenherausgebers mit einem weiteren Unternehmen, z.B. einer Kaufhauskette oder einem Reiseanbieter, zu verstehen, das mit seinem Firmenlogo auf der Karte erscheint.[92] Im Rahmen des Verordnungserlasses wird erörtert, ob auch dem Partnerunternehmen eine Verpflichtung zukommt, auf die Sperrung unerlaubter Transaktionen hinzuwirken. Dabei sieht es das Regelungsgremium als notwendig an, zwischen den unterschiedlichen Beteiligungsformen des Co-Branding-Unternehmens zu unterscheiden. Insbesondere in den Fällen, in denen nicht nur dessen Markenname zur Kundenbindung auf der Karte aufgedruckt ist, sondern es zusätzliche Aufgaben im Rahmen der Zahlungsabwicklung übernommen hat, kommen eigenständige Kontroll- und Mitwirkungspflichten in Betracht.[93] An dieser Stelle wird nochmals deutlich, dass aus Sicht des Verordnungsgebers die Strategie nur dann funktionieren kann, wenn die Integrität aller beteiligten Dienstleister gewährleistet ist.

V. Vorgaben für die anderen Zahlungsverfahren

Für die vier anderen durch den UIGEA und die Umsetzungsverordnung erfassten Zahlungsformen (elektronische Überweisungsdienste, Scheckzahlungen und das

---

91 § _.6 (d) (2) der Verordnung.

92 Näher: *Fezer*, Markenrecht, 4. Aufl. 2009, § 3 MarkenG Rn. 25; *Martinek*, in: Staudinger, BGB, Bd. X, Neubearbeitung 2006, § 676 h (aufgehoben) Rn. 15; *Martinek/Oechsler*, in: Schimansky/Bunte/Lwowski, BankR-HB, 3. Aufl. 2007; § 67 Rn. 5; *Oechsler*, WM 2000, 1613.

93 Verordnung, Fed. Reg., S. 69389; Stellungnahme der Securities Industry und Financial Markets Association vom 12.12.2007.

ACH-Verfahren)[94] kommt eine Verwendung von Autorisierungscodes derzeit aus technischen Gründen nicht in Betracht. Da beispielsweise das Einleseverfahren für Schecks lediglich für die Verarbeitung einer sehr begrenzten Menge von Informationen ausgelegt ist, zu denen eine Angabe der Händlerbranche nicht zählt, ließe sich die genaue Zweckbestimmung nur „von Hand" prüfen. Die Einbindung des Zahlungszwecks in die Prüfroutine würde aus Branchensicht mehrere Jahre und erhebliche Geldsummen erfordern und Schwierigkeiten im internationalen Zahlungsverkehr nach sich ziehen.[95] Dies veranlasst die US-Normgeber, eine eigenständige, auf die Geschäftspraxis der unterschiedlichen Zahlungsformen zugeschnittene Konzeption zu entwickeln.

1. Ausbau der „Know-Your-Customer"-Strategie

Der Verordnungsgeber legt den Schwerpunkt im Wesentlichen auf einen glücksspielbezogenen Ausbau der sog. Know-Your-Customer-Strategie, mit Hilfe derer die Zahlungsdienstleister ansonsten eine Bewertung des Risikopotentials ihrer Kunden zum Beispiel hinsichtlich Zahlungsausfall, Geldwäscheaktivitäten sowie Terrorismusfinanzierung vornehmen.[96]

Ein feststehender Maßnahmenkatalog ist dabei nicht vorgesehen. Stattdessen geben der UIGEA und die Umsetzungsverordnung nur ein paar wenige, grobe Leitlinien vor, die als Ergänzung auch bei den Kreditkartenzahlungen herangezogen werden können. Diese umfassen eine Informationspflicht über die neuen rechtlichen Vorgaben gegenüber gewerblichen Kunden.[97] Wie die Finanzinstitutionen dieser nachkommen, steht in ihrem eigenen Ermessen. So ist an eine Abänderung der Verträge oder eine Mitteilung in sonstiger Form, gegebenenfalls sogar über die Homepage der Bank, zu denken. Um von vornherein die Zahlungswege für unerlaubte Glücksspiele zu versperren, hat die jeweilige Finanzinstitution zudem im Zeitpunkt der Kontoeröffnung festzustellen, ob es sich bei dem Antragssteller um eine Privatperson oder um einen Unternehmer handelt. Bei einer Privatperson sind zumindest in glücksspielrechtlicher Hinsicht keine weiteren Maßnahmen notwendig. Dagegen muss die Bank bei einem Gewerbetreibenden im Rahmen ihrer üblichen Sorgfaltspflicht feststellen, ob zumindest ein „minimales Risiko" besteht, dass es sich bei diesem um einen Anbieter von

94 Vgl. oben unter Teil 3 A. II.

95 *Rose*, Gambling and the Law: The Unlawful Internet Gambling Enforcement Act of 2006 Analyzed, unter: www.gamblingandthelaw.com/articles/286-prohibition-20-the-unlawful-internet-gambling-enforcement-act-of-2006-analyzed.html (Beitrag vom 13.12.2010); zul. aufgerufen am 10.09.2012.

96 Vgl. hierzu § 25 c Abs. 2 KWG.

97 § _.6 (b) (3) der Verordnung.

Onlineglücksspielen handelt. Ist die Bank nicht in der Lage, diese Feststellung selbst zu treffen, z.B. wegen Unklarheiten über das anzuwendende Recht, so kann sie einen Nachweis des Unternehmens verlangen, der belegt, dass dieses kein Onlineglücksspiel betreibt.

Veranstaltet der Antragsteller im Inland Onlineglücksspiele, so ist die Bank dennoch nicht an der Kontoeröffnung gehindert.[98] In diesem Falle hat jener ein Zertifikat einer Justizbehörde (z.B. eine Veranstaltungslizenz) oder eines Rechtsanwalts vorzulegen, das die Tätigkeit als ein legales Internetglücksspiel ausweist.[99] Zudem hat er von dritter Seite einen Nachweis zu erbringen, dass das Internetangebot Kontrollen unterliegt, um die Spielteilnahme Minderjähriger zu verhindern oder durch Kunden in Regionen, in denen das jeweilige Spielangebot nicht erlaubt ist.[100] Jede Statusänderung ist der Bank anzeigen.[101]

Für den Umgang mit unerlaubten Glücksspielen gibt es ebenfalls keine verbindlichen Vorgaben. Der Bank steht es frei, von vornherein einen Vertragsabschluss zu verweigern, einen Vertrag zu kündigen und das Konto zu schließen oder als mildere Maßnahme eine Verwarnung auszusprechen.[102] Nicht verlangt wird dagegen eine ständige Überwachung der ein- und ausgehenden Zahlungen sowie eine Überprüfung der bestehenden Geschäftsmodelle. Welche Möglichkeiten im Laufe des Gesetzgebungsverfahrens bis heute diskutiert und teilweise erprobt werden, wird im nächsten Abschnitt in einem kurzen Überblick dargestellt.

2. Weitere optionale Maßnahmen

Sofern für eine Zahlungsform mehrere Strategien als gleich geeignet erscheinen, gesteht der UIGEA den Unternehmen ein Wahlrecht zu.[103] Zusätzlich erhalten sie einen weiten Entscheidungsspielraum, um eigenständig Verfahren zu entwi-

---

98 *Kenneally*, ABA Bank Compliance, unter: www.aba.com/Solutions/Compliance/Documents/dc5aa80ce0af46a6ad23ac594affc518InternetGamblingKenneally2009.pdf, S. 36; zul. aufgerufen am 10.09.2012.

99 § _.6 (b) (2) (i); § _.6 (b) (2) (ii) (B) (1) (i); § _.6 (b) (2) (ii) (B) (1) (ii); *Kenneally*, ABA Bank Compliance, unter: www.aba.com/Solutions/Compliance/Documents/dc5aa80ce0af46a6ad23ac594affc518InternetGamblingKenneally2009.pdf, S. 36; zul. aufgerufen am 10.09.2012.

100 § _.6 (b) (2) (ii) (B) (2) zum Beispiel mit Blick auf den Spielerschutz; *Kenneally*, ABA Bank Compliance, unter www.aba.com/Solutions/Compliance/Documents/dc5aa80ce0af46a6ad23ac594affc518InternetGamblingKenneally2009.pdf, S. 36; zul. aufgerufen am 10.09.2012.

101 *Kenneally*, ABA Bank Compliance, www.aba.com/Solutions/Compliance/Documents/dc5aa80ce0af46a6ad23ac594affc518InternetGamblingKenneally2009.pdf, S. 36; zul. aufgerufen am 10.09.2012.

102 *Kenneally*, ABA Bank Compliance, www.aba.com/Solutions/Compliance/Documents/dc5aa80ce0af46a6ad23ac594affc518InternetGamblingKenneally2009.pdf, S. 36; zul. aufgerufen am 10.09.2012.

103 § 5364 (b) (2) UIGEA.

ckeln, die speziell auf ihre organisatorische und technische Struktur zugeschnitten sind.[104] Auf drei von ihnen soll im Folgenden eingegangen werden.

a) Vertragsstrafen

Für Kartenzahlungen, Lastschriftverfahren und Überweisungsdienste sieht der Verordnungsentwurf noch ausdrücklich die Erhebung von Vertragsstrafen gegenüber Geschäftspartnern vor, die Transaktionen für unerlaubte Glücksspiele abwickeln. Da die Praxis wegen der mangelnden Klarheit der Regelung hinsichtlich ihres Anwendungsbereichs und ihrer Grenzen mit harscher Kritik reagiert, entschließt sich der Verordnungsgeber, sie aus dem verbindlichen Regelungskatalog zu streichen.[105] Den Dienstleistern bleibt es aber unbenommen, Vertragsstrafenregelungen in ihren Verträgen vorzusehen oder bestehende Klauseln um die glücksspielrechtlichen Vorgaben zu erweitern.[106] Anstelle von oder zusammen mit einer Abmahnung könnten sich Vertragsstrafenregelungen so als milderes Mittel gegenüber einer Vertragskündigung in der Praxis bewähren.

b) Überwachung des Internets

Als geeignete Maßnahme benennt der Verordnungsentwurf noch die laufende Kontrolle des Internets durch den Beteiligten selbst oder einen seiner Vertragspartner. Sie soll dazu dienen, die nicht bewilligte Nutzung des jeweiligen Zahlungsverfahrens einschließlich der eingetragenen Warenzeichen durch Glücksspielanbieter aufzudecken und gegebenenfalls durch Einleitung rechtlicher Schritte zu unterbinden.[107] Dabei ist beabsichtigt, die bereits gebräuchliche Überwachungspraxis mancher Zahlungsdienstleister in die Verordnung zu integrieren.[108] In ihren Stellungnahmen geben Letztere jedoch zu bedenken, dass ihre bisherigen Anstrengungen in diesem Bereich teuer und nicht immer erfolgreich gewesen sind[109] und aus dem Recht, ihre eigenen Warenzeichen zu schützen, eine Pflicht konstruiert werden solle.[110] Aus diesen Gründen entscheidet sich der Verordnungsgeber, die

104 § _.6 (a) der Verordnung.

105 Verordnung, Fed. Reg., S. 69393, Stellungnahme von The Clearing House Assoc. LLC and its affiliates, The Clearing House Payments Co. LLC vom 12.12.2007.

106 Verordnung, Fed. Reg., S. 69393.

107 Verordnung, Fed. Reg., S. 69393.

108 Verordnung, Fed. Reg., S. 69393.

109 Verordnung, Fed. Reg., S. 69393; Stellungnahme von MoneyGram vom 11.12.2007; von PayPal vom 12.12.2007.

110 Verordnung, Fed. Reg., S. 69393; Stellungnahme von PayPal vom 12.12.2007; von MasterCard Worldwide vom 12.12.2007.

Vorschrift zu streichen und die Entscheidung für eine laufende Überwachung des Internets in das Ermessen der Betroffenen zu stellen.[111]

c) „Schwarze Liste"

Bereits in der Entwurfsfassung entscheidet sich der Verordnungsgeber einiger Vorschläge aus der Praxis zum Trotz gegen eine Verpflichtung der beteiligten Institutionen und Personen, eine sog. „Schwarze Liste", d.h. eine Aufstellung mit Unternehmen, die unerlaubte Internetglücksspiele anbieten, zu schaffen.[112] Aus seiner Sicht würde eine solche Liste keine wirksame Maßnahme darstellen. Ihre Erstellung wäre mit einem erheblichen Aufwand verbunden und könnte trotz kontinuierlicher Überarbeitung nur schwer dem Anspruch auf Vollständigkeit und Aktualität genügen.[113] Auch müsste vorab die illegale Glücksspieltätigkeit der in der Liste enthaltenen Unternehmen mit Gewissheit festgestellt werden. In diesem Zusammenhang stellt sich die Verweistechnik des UIGEA erneut als Hindernis dar. Die Erstellung einer „Schwarzen Liste" würde es mithin erfordern, im Rahmen des Regelungserlasses die Gesetze anderer Kompetenzträger auszulegen. Es ist jedoch von Anfang an das erklärte Ziel der Gesetz- und Verordnungsgeber, ohne eine solche eigenständige Interpretation auszukommen.[114]

Ein weiterer Einwand richtet sich gegen die praktische Umsetzung des Vorschlags: Da häufig der angegebene Name des Unternehmens oder der für die Website Verantwortliche nicht mit dem tatsächlichen Zahlungsempfänger übereinstimmten, sei eine Identifizierung unerlaubter Transaktionen erschwert. Selbst wenn die richtige Unternehmensbezeichnung verwendet würde, ließe sich bei den meisten Zahlungsverfahren nicht auf ein unerlaubtes Glücksspiel schließen. So nutze das automatisierte Scheckeinleseverfahren z.B. nicht die Zeile mit dem Namen des Zahlungsempfängers.[115]

Die Erstellung einer „Schwarzen Liste" scheidet damit vorerst sowohl aus rechtlichen als auch aus praktischen Erwägungen aus. Sollte sich jedoch ein Kreditkartenunternehmen entschließen, in seinem Informationssystem auch Daten zu unerlaubter Glücksspieltätigkeit zu erheben und zu speichern, liegt diese Entscheidung in dessen eigenem Verantwortungsbereich.

---

111 Verordnung, Fed. Reg., S. 69393.

112 Verordnung, Fed. Reg., S. 69384. Zur Überlegung der Schaffung einer „Schwarzen Liste" als Umsetzungsmaßnahme in Deutschland: BReg, Mitteilung an die Komm. vom 20.05.2008, Verletzungsverfahren 2007/4866, ZfWG 2008, 173 (188, Rn. 127), dazu auch: *Steegmann*, Basisinfrastruktur, 2010, S. 214; *Rock/Seifert*, ZBB 2008, 259 (266).

113 Verordnung, Fed. Reg., S. 69384.

114 Verordnung, Fed. Reg., S. 69384.

115 Verordnung, Fed. Reg., S. 69384.

3. Begrenzung des Verpflichtetenkreises

Der Verordnungsgeber wird für den umfassenden Verpflichtetenkreis, den er für alle fünf Zahlungsformen in der Entwurfsversion vorsieht, heftig kritisiert. In der finalen Fassung entscheidet er sich daher, einen Großteil der Zahlungsdienstleister von einer Mitwirkungspflicht freizustellen. Diese Einschränkungen finden gerade keine Anwendung auf die Kreditkartenzahlungen. Sie betreffen sowohl den inländischen (unter a) als auch den grenzüberschreitenden Zahlungsverkehr (unter b).

a) Allgemeine Grenzen der Mitwirkungspflicht

Für die vier anderen Zahlungsformen besteht nach der endgültigen Umsetzungsverordnung die Rechtspflicht, die Ziele des UIGEA nur für die Dienstleister mit einer direkten Kundenbeziehung zu den Glücksspielunternehmen durchzusetzen.[116] Nur gegen diese kann im Falle verweigerter oder unzureichender Mitwirkung[117] eine einstweilige Verfügung ergehen.[118] Die von der Regelung ausgenommenen Dienstleister werden selbst dann nicht zu einer Sperrung verpflichtet, wenn sie Kenntnis davon erlangen, dass es sich bei dem Zahlungszweck um einen Einsatz für ein unerlaubtes Glücksspiel handelt.[119] Auch den Gedanken, Privatpersonen zu verpflichten, Spieleinsätze als solche zu kennzeichnen, verwirft das Regelungsgremium unter Hinweis auf die einfachen Umgehungsmöglichkeiten (z.B. Falschbezeichnung des Zahlungszwecks) sowie den Aufwand und die Schwierigkeiten für die Unternehmen, die Richtigkeit der Angaben zu prüfen.[120]

b) Grenzüberschreitender Zahlungsverkehr

In verschärfter Form stellt sich die Frage nach einer Begrenzung des Verpflichtetenkreises bei grenzüberschreitenden Zahlungen. Die meisten Anbieter

---

116 Wie z.B. der Betreiber eines Geldbotendienstes gem. § _.4 (c) der Verordnung oder die Bank des Begünstigten bei elektron. Überweisungsdiensten gem. § _.4 (d) der Verordnung.

117 Die gem. § 5364 (c) UIGEA zu Gunsten der Zahlungsdienstleister vermutet wird.

118 § 5365 (d) UIGEA. Dem in einigen Stellungnahmen (Stellungnahme der Compass Bank vom 06.12.2007; der Manufactures and Traders Trust Co. (M & T Bank) vom 11.12.2007; der Wells Fargo & Company vom 12.12.2007) geäußerten Vorschlag, alle Zahlungsverfahren mit Ausnahme der Kreditkarten vollständig von der Regelung auszunehmen, folgt der Verordnungsgeber allerdings nicht, da andernfalls die Wirksamkeit des UIGEA nicht mehr gewährleistet sei: Verordnung, Fed. Reg., S. 69389.

119 Verordnung, Fed. Reg., S. 69389; Stellungnahme der National Football League, Major League Basketball, National Basketball Association, National Hockey League und der National Collegiate Athletic Association vom 12.12.2007.

120 Verordnung, Fed. Reg., S. 69389.

unerlaubter Glücksspiele verfügen über keine unmittelbare Kontoverbindung bei US-amerikanischen Kreditinstituten, über die ihr Zahlungsverkehr verläuft, sondern verlagern jene – wie ihren Unternehmenssitz – ins Ausland. Auf diese Weise sind die Kontovereinbarungen nicht Gegenstand des US-amerikanischen Rechts und damit auch dem Anwendungsbereich des UIGEA entzogen.[121] Um eine Einhaltung des Gesetzes dennoch sicherzustellen, verpflichtet das Verordnungsgremium noch in seinem Regelungsentwurf in allen benannten Zahlungsverfahren eine Vielzahl von Beteiligten, durch Vertragsvereinbarungen und Kontrollen Sorge zu tragen, keine Gelder US-amerikanischer Spieler an ausländische Banken zu transferieren.[122]

Dieses Vorhaben stößt auf vehementen Widerstand von Seiten der US-amerikanischen Zahlungsdienstleister, der in dem Vorschlag mündet, all diejenigen Beteiligten auszuklammern, die grenzüberschreitende Zahlungsvorgänge bearbeiten. Es sei unrealistisch, von ausländischen Kreditinstituten die Einhaltung US-amerikanischen Ordnungsrechts einzufordern.[123] Überdies sei es wahrscheinlich, dass zwischen das ausländische Institut, zu dem der Verpflichtete ein Vertragsverhältnis pflege, und den Glücksspielanbieter eine Reihe weiterer Dienstleister trete und so eine unmittelbare Einflussnahme nicht gewährleistet sei.[124] Zudem bestünden keine praktikablen und wirksamen Maßnahmen, um einen spielinteressierten US-Bürger davon abzuhalten, Zahlungen ins Ausland zu tätigen.[125]

Im Ergebnis beschränkt sich der Gesetzgeber darauf, in der Verordnung nur die US-Niederlassungen der Zahlungsdienste zu erfassen.[126] Sollte allerdings ein inländischer Beteiligter durch die Aufsichtsbehörde darüber in Kenntnis gesetzt werden, dass sein ausländischer Vertragspartner grenzüberschreitende Zahlungen für unerlaubte Glücksspiele tätige, so soll er diesen hierüber unterrichten. Die Verordnung enthält in ihrem Anhang ein Muster für ein Aufforderungsschreiben.[127]

---

121 Verordnung, Fed. Reg., S. 69394; *Rose*, Gambling and the Law: The Unlawful Internet Gambling Enforcement Act of 2006 Analyzed, nennt als Beispiel den Überweisungsdienst Neteller mit Sitz auf der Isle of Man; unter: www.gamblingandthelaw.com/articles/286-prohibition-20-the-unlawful-internet-gambling-enforcement-act-of-2006-analyzed.html (Beitrag vom 13.12. 2010); zul. aufgerufen am 03.07.2011.

122 VO-Entwurf, Fed. Reg., S. 56698.

123 Insbesondere solange der Begriff des „unerlaubten Glücksspiels“ nicht hinreichend geklärt sei: Stellungnahme von The Clearing House Assoc. LLC and its affiliates, The Clearing House Payments Co. LLC vom 12.12.2007.

124 Verordnung, Fed. Reg., S. 69394; Stellungnahme der American Bankers Association (ABA) vom 12.12.2007.

125 Verordnung, Fed. Reg., S. 69389.

126 § _.5 (g) der Verordnung; Fed. Reg., S. 69391; näher: Stellungnahme von Visa U.S.A. Inc. vom 12.12.2007.

127 Verordnung, Fed. Reg., S. 69411.

An den Ausführungen zum grenzüberschreitenden Zahlungsverkehr zeigt sich der altbekannte Konflikt zwischen einzelstaatlicher Hoheitsgewalt und grenzenlosem Informationsfluss über das Internet. Das Problem der fehlenden Zugriffsmöglichkeit der US-Behörden auf die sog. „Offshore"-Anbieter, das der UIGEA mit seinem Ansatz am Zahlungsstrom lösen will, setzt sich geradewegs an diesem fort. So laufen einstweilige Verfügen ins Leere, wenn sich die Zahlungsdienstleister im Ausland befinden und über keine Niederlassung, Zweigstelle oder einen Ansprechpartner in den USA verfügen.[128] Im Ergebnis haben die US-amerikanischen Behörden keine Handhabe, um den Zahlungsfluss wirksam zu unterbinden, wenn sich ein Spieler gezielt Bankverbindungen und Zahlungsformen bedient, die außerhalb des nationalen Einflussbereichs liegen.[129]

VI. Praxisrelevanz des UIGEA: Strafverfahren und vorsichtige Liberalisierungsansätze

Mit ihrem Ansatz an den Zahlungsströmen als „wirtschaftlicher Nabelschnur"[130] haben die USA einen neuen Weg bei der Bekämpfung unerlaubter Onlineglücksspiele eingeschlagen, der auch für das deutsche Recht durchaus Modell stehen könnte. Denn ihre praktischen Wirkungen entfaltet die Strategie schon, bevor sie überhaupt in die Praxis umgesetzt wird. Die Drohkulisse eines scharfen Einschnitts in den Geldtransfer, der die ohnehin stattfindenden Strafverfahren gegen illegale Angebote ergänzen soll, verunsichert Glücksspielveranstalter und Zahlungsdienstleister gleichermaßen.[131] Seit 2007 gehen unter der Aufsicht des US-Justizministeriums Ermittlungsbehörden rigoros gegen Anbieter unerlaubter Internetglücksspiele und Zahlungsabwickler vor.[132]

---

128 I.d.S. *Rose*, Gambling and the Law: The Unlawful Internet Gambling Enforcement Act of 2006 Analyzed, nennt als Beispiel Neteller mit Sitz auf der Isle of Man, näher unter: www.gamblingandthelaw.com/articles/286-prohibition-20-the-unlawful-internet-gambling-enforcement-act-of-2006-analyzed.html (Beitrag vom 13.12.2010); zul. aufgerufen am 03.07.2011.

129 So auch: *Rose*, Gambling and the Law: The Unlawful Internet Gambling Enforcement Act of 2006 Analyzed, unter: www.gamblingandthelaw.com/articles/286-prohibition-20-the-unlawful-internet-gambling-enforcement-act-of-2006-analyzed.html (Beitrag vom 13.12.2010); zul. aufgerufen am 03.07.2011.

130 *Steegmann*, Basisinfrastruktur, 2010, S. 125.

131 Hierzu sogleich unter Teil 3 A. VI. 1. zum Rückzug von *PartyGaming* vom US-Glücksspielmarkt.

132 Zu den jüngsten Maßnahmen als Teil einer US-weiten Strategie näher: *Krafcik*, DoJ's Gambling Seizures Force Flight From Dot.Com Domains, Beitrag in Gambling Compliance vom 27.05.2011.

Ein kurzer chronologischer Abriss soll einen Einblick in die wichtigsten behördlichen Maßnahmen bieten (unter 1.). Den vorläufigen Höhepunkt bildet das Strafverfahren der New Yorker Staatsanwaltschaft im April 2011 gegen drei der größten Onlinepokeranbieter und deren Zahlungsdienstleister, das nach dem Tag des Zugriffs in Spielerkreisen als *Black Friday* betitelt wird (unter 2.). Das rigorose Einschreiten gegen Onlineanbieter in den USA wird als Demonstration staatlicher Konsequenz in der Diskussion um eine baldige Liberalisierung des Internetglücksspiels gewertet (unter 3.).

1. Einschneidende behördliche Maßnahmen seit Inkrafttreten des UIGEA

Im Januar 2007 werden die Gründer des Online-Zahlungsdienstleisters *Neteller*, einem an der Londoner Börse notierten und auf der Isle of Man ansässigen Unernehmen verhaftet. Die New Yorker Staatsanwaltschaft legt ihnen zu Last, mehrere Milliarden Dollar US-amerikanischer Spieler zu ausländischen Glücksspielanbietern transferiert zu haben.[133] Ende Juni und im Juli 2007 bekennen sich die Gründer von *Neteller* der ihnen zur Last gelegten Taten schuldig und verpflichten sich, eine Geldstrafe in Höhe von 136 Mio. US-Dollar zu zahlen und künftig mit den US-Behörden zusammenzuarbeiten. Zur selben Zeit beschlagnahmen Ermittler 13 Mio. US-Dollar von zwei weiteren Zahlungsdienstleistern (*Citadel* und *Firepay*).

Ende 2007 verpflichten sich die Suchmaschinenbetreiber *Microsoft*, *Google* und *Yahoo* im Rahmen eines Deals mit der Staatsanwaltschaft von Missouri zur Zahlung von 30 Mio. Dollar wegen Bewerbens illegaler Glücksspielseiten auf ihren Plattformen. Von März bis September 2008 folgen weitere Verfahren gegen Online-Zahlungsdienstleister.

Einen vorläufigen Höhepunkt im Kampf der US-Behörden gegen unerlaubtes Glücksspiel stellt die Verhaftung des *PartyPoker*-Gründers *Anurak Dikshit* Ende 2008 dar. Er bekennt sich der Veranstaltung unerlaubter Onlineglücksspiele schuldig und entgeht durch Zahlung einer Geldstrafe von 300 Mio. US-Dollar einer zweijährigen Gefängnisstrafe.

Im April 2009 erklärt der Glücksspielanbieter *PartyGaming* gegenüber den US-Behörden offiziell seinen Rückzug aus dem amerikanischen Pokermarkt, um auf diese Weise den Vorgaben des UIGEA Folge zu leisten.

Im August 2009 verurteilt ein US-Gericht den Gründer und den CEO des Wettveranstalters *BetonSports.com* zu längeren Gefängnisstrafen.

---

133 *Cronan/Kilsby*, Special Report: Online Gambling And US Enforcement. Beitrag in Gambling Compliance vom 29.04.2011.

Im Laufe des Jahres 2009 sperren die US-Behörden eine Reihe von Bankkonten, die in den USA von – teilweise – ausländischen Zahlungsdienstleistern gehalten werden, und beschlagnahmen das Guthaben. Weiterhin kommt es in zahlreichen Fällen zu Verurteilungen der Unternehmensinhaber.

Im September 2010 unterzeichnet das in London börsennotierte Glücksspielunternehmen *Sportingbet* einen Vergleich mit den US-Behörden, in dem es seinen Rückzug vom US-Markt zusichert.

Im selben Monat kündigen zwei der größten Onlinepokerunternehmen, *PokerStars* und *Full Tilt Poker*, an, dass sie künftig Spielern aus dem Bundesstaat Washington den Zugang zu ihrem Spielangebot verweigern werden. Der Erklärung geht ein Urteil voraus, nach dem die Spielteilnahme eine Straftat darstellt. Kurze Zeit später, im Januar 2011, bekennt sich ein Zahlungsanbieter schuldig, Transaktionen für *PokerStars* und *Full Tilt Poker* durchgeführt zu haben.

Zuletzt wird im Februar 2011 Anklage gegen mehrere Personen erhoben, die zwischen 2005 und 2006 im Umfang von mehr als 40 Mio. US-Dollar Zahlungen für mehrere ausländische Glücksspielanbieter abgewickelt haben.

Die Staatsanwaltschaft des US-Bundesstaates Maryland beschlagnahmt im Frühjahr 2011 in großem Umfang inländische Bankkonten und Domains von Internetglücksspielanbietern mit Sitz in Zypern und Kanada.[134]

2. Der vorläufige Höhepunkt: „Black Friday"

Am 15. April 2011 erschüttert ein Ereignis die US-Glücksspielbranche, das von Pokerspielern rasch als „Black Friday"[135] tituliert wird.[136] An diesem Tag erhebt die Staatsanwaltschaft New York (Southern District) Anklage[137] gegen die Inhaber der drei größten Anbieter von Onlinepoker in den USA, *PokerStars* mit Sitz auf der Isle of Man, *Full Tilt Poker* mit Headquarter in Dublin und *Absolute Poker* bzw.

---

134 *Krafcik*, DoJ's Gambling Seizures Force Flight From Dot.Com Domains, Beitrag in Gambling Compliance vom 27.05.2011.

135 In Anlehnung an den Börsencrash, der am Freitag, den 25.10.1929 die Weltwirtschaftskrise einläutete.

136 Vgl. z.B. *Silver* (Blogeintrag vom 20.04.2011), unter: http://fivethirtyeight.blogs.nytimes.com/2011/04/20/after-black-friday-american-poker-faces-cloudy-future/?ei=5070&emc=eta1; zul. aufgerufen am 10.09.2012.

137 Anklageschrift abrufbar unter: www.scribd.com/doc/53107543/Indictment-DOJ-vs-Scheinberg-Bitar-Tom-et-al. Zusammenfassung des Sachverhalts bei *Kilsby*, PokerStars, Full Tilt Suspend U.S. Bets After Bank Fraud Indictment, Beitrag in Gambling Compliance vom 18.04.2011; *Silver*, (Blogeintrag vom 20.04.2011), unter: http://fivethirtyeight.blogs.nytimes.com/2011/04/20/after-black-friday-american-poker-faces-cloudy-future/?ei=5070&emc=eta1. Quellen zul. aufgerufen am 10.09.2012.

Ultimate Bet mit Sitz in Costa Rica und Antigua.[138] Weiterhin richtet sich die Anklage gegen acht für die Pokerunternehmen tätige Zahlungsdienstleister.[139]

Der nachfolgende Abschnitt skizziert die wesentlichen Tatvorwürfe (unter a), die den Angeklagten zur Last gelegte kriminelle Strategie (unter b), die Hintergründe (unter c) und schließlich die Konsequenzen für die Beteiligten (unter d) des bisher größten Ermittlungsverfahrens gegen Onlineglücksspielanbieter und Zahlungsabwickler in den USA

a) Kernpunkte des Verfahrens

Der Tatvorwurf richtet sich auf Verstöße gegen § 5363 UIGEA, der, wie oben ausgeführt,[140] den Veranstaltern von Onlineglücksspielen die Annahme von Zahlungen für ihre Dienstleistungen untersagt. Weiterhin wird in der Anklage § 5366 UIGEA benannt, der den Strafrahmen von bis zu fünf Jahren Freiheitsstrafe regelt (Abs. 1) und das Gericht ermächtigt, im Verurteilungsfall per Verfügung ein Veranstaltungs- und Vertriebsverbot auszusprechen (Abs. 2).[141] Die Anklage lautet auf Veranstaltung unerlaubter Internetglücksspiele,[142] Betrug unter Einsatz von Telekommunikationsmitteln, Bankbetrug[143] und Geldwäsche.[144]

Folgenden Sachverhalt legt die Staatsanwaltschaft den Beteiligten zur Last: Nach dem Inkrafttreten des UIGEA im Jahr 2006 ist der Großteil der US-Banken nicht mehr bereit, Konten für Online-Glücksspielunternehmen bereitzustellen. Um dennoch Ein- und Auszahlungen zu gewährleisten, bauen die Unternehmen in Kooperation mit teilweise ausländischen Zahlungsdienstleistern ein weit verzweigtes Netz aus Scheinfirmen auf. Mit deren Hilfe spiegeln sie den US-Banken und der Bankenaufsicht vor, es handle sich um Zahlungen für andere Zwecke als Glücksspiel, beispielsweise für Versandhäuser, die Tierheimbedarf verkaufen. Auf diese Weise gelingt es den Beteiligten, im Zeitraum zwischen November 2006 und Anfang 2011 mehrere Milliarden US-Dollar an der Finanzaufsicht vorbeizuschleusen.

---

138 Das Unternehmen ist übernommen worden von *Blanca Games Ltd.* mit Sitz in Antigua, näher: Anklageschrift, S. 9.

139 Auflistung in Anklageschrift S. 9 ff.

140 Teil 3 A. II.

141 Anklageschrift S. 4.

142 Anklage, S. 4; Gesetzeswortlaut des Title 18 U.S.C. § 1955 (d) (Prohibition of illegal gambling businesses) und Title 18 U.S.C. § 981 (a) (1) (C), der die zivilrechtliche Einziehung des Vermögens regelt: Anklage, S. 60 f.

143 Anklage, S. 4, Gesetzeswortlaut des Title 18 U.S.C. § 1343 (Fraud by wire, radio, or television), § 1344 (Bank Fraud) i.V.m. 1349 (Attempt and conspiracy) und § 981: Anklage, S. 61 ff.

144 Anklage S. 4, Gesetzeswortlaut des Title 18 U.S.C. § 1956 (Laundering of monetary instruments); § 1957 (Engaging in monetary transactions in property derived from specified unlawful activity) i.V.m. § 981: Anklage, S. 63 ff.

Dabei sollen sie hauptsächlich zwei Zahlungsverfahren, erstens Kreditkartentransaktionen und zweitens elektronische Schecks, über das US-Überweisungssystem ACH nutzen.

Um eine Blockade von Transaktionen für Onlinepoker zu verhindern, so der Vorwurf, vergeben die Pokerunternehmen nicht – wie durch die Kreditkartenregularien vorgeschrieben – den MCC 7995.[145] Stattdessen gründen sie Scheinfirmen, die angeblich online mit Blumen oder Heimtierbedarf handeln und verwenden deren Merchant Category Code.[146] Sobald die Herausgeberbanken Verdacht schöpfen, werden die Websites geschlossen und der angebliche Händler verschwindet.[147] Zweitens sollen die Angeklagten pre-paid-Zahlungs- und Telefonkarten verkaufen, die mittels der herkömmlichen Chargeback-Kreditkarten „aufgeladen" werden und deren Verwendungszweck sie abermals gegenüber den beteiligten Banken falsch angeben. Hierzu veröffentlichen sie sogar online erfundene Kundenbewertungen für die Zahlungskarten.[148]

Bei dem zweiten Zahlungsverfahren, das für illegale Glücksspieltransaktionen missbraucht wird, handelt es sich um das US-Überweisungssystem ACH, das einen Geldtransfer mittels sog. e-checks anbietet. Um diese zu nutzen, muss ein Händler ein Konto bei einer US-Bank eröffnen. Hierfür sollen abermals Strohmänner und Scheinfirmen eingesetzt werden.[149] Die beteiligten Prozessorunternehmen verschleiern laut der Anklage gegenüber den Banken den Geschäftszweck u.a. durch Ausweisung falscher Gebühren.[150] Sobald einer der Spieler seine e-check-Kontodaten auf der Website des Pokeranbieters eingibt, um eine Transaktion über das ACH-System einzuleiten, erhalten danach der Spieler und der Anbieter durch ihr Prozessorunternehmen eine Mitteilung, welche Scheinfirma an Stelle des Veranstalters gegenüber der Bank angegeben wird und auf der Abrechnung erscheint.[151] Dafür richten die Anbieter sogar eigene Callcenter für die erfundenen Unternehmen ein.[152]

Als die illegalen Tätigkeiten von immer mehr Zahlungsdienstleistern aufgedeckt werden, entwickeln die Pokerunternehmen als neue Strategie das sog. „transparent processing". Anstelle ihren Geschäftszweck US-Banken gegenüber

145 Vgl. dazu: Teil 3 A. IV. 4. a).
146 Anklage S. 14.
147 Anklage S. 14 f.
148 Anklage S. 15.
149 Anklage S. 17 f.
150 Anklage S. 17.
151 Anklage S. 20.
152 Anklage S. 21.

zu vertuschen, wenden sie sich an Kreditinstitute mit wirtschaftlichen Schwierigkeiten und bringen diese durch hohe finanzielle Zuwendungen dazu, Zahlungen für sie vorzunehmen.[153]

c) *Hintergrund des Verfahrens*

Als wichtigster Informationsgeber hinter dem „Black Friday" wird der australische Unternehmer *Daniel Tzvetkoff* vermutet. Der Gründer des Internetzahlungsdienstes *Intabill* wird im April 2010 in Las Vegas verhaftet, vier Monate später auf Kaution entlassen[154] und – wahrscheinlich – in ein Zeugenschutzprogramm des FBI aufgenommen.[155] Ihm wird vorgeworfen, Anbieter illegaler Internetglücksspiele rund zwei Jahre lang dabei zu unterstützen, Transaktionen über das Überweisungssystem ACH in Höhe von 500 Millionen US-Dollar zwischen den Glücksspielseiten und US-amerikanischen Spielern vorzunehmen.[156] Dabei bietet *Intabill* die bereits genannten e-checks als Zahlungsverfahren an.[157] Zu den Geschäftspartnern zählen die drei Hauptakteure des „Black Friday", *PokerStars*, *Full Tilt Poker* und *Ultimate Bet*. *Tzvetkoff* soll gemeinsam mit den Pokerunternehmen mehrere Strohfirmen mit eigenen Internetseiten generieren und den Banken vorgespiegeln, dass die Zahlungsabwicklung über *Intabill* für andere Zwecke als Glücksspiel erfolgt. Weiterhin soll *Tzvetkoffs* Unternehmen Beträge an die Pokeranbieter in Millionenhöhe nicht auszahlen.[158]

Die Angaben zur missbräuchlichen Nutzung von e-checks im Rahmen des ACH-Überweisungsverfahrens sollen aus der Vernehmung von *Tzvetkoff* als eine Art Kronzeuge stammen.[159]

---

153 Anklage S. 26 f.

154 Zum Prozessverlauf: AAP (Artikel vom 26.10.2010), unter: www.couriermail.com.au/business/pursuit-of-failed-net-czar-daniel-tzvetkoff-a-witchhunt-dad-tells-federal-court/story-e6freqmx-1225943887828; zul. aufgerufen am 10.09.2012.

155 Näher: AAP (Artikel in The Sidney Morning Herald vom 22.04.2010), unter: www.smh.com.au/technology/ technology-news/witness-protection-likely-for-tzvetkoff-20110422-1dr8i.html; zul. aufgerufen am 10.09.2012.

156 Hierzu: *Jones* (Artikel vom 17.04.2010), unter: www.parttimepoker.com/payment-processor-arrested-violated-united-states-uigea-976; *McCullough* (Artikel vom 20.04.2011), unter: www.couriermail.com.au/business/daniel-tzvetkoff-allegedly-shifted-millions-in-online-gaming-rort-via-phony-websites/story-e6freqmx-1226041802122. Quellen zul. aufgerufen am 10.09.2012.

157 Im Einzelnen: Anklage S. 23 ff.

158 Im Einzelnen: S. 23 ff. d. Ankl., vgl. auch: www.parttimepoker.com/payment-processor-arrested-violated-united-states-uigea-976; zul. aufgerufen am 10.09.2012.

159 Vgl. hierzu *Moses* (The Sidney Morning Herald vom 18.04.2011), unter www.smh.com.au/technology/technology-news/fallen-aussie-tycoon-aces-poker-giants-for-fbi-to-beat-life-behind-bars-20110418-1dkkr.html; Näheres auch AAP (The Sidney Morning Herald vom 16.04.2011), unter: www.smh.com.au/technology/technology-news/fbi-charges-11-internet-poker-kingpins-20110416-1difk.html. Quellen zul. aufgerufen am 10.09.2012.

d) *Konsequenzen des „Black Friday" für die betroffenen Unternehmen*

Im Rahmen der Anklage wird die Beschlagnahme des Firmenvermögens aller Beteiligten angeordnet.[160] Weiterhin kommt es zur Verhängung eines Bußgeldes wegen Geldwäsche i.H.v. 1,5 Mrd. US-Dollar gegen *PokerStars*, 1 Mrd. gegen *Full Tilt* und 500 Mio. gegen *Absolute Poker*.[161] Die Internetseiten der drei Pokeranbieter werden gesperrt.[162]

Das Ermittlungsverfahren hat darüber hinaus auch persönliche Folgen: Nach der Anklage drohen den drei Vorstandsvorsitzenden von *PokerStars*, *Full Tilt Poker* und *Absolute Poker* sowie acht weiteren Personen aus dem Kreis der mitangeklagten Zahlungsdienstleister jeweils bis zu 30 Jahre Gefängnisstrafe.[163] Allerdings werden nur drei Zahlungsdienstleister vorläufig festgenommen und, nachdem sie auf „Nicht schuldig" plädieren, gegen Kaution wieder freigelassen.[164] Die anderen Angeklagten befinden sich – auch dank ihrer ausländischen Unternehmenssitze und Wohnorte – auf freiem Fuß.[165]

Fünf Tage nach dem „Black Friday" erhalten die drei Pokeranbieter einen begrenzten Zugang zu ihrer Kundendatei, um eine Rückzahlung des Spielerguthabens durchführen zu können. Während *PokerStars* dem umgehend nachkommt, beanstanden zahlreiche Spieler die verzögerten Rückerstattungen bei *Full Tilt* Poker.[166]

---

160 Anklage S. 61.

161 Anklage S. 66.

162 AAP (The Sidney Morning Herald vom 16.04.2011) unter: www.smh.com.au/technology/technology-news/fbi-charges-11-internet-poker-kingpins-20110416-1difk.html; *Waterman* (Artikel vom 18.04.2011), unter: www.washingtontimes.com/news/2011/apr/18/feds-crack-down-on-web-poker-by-arresting-bankers/. Quellen zul. aufgerufen am 10.09.2012.

163 *Moses* (The Sidney Morning Herald vom 18.04.2011), unter www.smh.com.au/technology/technology-news/fallen-aussie-tycoon-aces-poker-giants-for-fbi-to-beat-life-behind-bars-20110418-1dkkr.html; zul. aufgerufen am 10.09.2012.

164 *Stempel* (Reuters vom 18.04.2011), Defendant pleads not guilty in online poker case, unter: www.reuters.com/article/2011/04/18/us-poker-fraud-idUSTRE73E6SF20110418; dazu auch: *Golding* (Eintrag vom 23.05.2011), Crooked 'payment processor' gambles on plea deal in online poker case, unter: http://m.nypost.com/p/news/local/guilty_plea_in_online_poker_case_KYYRU5RyV6roKeucbx1EnL; *Smithson* (Artikel vom 18.04.2011), unter: www.washingtontimes.com/news/2011/apr/18/feds-crack-down-on-web-poker-by-arresting-bankers/. Quellen zul. aufgerufen am 10.09.2012.

165 *Golding* (Eintrag vom 23.05.2011), Crooked 'payment processor' gambles on plea deal in online poker case, unter: http://m.nypost.com/p/news/local/guilty_plea_in_online_poker_case_KYYRU5RyV6roKeucbx1EnL; zul. aufgerufen am 10.09.2012.

166 *Batt*, Frustration With Full Tilt Growing Among U.S. Poker Players, Beitrag in Gambling Compliance vom 13.06.2011.

Bereits kurze Zeit später ist zu erkennen, dass die Glücksspielveranstalter versuchen, trotz der behördlichen Maßnahmen ihre Geschäftstätigkeit fortzusetzen. Sie verlagern ihr Angebot auf Seiten mit „.eu"-Domain und damit auf Adressen, die von Registraren[167] außerhalb den USA angeboten werden.[168]

3. Liberalisierungstendenzen auch in den USA

Das harte Einschreiten der US-Behörden fällt – nicht zufällig – zusammen mit starken Liberalisierungstendenzen. Derzeit bemühen sich parallel mehrere Gesetzesinitiativen um eine US-weite oder zumindest auf Bundesstaaten beschränkte Öffnung des Onlinepokermarktes.[169]

Das Echo auf den „Black Friday" fällt daher bei den politischen Entscheidungsträgern, die hinter den Gesetzesvorhaben stehen, sehr zwiespältig aus. Zu diesen zählt der Kongressabgeordnete *John Campbell* (Rep./Kalifornien), auf dessen Engagement der Gesetzentwurf H.R. 1174 (Internet Gambling Regulation, Consumer Protection, and Enforcement Act) vom 17. März 2011 zurückgeht.[170]

Seiner Meinung nach erweckt das Ermittlungsverfahren den Eindruck, es handle sich bei Glücksspielveranstaltern mehrheitlich um unseriöse Unternehmen. Andererseits habe es aber gezeigt, dass Millionen von Amerikanern online pokern und auf einen verlässlichen Verbraucherschutz angewiesen sind. Hierfür sei eine zersplitterte und teilweise sehr unklare Rechtslage nicht ausreichend. Rechtssicherheit könne nur durch ein verlässliches Konzessionssystem geschaffen werden.[171]

---

167 Zum Tätigkeitsspektrum eines Registrars und seiner Haftung nach deutschem Recht: *Steegmann*, Basisinfrastruktur, 2010, S. 197 f.

168 *Krafcik*, DoJ's Gambling Seizures Force Flight From Dot.Com Domains, Beitrag in Gambling Compliance vom 27.05.2011.

169 Näher zu den aktuellen Entwürfen: *Kilsby*, PokerStars, Full Tilt Suspend U.S. Bets After Bank Fraud Indictment, Beitrag in Gambling Compliance vom 18.04.2011; *ders.*, Poker Crackdown 'Appropriate' Says Attorney General, Beitrag in Gambling Compliance vom 04.05.2011; *ders.*, Barton Bill Rallies U.S. Poker Players, Beitrag in Gambling Compliance vom 25.05.2011; *ders.*, Black Friday Invites Consumer Protection Focus For Campbell. Zur Lobbyarbeit der Pokerbranche: *Krafcik*, Poker Lobbyists Defiant Despite DoJ Setbacks, Beitrag in Gambling Compliance vom 26.04.2011.

170 Der Entwurftext sowie die einzelnen Verfahrensschritte sind abrufbar unter: www.govtrack.us/congress/bill.xpd?bill=h112-1174; zul. aufgerufen am 10.09.2012. Siehe weiterhin die Entwürfe des „Internet Gambling Regulation, Consumer Protection, and Enforcement Act" vom 05.05.2009 (Rep. Frank, H.R. 2267) und des „Internet Gambling Regulation and Tax Enforcement Act of 2009" vom 06.05.2009 (Rep. Mc Dermott, H.R. 2268).

171 *Kilsby*, Black Friday Invites Consumer Protection Focus For Campbell Bill, Beitrag in Gambling Compliance vom 24.05.2011.

VII. Zusammenfassung und Bewertung

Sowohl die Diskussionen im Zusammenhang mit dem Erlass der Umsetzungsverordnung zum UIGEA als auch die behördlichen Maßnahmen, die ihren bisherigen Höhepunkt im „Black Friday" finden, zeigen eines: Die Zahlungswege bilden die Schlüsselstelle für eine wirksame Bekämpfung unerlaubter Onlineglücksspiele.

Ob das US-Konzept in ein paar Jahren als Erfolgsmodell bezeichnet wird, bleibt abzuwarten. Was sich allerdings bereits zum heutigen Zeitpunkt festhalten lässt, sind die richtigen Grundannahmen, auf denen das Konzept beruht: Angesichts der grenzenlosen Reichweite des Internets führt die Strategie zwingend über die notwendige Infrastruktur. Allerdings vermitteln die zahlreichen und folgenschweren Strafverfahren eher den Eindruck, dass der Schwerpunkt momentan nicht wie beabsichtigt auf der Präventivebene liegt, sondern sich weitgehend in Repressivmaßnahmen auch gegen Zahlungsdienstleister erschöpft.

Langfristigen Erfolg hat die Konzeption aber nur, wenn eine breite Akzeptanz der mitwirkungspflichtigen Finanzunternehmen gesichert ist. Daher ist der offene, praxisnahe Ansatz der Umsetzungsverordnung zu begrüßen, der den Zahlungsabwicklern Raum für eigenständige Entscheidungen belässt. Der „Black Friday" belegt auch, dass es sinnvoll ist, nicht nur bei dem Kreditkartenverfahren und den „bewährten" Transaktionssperren stehen zu bleiben. Der Einbezug weiterer Zahlungsformen ist unabdingbar, um einem Ausweichen und damit einer Verlagerung der Problematik vorzubeugen.

B. Umsetzung in Deutschland

Die Ausführungen zur US-Rechtslage zeigen, dass ein Ansatz an der Finanzinfrastruktur durchaus Erfolg verspricht. Wegen des starken Eingriffs in die Geschäftsstruktur der Zahlungsunternehmen begegnet er jedoch, wie sich an den langwierigen Verhandlungen um den Inhalt der Umsetzungsverordnung zeigt, erheblichen rechtlichen und praktischen Vorbehalten.

Vor den entsprechenden Herausforderungen steht auch der deutsche Gesetzgeber. Er nimmt die Gelegenheit wahr, von den Erfahrungen der US-Behörden zu profitieren und schafft mit § 9 Abs. 1 S. 3 Nr. 4 GlüStV 2008 die rechtliche Grundlage für Eingriffe in die Zahlungswege unerlaubter Glücksspiele. Danach kann die zuständige Behörde des jeweiligen Landes im Einzelfall „*Kredit- und Finanzdienstleistungsinstituten die Mitwirkung an Zahlungen für unerlaubtes Glücksspiel und an Auszahlungen aus unerlaubtem Glücksspiel untersagen*". Eine praktische Umsetzung erfolgt bislang nicht. Umso interessanter ist die

Überlegung, wie eine solche auf Grundlage der knappen rechtlichen Vorgaben aussehen könnte.

Im Zentrum stehen dabei wie im US-Recht die Kreditkartenzahlungen. Vorausgeschickt sei an dieser Stelle, dass die technischen Voraussetzungen für eine Codierung der Vertragsunternehmen auch in Deutschland vorliegen. Der Merchant Category Code 7995 wird nicht nur bei Kreditkartentransaktionen in den USA generiert, sondern begleitet als internationaler Standard auch Zahlungsanfragen deutscher Karteninhaber. In den Listen für den deutschen Markt, die den Kartenherausgebern regelmäßig von ihren Prozessorunternehmen übermittelt werden, findet sich zum Beispiel für Visa-Kreditkarten bereits der interne Bearbeitungscode „*1 C2 – Glücksspiel im Land der Karte nicht erlaubt*". Er kommt derzeit nur noch nicht als Begründung für eine Zurückweisung zur Anwendung.

In rechtlicher Hinsicht stellt sich vorrangig die Frage, ob der Wortlaut der Ermächtigungsnorm überhaupt ein Vorgehen nach US-Vorbild abdeckt. Wie dargestellt, bedarf es für eine zuverlässige Codierung und Sperre der Mitwirkung einer großen Anzahl unterschiedlicher Dienstleister unter der Regie der Kreditkartenorganisation. Daher wird gleich zu Beginn versucht, anhand des Gesetzeswortlauts den Kreis möglicher Adressaten abzustecken. Hier offenbaren sich zahlreiche Schwächen der Vorschrift. Der Abschnitt erörtert diese und schließt mit einem Änderungsvorschlag (unter I.).

Für eine pflichtgemäße Ermessensausübung haben sich die Ordnungsbehörden sodann mit dem Verantwortungsgrad der Betroffenen zu befassen. Hier zeigen sich bei einer Auslegung der Vorschrift rechtliche Unklarheiten. Mittels einer Ergänzung, welche die Arbeit anregt, könnten diese behoben werden (unter II.). Um Zuständigkeitskonflikte zu vermeiden und eine effektive Rechtsdurchsetzung zu gewährleisten, bietet sich ein koordiniertes, länderübergreifendes Tätigwerden an (unter III.). Eben so wenig wie ein isoliertes Vorgehen eines Bundeslandes anzuraten ist, empfiehlt es sich, die Strategie allein auf Einzelmaßnahmen zu stützen. Vielmehr sollten selbige in einen allgemeinverbindlichen Rechtsrahmen eingebettet werden (unter IV.), der wie das US-Vorbild in den Grenzen der Ermächtigungsnorm eine Reihe weiterer Aspekte regelt (unter V.).

Der Gesetzgeber erachtet allerdings den Ansatz an der Finanzinfrastruktur nicht nur als geeignete Strategie, um die Einhaltung des umfassenden Onlineverbotes nach § 4 Abs. 4 GlüStV 2008 zu gewährleisten. Eine entsprechende Ermächtigungsgrundlage mit einigen Änderungen ist auch in den Novellierungsentwürfen von Schleswig-Holstein und dem GlüÄndStV-E vorgesehen und in beiden Fällen Bestandteil der endgültigen Gesetzesfassung (unter VI.-VIII.).

I. „Kredit- und Finanzdienstleistungsinstitute" als Adressaten

Als Adressaten einer Untersagungsanordnung benennt die Ermächtigungsgrundlage des § 9 Abs. 1 S. 3 Nr. 4 GlüStV 2008 ausschließlich „Kredit- und Finanzdienstleistungsinstitute". Die zentrale Frage lautet, welche der an einer Kreditkartentransaktion Beteiligten hierunter fallen. Eine eindeutige Antwort fällt nicht leicht, da die Begriffe „Kredit- und Finanzdienstleistungsinstitut" im GlüStV 2008 weder definiert noch erläutert werden. Allerdings findet sich im Kreditwesengesetz für sie eine Definition, die einheitlich auch in zahlreichen anderen Rechtsvorschriften verwendet und – im Rahmen dieser Arbeit – auch der Ermächtigungsnorm zugrunde gelegt wird (unter 1.). Bei dem Versuch, die beteiligten Zahlungsunternehmen unter den Gesetzeswortlaut zu fassen, ergeben sich aber mehrere erhebliche Probleme: Erstens lassen die „Kredit- und Finanzdienstleistungsinstitute" keinen Einbezug aller Dienstleister zu (unter 2.-4.). Nicht geklärt ist auch die Anwendbarkeit der Vorschrift auf ausländische Institute (unter 5.). Vor allem aber ist die maßgebliche Vorschrift des KWG zwischenzeitlich geändert, so dass der wichtigste Anknüpfungspunkt, die „Herausgabe und Verwaltung von Kreditkarten" dem Aufgabenbereich der Finanzdienstleistungsinstitute entzogen und einem neuen Regelwerk, dem Zahlungsdiensteaufsichtsgesetz, unterstellt wird (unter 6.). Im Ergebnis wird eine Anpassung des Gesetzeswortlautes an die neue Rechtslage sowie eine Klarstellung zumindest in den Gesetzesmaterialien unvermeidbar sein (unter 7.).

1. Auslegung der Begriffe „Kredit- und Finanzdienstleistungsinstitut"

Weder der GlüStV 2008 noch die Ausführungsgesetze der einzelnen Länder enthalten eine Legaldefinition der Begriffe Kredit- und Finanzdienstleistungsinstitut. Auch die Erläuterungen zum Staatsvertragsentwurf bieten keinen Aufschluss über das Begriffsverständnis, das der Gesetzgeber der Ermächtigungsnorm zugrunde legt.[172] Ferner ist dem LottStV 2004 als Vorgänger des GlüStV 2008 nichts zu entnehmen, da er keine vergleichbare Vorschrift aufweist.

Der Adressatenkreis lässt sich mithin nur durch eine Auslegung der Vorschrift anhand des Zwecks der Ermächtigungsgrundlage, Eingriffe in den Zahlungsverkehr zu legitimieren, bestimmen. Es spricht indes nichts dafür, dass der Gesetzgeber die Bezeichnung „Kredit- und Finanzdienstleistungsinstitut" als allgemeinverständlich und damit für nicht näher erläuterungsbedürftig ansieht.

172 LT-Drs. Bayern 15/8486 vom 26.06.2007, S. 16.

Die Begriffe sind nicht im Sprachgebrauch der Bevölkerung verankert und die Kenntnis ihrer Bedeutung kann insoweit nicht vorausgesetzt werden.[173]

Davon ausgehend lassen sich zwei Interpretationsansätze ableiten: Denkbar ist einerseits, dass der Gesetzgeber aus systematischen Erwägungen heraus ein eigenständiges Begriffsverständnis zugrunde legt in der Absicht, einen möglichst weiten Kreis an Adressaten dem Geltungsbereich der Ermächtigungsnorm zu unterwerfen. Dabei könnte er sich mit „Kredit- und Finanzdienstleistungsinstitut" für eine ähnliche weite Formulierung wie der US-Normgeber mit *„financial transaction provider*" in § 5362 (4) des amerikanischen UIGEA entschieden haben.

Anderseits könnte er sich in seinem Begriffsverständnis auf andere gesetzliche Bestimmungen beziehen, in denen die Begriffe definiert sind und ihr Anwendungsbereich präzise umschrieben ist. Tatsächlich sind die „Kreditinstitute" sowie die „Finanzdienstleistungsinstitute" keine Unbekannten im deutschen Recht. Vielmehr werden sie in dem Kreditwesengesetz (KWG) als zentralem bankaufsichtsrechtlichem Regelungswerk legaldefiniert und ihr Aufgabenbereich präzise umrissen. Gerade das „Kreditkartengeschäft" wird darin als zentrale Aufgabe eines Finanzdienstleistungsinstitutes genannt.[174] An die Qualifizierung eines Unternehmens als Kredit- oder Finanzdienstleistungsinstitut sind weit reichende Rechtsfolgen geknüpft, insbesondere eine grundsätzliche Erlaubnis- und Überwachungspflichtigkeit gem. § 32 KWG, die durch die Bundesanstalt für Finanzdienstleistungsaufsicht (BaFin) erfolgt.[175]

Das Begriffsverständnis des KWG greifen zahlreiche weitere Vorschriften auf, darunter auch das für den Glücksspielbereich in der Praxis sehr bedeutsame Geldwäschegesetz (GwG).[176]

Für eine eigenständige Interpretation lässt sich das Fehlen eines entsprechenden Verweises auf das KWG und diesem entsprechende Regelungen anführen. So enthält die Parallelvorschrift des § 9 Abs. 1 S. 3 Nr. 5 GlüStV 2008, die dazu ermächtigt, *„Diensteanbietern im Sinne von § 3 Teledienstegesetz, soweit sie nach diesem Gesetz verantwortlich sind, die Mitwirkung am Zugang zu unerlaubten Glücksspielangeboten (zu) untersagen*", einen unmittelbaren Bezug zu einer medienrechtlichen Ausgangsnorm.

Jedoch spricht im Ergebnis gegen ein glücksspielspezifisches Verständnis von „Kredit- und Finanzdienstleistungsinstitut", dass der Gesetzgeber – anders als der US-Gesetzgeber – gerade keine eigenständige Definition geschaffen hat,

173 *Schäfer*, in: Boos/Fischer/Schulte-Mattler, KWG, 3. Aufl. 2008, § 1 KWG Rn. 4; *Szagunn/Haug/Ergenzinger*, 6. Aufl. 1997, § 1 KWG Rn. 1.

174 Hierzu sogleich Teil 3 B. I. 2. und 3.

175 Näheres unter: www.bafin.de; zul. aufgerufen am 10.09.2012.

176 Dazu unter Teil 3 B. I. 2.

um eine klare Unterscheidung des landesrechtlichen Verständnisses in § 9 Abs. 1 S. 3 Nr. 4 GlüStV 2008 von den sonstigen bundesrechtlichen Vorgaben zu gewährleisten.

Sollte er auf einen möglichst weiten Adressatenkreis Wert legen, so wäre es nicht nachvollziehbar, weshalb er zwei feststehende Rechtsbegriffe aus dem Banken- und Finanzaufsichtsrecht verwendet. Insbesondere der Wortbestandteil „Institut" lässt auf einen bankrechtlich vordefinierten Begriff schließen. Näher liegend wäre entsprechend dem „provider" wie in 5362 (4) UIGEA sowie dem Wortlaut des § 9 Abs. 1 S. 3 Nr. 5 GlüStV 2008 eine Bezeichnung als „Erbringer von Zahlungsdiensten oder -dienstleistungen" gewesen. Dasselbe Resultat hätte sich auch durch eine einfachere Fassung des Gesetzeswortlauts erzielen lassen. Anstelle von „Kredit- und Finanzdienstleistungsinstitut" hätte es letztlich genügt, „Personen und Unternehmen" die gewerbliche Mitwirkung an Zahlungen und Auszahlungen für unerlaubtes Glücksspiel zu untersagen.

Im Ergebnis wird daher das Begriffsverständnis des KWG und anderer bundesrechtlicher Vorschriften für eine Bestimmung des Verpflichtetenkreises nach § 9 Abs. 1 S. 3 Nr. 4 GlüStV 2008 zugrunde gelegt.

2. Hausbanken als Kreditinstitute

Nach § 1 Abs. 1 S. 1 KWG sind Kreditinstitute Unternehmen, die Bankgeschäfte gewerbsmäßig oder in einem Umfang betreiben, der einen in kaufmännischer Weise eingerichteten Geschäftsbetrieb erfordert. In einer abschließenden Liste führt § 1 Abs. 1 S. 2 KWG sodann an, welche Betätigungsformen als Bankgeschäfte nach dem KWG anzusehen sind. Dazu zählen unter anderem das Einlagengeschäft, d.h. die Annahme von Kundengeldern ungeachtet der Zahlung von Zinsen (Nr. 1), das Kreditgeschäft (Nr. 2), das Garantiegeschäft (Nr. 8), das Girogeschäft (Nr. 9) sowie nach Nr. 11 die Ausgabe und die Verwaltung von elektronischem Geld (E-Geld-Geschäft).[177] Nach dem funktionsbezogenen Verständnis des § 1 KWG ist ein Unternehmen als Kreditinstitut zu qualifizieren, sobald es nur ein Bankgeschäft aus dem Katalog des Abs. 1 betreibt.[178]

Die Definition von Kreditinstitut in § 1 Abs. 1 KWG wird in entsprechender Weise beispielsweise von den §§ 340 ff. HGB, Art. 5 EG-FKVO (Fusionskontrollverordnung), im Steuerrecht (z.B. § 19 GewStDV, allerdings mit ausdrücklicher Bezugnahme auf § 1 KWG), im Straf- (§ 152 a Abs. 4 Nr. 1 StGB) und im Aktienrecht (§ 131 Abs. 3 S. 1 Nr. 6 AktG) verwendet.[179] Ein Gesetz mit unmittelbarem

177 Das E-Geld-Geschäft ist zwischenzeitlich in §§ 1 Abs. 1 Nr. 2, 1a, 8a ZAG geregelt.
178 *Schäfer*, in: Boos/Fischer/Schulte-Mattler, KWG, 3. Aufl. 2008, § 1 KWG Rn. 9.
179 *Schäfer*, in: Boos/Fischer/Schulte-Mattler, KWG, 3. Aufl. 2008, § 1 KWG Rn. 5.

Bezug zum Glücksspielrecht ist das Geldwäschegesetz. Der darin enthaltene Kreditinstitutsbegriff ist heute nahezu deckungsgleich mit dem des KWG.[180] Das gemeinschaftsrechtliche Verständnis basiert auf demselben Ansatz, ist allerdings etwas enger. Art. 1 der Ersten Bankrechtskoordinierungsrichtlinie[181] verlangt, dass ein Kreditinstitut sowohl Einlagen oder andere rückzahlbare Gelder des Publikums entgegen nimmt als auch Kredite für eigene Rechnung gewährt.[182] Es ist zwar eher unwahrscheinlich, dass diesem Unterschied im vorliegenden Fall eine praktische Bedeutung zukommt. Eine kurze Klarstellung in den Gesetzesmaterialien wäre künftig dennoch wünschenswert.

Für die Auslegung des Begriffs „Kreditinstitut" in der Ermächtigungsnorm des § 9 Abs. 1 S. 3 Nr. 4 GlüStV 2008 ist daher das im KWG zugrunde gelegte Verständnis maßgeblich. Die Hausbanken führen die Bankkonten der Spielteilnehmer und Veranstalter, auf denen die letztendliche Verbuchung der Umsätze erfolgt, und besorgen damit das Einlagengeschäft nach § 1 Abs. 1 S. 2 Nr. 1 KWG. Sie erfüllen auf diese Weise eine Aufgabe, die zwar kein Bestandteil der eigentlichen Transaktion ist, aber doch als „letzter Akt" in einem engen Zusammenhang mit ihr steht. Im Ergebnis kommen die Hausbanken als Adressaten der Ermächtigungsgrundlage in Betracht. Auf die rechtliche Einstufung des zentralen Ansatzpunktes, der Kartenherausgabe als Tätigkeit der Finanzdienstleistungsinstitute, wird im nächsten Abschnitt eingegangen.

3. Kreditkartengeschäft als Aufgabe der Finanzdienstleistungsinstitute

Der Grund für die Verwendung der Begriffe „Kredit- und Finanzdienstleistungsinstitut" liegt aller Wahrscheinlichkeit nach in der ausdrücklichen Erwähnung der Kreditkartenzahlungen in § 1 KWG a.F. Bis zur Änderung des KWG im Oktober 2009 stellt das Kreditkartengeschäft gem. § 1 Abs. 1 a Nr. 8 KWG einen Aufgabenbereich der sog. Finanzdienstleistungsinstitute dar. Dieser rechtliche Typus hält erst 1997 im Rahmen der 6. KWG-Novelle Einzug in das Bankrecht.[183] Nach § 1 Abs. 1a KWG handelt es sich dabei um ein Unternehmen, das

---

180 Mit Änderung des GwG zum 1. Januar 1998 (BGBl. 1997 I, S. 2567) sind Kreditinstitute nach § 1 Abs. 1 GwG solche i. S. d. § 1 Abs. 1 KWG; zu den Ausnahmen vgl. § 2 Abs. 1 Nr. 4, 7 und 8 KWG. Näher: *Schäfer*, in: Boos/Fischer/Schulte-Mattler, KWG, 3. Aufl. 2008, § 1 KWG Rn. 7.

181 Aufgenommen in Art. 1 Nr. 1 der Ersten Bankrechtskoordinierungsrichtlinie (RL 77/780/EWG vom 12.12.1977), nunmehr Art. 4 Nr. 1 lit. a) der RL 2006/48/EG vom 14.06.2006 über die Aufnahme und Ausübung der Tätigkeit der Kreditinstitute, ABl. L 177 vom 30.06.2006, S. 1.

182 *Schäfer*, in: Boos/Fischer/Schulte-Mattler, KWG, 3. Aufl. 2008, § 1 KWG Rn. 10; zum gemeinschaftsrechtlichen Verständnis näher: BT-Drs. 16/11613 vom 16.01.2009, S. 53.

183 Näher dazu: *Schäfer*, in: Boos/Fischer/Schulte-Mattler, KWG, 3. Aufl. 2008, § 1 KWG Rn. 117.

eine oder mehrere der in der abschließenden Liste genannten Finanzdienstleistungen erbringt, jedoch kein Kreditinstitut nach Abs. 1 ist.

Die ehemals erlaubnisfreie Tätigkeit[184] des „Ausgebens und Verwaltens von Kreditkarten", so die Legaldefinition des Kreditkartengeschäfts nach § 1 Abs. 1 a Nr. 8 KWG a.F., wird im Jahre 2002 aus Gründen der Geldwäschebekämpfung in den Katalog der zulassungspflichtigen Finanzdienstleistungen aufgenommen.[185] Mit Inkrafttreten des Zahlungsdiensteaufsichtsgesetzes zum 1. November 2009 wird sie hieraus wieder gestrichen. Nachfolgend erläutert die Arbeit die Rechtslage bei Schaffung des Staatsvertrags als relevantem Zeitpunkt für die rechtliche Einstufung der Begriffe.

a) Ausgabe von Kreditkarten

Die erste Tatbestandsvariante des § 1 Abs. 1 a KWG a.F., das Ausgeben von Kreditkarten, bezeichnet begriffslogisch den Aufgabenbereich des Kartenherausgebers. Da es sich bei diesen in den meisten Fällen um eine Bank i.S.d. § 1 Abs. 1 KWG handelt, wären an sich zwei Erlaubnisse notwendig.[186] Zur Vereinfachung berücksichtigt der Gesetzgeber, als er das Kreditkartengeschäft einer Zulassungspflicht unterstellt, die Aufgabenbündelung der meisten Banken und stellt sie von einem zusätzlichen Genehmigungserfordernis nach §§ 64 f. KWG frei.

Auf die Leistungsbeziehungen im Kreditkartengeschäft bezogen ergibt sich das folgende Ergebnis: Sofern die Hausbank des Karteninhabers zugleich als Kartenherausgeber tätig ist, agiert sie als Kredit- und als Finanzdienstleistungsinstitut. Falls sich die Aufgaben auf zwei Unternehmen verteilen, erfüllt die Hausbank den Begriff des Kreditinstituts, der Kartenherausgeber den des Finanzdienstleistungsinstituts.

b) Verwalten von Kreditkarten

Es stellt sich die Frage, ob auch die anderen Unternehmen, die in die Zahlungsabwicklung im Kreditkartengeschäft involviert sind, als Kredit- oder Finanzdienstleistungsinstitut i.S.d. KWG einzustufen sind. Da weder die Kreditkartenorganisationen selbst noch die Akquirierungsunternehmen oder die Prozessoren

---

184 Siehe dazu § 1 Abs. 3 KWG a.F. – Tätigkeit eines Finanzinstituts.

185 Nach den Feststellungen der Financial Action Task Force on Money Laundering und der BaFin wird diese Geschäftsform verstärkt für Geldwäschezwecke über die Nutzung von Kreditkartenkonten missbraucht: *Mühlhausen*, in: Herzog/Mühlhausen, Geldwäschebekämpfung, 1. Aufl. 2006, § 43 Rn. 84; näher auch: *Schäfer*, in: Boos/Fischer/Schulte-Mattler, KWG, 3. Aufl. 2008, § 1 KWG Rn. 121.

186 *Escher*, BKR 2002, 652 (654).

auf der Emissions- und Akquisitionsseite Karten herausgeben, scheidet die erste Fallvariante des § 1 Abs. 1 a S. 2 Nr. 8 KWG a.F. aus.[187] Für sie bliebe möglicherweise der Aufgabenbereich des „Verwaltens von Kreditkarten".[188] Zur inhaltlichen Reichweite des Verwaltensbegriffs nach § 1 Abs. 1 a S. 2 Nr. 8 Var. 2 KWG a.F. gibt es jedoch so gut wie keine Anhaltspunkte. Weder findet sich eine Definition im Gesetz selbst noch nimmt der Gesetzgeber in einer Entwurfsbegründung dazu Stellung.[189] Auch die bankrechtliche Literatur misst dem Verwalten neben der Kartenherausgabe größtenteils keine eigenständige Bedeutung zu. Auf die rechtliche Qualifizierung der Kreditkartenorganisation wird schließlich überhaupt nicht eingegangen.[190]

Ein Vorschlag geht dahin, als Verwalten alle Vorgänge zu verstehen, die typischerweise bei einem Zahlungsvorgang per Kreditkarte anfallen. Dazu sollen z.B. die Erstellung monatlicher Abrechnungen auf Seite des Karteninhabers und des Vertragsunternehmens zählen. Nach diesem weiten Begriffsverständnis fallen neben den Herausgeberbanken auch das Akquirierungsunternehmen sowie die Issuing und Acquiring Processor in den Anwendungsbereich des § 1 Abs. 1a Nr. 8 KWG a.F.[191] Mit der Möglichkeit, sog. Auslagerungsverträge zu schließen, könnten die Akquirierungs- und Processingunternehmen von ihrer grundsätzlichen Erlaubnispflichtigkeit entbunden werden.[192] Als Beleg hierfür wird – ohne nähere Ausführungen – auf die Praxis der BaFin verwiesen.[193]

Eine so weite Auslegung ist jedoch abzulehnen. Zwar sollte in das Schweigen von Gesetzgeber und Literatur zu dieser Frage nicht zuviel hineininterpretiert werden. Dennoch ist anzunehmen, dass sie sich über das Genehmigungserfordernis einer Vielzahl von Unternehmen zumindest äußern würden. Auch spricht die Praxis der BaFin gegen eine Erfassung der Acquirer und technischen Dienstleister. So werden diejenigen Unternehmen, die einer Zulassung als Kredit- oder Finanzdienstleistungsinstitut bedürfen, in den Listen der BaFin geführt. Die genannten Dienstleister finden sich in diesen jedoch nicht.[194] Auch nach Aussage des Referats für Presse- und Öffentlichkeitsarbeit der BaFin erbringen Akquirie-

187 So auch: *Escher*, BKR 2002, 652 (654).

188 *Tschall*, ZBB 2003, 380 (383).

189 Viertes Finanzmarktförderungsgesetz vom 21.06.2002, BGBl. 2002 I, S. 2010.

190 *Schmalenbach*, in: BeckOK-BGB, Stand: 01.10.2007, § 676h (aufgehoben) Rn. 7; *Schäfer*, in: Boos/Fischer/Schulte-Mattler, KWG, 3. Aufl. 2008, § 1 Rn. 147 ff.; *Escher*, BKR 2002, 652 (654); anders nur *Tschall*, ZBB 2003, 380 (383).

191 *Tschall*, ZBB 2003, 380 (383).

192 *Tschall*, ZBB 2003, 380 (384). Es bleibt aber unklar, inwieweit in diesem Fall ein Acquirer als für einen Emittenten tätiges Unternehmen angesehen werden kann.

193 *Tschall*, ZBB 2003, 380 (384).

194 Abrufbar unter: www.bafin.de; zul. aufgerufen am 10.09.2012.

rungs- und Processingunternehmen keine erlaubnispflichtigen Finanzdienstleistungsgeschäfte nach § 1 Abs. 1 a Nr. 8 KWG a.F.[195]

c) *Rechtliche Qualifizierung aus anderem Grund*

Andere Modalitäten des § 1 Abs. 1 und 1 a KWG wie beispielsweise das Kreditgeschäft (Abs. 1 S. 2 Nr. 2 KWG) durch Gewährung eines Darlehens im Verhältnis Akquirierungs- zu Vertragsunternehmen scheiden als rechtlicher Ansatzpunkt aus. Zudem bespricht die bankrechtliche Literatur das Kreditgeschäft bei Kartenzahlungen nur anhand des vereinfachten Dreipersonenverhältnisses. Damit bliebe ohnehin unklar, wie ein Vertrag ausgestaltet sein muss, damit ein Akquirierungsunternehmen ein erlaubnispflichtiges Bankgeschäft nach Nr. 2 betreibt.[196] Die individuelle Vertragsgestaltung kann im Ergebnis kein zuverlässiger Maßstab bei der Entscheidung sein, ob das Akquirierungsunternehmen als Adressat der Untersagungsanordnung in Betracht kommt oder nicht.

Auch das Betreiben anderer, „kreditkartenfremder" Geschäftszweige muss unberücksichtigt bleiben. Als Beispiel ist das E-Geld-Geschäft zu nennen, für das die Kartenorganisationen eine Erlaubnis als Kreditinstitut nach § 1 Abs. 1 S. 2 Nr. 11 KWG a.F. benötigen.[197] Andernfalls hinge es letztlich vom Zufall ab, ob ein Unternehmen als Adressat des § 9 Abs. 1 S. 3 Nr. 4 GlüStV 2008 in Betracht kommt oder nicht. Betroffen wären vor allem größere Unternehmen, die neben ihrer Tätigkeit im Kreditkartenbereich auch noch andere Bank- und Finanzdienstleistungen anbieten.

4. Erste Bewertung

Mangels einer eigenen Begriffsklärung durch den Gesetzgeber lassen sich nur die Herausgeber- und die Hausbanken des Spielers und des Onlineanbieters dem Wortlaut nach als Adressaten der Ermächtigungsgrundlage in § 9 Abs. 1 S. 3 Nr. 4 GlüStV 2008 entnehmen. Möglicherweise geht das Verständnis des Landesgesetzgebers tatsächlich in diese Richtung. So wird der Entwurf des GlüStV 2008 im Dezember 2006 veröffentlicht. Zu dieser Zeit ist nur der UIGEA verabschiedet, nicht jedoch das umfangreiche Maßnahmenbündel der Umsetzungsverordnung.

Die amerikanischen Erfahrungswerte, auf die sich der deutsche Gesetzgeber stützen kann, beschränken sich mithin auf die Einzelabsprachen zwischen Staatsanwaltschaft und Herausgeberbanken. Allerdings zeigt sich bereits an dieser

---

195 So die Stabstelle Presse- und Öffentlichkeitsarbeit der BaFin auf Nachfrage im April 2009.

196 *Schäfer*, in: Boos/Fischer/Schulte-Mattler, KWG, 3. Aufl. 2008, § 1 KWG Rn. 51.

197 So Auskunft der Stabstelle Presse- und Öffentlichkeitsarbeit der BaFin im April 2009; dazu auch: *Escher*, BKR 2002, 652 (653).

Stelle, dass die Codierung sowie die Transaktionsblockade nicht durch die Bank selbst vorgenommen werden können, sondern diese hierfür auf ihre Prozessoren einwirken muss. Zudem legt der US-Gesetzgeber schon im UIGEA mit der Verwendung des Begriffs *financial transaction provider* die Basis für einen weiten Adressatenkreis. Der deutsche Ansatz bliebe demnach auf dem Stand der US-amerikanischen Einzelabsprachen stehen, während die USA selbst dieses Erprobungsstadium mit einem umfangreichen Regelwerk längst hinter sich lassen.

5. Überlegungen zur Anwendbarkeit der Vorschrift auf ausländische Verfügungsadressaten

Angesichts der Bedeutung grenzüberschreitender Zahlungen für Onlineglücksspiele stellt sich die Frage, ob die Ermächtigungsnorm auch auf ausländische Adressaten Anwendung finden kann oder auf Kredit- und Finanzdienstleistungsinstitute mit Sitz im Inland beschränkt ist. Hierzu findet sich in den Gesetzgebungsmaterialien zum GlüStV 2008 keine Angabe. Zwar ist davon auszugehen, dass sich die zuständige Behörde bei der Erarbeitung einer Strategie in erster Linie an deutsche Unternehmen hält. Dies wird wenigstens solange der Fall sein, bis sich ein zuverlässiges Maßnahmenkonzept etabliert hat. Ob auch eine Geltungserstreckung auf ausländische Institute in Betracht kommt, soll Gegenstand der nachfolgenden Überlegungen sein. Diese richten sich zuerst auf Zahlungsdienstleister aus EU-Mitgliedsstaaten (unter a) und danach auf außereuropäische (unter b).

a) Institute mit Sitz in EU-Mitgliedstaaten

Für die Möglichkeit einer Geltungserstreckung zumindest auf EU-ausländische Institute spricht bereits auf den ersten Blick die starke, unionsrechtliche Durchdringung des Finanzwesens einschließlich seiner Begrifflichkeiten. So ist insbesondere der Begriff „Kreditinstitut“ in einer Richtlinie definiert und dort weitgehend deckungsgleich mit den Vorgaben des KWG ausgestaltet.[198]

Der Ausdruck „Finanzdienstleistungsinstitut“ basiert zwar nicht unmittelbar auf EU-rechtlichen Vorgaben. Das Aufgabenspektrum der Finanzdienstleistungsinstitute setzt sich – vor dem Inkrafttreten des Zahlungsdiensteaufsichtsgesetzes[199]

---

198 Zu den Abweichungen des Kreditinstitutsbegriffs nach § 1 KWG von Art. 1 der Ersten Bankrechtskoordinierungsrichtlinie, aufgenommen in Art. 1 Nr. 1 Bankenrichtlinie bzw. nunmehr Art. 4 Nr. 1 lit. a) der RL 2006/48/EG vom 14.06.2006 über die Aufnahme und Ausübung der Tätigkeit der Kreditinstitute bzl. des Einlagengeschäfts: *Schäfer*, in: Boos/Fischer/Schulte-Mattler, KWG, 3. Aufl. 2008, § 1 Rn. 11.

199 Zu diesem sogleich unter: Teil 3 B. I. 6.

und der damit verbundenen Streichung der Kreditkartenherausgabe – aus verschiedensten Tätigkeiten zusammen.[200] Diese beruhen nur teilweise auf unionsrechtlichen Umsetzungsverpflichtungen. In den entsprechenden Richtlinien wird für deren Aufgabenfelder und den Tätigkeitsbereich der Kreditinstitute häufig die Bezeichnung „Finanzinstitut" verwendet.[201] Die Regelung des Kreditkartengeschäfts nach § 1 Abs. 1 a Nr. 8 KWG a. F. geht hingegen auf deutsches Recht, namentlich das Vierte Finanzmarktförderungsgesetz, zurück.[202]

Allerdings beschränkt das deutsche Aufsichtsrecht den Begriff der Finanzdienstleistungsinstitute nicht auf Unternehmen mit inländischem Sitz bzw. einer Zweigniederlassung. In § 53 b KWG sind u.a. spezielle Aufsichtserleichterungen für Finanzdienstleistungs- sowie Kreditinstitute mit Sitz in einem anderen Staat des Europäischen Wirtschaftsraums genannt.[203] Damit wendet das deutsche Recht die Begriffe auch auf EU-ausländische und darüber hinaus sogar auf dem EWR zugehörige Unternehmen an.

Eine Heranziehung zumindest auch von EU-Zahlungsdienstleistern durch den auf Kredit- und Finanzdienstleistungsinstitute begrenzten Adressatenkreis ist mithin nicht gesperrt.

b) Außereuropäische Institute

Ob aber auch beispielsweise eine Bank aus einem Nicht-EU-Staat als Adressat in Betracht kommt, lässt sich im Rahmen dieser Arbeit nicht abschließend klären. Für Unternehmen aus EWR-Staaten bietet sich eine Geltungserstreckung unter Heranziehung des § 53 b KWG an. Zu Instituten außerhalb Europas fehlt es jedoch nicht nur an konkreten Aussagen des Gesetzgebers zur Reichweite der Ermächtigungsnorm.

Denkbar ist es, das Aufgabenspektrum eines ausländischen Zahlungsunternehmens darauf zu prüfen, ob es die Merkmale eines Kredit- oder Finanzdienstleistungsinstituts nach deutschem Recht erfüllt. Angesichts der fehlenden Deckungs-

---

200 Überblick bei: *Schäfer*, in: Boos/Fischer/Schulte-Mattler, KWG, 3. Aufl. 2008, § 1 Rn. 117 ff.

201 Vgl. dazu die RL 86/635/EWG vom 08.12.1986 über den Jahresabschluß und den konsolidierten Abschluß von Banken und anderen Finanzinstituten (ABl. EG Nr. L 372 S. 1) und der RL 89/117/EWG vom 13.02.1989 über die Pflichten der in einem Mitgliedstaat eingerichteten Zweigniederlassungen von Kreditinstituten und Finanzinstituten mit Sitz außerhalb dieses Mitgliedstaats zur Offenlegung von Jahresabschlussunterlagen (ABl. EG Nr. L 44 S. 40).

202 *Schäfer*, in: Boos/Fischer/Schulte-Mattler, KWG, 3. Aufl. 2008, § 1 Rn. 121.

203 *Vahldiek*, in: Boos/Fischer/Schulte-Mattler, KWG, 3. Aufl. 2008, § 53 b Rn. 6 ff. Unter dem Stichwort „Datenbanken & Listen" findet sich auf der Website der BaFin unter www.bafin.de eine alphabetische Aufstellung grenzüberschreitend tätiger Finanzdienstleistungsinstitute ohne lokale Präsenz in Deutschland (Aufstellung zul. aktualisiert am 12.08.2011); zul. aufgerufen am 10.09.2012.

gleichheit der Institutsstruktur nach deutschem und ausländischem Recht stellt sich dann jedoch die Frage, warum der Gesetzgeber überhaupt den Adressatenkreis begrifflich so eng umgrenzt. Auf diese soll an anderer Stelle eingegangen und ein Vorschlag für eine Neufassung der Norm formuliert werden.[204]

Gegen die Anwendbarkeit auf außereuropäische Institute spricht weiterhin folgender Aspekt, der bereits die zweite Stufe, die Durchsetzung der Vorschrift, betrifft: Die Reichweite des deutschen Rechts endet nach dem bereits angesprochenen Territorialitätsprinzip[205] grundsätzlich an der Staatsgrenze mit der Folge, dass Rechtssetzung und -durchsetzung nur bei Zustimmung des betroffenen Staates möglich sind.[206] Da aus diesem Grunde Glücksspielanbieter im Ausland regelmäßig einem Zugriff entzogen sind, schafft der Gesetzgeber eine Ermächtigungsgrundlage wie § 9 Abs. 1 S. 3 Nr. 4 GlüStV 2008, deren Verpflichtete sich im Anwendungsbereich des deutschen Rechts befinden. Eine Erweiterung des Adressatenkreises um Kredit- und Finanzdienstleistungsinstitute mit Sitz in anderen EU- und EWR-Mitgliedstaaten ist nicht nur dank einheitlicher aufsichtsrechtlicher Rahmenbedingungen möglich. Vielmehr existieren hier nicht nur Erleichterungen für den Handelsverkehr, sondern auch für die grenzüberschreitende Zustellung von Verwaltungsakten im europäischen Raum als erster Schritt einer Vollstreckungsmaßnahme. An vergleichbaren Vorgaben fehlt es aber gerade für Anbieter und deren Zahlungsdienstleister in außereuropäischen Niederlassungsstaaten.[207]

Sowohl der Wortlaut der Norm als auch seine Regelungsintension sprechen daher eher gegen einen Einbezug außereuropäischer Kredit- und Finanzdienstleistungsinstitute.

6. Unsicherheiten und Anpassungsbedarf nach Novellierung des Finanzaufsichtsrechts

Bejaht man eine statische Bezugnahme der Ermächtigungsnorm auf den Stand des KWG bei Inkrafttreten des GlüStV,[208] so zeigen sich bereits hier, wie dargestellt, erhebliche Lücken. Diese betreffen die fehlende unmittelbare Erfassung

204 Unter Teil 3 B. I. 7.

205 Siehe Teil 2 A. I.

206 *Winkelmüller/Kessler*, GewArch 2009, 181.

207 Siehe hierzu das Europäische Übereinkommen über die Zustellung von Schriftstücken in Verwaltungssachen im Ausland, BGBl. 1981 II, S. 533; dazu: *Engelhardt/App*, in: dies./Schlatmann/ Glotzbach, VwVG/VwZG, 9. Aufl. 2011, § 9 VwZG Rn. 9; näher zu bi- und multilateralen Übereinkommen im Verwaltungsrecht: *Kment*, Grenzüberschreitendes Verwaltungshandeln, 2010, S. 298, Fn. 178 m.w.N.

208 Zum 01.01.2008.

der Akquirierungs- und Prozessorunternehmen als Kredit- oder Finanzdienstleistungsinstitute.

Die mangelnde Klärung des Adressatenkreises durch den Landesgesetzgeber könnte im Fall eines Verfügungserlasses nach dem 30. Juni 2009 aber nun aus einem anderen Grund dessen rechtliche Angreifbarkeit zur Folge haben:

Denn das Zahlungsdiensteaufsichtsgesetz (ZAG), das der Umsetzung der Zahlungsdiensterichtlinie dient und Ende Juni 2009 in Kraft tritt,[209] stellt das Kreditkartenverfahren auf eine andere gesetzliche Grundlage und schafft neue aufsichtsrechtliche Begriffskategorien.[210] So erfolgt im Zuge der Novellierung eine Streichung der Kreditkartenherausgabe und -verwaltung aus dem Aufgabenbereich eines Finanzdienstleistungsinstituts sowie die Einstufung der Tätigkeit als diejenige eines Zahlungsinstituts nach dem ZAG.[211] Ein Kartenherausgeber, gegen den eine Sperrverfügung ergeht, könnte sich daher gegenüber der Ordnungsbehörde darauf berufen, nicht als Normadressat des § 9 Abs. 1 S. 3 Nr. 4 GlüStV 2008 erfasst zu sein. Spätestens dann müsste eine Begriffsklärung von Behörden- oder Gesetzgeberseite, zuletzt gegebenenfalls durch die Gerichte erfolgen.

Das neue Zahlungsaufsichtsrecht dient jedoch nicht nur dazu, Versäumnisse der Vergangenheit zu beheben und die gegenwärtige Rechtsklarheit zu fördern, sondern bietet zudem eine wichtige Weichenstellung für eine künftige Anpassung der Ermächtigungsnorm. Im Gegensatz zum KWG geht die Entwurfsbegründung des ZAG nämlich ausdrücklich auf die rechtliche Stellung aller am Kreditkartenverfahren beteiligten Dienstleister ein. Im Folgenden sollen aus vorgenannten Gründen die wichtigsten Aspekte skizziert werden.

a) Kartenherausgeber

Vor Inkrafttreten des ZAG ist die Ausgabe von Kreditkarten eine Aufgabe der Finanzdienstleistungsinstitute nach § 1 Abs. 1 a Nr. 8 KWG a.F. Diese Ziffer wird ersatzlos aus dem KWG gestrichen. Nach der neuen Rechtslage fällt die Kartenherausgabe in den Verantwortungsbereich der sog. Zahlungsinstitute (§ 1

---

209 Gesetz über die Beaufsichtigung von Zahlungsdiensten (Zahlungsdiensteaufsichtsgesetz – ZAG) vom 25.06.2009, BGBl. 2009 I, S. 1506. Das Gesetz dient der Umsetzung der aufsichtsrechtlichen Vorschriften der RL 2007/64/EG vom 13.11.2007 über Zahlungsdienste im Binnenmarkt, der Änderung durch die RL 97/7/EG, 2002/65/EG, 2005/60/EG und 2006/48/EG sowie durch die Aufhebung der RL 97/5/EG.

210 Artikel 2: Änderung des Kreditwesengesetzes: Das Kreditwesengesetz in der Fassung der Bekanntmachung vom 09.09.1998 (BGBl. 1998 I, S. 2776), zuletzt geändert durch Artikel 3 des Gesetzes vom 13.08.2008 (BGBl. 2008 I, S. 1690), wird wie folgt geändert: 1. § 1 wird wie folgt geändert: (...); b) In Absatz 1a Satz 2 werden die Nummern 6 und 8 aufgehoben.

211 Hierzu sogleich unter: Teil 3 B. 6. a).

Abs. 1 Nr. 5 ZAG).[212] Dies sind Unternehmen, die einen Zahlungsdienst nach § 1 Abs. 2 ZAG erbringen. Die dortige, abschließende Auflistung enthält Dienstleistungen, die einem Zahlenden ermöglichen, Bar-, Buch- oder elektronisches Geld zum Empfänger zu transferieren.[213] Hierzu zählen die sog. Zahlungsauthentifizierungsgeschäfte. Dieses neu geschaffene Rechtsinstitut erfasst nach der Legaldefinition des § 1 Abs. 2 Nr. 4 ZAG die Ausgabe von Zahlungsauthentifizierungsinstrumenten, zu denen die unterschiedlichen Kartentypen gerechnet werden können,[214] oder die Annahme und Abrechnung von Zahlungsvorgängen, die mit diesen ausgelöst werden. Vergleichbar mit der alten Rechtslage kommen Kartenherausgebern, die für ihre Bankgeschäfte bereits über eine Erlaubnis nach § 32 KWG als Kreditinstitut verfügen, weit reichende Erleichterungen (§ 1 Abs. 11 ZAG) zugute.

b) Hausbank

Eine gesetzliche Neuerung ergibt sich ebenfalls für die Hausbank des Karteninhabers. Da sie das Konto hält, auf welcher der Kartenumsatz später belastet und verbucht wird, betreibt sie im Regelfall ein erlaubnispflichtiges Bankgeschäft in Form des Einlagen- und/oder Girogeschäfts i.S.d. § 1 Abs. 1 S. 2 Nr. 1 und Nr. 9 KWG.[215] Das ZAG eröffnet nun auch Zahlungsinstituten, die gerade über keine Bankerlaubnis verfügen, nach § 1 Abs. 2 Nr. 2 die Möglichkeit, für die Verbuchung von Kartenumsätzen Konten zu führen.[216]

c) Akquirierungsunternehmen

Eine wichtige Änderung bringt das ZAG für die Akquirierungsunternehmen. Deren rechtliche Einordnung ist bislang äußerst unklar. Nun werden ihre Aufga-

---

212 BReg, Entwurf eines Gesetzes zur Umsetzung der aufsichtsrechtlichen Vorschriften der Zahlungsdiensterichtlinie (Zahlungsdiensteumsetzungsgesetz) vom 16.01.2009, BT-Drs. 16/11613, S. 58.

213 BReg, Entwurf eines Gesetzes zur Umsetzung der aufsichtsrechtlichen Vorschriften der Zahlungsdiensterichtlinie (Zahlungsdiensteumsetzungsgesetz) vom 16.01.2009, BT-Drs. 16/11613, S. 55.

214 Zu Unsicherheiten bei der Umsetzung der Zahlungsdiensterichtlinie in das ZAG: BReg, Entwurf eines Gesetzes zur Umsetzung der aufsichtsrechtlichen Vorschriften der Zahlungsdiensterichtlinie (Zahlungsdiensteumsetzungsgesetz) vom 16.01.2009, BT-Drs. 16/11613, S. 58.

215 Vgl. dazu oben Teil 3 B. I. 2. Näher: BReg, Entwurf eines Gesetzes zur Umsetzung der aufsichtsrechtlichen Vorschriften der Zahlungsdiensterichtlinie (Zahlungsdiensteumsetzungsgesetz) vom 16.01.2009, BT-Drs. 16/11613, S. 57.

216 BReg, Entwurf eines Gesetzes zur Umsetzung der aufsichtsrechtlichen Vorschriften der Zahlungsdiensterichtlinie (Zahlungsdiensteumsetzungsgesetz) vom 16.01.2009, BT-Drs. 16/11613, S. 57. Zu den weitreichenden Einschränkungen gegenüber den herkömmlichen Girokonten bei den Kreditinstituten nach § 1 Abs. 1 KWG vgl. § 13 ZAG.

ben ausdrücklich als Zahlungsdienst i.S.d. § 1 Abs. 2 Nr. 4 ZAG eingestuft. Entsprechend den Herausgeberbanken stellt auch ihre Tätigkeit ein Zahlungsauthentifizierungsgeschäft dar. In diesem Fall greift die zweite Handlungsvariante, die Annahme und Abrechnung von mit Zahlungsauthentifizierungsinstrumenten ausgelösten Zahlungsvorgängen (§ 1 Abs. 2 Nr. 4). Wie das Vertragsverhältnis zum Händler, sprich: dem Glücksspielanbieter, geregelt wird, ist ebenso ohne Belang wie der Umfang der Tätigkeiten, die der Acquirer an einen technischen Dienstleister auslagert.[217]

d) Kreditkartenorganisation

Das ZAG klärt nunmehr auch den Status der Kreditkartenorganisationen. Nach der Begründung zu § 1 Abs. 2 Nr. 4 ZAG(-E) erbringen sie zwar grundsätzlich eine Zahlungsdienstleistung im technischen Sinne. Diese besteht in der Bereitstellung eines Netzwerkes, das für alle Systemteilnehmer zugänglich und gültig ist.[218] Solange sich ihre Tätigkeit jedoch hierauf beschränkt, benötigen sie keine Genehmigung nach dem ZAG. Insoweit greift die Bereichsausnahme des § 1 Abs. 10 Nr. 7 ZAG. Danach gelten diejenigen Zahlungsvorgänge nicht als (erlaubnispflichtige) Zahlungsdienste, die innerhalb eines Zahlungs- oder Wertpapierabwicklungssystems zwischen Zahlungsausgleichsagenten, zentralen Gegenparteien, Clearingstellen oder Zentralbanken und anderen Teilnehmern des Systems und Zahlungsdienstleistern abgewickelt werden.

e) Prozessorunternehmen

Auch für die Prozessorunternehmen auf Akquirierungs- und Herausgeberseite, deren Tätigkeit bisher keiner Erlaubnis bedarf,[219] greifen nach der Entwurfsbegründung die Bereichsausnahmen nach § 1 Abs. 10 ZAG(-E). Zum einen gelangt wie bei den Kreditkartenorganisationen § 1 Abs. 10 Nr. 7 zur Anwendung, zum anderen § 1 Abs. 10 Nr. 9 ZAG.[220] Diese Vorschrift enthält eine Freistellung technischer Dienstleister von der Erlaubnispflicht, die zwar zur Erbringung der

---

217 BReg, Entwurf eines Gesetzes zur Umsetzung der aufsichtsrechtlichen Vorschriften der Zahlungsdiensterichtlinie (Zahlungsdiensteumsetzungsgesetz) vom 16.01.2009, BT-Drs. 16/11613, S. 58.

218 BReg, Entwurf eines Gesetzes zur Umsetzung der aufsichtsrechtlichen Vorschriften der Zahlungsdiensterichtlinie (Zahlungsdiensteumsetzungsgesetz) vom 16.01.2009, BT-Drs. 16/11613, S. 58.

219 A.A. *Tschall*, ZBB 380 (384).

220 BReg, Entwurf eines Gesetzes zur Umsetzung der aufsichtsrechtlichen Vorschriften der Zahlungsdiensterichtlinie (Zahlungsdiensteumsetzungsgesetz) vom 16.01.2009, BT-Drs. 16/11613, S. 58.

Zahlungsdienste beitragen, jedoch zu keiner Zeit in den Besitz der übermittelten Geldbeträge gelangen. Zu deren Aufgaben gehören beispielsweise die Verarbeitung und Speicherung von Daten, vertrauensbildende Maßnahmen und Dienste zum Schutz der Privatsphäre, Nachrichten- und Instanzenauthentisierung, Bereitstellung von IT- und Kommunikationsnetzen sowie die Bereitstellung und Wartung der für Zahlungsdienste genutzten Endgeräte und Einrichtungen.

7. Adressatenkreis: Zusammenfassung und Änderungsvorschlag

Zusammenfassend lässt sich zum möglichen Adressatenkreis der Ermächtigungsnorm ausführen: Die Herausgabe von Kreditkarten fällt bisher in den Tätigkeitsbereich der Finanzdienstleistungsinstitute, wird jedoch meist durch Kreditinstitute betrieben. Nach der neuen Rechtslage stellt sie die Aufgabe eines Zahlungsinstituts dar – ein Terminus, der noch keinen Eingang in den GlüStV 2008 findet. Sofern der Gesetzgeber die Begriffe Kreditinstitut und Finanzdienstleistungsinstitut aus dem Bankenaufsichtsrecht dem § 9 Abs. 1 S. 3 Nr. 4 GlüStV 2008 zugrunde legt, ohne diesen ein eigenes Gepräge zu verleihen, ist ein unmittelbarer Zugriff auf die Akquisitions- und Prozessorunternehmen nicht ohne Weiteres möglich. Die Adressatenbezeichnung „Kredit- und Finanzdienstleistungsinstitut" deckt deren Aufgabenspektrum nicht ab. Lediglich mittelbar könnte ein Issuing Processor einbezogen werden, indem er die behördlichen Handlungsanweisungen an die Herausgeberbank in der Praxis umsetzt.

Für eine Neufassung der Ermächtigungsgrundlage bestehen im Hinblick auf die Verpflichteten mehrere Möglichkeiten: So könnten die Wörter „Kredit- und Finanzdienstleistungsinstitute" gestrichen und durch einen neu geschaffenen Begriff ersetzt werden. Dabei ist zum Beispiel an „*Zahlungsdienstleister*" oder „*Erbringer von Zahlungsdienstleistun*gen" zu denken. Dies hätte den Vorteil, dass sich ein größerer Adressatenkreis erfassen ließe. Allerdings müsste, um den Vorgaben an eine hinreichend bestimmte Eingriffsnorm zu genügen, eine Begriffsklärung in Form einer Legaldefinition oder zumindest im Rahmen der Gesetzesbegründung erfolgen. Ein solches Vorgehen könnte gerade neue rechtliche Unsicherheiten erzeugen und damit das Ziel einer Novellierung, einen Zuwachs an Rechtsklarheit, konterkarieren.

Eine Möglichkeit besteht darin, sich an dem bisherigen Vorgehen des Gesetzgebers zu orientieren. Dieser schafft bewusst keine neuen, spezifisch glücksspielrechtlichen Begriffe, sondern greift auf bankrechtliche zurück. Nachdem die Kreditkartenherausgabe nunmehr als Aufgabe eines Zahlungsinstituts nach dem neu geschaffenen ZAG geregelt ist und erstmals auch die Akquirierungsunternehmen verbindlich einer aufsichtsrechtlichen Vorgabe unterworfen sind, bietet sich folgende Formulierung für den Verpflichtetenkreis an: „*insbesondere Kre-*

dit- und Zahlungsinstituten…". Mit der Verwendung des Wortes „insbesondere" direkt vor den Regelungsadressaten ließe sich klarstellen, dass deren Nennung nicht abschließend ist. Auf diese Weise könnte erstens einer Umgehung durch die Wahl einer anderen Organisationsform oder Zwischenschaltung weiterer Dienstleister vorgebeugt werden. Zweitens bliebe die Norm auch bei einer Änderung der bank- und zahlungsaufsichtsrechtlichen Vorgaben aktuell.

II. Störereigenschaft der Adressaten und ermessensfehlerfreie Auswahl

Die Bestimmung des Adressatenkreises anhand des Gesetzeswortlauts bildet den ersten Schritt für die Erarbeitung einer Strategie auf Grundlage des § 9 Abs. 1 S. 3 Nr. 4 GlüStV 2008. In einem zweiten soll nun der Frage nachgegangen werden, ob der Gesetzgeber mit der Benennung der „Kredit- und Finanzdienstleistungsinstitute" auf Tatbestandsebene bereits eine Reihenfolge und Grenzen für eine Verpflichtung der Unternehmen festlegen will. Dies könnte er durch eine generelle Einordnung der Adressaten als Störer i.S.d. Ordnungsrechts vornehmen, d.h. als Personen, die durch ihr Verhalten eine für den Eintritt einer Gefahrensituation unmittelbare, wesentliche Ursache setzen,[221] oder zur Überwachung einer Gefahrenquelle verpflichtet sind.[222] Diesen stehen die sog. Nichtstörer gegenüber, auf denen keine Verantwortung für die Störung lastet.

Ließe sich eine Übertragung der allgemeinen Grundsätze zur polizeirechtlichen Verantwortlichkeit auf den Glücksspielstaatsvertrag bejahen, so ergäben sich hieraus folgende Konsequenzen: Unternehmen, die als Nichtstörer einzustufen wären, dürften erst dann herangezogen werden, wenn die Inanspruchnahme eines Verantwortlichen keinen Erfolg verspräche. Die Entscheidung, wer im Einzelfall als Verfügungsadressat in Betracht kommt, wäre in diesem Fall nicht erst auf der Ebene eines fehlerfreien Auswahlermessens, sondern bereits auf Tatbestandsseite zu treffen.

An die Qualifikation knüpft die Frage nach einer möglichen Entschädigungspflicht an, die nur bei einem Nichtstörer besteht. Es ist daher notwendig, zu klären, ob ein Rückgriff auf die ordnungsrechtlichen Verantwortungsgrade erfolgen kann.

221 Zur Verhaltensverantwortlichkeit: *Selmer*, in: GS Martens, 1987, S. 484 (486); *Schlabach/ Simon*, NVwZ 1992, 143 (144); zum zivilrechtl. Störerbegriff: *Fritzsche*, in: BeckOK-BGB, Stand: 01.03.2011, § 1004 Rn. 15 f.; *Jauernig*, BGB, 13. Aufl. 2009, § 1004 Rn. 16; *Spindler/ Weber*, in: Spindler/Schuster, Recht der elektron. Medien, 2008, § 1004 BGB Rn. 8.

222 Zur Zustandsverantwortlichkeit im Bodenschutzrecht: *Dombert*, in: Landmann/Rohmer, UmweltR, Bd. II, Stand: 60. Erg.-L. 2010, § 4 BBodSchG Rn. 24; im Baurecht: *Decker*, in: Simon/ Busse, Bayer. Bauordnung, Bd. I, Stand: 87. Erg.-L. 2007, Art. 82 Rn. 165.

Der erste Absatz geht der Frage nach, ob bereits die Ermächtigungsnorm selbst oder die knappen Entwurfsmaterialien zu § 9 GlüStV 2008 Aufschluss über den Verantwortungsgrad geben. Dabei werden zwei Aussagen des Gesetzgebers herausgegriffen und einer systematischen Betrachtung unterzogen (unter 1.). Anschließend beschäftigt sich die Arbeit mit der Anwendbarkeit der polizeirechtlichen Haftungskategorien auf die Zahlungsunternehmen (unter 2.). Im Anschluss soll der individuelle Verantwortungsgrad der Kredit- und Finanzdienstleistungsinstitute als Adressaten der Ermächtigungsnorm erörtert werden (unter 3.). Die Erkenntnisse daraus werden sodann auf ihre Widerspruchsfreiheit zu wettbewerbs- (unter 4.) und geldwäscherechtlichen (unter 5.) Vorgaben geprüft und abschließend wird ein kurzes Fazit gezogen (unter 6.).

1. Normtext und Äußerungen des Gesetzgebers

Der Wortlaut der Ermächtigungsgrundlage in § 9 Abs. 1 S. 3 Nr. 4 GlüStV 2008 bezeichnet lediglich den Adressatenkreis, namentlich „Kredit- und Finanzdienstleistungsinstitute". Er enthält indes keine ausdrückliche Angabe über das Verantwortungsgefüge der Unternehmen.

Auch in den Erläuterungen zum Staatsvertragsentwurf äußert sich der Gesetzgeber nur in sehr knapper Form zur rechtlichen Behandlung der Zahlungsdienstleister. Danach handelt es sich bei den Ermächtigungsgrundlagen der § 9 Abs. 1 S. 3 Nr. 4 sowie Nr. 5 GlüStV(-E), der die Internetprovider behandelt, „im Wesentlichen um eine Klarstellung": Bereits nach geltendem Recht [*Anm.: die Entwurfserläuterungen datieren auf den 14.12.2006*] sei die wissentliche Mitwirkung als Beihilfe gem. §§ 284 Abs. 1, 27 StGB strafbar und damit nach dem Ordnungsrecht der Länder zu unterbinden. Weiter führt der Gesetzgeber aus, dass abgestufte Verantwortlichkeiten für Internetdienstleister nach § 9 Abs. 1 S. 3 Nr. 5 GlüStV 2008 dabei berücksichtigt würden.

Im Folgenden sollen die beiden Kernaussagen der Gesetzeserläuterung näher behandelt werden. Dabei geht die Arbeit zuerst auf die angesprochene Beihilfestrafbarkeit der Zahlungsdienstleister ein (unter a). Anschließend wird die Aussage zu den verschiedenen Verantwortungsgraden in der Parallelvorschrift des § 9 Abs. 1 S. 3 Nr. 5 GlüStV 2008 zum Ausgangspunkt für eine systematische Betrachtung genommen (unter b).

a) Äußerung des Gesetzgebers zu einer Beihilfestrafbarkeit

In seinen Entwurfserläuterungen schließt der Gesetzgeber von der von ihm angenommenen Beihilfestrafbarkeit nach §§ 284, 27 StGB auf eine Gefahrensituation, die ordnungsrechtlich zu unterbinden ist. Diese einfach anmutende Aussage wirft allerdings deutlich mehr Fragen auf als ein erster Anschein vermuten ließe. So fällt schon beim flüchtigen Lesen das Fehlen jeglicher Rechtsprechungs- und Kommentarnachweise auf. In der Tat gibt es bis heute – soweit bekannt – im deutschen Recht keine Verurteilung eines Zahlungsdienstleisters wegen strafbarer Beihilfe zu unerlaubtem Glücksspiel. Auch fehlt es an einer Differenzierung zwischen den unterschiedlichen Leistungserbringern. Von einer schlichten „Klarstellung" kann daher keine Rede sein.

Dabei liegt das Problem nicht in der Verknüpfung von Straftatbestand und ordnungsrechtlicher Gefahr, auch wenn es für das Entstehen der Polizeipflicht nicht darauf ankommt, ob den potentiellen Adressaten ein strafrechtliches Verschulden trifft.[223] Sind die tatbestandlichen Vorraussetzungen einer Strafnorm erfüllt, so ist zumeist die Schwelle zur Gefahrverursachung überschritten und – neben etwaigen anderen Schutzgütern – die Unversehrtheit der Rechtsordnung betroffen.

Die Schwierigkeit besteht vielmehr in der Annahme einer Beihilfestrafbarkeit für Mitarbeiter von Banken und Finanzdienstleistungsinstituten. Sie ließe sich nur über die sog. neutralen, d.h. berufstypischen Handlungen begründen, zu denen als Alltagsgeschäft die Zahlungsabwicklung gehört. Die Straflosigkeit sozialüblichen Verhaltens stellt eine der schwierigsten Fragestellungen im Rahmen des § 27 StGB dar, da sowohl die Anforderungen an den objektiven Beitrag als auch den Förderungsvorsatz sehr umstritten sind.[224]

Eine Vertiefung soll an dieser Stelle nicht stattfinden. Nur soviel sei ausgeführt: Im Anschluss an Roxin[225] legt der BGH die Schwelle für eine strafbare Beihilfe sehr hoch. Sofern der Hilfeleistende nicht sicher weiß, sondern es lediglich für möglich hält, dass sein Tun zur Begehung einer Straftat genutzt wird und er kein Interesse an der Förderung der Tat hat, liegt noch keine „Solidarisierung" mit dem Haupttäter vor. Eine strafbare Beihilfe scheidet in diesem Fall aus.[226] Damit lässt sich nicht allein aus der Abwicklung einer Kreditkartentransaktion zugunsten eines Onlineveranstalters eine strafbare Teilnahme ableiten. Dem Kartenherausgeber und der Hausbank des Spielers, die beide in keinerlei persönlichem Kontakt zum Anbieter stehen, kann kein Vorsatz zur Förderung unerlaubter Glücksspiele angelastet werden.[227] Eine Strafbarkeit der Dienstleister im Akquirierungsstrang nach §§ 284, 27 StGB liegt vor diesem Hintergrund deutlich näher. Angesichts der hohen Anforderungen, die an den Förderungsvorsatz bei Alltagstätigkeiten

---

223 *Selmer*, in: GS Martens, 1987, S. 484 (485).

224 Zur Diskussion eingehend: *Hartmann*, ZStW 116 (2004), 585; abl. gegenüber dem Kriterium der Sozialüblichkeit zumindest i.R.d. § 261 StGB: *Rock/Seifert*, ZBB 2009, 377 (385 f.).

225 *Roxin*, in: FS Tröndle, 1989, S. 177 (190), zum einschränkenden Kriterium der Tatgeneigtheit.

226 BGH, NStZ 2000, 34; krit.: *Hartmann*, ZStW 116 (2004), 585 (596 ff.).

227 So auch: *Rock/Seifert*, ZBB 2009, 377 (385).

gestellt werden, sollte die Frage aber nur mit Zurückhaltung und unter Würdigung der Kontrollvorgaben im Rahmen der Bankenpraxis beantwortet werden.

b) Gesetzgeber zu abgestuften Verantwortlichkeiten bei Internetprovidern

Der Gesetzgeber berücksichtigt in § 9 Abs. 1 S. 3 Nr. 5 GlüStV 2008, der Parallelvorschrift zu der im Rahmen dieser Arbeit untersuchten Ermächtigung, ausdrücklich die abgestuften Verantwortlichkeiten der Internetprovider.[228]

Die maßgeblichen Vorschriften, nach denen sich der Verantwortungs- und Mitwirkungsrahmen für Internetdienstleister bestimmt, enthält das Telemediengesetz.[229] Es nimmt ebenso wie seine Vorgängervorschriften, Teledienstegesetz[230] und Mediendienstestaatsvertrag[231] sowie E-Commerce-Richtlinie,[232] deren Umsetzung es im deutschen Recht dient, die folgende Kategorisierung vor:

Für den Inhalteanbieter (Contentprovider), im vorliegenden Fall den Betreiber der Glücksspiel-Website, besteht eine unbeschränkte Verantwortlichkeit.[233] Der Host- oder Serviceprovider, der die notwendigen Serverkapazitäten bereitstellt, haftet dagegen nur, wenn er Kenntnis von der Nutzung seiner Infrastruktur für unerlaubte Zwecke hat.[234] Eine Haftungsfreistellung gilt schließlich für den Accessprovider, dessen Dienstleistung sich auf die Gewährung des Internetzugangs und der Leitungen für einen meist großen Kundenkreis, darunter auch mögliche Spielinteressenten, beschränkt.[235] Die eingeschränkte bzw. fehlende Verantwortlichkeit nach §§ 7 Abs. 2, 8 ff. TMG erfasst unter anderem die Strafbarkeit nach dem StGB und nebengesetzlichen Strafnormen, eine Haftung nach Jugendschutzrecht, für Verletzungen nach dem UWG und schließlich einen Ausschluss der

---

228 Eine Ermächtigung zu den sog. Internetsperren ist im GlüÄndStV 2012 nicht mehr enthalten.

229 Telemediengesetz vom 26.02.2007 (BGBl. 2007 I, S. 179), in Kraft getreten am 01.03.2007.

230 TDG (Gesetz über die Nutzung von Telediensten), Artikel 1 des Gesetzes vom 22.07.1997 (BGBl. 1997 I, S. 1870), in Kraft getreten am 01.08.1997, außer Kraft getreten aufgrund Gesetzes vom 26.02.2007 (BGBl. 2007 I, S. 179) m.W.v. 01.03.2007. Bei dem Verweis auf die Regelungen des TDG anstelle des TMG in § 9 Abs. 1 S. 3 Nr. 5 GlüStV 2008 handelt es sich um ein redaktionelles Versehen, entspr. *Steegmann*, Basisinfrastruktur, 2010, S. 138 (Fn. 660).

231 MDStV (Staatsvertrag über Mediendienste) unter: www.die-medienanstalten.de/fileadmin/Download/Rechtsgrundlagen/Gesetze_aktuell/13._RStV_01.04.2010_01.pdf, zul. aufgerufen am 10.09.2012.

232 RL 2000/31/EG über den elektronischen Geschäftsverkehr vom 08.06.2000, ABl. L 178 vom 17.07.2000, S. 1 ff.

233 § 7 Abs. 1 TMG; zur alten Rechtslage: *Dietlein*, GewArch 2005, 89 (91); zur neuen: *v. Wolff*, in: Wandtke/Bullinger, Urheberrecht, 3. Aufl. 2009, § 97 UrhG Rn. 24.

234 § 10 TMG; zur alten Rechtslage: OLG Hamburg, MMR 2000, 92 (93); zur neuen: *v. Wolff*, in: Wandtke/Bullinger, Urheberrecht, 3. Aufl. 2009, § 97 UrhG Rn. 25.

235 § 7 Abs. 2 S. 2 TMG; zu dessen Aufgabenfeld: OLG Hamburg, MMR 2000, 92 (94); *v. Wolff*, in: Wandtke/Bullinger, Urheberrecht, 3. Aufl. 2009, § 97 UrhG Rn. 26.

Inanspruchnahme auf Schadensersatz.[236] Allerdings wird der Haftungsausschluss bei den nicht oder nur partiell verantwortlichen Providern durchbrochen. Die Geltendmachung verschuldensunabhängiger Unterlassungsansprüche (z.B. nach dem UWG) und der Erlass ordnungsrechtlicher Verfügungen wie im Falle des § 9 Abs. 1 S. 3 Nr. 5 GlüStV 2008 bleiben von der Freistellung unberührt.[237]

Die Regelungsstruktur des TMG lässt sich daher wie folgt zusammenfassen: Der Verantwortungsgrad des jeweiligen Providers bestimmt sich nach seiner Nähe zur Gefahrenquelle, d.h. dem unerlaubten Inhalt der jeweiligen Website. Auf die polizeirechtliche Verantwortungstrias übertragen sind der Inhalteanbieter als Verhaltens- und der Hostprovider als Zustandsstörer zu qualifizieren.[238] Dagegen wird der Accessprovider trotz der Durchbrechungsmöglichkeit des § 7 Abs. 2 S. 2 TMG als Nichtstörer eingestuft. Dies ist sachgerecht, weil letzterer eine neutrale Dienstleistung im Massenverkehr erbringt, die keinen besonderen Bezug zum Glücksspiel an sich aufweist.[239] Dieses Verantwortungsgefüge soll nun auf seine Übertragbarkeit auf den Adressatenkreis des § 9 Abs. 1 S. 3 Nr. 4 GlüStV 2008 überprüft werden.

2. Heranziehung des polizeirechtlichen Verantwortungsgefüges für Zahlungsdienstleister

Für die Adressaten des § 9 Abs. 1 S. 3 Nr. 4 GlüStV 2008 enthalten weder der GlüStV selbst noch aufsichtsrechtliche Fachgesetze für den Banken- und Finanzsektor Regelungen, die den §§ 7-10 TMG für Internetdienstleister entsprechen. Ob die Kredit- und Finanzdienstleistungsinstitute als Störer oder Nichtstörer in Anspruch zu nehmen sind, kann sich daher nur unter Rückgriff auf die allgemeinen polizeirechtlichen Verantwortungsregeln klären lassen. Eine Norm, die eine ausdrückliche Geltung des Polizeirechts vorsieht, findet sich allerdings ebenfalls nicht im Staatsvertrag. Daraus könnte zu folgern sein, dass der Gesetzgeber nur für die Internetdienstleister im Hinblick auf das Telemedienrecht eine Ausnahme vorgesehen, darüber hinaus aber den GlüStV als abschließende Regelung erachtet. Ein Rückgriff auf das allgemeine Ordnungsrecht wäre damit gesperrt.

Dies vertritt das Schrifttum für die polizeirechtliche Generalklausel, die auch nicht mehr subsidiär zur Anwendung kommen könne. Mit seinen speziellen Eingriffsnormen in § 9 Abs. 1 S. 3 Nr. 1 bis 5 GlüStV sowie einer glücksspielrechtli-

236 *Hoeren*, MMR 1998, 97 f. (zur früheren Rechtslage).

237 Zur Vorgängervorschrift in § 22 Abs. 3 MDStV: *Spindler/Volkmann*, K & R 2002, 398 (401); zu § 7 Abs. 2 TDG: *Germann*, Gefahrenabwehr, 2000, S. 385; zur heutigen Rechtslage: *v. Wolff*, in: Wandtke/Bullinger, Urheberrecht, 3. Aufl. 2009, § 97 UrhG Rn. 25.

238 Dazu *Germann*, Gefahrenabwehr, 2000, S. 387, der eine präzisere Abgrenzung vornimmt.

239 OLG Hamburg, MMR 2000, 92 (95); *Dietlein*, GewArch 2005, 89 (92).

chen Generalklausel in § 9 Abs. 1 S. 2 GlüStV 2008 treffe der Gesetzgeber nämlich eine abschließende Regelung.[240] Deren besondere Voraussetzungen könnten nicht dadurch umgangen werden, dass bei deren Nichtvorliegen „hilfsweise" auf die polizei- und ordnungsrechtliche Generalklausel zurückgegriffen werde.[241]

Auf die Verantwortlichkeitsregelungen lässt sich diese Wertung aber nicht übertragen. Der Glücksspielstaatsvertrag als besonderes Polizeirecht verdrängt das allgemeine nur insoweit, als abschließende Vorgaben bestehen.[242] Für die Rolle der Ermächtigungsadressaten ist dies allerdings zu verneinen. Mangels eigener Regelung kann bei der glücksspielrechtlichen Generalklausel des § 9 Abs. 1 S. 2 GlüStV 2008 der polizeirechtliche Störerbegriff zur Anwendung kommen.[243]

Auch für andere Bereiche des besonderen Gefahrenabwehrrechts ist seit langem anerkannt, dass selbst ohne ausdrücklichen Verweis ein Rückgriff auf die polizeirechtlichen Vorschriften zur Verantwortlichkeit erfolgen kann, soweit die Fachgesetze hierzu keine eigenständigen Regelungen bereithalten. Als Beispiele sind neben dem Straßen-[244] und dem Wasserrecht[245] das Bauordnungsrecht zu nennen, das zwar eigene Vorgaben für die Verantwortlichkeit der wichtigsten, an der Erstellung oder Veränderung eines Bauwerks beteiligten Personen (Bauherr, -leiter) enthält. Jedoch ist für den Erhalt des ordnungsgemäßen Zustandes der Eigentümer einer baulichen Anlage nach allgemeinem Polizeirecht verantwortlich und bei einem Verstoß als Zustandsstörer anzusehen. Weiterhin versperrt das Bauordnungsrecht nicht den Rückgriff auf polizeirechtliche Verhaltensstörer wie beispielsweise die Arbeiter während der Anlagenerrichtung und nach der Fertigstellung die Mieter oder Pächter eines Grundstücks.[246]

Eine Bezugnahme auf das allgemeine Polizeirecht ermöglicht es daher, nicht nur Adressaten einer Generalklausel zu benennen und deren Verantwortungsgrad festzustellen, sondern auch eine Spezialermächtigung wie § 9 Abs. 1 S. 3 Nr. 4 GlüStV 2008 um diese Wertung zu ergänzen.

---

240 *Ennuschat/Klestil*, ZfWG 2009, 389 (391).

241 *Steegmann*, Basisinfrastruktur, 2010, S. 139.

242 *Ennuschat/Klestil*, ZfWG 2009, 389 (391); *Nagel*, in: Dietlein/Hecker/Ruttig, Glücksspielrecht, 2008, § 9 GlüStV Rn. 5.

243 *Nagel*, in: Dietlein/Hecker/Ruttig, Glücksspielrecht, 2008, § 9 GlüStV Rn. 5, 11; *Ennuschat/Klestil*, ZfWG 2009, 389 (391).

244 VGH Baden-Württemberg, NZV 1996, 511.

245 VGH Baden-Württemberg, NVwZ 1990, 784 (785); VG Stuttgart, 14.06.1999 – 18 K 253/97, abrufbar unter: www.fachdokumente.lubw.baden-wuerttemberg.de; zul. aufgerufen am 10.09.2012.

246 *Peine*, Öffentliches Baurecht, 4. Aufl. 2003, Rn. 1035.

3. Individuelle Verantwortlichkeit der Kredit- und Finanzdienstleistungsinstitute

Die unterschiedlichen Verantwortungsgrade der Internetprovider nach § 9 Abs. 1 S. 3 Nr. 5 GlüStV 2008 ermöglichen einen Rückschluss auf die Störerqualität der an einer Kreditkartenzahlung beteiligten Unternehmen. Dabei wird von der soeben dargestellten idealtypischen Konstellation ausgegangen, die sämtliche Beteiligte am Zahlungsablauf berücksichtigt.[247]

In einer Parallele zu den Accessprovidern ist daran zu denken, alle Arten von Zahlungsdienstleistern als Nichtstörer zu behandeln.[248] Betrachtet man den Zahlungsverkehr, der über das Kreditkartenverfahren abgewickelt wird, als Ganzes, so erscheint diese Lösung nachvollziehbar. In beiden Fällen handelt es sich um automatisierte, täglich millionenfach erbrachte Dienstleistungen. Doch ebenso wie beim Datenverkehr besteht bei einigen Beteiligten ein stärkeres Näheverhältnis zum Anbieter unerlaubter Glücksspiele als bei anderen.

Vorzugswürdig ist es daher, zwischen der Herausgeber- und der Akquirierungsseite im bereits dargestellten Säulenmodell[249] zu differenzieren. Auf Kundenseite erbringen der Kartenherausgeber, die Hausbank und der Issuing Processor Leistungen, die in keinem Kontakt zum Urheber der Störung, dem Glücksspielanbieter, stehen. Sie werden ausschließlich für den Spielteilnehmer tätig und sind damit am ehesten mit dem Accessprovider zu vergleichen, der in einem Vertragsverhältnis mit den privaten Internetnutzern steht.

Anders fällt die Wertung mit Blick auf die Acquirer-Seite aus. Dort steht das Akquirierungsunternehmen in direkter Beziehung zu dem Glücksspielveranstalter und hat umfassende Auskünfte über die Branche, in der seine Vertragsunternehmen tätig sind, einzuholen. Die Kenntnis des mit der Codierung und Zahlungsabwicklung betrauten technischen Dienstleisters versteht sich von selbst. Zumindest bei Kontoeröffnung stellt die Hausbank des Glücksspielanbieters Erkundigungen über das Geschäftsfeld, in dem dieser tätig ist, an. Die Angaben erfolgen als Teil eines standardisierten Vorgehens im Rahmen der sog. Know-Your-Customer-Strategie. Festzuhalten bleibt an dieser Stelle, dass „zu Lasten“ der Hausbank immerhin von einer eingeschränkten Kenntnis ausgegangen werden kann.

Das Akquirierungsunternehmen, der Acquiring Processor und die Händlerbank lassen sich daher mit einem Host-/Serviceprovider vergleichen, der einem

---

247 Unter Teil 3 A. IV. 4.

248 So *Nagel*, in: Dietlein/Hecker/Ruttig, Glücksspielrecht, 2008, § 9 GlüStV Rn. 18 m.V.a. Rn. 44, der sich allerdings vorrangig den Accessprovidern widmet. Auch *Ennuschat/Klestil*, ZfWG 2009, 389 (391), sprechen im Zusammenhang mit § 9 Abs. 1 S. 3 Nr. 4 GlüStV 2008 von einer „Inpflichtnahme von Nichtverantwortlichen“.

249 Unter Teil 3 A. IV. 2. b).

Glücksspielanbieter Speicherkapazitäten zur Verfügung stellt. Sie erbringen einen für sich gesehen neutralen Dienst, aber nicht gegenüber den Spielinteressierten ohne näheren Bezug zu dem Veranstalter, sondern gerade aufgrund ihrer vertraglichen Verpflichtung zu diesem. Daher sind sie entsprechend den Host-/ Serviceprovidern als Verantwortliche einzustufen.

Zwischenergebnis zu 3.

Als vorläufiges Ergebnis ist daher zwischen den beiden Leistungssträngen im Kreditkartenverfahren zu unterscheiden. Die Dienstleister auf Herausgeberseite sind als Nichtstörer, der Acquirer und die Hausbank des Veranstalters dagegen als Störer anzusehen.

4. Gegenprobe 1: Kein Widerspruch zur wettbewerbsrechtlichen Einstufung

Anders als auf den ersten Blick zu vermuten wäre, ergibt sich eine andere Bewertung der Störereigenschaft auch nicht aus dem Wettbewerbsrecht. In einer Entscheidung aus dem Jahr 2005 weist das OLG Jena den Unterlassungsanspruch eines privaten Wettanbieters zurück, das ein Schreiben des staatlichen Glücksspielveranstalters zum Gegenstand hat.[250] Darin fordert dieser eine Sparkasse im Landesgebiet auf, dem Konkurrenten künftig keine Kontoverbindung für die Abwicklung seines Zahlungsverkehrs mehr bereitzustellen.

In diesem Zusammenhang nimmt das Gericht eine Störereigenschaft der Bank an, die einen eigenen wettbewerbsrechtlichen Unterlassungsanspruch des Monopolinhabers gegen diese begründe.[251] Unter Bezugnahme auf die BGH-Entscheidung „Schöner Wetten" zum Setzen von Hyperlinks für Onlineglücksspiele[252] führt es aus: Selbst derjenige könne als Störer zur Unterlassung verpflichtet werden, der ohne Wettbewerbsförderungsabsicht und ohne Verschulden an dem Wettbewerbsverstoß eines Dritten beteiligt sei, solange er in irgendeiner Weise an der Herbeiführung der rechtswidrigen Beeinträchtigung mitwirke.[253] Im ersten Moment wird von Seiten des Gerichts der Eindruck erweckt, allein die Kausalität genüge. Eine solche ließe sich bei jedem Dienstleister, der einen we-

250 OLG Jena, GRUR-RR 2006, 134 (136) mit Bspr.: *Hecker/Steegmann*, WRP 2006, 1293.

251 In Analogie zu § 1004 BGB durch den BGH (GRUR 2002, 618 [619]; 2003, 624 [626]) entwickelt, näher: *Nagel*, in: Dietlein/Hecker/Ruttig, Glücksspielrecht, 2008, § 9 GlüStV Rn. 49 f.; *Steegmann*, Basisinfrastruktur, 2010, S. 210; *ders.* auch zur Anwendbarkeit des § 3 Abs. 1 UWG (S. 211); *Leistner*, GRUR-Beil. 2010, 1.

252 BGH, NJW 2004, 2158.

253 OLG Jena, GRUR-RR 2006, 134 (136).

sentlichen Beitrag an der Zahlungsabwicklung hat, unabhängig von seiner Nähe zum Glücksspielanbieter begründen.

Ein Widerspruch zum vorgestellten differenzierten Modell droht jedoch nicht, da das Gericht seine Ausführungen im Folgesatz entscheidend einschränkt. Die Haftung als Störer setze die Verletzung (zumutbarer) Prüfungspflichten voraus,[254] die es im Fall der betroffenen Sparkasse als gegeben ansieht. Insbesondere in Anbetracht der aktuellen Diskussion und der ihr zugrunde liegenden Auffassung des Zentralen Kreditausschusses hätte sich die Frage, ob ihr Kunde über eine inländische Glücksspielerlaubnis verfügt, „geradezu aufgedrängt". Zudem sei allgemein bekannt, dass der Kontoverbindung für den Wettbetrieb eines Internetanbieters anders als bei einem sonstigen Gewerbebetrieb eine entscheidende Bedeutung zukomme.

Die Darlegungen des Gerichts gehen zwar von einem strengen Sorgfaltsmaßstab aus, der es den Banken erschwert, sich auf die fehlende Kenntnis des Rechtsverstoßes durch ihre Kunden zu berufen.[255] Dies führt aber nicht zu einer Ausweitung des Störerkreises, sondern es bestätigt im Gegenteil die für das Kreditkartenverfahren dargestellte Zweiteilung. Die Hausbank des Onlineveranstalters kann haftbar gemacht werden, wenn sie unter Vernachlässigung ihrer Kontrollpflichten weiterhin ihre Dienstleistungen erbringt. Wer aber wie der Kartenherausgeber und die Hausbank des Spielers in keinerlei Geschäftsverhältnis zum Anbieter steht, kann im Gegenzug auch keine vertraglichen Sorgfaltspflichten verletzen und als wettbewerbsrechtlicher Störer haften. Übertragen auf andere Zahlungsverfahren bedeutet dies eine Überwachungspflicht all der Zahlungsunternehmen, die in direkter Beziehung zum Onlineveranstalter stehen.[256]

5. Gegenprobe 2: Mitwirkung an Geldwäscheaktivitäten

Im Schrifttum wird ein Ansatz näher verfolgt, den das OLG Jena[257] bei der Frage nach der Sorgfaltspflicht der Bank ausdrücklich ausklammert: die Geldwäschebekämpfung.[258] In diesem Regelungskomplex finden sich mehrere Gesetze, die dezidierte Vorgaben für eine laufende Überprüfung des Geschäftsbetriebs und der Kundenbeziehungen auf verdächtige Aktivitäten enthalten. Ziel

254 Zu den Vorgaben einer wettbewerbsrechtlichen Störerhaftung eingehend: *Leistner*, GRUR-Beil. 2010, 1.

255 Zum Kriterium der Kenntniserlangung bzw. Erkennbarkeit näher: *Steegmann*, Basisinfrastruktur, 2010, S. 210 m.w.N.

256 Entsprechend werden nur diese Unternehmen nach US-Recht herangezogen.

257 OLG Jena, GRUR-RR 2006, 134 (136).

258 *Rock/Seifert*, ZBB 2009, 377 (382).

ist es, den Bankenbereich und eine Reihe weiterer Branchen davor zu schützen, für das Einschleusen kriminell erlangter Vermögenswerte in den Wirtschaftskreislauf missbraucht zu werden.[259] Die Verbindung zwischen dem Straftatbestand der Geldwäsche und dem Ziel, Zahlungen für unerlaubte Glücksspiele zu verhindern, lässt sich ohne weiteres herstellen. So bildet neben der Suchtprävention die Kriminalitätsbekämpfung eines der Kernziele des GlüStV 2008.[260] Weiterhin wird, da der Glücksspielmarkt besonders anfällig ist, außer als Betrugs- auch als Plattform für Geldwäschedelikte missbraucht zu werden, die unerlaubte Glücksspielveranstaltung als Vortat im abschließenden Katalog des § 261 StGB aufgeführt.

Es ließe es sich mithin daran denken, die Störereigenschaft des Acquirers, des Kartenherausgebers und der Hausbanken auf Spieler- und Anbieterseite zu bejahen, wenn sie bzw. die im Unternehmen verantwortlichen Mitarbeiter[261] sich wegen Verletzung von Sorgfaltspflichten der Geldwäsche strafbar gemacht haben. Diskutiert wird ein Anwendungsfall des § 261 Abs. 2 StGB in der Tatvariante des Verwendens,[262] das als bestimmungsgemäßes Gebrauchmachen von Tatobjekten definiert wird.[263] Hierunter fallen die vielfältigen Geldgeschäfte im Bankenbereich und damit auch die Abwicklung des Transaktionsvorgangs im Rahmen einer Kreditkartenzahlung.[264] Bemakeltes Tatobjekt ist die Forderung des Glücksspielanbieters gegen das Akquirierungsunternehmen.[265] An dieser Stelle soll es nicht um den Fall gehen, in dem der Acquirer oder die Hausbank des Glückspielveranstalters vorsätzlich an der Verschleierung von Vermögenswerten mitwirken.[266] Vielmehr wird die Frage erörtert, ob durch Verletzung von Überwachungspflichten[267] den genannten Unternehmen eine leichtfertige Un-

---

259 BT-Drs 11/7663, S. 24; 12/989, S. 26; *Ruhmannseder*, in: BeckOK-StGB, Stand: 01.05.2011, § 261 Rn. 3; *Stree*, in: Sch/Sch, StGB, 27. Aufl. 2006, § 261 Rn. 1.

260 Vgl. § 1 Nr. 4 GlüStV 2008, dazu: Erläuterungen zum GlüStVE, LT-Drs. Bayern 15/8486, S. 12 f.

261 Zu den Normadressaten: *Neuheuser*, in: MK-StGB, Bd. III, 2003, § 261 Rn. 87; *Kaufmann*, Geldwäsche, 2. Aufl. 2003, S. 172.

262 *Rock/Seifert*, ZBB 2009, 377 (382).

263 *Neuheuser*, in: MK-StGB, Bd. III, 2003, § 261 Rn. 67.

264 BT-Drs. 12/989, S. 27; *Lackner/Kühl*, StGB, 27. Aufl. 2011, § 261 Rn. 8; *Stree*, in: Sch/Sch, StGB, 27. Aufl. 2006, § 261 Rn. 13.

265 *Rock/Seifert*, ZBB 2009, 377 (380); näher zu Forderungen als Tatgegenstand: *Stree*, in: Sch/Sch, StGB, 27. Aufl. 2006, § 261 Rn. 3.

266 *Herzog/Mühlhausen*, GwHdb, 2006, § 17 Rn. 61, weisen daraufhin, dass dies im Bankenbereich sehr selten der Fall ist.

267 Dazu zählen Identifizierungs- und Aufzeichnungspflichten (§§ 2 ff. GwG), Anzeigepflichten (§ 11 GwG) und Organisationspflichten (§ 14 GwG), eingehend zu den einzelnen Stufen: *Herzog/Mühlhausen*, GwHdb, 2006, § 41; näher auch: *Kaufmann*, Geldwäsche, 2. Aufl. 2003, S. 174 ff.

kenntnis[268] über die Herkunft der Forderung aus unerlaubtem Glücksspiel und damit eine Strafbarkeit nach § 261 Abs. 5 StGB angelastet werden kann.[269]

Das Akquirierungsunternehmen und die Hausbank des Veranstalters trifft die Verpflichtung, sich im Rahmen ihrer Know-Your-Customer-Strategie Kenntnis über das Geschäftsmodell ihrer Kunden zu verschaffen.[270] Vernachlässigen sie die rechtlich gebotene Überwachung, so ließe sich der Tatbestand des § 261 Abs. 2, 5 StGB bejahen, wobei in diesem Zusammenhang neben der hohen Schwelle der Leichtfertigkeit[271] wiederum die Grenzen des sozialüblichen Verhaltens zu überwinden wären.[272] Da ohnehin die Störereigenschaft der Akquisitionsseite, die trotz teleologischen Ausschlusses der Strafbarkeit vorliegen kann, bereits bejaht wird, ergibt sich im Ergebnis keine Änderung.

Allerdings gelangt die Ansicht auch zu einer Geldwäschestrafbarkeit des Kartenherausgebers.[273] Sollte ihr gefolgt werden, müsste dies bei der bisherigen Einstufung als Nichtstörer berücksichtigt werden. Ansatzpunkt sind dabei nicht, wie zu vermuten wäre, die Kontrollpflichten gegenüber dem eigenen Kunden, dem Spieler.[274] Vielmehr wird vertreten, der Kartenherausgeber[275] sei zur Überwachung der Tätigkeit des Akquirierungsunternehmens verpflichtet und habe dafür Sorge zu tragen, dass dieses keine inkriminierten Transaktionen über das Kreditkartensystem abwickelt. Scheitere das trotz fehlerfreier Kennzeichnung des Zahlungszwecks mit dem MCC 7995, so komme eine leichtfertige Begehung des „Verwendungstatbestandes" nach § 261 Abs. 2, 5 StGB in Betracht.[276] Dieser Begründungsweg ist jedoch nur schwer nachzuvollziehen.

---

268 Im Sinne eines „Verkennens sich aufdrängender Möglichkeiten": BGH, NJW 1997, 3323 (3324); LG Berlin, NJW 2003, 2694 f.; *Neuheuser*, in: MK-StGB, Bd. III, 2003, § 261 Rn. 82; *Lackner/Kühl*, StGB, 27. Aufl. 2011, § 261 Rn. 13; *Stree*, in: Schönke/Schröder, StGB, 27. Aufl. 2006, Rn. 19; *Kaufmann*, Geldwäsche, 2. Aufl. 2003, S. 133.

269 *Rock/Seifert*, ZBB 2009, 377 (382).

270 *Herzog/Mühlhausen*, GwHdb, 2006, § 17 Rn. 63 f. sehen den durch das GwG vorgegebenen Sorgfaltsmaßstab ungeeignet zur Verhinderung eines leichtfertigen Verhaltens.

271 *Neuheuser*, in: MK-StGB, Bd. III, 2003, § 261 Rn. 83.

272 Zurückhaltend, da Geldwäschehandlungen gerade die Schnittstelle zwischen legalem und illegalem Handeln betreffen: *Neuheuser*, in: MK-StGB, Bd. III, 2003, § 261 Rn. 71 ff.; *Herzog/Mühlhausen*, GwHdb, 2006, § 17 Rn. 44 ff.; *Kaufmann*, Geldwäsche, 2. Aufl. 2003, S. 41, 87; entspr. *Rock/Seifert*, ZBB 2009, 377 (385 f.).

273 *Rock/Seifert*, ZBB 2009, 377 (383) trennen insoweit nicht zwischen Kartenherausgeber (-institut) und Hausbank des Spielers.

274 *Rock/Seifert*, ZBB 2009, 377 (383).

275 Bzw. der im Institut mit den Prüfungspflichten betraute Geldwäschebeauftragte i.S.d. §§ 9 Abs. 2 Nr. 1 GwG. Zu dessen Aufgaben: *Bruchner/Fischbeck*, in: Schimansky/Bunte/Lwowski, BankR-HB, 3. Aufl. 2007, § 42 Rn. 294.

276 *Rock/Seifert*, ZBB 2009, 377 (383 ff., 386).

Es wird schon nicht deutlich, woraus sich eine Pflicht des Kartenherausgebers, Kontrolle über den Acquirer auszuüben, ergeben soll. Zieht man das Kreditkartenmodell heran, so zeigt sich an diesem die strenge Trennung zwischen Herausgeber- und Akquisitionsstrang und damit der beiden Tätigkeitsfelder.[277] Eine vertragliche Bindung gehen die beiden Akteure ausschließlich mit der Kreditkartenorganisation als Lizenzgeber und ihrem jeweiligen Kunden, d.h. dem Karteninhaber und dem Vertragsunternehmen ein.[278] Allein die Teilnahme am Kreditkartenverfahren ohne eine besondere gesellschaftsrechtliche Verflechtung[279] begründet weder ein Auslagerungs-[280] noch im Falle eines ausländischen Unternehmenssitzes des Acquirers ein Korrespondenzbankenverhältnis[281] zum Herausgeber.[282] Damit liegt im Ergebnis keine leichtfertige Erfüllung des Geldwäschetatbestandes gem. § 261 Abs. 2, 5 StGB im Herausgeberstrang vor. An der Einstufung als Nichtverantwortliche ändert sich für die Issuer- und die Hausbank des Spielers nichts.

Die geldwäscherechtlichen Pflichten führen daher nicht zu einer Erstreckung der Störerqualität auf den Herausgeberstrang im Kreditkartenverfahren.

6. Verantwortliche: Zusammenfassung und Änderungsvorschlag

Als Konsequenz aus der vorangegangenen Einstufung müssen sich die Ordnungsbehörden vorrangig an die Dienstleister auf der Akquirierungsseite wenden. Da diese jedoch in aller Regel ebenso wie die Glücksspielanbieter ihren Unternehmenssitz im außereuropäischen Ausland haben, wird es in der Praxis zumeist bei einer Verpflichtung der Kartenherausgeber bleiben. Deren Qualifizierung als Nichtstörer ist aber dennoch von Bedeutung. So determiniert die polizeirechtliche Verantwortlichkeit die Entscheidung der Behörden bei mehreren in Betracht kommenden Maßnahmen mit unterschiedlichen Adressaten wie zum Beispiel Internetprovidern oder inländischen Vermittlern.

Vor allem aber hat der Kartenherausgeber einen Entschädigungsanspruch für wirtschaftliche Aufwendungen, die er bei der Umsetzung der behördlichen Vor-

---

277 Dazu oben Teil 3 A. IV. 2. b).

278 Zur Überwachungspflicht im Rahmen des Know-Your-Customer-Prinzips (Pressemitteilung vom 07.09.2010): www.hamburg.de/clp/polizeimeldungen/clp1/pm/50272/1677337/geldwaesche-kriminelle-entdecken-social-media-als-wechselstuben; zul. aufgerufen am 10.09.2012.

279 Siehe hierzu: § 25 a, g KWG.

280 §§ 25 a Abs. 1, 1 a KWG; 20 ZAG.

281 *Häberle*, in: Erbs/Kohlhaas, Strafrechtl. NebenG, Bd. II, Stand: 184. Erg.-L. 2011, § 25 f KWG Rn. 2; zu Vorgaben in der Praxis: *Hanley/Creditreform*, unter: www.business-risk-research.com/wd_downloads/doc29_Risikomanager_1_08.pdf, S. 9; www.wolfsberg-principles.com/pdf/correspondent-german.pdf. Quellen zul. aufgerufen am 10.09.2012.

282 So aber: *Rock/Seifert*, ZBB 2009, 377 (384).

gaben tätigt, sowie für hierbei erlittene Schäden.[283] Die Aufgabe des Gesetzgebers und der zuständigen Behörden ist es daher, sich mit dem individuellen Verantwortlichkeitsgrad der möglichen Adressaten auseinander zu setzen und eine Regelung zu finden, die diesem gerecht wird.

Hierzu würde es ausreichen, eine Vorschrift in den Staatsvertrag aufzunehmen, die einen ergänzenden Rückgriff auf die allgemeinen Polizei- und Ordnungsgesetze[284] des jeweiligen Landes zulässt.[285] Die Vorschrift könnte unter Konkretisierung durch die Ausführungsbestimmungen der Länder beispielsweise lauten: *„Ergänzend finden die Vorschriften der allgemeinen Polizei-, Ordnungs- bzw. Gefahrenabwehrgesetze des jeweiligen Landes Anwendung.“*

Dies würde auch das damit verbundene Problem einer Entschädigungsregelung lösen, da nur bei einem ausdrücklichen gesetzlichen Verweis auch andere Verwaltungsbehörden den polizeirechtlichen Schadensersatzregelungen unterliegen.[286]

III. „zuständige Behörde“ – länderübergreifender Ansatz

Obwohl der GlüStV 2008 und damit das Internet- und Werbeverbot einheitlich in allen Ländern gelten, scheitern Untersagungsverfügungen mit einem bundesweiten Wirkkreis gegen unerlaubte Angebote vor Gericht häufig an der fehlenden örtlichen Zuständigkeit der jeweiligen (Landes-)Behörde.[287] Zahlreiche Entscheidungen belegen, dass trotz einheitlicher Rechtslage die Frage der Ver-

---

283 Zu den wirtschaftlichen Aufwendungen bei einer Mitwirkungshandlung: BReg, Mitteilung an die Komm. vom 20.05.2008, Verletzungsverfahren 2007/4866, ZfWG 2008, 173 (188, Rn. 127): „Die Untersagung der Unterstützung des illegalen Glücksspiels gegenüber Banken und Kreditkartenunternehmen ist zwar mit Kosten für diese Finanzunternehmen verbunden.“

284 Die Bezeichnungen variieren je nach Bundesland, z.B. Polizeigesetz Baden-Württemberg (PolG BW), Berliner Allgemeines Sicherheits- und Ordnungsgesetz (ASOG Bln), Hessisches Sicherheits- und Ordnungsgesetz (HSOG).

285 Zu einem Rückgriff auf die polizei- und ordnungsrechtliche Generalklausel i.R. einer sog. unselbstständigen Verfügung: *Ennuschat*, in: Tettinger/Wank/Ennuschat, GewO, 8. Aufl. 2011, § 139 b Rn. 10.

286 Eingehend zur Anwendbarkeit der polizeirechtlichen Entschädigungsklauseln auf andere Bereiche des Verwaltungsrechts (am Beispiel des Baurechts): *Stüer*, ZfBR 2004, 338 (344).

287 Dekonnektierung von Domain: VG Düsseldorf, Beschluss vom 18.05.2009 – 27 L 9/09, ZfWG 2009, 228 Ls.; Werbeverbot: VGH Bayern, ZfWG 2008, 455 (458 f.); VG Ansbach, Beschluss vom 15.08.2008 – AN 4 S 08.01112, ZfWG 2008, 304 Ls.; VG Düsseldorf, Beschluss vom 18.05.2009 – 27 L 190/09, Rn. 22 (juris); VG Halle, Urteil vom 26.03.2009 – 3 A 194/06 HAL, Rn. 22 ff. (Virtuelle Geldspielgeräte, juris); anders dagegen für das Wettbewerbsrecht: LG Bremen, Urteil vom 31.07.2008, ZfWG 2008, 280 (284).

bandskompetenz von höchster praktischer Relevanz ist.[288] Die Feststellung des räumlichen Anknüpfungspunktes einer Anordnung nach § 9 Abs. 1 S. 3 Nr. 4 GlüStV 2008 fällt jedoch keineswegs leicht.

Daher muss, gleichgültig, in welche Form die Bekämpfungsstrategie gegossen wird, eine wichtige Frage beantwortet werden: Wie ist der räumliche Anknüpfungspunkt der Maßnahme festzulegen? In Betracht kommen bei Kreditkartenzahlungen für Onlineglücksspiele mindestens zwei Orte: Zum einen bietet sich der Wohnort des Kunden an, der mit seiner Karte den Einsatz für die Spielteilnahme tätigt. Dieser deckt sich mit dem Veranstaltungsort nach § 3 Abs. 4 GlüStV 2008. Danach wird ein Glücksspiel dort veranstaltet, wo dem Spieler eine Teilnahmemöglichkeit eröffnet ist.[289] Zum anderen könnte eine Anknüpfung an den Geschäftssitz des Kartenherausgebers erfolgen, da es im Wesentlichen um seinen Anteil an der Zahlungsabwicklung geht. Häufig werden die beiden Orte auseinander fallen. Dies betrifft all die Fälle, in denen die Spielteilnehmer als Kartenherausgeber nicht die Sparkasse oder Volks- und Raiffeisenbank an ihrem Wohnort wählen, sondern z.B. eine Online-Bank oder ein Kreditinstitut mit rechtlich unselbstständigen Filialen.

Um eine Überschreitung der Verbandskompetenzen und zahlreiche Rechtsstreitigkeiten zu verhindern, führt letztlich kein Weg an einer verbindlichen und vor allem bundesweit einheitlichen Lösung vorbei. Die rechtlichen Grundlagen hierfür bietet der GlüStV 2008 bereits. Nach § 9 Abs. 1 S. 4 GlüStV 2008 kann, sofern ein unerlaubtes Glücksspiel in mehreren Ländern veranstaltet, vermittelt oder beworben wird, jedes betroffene Land die zuständige Behörde eines anderen Landes ermächtigen, auch mit Wirkung für sich tätig zu werden.

Dies bedeutet in der Praxis aber nicht, dass jedes Bundesland fünfzehn Vereinbarungen treffen muss, um eine effektive Bekämpfung unerlaubter Glücksspiele zu gewährleisten. Vielmehr arbeiten die Aufsichtsbehörden der Länder nach § 9 Abs. 1 S. 4, Abs. 3 GlüStV 2008 sowohl bei der Gefahrenabwehr als auch der Erlaubniserteilung intensiv zusammen. Hierzu unterhalten sie beim Staatsministerium des Inneren des Landes Hessen eine gemeinsame Geschäftsstelle, die das Vorgehen der Länder koordiniert und fördert.[290] Ihr Aufgabenspektrum sollte um den Erlass der zum Abbruch der Zahlungsströme notwendigen Maßnahmen ergänzt werden.[291]

---

288 Ausführlich zur inhaltlichen Beschränkung als „Minus“ zu einer räumlich unbeschränkten Untersagungsverfügung: VGH Bayern, ZfWG 2008, 455 (458 ff., 460).

289 Dazu: *Dietlein*, in: ders./Hecker/Ruttig, Glücksspielrecht, 2008, § 3 GlüStV Rn. 13 f.

290 Näher dazu: *Nagel*, in: Dietlein/Hecker/Ruttig, Glücksspielrecht, 2008, § 9 GlüStV Rn. 23, mit Hinweis auf *Voßkuhle*, VerwArch 87 (1996), 395 (426), der bereits im Jahre 1996 zur Einrichtung eines ständigen Koordinierungsgremiums rät.

291 Auch der Gesetzgeber hat die Notwendigkeit eines abgestimmten Vorgehens erkannt. Der neu eingeführte § 9 a GlüÄndStV 2012 regelt eine einheitliche Zuständigkeit bei der Bekämpfung

IV. „im Einzelfall“ – Rechtsform der Strategie

Nach § 9 Abs. 1 S. 2, 3 GlüStV 2008 ist die zuständige Landesbehörde ermächtigt, die erforderlichen Anordnungen für eine Untersagung der Zahlungsabwicklung *„im Einzelfall“* zu erlassen. So knapp der Wortlaut gehalten ist, lässt allein schon die – wie dargelegt – begrifflich überholte Nennung der möglichen Adressaten erhebliche Probleme bei einer zukünftigen Umsetzung erwarten.

Wie viele Aspekte letztlich im Vorfeld zu klären sind, zeigt ein Blick auf die US-Rechtslage. Das zuständige Regelungsgremium wertet Hunderte von Stellungnahmen aus, die seitens von Zahlungsdienstleistern, Glücksspielanbietern, Spielervereinigungen, Wohlfahrtsverbänden und interessierten Privatpersonen als Reaktion auf den Verordnungsentwurf eingehen. Eine Vielzahl der Vorschläge findet in der mehr als sechzigseitigen Endfassung Niederschlag, so dass diese an manchen Stellen nur noch wenig Ähnlichkeit mit ihrer Vorgängerin aufweist.[292]

Auch für die deutsche Rechtslage ist es kaum vorstellbar, dass die spärlichen Vorgaben der Ermächtigungsnorm ausreichen, um Einzelverfügungen zu erlassen, die einer gerichtlichen Überprüfung standhalten. Der Wortlaut des § 9 Abs. 1 S. 3 Nr. 4 GlüStV 2008 sollte deshalb vor allem als Ausgangspunkt zur Erarbeitung eines allgemeinverbindlichen Rechtsrahmens dienen. Hierfür kommen mehrere Handlungsformen in Betracht. Es ist beispielsweise an einen Zusatz zum GlüStV 2008 zu denken, der allerdings ebenso wie der Vertrag selbst zur Ratifizierung eines Landesgesetzes bedürfte.[293] Ohne diesen „Umweg“ käme eine „direkte“ Ergänzung der Ausführungsgesetze nach § 24 S. 1, 2 GlüStV 2008 aus.

Als praxisnahe und flexible Rechtsform bietet sich zuletzt der Erlass einer Rechtsverordnung an. Allerdings ist ein solcher nicht ohne gesetzgeberische Vorarbeiten möglich. So fehlt es in allen Ländergesetzen bislang an einer entsprechenden, dem Bestimmtheitserfordernis genügenden Ermächtigung für den Bereich der Zahlungsabwicklung.[294] Weiterhin kann die Verpflichtung, Transaktionen für Glücksspiele zu verhindern, einen erheblichen Eingriff in die Geschäftsstruktur der betroffenen Dienstleistungsunternehmen und damit in ihre

unerlaubter Glücksspiele mittels Zahlungssperren: „Bei unerlaubten Glücksspielen, die in mehr als einem Land angeboten werden, ist für Maßnahmen nach § 9 Abs. 1 Satz 3 Nr. 4 die Glücksspielaufsichtsbehörde des Landes Niedersachsen zuständig.“

292 Unter: www.federalreserve.gov/newsevents/press/bcreg/bcreg20081112a1.pdf; zul. aufgerufen am 10.09.2012.

293 *Postel*, in: Dietlein/Hecker/Ruttig, Glücksspielrecht, 2008, § 24 GlüStV Rn. 3; *Brugger*, ZfWG 2008, 20 (22).

294 Die auf Grundlage des § 24 GlüStV 2008 erlassenen Verordnungsermächtigungen regeln z.B. die nähere Ausgestaltung des Erlaubnisverfahrens, der Sperrdatei und der Annahmestellen. Nachweise bei *Postel*, in: Dietlein/Hecker/Ruttig, Glücksspielrecht, 2008, § 24 GlüStV Rn. 16.

nach Art. 12 GG geschützten grundrechtlichen Positionen bedeuten. Es wird von der Intensität der geplanten Beschränkungen abhängen, ob eine Verordnung zu deren Legitimation ausreicht oder ob mit Blick auf die „Wesentlichkeitstheorie" des BVerfG[295] ein Parlamentsgesetz notwendig ist.

Dieselbe Frage stellt sich, wenn sich der Normgeber entscheiden sollte, wie die USA eine Haftungsfreistellung für die mitwirkenden Zahlungsdienstleister aufzunehmen, die mögliche Schadensersatzansprüche ihrer Vertragspartner sperrt.[296] Dieser Aspekt soll im Rahmen der Arbeit nicht vertieft werden. Hingewiesen sei aber zumindest auf Folgendes: Unter dem Gesichtspunkt der Normenhierarchie erscheint es bedenklich, ob sich die Geltendmachung zivilrechtlicher Forderungen per Verordnung unterbinden lässt. Ein formelles Gesetz könnte mithin einen „sichereren", d.h. weniger konfliktträchtigen Weg darstellen. Zu beachten wären dabei freilich die Kompetenzvorgaben des Grundgesetzes.[297]

Zusammengefasst besteht die Notwendigkeit, einen verbindlichen, für alle Länder einheitlichen Regelungsrahmen zu schaffen, in den die einzelnen Verfügungen eingebettet werden. Nur so werden eine für die Ordnungsbehörden Erfolg versprechende Umsetzung gewährleistet und der Aufwand sowie die Konsequenzen für die Betroffenen vorhersehbar.

V. Weitere mögliche Regelungsaspekte

Die weiteren Überlegungen richten sich auf das Regelungsspektrum, das auf Basis der Ermächtigungsnorm abgedeckt werden kann oder als weiterer Aspekt bei einer Novellierung des Rechtsrahmens erfasst werden sollte. Auch in diesem Fall kann die US-Regelung als Orientierungsmaßstab dienen. In Betracht kommen beispielsweise ergänzende Maßnahmen im Bereich des Kreditkartenverfahrens (unter 1.), ein Einbezug weiterer Zahlungsformen (unter 2.), eine etwaige Berücksichtigung des Auszahlungsvorgangs (unter 3.), Vorgaben zur Vermeidung des sog. Overblocking (unter 4.) sowie eine Haftungsfreistellung (unter 5.).

1. Vorschläge für weitere Maßnahmen

Der Regelungsrahmen bei Kreditkartenzahlungen muss sich nicht auf die Vorgabe, Transaktionen für Glücksspiele zu codieren und zu sperren, beschränken. Der

295 BVerfGE 49, 89 (126 f.); 57, 295 (327); 83, 130 (142); 98, 218 (251 ff.); 101, 1 (34); 105, 252 (268 f.); 105, 279 (301 ff.); *Herzog*, NJW 1999, 25 (26).

296 Dazu sogleich unter Teil 3 B. V. 5.

297 Siehe Art. 74 Abs. 1 Nr. 1 GG.

Wortlaut der Ermächtigungsnorm regelt lediglich die „Untersagung", gibt aber nicht im Detail vor, wie eine solche erfolgen muss.

Die vorgestellte Strategie zur Sperrung von Kreditkartenzahlungen ist, wie das US-Modell zeigt, umso Erfolg versprechender, je stärker die Durchdringung aller Leistungsbeziehungen reicht. Das Verbot, Zahlungen für Anbieter unerlaubter Glücksspiele oder zu deren Gunsten abzuwickeln, verändert die Vertragsbeziehungen aller am Kreditkartenverfahren beteiligten Zahlungsdienstleister. Wie sich aus der US-Regelung entnehmen lässt, hat, bevor es zu einer Maßnahme wie beispielsweise einer Zahlungsblockade oder einer Vertragsbeendigung kommt, eine Information der Kunden über die geänderte rechtliche Situation zu erfolgen. Diese kann zeitgleich mit der Änderung der Vertragskonditionen oder in einer gesonderten Mitteilung an diese ergehen.

Neben Informations- werden Kontrollpflichten eine zentrale Rolle innerhalb der ordnungsrechtlichen Strategie spielen. Bereits Anfang 2008 geht die Bundesregierung in ihrer Mitteilung an die EU-Kommission auf eine konkrete Überwachungsmaßnahme ein, indem sie von einem „laufenden Abgleich der Kontoverbindungen durch Kreditkartenfirmen und Banken" spricht. Dies ähnle der Verpflichtung, „bei Geschäftsverbindungen abzugleichen, ob möglicherweise illegale Vereinigungen unterstützt werden". Dort hätten sich Dienstleistungsunternehmen etabliert, welche die entsprechenden Listen aktualisieren und gegen eine Gebühr einen Abgleich ermöglichen.[298] Die Bundesregierung in ihrer Funktion als „Sprachrohr" der Länder lässt damit anklingen, dass sie die Erstellung spezieller Datenbanken, in denen Informationen zu unerlaubten Glücksspielen gesammelt werden, als Option ansieht. Die Schaffung dieser sog. Schwarzen Listen[299] wird, wie oben erläutert, in den USA bereits im Entwurf der Umsetzungsverordnung diskutiert, als verbindliche Maßnahme aber verworfen.[300] Dagegen spricht aus Sicht des Verordnungsgremiums und der Bankenbranche neben der problematischen Verweistechnik des UIGEA die Schwierigkeit, die Listen vollständig und aktuell zu halten.[301]

Bei der Entwicklung einer deutschen Konzeption hat der Normgeber darüber zu befinden, ob und auf welche Weise er ein solches zentralisiertes Überwachungssystem etablieren möchte. Eine solche Entscheidung beeinflusst beispielsweise maßgeblich die Frage, wie umfangreich und präzise die Verpflich-

---

298 BReg, Mitteilung an die EU-Komm. vom 20.05.2008, Verletzungsverfahren 2007/4866, ZfWG 2008, 173 (188, Rn. 127).

299 Zu dem Vorschlag im deutschen Recht auch: *Steegmann*, Basisinfrastruktur, 2010, S. 214.

300 Näher unter: Teil 3 A. V. 2. c).

301 Verordnung, Fed. Reg., S. 69384.

tung der Zahlungsdienstleister zu einem glücksspielspezifischen Ausbau ihrer individuellen „Know-Your-Customer“-Strategie ausfällt.

Diese kommt als Alternative zu einer unternehmensübergreifenden Datenbank in Betracht. Sie könnte jedoch auch als gleichwertige, weitere Säule neben diese treten oder als untergeordnete Maßnahme lediglich zu deren Informationsgewinnung dienen. In der Praxis sind unterschiedliche Vorgehensweisen denkbar. Hier sollte daher auf vorhandene Erfahrungswerte wie den Katalog an Prüf- und Meldepflichten im Rahmen der Geldwäschebekämpfung zurückgegriffen werden. Mit Blick auf die Akquirierungsunternehmen ließen sich auch von staatlicher Seite die Informationen nutzen, die sie über ihre Vertragsunternehmen sammeln und in die internen Datenbanken der Kartenorganisationen einspeisen, sofern diese eine unerlaubte Glücksspieltätigkeit belegen.[302]

Das maßgebliche Entscheidungskriterium für die zuständige Behörde wird sein, auf welchem Weg sie am ehesten von Seiten der betroffenen Zahlungsdienstleister zuverlässige, d.h. vollständige, wahrheitsgetreue und zeitnahe Informationen erhalten kann.

2. Einbezug weiterer Zahlungsverfahren

Welche Zahlungsverfahren in der Praxis Gegenstand einer Maßnahme auf Basis des § 9 Abs. 1 S. 3 Nr. 4 GlüStV 2008 werden, bleibt abzuwarten. Die Ermächtigungsnorm steht mit ihrem weit gefassten Wortlaut einer Erstreckung auf andere Zahlungsformen offen gegenüber. So tritt die Bundesregierung dem Einwand der EU-Kommission entgegen, es sei nur möglich, Kreditkartenfirmen zur Zusammenarbeit mit den Glücksspielaufsichtsbehörden zu verpflichten. Aus deutscher Sicht könnten „selbstverständlich“ auch Überweisungen durch die Banken sanktioniert werden.[303]

Da sich die Arbeit im Schwerpunkt mit Kreditkartenzahlungen befasst, soll nur stichpunktartig auf einige Erscheinungsformen eingegangen werden, die in Deutschland für Onlinegeschäfte gebräuchlich sind. Für nähere Informationen zu deren Funktionsweise oder rechtlichen Einstufung wird auf die weiterführende Literatur verwiesen.[304] Festzuhalten bleibt folgendes: Auch die „klassischen“ Zah-

---

302 Siehe hierzu oben unter: Teil 3 A. IV. 4. b) aa).

303 BReg, Mitteilung an die EU-Komm. vom 20.05.2008, ZfWG 2008, 173 (182, Rn. 75).

304 Siehe dazu FATF/OECD, Bericht über neue Zahlungsmethoden, Stand: 10/2006, abrufbar unter: www.bafin.de (zul. aufgerufen am 10.09.2012); Überblick auch bei *Kössel*, c't 2007/3, 172; näher zur aufsichtsrechtlichen Einstufung von Internetbezahlverfahren: *Hoenike/Szodruch*, MMR 2006, 519; speziell zu PayPal: *Meder/Grabe*, BKR 2005, 467 (470 f. – rechtliche Aspekte); generell: *Neumann/Bock*, Zahlungsverkehr im Internet, 2004; zu Glücksspielen: *Steegmann*, Basisinfrastruktur, 2010, S. 215.

lungsarten werden für Onlinegeschäfte genutzt.[305] Neben Kreditkarten und Banküberweisungen kommt dem Lastschriftverfahren vor allem bei Geschäften zwischen deutschen Vertragspartnern eine große praktische Bedeutung zu.[306] Schecks spielen in Deutschland anders als in den USA dagegen nur eine geringe Rolle.

Einen enormen Bedeutungszuwachs erleben aber vor allem innovative Überweisungsdienste. Die unzähligen Geschäftsmodelle lassen sich in zwei Gruppen einteilen: Dies sind erstens virtuelle Konten- bzw. Buchungssysteme, auf denen sich der Zahlungsfluss durch Gutschriften und Belastungen vollzieht. Entsprechend der Kartenzahlungen spricht man auch hier von prepaid-[307] und pay-now-Systemen,[308] je nachdem, ob die Konten vor oder während der Buchungsvorgänge mit Bar- oder Buchgeld befüllt werden.[309] Der Aufladevorgang erfolgt wiederum mittels der oben genannten Zahlungsformen, beispielsweise per Kreditkartenzahlung oder Überweisung.[310] Ihr bekanntester und wirtschaftlich bedeutendster Vertreter weltweit ist PayPal.[311] Das Unternehmen lehnt in den USA aber gerade ausdrücklich Zahlungsabwicklungen für Glücksspiele ab. Die für Deutschland geltenden Nutzungsbedingungen[312] gehen zwar nicht speziell auf Glücksspiel ein. Sie verbieten aber die Zahlungsabwicklung über PayPal für Aktivitäten, die gegen geltendes Recht, Verträge oder Verordnungen verstoßen. Als Beispiele werden Bestimmungen über Finanzdienstleistungen, Geldwäsche, Verbraucherschutz, Wettbewerbsrecht, Schutz vor Diskriminierung oder irreführende Werbung genannt.[313]

Bei der zweiten Kategorie, den virtuellen Abrechnungssystemen, protokolliert der Systemanbieter die angefallenen Beträge und stellt sie dem Nutzer erst hinterher in regelmäßigen Abständen in Rechnung.[314] Es handelt sich damit – vergleichbar der Charge Card – um ein „pay later“-Instrument.[315] Sofern sie

---

305 Dazu eingehend: *Dannenberg/Ulrich*, E-Payment, 2004, S. 67 ff.

306 *Neumann*, in: Kilian/Heussen, ComputerR-HB, Stand: 29. Erg.-L. 2011, Teil 11 Rn. 28 ff; zum Lastschriftverfahren näher: *Rock/Seifert*, ZBB 2008, 259 (262).

307 *Dannenberg/Ulrich*, E-Payment, 2004, S. 137 ff.; *Leupold/Glossner*, MAH IT-Recht, 2. Aufl. 2011, Teil 2 Rn. 140; *Kössel*, c't 2007/3, 172 (174 – dort auch zu Modellen speziell für die Glücksspielbranche).

308 Zu Giropay, das von Sparkassen, Volksbanken und der Postbank angeboten wird, näher: *Kössel*, c't 2007/3, 172 (173).

309 *Hoenike/Szodruch*, MMR 2006, 519 (520 f.).

310 *Hoenike/Szodruch*, MMR 2006, 519 (523); *Meder/Grabe*, BKR 2005, 467 (469); *Rock/Seifert*, ZBB 2008, 259 (266).

311 Näher dazu: *Dannenberg/Ulrich*, E-Payment, 2004, S. 167 ff.; *Kössel*, c't 2007/3, 172; *Meder/Grabe*, BKR 2005, 467.

312 Zu diesen über den Hauptlink: www.paypal.com; zul. aufgerufen am 10.09.2012.

313 9.1 der PayPal-Nutzungsbedingungen für Deutschland, Stand: 14.10.2009.

314 *Hoenike/Szodruch*, MMR 2006, 519 (520).

315 Auch als Inkassosysteme bezeichnet: *Dannenberg/Ulrich*, E-Payment, 2004, S. 183 ff. (mit praktischen Beispielen).

nicht schon den bereits erwähnten Buchungssystemen zugeordnet werden, lassen sich schließlich noch die E-Geld-Instrumente nennen, bei denen virtuelle Geldeinheiten generiert und als Zahlungsmittel eingesetzt werden.[316]

Der Gesetzgeber sollte den Einbezug weiterer Zahlungsverfahren neben den Kreditkarten in Erwägung ziehen. Nur so kann er verhindern, dass Anbieter unerlaubter Glücksspiele auf diese ausweichen und es somit anstelle einer Lösung nur zu einer Verlagerung des Problems kommt.

3. „an Auszahlungen" – Berücksichtigung des Auszahlungsvorgangs

Die Darstellungen des Ablaufs einer Codier- und Blockiermaßnahme nach dem US-Vorbild konzentrieren sich ausschließlich auf den Einzahlungsvorgang, d.h. die Zahlungsrichtung Spieler zu Online-Anbieter. Die zentrale Vorschrift, § 5363 UIGEA, untersagt den Glücksspielanbietern ausdrücklich nur die Annahme von Zahlungen, nicht aber eine Gewinnauszahlung.[317]

Im Rahmen einer deutschen Umsetzung sollte der Auszahlungsweg mitberücksichtigt werden. Denn es ist durchaus denkbar, dass ein Spieler sein Kundenkonto bei dem Veranstalter mit einem größeren Betrag füllt, um mehrere Wochen seine Spieleinsätze aus dem Guthaben zu tätigen, ohne erneut seine Kreditkarte oder ein anderes Zahlungsverfahren einsetzen zu müssen. Die Einzahlung kann ihm zu diesem Zeitpunkt gelungen sein, etwa weil die Vorrichtungen für ein Codier- und Sperrsystem noch nicht fertig gestellt oder funktionsfähig sind oder weil auf Veranstalter- oder Spielerseite ein Umgehungsversuch geglückt ist.[318]

Auch hier sind die beteiligten Banken in der Pflicht, den Geldtransfer durch eine geeignete Informationsübermittlung als Zahlung für unerlaubtes Glücksspiel zu identifizieren und zu verhindern. Zugleich haben sie sicherzustellen, dass die schlichte Rückzahlung des Restguthabens bei Auflösung des Kundenkontos nicht blockiert wird, dieser Vorgang seinerseits aber zugleich nicht als neue Umgehungsmöglichkeit genutzt wird.

---

316 *Blaurock*, Zahlungsverkehr im Internet, in: Leipold, Rechtsfragen des Internet, 2002, S. 155 (158 ff.); *Neumann*, in: Schimansky/Bunte/Lwowski, BankR-HB, 3. Aufl. 2007, § 55 a Rn. 10; zu den Vorgaben des KWG (a.F.): *Escher*, BKR 2002, 652 (653); zur Qualifikation von PayPal als E-Geld-Instrument: *Meder/Grabe*, BKR 2005, 467 (471).

317 „*No person engaged in the business of betting or wagering may knowingly* ***accept*** ...".

318 Z.B. durch Angabe falscher Daten bei dem Akquirierungsunternehmen, schnellen Wechseln desselben oder Zwischenschaltung anderer Internet- oder Finanzdienstleister, die den Zahlungsvorgang intransparent machen.

4. Umgang mit sog. Overblocking

Eine der größten Herausforderungen, mit denen die US-Behörden im Hinblick auf inländische Glücksspiele konfrontiert werden, ist das sog. „Overblocking“, d.h. die Sperre oder Verweigerung von Zahlungen für legale Glücksspiele.[319] Der Grund hierfür liegt bei den Kreditkartenzahlungen in dem einheitlichen Merchant Category Code 7995, der keine Unterscheidung zwischen erlaubten und unerlaubten Spielen vornimmt. Das Problem besteht in den USA für sämtliche Zahlungsformen in einer deutlich schärferen Form als in Deutschland, da es mangels einheitlicher Rechtslage kein umfassendes Internetverbot gibt.[320] Somit stehen die Zahlungsdienstleister vor der nahezu unlösbaren Aufgabe, angesichts einer Vielzahl unterschiedlicher Vorschriften zu ermitteln, ob die Tätigkeit ihres Vertragspartners legal ist oder nicht. Auf Lösungsvorschläge wie die Verwendung eines anderen Codes[321] oder die Schaffung eines neuen geht die Arbeit bereits an früherer Stelle ein. Auch in Deutschland müssen klare Leitlinien für die Glücksspielsparten geschaffen werden, in denen das Internetverbot nach § 4 Abs. 4 GlüStV 2008 keine Anwendung findet oder eine solche zumindest zweifelhaft ist. Dies betrifft namentlich die Pferdewetten[322] und die Rechtsprechung zu den niedersächsischen Spielbanken[323] auf der einen sowie die sog. „DDR-Lizenzen“[324] auf der anderen Seite. Der künftigen Rechtslage widmet sich die Arbeit sogleich.[325]

319 § 5364 (b) (4) UIGEA i.V.m. § _.5 (e) der Verordnung. Siehe zur „overblocking provision“ den Entwurf der Umsetzungsverordnung (proposed rule) zum UIGEA, S. 19 sowie die Endfassung unter: www.federalreserve.gov/newsevents/press/bcreg/bcreg20081112a1.pdf, S. 19 f. (Endfassung); zul. aufgerufen am 10.09.2012.

320 *Rose*, Gambling and the Law: The Unlawful Internet Gambling Enforcement Act of 2006 Analyzed, unter: www.gamblingandthelaw.com/articles/286-prohibition-20-the-unlawful-internet-gambling-enforcement-act-of-2006-analyzed.html (Beitrag vom 13.12.2010); zul. aufgerufen am 10.09.2012.

321 Zur Verwendung des Codes 9399 – „government service“ für staatliche Internetlotterien: Schreiben der NASPL vom 07.04.2008 unter: www.federalreserve.gov/SECRS/2008/June/20080603/R-1298/R-1298_234_1.pdf; zul. aufgerufen am 10.09.2012.

322 Zu diesen: BReg, Mitteilung an die EU-Komm. vom 20.05.2008, Verletzungsverfahren 2007/4866, ZfWG 2008, 173 (184, Rn. 97).

323 OVG Niedersachsen, NdsVBl 2008, 258; krit.: EU-Kommission, Aufforderungsschreiben vom 31.01.2008, ZfWG 2008, 32 (36 f.).

324 Zu diesen eingehend: *Hüsken*, Staatsaufsicht, 2008, S. 139 ff.

325 Unter Teil 3 B. VI. 1.

5. Freistellungsregelung

Bei einer Leistungsverweigerung gegenüber ihren Vertragspartnern, gleich ob beabsichtigt oder nicht, drohen den Zahlungsdienstleistern Schadensersatzklagen.

Von Seiten der Veranstalter kommt dies, da Verträge über unerlaubte Glücksspiele nach § 134 BGB unwirksam sind, nur in zwei Fallgestaltungen in Frage: Zum einen bei den oben genannten Konstellationen, in denen kein Internetverbot herrscht und damit die Zahlungswege für legale Spielangebote verschlossen werden, zum anderen bei Veranstaltern, die ein Verfahren vor den ordentlichen Gerichten anstreben, um in diesem Zusammenhang die Frage nach der Vereinbarkeit der glücksspielrechtlichen Regelungen mit höherrangigem Recht aufzuwerfen. Hierdurch könnten sie in einen Konflikt zwischen ihren öffentlich-rechtlichen Mitwirkungs- und ihren zivilrechtlichen Vertragsverpflichtungen geraten. Für diesen Fall sieht die US-Regelung eine umfassende Haftungsfreistellung vor.[326] Danach ist ein Dienstleister, der eine Zahlung ablehnt, keinen zivilrechtlichen Regressansprüchen ausgesetzt, falls es sich bei dieser um eine unerlaubte handelt,[327] er unter vernünftigen Erwägungen zu dieser Annahme gelangt[328] oder die Zahlung verhindert, um die Vorgaben seines Systembetreibers einzuhalten.[329]

Im deutschen Recht findet sich eine ähnliche Vorschrift in § 12 GwG bei Befolgung der Anzeigepflicht wegen eines Geldwäscheverdachts.[330] Die umfassende Haftungsfreistellung erstreckt sich auf alle denkbaren zivilrechtlichen Schadensersatz- und Unterlassungsansprüche, z.B. Zinsverluste wegen einer gescheiterten oder aufgeschobenen Finanztransaktion.[331] Über eine entsprechende Vorgabe im Glücksspielbereich sollte in diesem Zusammenhang bei einer Novellierung nachgedacht werden.

---

326 § 5364 (d) UIGEA i.V.m. § _.5 (d) (1)-(3) der Umsetzungsverordnung; dazu: *Katko*, MMR 2007, 278 (280). Vgl. dazu oben Teil 3 A. III.

327 § _.5 (d) (1).

328 § _.5 (d) (2).

329 § _.5 (d) (3).

330 Zu dieser: *Bruchner/Fischbeck*, in: Schimansky/Bunte/Lwowski, Bankrechts-HB, 3. Aufl. 2007, § 42 Rn. 289; *Achsnich/Teichmann*, in: Herzog/Mülhausen, Geldwäschebekämpfung und Gewinnabschöpfung, 1. Aufl. 2006, § 32 Rn. 18.

331 *Bruchner/Fischbeck*, in: Schimansky/Bunte/Lwowski, Bankrechts-HB, 3. Aufl. 2007, § 42 Rn. 289.

VI. Neue Rechtslage für Ermächtigungsnorm gegen Zahlungsanbieter

Obwohl bei den Diskussionen um eine Novellierung des Glücksspielwesens ab 2012 noch grundlegende Fragen zwischen den Akteuren umstritten sind, besteht doch zumindest in einem Punkt Einigkeit: Die Eingriffsnorm zur Untersagung von Zahlungsdienstleistungen für unerlaubte Glücksspiele soll erhalten bleiben.

Sowohl der Novellierungsentwurf der 15 Länder (GlüÄndStV-E) als auch die Gesetzesvorlage Schleswig-Holsteins (GlüSpG-E) enthalten eine Ermächtigungsgrundlage, die § 9 Abs. 1 S. 3 Nr. 4 GlüStV 2008 in weiten Teilen entspricht. Angesichts soeben geäußerter Bedenken gegen den zu eng gefassten Wortlaut der bisherigen Ermächtigungsnorm ist daher ein Vergleich mit den beiden Entwürfen geboten.

Da jedoch weitere Überarbeitungsschritte angekündigt sind und unsicher ist, in welcher Form die Regelungen in Kraft treten werden, geht die Arbeit nur in knapper Form auf die Normkonzepte ein. Sie widmet sich, nachdem sie den generellen Anpassungsbedarf der Sperrkonzeption für Kreditkartenzahlungen angesprochen hat (unter 1.) dem Adressatenkreis der Ermächtigungsnorm (unter 2.). Anschließend geht sie auf die Aussage Gesetzgebers im GlüÄndStV-E zur Störerqualität im Zusammenhang mit der Schaffung eines ausdrücklichen Verbots, an Zahlungen für unerlaubte Glücksspiele mitzuwirken, ein (unter 3.) und würdigt zuletzt das Erfordernis einer „vorherigen Bekanntgabe“ (unter 4.).

1. Genereller Anpassungsbedarf

Soweit das bisherige Internetverbot künftig aufgehoben bzw. nach derzeitiger Vorstellung der 15 Landesgesetzgeber zumindest durchbrochen wird, wäre für eine Umsetzung des US-Modells zur Identifizierung und Sperrung von Kreditkartenzahlungen für Onlineglücksspiele eine vorherige technische Anpassung notwendig. Falls die in Deutschland zukünftig legal tätigen Anbieter denselben Merchant Category Code (7995) tragen wie nicht-lizenzierte, könnte dies zu unbeabsichtigten Sperrungen führen.

Die Problematik ist mithin dieselbe wie bereits bei der Darstellung der US-Konzeption geschildert. Ein Lösungsansatz, der allerdings nicht von Behördenseite, sondern nur durch die Kreditkartenorganisationen selbst umgesetzt werden könnte, ist daher die Schaffung eines neuen MCC für in Deutschland legale Glücksspielangebote.[332]

---

332 Teil 3 A. IV. 5.

2. Adressatenkreis als Unterschied zwischen GlüÄndStV-E und schleswig-holsteinischem GlüSpG

Die Vorschrift des § 9 Abs. 1 S. 3 Nr. 4 des GlüÄndStV-E 04/2011 ermächtigt die zuständige Landesbehörde

> *„... den am Zahlungsverkehr Beteiligten, insbesondere den Kredit- und Finanzdienstleistungsinstituten, nach vorheriger Bekanntgabe unerlaubter Glücksspielangebote die Mitwirkung an Zahlungen für unerlaubtes Glücksspiel und an Auszahlungen aus unerlaubtem Glücksspiel (zu) untersagen."*

Demgegenüber sieht der Entwurf Schleswig-Holsteins nach § 30 Abs. 1 Nr. 4 GlüSpG-E S-H vor:

> *„... Kredit- und Finanzdienstleistungsinstituten nach vorheriger Bekanntgabe die Mitwirkung an Zahlungen für unerlaubtes Glücksspiel und an Auszahlungen aus unerlaubtem Glücksspiel verantwortlich zu untersagen."*

Der GlüÄndStV-E der 15 Bundesländer weist somit gegenüber § 9 Abs. 1 S. 3 Nr. 4 GlüStV 2008 und der schleswig-holsteinischen Fassung einen wichtigen Unterschied auf: Der Adressatenkreis ist nicht mehr abschließend auf „Kredit- und Finanzdienstleistungsinstitute" beschränkt. Die Erläuterungen zum GlüÄndStV-E vom 07.12.2011 führen aus, dass die am Zahlungsverkehr Beteiligten, insbesondere die Kredit- und Finanzdienstleistungsinstitute einschließlich E-Geld-Institute im Wege einer dynamischen Rechtsverweisung herangezogen werden können.[333] Mit der Ermächtigung, Untersagungsverfügungen generell gegen die am „Zahlungsverkehr Beteiligten" zu richten, wird die Grundlage für eine effektivere Gefahrenabwehr geschaffen: So können mit Hilfe des breiten Adressatenspektrums insbesondere die auf Anbieterseite tätigen Akquisitions- und Prozessorunternehmen als Schlüsselstelle für eine zuverlässige Zahlungssperre im Kreditkartenverfahren erfasst werden.

Die Entwurfserläuterungen enthalten weiterhin die Klarstellung, dass es sich um eine dynamische Rechtsverweisung handelt. Hiervon geht die Arbeit bereits an früherer Stelle für die Rechtslage nach dem GlüStV 2008 aus. Der Wortlaut des § 9 Abs. 1 S. 3 Nr. 4 GlüStV 2008 kann, wie dargelegt, noch nicht alle in Frage kommenden Zahlungsdienstleister erfassen.[334] Die dynamische Verweisung, wie sie der Gesetzentwurf gemäß der Erläuterung anlegt, ist zu begrüßen. Durch sie lassen sich etwaige Gesetzesänderungen im KWG ohne weiteres erfassen. Allerdings greift diese Aussage nur für künftige Novellierungen im Aufgabenbe-

---

333 Erläuterungen zum GlüÄndStV-E vom 07.12.2011, S. 32, unter: www.gluestv.de/Gesetzes datenbank/Staatsvertraege/Erster-Gluecksspielaenderungsstaatsvertrag; zul. aufgerufen am 10.09.2012.

334 Siehe hierzu oben Teil 3 B. I.

reich der Kredit- und Finanzdienstleistungsinstitute. Dieser ist gerade im Kreditkartenverfahren äußerst gering. Viel bedeutender sowohl für die Kartenzahlungen als auch für andere Zahlungsformen sind die Zahlungsinstitute, die im ZAG geregelt sind. Unklar bleibt, warum der Gesetzgeber zwar auf die bank- und finanzmarktaufsichtsrechtliche Terminologie zurückgreift, aber nicht den weitesten und wichtigsten Adressatenkreis aufnimmt.

Dass die Zahlungsinstitute auf jeden Fall erfasst sein sollen, geht aus der Entwurfserläuterung hervor. Die genannten E-Geld-Institute sind ausschließlich im ZAG und nicht wie die Kredit- und Finanzdienstleistungsinstitute im KWG geregelt.[335] Wünschenswert wäre, die Zahlungsinstitute nicht lediglich unter dem „insbesondere" im Gesetzeswortlaut zu erfassen, sondern sie ausdrücklich als zentrale Kategorie zu benennen.

3. Störerqualität

Im Rahmen des § 9 Abs. 1 S. 3 Nr. 4 GlüStV 2008 nimmt die Arbeit eine differenzierte Haltung zu der Frage nach der ordnungsrechtlichen Verantwortlichkeit der Zahlungsdienstleister ein.[336] Fasst man auf der Tatbestandsebene den Mitwirkungsbegriff weit, so ist für die Ermessensentscheidung über die Auswahl der Adressaten folgendes zu beachten: Nicht jedes Unternehmen in dem hocharbeitsteiligen Prozess einer Onlinezahlung kann erkennen, ob es sich um eine Zahlung für unerlaubte Internetglücksspiele handelt. Regelmäßig haben nur diejenigen Zahlungsdienstleister eine Einflussmöglichkeit auf die Glücksspielanbieter, die in einer direkten Vertragsbeziehung zu ihnen stehen.

Bei den Kreditkarten ist dies nach dem vorgestellten „Zwei-Säulen-Modell" der Akquirierungsstrang. Die Akteure auf Kartenherausgeber- und damit auf Kundenseite sind dagegen zwingend auf die richtigen Informationen angewiesen, die ihnen von den Unternehmen im anderen Leistungsstrang übermittelt werden.[337] Die Arbeit geht daher davon aus, dass im Fall der Kreditkartenzahlung der Kartenherausgeberseite kein Verhalten nachzuweisen ist, das als ordnungsrechtliche Störung zu werten ist. Daraus begründet sich die Qualifizierung als Nichtstörer im Gegensatz zu der Akquisitionsebene, deren Akteure als Verhaltensverantwortliche anzusehen sind.

Der Entwurf des GlüÄndStV weist gegenüber dem GlüStV 2008 für die Ermächtigungsnorm eine wichtige Änderung auf. Diese ist nicht in § 9 Abs. 1 S. 3 Nr. 4 GlüÄndStV-E selbst enthalten, sondern in § 4 Abs. 1 S. 2. Die Vorschrift

---

335 Geregelt in §§ 1a, 4, 5, 8a, 9a ZAG.

336 Siehe dazu oben Teil 3 B. II.

337 Dazu oben Teil 3 B. II.

verbietet ausdrücklich eine Mitwirkung an Zahlungsvorgängen für unerlaubtes Glücksspiel.

Bei der Auslegung der Ermächtigungsnorm im GlüStV 2008 kann das Tatbestandsmerkmal der „Mitwirkung" weit verstanden werden. Eine sinnvolle Abschichtung ergeht sodann auf Rechtsfolgenebene. Wer als Störer heranzuziehen ist, richtet sich nach der Nähe zu den Glücksspielanbietern und der Einflussmöglichkeit auf diese.

Höchst problematisch erscheint aber die neue Regelung in § 4 Abs. 1 S. 2 GlüÄndStV-E, die pauschal eine Mitwirkung untersagt und – diese wie in den Entwurfserläuterungen dargelegt – als ordnungsrechtliche Störung qualifiziert.[338] Für diejenigen Zahlungsdienstleister, die in unmittelbarer Beziehung zu den Anbietern stehen und die Möglichkeit oder sogar die Pflicht haben, das Geschäftsfeld ihrer Kunden vor einem Vertragsschluss zu prüfen, ändert sich grundsätzlich nichts gegenüber der vorherigen Bewertung.

Allerdings bleibt unklar, wie unmittelbar der Bezug zum Veranstalter sein muss, um als unerlaubte Mitwirkung und damit ordnungsrechtliche Störung zu gelten. Diese Frage lässt der Gesetzentwurf ebenso wie die Erläuterungen offen. Es besteht mithin die Gefahr, dass ein neutraler Vorgang im Zahlungsverkehr, wie er täglich millionenfach ausgeführt wird, als Verwaltungsrechtsverstoß behandelt wird. Dies kann der Fall sein, obwohl zwischen dem Adressaten und dem Glücksspielveranstalter mehrere Dienstleister für den Zahlungsvorgang zwischengeschaltet sind. Geht man allein nach dem Gesetzeswortlaut des § 9 Abs. 1 S. 3 Nr. 4 GlüÄndStV-E, so stellt ihn die Regelung auf dieselbe Ebene wie die Veranstalter und Vermittler unerlaubter Glücksspiele selbst.[339]

4. Pflicht zur vorherigen Bekanntgabe

Beide Entwürfe enthalten gegenüber der bisherigen Vorschrift eine weitere Einschränkung: Eine Untersagungsanordnung ist nur „nach vorheriger Bekanntgabe unerlaubter Glücksspielangebote" zulässig. Der nachfolgende Abschnitt bemüht sich um eine Auslegung des Bekanntgabeerfordernisses und geht auf mögliche Probleme im Rahmen einer praktischen Umsetzung ein (unter a). Danach zeigt die Arbeit auf, dass eine ausdrückliche Erwähnung im Gesetzeswortlaut nicht notwendig ist und regt aus Gründen der Rechtssicherheit und Effektivität der Maßnahme eine Streichung an (unter b).

338 Erläuterungen zum GlüÄndStV-E vom 07.12.2011, S. 32, unter: www.gluestv.de/Gesetzes datenbank/Staatsvertraege/Erster-Gluecksspielaenderungsstaatsvertrag; zul. aufgerufen am 10.09.2012.

339 Deren Tätigkeit verbietet § 4 Abs. 1 S. 1 GlüÄndStV-E.

a) Bekanntgabe unerlaubter Glücksspielangebote

Für eine „vorherige Bekanntgabe der unerlaubten Glücksspielangebote“ sehen die Entwürfe weder Vorgaben zu deren genauen Inhalt noch zur Form und zum Zeitpunkt vor.[340] Die Begründung, die Schleswig-Holstein seiner Konzeption beigefügt hat, geht nicht näher auf die Ermächtigungsgrundlage ein.

Dagegen enthalten die Erläuterungen des GlüÄndStV-E ein knappe Äußerung zur Zielrichtung des § 9 Abs. 1 S. 3 Nr. 4. Danach soll die Regelung der Klarstellung und Konkretisierung des § 4 Abs. 1 Satz 2 dienen. Letztere Norm untersagt, wie bereits ausgeführt,[341] als Novum die Mitwirkung an Zahlungen im Zusammenhang mit unerlaubtem Glücksspiel.[342]

Aus den Erläuterungen zur Ermächtigungsgrundlage geht hervor, dass die am Zahlungsverkehr Beteiligten, insbesondere die Kredit- und Finanzdienstleistungsinstitute einschließlich E-Geld-Institute (Nr. 4) als verantwortliche Störer herangezogen werden können. Voraussetzung ist, dass ihnen zuvor die Mitwirkung an unerlaubten Glücksspielangeboten von der Glücksspielaufsichtsbehörde mitgeteilt worden ist. Nach der Entwurfserläuterung ist weiter erforderlich, dass der Veranstalter oder Vermittler des unerlaubten Glücksspielangebotes zuvor vergeblich – insbesondere wegen eines Auslandsbezuges – in Anspruch genommen worden ist.[343]

Da die Bekanntgabe eine Mitwirkung am Zahlungsvorgang für unerlaubte Glücksspiele zum Gegenstand hat, ergeben sich an dieser Stelle die parallelen Fragen wie soeben zur Begründung der Störereigenschaft. Zum jetzigen Zeitpunkt ist unklar, ob die Landesgesetzgeber bereits eine Vertragsbeziehung zwischen dem Verfügungsadressaten und dem Anbieter unerlaubter Glücksspiele voraussetzen. Als Beispiel ist ein bestehender Akquisitionsvertrag oder eine Kontoverbindung bei dem betroffenen Kreditinstitut zu nennen. Sollte vor jedem Einschreiten eine individuelle Bekanntgabe zu einem konkreten Onlineanbieter an die Banken notwendig sein, so liefe dies einer effektiven Umsetzung des vorgestellten US-Modells zur Sperre von Kreditkartenzahlungen entgegen. Der

---

340 Die Parallelvorschrift des § 9 Abs. 1 S. 3 Nr. 5 GlüÄndStV-E, die für Internetsperren ebenfalls eine vorherige Bekanntgabe vorsieht, ist in der endgültigen Fassung des Staatsvertrags nicht enthalten. Zu den Gründen siehe oben unter Teil 1 E. V. 3. a).

341 Vgl. oben Teil 3 B. VI. 3.

342 Erläuterungen zum GlüÄndStV-E vom 07.12.2011, S. 32, unter: www.gluestv.de/Gesetzes datenbank/Staatsvertraege/Erster-Gluecksspielaenderungsstaatsvertrag; zul. aufgerufen am 10.09.2012.

343 Antwort der Länder auf das Schreiben der EU-Kommission vom 07.12.2011, S. 10, unter: www.deutscherlottoverband.de/fileadmin/user_upload/documents/EU-Kommission/20121207_ bundeslaender.pdf; zul. aufgerufen am 10.09.2012.

Vorteil der Strategie besteht ja gerade darin, sich innerhalb eines vollautomatisierten Vorgangs eine technische Information zunutze und damit eine Überprüfung „von Hand“ weitgehend überflüssig zu machen.

Diese Hürde ließe sich durch die Auslegung des „Bekanntgabe-Begriffs“ als generelle Pflicht der Behörden zur Unterrichtung von Zahlungsdienstleistern nehmen. Aufgrund der sehr allgemein gehaltenen Formulierung „unerlaubte Glücksspielangebote“ könnte nämlich auch eine regelmäßige Mitteilung über illegale Angebote, die auf den deutschen Markt drängen, ausreichen. Hierbei wäre beispielsweise an eine ständig durch die Aufsichtsbehörden aktualisierte „Schwarze Liste“ zu denken, in der die Unternehmensdaten der illegalen Onlineanbieter und deren bevorzugt angebotene Zahlungsmethoden aufgeführt sind. Je nach Auslegung des Kriteriums erhielte die Anordnung einen mehr repressiven oder präventiven Charakter. Eine solche „Schwarze Liste“ wird allerdings bereits bei Ausarbeitung der US-Regelungen[344] mit Hinweis auf den hohen praktischen Aufwand, die Liste stets aktuell und fehlerfrei zu halten, fallengelassen. Ein solcher bestünde allerdings auch bei einer individuellen Anzeige.

b) Änderungsvorschlag

Im Ergebnis ist eine vollständige Streichung der Eingriffsvoraussetzung „nach vorheriger Bekanntgabe unerlaubter Glücksspielangebote“ zu befürworten.

Zwar kann grundsätzlich das Erfordernis einer zuvor erfolgten Bekanntgabe seine Berechtigung haben. Dies gilt in den Fällen, in denen eine automatisierte Sperre technisch nicht möglich ist, nämlich bei allen Zahlungsverfahren, deren sich Onlineveranstalter bedienen, mit Ausnahme der Kreditkarten. Dann ist ein Einschreiten ohnehin an eine zuverlässige Ermittlung des Sachverhaltes gebunden.

Daneben spricht eine Besonderheit des zukünftigen Glücksspielrechts gegen die Notwendigkeit einer ausdrücklichen Information über „schwarze Schafe“: Das unter dem GlüStV 2008 eingeführte Totalverbot für Onlineglücksspiele nach § 4 Abs. 4 wird künftig durch ein Konzessionsmodell ersetzt. Die bisherige Lücke wird damit durch ein legales Angebot gefüllt. An welche Unternehmen die Lizenzen vergeben werden, wird beispielsweise auf der Internetseite der Aufsichtsbehörden bekannt gegeben. In diesem Fall könnte man als Gegenstück zu einer „Black List“ von einer „White List“, also einer „Positivliste“ mit seriösen Angeboten, sprechen. Das Erfordernis einer Bekanntgabe der unlizenzierten Glücksspielseiten erübrigte sich sodann.

Mit Sicherheit wird es von Behörden- oder – im Rahmen der Werbebeschränkungen – von Veranstalterseite Informationskampagnen geben, die das Ziel

344 Unter Teil 3 A. V. 2. c).

verfolgen, die Bevölkerung über ein durch deutsche Behörden zugelassenes und kontrolliertes Angebot zu unterrichten. Nur wenn ein ausreichender Kenntnisstand der Spielinteressenten über legale Alternativen zu einem weitgehend unkontrollierten Schwarzmarkt besteht, kann die Kanalisierungsfunktion des Glücksspielrechts zuverlässig erfüllt werden. Zählt damit ein Glücksspielveranstalter nicht zum Kreis der Lizenznehmer, so stellt sein Angebot automatisch ein „unerlaubtes Glücksspiel“ im Sinne der Ermächtigungsnorm dar.

Wie die Behörde im Detail vorzugehen hat, muss aber nicht durch eine ausdrückliche Bekanntgabepflicht als weiteres Tatbestandsmerkmal geregelt werden. Da es sich bei den Vorschlägen Schleswig-Holsteins und der anderen 15 Länder für die Ermächtigungsgrundlage um Ermessensvorschriften handelt, kann die Entscheidung, ob und in welcher Weise eine Untersagung von Zahlungsdienstleistungen durchgesetzt wird, der zuständigen Behörde überlassen bleiben. Bei einem Überweisungsdienst ist daher zu erwarten, dass sie vor dem Erlass einer Verfügung an einen Zahlungsanbieter herantritt, während für eine Kreditkartensperre generelle Absprachen mit Kartenherausgebern und Akquirierungsunternehmen im Vordergrund stehen werden. Die Verpflichtung zu einer pflichtgemäßen Ermessenausübung genügt als Rahmen eines effektiven, aber verhältnismäßigen Verwaltungshandelns.

VII. Fazit zu Normentwürfen

Die vorangegangene Untersuchung zeigt erstens, wie viel Gestaltungsspielraum die deutsche Ermächtigungsgrundlage in der Fassung des GlüStV 2008 wie auch den Vorschlägen für eine zukünftige zur Schaffung einer flexiblen und praxisnahen Lösung bieten kann. Allerdings wären erheblich weniger Seiten zur Besprechung des Rechtsrahmens nötig, gäbe es nicht so viele offene Fragen.

Zu hoffen bleibt insbesondere, dass der Gesetzgeber bei der Ausarbeitung seiner Strategie dem US-Vorbild folgt und den Adressatenkreis möglichst weit steckt. Zudem sollte eine Klarstellung erfolgen, dass allgemeines Polizei- und Ordnungsrecht ergänzend heranzuziehen ist. Auf diesem Wege ist die Grundlage für ein dem Verantwortungsgrad der Zahlungsdienstleister angepasstes Vorgehen geschaffen.

Jedoch spricht sich die Arbeit dafür aus, den Wortlaut der Ermächtigungsgrundlage insgesamt möglichst knapp zu halten. So wird der verantwortlichen Behörde Raum belassen, im Rahmen einer pflichtgemäßen Ermessensausübung eine praxisnahe Lösung zu finden. Selbst wenn es im Ergebnis nie gelingen wird, die Zahlungsströme für unerlaubte Glücksspielangebote vollständig auszutrocknen, so hilft eine breit angelegte Strategie zumindest dabei, ein Ausweichen der Spielteilnehmer und Veranstalter auf andere Zahlungswege zu verhindern.

VIII. Ermächtigungsnorm in finaler Version des GlüÄndStV 2012

Wie bereits im ersten Teil der Arbeit ausgeführt, ist die neue Regierungskoalition in Schleswig-Holstein entschlossen, den Sonderweg ihres Bundeslandes aufzugeben. Zukünftig gilt damit § 9 Abs. 1 S. 3 Nr. 4 GlüÄndStV 2012 bundesweit. Die finale Fassung weist keine Änderungen gegenüber dem Staatsvertragsentwurf auf. Die angesprochenen Unklarheiten sind damit nicht beseitigt. Sie könnten einen Ansatzpunkt für rechtliche Schritte gegen Verfügungen, die auf Grundlage der Ermächtigungsnorm ergehen, bieten.

4. Teil: Vereinbarkeit der Ermächtigungsnorm für Zahlungssperren mit Verfassungs- und Unionsrecht

Ob der Ansatz an den Zahlungswegen ein zukunftsweisendes Konzept zur Bekämpfung unerlaubter Onlineglücksspiele darstellt, hängt in erster Linie davon ab, ob er einer gerichtlichen Überprüfung standhält. Der vorliegende Teil widmet sich daher der Vereinbarkeit der Ermächtigungsnorm des § 9 Abs. 1 S. 3 Nr. 4 GlüStV 2008 mit dem Verfassungs- und dem Unionsrecht.[1] Innerhalb der umfangreichen Untersuchung ergeben sich in den beiden Rechtskreisen oftmals parallele Fragestellungen. Dies gilt insbesondere mit Blick auf die Verhältnismäßigkeitsprüfung. Sofern es möglich ist, werden, um Doppelungen zu vermeiden, grund- und europarechtliche Aspekte gemeinsam erörtert.

Da Eingriffe am Zahlungsstrom zur Vermeidung unerlaubter Tätigkeiten – soweit ersichtlich – bislang noch nie auf ihre Vereinbarkeit mit der unionsrechtlichen Kapital- und Zahlungsverkehrsfreiheit untersucht worden sind, liegt hierauf ein Schwerpunkt dieses Kapitels.

A. Einschlägige höherrangige Gewährleistungen

In einem ersten Schritt stellt die Arbeit die einschlägigen verfassungs- (unter I.) und grundfreiheitlichen Gewährleistungen (unter II.) dar.

I. Verfassungsrechtliche Gewährleistungen

Der grundrechtliche Abschnitt befasst sich mit dem Schutzbereich der Berufsfreiheit nach Art. 12 Abs. 1 GG (unter 1.) sowie Aspekten des allgemeinen Gleichheitssatzes gem. Art. 3 Abs. 1 GG (unter 2.).

---

1 Eine parallele Betrachtung zur Ermächtigungsnorm gegen Internetprovider nach § 9 Abs. 1 S. 3 Nr. 5 GlüStV 2008 findet sich bei *Ennuschat*, in: Becker, Glücksspiel im Internet, 2011, S. 51 (53 ff.).

1. Berufsfreiheit gem. Art. 12 Abs. 1 GG

Im Gegensatz zum Unionsrecht stellt die Bestimmung der einschlägigen Verfassungsnormen für die Adressaten der Ermächtigungsgrundlage des § 9 Abs. 1 S. 3 Nr. 4 GlüStV 2008 keine besondere Schwierigkeit dar. Es ist gleichgültig, ob die betroffenen Dienstleister zu einem Ausbau ihrer technischen Prüfroutine zur Sperrung von Transaktionen, der Neugestaltung und Änderung der Vertragsverhältnisse, zur Information ihrer Kunden oder Überwachung ihrer Geschäftspartner verpflichtet werden. Soweit sie ihren Sitz in Deutschland haben, ist die gewerbliche Tätigkeit betroffen und damit ein Anwendungsfall der Berufsfreiheit nach Art. 12 GG gegeben. Das Eigentumsrecht nach Art. 14 GG spielt dagegen keine Rolle. Namentlich geht es nicht um einen staatlichen Zugriff auf bestehendes Kapital, sondern um eine Einflussnahme auf die unternehmerischen Abläufe.

2. Gleichheitssatz nach Art. 3 Abs. 1 GG

Als weiterer verfassungsrechtlicher Gradmesser kommt der allgemeine Gleichheitssatz nach Art. 3 Abs. 1 GG in Betracht.[2] Je nach Schwere der Ungleichbehandlung reicht die gerichtliche Kontrolldichte von einem bloßen Willkürverbot, das nach einem vernünftigen, sich aus der Natur der Sache ergebenden oder in sonstiger Weise sachlich einleuchtenden Grund für die gesetzliche Differenzierung fragt,[3] bis hin zu einem umfangreichen, an die Verhältnismäßigkeit angelehnten Prüfungsschema.[4]

Die Wahrscheinlichkeit, dass der Gleichheitssatz bei einer gerichtlichen Überprüfung einer Maßnahme nach § 9 Abs. 1 S. 3 Nr. 4 GlüStV 2008 in den Mittelpunkt rückt, ist eher gering. Zwei Aspekte könnten allerdings eine Rolle spielen:

Die Arbeit spricht sich bereits für ein konzertiertes Vorgehen aller Länder bei der Entwicklung und Umsetzung eines Bekämpfungsmodells auf Grundlage des § 9 Abs. 1 S. 3 Nr. 4 GlüStV 2008 aus.[5] Sollte es in der Praxis nicht zu einer solchen Zusammenarbeit kommen, ist es wahrscheinlich, dass die Maßnahmen

---

2 Zur dreigliedrigen Struktur aus (Un-)Gleichbehandlung, Sachverhaltsvergleich und Rechtfertigung: BVerfGE 22, 387 (415); 52, 277 (280); 55, 72 (88); 102, 41 (54); 104, 126 (144 f.); 110, 141 (167); *Kischel*, in: BeckOK-GG, Stand: 01.07.2011, Art. 3 GG Rn. 14.

3 BVerfGE 1, 14 (52), 117, 302 (311); vgl. dazu: *Kischel*, in: BeckOK-GG, Stand: 01.07.2011, Art. 3 GG Rn. 24.

4 BVerfGE 88, 87 (96); *Kischel*, in: BeckOK-GG, Stand: 01.07.2011, Art. 3 GG Rn. 26; *Schmidt*, in: ErfK-ArbR, 11. Aufl. 2011, Art. 3 GG Rn. 30; *Jarass*, NJW 1997, 2545 ff.

5 Teil 3 B. III.

der Länder eine unterschiedliche Intensität aufweisen.[6] Ein Bundesland mag sich beispielsweise für einen weiten Adressatenkreis und eine umfassende Strategie entscheiden und in seinem Ausführungsgesetz erleichterte Einschreitensvoraussetzungen vorsehen. Andere könnten dagegen von einer praktischen Umsetzung vollständig Abstand nehmen oder nur vereinzelte Anordnungen z.B. gegen die wirtschaftlich bedeutendsten Banken erlassen.

Hierzu sind sie berechtigt, da Lotterien, Sportwetten und Spielbanken den Ländern zur Regelung obliegen und ihnen damit die Möglichkeit divergierender landesstaatlicher Glücksspielregulierung zukommt.[7] Aus der Anerkennung eigener Bewertungsspielräume der unterschiedlichen Kompetenzträger eines föderalen Staates resultiert die Berechtigung, Regelungen zu erlassen, die stark von den Vorgaben der anderen Kompetenzträger abweichen.[8] Dies kommt auch in der Ermächtigung der Länder nach § 24 GlüStV 2008 zum Ausdruck, in ihren Ausführungsgesetzen die nähere Ausgestaltung des Staatsvertrags festzulegen, ihn zu ergänzen und ihm auf diese Weise ein individuelles, ordnungsrechtliches Gepräge zu verleihen.

Ein stärker betroffenes Unternehmen ist damit nicht berechtigt, die unterschiedliche Eingriffsintensität als Verstoß gegen das Gleichheitsprinzip nach Art. 3 Abs. 1 GG rügen. Von einer Ungleichbehandlung könnte in diesem Fall nur gesprochen werden, wenn die unterschiedlichen Vorgaben demselben Normgeber zuzurechnen sind.[9]

Darüber hinaus weist die Untersuchung bereits auf den begrifflich überholten und stark eingeschränkten Adressatenkreis hin, der sich aus dem Wortlaut der Ermächtigungsnorm ergibt („Kredit- und Finanzdienstleistungsinstitute"). Dabei wird nicht nur die Notwendigkeit betont, den Gesetzeswortlaut anzupassen, sondern auch in einem allgemeinverbindlichen Umsetzungsrahmen den Kreis mög-

---

6 Der neu eingeführte § 9 a GlüÄndStV 2012 regelt eine einheitliche Zuständigkeit bei der Bekämpfung unerlaubter Glücksspiele mittels Zahlungssperren: „Bei unerlaubten Glücksspielen, die in mehr als einem Land angeboten werden, ist für Maßnahmen nach § 9 Abs. 1 Satz 3 Nr. 4 die Glücksspielaufsichtsbehörde des Landes Niedersachsen zuständig."

7 BVerfG(K), NVwZ 2007, 1297 (1299); BGH, ZfWG 2007, 269 (273); *Dietlein*, in: ders./Hecker/Ruttig, Glücksspielrecht, 2008, Art. 3 GG Rn. 2.

8 Mit Blick auf die bundesgesetzlich geregelten Spielhallen im Vergleich zu Sportwettbeschränkungen: *Thaysen*, Sportwetten, 2009, S. 85; *Dietlein*, in: ders./Hecker/Ruttig, Glücksspielrecht, 2008, Art. 3 GG Rn. 2.

9 BVerfGE 21, 54 (68); 79, 127 (158); *Dietlein*, in: ders./Hecker/Ruttig, Glücksspielrecht, 2008, Art. 3 GG Rn. 2. Da nunmehr § 9 a Abs. 2 S. 2 GlüÄndStV 2012 die einheitliche aufsichtsrechtliche Kompetenz des Landes Niedersachsen regelt, dürfte ein divergierendes Vorgehen der Länder künftig nicht mehr drohen.

licher Adressaten festzulegen und deren Auswahl zu begründen.[10] Auf diese Weise kann bereits im Vorhinein Bedenken nicht nur im Hinblick auf die Bestimmtheit der Regelung, sondern auch auf die Berücksichtigung des Gleichheitssatzes begegnet werden.

II. Unionsrechtliche Gewährleistungen

Bei der Einordnung der Leistungsbeziehungen innerhalb des Kreditkartenverfahrens richtet sich der Fokus auf die Kapital- und die Zahlungsverkehrsfreiheit, die in diesem Zusammenhang bislang kaum Beachtung in Rechtsprechung und Schrifttum finden.

In ihrer Stellungnahme vom 14.05.2007 erkennt die EU-Kommission in der Ermächtigung zur Untersagung für Zahlungen für unerlaubtes Glücksspiel nach § 9 Abs. 1 S. 3 Nr. 4 GlüStV 2008 eine „eindeutige Beschränkung des freien Zahlungsverkehrs" gem. Art. 63 Abs. 2 AEUV (*ex Art. 56 Abs. 2 EG*).[11] Eine solche liege vor, wenn ein deutscher Staatsbürger, der sich kurzfristig in einem anderen Mitgliedstaat aufhält, an der Verwendung seiner Kreditkarte gehindert werde, um ein Glücksspiel im Internet zu bezahlen. Dies gelte auch, wenn die Glücksspielteilnahme und dementsprechend die Einzahlung nach dem Recht des betreffenden Mitgliedsstaates erlaubt sei.[12] Die zur Auszahlung von Gewinnen notwendigen Transaktionen könnten zudem als „Transfer der zur Erbringung von Dienstleistungen erforderlichen Mittel" im Sinne von Rubrik XIII Abs. E von Anhang I der Richtlinie 88/361/EWG[13] und die Ermächtigungsnorm damit als Beschränkung des freien Kapitalverkehrs nach Art. 63 Abs. 1 AEUV (*ex Art. 56 Abs. 1 EG*) anzusehen sein.[14]

---

10 Teil 3 B. I.-II. Der Adressatenkreis des § 9 Abs. 1 S. 3 Nr. 4 GlüÄndStV 2012 enthält nunmehr eine Erweiterung durch Verwendung des Wortes „insbesondere", die sich auch in den Entwurfserläuterungen widerspiegelt.

11 EU-Komm., Stellungnahme vom 14.05.2007, S.2, abrufbar unter: www.deutscherlottoverband.de/fileadmin/user_upload/documents/EU-Kommission/20070514_schreiben_der_kommission_vom_14_05_2007.pdf; zul. aufgerufen am 10.09.2012.

12 EU-Komm., Stellungnahme vom 14.05.2007, S. 1, unter: www.deutscherlottoverband.de/fileadmin/user_upload/documents/EU-Kommission/20070514_schreiben_der_kommission_vom_14_05_2007.pdf; zul. aufgerufen am 10.09.2012.

13 RL 88/361/EWG des Rates zur Durchführung von Art. 67 des Vertrags vom 24.06.1988, ABl. L 178 vom 08.07.1988, S. 5, auf Grundlage der Art. 69, 70 Abs. 1 EWGV a.F.; im Folgenden: Kapitalverkehrsrichtlinie; abgedruckt auch bei *Ohler*, K-/ZVF, 2002, S. 265 ff.

14 EU-Komm., Stellungnahme vom 14.05.2007, S. 2, unter: www.deutscherlottoverband.de/fileadmin/user_upload/documents/EU-Kommission/20070514_schreiben_der_kommission_vom_14_05_2007.pdf; zul. aufgerufen am 10.09.2012.

Die Kommission benennt damit zwar die ihrer Ansicht nach einschlägigen Grundfreiheiten, bezieht sich aber – wie zu zeigen sein wird – ausschließlich und nur sehr unbestimmt auf die Valutaebene im Kreditkartenverfahren. Der folgende Abschnitt befasst sich daher vertieft mit den Aussagen der Kommission (unter 3.) und geht der Frage nach, welche grundfreiheitlichen Gewährleistungen für die anderen Leistungsbeziehungen anwendbar sind (unter 4.). Um ein Grundverständnis für den rechtlichen Gehalt der Kapital- und der Zahlungsverkehrsfreiheit zu schaffen, wird vorab knapp auf deren besondere rechtliche Struktur eingegangen (unter 1.) und die begriffliche Reichweite des Art. 63 Abs. 1 und 2 AEUV abgesteckt (unter 2.).

1. Sonderrolle der Zahlungs- und Kapitalverkehrsfreiheit

Die Kapital- und die Zahlungsverkehrsfreiheit fristen bislang in der Rechtsprechung des EuGH und dem europarechtlichen Schrifttum eher ein Schatten- oder zumindest ein Nischendasein.[15] Auch in den glücksspielrechtlichen Fragestellungen spielen sie noch keine große Rolle. Zwar sind seit Inkrafttreten des Vertrags von Maastricht im Jahre 1994 die Kapital- und Zahlungsverkehrsfreiheit entsprechend den anderen Grundfreiheiten als unmittelbar geltende, umfassende Beschränkungsverbote ausgestaltet.[16] Dieser Gleichlauf schlägt sich auch auf der Rechtfertigungsebene nieder.[17]

Allerdings weisen sie gegenüber den anderen Grundfreiheiten mehrere Besonderheiten auf, die eine genaue Einordnung der Leistungsbeziehungen notwendig machen. An dieser Stelle ist insbesondere die Drittstaatenerstreckung, das sog. erga-omnes-Prinzip, zu nennen. Dieses beinhaltet eine grundsätzliche Liberalisierung des Zahlungs- und Kapitalverkehrs aus oder in Staaten, in denen das Unionsrecht keine Geltung beansprucht.[18] Ob die Marktöffnung auf Gegenseitigkeit beruht, ist nicht relevant.[19] Angesichts des ausländischen Unternehmenssitzes von Glücksspielanbietern und Zahlungsdienstleistern könnte dieser Aspekt durchaus eine praktische Bedeutung haben. Das erga-omnes-Prinzip erfährt allerdings gem. Art. 64 AEUV (*ex Art. 57 EG*) Einschränkungen für Bereiche, in

---

15 *Rohde*, EWS 1999, 453.

16 *Von Wilmowsky*, in: Ehlers, EuGR, 2. Aufl. 2005, § 12 Rn. 7; *Glöckner*, EuR 2000, 592 (608); *Weber*, EuZW 1992, 561 (562).

17 Unter Teil 4 C. III.

18 *Kiemel*, in: von der Groeben/Schwarze, EUV/EGV, Bd. I, 6. Aufl. 2003, Art. 56 EG Rn. 30; *Ress/Ukrow*, in: Grabitz/Hilf/Nettesheim, Recht der EU, Bd. II, Stand: 43. Erg.-L. 2011, Art. 63 AEUV Rn. 114; *Ohler*, K-/ZVF, 2002, vor Art. 56 EG Rn. 27; *Koenig/Braun*, SächsVBl. 2002, 157 (163); *Rohde*, EWS 1999, 453 (456); *Weber*, EuZW 1992, 561 (564).

19 Zur Gegenseitigkeit (Reziprozität) siehe Art. XIX Abs. 1 S. 3 GATS.

denen sich der Kapitalverkehr mit der Niederlassungs- und der Dienstleistungsfreiheit überschneidet, da diese ihrerseits keine Gewährleistungen für Drittstaaten enthalten.[20] Hierunter fallen die sog. verbundenen oder Finanzdienstleistungen, auf die sogleich näher eingegangen wird.[21] Vor einer Einordnung der einzelnen Leistungsbeziehungen soll allerdings den Grundfreiheiten nach Art. 63 AEUV eine begriffliche Kontur verliehen werden.

2. Begriffsklärung durch Rechtsprechung

Weder der Kapital- noch der Zahlungsverkehr sind im EU-Vertrag definiert.[22] Die Rechtsprechung arbeitet daher Merkmale heraus, deren Grundlagen auch im Schrifttum anerkannt sind und zur Abgrenzung zwischen den beiden Freiheiten sowie zu den drei anderen herangezogen werden.

a) Zahlungsverkehrsfreiheit

Danach erfasst die Zahlungsverkehrfreiheit die grenzüberschreitende Übertragung von Zahlungsmitteln im Gegenzug zu einer anderen Leistung wie z.B. einer Warenlieferung oder Dienstleistungserbringung.[23] Sie gewährleistet mithin, dass der Schuldner seine vertraglichen Zahlungspflichten freiwillig und ohne unzulässige Beschränkung erfüllen und der Gläubiger den Geldbetrag ungehindert empfangen kann.[24]

Aus diesem Grund wird sie häufig als Annexfreiheit zu den anderen Marktfreiheiten angesehen.[25] Allerdings ist sie nicht unbedingt synallagmatisch an ein Grundgeschäft gebunden, so dass ihr alle Zahlungen, die unmittelbar oder mittelbar mit der Wahrnehmung einer anderen Grundfreiheit verbunden sind wie zivilrechtliche Schadensersatzleistungen oder die Auszahlung einer Versicherungssumme, unterfallen. Erfasst werden nicht nur Bargeldtransfers, sondern auch andere Zahlungsformen wie Wechsel, Scheck, Akkreditiv und Überweisung.[26]

---

20 *Ohler*, K-/ZVF, 2002, Art. 56 EG Rn. 215.

21 Unter Teil 4 A. II. 4. b).

22 *Bröhmer*, in: Calliess/Ruffert, EUV/AEUV, 4. Aufl. 2011, Art. 63 Rn. 8; *Ohler*, K-/ZVF, 2002, Art. 56 EG Rn. 17; *Weber*, EuZW 1992, 561.

23 EuGH, verb. Rs. 286/82 und 26/83, Slg. 1984, 377 – *Luisi und Carbone*, Rn. 21; *Weber*, in: Lenz/Borchardt, EU-/EGV, 3. Aufl. 2003, Vorb. Art. 56-60, Rn. 8; *Ohler*, K-/ZVF, 2002, Art. 56 EG Rn. 313; *von Wilmowsky*, in: Ehlers, EuGR, 2. Aufl. 2005, § 12 Rn. 6.

24 EuGH, Rs. C-412/97, Slg. 1999, I-3845 – *ED Srl.*, Rn. 17; *Bröhmer*, in: Calliess/Ruffert, EUV/AEUV, 4. Aufl. 2011, Art. 63 Rn. 66.

25 *Bröhmer*, in: Calliess/Ruffert, EUV/AEUV, 4. Aufl. 2011, Art. 63 Rn. 66.

26 *Bröhmer*, in: Calliess/Ruffert, EUV/AEUV, 4. Aufl. 2011, Art. 63 Rn. 67.

b) *Kapitalverkehrsfreiheit*

Unter Kapitalverkehr wird hingegen die einseitige Werteübertragung in Form von Sach- oder Geldkapital aus einem Mitgliedstaat in einen anderen verstanden.[27] Anders als beim Zahlungsverkehr dient der Geldfluss nicht der Vergütung einer Warenlieferung oder Dienstleistung.[28] Stattdessen geht es im Wesentlichen um Geschäfte, bei denen die Anlage und Investition des betreffenden Kapitals im Vordergrund stehen.[29] Kapitalverkehr ist danach jede grenzüberschreitende Schaffung von vermögenswerten Rechten, ihre Übertragung, Belastung, Änderung oder Erfüllung sowie die Übertragung oder Belastung anderer Vermögensgegenstände.[30] Allerdings liegt auch hier mit Blick auf die Gegenleistung regelmäßig ein Zahlungsverkehrsgeschäft vor, z.B. der Kaufpreis für eine Unternehmensanleihe. Das Kriterium des Anlagecharakters findet sich bereits in der Vorgängernorm (Art. 67 Abs. 1 EWGV)[31] und ist heute noch in Art. 64 AEUV („Direktinvestitionen", „Anlagen") sowie Art. 65 Abs. 1 a AEUV (*ex Art. 58 Abs. 1 a EG*) („Kapitalanlageort") enthalten.[32] Es eignet sich, um die meisten Vorgänge im Rahmen des Art. 63 AEUV zu beschreiben, kann aber nicht in allen Fällen die Problematik ausschöpfen.[33]

Die Unterscheidung zwischen der Kapitalverkehrs- und der Zahlungsverkehrsfreiheit erfolgt demnach anhand der Frage, welchem Zweck die grenzüberschreitende Geldbewegung dient.[34] Sie kann im Einzelfall allerdings sehr schwierig sein. So stützt sich die Richtlinie 97/5/EG aus dem Jahr 1997 über grenzüberschreitende Überweisungen[35] ausschließlich auf die bei der „Liberalisierung des Kapitalverkehrs" erreichten Fortschritte.[36] Der Zahlungsverkehr wird

---

27 Vgl. EuGH, verb. Rs. C-358/93 und C-416/93, Slg. 1995, I-361 – *Bordessa u.a.*, Rn. 13: „Materieller Transfer von Vermögenswerten".

28 *Ohler*, K-/ZVF, 2002, Art. 56 EG Rn. 60.

29 EuGH, verb. Rs. 286/82 und 26/83, Slg. 1984, 377 – *Luisi und Carbone*, Rn. 21; *Bröhmer*, in: Calliess/Ruffert, EUV/AEUV, 4. Aufl. 2011, Art. 63 Rn. 14; *Weber*, in: Lenz/Borchardt, EU-/EGV, 3. Auf. 2003, Vorb. Art. 56-60, Rn. 12; *von Wilmowsky*, in: Ehlers, EuGR, 2. Aufl. 2005, § 12 Rn. 2; *Koenig/Braun*, SächsVBl. 2002, 157 (163).

30 *Ohler*, K-/ZVF, 2002, Art. 56 EG Rn. 60.

31 „Anlageort".

32 *Ohler*, K-/ZVF, 2002, Art. 56 EG Rn. 28.

33 *Ohler*, K-/ZVF, 2002, Art. 56 EG Rn. 28; *Müller*, Kapitalverkehrsfreiheit, 2000, S. 157 f.; *Koenig/Braun*, SächsVBl. 2002, 157 (163).

34 *Bröhmer*, in: Calliess/Ruffert, EUV/AEUV, 4. Aufl. 2011, Art. 63 Rn. 14; *von Wilmowsky*, in: Ehlers, EuGR, 2. Aufl. 2005, § 12 Rn. 6.

35 RL 97/5/EG über grenzüberschreitende Überweisungen vom 27.01.1997, ABl. L 43 vom 14.02.1997, S. 25; aufgehoben durch VO (EG) Nr. 924/2009.

36 Vgl. Erwägungsgrund Nr. 3: „Diese RL stützt sich auf die bei der Vollendung des Binnenmarktes und insbesondere bei der Liberalisierung des Kapitalverkehrs … erreichten Fortschritte …".

hingegen mit keinem Wort erwähnt, obwohl es in der Praxis vor allem um die Erbringung einer Gegenleistung geht.[37] Die Abgrenzungsschwierigkeiten zeigen sich deutlich bei den Aussagen der Kommission zu den einschlägigen Grundfreiheiten bei Umsetzung der Ermächtigungsnorm nach § 9 Abs. 1 S. 3 Nr. 4 GlüStV 2008.

3. Einordnung des Geldtransfers in der Valutaebene

Im Folgenden sollen die Gründe, weshalb die Kommission neben einer Zahlungs- auch zu einer Kapitalverkehrsbeschränkung gelangt ist (unter a), beleuchtet (unter b) und ein Lösungsvorschlag für eine grundfreiheitliche Einordnung (unter c) vorgestellt werden.

a) Einordnung durch die EU-Kommission

Anders als bei dem Internetverbot nimmt die EU-Kommission in ihrer Stellungnahme zuerst die Perspektive der deutschen Kreditkartennutzer, die an einer Spielteilnahme gehindert werden, ein.[38] An dem Beispiel zeigt sich, dass die verhinderte Einzahlung des Spieleinsatzes als Gegenleistung für die Eröffnung der Teilnahmemöglichkeit und damit für die Inanspruchnahme einer Dienstleistung dienen sollt. Hierin liegt ein klassischer Anwendungsfall der Zahlungsverkehrsfreiheit. Auch die zivilrechtlichen Besonderheiten des Spielvertrags nach § 762 BGB und die fehlende Wirksamkeit des Grundgeschäfts nach § 134 BGB führen zu keiner anderen Bewertung.[39] Allerdings ist der Gedanke der EU-Kommission, daneben zu einer Anwendung der Kapitalverkehrsfreiheit zu gelangen, keinesfalls abwegig. Es spielt insoweit keine Rolle, dass sie an dieser Stelle den Blickwinkel ändert und den Auszahlungsvorgang im Gewinnfall durch den Veranstalter anspricht: In beiden Fällen geht es um dieselbe Leistungsbeziehung auf der Valutaebene zwischen Spieler und Onlineanbieter.

Die Kommission beruft sich auf die Nomenklatur zur Kapitalverkehrsrichtlinie, in deren Rubrik XIII Abs. E der „Transfer der zur Erbringung von Dienst-

---

37 *Bröhmer*, in: Calliess/Ruffert, EUV/AEUV, 4. Aufl. 2011, Art. 63 Rn. 67; *Kimms*, Kapitalverkehrsfreiheit, 1996, S. 149.

38 EU-Komm., Stellungnahme vom 14.05.2007, S. 1, abrufbar unter: www.deutscherlottoverband.de/fileadmin/user_upload/documents/EU-Kommission/20070514_schreiben_der_kommission_vom_14_05_2007.pdf; zul. aufgerufen am 10.09.2012.

39 Zur fehlenden Rückforderungsmöglichkeit: *Stadler*, in: Jauernig, BGB, 13. Aufl. 2009, § 762 Rn. 9; *Habersack*, in: MK-BGB, Bd. V, 5. Aufl. 2009, § 762 Rn. 21; zur Anwendbarkeit der §§ 812, 814, 817 BGB bei verbotenem Glücksspiel wegen § 134 BGB: *Stadler*, in: Jauernig, BGB, 13. Aufl. 2009, § 762 Rn. 10; *Habersack*, in: MK-BGB, Bd. V, 5. Aufl. 2009, § 762 Rn. 13 ff; zur Unerheblichkeit, ob das Grundgeschäft wirksam ist: *Ohler*, K-/ZVF, 2002, Art. 56 EG Rn. 316.

leistungen erforderlichen Mittel" als Beispiel für Kapitalverkehr genannt wird.[40] Es mag verwundern, dass sie ohne Umschweife auf eine Richtlinie und damit dem Primärrecht nachrangige Norm zurückgreift, folgt doch aus der unionsrechtlichen Normenhierarchie, dass Sekundärrecht nicht den Rechtsgehalt von Primärrecht determinieren oder gar derogieren kann.[41]

b) Kapitalverkehrsfreiheit in der Valutaebene

Diese scheinbar „verkehrte" Prüfungsreihenfolge lässt sich mit den historischen Besonderheiten der Liberalisierung des Kapitalverkehrs begründen. Im Gegensatz zu den anderen Grundfreiheiten ist dieser vor dem Inkrafttreten der Änderungen des EG-Rechts auf Grundlage des Maastricht-Vertrags im Jahre 1994 nicht vollständig liberalisiert. Im Zentrum des früheren Rechts (Art. 67 ff. EGV a.F.) steht zwar die Verpflichtung der Unionsorgane, den Kapitalverkehr zu harmonisieren und zu öffnen. Doch erfolgt dies nur entsprechend des Fortschrittes des Gemeinsamen Marktes und ohne dem einzelnen Unionsbürger Rechte zuzugestehen.[42]

Ein Meilenstein stellt der Erlass der Kapitalverkehrsrichtlinie im Jahr 1988 dar,[43] die erstmals die Voraussetzungen für einen europaweit freien Kapitalmarkt schafft.[44] Ihr Art. 1 sieht eine Beseitigung der Kapitalverkehrshemmnisse durch die Mitgliedstaaten vor.[45] Der EuGH erklärt diese Bestimmung für unmittelbar anwendbar.[46] In den Anhängen zur Richtlinie ist beispielhaft aufgeführt, welche Transaktionsformen unter die Kapitalverkehrsfreiheit fallen.[47] Die dort aufgeführten Gruppen umfassen neben dem von der Kommission genannten „Transfer der zur Erbringung von Dienstleistungen erforderlichen Mittel" beispielsweise Direktinvestitionen, Kredite verschiedener Arten, Immobiliengeschäfte oder Wertpapiertransaktionen, wiederum mit mehreren Unterkategorien.[48] Mit Beginn

---

40 EU-Komm., Stellungnahme vom 14.05.2007, S. 2, abrufbar unter: www.deutscherlottoverband.de/fileadmin/user_upload/documents/EU-Kommission/20070514_schreiben_der_kommission_vom_14_05_2007.pdf; zul. aufgerufen am 10.09.2012.

41 *Ruffert*, in: Calliess/Ruffert, EUV/AEUV, 4. Aufl. 2011, Art. 288 AEUV Rn. 8 f.

42 Vgl. hierzu: EuGH, Rs. 203/80, Slg. 1981, 2595 – *Casati*, Rn. 10; *von Wilmowsky*, in: Ehlers, EuGR, 2. Aufl. 2005, § 12 Rn. 8; *Ohler*, WM 1996, 1801.

43 RL 88/361/EWG zur Durchführung von Art. 67 des Vertrags vom 24.06.1988, ABl. L 178 vom 08.07.1988, S. 5.

44 *Von Wilmowsky*, in: Ehlers, EuGR, 2. Aufl. 2005, § 12 Rn. 8; *Ohler*, K-/ZVF, 2002, Art. 56 EG Rn. 17 ff.; *Glöckner*, EuR 2000, 592 (602); *Rohde*, EWS 1999, 453 (455).

45 *Ohler*, WM 1996, 1801.

46 EuGH, verb. Rs. C-358/93 und C-416/93, Slg. 1995, I-361 – *Bordessa u.a.*, Rn. 33.

47 *Ohler*, WM 1996, 1801.

48 *Bröhmer*, in: Calliess/Ruffert, EUV/AEUV, 4. Aufl. 2011, Art. 63 Rn. 13; *Troberg/Kolassa*, in: Schimansky/Bunte/Lwowski, BankR-HB, Bd. II, 3. Aufl. 2007, § 135 Rn. 54 Fn. 92.

der zweiten Stufe der Wirtschafts- und Währungsunion[49] 1994 wird der freie Kapitalverkehr zur vollwertigen, unmittelbar anwendbaren Grundfreiheit (Art. 73 b EGV a.F.) und die Richtlinie damit durch die primärrechtliche Gewährleistung abgelöst.[50] Im Zuge dessen kommt es zwar zu einem Wegfall der Erlasserermächtigung für die Richtlinie, nicht aber zu deren förmlicher Aufhebung.[51] Dieser Umstand zieht die Frage nach sich, welche Bedeutung der Kapitalverkehrsrichtlinie nach der Rechtsänderung noch zukommt. Im Ergebnis „überholt" der Vertrag von Maastricht die Richtlinie in gewisser Weise und ersetzt sie stillschweigend.[52] Allerdings findet hierdurch kein Rückschritt hinter den bereits vorhandenen Liberalisierungsstand statt.[53] Vielmehr wird der Regelungsgehalt der Richtlinie als Teil des unionsrechtlichen Besitzstandes als weiterhin gültig angesehen.[54]

Auch wenn die Einschätzung im Schrifttum zumindest im Detail nicht einheitlich ausfällt, lässt sich an dieser Stelle als eine Art „Minimalkonsens" folgendes festhalten: Der besondere Weg, den der Kapitalverkehr bei seiner Liberalisierung genommen hat, ändert nichts an der unionsrechtlichen Normenhierarchie. Die Richtlinie ersetzt damit keinesfalls eine eigenständige primärrechtliche Interpretation des Kapitalverkehrsbegriffs.[55] Mithin entfaltet sie zwar keine Bindungswirkung mehr,[56] kann aber, solange sie nicht im Widerspruch zum Primärrecht steht, als Rechtserkenntnisquelle und Interpretationshilfe herangezogen werden.[57]

Damit bleibt im vorliegenden Fall nur Raum für das in der Nomenklatur erwähnte Beispiel, sofern die Einordnung der Valutaebene als Anwendungsfall der Kapitalverkehrsfreiheit im Einklang mit dem Primärrecht steht.

---

49 Vgl. Art. 116 Abs. 2 EG = Art. 109 e Abs. 2 EGV a.F.

50 *Ohler*, K-/ZVF, 2002, Art. 56 EG Rn. 19.

51 *Ohler*, K-/ZVF, 2002, Art. 56 EG Rn. 19; *Glöckner*, EuR 2000, 592 (605).

52 *Troberg/Kolassa*, in: Schimansky/Bunte/Lwowski, BankR-HB, Bd. II, 3. Aufl. 2007, § 135 Rn. 54 Fn. 92.

53 *Bröhmer*, in: Calliess/Ruffert, EUV/AEUV, 4. Aufl. 2011, Art. 63 Rn. 12.

54 Sog. acquis communautaire, dazu *Glöckner*, EuR 2000, 592 (605); *Schön*, in: GS Knobbe-Keuk, 1997, S. 743 (747).

55 *Ohler*, K-/ZVF, 2002, Art. 56 EG Rn. 19.

56 *Ohler*, WM 1996, 1801.

57 Nach dem EuGH kommt der Nomenklatur ein Hinweischarakter zu: Rs. C-222/97, Slg. 1999, I-1661 – *Trummer und Mayer*, Rn. 21; Rs. C-464/98, Slg. 2001, I-173 – *WestLB/Stefan*, Rn. 5; *Ohler*, K-/ZVF, 2002, Art. 56 EG Rn. 20; *Troberg/Kolassa*, in: Schimansky/Bunte/Lwowski, BankR-HB, Bd. II, 3. Aufl. 2007, § 135 Rn. 54 Fn. 92; *Ohler*, WM 1996, 1801; *Schön*, in: GS Knobbe-Keuk, 1997, S. 743 (747).

c) *Entscheidung für Zahlungsverkehrsfreiheit*

Wie erwähnt, fällt die Abgrenzung zwischen Kapital- und Zahlungsverkehr nicht immer leicht. Allerdings verliert seit der vollständigen Liberalisierung beider Grundfreiheiten die Unterscheidung in der Praxis an Bedeutung. Die wenigen rechtlichen Konstellationen, in denen eine eindeutige Zuordnung unverzichtbar ist, wie z.B. bei der Suspendierung der Liberalisierungsverpflichtungen des Kapitalverkehrs nach Art. 64 AEUV (*ex Art. 57 EG*) oder der Ergreifung von Schutzmaßnahmen nach Art. 66 AEUV (*ex Art. 59 EG*), liegen hier nicht vor.[58]

Da in diesem Abschnitt jedoch nicht nur die Beziehung zwischen Glücksspielanbieter und Spieler, sondern auch die anderen Leistungsebenen behandelt werden, soll eine eindeutige Zuordnung der Valutaebene zwischen Spieler und Veranstalter vorgenommen werden.

Vom Wortlaut her scheint der Unterfall XIII.E. der Nomenklatur zur Kapitalverkehrsrichtlinie durchaus zu passen. Gegen eine Zuordnung zur Kapitalverkehrsfreiheit sprechen allerdings die folgenden Gesichtspunkte: Die Zahlungsverkehrsfreiheit stellt eine lex specialis zur Kapitalverkehrsfreiheit für diejenigen Fälle dar, in denen ein Gegenleistungscharakter wie im vorliegenden Fall gegeben ist.[59] Damit scheidet ein Nebeneinander beider Grundfreiheiten hinsichtlich desselben Sachverhaltsaspekts aus.

Weiterhin lässt sich das primärrechtliche Verständnis anführen, nach dem es für die Annahme eines Kapitalverkehrsgeschäfts auf einen Anlagecharakter ankommt. Der Gegenstand des Spielvertrags beschränkt sich auf die Eröffnung einer Teilnahmemöglichkeit an einem Glücksspiel und damit auf die Nutzung einer Dienstleistung. Weder mit dem Spieleinsatz noch der Gewinnauszahlung verfolgen die Vertragsparteien einen Anlagezweck. Die mit dem Spiel verbundene Gewinnchance mag zwar gewisse Ähnlichkeiten haben, ist aber nicht vergleichbar mit der Profiterwartung bei einem spekulativen Finanzanlageprodukt, dessen Erwerb unter die Kapitalverkehrsfreiheit fällt.[60]

Letztlich spricht auch ein genauer Blick auf die Kapitalverkehrsrichtlinie gegen eine Anwendung des Art. 63 Abs. 1 AEUV. Die (spärliche) Literatur, die sich näher mit der Nomenklatur beschäftigt, fasst unter den Begriff der Transferzahlungen nur einseitige Wertübertragungen.[61] Diese Lesart lässt sich auch in

---

58 Näher dazu: *von Wilmowsky*, in: Ehlers, EuGR, 2. Aufl. 2005, § 12 Rn. 6; *Ohler*, K-/ZVF, 2002, Art. 57 EG Rn. 8 ff.; Art. 59 EG Rn. 2 ff.

59 *Müller*, Kapitalverkehrsfreiheit, 2000, S. 159; *Ohler*, WM 1996, 1801 (1803).

60 Zur umgekehrten Fragestellung, ob ein Finanzprodukt als Glücksspiel anzusehen ist: im Ergebnis verneint von *Hofmann/Mosbacher*, NStZ 2006, 249; dazu auch: *Schöttle*, K&R 2008, 155 (156).

61 *Troberg/Kolassa*, in: Schimansky/Bunte/Lwowski, BankR-HB, Bd. II, 3. Aufl. 2007, § 135 Rn. 54 Fn. 92.

systematischer Hinsicht bestätigen. Als subsidiärer Unterfall der „Kontokorrent- und Termingeschäfte mit Finanzinstitutionen" nach Gliederungspunkt VI. der Nomenklatur zur Richtlinie erfasst der „Transfer der zur Erbringung von Dienstleistungen erforderlichen Mittel" offensichtlich andere wirtschaftliche Konstellationen als die Leistungsbeziehung zwischen einer Privatperson und einem Unternehmen, das wie der Glücksspielanbieter außerhalb des Finanzsektors tätig ist. Im Ergebnis ist der Geldfluss in der Valutaebene nur unter die Zahlungsverkehrsfreiheit zu fassen.[62]

4. Einordnung der anderen Leistungsbeziehungen bei der Zahlungsabwicklung

Mit der Einordnung der Valutaebene unter die Zahlungsverkehrsfreiheit ist aber keine Aussage getroffen, welche Grundfreiheiten auf die anderen Leistungsbeziehungen innerhalb des Kreditkartenverfahrens anwendbar sind. Auf mögliche Beschränkungen für die Unternehmen, die an der Zahlungsabwicklung beteiligt sind, geht die EU-Kommission in ihrem Schreiben aus dem Jahr 2007 mit keinem Wort ein. Angesichts des vielgliedrigen Sachverhalts ist es aber erforderlich, zum einen zwischen den verschiedenen Leistungssträngen, zum anderen nach der rechtlichen Grundlage des (verhinderten) Zahlungsflusses zu unterscheiden.[63] Dabei steht regelmäßig eine Differenzierung zwischen dem Kapital- und dem Dienstleistungsverkehr im Vordergrund. Im Gegensatz zu den herkömmlichen glücksspielrechtlichen Konstellationen können die Sachverhaltsaspekte, die Gegenstand der grundfreiheitlichen Zuordnung sind, sehr nah beieinander liegen, sich im Wesentlichen decken oder überschneiden und, sofern eine trennscharfe Abgrenzung für notwendig gehalten wird,[64] eine solche erschweren. Dies zeigt sich nicht nur an der Regelung des Art. 58 Abs. 2 AEUV (*ex Art. 51 Abs. 2 EG*) zu den verbundenen Dienstleistungen, sondern spiegelt sich auch in der uneinheitlichen Rechtsprechung wider.[65] Im Folgenden soll in knapper Form ein grundlegender Überblick über die einschlägigen Gewährleistungen vermittelt werden.

---

62 Entsprechend für die vergleichbare Konstellation laufender Zahlungen bei Handelsgeschäften: *Troberg/Kolassa*, in: Schimansky/Bunte/Lwowski, BankR-HB, Bd. II, 3. Aufl. 2007, § 135 Rn. 54 Fn. 92. Insoweit unzutreffend: *Johnston*, Unterlassungsansprüche, 2009, S. 88 ff., die den Auszahlungsvorgang als Anwendungsfall der Kapitalverkehrsfreiheit ansieht.

63 *Ohler*, K-/ZVF, 2002, Art. 56 EG Rn. 165.

64 Zur Frage einer kumulativen Anwendung der KVF neben anderen Grundfreiheiten: *von Wilmowsky*, in: Ehlers, EuGR, 2. Aufl. 2005, § 12 Rn. 3; *Glöckner*, EuR 2000, 592 (608). Für eine präzise Abgrenzung: *Weber*, EuZW 1992, 561 (565).

65 Siehe die Stellungnahme zur Rspr. von *Bröhmer*, in: Calliess/Ruffert, EUV/AEUV, 4. Aufl. 2011, Art. 63 Rn. 41 f.; zum Meinungsstand in der Literatur: *von Wilmowsky*, in: Ehlers, EuGR, 2. Aufl. 2005, § 12 Rn. 3.

a) Umsetzung des Zahlungsverbotes

Nach dem vorgestellten Konzept hat der Kartenherausgeber dafür Sorge zu tragen, dass eine als Glücksspiel codierte Zahlungsanfrage des Kunden durch seinen Issuing Processor erkannt und verweigert und somit ein Geldfluss von vornherein unterbunden wird. Es kommt mithin nicht zum geplanten Transfer des Spielerkapitals über das Kreditkartennetz bis zum Bankkonto des Veranstalters, auf dem es letztlich verbucht werden soll.

Der von Seiten des Emittenten im Rahmen einer Kreditkartenzahlung garantierte Betrag stellt Kapital dar.[66] Dennoch wird der – gescheiterte – Einsatz der Kreditkarte zur Leistung des Spieleinsatzes im Verhältnis Herausgeber zu Karteninhaber nicht zu einem Kapitalverkehrsgeschäft nach Art. 63 Abs. 1 AEUV. Der Grund liegt darin, dass innerhalb des Deckungsverhältnisses kein eigenständiger Anlagezweck verfolgt wird. Der Kartenherausgeber agiert vereinfacht gesprochen wie ein Bote, der das Geld seines Kunden auf den Weg zum Glücksspielveranstalter bringt. Diese Übermittlungshandlung fällt unter die Dienstleistungsfreiheit nach Art. 56 AEUV.[67] Ebenso wenig wie die Kapital- ist auch die Zahlungsverkehrsfreiheit einschlägig, da letztere nur im Hinblick auf das Verhältnis des Bankkunden zum Zahlungsempfänger, dem Glücksspielveranstalter, gegeben ist. Da zwischen dem Spielwilligen und dem Kartenherausgeber im Zeitpunkt der Autorisierungsanfrage kein persönlicher Kontakt besteht, liegt ebenso wie bei dem Internetglücksspiel selbst eine Korrespondenzdienstleistung vor.[68]

Entsprechendes gilt im zweiten Leistungsstrang, dem Acquiring. Wird dem Akquirierungsunternehmen verboten, Transaktionen für Glücksspielveranstalter abzuwickeln, begründet der fehlende Zahlungsfluss kein Kapital-, sondern ein Dienstleistungsgeschäft. Das ist unabhängig von der Ausgestaltung der Vertragsbeziehung und damit den Vereinbarungen über die Führung von Verbuchungskonten durch den Acquirer und die Hausbank des Veranstalters der Fall. Entsprechendes gilt für sämtliche weiteren Maßnahmen, zu denen die beteiligten Unternehmen nach Erarbeitung eines Konzeptes verpflichtet werden könnten, wie die Überwachung der Kundenbeziehungen, Meldepflichten, die Führung einer Datenbank und gegebenenfalls die Auflösung der Vertragsbeziehung.[69]

Die je nach Ausgestaltung der Ermächtigung direkt oder mittelbar einbezogenen Prozessorunternehmen erbringen ausschließlich technische Dienstleistungen. Eine an sie gerichtete Verpflichtung, Transaktionsanfragen ordnungsgemäß zu

---

66 *Ohler*, K-/ZVF, 2002, Art. 56 EG Rn. 74, 308.

67 *Ohler*, K-/ZVF, 2002, Art. 56 EG Rn. 165.

68 Siehe oben Teil 1 D. VI. 2. b).

69 Entspr.: *Ohler*, K-/ZVF, 2002, Art. 56 EG Rn. 164.

codieren (Acquiring Processor) oder abzulehnen (Issuing Processor) ist daher an Art. 56 AEUV zu messen.

b) *Internes Verhältnis der beteiligten Unternehmen*

Im Verhältnis der beteiligten Unternehmen kann es im Rahmen der Zahlungsabwicklung über die Verrechnungskonten, die sie im Rahmen des Clearingvorgangs bei den Kreditkartenorganisationen unterhalten, zu einer Gewährung kurzfristiger Kredite kommen. Entsprechendes gilt im Überweisungsverkehr, für den Auszahlungsvorgang sowie einen Großteil der anderen gebräuchlichen Zahlungsformen.[70] Derartige Kreditgeschäfte lassen sich als Kapitalverkehr einstufen.[71] Die dazugehörigen Dienstleistungen sind nicht isoliert an Art. 56 AEUV zu messen, sondern unterfallen als verbundene oder Bankdienstleistungen zusätzlich der Regelung des Art. 58 Abs. 2 AEUV (*ex Art. 51 Abs. 2 EG*). Ziel der Vorschrift ist es, die mit dem Kapitalverkehr verbundenen Dienstleistungen der Banken an den jeweils aktuellen Liberalisierungsstand der Kapitalverkehrsfreiheit zu koppeln.[72] So lässt sich verhindern, dass die Unternehmen die Dienstleistungserbringung als Vehikel nutzen, um in den vor 1994 nur teilweise geöffneten Kapitalsektor vorzudringen. Mit vollständiger Liberalisierung des Kapitalverkehrs verliert die Vorschrift ihre wesentliche Bedeutung. Lediglich auf Schrankenebene kann sie im Rahmen der geschriebenen Rechtfertigungsgründe sicherstellen, dass aufsichtsrechtliche Erfordernisse nicht über eine Berufung auf den freien Dienstleistungsverkehr abgeschwächt oder ausgehebelt werden.[73]

c) *Berücksichtigung des Auszahlungsvorgangs*

Dieselbe Aussage lässt sich für die Gegenrichtung, den Auszahlungsvorgang, treffen, der ebenfalls von der Ermächtigungsnorm nach § 9 Abs. 1 S. 3 Nr. 4 GlüStV 2008 erfasst ist. Häufig wird sich der Glücksspielanbieter einer Überweisung als Auszahlungsweg bedienen. Natürlich sind auch andere Auszahlungsformen denkbar wie z.B. virtuelle Buchungssysteme oder die Übersendung eines Schecks. Auf einige von ihnen geht die Arbeit bereits an anderer Stelle ein.[74] Bei einer Überweisung wird zwar regelmäßig nicht das Akquirierungsunternehmen, sondern unmittelbar die Hausbank des Veranstalters tätig werden. Aber auch hier spielt die Ausgestaltung des Kontenverhältnisses im Einzelnen

70 Zu diesen vgl. oben Teil 3 B. V. 2.

71 *Ohler*, K-/ZVF, 2002, Art. 56 EG Rn. 168.

72 *Ohler*, K-/ZVF, 2002, Art. 56 EG Rn. 147.

73 *Ohler*, K-/ZVF, 2002, Art. 56 EG Rn. 147; *Weber*, EuZW 1992, 561 (565).

74 Siehe oben Teil 3 B. V. 2.

keine Rolle. Regelmäßig unterhält das Glücksspielunternehmen bei seiner Hausbank ein Kontokorrent. Dieses bildet wiederum Kapital im Sinne der Nomenklatur zur Kapitalverkehrsrichtlinie.[75] Auch eine Kreditgewährung durch die Bank ist denkbar.[76] Diese Vereinbarungen haben jedoch keinen Einfluss auf die grundfreiheitliche Zuordnung der eigentlichen Zahlungsabwicklung und sind von dieser zu trennen.[77]

Das Verbot, Überweisungen vorzunehmen, stellt ausschließlich eine Beschränkung des freien Dienstleistungsverkehrs dar.[78] Misst man dem Kapitalverkehrsaspekt an dieser Stelle eine eigenständige Bedeutung zu, so hat dies vor dem Hintergrund des Art. 58 Abs. 2 AEUV allerdings keine praktischen Auswirkungen.

d) Sonderfall: Sperrkontenregelung

Eine Ausnahme könnte allerdings die Verpflichtung der Hausbank auf Veranstalterseite, dessen Bankguthaben auf einem Sperrkonto einzufrieren, bilden. Dabei kann der Glücksspielanbieter zumindest vorübergehend die Dienste seiner Bank insbesondere im Rahmen der Zahlungsabwicklung nicht nutzen. Der Eingriff reicht aber deutlich weiter, so dass nicht nur die Dienstleistungsfreiheit betroffen sein kann. Daneben kommt eine Beschränkung des freien Kapitalverkehrs nach Art. 63 Abs. 1 AEUV in Betracht: Eine derartige Maßnahme beabsichtigt nicht nur, die einzelne Zahlungsabwicklung auf der Valutaebene zu verhindern. Anders als bei der reinen Transaktionsverweigerung wird dem Glücksspielanbieter zielgerichtet die Verfügungsgewalt über sein – zweckungebundenes – Guthaben entzogen.

e) Zusammenfassung zu 4.

Im Ergebnis ist nur in der Valutaebene der sachliche Anwendungsbereich der Zahlungsverkehrsfreiheit eröffnet. Die weiteren Leistungsbeziehungen innerhalb einer Kreditkartentransaktion sind ausschließlich am Inhalt der Dienstleistungsfreiheit zu messen. Für andere Zahlungsverfahren dürfte im Wesentlichen das Gleiche gelten, da auch bei diesen eine Abwicklung „über die Ecke“ vorliegt. Für die Kapitalverkehrsfreiheit bleibt daher, anders als es die Stellungnahme der EU-Kommission vermuten ließe, nur ein sehr geringer Anwendungsbereich. Dieser erfasst spezielle Konstellationen wie die Errichtung von Sperrkonten, die

---

75 Gem. VI. der Nomenklatur.

76 Vgl. hierzu Anwendungsfälle VIII. und XI.A. der Nomenklatur.

77 *Ohler*, K-/ZVF, 2002, Art. 56 EG Rn. 166.

78 *Ohler*, K-/ZVF, 2002, Art. 56 EG Rn. 165.

nur als flankierende Maßnahmen zu einer technischen Autorisierungsblockade praktische Relevanz entfalten dürften.

B. Eingriff/Beschränkung

Auf der zweiten Prüfungsstufe gilt es, die Frage nach einem rechtfertigungsbedürftigen Grundrechtseingriff bzw. einer grundfreiheitlichen Beschränkung zu klären. Die Arbeit verzichtet an dieser Stelle darauf, in die komplexe und in ihren Feinheiten umstrittene Eingriffs- bzw. Beschränkungsdogmatik[79] einzusteigen. Im Wesentlichen soll es um die Frage gehen, ob ein Eingriff oder eine Beschränkung vorliegen. Hierzu erfolgt zunächst lediglich eine knappe Zusammenstellung der einzelnen Unternehmen, deren rechtliche Positionen durch die vorgestellte Bekämpfungsstrategie beeinträchtigt werden können (unter I.). Um Doppelungen zu vermeiden, wird die Prüfung nur anhand des Verfassungsrechts vorgenommen. Dies ist sachgerecht, da das Unionsrecht mit der Dassonville-Formel[80] einen sehr weiten Beschränkungsbegriff anlegt und sich die Ergebnisse damit auf die unionsrechtliche Ebene übertragen lassen. In einem zweiten Schritt werden einige Bereiche angesprochen, die im Falle einer gerichtlichen Überprüfung mit der Begründung, ein ausreichender Bezug zu den Maßnahmen fehle, ausgeklammert werden könnten (unter II.).

I. Eingriff durch Zahlungssperren

Der Ansatz an den Zahlungsströmen könnte ein beachtliches Spektrum an Eingriffsformen bieten. Allerdings ermöglicht der stark eingeschränkte und rechtlich überholte Adressatenkreis der Ermächtigungsgrundlage derzeit nur eine Verpflichtung der Kartenherausgeber, sofern es sich bei diesen um Kreditinstitute handelt, sowie der Hausbanken auf Seiten der Spieler und der Glücksspielveranstalter.[81]

---

79 Zu mittelbaren Eingriffen: *Sodan*, GG, 2009, Art. 1 Vorb. Rn. 48; *Michael/Morlok*, Grundrechte, 2008, Rn. 498 (Zurechnungszusammenhang). Eine mittelbare Grundrechtsbeeinträchtigung wird beispielsweise in der Vorschrift des § 13 Abs. 3 AGGlüStV Berlin gesehen. Sie untersagt den staatlichen Lotterieanbietern, den gewerblichen Spielvermittlern Provisionen oder andere Vergünstigungen einzuräumen. Zu faktischen Beeinträchtigungen: *Sodan*, GG, 2009, Art. 1 Vorb. Rn. 48.

80 EuGH, Rs. 8/74, Slg. 1974, 837 – *Dassonville*, Rn. 5: *„Jede Handelsregelung der Mitgliedstaaten, die geeignet ist, den innergemeinschaftlichen Handel unmittelbar oder mittelbar, tatsächlich oder potentiell zu behindern, ist als Maßnahme mit gleicher Wirkung wie eine mengenmäßige Beschränkung anzusehen.“*

81 Auf die Öffnung des Adressatenkreises durch den Begriff „insbesondere“ in der Neufassung des § 9 Abs. 1 S. 3 Nr. 4 GlüÄndStV 2012 ist auch an dieser Stelle nochmals hinzuweisen.

Erlässt die zuständige Behörde gegenüber einem dieser Beteiligten eine Verfügung, so liegt auch hierin ein klassischer Eingriff in die Berufs- und Dienstleistungsfreiheit in Form eines Ge- bzw. Verbotes.[82]

Allerdings sind für die Umsetzung einer Sperranordnung in der Praxis die technischen Dienstleister, die sog. Prozessorunternehmen, unverzichtbar. Da sie von dem Wortlaut des § 9 Abs. 1 S. 3 Nr. 4 GlüStV 2008 („Kredit- und Finanzdienstleistungsinstitute") nach der in dieser Arbeit vertretenen Einschätzung nicht erfasst werden, kann auf sie nur in indirekter Form zugegriffen werden. Namentlich müsste die Behörde gegenüber den Herausgeberbanken die Verpflichtung aussprechen, unter Nutzung ihrer technischen Infrastruktur für eine zuverlässige Identifizierung und Blockade der Kreditkartentransaktionen zu sorgen. Eine derartige „gemittelte" Anordnung stellt für den Issuing Processor jedoch einen genauso intensiven Eingriff in seine grundrechtlichen Positionen dar wie ein direkt an ihn gerichteter Verwaltungsakt. Die Verantwortung hierfür obliegt dem Staat, gleich, ob er den Eingriff durch Imperative gegenüber einem Dritten oder dem unmittelbar Betroffenen herbeiführt.[83]

Die Glücksspielveranstalter und Spieler sind durch die Zahlungssperre ebenfalls zumindest mittelbar[84] in ihren Rechten betroffen. Die Tatsache, dass nicht in ihren eigenen Geschäfts- bzw. Tätigkeitsbereich, sondern in die Infrastruktur eines anderen Unternehmens, dessen Dienstleistungen sie in Anspruch nehmen, eingegriffen wird, ändert hieran nichts. Die Konstellation ähnelt der im Strafprozessrecht, bei der Telekommunikations- oder Zahlungsdienstleister zur Auskunft über Kundendaten verpflichtet werden, worin nicht nur ein Eingriff in die Grundrechte von Unternehmen, sondern auch von Privatpersonen liegt.[85]

Die Arbeit bleibt jedoch im Abschnitt „Umsetzung in Deutschland" nicht bei dem gesetzgeberischen Status Quo stehen, sondern erarbeitete Vorschläge für eine künftige allgemeinverbindliche Konzeption nach dem US-Vorbild.[86] Sofern auf dieser Grundlage weitere Dienstleister wie das Akquirierungsunternehmen oder der Acquiring Processor von den Behörden zur Mitwirkung verpflichtet werden, ist unproblematisch ein Eingriff in deren grundrechtliche Positionen zu bejahen.

---

82 Zum Eingriffsbegriff: BVerfGE 105, 279 (301).

83 BVerfGE 13, 230 (232 f.); 109, 64 (89 ff.); BVerwGE 89, 231 (240 f.); *Sachs*, GG, 5. Aufl. 2009, Vor Art. 1 Rn. 89. Zur Duldungspflicht bei Eingriffen durch Private: *Cremer*, Freiheitsgrundrechte, 2003, S. 173.

84 Eine Gegenüberstellung des klassischen und des modernen Eingriffsbegriffs findet sich bei *Jarass*, in: ders./Pieroth, GG, 11. Aufl. 2011, Vorb. Vor Art. 1 Rn. 27 ff.

85 Siehe hierzu § 100 b StPO; näher zu den unmittelbaren Adressaten: *Nack*, in: KK-StPO, 6. Aufl. 2008, § 100 b, Rn. 12 f.

86 Näher oben Teil 3 B.

II. Ausscheiden fern liegender Beeinträchtigungen

Grundsätzlich bedürfen sowohl im Verfassungs- als auch im Unionsrecht mittelbare Beeinträchtigungen einer Legitimation. Andererseits besteht die Notwendigkeit, der Schutzgewähr gewisse Grenzen zu setzen, um nicht auf sämtliche Fernwirkungen, die sich in irgendeiner Weise kausal darauf zurückführen lassen, Rücksicht nehmen zu müssen.

Da aber eine Vielzahl staatlicher Beschränkungen im Ergebnis einen größeren Kreis an Personen betrifft, wirken sich die wenigsten von ihnen nur auf den unmittelbaren Adressaten aus. Dies gilt gerade auch mit Blick auf einen so komplexen und hocharbeitsteiligen Prozess wie die Abwicklung einer Kartenzahlung. Sofern sich der Gesetzgeber gegen einen Einbezug aller Beteiligten entscheidet, wird zu klären sein, wer gerichtlich gegen die Maßnahme vorgehen kann. Entsprechendes gilt mit Blick auf ausländische Akquirierungsunternehmen, die zumindest auf unionsrechtlichem Wege ihre Positionen vertreten könnten.

Seit langem klammert der EuGH mithilfe von Korrektiven wie der Keck-Rechtsprechung[87] ganze Sachverhaltskategorien aus dem Beschränkungsbegriff aus.[88] Auf diese Konstellationen soll im Rahmen der vorliegenden Arbeit nicht näher eingegangen werden. Darüber hinaus berücksichtigt der Gerichtshof mitgliedstaatliche Maßnahmen auch dann nicht, wenn ihre Auswirkungen auf die Grundfreiheiten zu ungewiss, indirekt, hypothetisch oder zu mittelbar sind, als dass von einer tatbestandsmäßigen Beeinträchtigung auszugehen ist.[89] Entsprechendes lässt sich im Hinblick auf die grundrechtliche Eingriffsdogmatik festhalten. Auch ist der relevante Eingriff von sonstigen, entfernteren Beeinträchtigun-

---

87 EuGH, verb. Rs. 267/91 u. 268/91, Slg. 1993, I-6097 – *Keck und Mithouard*, Rn. 16.

88 *Tiedje/Troberg*, in: von der Groeben/Schwarze, EUV/EGV, Bd. I, 6. Aufl. 2003, Art. 49 EG Rn. 103 ff., lehnen eine Übertragbarkeit der Keck-Leitlinien auf den freien Dienstleistungsverkehr ab. *Koenig/Braun*, SächsVBl. 2002, 157 (163), sprechen die Frage auch im Hinblick auf die Kapitalverkehrsfreiheit an.

89 Mit entsprechenden Nuancierungen: EuGH, Rs. C-69/88, Slg. 1990, I-583 – *Krantz*, Rn. 11; Rs. C-93/92, Slg. 1993, I-5009 – *CMC Motorradcenter*, Rn. 12; Rs. C-379/92, Slg. 1994, I-3453 – *Peralta*, Rn. 24; Rs. C-96/94, Slg. 1995, I-2883 – *Centro Servizi Spediporto*, Rn. 41; Rs. C-266/96, Slg. 1998, I-3949 – *Corsica Ferries France*, Rn. 31; Rs. C-44/98, Slg. 1999, I-6269 – *BASF*, Rn. 16; Rs. C-190/98, Slg. 2000, I-493 – *Graf*, Rn. 25; Rs. C-431/01 (Beschluss), Slg. 2002, I-7073 – *Mertens*, Rn. 34; Rs. C-231/03, Slg. 2005, I-7287 – *Coname*, Rn. 20; verb. Rs. C-282/04 und C-283/04, Slg. 2006, I-9141 – *Komm./Niederlande*, Rn. 29; *Thomas*, NVwZ 2009, 1202. Zur Ablehnung einer verbindlichen de-minimis-Regel aber: EuGH, Rs. 16/83, Slg. 1984, 1299 – *Prantl*, Rn. 20; verb. Rs. 177/82 und 178/82, Slg. 1984, 1797 – *Van de Haar u.a.*, Rn. 13; Rs. C-126/91, Slg. 1993, I-2361 – *Yves Rocher*, Rn. 21; dazu auch: *Koenig/Braun*, SächsVBl. 2002, 157 (163).

gen zu unterscheiden, die nicht am Grundrecht zu messen sind.[90] Im Falle einer gerichtlichen Überprüfung des Ansatzes könnten einige Beeinträchtigungen danach keine Beachtung finden.

Dies gilt insbesondere für den Ansatz an den Zahlungswegen. Nicht vergessen werden sollte, dass die dargestellte Zahlungsabwicklung keinen kostenlosen Service für die Bankkunden, sondern ein komplexes Geschäftsmodell ist, an dem alle beteiligten Dienstleister in unterschiedlicher Form verdienen. Im Falle einer Transaktionsblockade mittels des Merchant Category Codes für Glücksspiele kommt es daher nicht nur zu einer Verhinderung des eigentlichen Zahlungsflusses zwischen Spielteilnehmer und Veranstalter. Die Verweigerung kann Konsequenzen für die interne Gebührenabrechnung der beteiligten Dienstleister haben.

So erhält das Akquirierungsunternehmen für seine Tätigkeit von dem Glücksspielanbieter ein sog. Disagio, eine Abwicklungsgebühr in Höhe eines bestimmten Prozentsatzes des Transaktionsbetrags. Bei einem Zahlungsabbruch verliert es dieses Entgelt. Als unmittelbare Konsequenz des Abwicklungsverbotes würde dieser Gesichtspunkt mit hoher Wahrscheinlichkeit Eingang in eine gerichtliche Prüfung finden.

Weiter von der eigentlichen Maßnahme entfernt liegt dagegen das interne Abrechnungsverhältnis zwischen Herausgeber, Acquirer und Kartenunternehmen. Die Herausgeberbank bekommt von der Kartenorganisation einen Prozentsatz des Umsatzes, den ihr Kunde per Kreditkarte getätigt hat, gutgeschrieben. Weiterhin berechnet die Kartenorganisation für Clearing und Settlement dem Kartenherausgeber und dem Akquirierungsunternehmen Gebühren, die von den abgewickelten Transaktionen abhängig sind. Zweifelhaft ist dagegen, ob die Herausgeberbank einen Zinsverlust geltend machen könnte, den sie erleidet, weil der Spieler mangels Teilnahmemöglichkeit seinen Kreditrahmen z.B. bei einer Revolving Card nicht ausschöpft.

Es bleibt abzuwarten, welche Einschnitte für die Geschäftspraxis der Zahlungsunternehmen eine Berücksichtigung finden.[91] Mit Blick auf die gerichtliche Überprüfung wird es in erster Linie auf die Partei des Rechtsstreits ankommen. Bei einer praktischen Umsetzung der Ermächtigungsnorm ist davon auszugehen, dass sich die EU-Kommission deutlich ausführlicher als bislang zu den betroffenen Rechtspositionen äußern wird.

---

90 *Berka*, Verfassungsrecht, 2. Aufl. 2008, Rn. 1283.

91 Zu ersten Überlegungen auf Seiten der Ordnungsbehörden vgl. *Büssow/von Schmeling*, ZfWG 2010, 239 (249).

C. Rechtfertigungsebene

Im Rahmen der Rechtfertigung wird deutlich, wie viele Parallelen die verfassungs- und die unionsrechtliche Ebene aufweisen. Um Doppelungen zu vermeiden kann daher nach einer kurzen Skizze des Prüfungsmaßstabs (unter I. und II.) die Verhältnismäßigkeitsprüfung einheitlich erfolgen (unter III.).

I. Verfassungsrechtlicher Maßstab

Ebenso wie die Veranstaltungsverbote und -beschränkungen privater Glücksspielanbieter fallen jegliche Maßnahmen gegen Zahlungsunternehmen auf Basis des § 9 Abs. 1 S. 3 Nr. 4 GlüStV 2008 unter die Berufsfreiheit nach Art. 12 GG.[92] Auf der Rechtfertigungsebene besteht allerdings ein erheblicher Unterschied zum vollständigen Internetverbot nach § 4 Abs. 4 GlüStV 2008. Dieses stellt für die Onlineanbieter einen Eingriff auf stärkster Rechtfertigungsstufe dar,[93] während der Ansatz an den Zahlungsströmen hinsichtlich aller in ihm enthaltenen Handlungsoptionen in die Kategorie „Berufsausübungsregel" einzuordnen ist.[94]

So beinhaltet die Konzeption lediglich Ge- und Verbote, hindert aber die betroffenen Zahlungsdienstleister nicht am Zugang zu oder dem Weiterführen ihrer gewerblichen Tätigkeit.[95] Die Ermächtigungsgrundlage bereitet den Boden für eine umfangreiche Indienstnahme Privater zum Zwecke der Gefahrenabwehr. Derartige Berufsausübungsregeln werden von Seiten des BVerfG als grundsätzlich zulässig angesehen.[96] Im Rahmen der weiteren Verhältnismäßigkeitsprüfung sind allerdings verschiedene Gesichtspunkte zu beachten, namentlich Art und Umfang der Tätigkeit, zu der die Unternehmen verpflichtet werden sowie die „Sach- und Verantwortungsnähe" zum Einsatzbereich.[97] Das BVerfG berücksichtigt ferner die Belastungsgrenzen, die sich im Einzelfall auch danach richten, ob es sich bei der Verpflichtung um eine unternehmenstypische oder -fremde

92 Vgl. dazu oben unter Teil 1 E. VI. 2. a).

93 OLG Frankfurt/Main, ZfWG 2009, 268 (271); *Thaysen*, Sportwetten, 2009, S. 55; zum Spielbankenmonopol: *Huber*, in: FS Rengeling, 2008, S. 57 (60); *Jahndorf*, VerwArch 95 (2004), 359 (370); *Korte*, NVwZ 2009, 283 (284); *Petropoulos*, wistra 2006, 332. Zum Betätigungsverbot durch das Monopol generell: BVerfGE 102, 197 (214); *Brüning*, JZ 2009, 29 (31); *Kment*, NVwZ 2006, 617 (619); *Pieroth/Störmer*, GewArch 1998, 177 (184); *Rausch*, GewArch 2001, 102 (108).

94 An dieser Bewertung ändert sich für die Ermächtigungsgrundlage nach § 9 Abs. 1 S. 3 Nr. 4 auch nach der Novellierung im Zuge des GlüÄndStV 2012 nichts.

95 Entspr. für den Betreiber eines Angebotservers: *Germann*, Gefahrenabwehr, 2000, S. 405.

96 BVerfGE 22, 380 ff.; 30, 292 (311).

97 BVerfGE 30, 292 (311).

Tätigkeit handelt.[98] Wie bereits gezeigt, fallen die Maßnahmenvorschläge zwar in den Tätigkeitsbereich der Dienstleister, können aber teilweise zu einer erheblichen wirtschaftlichen und personellen Belastung führen. In diesem Zusammenhang kann daher beispielsweise auch die Frage nach möglichen Entschädigungsregelungen in die Erwägung einzubeziehen sein.[99]

II. Unionsrechtlicher Maßstab

An sich könnte die unionsrechtliche Prüfung in ihrer Struktur stark von dem vorausgegangenen verfassungsrechtlichen Schema abweichen. So bietet der AEUV einen umfangreichen Katalog geschriebener Rechtfertigungsgründe, der seinem Wortlaut nach die ordnungsrechtlichen Maßnahmen vollständig erfasst (unter 1.). In ihrer Äußerung zur Eingriffsermächtigung nach § 9 Abs. 1 S. 3 Nr. 4 GlüStV 2008 stellt die EU-Kommission jedoch allein auf die Gebhard-Formel ab (unter 2.). Dies kann durchaus vorteilhaft sein: Für die unterschiedlichen grundfreiheitlichen Positionen, die betroffen sind, gilt mit der Berufung auf zwingende Allgemeininteressen ein einheitlicher Rechtfertigungsmaßstab, der im Ergebnis für alle Beschränkungen im Glücksspielsektor Anwendung findet und eine gerichtliche Prüfung maßgeblich erleichtern kann.

1. Keine Anwendung geschriebener Rechtfertigungsgründe

Die auf Grundlage der Ermächtigungsnorm möglichen Eingriffe gegen die Zahlungsdienstleister ließen sich ohne weiteres unter die ausdrücklich im EG-Vertrag vorgesehenen Rechtfertigungsgründe fassen. Gerade Art. 65 AEUV (*ex Art. 58 EG*) böte einen umfangreichen Katalog, anhand dessen ein Rechtfertigungsmaßstab entwickelt werden könnte, der auf die Besonderheiten der Zahlungskonzeption zugeschnitten wäre.

Wie für die anderen Grundfreiheiten hält das Unionsrecht auch für die Beschränkungen des freien Kapital- und Zahlungsverkehrs eine Reihe geschriebener Rechtfertigungsgründe bereit. Die von Art. 65 AEUV (*ex Art. 58 EG*) umfassten Anwendungsfälle unterscheiden sich jedoch deutlich in Art und Umfang von denen der Art. 36 S. 1, 45 Abs. 3, 52 und 62 i.V.m. 52 AEUV (*ex Art. 30 S. 1, 39 Abs. 3, 46 und 55 i.V.m. 46 EG*). Dies lässt sich wiederum vor allem mit der Struktur und Entwicklungsgeschichte der Kapitalverkehrsfreiheit erklären. Mit Ausnahme der später eingefügten „öffentlichen Ordnung oder Sicherheit"

98 BVerfGE 22, 380 (385 f.); 30, 292 (324).
99 BVerfGE 30, 292 (311).

(Art. 65 Ab. 1 b a.E. AEUV) übernimmt der Gesetzgeber alle Rechtfertigungsgründe aus Art. 4 der Kapitalverkehrsrichtlinie.[100]

Art. 65 Abs. 1 a AEUV, der Bereichsausnahmen für das nationale Steuerrecht regelt, spielt im vorliegenden Fall keine Rolle.[101] Von Bedeutung könnte hingegen Art. 65 Abs. 1 b AEUV sein, der eine dreiteilige Struktur aufweist. Die Regelung berechtigt die Mitgliedstaaten, unerlässliche Maßnahmen zu treffen, um erstens Zuwiderhandlungen gegen innerstaatliche Rechts- und Verwaltungsvorschriften, insbesondere auf dem Gebiet des Steuerrechts und der Aufsicht über Finanzinstitute zu verhindern (unter a). Zweitens erlaubt die Norm den Ländern, Meldeverfahren im Kapitalverkehr einzuführen (unter b) sowie drittens Maßnahmen zu ergreifen, die aus Gründen der öffentlichen Ordnung oder Sicherheit gerechtfertigt sind (unter c). Da die EU-Kommission – welche sich bislang als einziges EU-Organ zu der Ermächtigungsnorm des § 9 Abs. 1 Nr. 4 GlüStV 2008 äußert – in ihrem Schreiben nicht den Weg über die geschriebenen Rechtfertigungstatbestände geht, soll die Darstellung kurz gehalten werden. Zu Gunsten einer vollständigen Betrachtung, für die zumindest ein kurzer Seitenblick auf bestehende, geschriebene Rechtfertigungsgründe zu werfen ist, soll aber nicht völlig auf sie verzichtet werden.

a) Rechtsbruchklausel

Die ihrem Wortlaut nach als „Rechtsbruchklausel" ausgestaltete erste Fallvariante des Art. 65 Abs. 1 b AEUV hebt zwei Regelungsbereiche, namentlich das hier nicht relevante Steuerrecht sowie die Aufsicht über Finanzinstitute, besonders hervor. Letztere könnte für die Unionskonformität des § 9 Abs. 1 S. 3 Nr. 4 GlüStV 2008 von Bedeutung sein (unter aa). Wegen ihres nicht abschließenden Charakters reicht die Bedeutung der Vorschrift aber darüber hinaus (unter bb).

aa) Aufsicht über Finanzinstitute

Allerdings dürfte der Begriff der „Finanzinstitute" einer Anwendung auf die Adressaten der Ermächtigungsnorm, d.h. die mit der Zahlungsabwicklung betrauten Unternehmen, nicht entgegenstehen. Für deren Einordnung nach deutschem Recht sind[102] die Kreditinstitute nach § 1 KWG, die Zahlungsinstitute nach dem neu geschaffenen ZAG, die dort geregelten Bereichsausnahmen und vor Aufhebung des § 1 Abs. 1 a Nr. 8 KWG a.F. die in der Ermächtigung ausdrücklich

100 *Kiemel*, in: von der Groeben/Schwarze, EUV/EGV, Bd. I, 6. Aufl. 2003, Art. 58 EG Rn. 17.

101 Näher dazu: *Ohler*, K-/ZVF, 2002, Art. 58 EG Rn. 5 ff.; *von Wilmowsky*, in: Ehlers, EuGR, 2. Aufl. 2005, § 12 Rn. 17.

102 Wie bereits unter Teil 3 B. I. erörtert.

erwähnten Finanzdienstleistungsinstitute maßgebend. Der Begriff der „Finanzinstitute“ findet sich zwar in § 1 Abs. 3 KWG, hat aber für die genannte Kategorisierung keine Bedeutung.

Für Art. 65 AEUV ist ausschließlich das unionsrechtliche Verständnis relevant. Dieses lehnt sich an sekundärrechtliche Vorgaben an. Nach der zweiten Bankenrechtskoordinierungsrichtlinie[103] wird der Aufgabenbereich der Finanzinstitute von dem der Kreditinstitute, der etwas von dem deutschen Recht abweicht, unterschieden. Im Ergebnis bliebe nach der Richtlinie nur ein begrenzter Katalog banknaher Tätigkeiten für die Finanzinstitute. Zeitgleich mit Art. 65 AEUV wird allerdings Art. 124 AEUV (*ex Art. 102 EG*) geschaffen, zu dessen Umsetzung die Verordnung 3604/93[104] aus dem Jahr 1993 ergeht. Aus der in Art. 4 der Verordnung enthaltenen Auflistung ergibt sich eine weite Interpretation. Nach dieser bilden die Finanzinstitute eine übergeordnete Kategorie, die nicht im Gegensatz zu den Kreditinstituten steht, sondern diese mit einschließt. Berücksichtigt man die Weite des Kapitalbegriffs, der Art. 63 AEUV zugrunde liegt, so sind die „Finanzinstitute“ in einem umfassenden Sinn zu verstehen.[105]

Weiterhin müsste die Ermächtigung zum Zahlungsabbruch dem Aufsichtsrecht im Sinne des Art. 65 Abs. 1 b AEUV zuzuordnen sein. Hierfür enthält der AEUV zwar keine Begriffsdefinition, die in der Rechtsprechung und im Schrifttum genannten Beispiele sprechen allerdings dafür, den Anwendungsbereich auf primär kapitalmarktspezifische Sachverhalte zu beschränken. Hierunter lassen sich Maßnahmen fassen, die einer Stärkung des Anlegerschutzes, der Stabilität der Finanzmärkte und dem guten Ruf eines Wirtschaftszweigs dienen.[106] Die Verfolgung genereller gefahrenabwehrrechtlicher Belange wie vorliegend die Verhinderung unerlaubter Glücksspieltätigkeit aus Gründen der Spielsucht- und Kriminalitätsbekämpfung lässt sich hingegen nur schwer dem Begriff der Finanzaufsicht zuordnen, auch wenn die Maßnahmen am Geldfluss ansetzen. Die nachfolgenden Ausführungen stützen dieses Ergebnis, da das Rechtfertigungsregime des freien Kapital- und Zahlungsverkehrs ausreichend Raum bietet, um die glücksspielrechtliche Strategie an anderer Stelle zu verorten.

---

103 RL 89/646/EWG vom 15.12.1989 zur Koordinierung der Rechts- und Verwaltungsvorschriften über die Aufnahme und Ausübung der Tätigkeit der Kreditinstitute und zur Änderung der Richtlinie 77/780/EWG, ABl. L 386 vom 30.12.1989, S. 1 ff.

104 Verordnung (EG) Nr. 3604/93 des Rates vom 13.12.1993 zur Festlegung der Begriffsbestimmungen für die Anwendung des Verbots des bevorrechtigten Zugangs gemäß Artikel 104a des Vertrages, ABl. L 332 vom 31.12.1993, S. 4.

105 *Ohler*, K-/ZVF, 2002, Art. 58 EG Rn. 14.

106 EuGH, Rs. C-384/93, Slg. 1995, I-1141 – *Alpine Investments*, Rn. 44; *Ohler*, K-/ZVF, 2002, Art. 58 EG Rn. 13 m.w.N.

bb) Verständnis als Generalklausel

Eine Möglichkeit ergibt sich bereits durch ein weites Verständnis des Art. 65 Abs. 1 b Var. 1 AEUV, für das es keines Rückgriffs auf die Regelbeispiele des Steuerrechts und der Finanzaufsicht bedarf. Die Ermächtigung, „unerlässliche Maßnahmen zur Einhaltung der Rechts- und Verwaltungsvorschriften zu treffen", wird durch den EuGH ursprünglich als Generalklausel für die Rechtfertigung aller mitgliedstaatlichen Beschränkungen des freien Kapital- und Zahlungsverkehrs angesehen.[107] Hierunter fallen Eingriffe, die zur Verhinderung des Drogenhandels, Terrorismus, der Steuerhinterziehung und Geldwäsche dienten.[108] Die Bekämpfung unerlaubter Glücksspiele findet bislang keine Erwähnung. Die Geldwäscherichtlinien enthalten jedoch explizite Vorgaben zum Umgang mit hohen Geldsummen, die in (stationären) Spielbanken gesetzt werden.

Schließlich ergibt sich aus dem Wortlaut des Art. 65 Abs. 1 b Var. 1 AEUV nicht, ob der drohende oder begangene Rechtsverstoß durch die unmittelbaren Umsetzungsverpflichteten – wie hier die Banken und Zahlungsdienstleister – vorliegen muss oder ob dieser auch in der Person eines Dritten, d.h. des Glücksspielanbieters, verwirklicht werden kann. Für das erste, engere Verständnis spricht, dass vor allem das Regelbeispiel der aufsichtsrechtlichen Maßnahmen über Finanzinstitute dazu dienen soll, deren eigene Rechtsverstöße zu unterbinden.[109]

Für ein weiter gefasstes Interpretationsspektrum lässt sich die Rechtsprechung des EuGH anführen. Der Gerichtshof sieht die Bekämpfung rechtswidriger Tätigkeiten wie der Geldwäsche und des Drogenhandels und damit im Ergebnis Rechtsverstöße Dritter, bei denen den betroffenen Dienstleistern höchstens eine Beihilfe angelastet werden könnte, von Art. 65 Abs. 1 b Var. 1 AEUV umfasst.[110]

Letztlich kann die Frage nach dem „Ob" und den Grenzen einer extensiven Auslegung des ersten Rechtfertigungstatbestandes aber offen gelassen werden. So büßt diese Problematik seit dem Einfügen des „ordre-public-Vorbehalts" (unter c), aber vor allem durch die Berufung auf den ungeschriebenen Rechtfertigungsgrund des zwingenden Allgemeininteresses (unter 2.) ihre praktische Bedeutung großteils ein.

---

107 *Ohler*, K-/ZVF, 2002, Art. 58 EG Rn. 11.

108 EuGH, verb. Rs. C-163/94, C-165/94 und C-250/94, Slg. 1995, I-4830 – *Sanz de Lera u.a.*, Rn. 22.

109 *Ohler*, K-/ZVF, 2002, Art. 58 EG Rn. 13.

110 EuGH, verb. Rs. C-358/93 und C-416/93, Slg. 1995, I-361 – *Bordessa u.a.*, Rn. 21 f.; *Ohler*, K-/ZVF, 2002, Art. 58 EG Rn. 11.

b) *Meldeverfahren*

Nur der Vollständigkeit halber soll der zweite Eingriffsgrund, den Art. 65 Abs. 1 b AEUV vorsieht, die Meldeverfahren für den Kapitalverkehr zwecks administrativer oder statistischer Informationen, Erwähnung finden. Er wird über den Wortlaut hinaus auch für den Zahlungsverkehr angewandt,[111] ist aber inhaltlich eng auszulegen.[112] Es ließe sich daran denken, die vorgeschlagenen Benachrichtigungspflichten über Glücksspieltransaktionen unter den Begriff der „administrativen Information" zu fassen. Allerdings ist zum einen davon auszugehen, dass die Vorschrift keine Legitimation für gefahrenabwehrrechtliche Maßnahmen des besonderen Polizeirechts, sondern eher währungs- und zahlungsbilanzspezifische Fragestellungen zum Ziel hat.[113] Zum anderen ließe sich mit der Einordnung der glücksspielrechtlichen Strategie unter die Tatbestandsvariante der Meldeverfahren nach Art. 65 Abs. 1 b Var. 2 AEUV nur ein kleiner Ausschnitt des möglichen, umfangreichen Eingriffsspektrums erfassen. Im Ergebnis spielt diese Tatbestandsvariante für die Rechtfertigung der Zahlungseingriffe keine Rolle.

c) *Schutz der öffentlichen Ordnung oder Sicherheit*

Der Rechtfertigungsgrund des Schutzes der öffentlichen Ordnung oder Sicherheit ist trotz der kleinen sprachlichen Abweichung[114] im Wesentlichen parallel zu den Ausnahmebestimmungen der anderen Grundfreiheiten in Art. 36 S. 1, 45 Abs. 3, 52 und 62 i.V.m. 52 AEUV (*ex Art. 30 S. 1, 39 Abs. 3, 46 und 55 i.V.m. 46 EG*) ausgestaltet.[115] Er stellt einen eng auszulegenden unionsrechtlichen Begriff dar, für den sich der EuGH ein Prüfungsrecht vorbehält.[116] Dass das Unerlässlichkeitskriterium nur in der ersten Tatbestandsvariante des Art. 65 Abs. 1 b

---

111 *Bröhmer*, in: Calliess/Ruffert, EUV/AEUV, 4. Aufl. 2011, Art. 65 Rn. 19; *Kiemel*, in: von der Groeben/Schwarze, EUV/EGV, Bd. I, 6. Aufl. 2003, Art. 58 EG Rn. 21; *Ohler*, K-/ZVF, 2002, Art. 58 EG Rn. 16; *Rohde*, Freier Kapitalverkehr, 1999, S. 151; a.A. *Ress/Ukrow*, in: Grabitz/Hilf/Nettesheim, Recht der EU, Bd. II, Stand: 43. Erg.-L. 2011, Art. 63 AEUV Rn. 241, Art. 65 AEUV Rn. 48.

112 *Ress/Ukrow*, in: Grabitz/Hilf/Nettesheim, Recht der EU, Bd. II, Stand: 43. Erg.-L. 2011, Art. 63 AEUV Rn. 241, Art. 65 AEUV Rn. 48; *Kiemel*, in: von der Groeben/Schwarze, EUV/EGV, Bd. I, 6. Aufl. 2003, Art. 58 EG Rn. 22.

113 *Kiemel*, in: von der Groeben/Schwarze, EUV/EGV, Bd. I, 6. Aufl. 2003, Art. 58 EG Rn. 21 m.w.N. ebd. in Fn. 43.

114 „Oder" im Gegensatz zu „und" in Art. 36 S. 1, 45 Abs. 3, 52 und 62 i.V.m. 52 AEUV.

115 *Ress/Ukrow*, in: Grabitz/Hilf/Nettesheim, Recht der EU, Bd. II, Stand: 43. Erg.-L. 2011, Art. 65 AEUV Rn. 49.

116 EuGH, Rs. 36/75, Slg. 1975, 1219 – *Rutili*, Rn. 26 ff.; Rs. C-348/96, Slg. 1999, I-11 – *Calfa*, Rn. 21; Rs. C-54/99, Slg. 2000, I-1335 – *Église de scientologie*, Rn. 17.

AEUV enthalten ist, führt nicht zu einer Absenkung des Rechtfertigungsmaßstabs für den „Schutz der öffentlichen Ordnung oder Sicherheit". Eine Berufung auf ihn ist nur dann möglich, wenn eine tatsächliche, hinreichend schwere Gefährdung vorliegt, die ein Grundinteresse der Gesellschaft berührt.[117] Wirtschaftliche Gründe sind allerdings nicht als ein solches anzusehen.[118]

d) Ergebnis zu 1.

An sich böte der Katalog an geschriebenen Rechtfertigungsgründen genügend Raum, um einen Eingriff in die Zahlungswege zu legitimieren. Die Rechtsprechung geht jedoch einen anderen Weg, der im Folgenden skizziert wird.

2. Einheitliche Prüfung ungeschriebener Rechtfertigungsgründe

Seit einigen Jahren vollzieht sich in der Rechtsprechung ein deutlicher Wandel. Der Gerichtshof verzichtet zunehmend darauf, die im Vertrag vorgesehenen Rechtfertigungsgründe anzuwenden, um grundfreiheitliche Beschränkungen zu legitimieren. Stattdessen greift er hierzu einheitlich für alle Grundfreiheiten auf das ungeschriebene Kriterium der zwingenden Allgemeininteressen zurück.

Diese werden ursprünglich in der „Cassis de Dijon"-Entscheidung als tatbestandsimmanente Schranke zur Warenverkehrsfreiheit herangezogen,[119] zwischenzeitlich aber als Rechtfertigungsgrund auf die anderen Freiheiten ausgeweitet. Anders als bei den geschriebenen Gründen wie beispielsweise der „öffentlichen Sicherheit und/oder Ordnung" ist eine Berufung auf sie nur im Rahmen von nicht-diskriminierenden Maßnahmen möglich.[120]

Als Weiterentwicklung der Cassis-Kriterien bildet sich unter ausdrücklicher Einbeziehung des Verhältnismäßigkeitskriteriums in der Rechtsprechung des EuGH die Gebhardformel heraus, die einen umfassenden Prüfungsmaßstab für

---

117 EuGH, Rs. 30/77, Slg. 1977, 1999 – *Bouchereau*, Rn. 35; Rs. C-348/96, Slg. 1999, I-11 – *Calfa*, Rn. 21; Rs. C-54/99, Slg. 2000, I-1335 – *Église de scientologie*, Rn. 17; Rs. C-483/99, Slg. 2002, I-4781 – *Komm./.Frankreich*, Rn. 48; Rs. C-503/99, Slg. 2002, I-4809 – *Komm./. Belgien*, Rn. 47; Rs. C-463/00, Slg. 2003, I-4581 – *Komm./.Spanien*, Rn. 72; *Ress/Ukrow*, in: Grabitz/Hilf/Nettesheim, Recht der EU, Bd. II, Stand: 43. Erg.-L. 2011, Art. 65 AEUV Rn. 53.

118 EuGH, Rs. 36/75, Slg. 1975, 1219 – *Rutili*, Rn. 30; näher zum Umgang mit Fiskalinteressen unter Teil 1 E. VI. 3. b).

119 EuGH, Rs. 120/78, Slg. 1979, 649, *REWE-Zentral AG./. Bundesmonopolverwaltung für Branntwein (Cassis de Dijon)*, Rn. 8: Wirksame steuerliche Kontrollen, Schutz der öffentlichen Gesundheit, die Lauterkeit des Handelsverkehrs und Verbraucherschutz als zwingende Allgemeininteressen. Zwischenzeitlich traten noch eine ganze Reihe weiterer Gründe wie z.B. der Schutz kultureller Belange oder der Systeme sozialer Sicherheit hinzu.

120 Entspr.: EuGH, Rs. 261/81, Slg. 1982, 3961 – *Rau*, Rn. 12; Rs. 178/84, Slg. 1987, 1227 – *Komm./.Deutschland*, Rn. 28; Rs. 298/87, Slg. 1988, 4489 – *Smanor*, Rn. 15.

die Heranziehung ungeschriebener, mitgliedstaatlicher Schranken bietet. Danach sind nationale Maßnahmen, welche die vom Vertrag garantierten Grundfreiheiten beschränken, nur unter vier Voraussetzungen zulässig: Sie müssen in nicht diskriminierender Weise angewandt werden, zwingenden Gründen des Allgemeininteresses entsprechen, zur Erreichung des verfolgten Zieles geeignet sein und sie dürfen nicht über das hinausgehen, was hierzu erforderlich ist.[121] Im Glücksspielbereich zieht der EuGH bislang zur Legitimierung staatlicher Eingriffe ausdrücklich diese Grundsätze heran.[122]

Was den Ansatz an den Zahlungswegen betrifft, hätten bereits die Rechtsbruchklausel und die „öffentliche Sicherheit oder Ordnung" in Art. 65 AEUV die im Glücksspielrecht verfolgten Ziele vollständig erfassen können.[123] Allerdings geht die EU-Kommission in ihrem Schreiben vom 31.01.2008, in dem sie die deutsche Ermächtigungsnorm als Beschränkung der Zahlungs- und möglicherweise auch der Kapitalverkehrsfreiheit kritisiert, mit keinem Wort auf die geschriebenen Rechtfertigungsgründe ein.[124] Auch in diesem Fall stützt sie sich ausschließlich auf eine Wiedergabe der Gebhardformel. Anders als bei rein zahlungs- oder kapitalverkehrsrechtlichen Fallkonstellationen bietet eine solche „Vereinfachung" im vorliegenden Fall einen großen Vorteil: Durch den einheitlichen Prüfungsmaßstab bleiben die skizzierten Abgrenzungsschwierigkeiten zwischen den anwendbaren Grundfreiheiten innerhalb eines Zahlungsvorgangs auf der Rechtfertigungsebene folgenlos.[125]

Die zwingenden Allgemeininteressen, die jeglichen glücksspielrechtlichen Beschränkungen zugrunde liegen, namentlich die Spielsuchtbekämpfung, die Kanalisierung des Spieltriebs in geregelte Bahnen, Kriminalitätsbekämpfung sowie genereller Spieler- und Minderjährigenschutz, werden bereits bei der Darstellung des Rechtsrahmens für Onlineglücksspiele im ersten Teil der Arbeit skizziert.[126]

---

121 EuGH, Rs. C-55/94, Slg. 1995, I-4165 – *Gebhard*, Rn. 37; zuvor bereits u.a.: Rs. C-19/92, Slg. 1993, I-1663 – *Kraus*, Rn. 32; entspr.: Rs. C-424/97, Slg. 2000, I-5123 – *Haim*, Rn. 57.

122 EuGH, Rs. C-65/05, Slg. 2006, 10341 – *Komm./.Griechenland*, Rn. 49; verb. Rs. C-338/04, C-359/04 und C-360/04, Slg. 2007, I-1891 – *Placanica u.a.*, Rn. 45, 49.

123 Entspr. *Ohler*, K-/ZVF, 2002, Art. 58 EG Rn. 19.

124 EU-Komm., Aufforderungsschreiben vom 31.01.2008, Verletzungsverfahren 2007/4866, ZfWG 2008, 32 (38).

125 Zu den Besonderheiten der Drittstaatenerstreckung auf der Gewährleistungsebene vgl. oben Teil 4 A. II. 1.

126 Teil 1 E. VI. 3. b) bb).

III. Verhältnismäßigkeit nach Verfassungs- und Unionsrecht

Auch wenn der Grundsatz der Verhältnismäßigkeit über das deutsche Recht Eingang in die Unionsrechtsordnung findet[127] und dort seit langem als allgemeines Rechtsprinzip anerkannt ist,[128] so wird er doch am EuGH durch Juristen aus allen Mitgliedstaaten angewandt.[129] Benutzt der Gerichtshof daher Begriffe wie „geeignet", „erforderlich" „angemessen", so versteht er darunter zwar häufig, aber nicht immer zwingend die entsprechenden Teilaspekte des Verhältnismäßigkeitsgrundsatzes im Sinne der deutschen Terminologie und Dogmatik.[130] Unterschiede zeigen sich vor allem an einem oftmals verringerten Kontrollumfang[131] oder der Reduzierung der Angemessenheitsprüfung auf die reine Zumutbarkeit.[132] Dennoch finden sich zahlreiche Beispiele einer dreiteiligen Prüfung, in welcher der Verhältnismäßigkeit im engeren Sinne, auch als Angemessenheit, Zumutbarkeit oder Gebotenheit bezeichnet, neben der Geeignetheit und Erforderlichkeit eine eigenständige Bedeutung zugemessen wird.[133]

---

127 *Frenz*, HB EuropaR, Bd. V, 2010, Rn. 732.

128 *Calliess*, in: ders./Ruffert, EUV/AEUV, 4. Aufl. 2011, Art. 5 EUV (ex, Art. 5 EGV) Rn. 45; *Mayer*, in: Grabitz/Hilf, Recht der EU, Bd. I, Stand: 43. Erg.-L. 2011, Grundrechtsschutz und rechtsstaatliche Grundsätze Rn. 403; *Frenz*, HB EuropaR, Bd. V, 2010, Rn. 732; *von Danwitz*, EWS 2003, 393 (394 f.); *Pache*, NVwZ 1999, 1033 (1034).

129 Z.B. EuGH, Rs. 29/69, Slg. 1969, 419 – *Stauder*, Rn. 4: „In einem Fall wie dem vorliegenden ist der am wenigsten belastenden Auslegung der Vorzug zu geben, wenn sie genügt, um die Ziele zu erreichen, denen die umstrittene Entscheidung dienen soll"; Rs. 11/70, Slg. 1970, 1125 – *Internationale Handelsgesellschaft*, Rn. 12; Rs. 36/75, Slg. 1975, 1219 – *Rutili*, Rn. 32; Rs. 118/75, Slg. 1976, 1185 – *Watson*, Rn. 21 f.; Rs. 8/77, Slg. 1977, 1495 – *Sagulo*, Rn. 13: „die verhängte Sanktion darf jedoch nicht außer Verhältnis zu der Art des begangenen Verstoßes stehen."; Rs. 44/79, Slg. 1979, 3727 – *Hauer*, Rn. 23; verb. Rs. 41/79, 121/79 und 796/79, Slg. 1980, 1979 – *Testa u.a.*, Rn. 21; Rs. C-106/91, Slg. 1992, I-3351 – *Ramrath*, Rn. 31.

130 *Kischel*, EuR 2000, 380 (383).

131 So nennt z.B. EuGH, Rs. C-84/94, Slg. 1996, I-5755 – *Vereinigtes Königreich/Rat*, Rn. 57 nur die Geeignetheit und die Erforderlichkeit; entspr.: Rs. C-233/94, Slg. 1997, I-2405 – *Deutschland./.Parlament u. Rat*, Rn. 54; verb. Rs. C-36/97 u. C-37/97, Slg. 1998, I-6337 – *Kellinghusen*, Rn. 33; *Frenz*, HB EuropaR, Bd. V, 2010, Rn. 751, 765; *von Danwitz*, EWS 2003, 393 (395); *Ennuschat*, in ders., Aktuelle Probleme. d. Rechts d. GS, 2008, S. 55 (73, Rn. 70); *Nettesheim*, EuZW 1995, 106 ff. Zur Verwendung des Begriffs: „notwendig": EuGH, Rs. C-380/03, Slg. 2006, I-11573 – *Tabakwerbung II*, Rn. 154. Zur Angemessenheit als ungeschriebenes Kriterium, das sich aus dem Wortlaut des Art. 5 Abs. 3 EG nicht ablesen lässt: *Zuleeg*, in: von der Groeben/Schwarze, EUV/EGV, Bd. I, 6. Aufl. 2003, Art. 5 EG Rn. 40.

132 EuGH, Rs. 25/70, Slg. 1970, 1161 – *Köster*, Rn. 30 ff.; Rs. 808/79, Slg. 1980, 2103 – *Fratelli Pardini*, Rn. 17, 21 f.; *Frenz*, HB EuropaR, Bd. V, 2010, Rn. 763.

133 EuGH, Rs. 265/87, Slg. 1989, 2237 – *Schräder*, Rn. 21; Rs. C-8/89, Slg. 1990, I-2515 – *Zardi*, Rn. 10; Rs. C-331/88, Slg. 1990, I-4023 – *Fedesa*, Rn. 13; Rs. C-112/00, Slg. 2003, I-5659 – *Schmidberger*, Rn. 81 ff.; Rs. C-127/07, Slg. 2008, I-9895 – *Arcelor*, Rn. 58.

Zwar legt die Rechtsprechung teilweise Wert auf eine separate Prüfung, um die nach deutschem Verfassungsrecht gebotene Richtervorlage nach Art. 100 GG nicht durch ein „Copy und Paste" der unionsrechtlichen Kontrollmaßstäbe zu umgehen.[134] Allerdings sollen an dieser Stelle Aspekte diskutiert werden, die mit Blick auf die Umsetzung der Ermächtigungsnorm noch gar nicht den Gegenstand eines ober- und höchstgerichtlichen Verfahrens bilden. Der Abschnitt bespricht daher die Verhältnismäßigkeitsaspekte einheitlich für das Verfassungs- und das Unionsrecht.[135]

Da die verfolgten legitimen Gemeinwohlzwecke bereits im ersten Teil dieser Arbeit behandelt werden,[136] orientiert sich die Darstellung am üblichen, dreigliedrigen Aufbau aus Geeignetheit (unter 1.), Erforderlichkeit (unter 2.) und Angemessenheit (unter 3.).

1. Geeignetheit

Bei der Frage nach der Geeignetheit eines Ansatzes an den Zahlungswegen ist das weite Begriffsverständnis der Rechtsprechung zugrunde zu legen.[137] Sie billigt den staatlichen Stellen einen erheblichen Ermessensspielraum zu und erachtet es als ausreichend, wenn eine Maßnahme nicht augenscheinlich ungeeignet zur Erreichung des gewünschten Erfolgs erscheint und dieser zumindest gefördert wird.[138]

Aus Sicht der EU-Kommission steht auch die Eignung der Ermächtigung nach § 9 Abs. 1 S. 3 Nr. 4 GlüStV 2008 in Frage. So hätten die deutschen Behörden keine hinreichenden Erklärungen für die Effektivität des Verbotes an

---

134 VGH Baden-Württemberg, ZfWG 2008, 446 (447); *Bungenberg*, DVBl. 2007, 1405 (1413).

135 Für einen Gleichlauf insoweit auch: BVerfG, ZfWG 2006, 16 (30, Rn. 144), entspr. *Ennuschat/Klestil*, ZfWG 2010, 153; differenzierter von „Parallelität" statt „Identität" spricht das BVerfG in: ZfWG 2008, 42 (44, Rn. 20).

136 Teil 1 E. VI. 3. b).

137 Zum Geeignetheitsbegriff im GG: *Papier*, in: Maunz/Dürig, GG, Stand: 61. Erg.-L. 2011, Art. 14 Rn. 589. Der Begriff der Erforderlichkeit in Art. 5 Abs. 3 EG schließt die Geeignetheit mit ein: *Zuleeg*, in: von der Groeben/Schwarze, EUV/EGV, Bd. I, 6. Aufl. 2003, Art. 5 EG Rn. 38.

138 BVerfGE 63, 88 (115); 67, 157 (163, 175); 96, 10 (23); 103, 293 (307); BReg, Mitteilung an die Komm. vom 20.05.2008, Verletzungsverfahren 2007/4866, ZfWG 2008, 173 (178, 42; 181, Rn. 72); EuGH, Rs. 40/72, Slg. 1973, 125 – *Schröder*, Rn. 14; verb. Rs. 279/84 u.a., Slg. 1987, 1069 – *Rau*, Rn. 34; Rs. 265/87, Slg. 1989, 2237 – *Schräder*, Rn. 21; verb. Rs. C-267/88 bis C-285/88, Slg. 1990, I-435 – *Wuidart u.a.*, Rn. 14; Rs. C-280/93, Slg. 1994, I-4973 – *Bananenmarktordnung*, Rn. 90; Rs. C-415/93, Slg. 1995, I-4921 – *Bosman*, Rn. 108 ff., 135; Rs. C-380/03, Slg. 2006, I-11573 – *Deutschland./.Parlament und Rat*, Rn. 155; VGH Bayern, ZfWG 2008, 197 (199 f.); OVG Berlin-Brandenburg, ZfWG 2008, 466 (467); OVG NRW, ZfWG 2008, 122 (123); VG Stuttgart, ZfWG 2008, 140 (142); *Frenz*, HB EuropaR, Bd. V, 2010, Rn. 756 f.; *Thaysen*, Sportwetten, 2009, S. 53; *Postel*, WRP 2006, 703 (716 f.).

Banken geliefert, bei Verwendung einer Kreditkarte Auszahlungen zu tätigen. Auch könnten die Spieler jederzeit andere Zahlungsmittel als ihre Kreditkarte verwenden und insbesondere Konten bei den Online-Anbietern einrichten, die es ihnen ermöglichen, Geld für ihre Einsätze zu überweisen und Gewinne zu erhalten.[139] Im Folgenden soll auf diese Kritikpunkte, die Reaktion der Bundesregierung sowie weitere Aspekte der Geeignetheit eingegangen werden:

Als Beleg für die Wirksamkeit des Ansatzes verweist die Bundesregierung auf die US-Regelung, wo bereits das formale Verbot der Zahlungsannahme ausreiche, um den Glücksspielmarkt ausländischer Anbieter weitgehend zusammenbrechen zu lassen.[140] Dabei handelt es sich allerdings um eine sehr vereinfachende Aussage, da der UIGEA ein umfangreiches Gesetzeswerk darstellt. In diesem finden sich zum einen bereits konkrete Maßnahmen wie die Codierung und Sperrung von Kreditkartenzahlungen sowie der Ausbau von Überwachungspflichten in allen erfassten Zahlungsverfahren. Zum anderen enthält er den klaren und fristgebundenen Auftrag zum Erlass einer umfangreichen Ausführungsverordnung. Die Erklärung der Bundesregierung kann daher kaum dahingehend interpretiert werden, dass sie der Ermächtigungsgrundlage des § 9 Abs. 1 S. 3 Nr. 4 GlüStV 2008 bereits ohne praktische Umsetzungsmaßnahmen eine abschreckende Wirkung zugesteht.

Nicht unproblematisch ist dagegen eine andere Einlassung der Regierung nach der die Internetprovider, Banken und Bankverbände, deren Unterstützung zur Durchsetzung des Internetverbotes benötigt werde, dieses von sich aus als berechtigt akzeptieren und die Ordnungsbehörden bei der Umsetzung unterstützen würden.[141] Zwar wäre eine Verpflichtung der Zahlungsunternehmen nach dem jetzigen Wortlaut der Ermächtigungsnorm teilweise, nach einer Änderung sogar vollständig möglich.

Ließe sich die Aussage der Regierung dahingehend lesen, dass die Bekämpfungsstrategie ausschließlich auf der Freiwilligkeit aller Zahlungsdienstleister basieren soll, so ergäben sich erhebliche Bedenken gegenüber deren Geeignetheit. Für die Unternehmen wäre ein solcher Ansatz mit zahlreichen rechtlichen Unsicherheiten verbunden. So steht der GlüStV 2008 als übergeordneter Rechtsrahmen für das staatliche Monopol kontinuierlich auf dem gerichtlichen Prüfstand. Daher müsste auch mit einem rechtlichen Einschreiten gegen Eingriffe am Zahlungsstrom gerechnet werden. Mit Blick auf die Geschäftspraxis der Zah-

139 EU-Komm., Aufforderungsschreiben vom 31.01.2008, Verletzungsverfahren 2007/4866, ZfWG 2008, 32 (35).

140 BReg, Mitteilung an die Komm. vom 20.05.2008, Verletzungsverfahren 2007/4866, ZfWG 2008, 173 (182, Rn. 76).

141 BReg, Mitteilung an die Komm. vom 20.05.2008, Verletzungsverfahren 2007/4866, ZfWG 2008, 173 (180, Rn. 64).

lungsdienstleister wurde zudem angeregt, Haftungsfreistellungsregelungen zu schaffen, um Schadensersatzforderungen vor allem bei unbeabsichtigten Sperrungen vorzubeugen.[142] Die Freiwilligkeit der US-Herausgeberbanken, die Pionierarbeit für die Autorisierungssperren leisten, sollte angesichts zahlreicher spektakulärer Strafverfahren gegen Glücksspielanbieter und Zahlungsdienstleister, die von der obersten Strafverfolgungsbehörde veranlasst werden, und der Tatsache, dass fünf Jahre später doch ein verbindliches Gesetzeswerk erlassen wird, nicht überbewertet werden.

Als Grundlage zur Erarbeitung einer möglichst umfassenden ordnungsrechtlichen Konzeption ist die Ermächtigungsgrundlage aber durchaus geeignet. Wie bereits ausgeführt, begegnet der bisherige Wortlaut zwar erheblichen rechtlichen Bedenken, da er nur einen begrenzten Adressatenkreis im Rahmen des Kreditkartenverfahrens und damit zugleich nur einen Teil der angesprochenen Maßnahmen zulässt. Da es für die Geeignetheit der gesamten Konzeption jedoch ausreicht, einen spürbaren Wirkungsgewinn zu erzielen, wäre bereits ein eingeschränktes Vorgehen auf Grundlage der bisherigen Ermächtigungsnorm, das sich auf die Haus- und Herausgeberbanken beschränkt, als tauglich anzusehen.

Mit einem Einbezug weiterer Unternehmen insbesondere auf Akquirierungsseite lassen sich Manipulationsmöglichkeiten bei der Codierung und Auswahl der Vertragsunternehmen verringern und die Effektivität des Ansatzes steigern. Dessen Wirksamkeit ist umso größer, je intensiver auf einen Auf- und Ausbau eines zuverlässigen Kontrollsystems, z.B. durch erhöhte Prüfpflichten bei Vertragsabschluss und in der laufenden Geschäftsbeziehung, hingewirkt wird. Wie bereits dargestellt, kommt dabei eine Vielzahl von Handlungsansätzen in Betracht, die für sich genommen und in der Gesamtschau nicht per se als ungeeignet anzusehen sind.

Entsprechend weit sollte auch der Kreis der erfassten Zahlungsverfahren gesteckt werden, um den von der EU-Kommission mit Blick auf die Internetprovider angeprangerten Umgehungsmöglichkeiten den Boden zu entziehen. Hierzu signalisiert die Bundesregierung mit dem Verweis, dass auch Überweisungen zum Gegenstand der Strategie gemacht werden können, ihre Bereitschaft.[143] Doch selbst wenn sich der Normgeber entschiede, vorerst nur Beschränkungen für Kreditkarten, nicht aber für andere Zahlungsformen vorzusehen, so bewegte er sich mit Blick auf die Geeignetheit innerhalb der Grenzen seines Einschätzungsspielraums. So wäre zwar mit einem Wechsel zahlreicher Veranstalter und Spielinteressenten zu anderen Zahlungsmethoden zu rechnen. Die Effektivität

---

142 Teil 3 B. V. 5.

143 BReg, Mitteilung an die Komm. vom 20.05.2008, Verletzungsverfahren 2007/4866, ZfWG 2008, 173 (182, Rn. 75).

der Maßnahme ließe sich aber erst in Frage stellen, wenn die „Abwanderung" bei nahezu 100 Prozent läge. Gerade Freizeitspieler werden allerdings mit der Funktionsweise einer Autorisierungsblockade und vor allem dem Umfang der hierbei erhobenen Daten meist nicht vertraut sein. Angesichts der Strafandrohung für unerlaubtes Spielen nach § 285 StGB ist von einem Abschreckungseffekt auszugehen, der viele davon abhielte, beispielsweise auf ein virtuelles Buchungssystem, das seinerseits ebenfalls per Kreditkarte aufgeladen werden kann, auszuweichen.

Auch aus den Ausführungen des EuGH zur Geeignetheit des Internetverbotes in der Rechtssache *Markus Stoß u.a.* lassen sich Rückschlüsse für die Bewertung des Ansatzes an den Zahlungswegen ziehen. Der Gerichtshof spricht nicht von der Umsetzung des Onlineverbotes insgesamt, sondern geht dezidiert auf die im Hintergrund stattfindenden Abläufe ein. Aus seiner Sicht lassen sich über das Internet vorgenommene, unzulässige Transaktionen, insbesondere, wenn sie die Staatsgrenzen überschreiten, schwieriger kontrollieren und ahnden. Diese Schwäche zeige sich jedoch auch in anderen Bereichen.[144] Weiterhin stünden den Mitgliedstaaten durchaus rechtliche Mittel zur Verfügung, mit denen sie die Durchsetzung ihrer restriktiven Vorgaben im Internetbereich gewährleisten könnten.[145]

Im Ergebnis ist daher festzuhalten, dass auch aus Sicht der Rechtsprechung anhand der Ermächtigungsgrundlage nach § 9 Abs. 1 S. 3 Nr. 4 GlüStV 2008 eine Strategie entwickelt werden kann, die dem Geeignetheitserfordernis entspricht.[146]

2. Erforderlichkeit

Die gewählten Maßnahmen müssen nicht nur geeignet, sondern zugleich erforderlich sein, d.h. das für die Beschränkung der betroffenen Grundrechte und -freiheiten mildeste Mittel darstellen.[147]

Die Prüfung, ob das erarbeitete Maßnahmenbündel der Erforderlichkeit genügt, soll in drei Schritten erfolgen. Der erste befasst sich mit Vorgehensweisen, die anstelle eines Ansatzes an den Zahlungsströmen in Betracht kommen (unter a), während der zweite die vorgeschlagenen Maßnahmen gegen die Zahlungsdienstleister

---

144 EuGH, verb. Rs. C-316/07 u.a. – *Markus Stoß u.a.*, ZfWG 2010, 332 (339, Rn. 86).

145 EuGH, verb. Rs. C-316/07 u.a. – *Markus Stoß u.a.*, ZfWG 2010, 332 (339, Rn. 87).

146 Entsprechend: BReg, Mitteilung an die Komm. vom 20.05.2008, Verletzungsverfahren 2007/4866, ZfWG 2008, 173 (182, Rn. 80; 188, Rn. 126 f.).

147 BVerfGE 25, 1 (12, 19 f.); 38, 281 (302); 40, 196 (223); 49, 24 (58); 77, 84 (106); 100, 313 (375); 115, 276 (309); EuGH, Rs. C-426/93, Slg. 1995, I-3723 – *Deutschland./.Rat*, Rn. 42 ff.; *Zuleeg*, in: von der Groeben/Schwarze, EUV/EGV, Bd. I, 6. Aufl. 2003, Art. 5 EG Rn. 39; *Papier*, in: Maunz/Dürig, GG, Stand: 61. Erg.-L. 2011, Art. 14 Rn. 589; *Frenz*, HB EuropaR, Bd. V, 2010, Rn. 761; *Thaysen*, Sportwetten, 2009, S. 53 f.

anhand ihrer Eingriffsintensität und Wirksamkeit miteinander vergleicht (unter b). Sodann wirft die Arbeit einen Blick auf einige Einzelmaßnahmen innerhalb der Konzeption (unter c).

a) Einbezug aller Dienstleistungssparten

Als milderes Mittel käme der Erlass einer Verbotsverfügung gegen die Glücksspielanbieter, ohne auf die Zahlungswege zugreifen zu müssen, in Betracht. Da sich diese jedoch zumeist durch einen ausländischen Unternehmenssitz dem Einflussbereich des deutschen Rechts entziehen, liegt hierin regelmäßig kein gleich geeignetes Mittel. Ein Einbezug der Infrastruktur ist unverzichtbar.[148] Dabei kommen vor allem neben den Zahlungs- die Internetunternehmen nach § 9 Abs. 1 S. 3 Nr. 5 GlüStV 2008[149] in Betracht.[150] Bei der Frage nach der Auswahl des richtigen Adressaten ist dem GlüStV 2008 kein Rangverhältnis zwischen den beiden Dienstleistungsarten zu entnehmen. Die Ermächtigungsgrundlagen des § 9 Abs. 1 S. 3 Nr. 4 und Nr. 5 GlüStV 2008 stehen gleichwertig nebeneinander. Insbesondere können sie auch kumulativ angewandt werden.

Was auf den ersten Blick als ein besonders starker Eingriff in die Rechtspositionen der Betroffenen erscheint, kann im Ergebnis durchaus dem Erforderlichkeitskriterium genügen. Erstens wird so die Belastung auf mehrere Schultern verteilt. Zweitens lässt sich die Effektivität gegenüber einem isolierten Vorgehen steigern, da es in einem solchen Fall dem Anbieter unerlaubter Spiele besonders erschwert wird, erfolgreich auf Ausweichmöglichkeiten zurückzugreifen. Der Normgeber sollte daher erwägen, ob er bei der Erarbeitung seiner Strategie nicht auch Vorgaben zu einem aufeinander abgestimmten Vorgehen der Internet- und Zahlungsdienstleister, z.B. für einen Informationsaustausch, aufnimmt.

b) Einbezug des umfassenden Adressatenkreises nach § 9 Abs. 1 S. 3 Nr. 4 GlüStV 2008

Ein Rangverhältnis ergibt sich dagegen innerhalb der einzelnen Branchen nach dem Verantwortungsgrad, der bereits unter dem Stichwort der Störereigenschaft angesprochen und auf den im Rahmen der Angemessenheit erneut eingegangen wird. Mit Blick auf die Zahlungsdienstleister lässt sich folgendes festhalten: Wie im Rahmen der Geeignetheit dargelegt, könnte die ordnungsrechtliche Konzep-

148 So auch: *Steegmann*, Basisinfrastruktur, 2010, S. 146.

149 Dazu eingehend: *Ennuschat*, in: Becker, Glücksspiel im Internet, 2011, S. 51; *Steegmann*, in: Becker, Glücksspiel im Internet, 2011, S. 69.

150 Diese Ermächtigungsnorm ist im Zuge der Novellierung aufgegeben worden und im GlüÄndStV 2012 nicht mehr enthalten.

tion bei dem jetzigen Wortlaut und folglich einem sehr eingeschränkten Adressatenkreis, den Herausgeber- und Hausbanken, stehen bleiben. Für die nicht betroffenen Unternehmen, insbesondere die Acquirer und deren technische Dienstleister, stellte dies eine mildere Maßnahme gegenüber einer eigenen Verpflichtung dar. Entsprechendes gilt für diejenigen Kartenherausgeber, die nicht bereits einer Erlaubnis als Kreditinstitut nach § 1 Abs. 1 KWG bedürfen und nach neuer Rechtslage als Zahlungsinstitut gem. § 1 Abs. 1 Nr. 5 ZAG nicht mehr von dem bisherigen Wortlaut („Finanzdienstleistungsinstitut") der Ermächtigungsnorm erfasst sind.[151]

Die ordnungsrechtliche Konzeption bliebe allerdings ein Stückwerk auf dem Stand der US-Einzelabsprachen, sprich: einer Erprobungsphase, welche die dortigen Behörden mit dem UIGEA längst hinter sich lassen. Ausgehend vom Zwei-Säulen-Modell der Kreditkartenzahlung sind gerade die Beteiligten im Akquirierungsstrang ungleich näher am Glücksspielanbieter und damit dem Urheber der Störung. Sie sind mithin am besten in der Lage, das Geschäftsmodell des jeweiligen Vertragsunternehmens zu beurteilen und auf Veränderungen und Umgehungsversuche schnell und adäquat zu reagieren. An dem US-Regelwerk zeigen sich auch die Freiräume, die den Betroffenen zugestanden werden, um die Pflicht, unerlaubte Zahlungen zu unterbinden, mit ihrer Geschäftspraxis zu vereinen. Umso wichtiger ist daher ein Einbezug der „tatnäheren" Akquirierungsseite, um die Bereitschaft der Kartenherausgeber und Spielerbank für eine Mitwirkung zu gewährleisten.

Entsprechendes gilt für eine Ausdehnung der Konzeption auf verschiedene Zahlungsformen. Dies bedeutet gegenüber einer Beschränkung auf das Kreditkartenverfahren zwar einen Eingriff in die Grundrechte und -freiheiten weiterer Unternehmen. Zudem erhöht sich die Belastung der Hausbanken auf Spieler- wie Anbieterseite, wenn kontengestützte Zahlungsformen wie das Lastschriftverfahren oder innovative Überweisungsmodelle Kontroll- oder Sperrmechanismen unterworfen werden. Dennoch ist davon auszugehen, dass die Erforderlichkeit gegeben ist. So schmälert ein breiter Ansatz die Umgehungsmöglichkeiten unerlaubter Anbieter, wodurch sich die Effektivität der gesamten Konzeption spürbar erhöht.

c) *Erforderlichkeit ausgewählter Einzelmaßnahmen*

Mit Blick auf die einzelnen Zahlungsformen ist der Normgeber mit zwei Aufgabenbereichen konfrontiert: Er hat erstens die Rahmenbedingungen für eine zuverlässige Kontrolle des laufenden Zahlungsverkehrs festzulegen und zweitens die Vorgaben für eine Sperre der Finanzwege für unerlaubte Onlineglücksspiele

---

151 Teil 3 B. I. 6.

zu schaffen. Dabei steht ihm ein erheblicher Spielraum bei der Ausgestaltung seiner Konzeption zu.

Bei der Erarbeitung einer sachgerechten Lösung hat er bei gleicher Eignung den Maßnahmen den Vorzug zu geben, die sich besser in den Betriebsauflauf der betroffenen Unternehmen integrieren lassen und diese damit weniger belasten.

Für die Akquirierungsunternehmen könnte ein zentrales Informationssystem, eine sog. Schwarze Liste, beispielsweise nur eine geringe zusätzliche Belastung darstellen, da diese bereits im Rahmen ihrer Lizenzvereinbarung den Kreditkartenorganisationen gegenüber verpflichtet sind, Daten über negativ auffällige Vertragsunternehmen zu sammeln und in eine internationale Datenbank einzuspeisen. Dagegen kommt für ein Kreditinstitut ein Ausbau der individuellen Sorgfalts- und Meldepflichten in Betracht, die beispielsweise dem Geldwäschebeauftragten als weiteres Aufgabenfeld übertragen werden könnten.

Trotz der höheren Eingriffsintensität billigt die Rechtsprechung in wettbewerbsrechtlichen Verfahren sogar eine Auflösung des Kontos als verhältnismäßiges Vorgehen gegen unerlaubte Glücksspielangebote. Dieser Einschätzung ist zuzustimmen, verleiht eine inländische Kontoverbindung doch einem Onlineanbieter ein vertrauenswürdiges Auftreten und erleichtert die Abwicklung des Zahlungsverkehrs im Gewinnfall. Unverzichtbar ist jedoch, dass die Bank nicht bei einer Vertragskündigung stehen bleibt, sondern weiterhin ihren Kontrollpflichten nachkommt, um den Anbieter daran zu hindern, unter anderem Namen erneut ein Konto bei ihr zu eröffnen.

Ob der Gesetzgeber noch einen Schritt weiter gehen und sich für eine Sperrkontenregelung entscheiden wird, bleibt abzuwarten. Auf deren Grundlage könnten die Banken verpflichtet werden, das Kontoguthaben der Glücksspielanbieter unter behördlicher Aufsicht einzufrieren und somit dem Zugriff der Inhaber zu entziehen. Für die betroffenen Kreditinstitute wäre eine solche Maßnahme mit einem erhöhten Verwaltungsaufwand verbunden. Andererseits ließe sich dadurch verhindern, dass der Glücksspielveranstalter schon kurze Zeit später bei einem anderen Kreditinstitut ein neues Konto eröffnet. Hier hat der Normgeber sehr genau abzuwägen, ob eine Kontenschließung nicht schon ausreichend ist oder ob als ultima ratio tatsächlich eine Sperrkontenregelung in Frage kommt. Da die Eingriffsform bislang vor allem im Kampf gegen Terrorismus und organisierte Kriminalität genutzt wird, können Erfahrungen aus diesen Bereichen dabei helfen, die verhältnismäßige Umsetzung bei der Bekämpfung unerlaubter Glücksspiele zu prüfen und zu gewährleisten.

Im Ergebnis ist von einer Erforderlichkeit der untersuchten Zahlungsmaßnahmen auszugehen, wobei eine abschließende Bewertung von der praktischen Ausgestaltung abhängig ist.

3. Angemessenheit

Schließlich dürften die vorgeschlagenen Maßnahmen gegenüber den Zahlungsdienstleistern nicht außer Verhältnis zu dem mit ihnen verfolgten Zweck stehen.[152] Dieser liegt darin, unerlaubten Glücksspielen die rechtliche und wirtschaftliche Grundlage zu entziehen.

Angesichts der großen Bedeutung der verfolgten Gemeinwohlzwecke muss bei der Ausarbeitung eines Rechtsrahmens für einen Ansatz an den Zahlungswegen grundsätzlich keine Handlungsoption von vornherein wegen ihrer fehlenden Zumutbarkeit ausgeklammert werden. Mit Rücksicht auf den erheblichen regulativen Spielraum wird bei der Bewertung der Angemessenheit weniger das „Ob" als vielmehr das „Wie" einer Maßnahme im Ergebnis den Ausschlag geben. Um seiner ordnungsrechtlichen Aufgabenstellung nachzukommen, kann der Normgeber daher auch Maßnahmen vorsehen, die eine hohe Eingriffsintensität aufweisen. So erkennt die Rechtsprechung bereits unter Geltung des LottStV 2004 unter der verbindlichen Festschreibung konkreter Sorgfaltspflichten des betroffenen Kreditinstituts die Zumutbarkeit einer Kontenauflösung ausdrücklich an.[153]

Ein zentraler Aspekt ist allerdings, inwieweit der Normgeber die unterschiedlichen Verantwortungsgrade der einzelnen Zahlungsdienstleister berücksichtigt. Er hat sehr genau darauf zu achten, die Hauptlast den Unternehmen aufzubürden, die in direkter Vertragsbeziehung zum Glücksspielanbieter stehen. Dies gilt gleichermaßen für die Kreditkarte, bei welcher der Akquirierungsstrang in die Verantwortung zu nehmen ist, wie auch für alle sonstigen Zahlungsformen. Um diesem Erfordernis zu genügen, lässt sich eine Änderung des Gesetzeswortlautes nicht vermeiden. Nur so kann verhindert werden, dass die Kartenherausgeber die komplette Verantwortung für eine Transaktionssperre tragen, während auf der Akquisitionsseite keine Gewähr für eine manipulationsfreie Codierung gegeben ist.

Die Angemessenheit eines Eingriffs in die grundrechtliche Berufs- bzw. unionsrechtliche Dienstleistungsfreiheit bemisst sich aber vor allem an den wirtschaftlichen Belastungen, denen ein Unternehmen ausgesetzt ist.[154] Vor diesem Hintergrund ist darauf zu achten, die Belastung nicht nur auf mehrere Schultern zu verteilen, sondern sie im Ergebnis auch so gering wie möglich zu halten. Mit Blick auf den personellen Aufwand ist einem flexiblen Regelungsansatz dabei der Vorzug vor einem feststehenden Maßnahmenkatalog zu geben. Dies erleichtert

152 BVerfGE 50, 217 (227); 99, 202 (212 ff.); *Thaysen*, Sportwetten, 2009, S. 54. Zur Abwägung: *Frenz*, HB EuropaR, Bd. V, 2010, Rn. 763; Pieroth, in: Hermes/Horn/Pieroth, Der Glücksspielstaatsvertrag, 2007, S. 1 (31 f.).

153 OLG Jena, GRUR-RR 2006, 134 (136) mit Bspr.: *Hecker/Steegmann*, WRP 2006, 1293.

154 Entspr. *Steegmann*, Basisinfrastruktur, 2010, S. 147.

es den Betroffenen, die ordnungsrechtlichen Pflichten in ihre Geschäftstätigkeit zu integrieren, ohne diese zum Erliegen zu bringen.

Die Bundesregierung verkennt in ihrem Schreiben an die Kommission daher nicht die Kosten, die eine Sperre der Zahlungswege für die betroffenen Finanzunternehmen verursachen kann. Sie berücksichtigt auch den erhöhten Aufwand, einen laufenden Abgleich von Kontoverbindungen vorzunehmen. In der Tat ist die praktische Umsetzung aller genannten Vorschläge mit einer zusätzlichen Arbeitsbelastung für die Betroffenen verbunden. Die knappen Ausführungen der Bundesregierung blenden allerdings jegliche Möglichkeiten, den Betroffenen die Mitwirkung zu erleichtern, aus. Ihr Hinweis, es hätten sich zwischenzeitlich Dienstleistungsunternehmen etabliert, die Listen mit illegalen Vereinigungen aktualisieren und gegen eine Gebühr einen entsprechenden Abgleich ermöglichen,[155] bietet allenfalls eine Lösung für eine eng begrenzte Einzelmaßnahme. Ihr Fazit, die Belastungen durch eine Umsetzung des Zahlungsverbotes seien unverzichtbar und Teil der Gemeinwohlbindung ihrer wirtschaftlichen Tätigkeit, vernachlässigt mögliche Kompensationsansprüche der Betroffenen. Die Frage nach einer Entschädigungsregelung für die als Nichtstörer eingestuften Dienstleister ist allerdings ein wichtiges Kriterium, um wirtschaftliche Härten abzufedern. In diesen Regelungskreis fällt zudem die Notwendigkeit, eine Haftungsfreistellung nach dem Vorbild des Geldwäschegesetzes zu schaffen.

Sofern der Normgeber sich darum bemüht, die Belastungen insbesondere für die nichtverantwortlichen Betroffenen so gering wie möglich zu halten, kann ein Ansatz an den Zahlungswegen auch dem Kriterium der Verhältnismäßigkeit im engeren Sinne genügen.

4. Fazit

Trotz einiger Unwägbarkeiten in rechtlicher wie auch in praktischer Hinsicht ist davon auszugehen, dass sich zumindest nach Anpassung der Ermächtigungsgrundlage an die neue Rechtslage eine ordnungsrechtliche Strategie gegen unerlaubte Internetglücksspiele entwickeln lässt, die dem Verhältnismäßigkeitserfordernis genügt.

---

155 BReg, Mitteilung an die Komm. vom 20.05.2008, Verletzungsverfahren 2007/4866, ZfWG 2008, 173 (188, Rn. 127).

5. Teil: Die welthandelsrechtliche Perspektive

Bei der Frage nach der Vereinbarkeit staatlicher Restriktionen gegen Onlineglücksspiele mit höherrangigem Recht, wie insbesondere der Kappung ihrer Zahlungsströme, darf die Untersuchung nicht bei Verfassungs- und Unionsrecht stehenbleiben.

Denn die meisten Veranstalter von Onlineglücksspielen haben ihren Sitz außerhalb der Europäischen Union und sind damit dem Anwendungsbereich des EU-Rechts entzogen. Spätestens bei einer in der Zukunft wahrscheinlichen, zumindest teilweisen Harmonisierung des Glücksspielsektors wird eine weitere Prüfungsebene hinzutreten: Der Fokus richtet sich dann auch auf das sog. Wirtschaftsvölkerrecht der Welthandelsorganisation (WTO) als verbindlichen Rahmen, der weltweit eine möglichst konfliktfreie Tätigkeit international agierender Wirtschaftsteilnehmer gewährleisten soll.[1] Die Herangehensweise und die Rechtsfolgen, jedoch weniger das Prüfprogramm, unterscheiden sich grundlegend von Verfassungs- und Unionsrecht. Ein Verständnis der Grundlagen ist unabdingbar für einen sachgerechten Umgang mit dem ohnehin schwierigen, da in den jeweiligen Staaten heterogen geregelten Glücksspielsektor.

Im Folgenden werden daher in einem ersten Schritt die auf Internetglücksspiele anwendbaren Vorgaben des WTO-Rechts dargestellt. Allerdings geschieht dies nicht in losgelöster Form, sondern anhand des durch den kleinen Karibikstaat Antigua und Barbuda[2] initiierten Schlichtungsverfahrens *US-Gambling*, das die US-amerikanischen Hemmnisse für ausländische Internetglücksspiele zum Gegenstand hat (unter A. I.-III.). In diesem Rahmen werden auch die Ergebnisse einer Untersuchung der EU-Kommission zum Vorgehen der US-Behörden gegen Onlineveranstalter aus EU-Mitgliedstaaten skizziert (unter A. IV.).[3] Aus dem Fall *US-Gambling* lassen sich nicht nur wichtige Erkenntnisse für mögliche welthandelsrechtliche Verfahren, bei denen europäische Glücksspielbeschränkungen auf dem Prüfstand sind, gewinnen (unter A. VI.). Das rigide Vorgehen

1 So auch: *Hüsken*, GewArch 2010, 49.

2 Nachfolgend vereinfacht nur noch als Antigua bezeichnet.

3 European Commission, Report to the Trade Barriers, Regulation Committee, vom 10.06.2009, abrufbar unter: http://ec.europa.eu/trade/issues/respectrules/tbr/cases/usa_gam.htm, zit. als: EC, Trade Barriers Report; zul. aufgerufen am 10.09.2012.

der US-Regierung gegen ausländische Onlineveranstalter ist nur im Kontext des langwierigen und zähen Schlichtungsverfahrens zu verstehen. Mit dem *Unlawful Internet Gambling Enforcement Act*, der Pate für die deutsche Ermächtigungsnorm des § 9 Abs. 1 S. 3 Nr. 4 GlüStV 2008 steht, soll gerade eine möglichst früh ansetzende, durch inländische Mitwirkungspflichtige vollziehbare Strategie zur Kappung des Zahlungsflusses ins Ausland auf eine gesetzliche Grundlage gehoben werden.

Diese Erkenntnisse im Blick widmet sich die Arbeit den für die EU und ihre Mitgliedstaaten geltenden Rahmenbedingungen im Bereich der Finanzdienstleistungen, um gezielte Beschränkungen des Zahlungsverkehrs aus wirtschaftsvölkerrechtlicher Perspektive zu erfassen (unter B).

A. Rechtliche Behandlung von Internetglücksspielen

Das Recht der Welthandelsorganisation als Rahmen internationaler wirtschaftlicher Betätigung[4] setzt sich aus mehreren multilateralen[5] Übereinkommen zusammen, die jeweils eigenständige Teilbereiche der Wirtschaftsliberalisierung regeln. Neben dem revidierten GATT 1994[6] über den Handel mit Waren und dem Übereinkommen über handelsbezogene Aspekte der Rechte des geistigen Eigentums[7] (TRIPS) bildet das Übereinkommen über den Handel mit Dienstleistungen (engl. General Agreement on Trade of Services, kurz: GATS)[8] eine der drei tragenden Säulen der WTO.[9] Da ebenso wie im Unionsrecht die Veranstaltung und die Vermarktung von Glücksspielen unter die Regelungen über Dienstleistungen fallen, rückt das GATS in den Mittelpunkt der nachfolgenden Untersuchung.[10]

---

4 Zu einem chronologischen Aufriss der Schaffung der WTO: *Baumann*, Dienstleistungsfreiheit, 1998, S. 20 ff.; *Eckert*, Liberalisierung, 1997, S. 1 ff.; *Siebold*, in: Schachtschneider, Rechtsfragen der Weltwirtschaft, 2002, S. 47 (49 ff.); *Weber*, Marktzugang, 1996, S. 151 ff.

5 Von einem multilateralen Abkommen wird im WTO-Recht gesprochen, wenn alle WTO-Mitglieder Vertragspartner sind.

6 General Agreement on Tariffs and Trade vom 15.04.1994, ABl. L 336 vom 23.12.1994, S. 11, abgedruckt auch bei *Benedek*, WTO, 1998, B.II.4b – GATT 1994, S. 138.

7 Agreement on Trade-Related Aspects of Intellectual Property Rights.

8 Die multilateralen Verhandlungen der Uruguay-Runde (1986-1994) – Anhang 1 – Anhang 1B – Allgemeines Übereinkommen über den Handel mit Dienstleistungen (WTO), ABl. L 336 vom 23.12.1994, S. 191 ff.

9 *Krajewski*, Wirtschaftsvölkerrecht, 2. Aufl. 2009, Rn. 211; *McDonald*, Binnenmarkt und WTO-System, 2001, S. 91. In Anhang 1 A zum WTO-Übereinkommen finden sich 12 weitere Übereinkommen, die spezielle Aspekte des Warenhandels betreffen; siehe hierzu: *Krajewski*, Wirtschaftsvölkerrecht, 2. Aufl. 2009, Rn. 208 m.w.N.

10 Dazu auch: *Ennuschat*, in: Dietlein/Hecker/Ruttig, Glücksspielrecht, 2008, Nr. 5 – GATS Rn. 3.

Die Darstellung des rechtlichen Rahmens erfolgt allerdings nicht abstrakt, sondern anhand des Streitbeilegungsverfahrens *US-Gambling*. In diesem stehen mehrere US-Gesetze auf dem Prüfstand, welche die Erbringung von Glücksspieldienstleistungen durch ausländische Veranstalter an Kunden in den USA untersagen. Der karibische Kleinstaat Antigua, in dem zahlreiche Onlineanbieter ihren Unternehmenssitz haben, erleidet dadurch erhebliche wirtschaftliche Einbußen. Er sieht in den Beschränkungen der USA einen Verstoß gegen die Vorgaben des GATS und ruft im Jahre 2003 das WTO-Streitbeilegungsorgan zur Klärung dieser Frage an. Im Verlauf des komplexen und vielstufigen Beilegungsverfahrens, das bis ins Jahr 2008 dauert, nehmen mehrere Schlichtungsgremien zu den vorgelegten Rechtsfragen Stellung. Um die inhaltlichen Äußerungen den einzelnen Verfahrensstufen zuordnen zu können, soll einer Besprechung der rechtlichen Aspekte ein knapper Abriss des Verfahrensverlaufs vorausgeschickt werden.[11]

Neben den wesentlichen Ergebnissen der Schlichtungsrunden sind in die Darstellung auch die im Juni 2009 veröffentlichten Ergebnisse der bereits angesprochenen Untersuchung der EU-Kommission zum Verfahren *US-Gambling* eingearbeitet.[12]

Allerdings lassen sich anhand des Falls nicht nur die rechtlichen Grundlagen staatlicher Beschränkungen von Internetglücksspielen anschaulich darstellen; er offenbart auch schwerwiegende Vollzugsdefizite. Diese verleihen der Entwicklung nationaler Regulierungskonzepte wie den Zahlungssperren auf Grundlage des UIGEA, der noch nicht Gegenstand des WTO-Verfahres ist, Aufwind.[13]

I. Grundlagen des Streitbeilegungsverfahrens

Für den Umgang mit Beschränkungen von Internetglücksspielen aus welthandelsrechtlicher Perspektive erweist sich das Verfahren *US-Gambling* als großer Glücksfall. Denn obwohl das GATS bereits 1994 in Kraft tritt, handelt es sich bei United States – Measures affecting the cross-border supply of gambling and betting services[14], kurz: *US-Gambling*, erst um das zweite Streitschlichtungsverfahren der WTO überhaupt,[15] das sich ausschließlich mit dem Dienstleistungsrecht befasst.

---

11 Für eine kurze Übersicht des Verfahrensablaufs siehe: *Meng/Lahann*, in: Gebhardt/Gruesser-Sinopoli, Glücksspiel in Deutschland, 2008, § 14 Rn. 19 ff.

12 European Commission, Report to the Trade Barriers, Regulation Committee, vom 10.06.2009, abrufbar unter: http://ec.europa.eu/trade/issues/respectrules/tbr/cases/usa_gam.htm, zit. als: EC, Trade Barriers Report, zul. aufgerufen am 10.09.2012.

13 Hierzu: Teil 3 A. I.

14 WT/DS285, unter: www.wto.org; zul. aufgerufen am 10.09.2012.

15 Das erste war „Mexico – Measures Affecting Telecommunications Services (kurz: *Mexico-Telecom*), Panel Report, Dokument: WT/DS204/R (02. April 2004).

Im Vordergrund der Untersuchung stehen die materiellen Erkenntnisse aus *US-Gambling*. Der Ablauf des Schlichtungsverfahrens[16] wird nur insoweit behandelt, als er notwendig ist, um die Äußerungen der Beteiligten richtig einordnen zu können.[17] Denn die Streitbeilegung aus welthandelsrechtlicher Sicht verläuft vollkommen anders als im Unions- oder Verfassungsrecht. Während dort ein rechtlicher Konflikt regelmäßig „von oben" mit einem Urteil des EuGH oder BVerfG behoben wird, obliegt es im WTO-Recht den Streitparteien selbst, eine Lösung ihrer Streitfragen zu erarbeiten.[18] Hierzu ist ein mehrstufiges Verfahren vorgesehen, in dem sie sich mit den zuständigen Schlichtungsgremien gemeinsam um einen für beide Seiten annehmbaren Handlungsweg bemühen sollen.[19]

In *US-Gambling* begehrt Antigua die Klärung mehrerer Fragen: Zunächst, ob die USA Verpflichtungen zur Gewährung von Marktzugang im Glücksspielsektor eingegangen sind (unter II. 2.). Daneben, ob die angegriffenen Verbotstatbestände eine Beschränkung des Art. XVI GATS darstellen und damit grundsätzlich unvereinbar mit den eingegangenen Verpflichtungen sind (unter II. 3.). Schließlich, ob die Maßnahmen mit Hilfe des Ausnahmetatbestandes Art. XIV GATS gerechtfertigt werden können (unter II. 4.).

Hierzu beantragt es im März 2003 auf Basis einer sog. Verletzungsbeschwerde[20] die Durchführung eines Streitbeilegungsverfahrens, dessen Ablauf präzise in der

---

16 Das WTO-Streitschlichtungsverfahren ist das weltweit erste obligatorische Verfahren zur Beilegung zwischenstaatlicher Streitigkeiten: *Weber/Moos*, EuZW 1999, 229 (231). Vgl. zum Verständnis als „Herzstück" der WTO: *Hilf/Salomon*, in: Hilf/Oeter, WTO-Recht, 2. Aufl. 2010, § 7 Rn. 1.

17 Für Details sei auf die einschlägige Literatur verwiesen, z.B. *Benedek*, WTO, 1998, A.V. – Uruguay-Runde, S. 25 (31); *Hauser/Schanz*, Das neue GATT, 1995, S. 236 ff.; *Held*, Die Haftung der EG, 2006, S. 44 ff.; *Herdegen*, Internationales Wirtschaftsrecht, 7. Aufl. 2008, § 9 Rn. 111 ff.; *Weiß*, in: Herrmann/Weiß/Ohler, Welthandelsrecht, 2. Aufl. 2007, Rn. 250 ff.; *Hilf/Salomon*, in: Hilf/Oeter, WTO-Recht, 2. Aufl. 2010, § 7 Rn. 17 ff.; *Koehler*, GATS, 1999, S. 147 ff.; *Krajewski*, Verfassungsperspektiven, 2001, S. 115 ff.; *Emmerich-Fritsche*, in: Schachtschneider, Rechtsfragen der Weltwirtschaft, 2002, S. 123 (182 ff.); *Siebold*, Die Welthandelsorganisation, 2003, S. 131 ff.; *Stoll/Schorkopf*, WTO, 2002, Rn. 416 ff.; *Wolfrum/Stoll/Kaiser*, Institutions and Dispute Settlement, 2006, S. 268 ff; *Hohmann*, EuZW 2000, 421; *ders.*, RIW 2001, 649; *Sittmann*, RIW 1997, 749.

18 Kritisch hierzu: *Stoll/Schorkopf*, WTO, 2002, Rn. 419.

19 *Hoekman/Kostecki*, World Trading System, 2. Aufl. 2001, S. 76 f.

20 Sog. violation complaint. Daneben sind die sog. Nichtverletzungsbeschwerde (non-violation complaint) gem. Art. 26.1 DSU sowie die praktisch bedeutungslose Situationsbeschwerde (situation complaint) nach Art. 26.2 DSU möglich. Dazu näher: *Hilf/Salomon*, in: Hilf/Oeter, WTO-Recht, 2. Aufl. 2010, § 7 Rn. 24; *Hoekman/Kostecki*, World Trading System, 2. Aufl. 2001, S. 85; *Böckenförde*, in: Wolfrum/Stoll/Kaiser, Institutions and Dispute Settlement, 2006, Art. 26 DSU.

Vereinbarung über Regeln und Verfahren zur Beilegung von Streitigkeiten (DSU) niedergelegt ist.[21]

Vorgesehen sind mindestens vier Stufen, welche die Streitparteien in *US-Gambling* in den Jahren 2003 bis 2008 allesamt in Anspruch nehmen:[22] Nach dem Scheitern des ersten Schritts, der Aufnahme bilateraler Konsultationen,[23] wird ad hoc ein Panel eingesetzt, das den Sachverhalt objektiv beurteilt, auf seine Vereinbarkeit mit Welthandelsrecht überprüft[24] und seine Ergebnisse im sog. Panel Report,[25] einem umfassenden Rechtsgutachten an das leitende Schlichtungsorgan (DSB), festhält.[26] Ähnlich einer Revisionsinstanz befasst sich auf der dritten Stufe der Appellate Body (AB)[27] in seinem Report[28] mit den durch die Streitparteien gerügten Teilen des Panel-Berichts. Diese kann er bestätigen, abändern oder aufheben sowie fehlerhaft oder nicht beantwortete Rechtsfragen selbst klären.[29] Stellen Panel und/oder Appellate Body eine Verletzung von WTO-Recht fest, sprechen sie an die unterlegene Partei die rechtsverbindliche[30] Empfehlung aus, ihr Recht in Einklang mit den WTO-rechtlichen Verpflichtungen

21 Understanding on Rules and Procedures Governing the Settlement of Disputes. Eine deutschsprachige Übersetzung der WTO-Abkommen ist abgedruckt bei *Benedek*, WTO, 1998, B.V.20 – Streitbeilegung, S. 459. Allerdings sind nur die Fassungen in einer der drei Amtssprachen englisch, französisch und spanisch rechtsverbindlich, vgl. *Krajewski*, Wirtschaftsvölkerrecht, 2. Aufl. 2009, Rn. 219.

22 Zum Ablauf siehe auch das offizielle Verfahrensdiagramm der WTO, abgedruckt bei *Hilf/Salomon*, in: Hilf/Oeter, WTO-Recht, 2. Aufl. 2010, § 7 Rn. 18, sowie die Übersicht bei *Hoekman/Kostecki*, World Trading System, 2. Aufl. 2001, S. 76 f.; *Sittmann*, RIW 1997, 749 (753).

23 Art. 4 DSU, dazu: *Hilf/Salomon*, in: Hilf/Oeter, WTO-Recht, 2. Aufl. 2010, § 7 Rn. 19 f.; *Krajewski*, Wirtschaftsvölkerrecht, 2. Aufl. 2009, Rn. 256; *Schorkopf*, in: Wolfrum/Stoll/Kaiser, Institutions and Dispute Settlement, 2006, Art. 4 DSU. Es besteht jedoch auch in jedem weiteren Verfahrensschritt die Möglichkeit der Streitbeilegung auf anderem Wege, namentlich durch die sog. Guten Dienste, einen Vergleich oder eine Vermittlung (Art. 5.3, 5.6, 24.2 DSU), dazu: *Hilf/Salomon*, in: Hilf/Oeter, WTO-Recht, 2. Aufl. 2010, § 7 Rn. 23; *Krajewski*, Wirtschaftsvölkerrecht, 2. Aufl. 2009, Rn. 255.

24 Art. 8 DSU. Danach werden in der Regel drei ausgewiesene Experten mit oder ohne Regierungsmandat herangezogen. Näher: *Krajewski*, Wirtschaftsvölkerrecht, 2. Aufl. 2009, Rn. 242; *Mavroidis*, in: Wolfrum/Stoll/Kaiser, Institutions and Dispute Settlement, 2006, Art. 8 DSU.

25 Vgl. im Verfahren *US-Gambling* den Panel Report vom 10.11.2004 – WT/DS285/R.

26 Er ist gem. Art. 2 DSU ein eigenständiges, jedoch personell mit dem Allgemeinen Rat gem. Art. IV Abs. 3 WTO-Übereinkommen identisches Gremium. Zur Zusammensetzung und Aufgabenwahrnehmung des DSB: *Krajewski*, Wirtschaftsvölkerrecht, 2. Aufl. 2009, Rn. 222 ff./246.

27 Art. 17.1, 2 DSU, zur Zusammensetzung siehe Art. 17.3 DSU, näher: *Walter*, in: Wolfrum/Stoll/Kaiser, Institutions and Dispute Settlement, 2006, Art. 17 DSU Rn. 5 f.

28 Vgl. im Verfahren US-Gambling den Appellate Body Report vom 07.04.2005 – WT/DS285/AB/R.

29 Art. 17.13 DSU, dazu: *Krajewski*, Wirtschaftsvölkerrecht, 2. Aufl. 2009, Rn. 267. Lücken in der Sachverhaltsaufklärung werden ggf. durch das Panel geschlossen.

30 Durch formellen Akt der Annahme des Berichts durch den DSB gem. Art. 21.1 DSU: *Krajewski*, Wirtschaftsvölkerrecht, 2. Aufl. 2009, Rn. 269.

zu bringen. Jedoch fehlt ihnen die Befugnis, nationale Rechtsakte aufzuheben oder für nichtig zu erklären.[31] Bei Streit über die ordnungsgemäße Umsetzung eines Berichts, insbesondere darüber, ob die unterlegene Partei ihren Verpflichtungen nicht oder unzureichend nachkommt, kann als vierter Schritt erneut ein Schlichtungsgremium einberufen werden,[32] das im Rahmen der sog. Arbitration auch die Rechtsfolgen wie Kompensationen und die Aussetzung von Verpflichtungen festsetzt.[33] Diese – so sei vorausgeschickt – besitzen in *US-Gambling* eine hohe politische Brisanz, die ebenfalls für die zukünftige Ausrichtung des europäischen Glücksspielmarktes Relevanz entfalten könnte.[34] Mit seinen zahlreichen Stufen und wiederholter Befassung der Gremien folgt die Streitbeilegung dem Modell eines hermeneutischen Zirkels, der je öfter er durchlaufen wird, umso umfangreichere Erkenntnisse zutage zu fördern vermag.

Die nachfolgende Untersuchung nutzt das Verfahren *US-Gambling*, um den Regelungsrahmen für Online-Glücksspiele abzustecken, namentlich die Möglichkeiten und Grenzen nationaler Handelsbeschränkungen im WTO-Recht. Zugleich zeigt sich an *US-Gambling*, welch sensible und hochpolitische Materie der Glücksspielsektor auch außerhalb der Unionsgrenzen ist.

II. Entscheidungsrelevante Vorgaben des Dienstleistungsabkommens

Die Struktur des WTO-Dienstleistungsrechts unterscheidet sich wesentlich von der des Unionsrechts. Ein Pendant zur Grundfreiheit nach Art. 56 AEUV (*ex. Art. 49 EG*) findet sich nicht im GATS. Das Abkommen besteht vielmehr aus vier Grundelementen, den Rahmenvorschriften mit sechs Teilen und 32 Artikeln (unter 1.), die von jedem Mitglied zu erstellenden spezifischen Länderlisten (engl. schedules, unter 2.) sowie insgesamt acht Anlagen mit Sonderregelungen zu Finanz-, Telekommunikations- und Transportdienstleistungen und schließlich einem Ergänzungspart mit den acht Ministeriellen Entscheidungen und der Vereinbarung über Verpflichtungen bezüglich Finanzdienstleistungen (hierzu unter B.).[35] Im nachfolgenden Absatz soll auf den Kernbereich aus Rahmenvorschriften und Verpflichtungslisten eingegangen werden.

---

31 *Krajewski*, Wirtschaftsvölkerrecht, 2. Aufl. 2009, Rn. 269.

32 Das *Compliance Panel*, das im Regelfall personengleich wie das ursprüngliche Panel besetzt ist.

33 Den sog. *Arbitrator*.

34 Näher unter Teil 5 A. III.

35 *Michaelis*, in: Hilf/Oeter, WTO-Recht, 2. Aufl. 2010, § 20 Rn. 18; *Stoll/Schorkopf*, WTO, 2002, Rn. 519 ff.

1. Erbringungsmodalitäten

Das GATS berücksichtigt, auch wenn sich darin selbst weder eine Legaldefinition des Dienstleistungsbegriffs noch eine beispielhafte Aufzählung der erfassten Sektoren findet, grundsätzlich alle Dienstleistungssektoren.[36] Das Vertragswerk geht von einem Begriffsverständnis als Austausch einer wirtschaftlichen Leistung gegen Entgelt aus. Hierunter fallen ebenfalls Dienstleistungen, die durch technische Innovationen erst zukünftig Gestalt annehmen. Damit werden auch Glücksspiele via Internet einbezogen, selbst wenn sie im Entstehungszeitpunkt des GATS noch keine wirtschaftliche Relevanz haben.[37]

Gem. Art. I Abs. 1 GATS zieht das Regelungswerk denjenigen Maßnahmen seiner Mitglieder Grenzen, die den Handel mit Dienstleistungen beeinträchtigen. Als Maßnahme sind staatliche Akte verbindlichen Charakters[38] jeder Erscheinungsform, die sich (negativ) auf den Handel mit Dienstleistungen auswirken,[39] zu qualifizieren, kurz: alle denkbaren Hemmnisse des Dienstleistungshandels.[40] Im Verfahren *US-Gambling* kann das Vorliegen des Maßnahmenbegriffs bejaht werden, da US-Bundesgesetze und deren Anwendung den Streitgegenstand bilden.[41] Nicht anders wird die Ausgangslage sein, falls in Zukunft Streitigkeiten gegen die EU bzw. einzelne Mitgliedstaaten auf Ebene des Welthandelsrechts ausgetragen werden sollten.[42]

Der sachliche Anwendungsbereich des GATS schützt gem. Art. I Abs. 2 vier verschiedene Formen der Dienstleistungserbringung („Modi"). Bei dem ersten

---

36 Dies ergibt sich aus einem Gegenschluss zu den Ausnahmetatbeständen des Art. I Abs. 3 b GATS, der hoheitliche Tätigkeiten regelt, sowie aus Art XI GATS, der auf die mit Dienstleistungen verbundenen Zahlungen eingeht. Zum Dienstleistungsbegriff näher: *Baumann*, Dienstleistungsfreiheit, 1998, S. 63 ff.; *Eckert*, Liberalisierung, 1997, S. 12 f.; *Ohler*, in: Herrmann/Weiß/Ohler, Welthandelsrecht, 2. Aufl. 2007, Rn. 838; *Koehler*, GATS, 1999, S. 91; *Siebold*, Die Welthandelsorganisation, 2003, S. 101; *Barth*, EuZW 1994, 455; *Pitschas*, RIW 2003, 676 (677). Dazu auch die Aussage des US-Handelsbeauftragten *Zoellick*: „Wenn man es auf den großen Zeh fallen lassen kann, ist es keine Dienstleistung.", Handelsblatt vom 08./09./10.04.2004, S. 10.

37 *Michaelis*, in: Hilf/Oeter, WTO-Recht, 2. Aufl. 2010, § 20 Rn. 23; zu den einzelnen Merkmalen einer Dienstleistung: *Hoekman/Kostecki*, World Trading System, 2. Aufl. 2001, S. 239.

38 *Pitschas*, in: Prieß/Berrisch, WTO-Handbuch, 2003, B.II. – GATS, Rn. 30.

39 Art. I Abs. 1, I Abs. 3 lit a) und XXVIII GATS; dazu: *Michaelis*, in: Hilf/Oeter, WTO-Recht, 2. Aufl. 2010, § 20 Rn. 37.

40 *Michaelis*, in: Hilf/Oeter, WTO-Recht, 2. Aufl. 2010, § 20 Rn. 37; *Krajewski*, Wirtschaftsvölkerrecht, 2. Aufl. 2009, Rn. 436 ff.; *Koehler*, GATS, 1999, S. 99 f. Wegen dieses weiten Verständnisses spricht die WTO auch von einer „total coverage"; näher: *Siebold*, Die Welthandelsorganisation, 2003, S. 104, Fn. 45.

41 EC, Trade Barriers Report, C.4.1.3. S. 55 ff.

42 Zu möglichen Konstellationen: siehe unten: Teil 5 A. VI.

Modus handelt es sich um die „Erbringung von Dienstleistungen aus dem Hoheitsgebiet eines Mitglieds in das eines anderen" (Art. I Abs. 2 a). Bei dieser als grenzüberschreitende Erbringung (*cross-border supply*) bezeichneten Form überschreiten weder Erbringer noch Empfänger, sondern nur die Leistung die Grenze, so dass typischerweise Korrespondenzdienstleistungen erfasst sind.[43] Der zweite Erbringungsmodus geht davon aus, dass die Dienstleistung „im Hoheitsgebiet eines Mitglieds an den Dienstleistungsnutzer eines anderen Mitglieds" erbracht wird (Art. I Abs. 2 b, sog. *consumption abroad*). Hier verlässt der Kunde seinen Heimatstaat, um im Ausland die Dienstleistung in Anspruch zu nehmen.[44]

Die dritte (*commercial presence*) und vierte Modalität (*presence of natural persons*) weisen Parallelen zur Niederlassungsfreiheit gem. Art. 49 AEUV (*ex. Art. 43 EG*) sowie zur Arbeitnehmerfreizügigkeit nach Art. 45 AEUV (*ex. Art. 39 EG*) bzw. zur aktiven Dienstleistungsfreiheit gem. Art. 56 AEUV (*ex. Art. 49 EG*) auf.[45] Auf sie soll nicht näher eingegangen werden, da im Bereich des Online-Glücksspiels lediglich die beiden ersten Erbringungsmodalitäten von Bedeutung sind.

Zwischen der „cross-border-supply"- und der „consumption-abroad"-Modalität kann es allerdings zu Abgrenzungsschwierigkeiten kommen:[46] Begibt sich ein Spielteilnehmer aus eigener Initiative auf die Internetseiten eines ausländischen Glücksspielanbieters und kommt es dort zu einem Vertragsschluss, könnte man von einer „virtuellen Anwesenheit" des Internetnutzers im fremden Rechtskreis ausgehen und damit die zweite Modalität für einschlägig erachten.[47] Eines derartigen Kunstgriffes über eine „virtuelle Anwesenheit" bedarf es jedoch nicht, da das Online-Glücksspiel die Charakteristika aufweist, die durch den Anwendungsbereich der ersten Modalität abgedeckt werden.[48] Denn diese hat nach Sinn und Zweck gerade diejenigen Fälle vor Augen, die nicht die simultane, physische Anwesenheit von Dienstleistungserbringer und -nachfrager erfordern. Daher wird

---

43 *Ohler*, in: Herrmann/Weiß/Ohler, Welthandelsrecht, 2. Aufl. 2007, Rn. 842; *Stoll/Schorkopf*, WTO, 2002, Rn. 533; *Weber*, Marktzugang, 1996, S. 162.

44 Die Fallkonstellation ist mit der passiven Dienstleistungsfreiheit vergleichbar: *Ohler*, in: Herrmann/Weiß/Ohler, Welthandelsrecht, 2. Aufl. 2007, Rn. 842; *Krajewski*, Wirtschaftsvölkerrecht, 2. Aufl. 2009, Rn. 435; *Ohler*, K-/ZVF, 2002, Art. 56 EG Rn. 359.

45 *Michaelis*, in: Hilf/Oeter, WTO-Recht, 2. Aufl. 2010, § 20 Rn. 32; *Krajewski*, Wirtschaftsvölkerrecht, 2. Aufl. 2009, Rn. 435; *Ohler*, K-/ZVF, 2002, Art. 56 EG Rn. 359; *Siebold*, Die Welthandelsorganisation, 2003, S. 102.

46 Siehe die Abgrenzungsvorschläge bei *Krancke*, Kommunikationsdienstleistungen, 2003, S. 165.

47 Für die Bejahung der zweiten Modalität: *Ohler*, in: Herrmann/Weiß/Ohler, Welthandelsrecht, 2007, § 18 Rn. 844.

48 *Wunsch-Vincent*, World Trade Review, 2006, 5:3, 319 (324); zur Streitfrage auch: *Hernekamp*, in: Hilf/Oeter, WTO-Recht, 2. Aufl. 2010, § 21 Rn. 33.

sie auch als „losgelöste“ oder „getrennte“ Dienstleistungserbringung („separated services“) bezeichnet.[49] Auch im Verfahren *US-Gambling* bejaht das zuständige Schlichtungsgremium einen Anwendungsfall der ersten Modalität.[50] Nach h.M. lässt sich folglich jedweder Dienstleistungsaustausch, der über internationale Kommunikationsnetze wie z.B. Telefon, Fax oder Internet erfolgt, unter den ersten Modus fassen.[51] Internetglücksspiele fallen mithin unter die erste Erbringungsmodalität.

2. Die Verpflichtungen

Bei den Rahmenvorschriften des GATS sind die „allgemeinen Pflichten und Disziplinen“ (v.a. die Prinzipien der Meistbegünstigung und der Transparenz, Art. II, III GATS) von den „spezifischen Verpflichtungen“ (insbesondere Marktzugang und Inländerbehandlung, Art. XVI und XVII GATS) zu unterscheiden.[52] Erstere gelten für alle Mitglieder und alle Dienstleistungsbereiche in gleicher Weise.[53] Lediglich von der Meistbegünstigungspflicht sind gem. Art. II Abs. 2 GATS Bereichsausnahmen mittels sog. Negativlisten möglich (näher unter a).[54] Dagegen ist der Liberalisierungsgrad des Dienstleistungshandels im Bereich des Marktzugangs und der Inländerbehandlung entscheidend von den individuellen Zusagen der Mitglieder in ihren spezifischen Länderlisten abhängig (näher unter b).[55]

a) Die allgemeinen Verpflichtungen

Die wichtigste allgemeine Verpflichtung bildet das Meistbegünstigungsprinzip gem. Art. II Abs. 1 GATS.[56] Es verpflichtet die Vertragspartner, den Dienstleis-

---

49 *Krancke*, Kommunikationsdienstleistungen, 2003, S. 19; *ders.*, Liberalisierung, 1999, S. 10.

50 *US-Gambling*, Panel Report 6.29; dazu auch: *Wunsch-Vincent*, World Trade Review, 2006, 5:3, 319 (321).

51 *Krancke*, Liberalisierung, 1999, S. 11; *Zacharias*, in: Wolfrum/Stoll/Feinäugle, Trade in Services, 2008, Art. I GATS Rn. 38; zur Einstufung im Verfahren *US-Gambling*: *Wunsch-Vincent*, World Trade Review, 2006, 5:3, 319 (323 ff.).

52 Näher: *Meng/Lahann*, in: Gebhardt/Gruesser-Sinopoli, Glücksspiel in Deutschland, 2008, § 14 Rn. 9 ff.; *Michaelis*, in: Hilf/Oeter, WTO-Recht, 2. Aufl. 2010, § 20 Rn. 19.

53 *Michaelis*, in: Hilf/Oeter, WTO-Recht, 2. Aufl. 2010, § 20 Rn. 19; *Koehler*, GATS, 1999, S. 101.

54 Dazu: *Michaelis*, in: Hilf/Oeter, WTO-Recht, 2. Aufl. 2010, § 20 Rn. 19; *Wolfrum*, in: Wolfrum/Stoll/Feinäugle, Trade in Services, 2008, Art. II GATS, Rn. 60 ff.

55 Mit Bezug auf *US-Gambling*: *Delimatsis/Molinuevo*, in: Wolfrum/Stoll/Feinäugle, Trade in Services, 2008, Art. XVI GATS Rn. 9.

56 Für die nachfolgende Untersuchung kann der Grundsatz der Transparenz außer Betracht bleiben. Für weitergehende Informationen sei auf die einschlägige Literatur verwiesen, u.a.: *Siebold*, in: Schachtschneider, Rechtsfragen der Weltwirtschaft, 2002, S. 47 (112).

tungen und ihren Erbringern eines anderen Mitglieds hinsichtlich aller Maßnahmen, die unter dieses Übereinkommen fallen, sofort und bedingungslos eine Behandlung einzuräumen, die nicht weniger günstig ist als diejenige, die es den gleichen Dienstleistungen und deren Erbringern eines anderen Landes gewährt.[57]

Aus dem Prinzip der Meistbegünstigung lässt sich entnehmen, dass eine Diskriminierung zwischen Drittländern unabhängig vom Grad der Offenheit der einzelnen Märkte untersagt ist.[58] Ziel ist eine „automatische" Weiterverbreitung aller Handelsvorteile: Die bilateral vereinbarten Begünstigungen sollen ohne weiteres Zutun auch allen anderen Mitgliedern zugute kommen.[59] Maßnahmen, die im Widerspruch zur Meistbegünstigungspflicht stehen, können nur unter den engen Bedingungen des Art. II Abs. 2 GATS und der Anlage zu den Ausnahmen von Art. II GATS aufrechterhalten werden. Diese sektorspezifischen Ausnahmen werden in so genannten Negativlisten eingetragen.[60] Ausnahmen für das Glücksspielwesen finden sich weder in der US-amerikanischen noch der europäischen Liste. In *US-Gambling* stehen die spezifischen Verpflichtungen im Vordergrund, so dass nachfolgend der Schwerpunkt auf ihnen liegt. Bedeutung erlangt das Meistbegünstigungsprinzip allerdings an späterer Stelle (unter V. 5.-7.) mit Blick auf das europäische Glücksspielwesen.

b) Die spezifischen Verpflichtungen (Marktzugang)

Das GATS selbst enthält über die allgemeinen Verpflichtungen hinaus nur sehr wenige Vorgaben zur Liberalisierung des Dienstleistungsmarktes.[61] Die Öffnung der nationalen Märkte ist vielmehr das Ergebnis bi- und multilateraler Verhandlungen.[62] Im Folgenden sollen die wesentlichen spezifischen Verpflichtungen kurz dargestellt und der Untersuchungsgegenstand eingegrenzt werden (unter aa). Im Anschluss daran wird die Erstellung und Nomenklatur der Länderlisten erklärt (unter bb und cc) und schließlich eine Einordnung des Online-Glücksspielsektors in das GATS-Klassifikationsschema vorgenommen (unter dd).

---

57 Näher: *Krancke*, Kommunikationsdienstleistungen, 2003, S. 86; *Michaelis*, in: Hilf/Oeter, WTO-Recht, 2. Aufl. 2010, § 20 Rn. 74; *Siebold*, in: Schachtschneider, Rechtsfragen der Weltwirtschaft, 2002, S. 47 (97 ff., 108 ff.); *Stoll/Schorkopf*, WTO, 2002, Rn. 540.

58 *Barth*, EuZW 1994, 455 (456).

59 *Weber*, Marktzugang, 1996, S. 174.

60 *Michaelis*, in: Hilf/Oeter, WTO-Recht, 2. Aufl. 2010, § 20 Rn. 77.

61 *Ohler*, in: Herrmann/Weiß/Ohler, Welthandelsrecht, 2005, Rn. 835.

62 Zur Gegenseitigkeit als Leitgedanken siehe Art. XIX Abs. 1 S. 3 GATS, näher dazu: *Michaelis*, in: Hilf/Oeter, WTO-Recht, 2. Aufl. 2010, § 20 Rn. 45; *Finger/Winters*, in: Hoekman/Mattoo/English, Development, Trade and the WTO, 2002, S. 50 ff; *Steenkamp*, in: Nettesheim/Sander, WTO-Recht, 2003, S. 189 (215 f.); *Siebold*, in: Schachtschneider, Rechtsfragen der Weltwirtschaft, 2002, S. 47 (100 f.); *Weber*, Marktzugang, 1996, S. 191.

aa) Grundlagen

Die vereinbarten Verpflichtungen betreffen im Wesentlichen die Gewährung des Marktzugangs (Art. XVI GATS) und die Inländerbehandlung (Art. XVII GATS). Obwohl er eine Grundvoraussetzung für den Dienstleistungshandel darstellt, enthält das GATS keine Legaldefinition des Marktzugangs.[63] Rechtlich und tatsächlich setzt der Marktzugang voraus, dass die Regulierung eines WTO-Mitglieds im eigenen Hoheitsgebiet die Dienstleistungserbringung durch Angehörige anderer Mitglieder erlaubt und ihr keine unüberwindbaren Hindernisse entgegensetzt.[64] Die Inländerbehandlung verlangt dagegen von einem Mitglied, den Dienstleistungen oder Dienstleistungserbringern anderer WTO-Mitglieder eine Behandlung zukommen zu lassen, die nicht weniger günstig ist als diejenige, die es seinen eigenen Dienstleistungen oder Erbringern auf dem betreffenden Sektor gewährt.[65] Über den Grad der Freiheitsgewährleistungen vergleichbar den unionsrechtlichen Grundfreiheiten gibt insbesondere der Marktzugang Auskunft. Um den inhaltlichen Bogen nicht zu überdehnen, beschränken sich die folgenden Ausführungen daher auf die inhaltliche Reichweite des Art. XVI GATS, welcher Folgendes regelt:[66]

> „(1) Hinsichtlich des Marktzugangs durch die in Artikel I definierten Erbringungsarten gewährt jedes Mitglied den Dienstleistungen und Dienstleistungserbringern eines anderen Mitglieds eine Behandlung, die nicht weniger günstig ist als die, die nach den in seiner Liste (8) vereinbarten und festgelegten Bestimmungen, Beschränkungen und Bedingungen vorgesehen ist.
>
> (2) In Sektoren, in denen Marktzugangsverpflichtungen übernommen werden, werden die Maßnahmen, die ein Mitglied weder regional noch für sein gesamtes Hoheitsgebiet aufrechterhalten oder einführen darf, sofern in seiner Liste nichts anderes festgelegt ist, wie folgt definiert:
>
> *a) Beschränkungen der Anzahl der Dienstleistungserbringer in Form von zahlenmässigen Quoten, Monopolen oder Dienstleistungserbringern mit ausschließlichen Rechten oder des Erfordernisses einer wirtschaftlichen Bedürfnisprüfung;*

---

63 *Michaelis*, in: Hilf/Oeter, WTO-Recht, 2. Aufl. 2010, § 20 Rn. 44.

64 Näher dazu: *Steenkamp*, in: Nettesheim/Sander, WTO-Recht, 2003, S. 189 (190 f.).

65 Art. XVII Abs. 1 GATS; dazu: *Michaelis*, in: Hilf/Oeter, WTO-Recht, 2. Aufl. 2010, § 20 Rn. 48 *Steenkamp*, in: Nettesheim/Sander, WTO-Recht, 2003, S. 189 (192 f.); *Siebold*, in: Schachtschneider, Rechtsfragen der Weltwirtschaft, 2002, S. 47 (99 f.; 114).

66 I.R.d. Inländerbehandlung geht es um die Frage, ob die Bereiche stationäres und Online-Glücksspiel „gleiche Dienstleistungen" i.S.d. Art. XVII Abs. 1 GATS sind, sowie daneben um eine Abgrenzung zwischen Art. VI, der innerstaatliche Regulierungsmaßnahmen umfasst, Art. XVI und XVII GATS. Der Begriff der „gleichen Dienstleistungen" und die Abgrenzung der drei Normen voneinander stellen zwei intensiv diskutierte Fragen im Rahmen der Auslegung des GATS dar, zu denen wegen der geringen Anzahl an Verfahren zum Dienstleistungsabkommen bislang nur geringe Erfahrungswerte bestehen. Näher dazu: Panel Report, paras. 6.424-6.426; *Michaelis*, in: Hilf/Oeter, WTO-Recht, 2. Aufl. 2010, § 20 Rn. 67; *Wunsch-Vincent*, World Trade Review, 2006, 5:3, 319 (329 ff.) EC, Trade Barriers Report, C.4.4. S. 69 ff.

b) Beschränkungen des Gesamtwerts der Dienstleistungsgeschäfte oder des Betriebsvermögens in Form zahlenmässiger Quoten oder des Erfordernisses einer wirtschaftlichen Bedürfnisprüfung;

c) Beschränkungen der Gesamtzahl der Dienstleistungen oder des Gesamtvolumens erbrachter Dienstleistungen durch Festsetzung bestimmter zahlenmässiger Einheiten in Form von Quoten oder des Erfordernisses einer wirtschaftlichen Bedürfnisprüfung (9);

d) Beschränkungen der Gesamtzahl natürlicher Personen, die in einem bestimmten Dienstleistungssektor beschäftigt werden dürfen oder die ein Dienstleistungserbringer beschäftigen darf und die zur Erbringung einer spezifischen Dienstleistung erforderlich sind und in direktem Zusammenhang damit stehen, in Form zahlenmässiger Quoten oder des Erfordernisses einer wirtschaftlichen Bedürfnisprüfung;

e) Maßnahmen, die bestimmte Arten rechtlicher Unternehmensformen oder von Gemeinschaftsunternehmen beschränken oder vorschreiben, durch die ein Dienstleistungserbringer eine Dienstleistung erbringen darf, und

f) Beschränkungen der Beteiligung ausländischen Kapitals durch Festsetzung einer prozentualen Hoechstgrenze für die ausländische Beteiligung oder für den Gesamtwert einzelner oder zusammengefasster ausländischer Investitionen."

bb) Die spezifischen Länderlisten

Als Ergebnis der Liberalisierungsverhandlungen trägt jedes WTO-Mitglied gem. Art. XX Abs. 1 Satz 2 GATS seine Verpflichtungserklärungen in die individuellen, dreispaltigen Länderlisten ein.[67] Neben den Verpflichtungen enthalten diese auch die Beschränkungen und Bedingungen, die das Mitglied in den gewählten Sektoren ausländischen Wirtschaftsteilnehmern auferlegt.[68] Von seinen eingegangenen Bindungen kann sich ein Marktteilnehmer nur in einem formellen Verfahren lösen.[69] Ob und in welchem Maß ein Mitglied den Dienstleistungen und Dienstleistungserbringern anderer Mitglieder Marktzugang und Inländerbehandlung gewährt, bestimmt es zwar nach freiem Ermessen.[70] Tatsächlich sind jedoch alle Mitglieder zahlreiche spezifische Verpflichtungen eingegangen, weil der Verhandlungsprozess einer Eigendynamik zugunsten einer wirtschaftlichen Liberalisierung unterliegt.[71]

67 Art. XX Abs.1 Satz 2 (am Anfang) GATS.

68 *Krajewski*, Verfassungsperspektiven, 2001, S. 43; *McDonald*, Binnenmarkt und WTO-System, 2001, S. 117; *Steenkamp*, in: Nettesheim/Sander, WTO-Recht, 2003, S. 189 (191); *Siebold*, in: Schachtschneider, Rechtsfragen der Weltwirtschaft, 2002, S. 47 (112 ff.).

69 Art. XXI GATS, dazu: *Michaelis*, in: Hilf/Oeter, WTO-Recht, 2. Aufl. 2010, § 20 Rn. 46.

70 *Krancke*, Kommunikationsdienstleistungen, 2003, S. 120.

71 *Michaelis*, in: Hilf/Oeter, WTO-Recht, 2. Aufl. 2010, § 20 Rn. 45.

cc) Das Klassifikationsschema

Da das GATS keine Aufstellung der von ihm erfassten Dienstleistungssektoren enthält, orientieren sich die meisten WTO-Mitglieder bei der Erstellung ihrer Länderlisten an der sog. GNS-Klassifikation („Group of Negotiations on Services"-Klassifikation).[72] Diese enthält 12 Hauptkategorien mit insgesamt 155 Unterkategorien mit sich nicht überlappenden Dienstleistungssektoren.[73] Die GNS-Nomenklatur bezieht sich ihrerseits auf den ursprünglich von den Vereinten Nationen zu statistischen Zwecken geschaffenen Zahlencode der Provisional Central Product Classification (CPC) aus dem Jahre 1991.[74] Der CPC-Code enthält eine Aufstellung von Waren- und Dienstleistungssektoren. Er ist in die Ebenen Section, Division, Group, Class und Subclass untergliedert. Die Kennziffern aus dem CPC-Code werden meist neben die betreffenden Dienstleistungssektoren des GNS-Schemas eingetragen.[75] Der Gehalt beider Klassifikationsverzeichnisse ist zwar für die Mitglieder nicht verbindlich, hat sich aber als wesentlicher Auslegungsmaßstab bei Streitigkeiten zum Umfang der übernommenen Verpflichtungen etabliert.[76]

Vorgaben für einen einheitlichen Umgang mit den Länderlisten lassen sich dem „1993 Scheduling Guideline" des GATT-Sekretariats entnehmen.[77] Möchte hiernach ein Mitglied für einen vollständigen Sektor oder Subsektor keine Verbindlichkeiten eingehen, so erwähnt es diesen nicht in seiner Liste.[78] Fällt die Entscheidung, ihn zumindest teilweise in eine Liste aufzunehmen, so können die Mitglieder darin ihre Verpflichtungen für jede der vier Erbringungsmodalitäten nach Art. I Abs. 2 GATS einzeln regeln. Ebenso haben sie gem. Art. XVI Abs. 1 GATS die Möglichkeit, Beschränkungen des Marktzugangs in ihren Listen aufzuführen.[79] Die möglichen Marktzugangsschranken, die durch die Listen teilweise[80]

72 Nach der Dokumentennr. auch als W/120-Liste bezeichnet: WTO-Dok. MTN.GNS/W/120 vom 10.07.1991; dazu auch *Meng/Lahann*, in: Gebhardt/Gruesser-Sinopoli, Glücksspiel in Deutschland, 2008, § 14 Rn. 14; *Pitschas*, in: Prieß/Berrisch, WTO-Handbuch, 2003, B.II. – GATS, Rn. 155; *ders.*, RIW 2003, 676 (677).

73 *Krancke*, Kommunikationsdienstleistungen, 2003, S. 18; *ders.*, Liberalisierung, 1999, S. 8.

74 Unter: http://unstats.un.org/unsd/cr/registry/regcst.asp?Cl=9&Lg=1; zul. aufgerufen am 10.09.2012; näher: *Krancke*, Kommunikationsdienstleistungen, 2003, S. 18.

75 Unter: www.citizen.org/trade/wto/gats/articles.cfm?ID=15071; zul. aufgerufen am 10.09.2012.

76 *Wunsch-Vincent*, World Trade Review, 2006, 5:3, 319 (327).

77 Dokument MTN.GNS/W/163 vom 03.09.1993; erwähnt auch in *US-Gambling*, Appellate Body Report, para. 173, Fn. 205.

78 *Koehler*, GATS, 1999, S. 120; *McDonald*, Binnenmarkt und WTO-System, 1999, S. 125.

79 *Michaelis*, in: Hilf/Oeter, WTO-Recht, 2. Aufl. 2010, § 20 Rn. 47.

80 Durch Eintragung einzelner Beschränkungen.

oder vollständig ermöglicht[81] oder ausgeschlossen[82] werden sollen, nennt Art. XVI Abs. 2 GATS in einer abschließenden Aufstellung.[83]

Die beiden zentralen Begriffe sind hierbei „*NONE*“ und „*UNBOUND*“, in der deutschen Übersetzung der EG-Listen „*Keine*“ und „*Ungebunden*“. Will ein GATS-Mitglied in einem Dienstleistungssektor bezüglich einer bestimmten Erbringungsform uneingeschränkten Marktzugang gewähren, so findet sich in den dafür vorgesehenen Spalten unter Angabe der Erbringungsform der Begriff „*NONE*“. Soll dagegen innerhalb eines Sektors eine bestimmte Erbringungsmodalität gänzlich vom Liberalisierungsregime des GATS ausgenommen werden, macht das Mitglied dies durch die Angabe des Begriffs „*UNBOUND*“ kenntlich.[84]

dd) Die Einordnung des Glücksspielsektors

Glücksspieldienstleistungen fallen im GNS-Schema in den Sektor 10 (Dienstleistungen in den Bereichen Erholung, Kultur und Sport [ausgenommen audiovisuelle Dienstleistungen])[85] und dessen Subsektor D. (Sport und sonstige Erholungsdienstleistungen).[86] Dass sie dort als „sonstige Erholungsdienstleistungen“ gelten, ergibt sich aus der Bezugnahme des (Sub-)Sektors 10.D. des GNS-Schemas auf die Kennziffer 964 des CPCprov.-Codes. Dieser erfasst das Glücksspiel folgendermaßen: Section 9: Community, social and personal services – Division 96: Recreational, cultural and sporting services – Group 964: Sporting and other recreational services – Class 9649: Other recreational services – Subclass 96492: Gambling and betting services. Auch im Verfahren *US-Gambling* bestimmten die beiden genannten Schemata die Einordung des Internetglücksspiels.

Zwischenzeitlich wurde der CPCprov-Code von mehreren Nachfolgern abgelöst.[87] Der aktuelle Novellierungsentwurf[88] enthält zahlreiche Neuerungen und

81 Durch Eintragung der Bezeichnung „UNBOUND“.

82 Durch Eintragung der Bezeichung „NONE“.

83 Missverständlich mag die Formulierung „Bestimmungen, Beschränkungen und Bedingungen“ in Art. XVI Abs. 1 GATS sein, während Art. XVI Abs. 2 GATS von „Maßnahmen“ spricht. Dies impliziert jedoch nicht, dass über Art. XVI Abs. 2 GATS hinausgehend noch weitere Vorbehalte denkbar sind. Vielmehr ist der Begriff der Maßnahme weit auszulegen und schließt die „Bestimmungen, Beschränkungen und Bedingungen“ des Abs. 1 mit ein, vgl. *Michaelis*, in: Hilf/Oeter, WTO-Recht, 2. Aufl. 2010, § 20 Rn. 47.

84 *Hoekman/Kostecki*, World Trading System, 2. Aufl. 2001, S. 255; *Koehler*, GATS, 1999, S. 122; *McDonald*, Binnenmarkt und WTO-System, 1999, S. 125; *Weber*, Marktzugang, 1996, S. 190.

85 Recreational, cultural and sporting services.

86 Sporting and other recreational services.

87 Siehe die Liste an Klassifikationen unter: http://unstats.un.org/unsd/cr/registry/regct.asp?Lg=1; zul. aufgerufen am 10.09.2012.

88 CPC Vers. 2 unter: http://unstats.un.org/unsd/cr/registry/regcst.asp?Cl=25; zul. aufgerufen am 10.09.2012.

Ergänzungen für „*Internet-basierte Dienste*" in Section 8 (*Business and production services*). Für die Einordnung des Internetglücksspiels ändert sich hierdurch im Ergebnis nur wenig, da weiterhin nicht die Erbringungs-, sondern die Dienstleistungsart maßgeblich ist. Zwar wird der hohen wirtschaftlichen Relevanz des Online-Glücksspiels damit Rechnung getragen, dass es erstmals als Subclass mit eigener Kennziffer ausdrücklich aufgelistet wird.[89] Internetglücksspiele gehören aber weiterhin zu den „*Gambling and betting services*". Andere „*On-line games*", zu denen auch kostenpflichtige Kartenspiele zählen, fallen hingegen in die Section 8.[90] Da sich die einzelnen Kategorien im CPC-Code gegenseitig ausschließen, könnten beispielsweise bei der Veranstaltung von Online-Poker in Zukunft Abgrenzungsschwierigkeiten drohen.

Für das Verfahren *US-Gambling* ist an dieser Stelle entscheidend, dass die USA in ihren spezifischen Listen keinerlei Einschränkungen für den Marktzugang vorsehen und damit anderen WTO-Mitgliedern gegenüber grundsätzlich zu einer Öffnung des Marktes verpflichtet sind.[91] Die Einleitung beschränkender Maßnahmen i.S.d. Art. I Abs. 2 GATS ist damit grundsätzlich gem. Art. XVI Abs. 2 GATS unzulässig. Für Internetglücksspiele sind die USA unbegrenzte Marktöffnungsverpflichtungen eingegangen.[92]

Aus dem Untersuchungsbericht der EU-Kommission zu Handelsbarrieren geht allerdings hervor, dass die USA eine Rücknahme ihrer Verpflichtungen im Glücksspielsektor planen. Dies hätte Konsequenzen für die rechtliche Beurteilung der jeweiligen Beschränkungen gegenüber den ausländischen Dienstleistungsanbietern.[93]

3. Totalverbot für ausländische Internetglücksspiele

Tatsächlich sind jedoch durch mehrere US-Bundesgesetze erhebliche Beschränkungen i.S.d. Art. XVI GATS festzustellen (unter a). Maßnahmen, die sich spe-

---

89 „On-line gambling services" (Kennziffer: 96921) neben „Other gambling and betting services" (Kennziffer: 96929).

90 Section 8: Business and production services – Division 84: Telecommunications, broadcasting and information supply services – Group 843: On-line content – Class 8439: Other on-line content – Subclass 84391: On-line games. Explanatory note: This subclass includes: games that are intended to be played on the Internet such as: role-playing games (RPGs); strategy games; action games; card games; children's games. Payment may be by subscription or pay-per-play. This subclass does not include: on-line gambling services, cf. 96921.

91 *US-Gambling*, Panel Report, paras. 6.134-6.138; Appellate Body Report, para. 213; EC, Trade Barriers Report, C.4.2. S. 58.

92 Zum Liberalisierungsstand der EU näher unter Teil 5 A. VI. 3.

93 EC, Trade Barriers Report, C.4.2. S. 59 f.

ziell gegen Konsumenten, nicht dagegen die Dienstleistungserbringer richten, bleiben hingegen ohne rechtliche Relevanz (unter b).

a) Verbotstatbestände in Bundesgesetzen

In *US-Gambling* bilden im Wesentlichen drei Bundesgesetze den Streitgegenstand, die in der Zusammenschau ein Totalverbot für ausländische Internetglücksspiele in den USA zur Folge haben.[94] Der *Wire Act* enthält das strafbewehrte, gegen Dienstleistungsanbieter wirkende Verbot, mittels Fernkommunikationsmitteln wie Telefon und Internet[95] im zwischen(bundes-)staatlichen wie auch die US-Außengrenzen überschreitenden Verkehr die Glücksspielteilnahme, den Geldfluss sowie den Zugang zu den notwendigen Informationen zu ermöglichen.[96] Der relevante Teil des *Travel Act*[97] verbietet den grenzüberschreitenden Personen- und Datenverkehr, um Glücksspiele zu veranstalten oder zu vermarkten, die nach US-Staaten oder Bundesrecht untersagt sind.[98] Schließlich soll der *Illegal Gambling Business Act* (*IGBA*)[99] mittels eines strafbewehrten Verbots die Durchführung von Geschäften verhindern, die nach den Gesetzen der US-Bundesstaaten den Tatbestand des unerlaubten Glücksspiels erfüllen.[100]

In dem angesprochenen Totalverbot ausländischen Internetglücksspiels, d.h. den gesetzlichen Regelungen und ihrer Anwendung, sehen beide Schlichtungsgremien eine „Beschränkung der Anzahl der Dienstleistungserbringer in Form von zahlenmäßigen Quoten" gem. Art. XVI Abs. 2 a GATS.[101] Ebenso sei die durch das Totalverbot beabsichtigte „Nullquote" auch eine „Beschränkung der

94 *US-Gambling*, Panel Report, paras. 6.360-6.380; Appellate Body Report, paras. 257-265.

95 *US-Gambling*, Panel Report, para. 6.362 unter Verweis auf US-amerikanische Urteile in Panel Report, Fn. 853.

96 Relevanter Teil: *Wire Act*, Section 1084(a) of Title 18 of the United States Code; zit. in: *US-Gambling*, Panel Report, para. 6.360, Nachweis in Appellate Body Report, para. 258 Fn. 293. Strittig ist, ob der *Wire Act* nur einen Verbotstatbestand für Sportwetten enthält oder inhaltlich auch andere Glücksspiele, namentlich Poker und Gesellschaftswetten erfasst. Aussagen des US-Justizministeriums bleiben hierzu häufig widersprüchlich, in der Tendenz ist von einem weiten Anwendungsbereich auszugehen; hierzu näher: EC, Trade Barriers Report, C.2.1.1. S. 25.

97 *Travel Act*, Section 1952(a) and (b) of Title 18 of the United States Code; zit. in: *US-Gambling*, Panel Report, para. 6.366; Appellate Body Report, para. 260 Fn. 297; EC, Trade Barriers Report, C.2.2. S. 28.

98 Unter Einbeziehung von Kommunikationsmitteln wie dem Postversand oder des Internets. Siehe hierzu den Verweis auf entsprechende US-amerikanische Urteile in *US-Gambling*, Panel Report, para. 6.369 Fn. 855.

99 Nachweis in *US-Gambling*, Appellate Body Report, para. 262, Fn. 301: *IGBA*, Section 1955(a) and (b) of Title 18 of the United States Code; zitiert in *US-Gambling*, Panel Report, para. 6.374.

100 *US-Gambling*, Panel Report, paras. 6.374-6.380; EC, Trade Barriers Report, C.2.3. S. 29 f.

101 *US-Gambling*, Panel Report, para. 6.338; Appellate Body Report, paras. 234, 239.

Gesamtzahl der Dienstleistungen oder des Gesamtvolumens erbrachter Dienstleistungen ... in Form von Quoten“ gem. Art. XVI Abs. 2 c GATS.[102]

b) *Ausklammerung von Maßnahmen gegen Konsumenten*

Daneben verdienen für das Verständnis möglicher Marktzugangsbeschränkungen vier bundesstaatliche Gesetze Aufmerksamkeit.[103] Diese richten sich nicht gegen die Anbieter von Internetglücksspielen oder das Angebot selbst, sondern vielmehr gegen die Konsumenten: Sie sanktionieren die Teilnahme an unerlaubten Glücksspielen.[104] Aus Sicht des Panels erfassen weder Art. XVI Abs. 2 a noch 2 c GATS diese Konstellation. Da sich diese Normen nur gegen Beschränkungen der Anzahl der Dienstleistungserbringer bzw. der Gesamtzahl oder des Gesamtvolumens wenden, erfüllen sie nicht den Maßnahmenbegriff. Folglich liege daher zwar eine Beschränkung des Dienstleistungshandels vor, die Vorgaben des GATS gewährten hiervor jedoch keinen Schutz.[105]

Antigua wendet sich gegen das Ergebnis[106] mit dem Argument, dass ein Mitglied, obwohl es eine vollständige Verpflichtung im Rahmen der ersten Modalität eingegangen sei, auf diesem Wege jederzeit in der Lage sei, eine grenzüberschreitende Dienstleistungserbringung zu vereiteln. Es müsse sich mit seinen Maßnahmen lediglich gegen die Konsumenten anstatt gegen die Leistungserbringer richten. Diese Einschränkungsmöglichkeiten à volonté[107] gaukelten Handelspartnern damit die Bereitschaft zur Liberalisierung nur vor und führten den Marktöffnungsmechanismus des GATS im Ergebnis ad absurdum.[108]

Um im Sinne Antiguas und damit zugunsten einer stärkeren Liberalisierung zu argumentieren, wäre an eine Lösung zu denken, die nicht beim Wortlaut stehen bleibt, sondern sich stärker am Telos des Art. XVI Abs. 2 GATS orientiert. So

---

102 *US-Gambling*, Panel Report, para. 6.355; Appellate Body Report, para 252. Dazu kritisch: *Wunsch-Vincent*; World Trade Review, 2006, 5:3, 319 (335 ff.).

103 Aus den Staaten Colorado: Panel Report, paras. 6.381-6.383; Minnesota: Panel Report, paras. 6.396-6.398; New Jersey: Panel Report, paras. 6.399-6.402 und New York: Panel Report, paras. 6.403-6.406.

104 Vgl. *US-Gambling*, Panel Report, para. 6.396: Auszug aus dem Gesetz des Staates Minnesota:
„Whoever does any of the following is guilty of a misdemeanor:
(1) makes a bet (...)“
Panel Report, para. 6.381: Auszug aus dem Gesetz des Staates Colorado: „(1) A person who engages in gambling commits a class 1 petty offense.
(2) A person who engages in professional gambling commits a class 1 misdemeanor. If he is a repeating gambling offender, it is a class 5 felony.“

105 *US-Gambling*, Panel Report, paras. 6.383, 6.398, 6.402 und 6.406.

106 *US-Gambling*, Appellate Body Report, para. 253 mit Bezug auf Panel Report, 6.321 und 6.406.

107 *Wunsch-Vincent*, World Trade Review, 2006, 5:3, 319 (338).

108 *US-Gambling*, Antigua’s other appellant submission, para. 57.

könnte man beispielsweise Art. XVI Abs. 2 c („Beschränkung der Gesamtzahl oder des Gesamtvolumens der erbrachten Dienstleistungen") erweiternd auslegen. Setzt man an dem Wort „*erbracht*" an, ließe sich dieses auch im Sinne von „ohne Einschränkungen am Ziel angekommen" lesen. Damit würde nicht nur die Erbringer-, sondern auch die Empfängerseite berücksichtigt.

Für diesen Vorschlag sprechen eine Heranziehung von Art. XXVIII c i) GATS, der die „Nutzung einer Dienstleistung" in den weiten Maßnahmenbegriff einbezieht,[109] sowie die Entwicklung des Unionrechts, an der sich Tendenzen zu einer Ausweitung des Anwendungsbereichs der Grundfreiheiten ablesen lassen. Deren Schutzgehalt hat sich allein durch Auslegung von einem engen Diskriminierungsverbot zu einem umfassenden Beschränkungsverbot weiterentwickelt.[110] Richtet man seinen Blick auf die dem GATS-Abkommen besonders nahe stehende Dienstleistungsfreiheit nach Art. 56 AEUV, so zeigt sich, dass nach dem Wortlaut explizit nur die sog. aktive Erbringungsform durch den im Ausland tätig werdenden Dienstleister geschützt ist. Im Rahmen einer erweiternden Auslegung traten drei weitere Erbringungsformen: Dies sind die passive, die für Internetglücksspiele besonders bedeutsame Korrespondenzdienstleistungsfreiheit und der Leistungsaustausch in einem weiteren Mitgliedstaat.[111] Schließlich befindet sich die Entwicklung noch immer im Fluss wie die Diskussion um einen Einbezug einer Leistungserbringung in Nicht-EU-Staaten zeigt.[112]

Zwar unterscheiden sich die Aufbaustrukturen der EU-Grundfreiheiten und des GATS erheblich voneinander. So sind im GATS die Erbringungsmodalitäten einerseits und der Umfang und die Beschränkungen der Marktöffnungsverpflichtungen andererseits in unterschiedlichen Vorschriften geregelt, während diese im Europarecht en bloc geregelt sind. Auch reicht die Verpflichtung zur Marktliberalisierung im Unionsrecht deutlich weiter. Aber hier wie da ist das Ziel eine möglichst weit reichende wirtschaftliche Freiheit zu gewährleisten. Ein anderes Auslegungsergebnis als das im Verfahren angesprochene wäre daher durchaus denkbar.

Nachdem es Antigua zu Beginn des Verfahrens allerdings versäumt, einen Verstoß gegen Art. XVI GATS hinreichend darzulegen, entfalten die Feststellungen des Panels keine rechtliche Relevanz.[113] Somit kann erst in zukünftigen Streitschlichtungsverfahren geklärt werden, welche der geschilderten Auffassun-

109 *Delimatsis/Molinuevo*, in: Wolfrum/Stoll/Feinäugle, Trade in Services, 2008, Art. XVI GATS Rn. 80.

110 Unter: Teil 4 A. II. 2. a).

111 Näher dazu: *Kluth*, in: Calliess/Ruffert, EUV/AEUV, 4. Aufl. 2011, Art. 57 AEUV Rn. 30 ff.

112 Hierzu: *Kluth*, in: Calliess/Ruffert, EUV/AEUV, 4. Aufl. 2011, Art. 57 AEUV Rn. 34.

113 *US-Gambling*, Appellate Body Report, paras. 149-155, 254.

gen im Ergebnis trägt.[114] Auch für das künftige Vorgehen der EU oder ihrer Mitgliedsstaaten wie Deutschland vermag die Diskussion um den Umgang mit Beschränkungen, die gegen die Spieler wirken, bedeutsam zu werden. So wäre im nationalen Recht künftig eine ordnungsrechtliche Strategie denkbar, die anders als bisher den Fokus auch auf das Teilnahmeverbot für die Spieler nach § 285 StGB richtet. Eine solche Strategie könnte in welthandelsrechtlicher Sicht völlig anders bewertet werden als das herkömmliche Vorgehen gegen die Anbieter.

4. Der allgemeine Beschränkungsvorbehalt (Art. XIV GATS)

Trotz grundsätzlich vollständig gewährten Marktzugangs wie im Falle der USA muss den GATS-Verpflichtungen keineswegs unbegrenzte Geltung zukommen.[115] Denn neben den speziellen Ausnahmen vom Grundsatz des Marktzugangs, der Inländerbehandlung sowie des Meistbegünstigungsprinzips in den individuellen Listen gibt es generelle Vorbehalte. Diese gelten gleichsam für die allgemeinen wie auch die spezifischen Verpflichtungen.[116]

Die wichtigste allgemeine Ausnahmevorschrift ist Art. XIV GATS, die den Mitgliedern erhebliche Einschätzungs- und Gestaltungsspielräume bietet.[117] Sie ist inhaltlich und strukturell Art. XX GATT nachempfunden.[118] Letzterer bietet daher für die WTO-Organe bei Aufbau- und Auslegungsfragen des Art. XIV GATS einen Orientierungsmaßstab. In seiner ständigen Entscheidungspraxis[119] hat die WTO-Rechtsmittelinstanz die Prüfungsreihenfolge von Art. XX GATT als „Zwei-Stufen-Test" angelegt.[120]

Übertragen auf das GATS beinhaltet die erste Stufe die Prüfung, ob sich der dargelegte Beweggrund für die belastende Maßnahme einem der in Art. XIV a) bis c) GATS aufgelisteten, abschließenden[121] Schutzzwecke zuordnen lässt.[122]

---

114 *Wunsch-Vincent*, World Trade Review, 2006, 5:3, 319 (338); im Ergebnis ebenfalls offen gelassen durch: *Delimatsis/Molinuevo*, in: Wolfrum/Stoll/Feinäugle, Trade in Services, 2008, Art. XVI GATS Rn. 81.

115 *Krajewski*, Wirtschaftsvölkerrecht, 2. Aufl. 2009, Rn. 338 zu Art. XX GATT.

116 GATS Scheduling Guidelines, 2001, para. 20; *Krajewski*, Wirtschaftsvölkerrecht, 2. Aufl. 2009, Rn. 338 zu Art. XX GATT; *Koehler*, GATS, 1999, S. 114; *McDonald*, Binnenmarkt und WTO-System, 1999, S. 119.

117 *Stoll/Schorkopf*, WTO-Recht, 2002, Rn. 172.

118 *Krajewski*, Wirtschaftsvölkerrecht, 2. Aufl. 2009, Rn. 467.

119 *US-Shrimp*, Appellate Body Report, para. 116; *US-Gasoline*, Appellate Body Report, Abschnitt IV.

120 Engl. „two-tier". Dazu: *Cottier/Delimatsis/Diebold*, in: Wolfrum/Stoll/Feinäugle, Trade in Services, 2008, Art. XIV GATS, Rn. 12; *Krajewski*, Wirtschaftsvölkerrecht, 2. Aufl. 2009, Rn. 340.

121 *Cottier/Delimatsis/Diebold*, in: Wolfrum/Stoll/Feinäugle, Trade in Services, 2008, Art. XIV GATS, Rn. 17; *Wunsch-Vincent*, World Trade Review, 2006, 5:3, 319 (347), Fn. 147.

122 *US-Gambling*, Appellate Body Report, para. 292; *Krajewski*, Wirtschaftsvölkerrecht, 2. Aufl. 2009, Rn. 340.

Eine Maßnahme darf ergriffen werden, wenn sie zur Aufrechterhaltung der öffentlichen Moral und der öffentlichen Ordnung, zum Schutz des Lebens und der Gesundheit von Menschen, Tieren und Pflanzen sowie zur Einhaltung von nationalen gesetzlichen Vorschriften „erforderlich“ ist.[123] Im Glücksspielrecht sind insbesondere das Schutzgut der öffentlichen Moral und der öffentlichen Ordnung sowie ferner die Generalklausel der Einhaltung nationaler, WTO-konformer Vorschriften relevant.[124]

Bei Bejahung eines legitimen Schutzziels konzentriert sich der zweite Teil der Prüfung auf den Inhalt der Einführungsklausel (sog. „Chapeau“).[125] Danach darf die Maßnahme weder willkürlich noch versteckt diskriminierend sein und muss in ihrer Anwendung „reasonable“ im Sinne eines Verbotes widersprüchlicher Verwaltungspraxis sein. Sind auch diese Bedingungen erfüllt, greift der Ausnahmetatbestand des Art. XIV GATS und es kann mithin eine Suspendierung der Verpflichtungen bejaht werden.[126]

Im Rahmen der Rechtfertigung gem. Art. XIV GATS ist in *US-Gambling* erstens zu klären, ob die US-amerikanischen Gesetze „erforderliche Maßnahmen zur Aufrechterhaltung der öffentlichen Moral und / oder Ordnung“ nach Art. XIV a GATS darstellen (unter a), ob daneben ein Anwendungsfall des Art. XIV c GATS („Maßnahmen, die zur Einhaltung von Gesetzen erforderlich sind“) vorliegt (unter b) und zuletzt, ob bei der Gesetzesanwendung eine diskriminierende Behandlung der antiguanischen gegenüber den US-amerikanischen Glücksspielanbietern feststellbar ist (unter c).

a) Heranziehung des Art. XIV a GATS

Im Rahmen des Art. XIV a GATS ist zum einen der Frage nachzugehen, ob die untersuchten Maßnahmen den dort genannten ordnungsrechtlichen Zielen zu dienen bestimmt sind (unter aa) und zum anderen, ob im Ergebnis kein milderes, gleich wirksames Mittel verfügbar ist (unter bb).

aa) Verfolgte Ziele als Anwendungsfall des Art. XIV a GATS

Der erste Schritt der Prüfung widmet sich der Frage, ob die drei genannten Verbotsgesetze darauf gerichtet sind, die öffentliche Moral und die öffentliche Ordnung nach Art. XIV a GATS in den USA aufrechtzuerhalten. Bei der Auslegung der unbestimmten Rechtsbegriffe der „öffentlichen Moral“ und „öffentlichen Ord-

---

123 *US-Gambling*, Appellate Body Report, para. 292.

124 *Ohler*, in: Herrmann/Weiß/Ohler, Welthandelsrecht, 2. Aufl. 2007, Rn. 885.

125 *Krajewski*, Wirtschaftsvölkerrecht, 2. Aufl. 2009, Rn. 340.

126 *US-Gambling*, Appellate Body Report, para. 292.

nung“ hilft die Vorbildvorschrift des Art. XX a GATT nur bedingt weiter. Sie enthält nur den Rechtfertigungsgrund der „öffentlichen Sittlichkeit“, geht jedoch nicht auf die „öffentliche Ordnung“ ein.[127] Ersterer zielt ursprünglich auf gewaltverherrlichende und pornographische Medienerzeugnisse[128] und ist bisher ohne praktische Relevanz geblieben.[129]

In *US-Gambling* definiert das Panel die „öffentliche Moral“ als die „Vorgaben für richtiges und falsches Verhalten durch eine Gemeinschaft oder Nation“.[130] Bei der Begriffsklärung der „öffentlichen Ordnung“ zieht es die Fußnote 5 zu Art. XIV a GATS heran. Danach kann die Ausnahmeregelung in Bezug auf die öffentliche Ordnung nur in Anspruch genommen werden, wenn eine wirkliche, ausreichend schwerwiegende Bedrohung der Grundwerte der Gesellschaft vorliegt.[131] Als Faustformel umfasst die „öffentliche Ordnung“ den Schutz der grundlegenden Interessen einer Gesellschaft.[132]

Nach den unbeanstandeten Darlegungen der USA dienen die drei Bundesgesetze als Konkretisierung der „öffentlichen Moral“ und/oder „öffentlichen Ordnung“ der Verhinderung und Bekämpfung der Geldwäsche, der organisierten Kriminalität und des Betrugs auf der Veranstalter- sowie des pathologischen Glücksspiels und der Teilnahme Minderjähriger auf der Konsumentenseite.[133] In einer Gesamtbetrachtung[134] stellt das Panel heraus, dass den Mitgliedern bei der Einschätzung, welche Verhaltensweisen die öffentliche Moral und/oder Ordnung verletzen, ein weiter Spielraum zur Verfügung stehe.[135] Dieser Freiraum ende nicht bereits bei der Bestimmung der Regelungsziele, sondern wirke bei der sich anschließenden Erforderlichkeitsprüfung fort.

---

127 In Art. XIV GATS und Art. XX GATT ist beide Male von „public morals“ die Rede.

128 *Weiß*, in: Herrmann/Weiß/Ohler, Welthandelsrecht, 2. Aufl. 2007, Rn. 780.

129 *Weiß*, in: Herrmann/Weiß/Ohler, Welthandelsrecht, 2. Aufl. 2007, Rn. 781; *Berrisch*, in: Prieß/Berrisch, WTO-Handbuch, 2003, B.I.1. – GATT 1994, Rn. 236.

130 *US-Gambling*, Panel Report, para. 6.463 ff; zur Systematik des Rechtfertigungsgrundes: *Irmscher*, in: Tietje/Nowrot, Verfassungsrechtliche Dimensionen, 2007, S. 21 (47).

131 Abgedruckt bei *Benedek*, WTO, 1998, B.III.18 – GATS, S. 399.

132 *US-Gambling*, Panel Report, para 6.467; *Cottier/Delimatsis/Diebold*, in: Wolfrum/Stoll/Feinäugle, Trade in Services, 2008, Art. XIV GATS Rn. 24.

133 *US-Gambling*, Panel Report, para. 6.474, Appellate Body Report, para. 299.

134 *US-Gambling*, Panel Report, para. 6.469; *Cottier/Delimatsis/Diebold*, in: Wolfrum/Stoll/Feinäugle, Trade in Services, 2008, Art. XIV GATS.

135 *Weiß*, in: Herrmann/Weiß/Ohler, Welthandelsrecht, 2. Aufl. 2007, Rn. 781, der von einer „dynamischen Interpretation“ des Art. XIV a GATS spricht.

bb) Erforderlichkeit

Das erstrebte Totalverbot des Internetglücksspiels muss weiterhin zur Aufrechterhaltung der öffentlichen Moral und/oder Ordnung nicht nur bestimmt, sondern im Ergebnis auch „erforderlich“ im Sinne des Art. XIV GATS sein. Dies bedeutet, dass die gewählte Maßnahme die verfolgten Ziele objektiv bezwecken, ein hinreichender Zusammenhang zwischen der Maßnahme und dem Ziel bestehen muss und schließlich kein milderes, aber gleich wirksames Mittel ersichtlich sein darf.[136] Die Erforderlichkeit nach Art. XIV GATS[137] entspricht aus Perspektive der deutschen Verhältnismäßigkeitslehre etwa der Geeignetheit und Erforderlichkeit.[138]

Zwar bildet die Angemessenheit bzw. Verhältnismäßigkeit im engeren Sinne, in der das Verwirklichungsinteresse der untersuchten Allgemeininteressen einschränkend gegen den Grad der Abweichung von den Regelungen der Welthandelsordnung abzuwägen ist, im WTO-Recht keinen gesonderten Prüfungspunkt.[139] Die Feststellung, ob eine Maßnahme „erforderlich“ ist, wird allerdings in einem Prozess des „*weighing und balancing*“, zu deutsch etwa des „Bewertens und Ausgleichens“, einer Reihe von Faktoren getroffen. Dieser Vorgang kommt der Güterabwägung im Rahmen der Angemessenheit einer Verhältnismäßigkeitsprüfung nach deutschem Recht sehr nahe.[140]

Das „*weighing und balancing*“ basiert nicht auf ausdrücklichen gesetzlichen Vorgaben, sondern auf Leitlinien, die in bedeutenden GATT-Schlichtungsverfahren ent- und weiterentwickelt wurden und für spätere Streitigkeiten fruchtbar gemacht werden. Er schließt mit der Antwort auf die Frage, ob eine WTO-konforme Alternative, die von dem beklagten Mitglied vernünftigerweise erwartet werden kann, erreichbar ist oder ob zumindest eine weniger mit dem WTO-Recht in Konflikt stehende Maßnahme vernünftigerweise durchführbar ist.[141] Fällt die Antwort negativ aus, so ist die streitgegenständliche Maßnahme als erforderlich anzusehen und ein Verstoß gegen WTO-Recht abzulehnen.

---

136 *Ohler*, in: Herrmann/Weiß/Ohler, Welthandelsrecht, 2. Aufl. 2007, Rn. 886.

137 In Anlehnung an Art. XX GATT, dazu: *Cottier/Delimatsis/Diebold*, in: Wolfrum/Stoll/Feinäugle, Trade in Services, 2008, Art. XIV GATS, Rn. 55, 58 f.

138 *Stoll/Schorkopf*, WTO, 2002, Rn. 174.

139 *Stoll/Schorkopf*, WTO, 2002, Rn. 172.

140 *Cottier/Delimatsis/Diebold*, in: Wolfrum/Stoll/Feinäugle, Trade in Services, 2008, Art. XIV GATS, Rn. 58 ff.

141 Verweis in *US-Gambling*, Panel Report, para. 6.477 und Appellate Body Report, para. 305 auf *Korea-Beef*, WT/DS161,169/AB/R, Appellate Body Report, para. 178 und *EC-Asbestos*, WT/DS135/AB/R, Appellate Body Report, para. 172.

(1) Prozess des *weighing* und *balancing*

Als Grundlage für die Erarbeitung möglicher Handlungsalternativen beleuchtet das Panel im Rahmen des „*weighing und balancing*" drei Aspekte[142]: erstens die Bedeutung der Interessen und Werte, welche die betroffene Maßnahme schützen soll, zweitens den Grad, in dem die betroffene Maßnahme zur Verwirklichung der Ziele beiträgt, und schließlich drittens die Auswirkungen der Maßnahme auf den Handel.[143] Für die drei Kriterien gilt folgende Faustformel: Eine Maßnahme ist umso eher erforderlich, je höher der Regelungszweck und der Zielerreichungsgrad und je geringer die Auswirkungen auf den Handel einzustufen sind.[144] Eine Besonderheit des Verfahrens stellt die eingehende Auseinandersetzung mit dem spezifischen Gefahrenpotential von Internetglücksspielen dar.

Aus Gremiensicht lassen sich die mit dem Glücksspiel-Totalverbot verfolgten Interessen sogar mit den im Schlichtungsverfahren *EC-Asbestos*[145] dargelegten Zielen des Lebens- und Gesundheitsschutzes bei gefährlichen Gütern vergleichen.[146] Denn die Kriminalitäts- und Suchtbekämpfung sowie der Jugendschutz seien im höchsten Maße bedeutsame Regelungsziele,[147] zu deren Durchsetzung die drei Verbotsgesetze einen spürbaren Beitrag leisten.[148] Allerdings seien die Auswirkungen auf den Handel durch das Totalverbot erheblich.[149]

(2) Gefahrenpotential von Internetglücksspielen

Das Panel setzt sich eingehend mit dem spezifischen Gefahrenpotential von Glücksspielen auseinander. Den weit reichenden wirtschaftlichen Konsequenzen für die antiguanischen Unternehmen misst es als Bewertungskriterium dagegen deutlich weniger Bedeutung zu.

Nach unbeanstandeten Darlegungen der USA sorgen das Volumen, die Geschwindigkeit, die Anonymität und die Erreichbarkeit des Online-Glücksspiels dafür, dass die Schwelle für Geldwäscheaktivitäten sehr niedrig ist.[150] Gerade der Geldverkehr mittels Kreditkarten, die Nutzung von Verschlüsselungstechniken und die abgelegenen Standorte der Internetserver machen es den Ordnungs- und

---

142 *US-Gambling*, Appellate Body Report, paras. 306-307.

143 *Cottier/Delimatsis/Diebold*, in: Wolfrum/Stoll/Feinäugle, Trade in Services, 2008, Art. XIV GATS Rn. 61-66.

144 *US-Gambling*, Panel Report, para. 6.495.

145 *EC-Asbestos*, Appellate Body Report, para. 172.

146 *US-Gambling*, Panel Report, para. 6.492; Appellate Body Report, para. 94.

147 *US-Gambling*, Panel Report, para. 6.492.

148 *US-Gambling*, Panel Report, para. 6.494.

149 *US-Gambling*, Panel Report, para. 6.495; Appellate Body Report, para. 301.

150 *US-Gambling*, Panel Report, para. 6.494.

Strafverfolgungsbehörden schwer, Spuren zurück zu verfolgen und Beweise gegen die an der Geldwäsche Beteiligten zu sammeln.[151] Selbst wenn die Gefahr von Geldwäsche auch im stationären Glücksspiel zum Beispiel bei Spielbanken droht, bedeutet dies aus Sicht des Panels nicht, dass die USA kein Recht haben, speziell gegen die Gefahren des Internetglücksspiels vorzugehen.[152] Auch bestehe ein erhöhtes Betrugsrisiko, da die Schwelle zur Errichtung einer Internetglücksspielseite niedrig sei und skrupellose Anbieter binnen weniger Minuten auf- und wieder abtauchen könnten.[153] Lediglich mit ihrer Behauptung, dass das Onlineglücksspiel eine geeignete Plattform für die organisierte Kriminalität darstelle, können die USA mangels hinreichender Beweise nicht durchdringen.[154]

Vor allem aber hebt die US-Regierung das spezifische Suchtrisiko von Internetglücksspielen hervor. Im Gegensatz zu dem stationären Glücksspiel sei eine anonyme, bequeme Teilnahme für jedermann zu jeder Tages- und Nachtzeit möglich.[155] Das zuerst als angenehm empfundene Abtauchen aus dem Alltag könne in soziale Isolierung münden.[156] Die oft hohe Ereignisfrequenz und die Interaktivität der Angebote stellten vor allem für Problemspieler eine besondere Gefahr dar. Letztlich könne die Spielsucht nicht nur das Leben des sich verschuldenden Spielers selbst, sondern auch das seiner Familie zerstören.[157] Ein besonders gefährdeter Teil der Gesellschaft seien Minderjährige. Die USA weisen darauf hin, dass es im Onlineglücksspielbereich ungleich schwerer sei, Minderjährige von der Spielteilnahme abzuhalten.[158] Auch eine Prüfsoftware sei anfällig für Manipulationen.[159] Selbst die Zahlung mit Kreditkarte biete keine Gewähr dafür, dass nur Erwachsene teilnehmen, da Jugendliche auf unterschiedlichen Wegen Zugang zu Kreditkarten haben können (zum Beispiel als Nutzer der Zweit-Karte eines Elternteils).[160]

---

151 *US-Gambling*, Panel Report, paras. 6.501-6.502.

152 *US-Gambling*, Panel Report, para. 6.505.

153 *US-Gambling*, Panel Report, paras. 6.506 ff. m.V.a. United States' second written submission, para. 51.

154 *US-Gambling*, Panel Report, para. 6.520.

155 *US-Gambling*, Panel Report, para. 6.513.

156 *US-Gambling*, Panel Report, para. 6.513.

157 *US-Gambling*, Panel Report, para. 6.511.

158 *US-Gambling*, Panel Report, para. 6.515.

159 *US-Gambling*, Panel Report, para. 6.516.

160 *US-Gambling*, Panel Report, para. 6.518.

cc) Ergebnis zu a)

Zusammengefasst stellen die drei US-Bundesgesetze Maßnahmen dar, die bestimmt und erforderlich zur Aufrechterhaltung der öffentlichen Moral und Ordnung sind und damit die Voraussetzungen des Art. XIV a GATS erfüllen.[161]

b) Heranziehung des Art. XIV c GATS

Neben Art. XIV a GATS bejaht das Panel die Anwendbarkeit des Art. XIV c GATS, dessen Prüfung nach dem entsprechenden zweistufigen Schema abläuft. Art. XIV c GATS ermöglicht die Rechtfertigung von Maßnahmen, die erforderlich sind, um die Einhaltung von Gesetzen oder sonstigen WTO-konformen Vorschriften zu gewährleisten.[162] Er entspricht inhaltlich Art. XX d GATT,[163] führt jedoch in einer nicht erschöpfenden Auflistung[164] zusätzliche Anwendungsbeispiele an.[165] In *US-Gambling* sieht das Panel die Funktion der drei US-Bundesgesetze darin, die Einhaltung strafrechtlicher Bestimmungen gegen die organisierte Kriminalität sicherzustellen.[166] Die wesentlichen Strafnormen stammen aus dem so genannten RICO statute,[167] einem Gesetz zur Bekämpfung der organisierten Kriminalität, dessen Durchsetzung durch ein Totalverbot für Internetglücksspiele gefördert wird.[168]

c) Voraussetzungen des Chapeau (Einführungsklausel)

Als letzter Prüfungsschritt verlangt die an Art. XX GATT angelehnte Einführungsklausel (Chapeau) des Art. XIV GATS, dass Maßnahmen nicht auf eine

---

161 *US-Gambling*, Appellate Body Report, paras. 326-327. Aus Sicht des Appellate Body genügt bereits ein prima facie-Beweis für die Erforderlichkeit. Auch ein Versäumnis einer Aufnahme bilateraler Verhandlungen der USA mit Antigua, um eine (schonendere) Handlungsvariante zu erarbeiten, ändert hieran nichts: *US-Gambling*, Appellate Body Report, paras. 315-326 unter Ablehnung von: *US-Gambling*, Panel Report, paras. 6.528-6.531. Entsprechend zu Art. XIV c GATS: *US-Gambling*, Panel Report, paras. 6.564-6.565; *US-Gambling*, Appellate Body Report, paras. 336-337.

162 Näher: *Cottier/Delimatsis/Diebold*, in: Wolfrum/Stoll/Feinäugle, Trade in Services, 2008, Art. XIV GATS Rn. 38 ff.

163 *US-Gambling*, Panel Report, para. 6.537.

164 *US-Gambling*, Panel Report, para. 6.540.

165 Diese regeln die Bereiche Verbraucherschutz (i), Rechtssicherheit (ii) und Datenschutz (iii); dazu näher: *Pitschas*, in: Prieß/Berrisch, WTO-Handbuch, 2003, B.II. – GATS, Rn. 155.

166 *US-Gambling*, Panel Report, para. 6.565; United States second written submission, paras. 95-106.

167 Abkürzung von: Racketeer Influenced and Corrupt Organizations statute; dazu auch: *US-Gambling*, United States' reply to Panel question No. 45.

168 *US-Gambling*, Panel Report, paras. 6.550, 6.556 ff.

Weise angewendet werden, die ein Mittel zu willkürlicher oder unberechtigter Diskriminierung unter Ländern darstellt, in denen gleiche Bedingungen herrschen, oder eine verdeckte Handelsbeschränkung.[169] Der Chapeau mit den sich überschneidenden Termini[170] „willkürliche oder unberechtigte Diskriminierung" ist als eine Umsetzung des Grundsatzes von Treu und Glauben zu verstehen:[171] Ziel ist es, eine missbräuchliche Anwendung der Rechtfertigungsgründe zu verhindern.[172] Anhand von fünf im Verfahren aufgeführten Beispielsfällen, in denen US-Behörden Strafverfolgungsaktivitäten gegen Anbieter von Internetglücksspielen mit ausländischer Lizenz einleiten, lässt sich aus Sicht des Appellate Body eine diskriminierende Behandlung gegenüber inländischen Unternehmen[173] nicht abschließend feststellen.[174]

Allerdings erkennt das Gremium in der Anwendung des Interstate Horseracing Act, einer zivilrechtlichen Vorschrift, einen Verstoß gegen die Voraussetzungen des Chapeau. Dieses Gesetz ermöglicht es einem Buchmacher, der in einem US-Bundesstaat niedergelassen ist, Pferdewetten auch mittels Telefon und anderer Fernkommunikationsmittel, wie beispielsweise dem Internet, mit Kunden in einem anderen Bundesstaat abzuschließen.[175] Nach Ansicht Antiguas hat die Vorschrift zur Konsequenz, dass der Buchmacher von den Strafandrohungen des Wire Act, Travel Act und IGBA ausgenommen wird.[176] Zwar widersprechen die USA dieser Einlassung, können die legalisierende Wirkung des IHA für inländische Buchmacher in der Praxis jedoch nicht hinreichend widerlegen.[177]

Schlussendlich sind für den – wenn auch sachlich eng umgrenzten – Bereich des IHA die Vorgaben des Art. XIV GATS nicht erfüllt und ein Verstoß gegen WTO-Recht zu bejahen.

III. Die Rechtsfolgenseite

Ein Schlichtungsverfahren ist mit der Feststellung des Verstoßes gegen Welthandelsrecht keineswegs abgeschlossen. Jene bildet letztlich nur die Grundlage für

169 Näher: *Cottier/Delimatsis/Diebold*, in: Wolfrum/Stoll/Feinäugle, Trade in Services, 2008, Art. XIV GATS, Rn. 70 ff.

170 *US-Gambling*, Panel Report, para. 6.578 m.V.a. *US-Gasoline*, Appellate Body Report, p. 25.

171 *US-Gambling*, Panel Report, 6.574; Verweis auf *US-Gasoline*, Appellate Body Report, p. 22.

172 *US-Shrimp*, Appellate Body Report, para. 158.

173 Youbet.com, TVG, Capital OTB und Xpressbet.com.

174 *US-Gambling*, Panel Report, paras. 6.585-6.589; aufgehoben durch: *US-Gambling*, Appellate Body Report, paras. 355-357.

175 *US-Gambling*, Appellate Body Report, para. 361 – enthält die Definition von „off-track wager".

176 *US-Gambling*, Panel Report, para. 6595; Appellate Body Report, para. 361.

177 *US-Gambling*, Panel Report, para. 6.600; Appellate Body Report, para. 364.

die Festlegung rechtlicher und wirtschaftlicher Konsequenzen nach Art. 22 DSU.[178] Vorrangiges Ziel ist regelmäßig die Rücknahme der belastenden Maßnahmen.[179] Kompensationszahlungen dagegen können die Beseitigung des WTO-rechtswidrigen Zustandes nicht ersetzen, sondern nur vorübergehend suspendieren.[180]

In *US-Gambling* bemisst Antigua den Umfang der Kompensationen am Totalverbot für Onlinespiele, ohne den in weiten Teilen erfüllten Rechtfertigungstatbestand des Art. XIV GATS als Negativposten zu berücksichtigen.[181] Die wirtschaftlichen Verluste durch den verweigerten Marktzugang beziffert es auf 3,443 Mrd. US-$ jährlich. Mit dieser Argumentation dringt es jedoch nicht durch.[182] Da lediglich die Sparte der Online-Rennwetten nicht die Voraussetzungen der Kopfzeile des Art. XIV GATS erfüllt,[183] geht es primär darum, ein Äquivalent zur Behebung der diskriminierenden Rechtsanwendung im Pferdewettensektor zu schaffen.[184] Auf Grundlage eigener Daten[185] berechnet das Schlichtungsgremium im Ergebnis die Verluste durch die diskriminierenden Maßnahmen der USA im Rennsektor auf lediglich 21 Mio $ jährlich.[186]

Kommt es – wie in *US-Gambling* – zu keinem fristgemäßen Einvernehmen, wie die Entschädigung zu erfolgen hat, kann das obsiegende Mitglied beantragen,[187] einseitig eigene vertragliche Zugeständnisse oder Pflichten gegenüber dem Verfahrensgegner auszusetzen, ohne dafür selbst in einem Verletzungsverfahren zur Verantwortung gezogen zu werden.[188] Die aufgehobenen Vergünstigungen sollen zeitlich befristet sein, in der gleichen Größenordnung und Intensität sowie vorrangig im selben Sektor[189] wie die strittigen Maßnahmen liegen.[190]

178 Zu den Rechtswirkungen im Einzelnen: *Weber/Moos*, EuZW 1999, 229 (231 ff.).

179 Art. 3.7 DSU.

180 *Sattler*, Gemischte Abkommen, 2007, S. 288; *Zangl*, Internationalisierung, 2006, S. 99; *Pitschas*, EuZW 2003, 761 (762 f.); *Sittmann*, RIW 1997, 749 (751).

181 *US-Gambling*, Decision by the Arbitrator, paras. 3.20-3.21; 3.40.

182 *US-Gambling*, Decision by the Arbitrator, para. 3.43; *Rose*, Gaming Law Review and Economics, 2008, Vol. 12, No. 2, 105 (107).

183 *US-Gambling*, Decision by the Arbitrator, para. 3.42.

184 *US-Gambling*, Decision by the Arbitrator, paras. 3.57-3.58.

185 Die Daten, welche die USA eingereicht hatten, genügten den Anforderungen des Schlichtungsausschusses nicht: *US-Gambling*, Decision of the Arbitrator, para. 3.

186 *US-Gambling*, Decision of the Arbitrator, paras. 3.187-3.188; *Rose*, Gaming Law Review and Economics, 2008, Vol. 12, No. 2, 105 (107).

187 Gem. Art. 22.2 S. 2 DSU.

188 *Hilf/Salomon*, in: Hilf/Oeter, WTO-Recht, 2. Aufl. 2010, § 7 Rn. 62; *Sittmann*, RIW 1997, 749 (751). Siehe auch die Vorgaben in Art. 22.3 bis 8 DSU.

189 Art. 22.3 a DSU.

190 Art. 22.4, 22.7 DSU; *US-Gambling*, Decision by the Arbitrator, para. 3.24. Näher auch: *Hilf/Salomon*, in: Hilf/Oeter, WTO-Recht, 2. Aufl. 2010, § 7 Rn. 62; *Stoll*, in: Wolfrum/Stoll/Kaiser, Institutions and Dispute Settlement, 2006, Art. 22 DSU Rn. 43 ff.; *Sittmann*, RIW 1997, 749 (751).

Nur wenn sich die Gegenmaßnahmen aus dem gleichen Sektor nicht als wirkungsvoll oder durchführbar erweisen, können sie im Sinne einer ultima ratio als „cross-retaliation“ auch in einem anderen Teil des Abkommens durchgeführt werden.[191] Unter „demselben Sektor“ ist im Falle Antiguas nach dem GNS-Schema[192] „Dienstleistungssektor 10 (Dienstleistungen in den Bereichen Erholung, Kultur und Sport – ausgenommen audiovisuelle Dienstleistungen)“ zu verstehen.[193]

Die von Antigua geplante Gegenmaßnahme soll dagegen gerade auf einen anderen Rechtsbereich zielen und dieses Ansinnen birgt eine hohe wirtschaftliche und politische Sprengkraft. Denn Antigua erstrebt eine Befreiung von seinen Verpflichtungen aus dem TRIPS-Abkommen und damit die Erlaubnis, urheberrechtliche Vorgaben zu Lasten der USA zu missachten. Dem Inselstaat gelingt es, überzeugend nachzuweisen, dass eine Gegenmaßnahme im Dienstleistungsbereich nicht möglich oder wirksam i.S.d. Art. 22.3 b DSU wäre[194] und die Umstände für eine Kompensation wegen der wirtschaftlichen Bedeutung der Glücksspielbranche „ernsthaft genug“ seien.[195] So käme es, falls Antigua Einschränkungen für den Import von Unterhaltungsmedien aus den USA wählt, zu einer weiteren Schmälerung des ohnehin schon begrenzten Unterhaltungsangebotes in dem Kleinstaat.[196] Nicht anders wirkte sich eine Handelsblockade in einem anderen Sektor wie z.B. den Telekommunikationsdienstleistungen aus.[197] Insgesamt sei der Unterschied zwischen der Wirtschaft Antiguas und der US-amerikanischen so groß, dass die USA im Ergebnis nur wenig unter den Gegenmaßnahmen zu leiden hätten, während die Einwohner Antiguas mit großem Zeit- und Kostenaufwand für Alternativen sorgen müssten.[198]

In *US-Gambling* kommt es daher zur Gestattung der beantragten „cross-retaliation“ im Bereich des TRIPS-Abkommens und damit eines begrenzten „Freischeins“ zur Verletzung von Urheber- und Markenrechten.[199] Allerdings

---

191 Art. 22 Nr. 3 lit c; *Hilf/Salomon*, in: Hilf/Oeter, WTO-Recht, 2. Aufl. 2010, § 7 Rn. 62; *Sattler*, Gemischte Abkommen, 2007, S. 288; *Stoll*, in: Wolfrum/Stoll/Kaiser, Institutions and Dispute Settlement, 2006, Art. 22 DSU Rn. 39; *Sittmann*, RIW 1997, 749 (751).

192 Art. 22.3 f DSU; auf die Anwendbarkeit des GNS-Schemas weist Fn. 14 zum DSU hin; abgedruckt bei *Benedek*, WTO, 1998, B.V.20 – Streitbeilegung, S. 459 (478); zum Klassifikationsschema näher oben: Teil 5 A. II. 2 b) cc).

193 *US-Gambling*, Decision by the Arbitrator, paras. 4.43-4.58.

194 Dazu: *Stoll*, in: Wolfrum/Stoll/Kaiser, Institutions and Dispute Settlement, 2006, Art. 22 DSU Rn. 35.

195 *US-Gambling*, Decision by the Arbitrator, paras. 4.110.

196 *US-Gambling*, Decision by the Arbitrator, 4.48 m.V.a. Antigua's written submission, para. 51.

197 Gem. Art. 22.3 b DSU; *US-Gambling*, Decision by the Arbitrator, paras. 4.89-93.

198 *US-Gambling*, Decision by the Arbitrator, para. 4.59; *Rose*, Gaming Law Review and Economics, 2008, Vol. 12, No. 2, 105(106).

199 *US-Gambling*, Decision by the Arbitrator, paras. 4.119 f; in Frage steht eine Suspendierung der Verpflichtungen in Teil II des TRIPS, Abschnitt 1: Urheberrecht und verwandte Schutzrechte;

macht Antigua hiervon bisher noch keinen Gebrauch. Für die Regierung ist eine einverständliche Lösung mit den USA das vorrangige Ziel. Nur wenn eine solche in der Zukunft nicht zu erreichen ist, will der kleine Inselstaat von den ihm zugestandenen „Vergeltungsmaßnahmen" Gebrauch machen.[200]

Derzeit ist ein *US-Gambling* vergleichbares Schlichtungsverfahren eines Kleinstaates gegen die Europäische Union noch Zukunftsmusik. Sollte sich der europäische Markt weiterhin durch die nationalen Regelungen seiner Mitgliedstaaten oder künftig sogar durch ein harmonisiertes Regelungswerk gegen ausländische Internetangebote abschotten, würde mit großer Wahrscheinlichkeit um eine „cross-retaliation" gerungen werden.

IV. Bericht der EU-Kommission zu Handelsbarrieren der USA gg. EU-Anbieter

Nicht nur gegen Glücksspielveranstalter aus Kleinstaaten wie Antigua gehen die USA in der Vergangenheit vor. Auch Onlineanbieter aus der Europäischen Union sind ein beliebtes Ziel behördlicher Maßnahmen.[201] Die Verhängung von Strafzahlungen wird auch teilweise selbst nach dem Rückzug der Unternehmen nach Inkrafttreten des UIGEA und damit des umfassenden Betätigungsverbotes auf dem US-Markt nicht eingestellt.[202] Mit dem Vorgehen der US-Behörden gegen eine Reihe international tätiger Onlinepokerunternehmen und ihrer Zahlungsabwickler am sog. *Black Friday* unter anderem auf Grundlage des UIGEA ist eine Erweiterung des Eingriffs- und vor allem des Adressatenspektrums auf die Finanzdienstleister bereits Realität.[203] Die Frage, welche Handelshemmnisse von Maßnahmen US-amerikanischer Behörden auf Anbieter in der Europäischen Union ausgehen können, steht daher dringend zur Klärung an.

Mit Beschränkungen für europäische Onlineglücksspielveranstalter in den USA befassen sich bereits Branchenvertreter wie der Verband für Telekommu-

Abschnitt 2: Marken; Abschnitt 4: Gewerbliche Muster und Modelle; Abschnitt 5: Patente; Abschnitt 7: Schutz nicht offenbarter Informationen; plakative Beispiele bei *Rose*, Gaming Law Review and Economics, 2008, Vol. 12, No. 2, 105 (107): Kinofilme auf DVD für 2 $; PC-Betriebssystem für 3 $.

200 Vgl. Presseerklärung vom 17.07.2009 zu unautorisierten Urheberrechtsverletzungen durch private Unternehmen unter Berufung auf die Streitbeilegung: www.antiguawto.com/pr_zookz_antiguan_gov_jul09.pdf; zul. aufgerufen am 10.09.2012.

201 Bekanntmachung der Einleitung eines Untersuchungsverfahrens betreffend Handelshemmnisse i.S.d. der VO (EG) Nr. 3286/94 des Rates in Form des US-amerikanischen Verbots von ausländischen Online-Glücksspielen und seine Durchsetzung, Abl. C 65 vom 11.03.2008, S. 5 ff.

202 Bekanntmachung, Abl. C 65 vom 11.03.2008, S. 6.

203 Näher oben unter Teil 3 A. VI. 2. d).

nikationsglücksspiele, die „Remote Gambling Association“ mit Sitz in London.[204] Er stellt fest, dass gegen US-amerikanische Unternehmen, die ebenfalls die rechtlichen Vorgaben nicht beachten, nicht mit derselben Konsequenz eingeschritten wird.[205] Auf Antrag des Interessenverbandes leitet die EU-Kommission im März 2008 ein umfangreiches Verfahren zur Untersuchung möglicher Handelshemmnisse der USA ein.[206] Den rechtlichen Rahmen gibt die EU-Handelshemmnisverordnung, engl. Trade Barriers Regulation, vor.[207] Diese räumt den Unternehmen das Recht ein, eigenständig ohne Einschaltung von Verbänden oder Ministerien bei der EU-Kommission einen Antrag auf Einleitung eines Verfahrens gegen Handelshemmnisse zu stellen. Bestätigen sich die Behauptungen im Rahmen einer von der Kommission durchgeführten Untersuchung und kann keine gütliche Einigung mit dem Drittstaat herbeigeführt werden, so kann sich die Union letztendlich für ein formelles Streitbeilegungsverfahren im Rahmen eines internationalen Abkommens mit dem Handelspartner entscheiden.[208]

Die Untersuchungsergebnisse werden im Juni 2009 in einem Abschlussbericht veröffentlicht. Hierin kann der UIGEA als neue Regelung bereits berücksichtigt werden. So skizziert der Bericht die wesentlichen Einwände, die seitens der Zahlungsdienstleistungsbranche gegen den ersten Entwurf der Umsetzungsverordnung geäußert werden.[209] Auf die zentralen Bedenken geht die Arbeit schon an früherer Stelle ein.[210] Der Kommissionsbericht vermittelt einen ersten Eindruck der schwerwiegenden wirtschaftlichen Konsequenzen, die der Rückzug der Onlineanbieter vom US-Markt hat.[211] Diese betreffen zum einen die Veranstalter selbst, die erhebliche Umsatzeinbußen durch den Wegfall ihres häufig lukrativsten Marktes[212] und einen Absturz ihrer Börsenkurse erleiden,[213] wobei

204 Homepage des Verbandes: www.rga.eu.com/?lang=de; zul. aufgerufen am 10.09.2012.

205 Pressemeldung zur Einleitung des Untersuchungsverfahrens vom 10.03.2008, unter: http://trade.ec.europa.eu/doclib/docs/2008/march/tradoc_138161.pdf; zul. aufgerufen am 10.09.2012.

206 Bekanntmachung, Abl. C 65 vom 11.03.2008, S. 5; näher: *Hüsken*, GewArch 2010, S. 49 f.

207 Verordnung (EG) Nr. 3286/94 des Rates vom 22.12.1994 zur Festlegung der Verfahren der Gemeinschaft im Bereich der gemeinsamen Handelspolitik zur Ausübung der Rechte der Gemeinschaft nach internationalen Handelsregeln, insbesondere den im Rahmen der Welthandelsorganisation vereinbarten Regeln, ABl. L 349 vom 31.12.1994, S. 71. Näher: *Hörmann*, in: in: Hilf/Oeter, WTO-Recht, 2. Aufl. 2010, § 8 Rn. 14 ff.

208 Näher: www.bmwi.de/DE/Themen/Aussenwirtschaft/Handelspolitik/eu-unilaterale-massnahmen, did=292744.html; zul. aufgerufen am 10.09.2012.

209 EC, Trade Barriers Report, C.2.4.1. S. 32 ff.

210 Siehe dazu oben, Teil 3 A. V.

211 EC, Trade Barriers Report, D. S. 77 ff.

212 EC, Trade Barriers Report, D.2.1. S. 79 f.

213 EC, Trade Barriers Report, D.2.3. S. 83.

die Folgen bis zu einer vollständigen Geschäftseinstellung reichen.[214] Nicht nur auf die Veranstalter selbst, auch auf Unternehmen, die Dienstleistungen für diese erbringen, wirkt sich der UIGEA schon vor jeglicher praktischer Umsetzung negativ aus. So klagen beispielsweise Kanzleien und Beratungsunternehmen, die Onlineanbieter zu ihren Klienten zählen, über erhebliche Umsatzeinbußen.[215] Entsprechendes gilt für die Zahlungsdienstleister, die bisher die Verbuchung der Einsätze und Gewinne vornehmen.[216] Da zum Zeitpunkt der Untersuchung noch keine praktische Umsetzung des UIGEA und damit keine Zahlungssperren erfolgen, spielen diese im rechtlichen Teil der Untersuchung keine Rolle.

Auch ohne einen Einbezug des UIGEA gelangt die Kommission zur selben Einschätzung wie der Verband. Sie erkennt in der unterschiedlichen Behandlung der europäischen Glücksspielanbieter auf der einen und der US-amerikanischen auf der anderen Seite eine Diskriminierung. Diese ist aus ihrer Sicht nicht mit den Vorgaben der Einführungsklausel zu Art. XIV GATS, dem „Chapeau", nach denen eine Maßnahme weder willkürlich noch versteckt diskriminierend sein darf,[217] in Einklang zu bringen.

Eine Diskriminierung sei zum einen in der Anwendung von drei maßgeblichen Rechtsvorschriften im Verfahren *US-Gambling*, des Wire Act, des Travel Act und des IGBA, festzustellen.[218] Die Sichtweise der Kommission deckt sich in diesem Fall mit der des Panel,[219] das in *US-Gambling* auf eine diskriminierende Anwendung der Gesetze gegenüber ausländischen Anbietern hinweist. Allerdings verfolgt der Appellate Body diese Argumentationslinie im Ergebnis nicht weiter, da sich anhand von fünf im Verfahren aufgeführten Beispielsfällen, in denen US-Behörden Strafverfolgungsaktivitäten gegen Anbieter von Internetglücksspielen mit ausländischer Lizenz einleiten, aus seiner Sicht eine diskriminierende Behandlung nicht abschließend feststellen lässt.[220]

Auch die Kommission erkennt in Übereinstimmung mit dem Panel sowie dem Arbitrator und entgegen der Ansicht des Appellate Body eine Diskriminierung im Rahmen der Anwendung des „Interstate Horseracing Act".[221] Dieser erlaube US-amerikanischen Buchmachern die Vermarktung von Pferdewetten, während ausländische Internetveranstalter Sanktionen zu befürchten hätten.[222]

---

214 EC, Trade Barriers Report, D.2.4. S. 84.

215 EC, Trade Barriers Report, D.3.1. S. 84 f.

216 EC, Trade Barriers Report, D.3.1. S. 85.

217 Siehe hierzu oben: Teil 5, A. II. 4.

218 EC, Trade Barriers Report, C.3.1. S. 45.

219 *US-Gambling*, Panel Report, paras. 5.27, 6.121-6.123.

220 *US-Gambling*, Panel Report, paras. 6.585-6.589; aufgehoben durch: *US-Gambling*, Appellate Body Report, paras. 355-357.

221 Siehe oben: Teil 5 A. II. 4.

222 EC, Trade Barriers Report, C.4.3.1. S. 68.

Die Anwendung aller vier genannten Rechtsvorschriften erfolge in diskriminierender Weise. Im Ergebnis liege ein Verstoß gegen die Grundsätze des Marktzugangs nach Art. XVI GATS sowie der aus der obigen Untersuchung ausgeklammerten Inländerbehandlung nach Art. XVII GATS[223] vor, der nicht nach Maßgabe des Art. XIV GATS gerechtfertigt werden könne.[224]

Die Untersuchung ergibt im Ergebnis zwar, dass angesichts der Verstöße gegen das Dienstleistungsabkommen die Voraussetzungen für die Initiierung eines Streitbeilegungsverfahrens gegen die USA gegeben wären. Ein solches stellt allerdings den letzten Ausweg dar. Ziel der Kommission ist es vielmehr, in naher Zukunft ohne Anrufung der Schlichtungsgremien zu einer einverständlichen Lösung mit den USA zu gelangen.[225]

V. Stellungnahme und Ausblick

Die Parallelen zwischen dem deutschen und dem US-amerikanischen Glücksspielrecht sind auffallend. Auch in Deutschland stellen Internetglücksspiele aus dem Ausland eine große Herausforderung für die Straf- und Ordnungsbehörden dar. Weiterhin erweist sich hier wie dort die Sonderrolle, welche die Sparte der Pferdewetten aus historischen Gründen im Rechtsgefüge einnimmt, als Stolperfalle und hindert oder erschwert zumindest den Nachweis eines in sich stimmigen und diskriminierungsfreien Gefahrenabwehrkonzeptes.

Ein bedeutender rechtlicher Unterschied besteht darin, dass Deutschland in internationaler Hinsicht nicht wie die USA nur an die Vorgaben der WTO-Protokolle gebunden ist, sondern in erster Linie den unionsrechtlichen Rahmen einhalten muss. Die Mitgliedschaft in der Europäischen Union hat jedoch auch weit reichende Konsequenzen für die welthandelsrechtliche Ebene selbst, wie der nachfolgende Abschnitt zeigt.

VI. Übertragung der Ergebnisse auf die Europäische Union

Bis auf die Untersuchung zu den US-Handelshemmnissen spielen die bisherigen grenzüberschreitenden Konflikte im Glücksspielrecht ausschließlich auf der Ebene der Europäischen Union und der EFTA und betreffen die Maßnahmen

223 EC, Trade Barriers Report, C.4.4. S. 69.

224 Siehe oben: Teil 5 A. II. 4.

225 Siehe hierzu den Fact Sheet „Trade Barriers Regulation report on US Internet gambling laws" vom 10.06.2009, unter: http://trade.ec.europa.eu/doclib/docs/2009/june/tradoc_143429.pdf; zul. aufgerufen am 10.09.2012. Näher dazu auch: *Hüsken*, GewArch 2010, 49 (50).

einzelner EU-Mitgliedstaaten. Fragen des europäischen Glücksspielwesens selbst bilden – im Gegensatz zu den Regelungen der USA – indessen noch nie den Gegenstand eines Verfahrens vor der WTO. Geht man aber davon aus, dass die Mehrzahl der Online-Anbieter ihren Sitz in Staaten außerhalb der EU hat, erscheint eine Verlagerung der Streitebene in Zukunft als sehr wahrscheinlich.[226] Es stellt sich somit die Frage, wie sich die welthandelsrechtliche Lage im Glücksspielsektor in der EU und Deutschland darstellt und ob die Ergebnisse aus dem Verfahren *US-Gambling* hierauf übertragbar sind. Hierfür sollen die Grundlagen der Kompetenzverteilung zwischen der EU und den Mitgliedstaaten (unter 1.) und des Geltungsbereichs des WTO-Rechts (unter 2.) dargestellt werden. Anschließend richtet sich der Blick auf den Stand der spezifischen Verpflichtungen im Glücksspielsektor (unter 3.) und auf die Folgen für zukünftige Harmonisierungs- und Öffnungsbestrebungen (unter 4.). Im Gegensatz zum Verfahren *US-Gambling* steht in diesem Abschnitt jedoch die allgemeine Verpflichtung zur Meistbegünstigung im Vordergrund (unter 5.), auf deren Wirkungen anhand zweier – hypothetischer – Fallbeispiele (unter 6. und 7.) eingegangen wird.

1. Kompetenz zum Eingehen von Verpflichtungen

Einer Bestandsaufnahme des Liberalisierungsgrades im GATS hat eine Abgrenzung der Regelungskompetenzen vorauszugehen. Denn anders als die US-Bundesstaaten sind die Mitgliedsländer der EU außenpolitisch souveräne Staaten. Zu untersuchen ist daher, ob die EU oder die Mitgliedsstaaten selbst für das Eingehen von Verpflichtungen zuständig sind.

Nach Art. XI Abs. 1 WTO-Übereinkommen sind sowohl die Europäische Gemeinschaft, genauer: die EG und die Europäische Atomenergiegemeinschaft,[227] als auch die EU-Mitgliedstaaten Gründungs- und eigene Mitglieder der WTO.[228]

Mit Inkrafttreten des Vertrags von Lissabon wird die EG in die EU integriert, die nunmehr das Völkerrechtssubjekt bildet.[229] Danach ist allerdings noch nicht automatisch die Zuständigkeitsverteilung zwischen der Europäischen Union und den Mitgliedstaaten im Dienstleistungsbereich geklärt. Als die Kommission im Jahre 1994 das gesamte Vertragswerk der Uruguay-Runde auf Grundlage von Art. 113 EGV a. F. alleine unterzeichnen will, löst sie im Verhältnis zu den Mitgliedstaaten einen fundamentalen Interessenkonflikt aus.[230]

---

226 *Ennuschat*, in: Dietlein/Hecker/Ruttig, Glücksspielrecht, 2008, Nr. 5 – GATS Rn. 1; *Hüsken*, GewArch 2010, S. 49.

227 Diese kann aber für die vorliegende Untersuchung außer Betracht bleiben.

228 *Krajewski*, Wirtschaftsvölkerrecht, 2. Aufl. 2009, Rn. 217; *Prieß/Berrisch*, in: dies., WTO-Handbuch, 2003, C.II.1. – Gemeinschaftsrecht, Rn. 1.

229 ABl. C 306 vom 17.12.2007, S. 1 ff., in Kraft seit 01.12.2009.

230 *Siebold*, Die Welthandelsorganisation, 2003, S. 242.

Zu dessen Lösung gibt der EuGH das Gutachten 1/94[231] in Auftrag, das Aussagen zur Reichweite der gemeinschaftlichen Regelungskompetenz enthält.[232] In dem Gutachten führt der EuGH aus, der grenzüberschreitende Warenhandel und damit das GATT 1994 seien von dem Begriff der „Gemeinsamen Handelspolitik" in Art. 133 EG (Art. 113 EGV a.F.) umfasst. Dieser Politikbereich ist seit Inkrafttreten des Vertrags über die Arbeitsweise der Europäischen Union[233] mit geändertem Wortlaut in Art. 207 AEUV geregelt. Die Novellierung hat allerdings keine Auswirkungen auf die vorliegende Untersuchung. Aus Sicht des EuGH kommt der Gemeinschaft, nun: Union, für diese Bereiche die alleinige Regelungskompetenz zu.[234]

Für das GATS geht der EuGH ursprünglich dagegen von einer geteilten Zuständigkeit aus,[235] bei der die Charakteristik der Dienstleistung den Ausschlag gebe.[236] Denn gem. Art. 113 EGV a.F./Art. 133 EG, nunmehr Art. 207 AEUV, verfüge die Europäische Union (ehemals Gemeinschaft) noch nicht über eine umfassende Außenwirtschaftszuständigkeit, die sie zum Abschluss völkerwirtschaftsrechtlicher Verträge ermächtigt.[237] Art. 133 EG umfasse jedenfalls solche Regelungen, welche die erste Erbringungsmodalität betreffen, d.h. grenzüberschreitende Dienstleistungen, bei denen kein Grenzübertritt von Personen oder eine dauerhafte Niederlassung in einem anderen Staat notwendig seien. Nur die erste Modalität sei strukturell mit dem Warenverkehr vergleichbar.[238] Damit fiele auf Ebene des Welthandelsrechts auch der Bereich des Online-Glücksspiels in die ausschließende Außenkompetenz der EU (ehem. EG). Dieses Ergebnis gilt entsprechend für die mittels anderer Kommunikationsmittel wie Post, Telefon und Fax vermarkteten Glücksspiele.[239]

---

231 EuGH, Gutachten 1/94, Slg. 1994, I-5267 – nachfolgend zit. als EuGH-Gutachten.

232 *Prieß/Berrisch*, in: dies., WTO-Handbuch, 2003, C.II.1. – Gemeinschaftsrecht, Rn. 5.

233 Konsolidierte Fassung, Abl. C 115 vom 09.05.2008, S. 47, in Kraft seit 01.12.2009.

234 *Held*, Die Haftung der EG, 2006, S. 62 m.V.a. EuGH-Gutachten, Rn. 27, 36 ff; *Krajewski*, Wirtschaftsvölkerrecht, 2. Aufl. 2009, Rn. 218; *Prieß/Berrisch*, in: dies., WTO-Handbuch, 2003, C.II.1. – Gemeinschaftsrecht, Rn. 1.

235 Näher: *Weiß*, in: Herrmann/Weiß/Ohler, Welthandelsrecht, 2. Aufl. 2007, Rn. 122; *Schwartmann*, Private im Wirtschaftsvölkerrecht, 2005, S. 398 ff.; *Weber*, Marktzugang, 1996, S. 159.

236 *Prieß/Berrisch*, in: dies., WTO-Handbuch, 2003, C.II.1. – Gemeinschaftsrecht, Rn. 9; EuGH-Gutachten, Rn. 98; *Held*, Die Haftung der EG, 2006, S. 62.

237 *Prieß/Berrisch*, in: dies., WTO-Handbuch, 2003, C.II.1. – Gemeinschaftsrecht, Rn. 1 f.

238 EuGH-Gutachten, Rn. 44 ff.; *Prieß/Berrisch*, in: dies., WTO-Handbuch, 2003, C.II.1. – Gemeinschaftsrecht, Rn. 9.

239 Zwischen der EG und den Mitgliedstaaten stellt sich indes die Frage nach der Kompetenzverteilung hinsichtlich der anderen Erbringungsmodalitäten, da diese wohl ebenfalls von einer umfassenden Harmonisierung des Glücksspielsektors tangiert wären. Zu Fragen der Außenkompetenz: EuGH-Gutachten, Rn. 46 f., 81, 86 ff., 98; *Held*, Die Haftung der EG, 2006, S. 62; *Prieß/Berrisch*, in: dies., WTO-Handbuch, 2003, C.II.1. – Gemeinschaftsrecht, Rn. 9.

Durch den Vertrag von Nizza[240] wird der Dienstleistungsbereich gem. Art. 133 Abs. 5 EG a.F. vollständig der gemeinsamen Handelspolitik und damit der ausschließlichen Gemeinschaftskompetenz[241] nach außen unterstellt,[242] was für die erste Erbringungsmodalität letztlich als Bestätigung der Ergebnisse aus dem Gutachten 1/94 wirkt.

Der Vertrag von Lissabon[243] bringt schließlich die ersehnte Klarstellung: Ausschließlich in die Kompetenz der Union fällt nach Art. 3 Abs. 1 lit. e AEUV die Gemeinsame Handelspolitik, bei welcher der Handel mit Dienstleistungen nach Art. 207 Abs. 1 AEUV ein wichtiges Element bildet. Völkerrechtliche Abkommen können mithin nur noch von der Union selbst geschlossen werden. Alleingänge der Mitgliedstaaten oder parallele Zuständigkeiten in Form gemischter Abkommen sind unter der Geltung des Vertrags von Lissabon ausgeschlossen.[244]

Das Eingehen eigener Verpflichtungen im Anwendungsbereich des GATS gegenüber Drittstaaten wie beispielsweise ehemaligen Kolonien ist für die EU-Mitglieder damit ungeachtet der betroffenen Erbringungsmodalität nicht möglich.[245] Nur die EU selbst kann damit eine Öffnung des Glücksspielmarktes auf welthandelsrechtlicher Ebene vornehmen. Bedenkt man, dass es dabei um die Dienstleistungserbringung mit Hilfe moderner Kommunikationsmedien genauso wie um eine mögliche Niederlassung ausländischer Glücksspielanbieter geht, ist es zu begrüßen, dass keine Splittung der Zuständigkeiten zwischen den Mitgliedstaaten und der Union mehr droht.[246]

2. Unmittelbare Geltung des WTO-Rechts

Ebenso wie im Unionsrecht ist im Welthandelsrecht die Frage nach der unmittelbaren Anwendbarkeit von großer Relevanz, entscheidet sie doch, ob sich private

---

240 In Kraft getreten am 01.02.2003; konsolidierte Fassung von EUV und EGV in ABl. L 325 vom 24.12.2002, S. 5 ff.

241 Zum Zusammenspiel von Art. 133 Abs. 1 und dem neu geschaffenen Art. 133 Abs. 5 EG: *Weiß*, in: Herrmann/Weiß/Ohler, Welthandelsrecht, 2. Aufl. 2007, Rn. 124 f.

242 *Siebold*, Die Welthandelsorganisation, 2003, S. 245.

243 ABl. C 306 vom 17.12.2007, S. 1 ff., in Kraft seit 01.12.2009.

244 *Hörmann*, in: Hilf/Oeter, WTO-Recht, 2. Aufl. 2010, § 8 Rn. 37. Siehe zur Kompetenzordnung: *Tiedtke*, GATS als unmittelbar geltendes Recht in der EU und Deutschland mit besonderem Blick auf Bildungsdienstleistungen am Beispiel von „E-Learning", 2012, S. 124, Dissertation abrufbar unter http://www.uni-kassel.de/upress/online/frei/978-3-86219-320-2.volltext.frei.pdf.

245 *Siebold*, Die Welthandelsorganisation, 2003, S. 245; *Emmerich-Fritsche*, in: Schachtschneider, Rechtsfragen der Weltwirtschaft, 2002, S. 123 (156). Dazu auch: BT-Drs. 13/1435 vom 18.05.1995, S. 2.

246 Zu dieser Problematik auch: *Hahn*, in: Calliess/Ruffert, EUV/EGV, 3. Aufl. 2007 (Vorauflage), Art. 133 EGV Rn. 104.

Unternehmen auf WTO-Recht berufen können und Behörden und Gerichte direkt und ohne weiteren Umsetzungsakt daran gebunden sind.[247] Die Thematik beschäftigt seit Jahren die Rechtsprechung wie auch das Schrifttum.[248] Da sie allerdings nicht im Zentrum der vorliegenden Untersuchung steht, sollen an dieser Stelle nur die Grundlinien knapp dargestellt werden.

Um die unmittelbare Geltung einer völkervertragsrechtlichen Norm anzunehmen, müssen (zumindest) zwei Voraussetzungen erfüllt sein.[249] Zum einen hat der Transformationsakt der Vertragspartei, in Deutschland das Zustimmungsgesetz nach Art. 59 Abs. 2 GG,[250] eine innerstaatliche Anwendung zu ermöglichen.[251] Zum anderen muss die Norm *self executing*, d.h. so bestimmt sein, dass sie von Behörden und Gerichten ohne innerstaatliche Umsetzungsakte angewandt werden kann.[252] Zudem muss sie subjektive Rechte des Einzelnen begründen, die er gegenüber Behörden und Gerichten geltend machen kann.[253] Im Unionsrecht fehlt es aus Sicht des EuGH an diesen Voraussetzungen.[254] Eine unmittelbare Anwendbarkeit der WTO-Verträge, darunter auch des GATS,[255] ist in der EU heute generell ausgeschlossen.[256]

---

247 *Krajewski*, Verfassungsperspektiven, 2001, S. 53.

248 Vgl. hierzu *Krajewski*, Verfassungsperspektiven, 2001, S. 53 m.w.N. in Fn. 120; *Emmerich-Fritsche*, in: Schachtschneider, Rechtsfragen der Weltwirtschaft, 2002, S. 123 (156 ff.).

249 EuGH, Rs. 12/86, Slg. 1987, 3719 – *Demirel*, Rn. 14; *Ennuschat*, in: Dietlein/Hecker/Ruttig, Glücksspielrecht, 2008, Nr. 5 – GATS Rn. 10; ausführlich zu den Voraussetzungen unmittelbarer Anwendbarkeit des WTO-Rechts: *Krajewski*, Verfassungsperspektiven, 2001, S. 54 ff.

250 Zum Rang des Völkervertragrechts als einfaches Bundesgesetz: BVerfGE 1, 396 (410); 30, 272 (284 f.); 73, 339 (367 f., 375); 89, 155 (190).

251 *Ennuschat*, in: Dietlein/Hecker/Ruttig, Glücksspielrecht, 2008, Nr. 5 – GATS Rn. 10.

252 EuGH, Rs. 12/86, Slg. 1987, 3719 – *Demirel*, Rn. 14; *Siebold*, Die Welthandelsorganisation, 2003, S. 246; *Weiß*, in: Herrmann/Weiß/Ohler, Welthandelsrecht, 2. Aufl. 2007, Rn. 245.

253 *Ennuschat*, in: Dietlein/Hecker/Ruttig, Glücksspielrecht, 2008, Nr. 5 – GATS Rn. 10.

254 *Ennuschat*, in: Dietlein/Hecker/Ruttig, Glücksspielrecht, 2008, Nr. 5 – GATS Rn. 10; *Weiß*, in: Herrmann/Weiß/Ohler, Welthandelsrecht, 2. Aufl. 2007, Rn. 140; *Herdegen*, Internationales Wirtschaftsrecht, 7. Aufl. 2008, § 9 Rn. 100; differenzierend: *Schwartmann*, Private im Wirtschaftsvölkerrecht, 2005, S. 241 ff., 480 ff.

255 Siehe hierzu die Liste der spezifischen Verpflichtungen zum GATS der EG und ihrer Mitgliedsstaaten, Einleitung, Punkt 3, unter: BGBl. 1994 II, S. 1678: „Die sich aus dem GATS ergebenden Rechte und Pflichten sind nicht unmittelbar anwendbar und gewähren somit keine unmittelbaren Rechte für einzelne natürliche und juristische Personen.", dazu eingehend: *Schwartmann*, Private im Wirtschaftsvölkerrecht, 2005, S. 235 ff., 479 f., der hierin allerdings keinen wirksamen Ausschluss der unmittelbaren Anwendbarkeit sieht.

256 BT-Drs. 12/7655 (neu), S. 7, 345; EuGH, Rs. C-149/96, Slg. 1999, I-8395 – *Portugal./.Rat*, Rn. 42 ff.; verb. Rs. C-300/98 und C-392/98, Slg. 2000, I-11307 – *Parfums Christian Dior*, Rn. 44; Rs. C-307/99, Slg. 2001, I-3159 – *OGT Fruchthandelsgesellschaft*, Rn. 25 m. Anm. *Stieglitz*, EuZW 2001, 529 ff.; verb. Rs. C-27/00 und C-122/00, Slg. 2002, I-2569 – *Omega Air*, Rn. 85 ff.; *Held*, Die Haftung der EG, 2006, S. 95; *Weiß*, in: Herrmann/Weiß/Ohler, Welthandelsrecht, 2. Aufl.

In den Regelungsbereichen, die wegen der soeben angesprochenen Kompetenzteilung vor Inkrafttreten des Vertrags von Lissabon in die Zuständigkeit der Mitgliedstaaten fallen, haben diese zwar noch das Recht, selbst über die unmittelbare Anwendbarkeit des WTO-Rechts zu entscheiden.[257] Nachdem die EU aber im Rahmen des Vertrags von Lissabon die ausschließliche Zuständigkeit für alle Bereiche der Gemeinsamen Handelspolitik übernimmt, entfällt diese Wahlmöglichkeit der EU-Mitglieder.[258] Eine eigenständige Berufung der Glücksspielunternehmen auf welthandelsrechtliche Gewährleistungen ist damit ausgeschlossen.

3. Stand der spezifischen Verpflichtungen der EU

Ebenso wie die USA legt die damalige EG bei der Erstellung ihrer spezifischen GATS-Listen[259] den CPC-Code als Klassifikationsschema zugrunde. Dieser sieht unter der Kennungszahl CPC 9641, 96491 die Unterkategorie „Sporting and Other Recreational Services“ (zu deutsch: Sport und andere Dienstleistungen im Freizeitbereich) vor, die auch Glücksspiele und Wetten umfasst.

In den Modalitäten eins bis drei enthält die Liste bei den spezifischen Verpflichtungen keine Einschränkungen (Eintragung: None), in der vierten Modalität dagegen eine Unbound-Eintragung mit Ausnahme der zuvor in den Listen eingegangenen horizontalen Verpflichtungen sowie vorbehaltlich einer Bedarfsprüfung.[260] Das nahezu deckungsgleiche Ergebnis zeigt sich bei der Inländerbehandlung.[261] Für den Glücksspielsektor entscheidet sich die EU allerdings, ausdrücklich keine spezifischen Verpflichtungen einzugehen. Hierzu stünden ihr bei der Gestaltung der Liste mehrere Möglichkeiten zur Verfügung, darunter eine Unbound-Eintragung für alle vier Erbringungsmodalitäten. Die EU wählt jedoch nicht diesen Weg, sondern nimmt bereits eine vollständige sprachliche Ausklammerung bei der

---

2007, Rn. 140, 244 ff.; *Royla*, EuR 2001, 495 (502 ff.). Zu weiteren Konsequenzen einer fehlenden unmittelbaren Anwendbarkeit: *Hörmann*, in: Hilf/Oeter, WTO-Recht, 2. Aufl. 2010, § 8 Rn. 30 f., *von Danwitz*, JZ 2001, 721 (729); *Hilf/Schorkopf*, EuR 2000, 74 (91); *Epiney*, EuZW 1999, 5 (11); *Kuschel*, EuZW 1995, 689 (691); *Vahldiek*, BKR 2003, 971.

257 Zur früheren Rechtslage: EuGH, verb. Rs. C-300/98 und C-392/98, Slg. 2000, I-11307 – *Parfums Christian Dior*, Rn. 48; BGH, NJW 1999, 1953 (1958) sowie die Denkschrift der BReg zum Entwurf des Zustimmungsgesetzes: BT-Drs. 12/7655 (neu), S. 337, 345 (zum TRIPS); näher: *Weiß*, in: Herrmann/Weiß/Ohler, Welthandelsrecht, 2. Aufl. 2007, Rn. 141; *Hörmann/Neugärtner*, in: Hilf/Oeter, WTO-Recht, 2005, § 28 Rn. 39 (Vorauflage); zum Glücksspielrecht: *Ennuschat*, in: Dietlein/Hecker/Ruttig, Glücksspielrecht, 2008, Nr. 5 – GATS Rn. 11.

258 *Hörmann*, in: Hilf/Oeter, WTO-Recht, 2. Aufl. 2010, § 8 Rn. 37.

259 BGBl. 1994 II, S. 1678 (1679 ff.).

260 BGBl. 1994 II, S. 1678 (1718).

261 Dort ebenfalls Mod. 1-3 ungebunden, Mod. 4 ungebunden mit Ausnahme der horizontalen Verpflichtungen.

Sektorbenennung (Unter 10. D. Sporting and Other Recreational Services *other than Gambling and Betting Services*)[262] vor.[263]

Im Gegensatz zu den USA geht die EU in ihren spezifischen Listen keinerlei Verpflichtungen ein, um sich im Glücksspielsektor wirtschaftlich gegenüber Drittstaaten zu öffnen. Somit kann sich ein Streitverfahren von vornherein nicht um die Bereiche Marktzugang und Inländerbehandlung ranken, wie dies im Verfahren *US-Gambling* der Fall ist.

4. Konsequenzen für zukünftige Marktöffnungsbestrebungen

Wie soeben dargelegt, besteht vor Schaffung des Art. 133 Abs. 5 EG a. F., der in veränderter Form in Art. 207 AEUV eingeflossen ist, für den Glücksspielsektor als Materie des GATS eine geteilte Zuständigkeit. Das WTO-Übereinkommen und seine Anhänge werden 1994 daher gemeinsam von Vertretern der EG[264] und der Mitgliedstaaten unterzeichnet. Die Erstellung der Listen erfolgt einheitlich, wobei nationale Sonderwege[265] als Ausnahmen in die allgemeinen Listen integriert werden. Da sich die EU-Kommission gegenüber einer Harmonisierung und Liberalisierung des Glücksspielmarktes grundsätzlich aufgeschlossen gibt,[266] während eine Öffnung sowohl EU-intern als auch im Verhältnis zu Drittstaaten von Seiten der Mitgliedstaaten abgelehnt wird, wäre auch ungeachtet kompetenzieller Zuweisungen kein Alleingang eines liberalisierungswilligen Mitgliedes zu erwarten.

Selbst wenn die EU einen Weg für eine europaweite Harmonisierung des Glücksspielwesens findet, bedeutet das zuerst einmal nur Erleichterungen für den Dienstleistungsverkehr zwischen den einzelnen EU-Mitgliedstaaten. Eine Öffnung des Glücksspielsektors gegenüber anderen WTO-Mitgliedern auf welthandelsrechtlicher Ebene erfolgt damit aber noch nicht. Hierzu wäre vielmehr eine Änderung der bestehenden GATS-Verpflichtungen notwendig.

---

262 Hervorhebung nicht im Original.

263 Es stellt keine untypische Praxis dar, Glücksspiel insgesamt von Liberalisierungsverpflichtungen auszuklammern: *Rose*, Gaming Law Review and Economics, 2008, Vol. 12, No. 2, 105.

264 Beschluss des Rates vom 22.12.1994 über den Abschluss der Übereinkünfte im Rahmen der multilateralen Verhandlungen der Uruguay-Runde (1986-1994) im Namen der Europäischen Gemeinschaft in Bezug auf die in ihre Zuständigkeit fallenden Bereiche (94/800/EG), ABl. L 336 vom 23.12.1994, S. 3 ff.

265 So sind z.B. nationale Beschränkungen des Grunderwerbs zulässig: BGBl. 1994 II, S. 1678 (1679 f.).

266 Vgl. hierzu das Interview mit dem ehemal. EU-Binnenmarktkommissar *McCreevy* in: Spiegel Nr. 43/2006 vom 23.10.2006, S. 90.

5. Allgemeine Verpflichtungen

Da grundsätzlich alle Dienstleistungen durch das GATS erfasst sind, gleich ob der einzelne Staat sie in seinen Listen benannt hat oder nicht, kämen Glücksspielanbietern aus Nicht-EU-Staaten zwar keine spezifischen, aber grundsätzlich zumindest die allgemeinen Verpflichtungen, namentlich das Meistbegünstigungsprinzip, zugute. Eine Suspendierung von diesem ist nur bei Erstellung einer sog. Negativliste gem. Art. II Abs. 2 GATS möglich. Für Glücksspiele im Besonderen sowie generell für den Bereich der Freizeitaktivitäten ist dagegen keine Ausnahme von dem Meistbegünstigungsgrundsatz vorgesehen.[267] Da der Glücksspielsektor noch nicht gemeinschaftsrechtlich harmonisiert ist und somit kein einheitliches Handeln der Union nach außen vorliegt, käme es im Rahmen der allgemeinen Verpflichtungen auf die individuellen Maßnahmen der EU-Mitgliedstaaten an.

Die nationalen Glücksspielrechtsordnungen sind heute vornehmlich von einer konsequenten Abgrenzung gegenüber ausländischen Marktteilnehmern geprägt, gleich, ob sie aus dem EU- oder dem Nicht-EU-Ausland stammen, während die Liberalisierungsbestrebungen im Schwerpunkt von der Kommission getragen werden.[268] Führt man sich die deutsche Rechtslage vor Augen, so nützte einem ausländischen Veranstalter die Berufung auf den Meistbegünstigungsgrundsatz nichts. Denn das umfassend geltende Internetverbot nach §§ 4 Abs. 4 GlüStV, 284 Abs. 1 StGB dient dem Zweck, den deutschen Online-Glücksspielmarkt zum Erliegen zu bringen und sieht daher auch keine Ausnahmen für Anbieter aus ausgewählten Herkunftsländern vor.

Dennoch besteht innerhalb der Union ein erhebliches Gefälle, was die Bereitschaft zur Liberalisierung des nationalen Glücksspielwesens und ihren Fortschritt in den einzelnen Mitgliedstaaten betrifft. Sollten in Zukunft Öffnungsbestrebungen nur von einem Teil der EU-Mitglieder getragen und die von der Kommission erstrebte Harmonisierung durch Sekundärrecht dadurch nicht erreicht werden, könnten internationale Konflikte drohen. Die wirtschaftspolitische Dimension eines restriktiven Glücksspielmarktes wie er derzeit in Deutschland besteht, reicht daher deutlich über die nationale und auch die Unionsebene hinaus. Es lohnt sich mithin, den Blick auch auf Fallgestaltungen zu richten, in denen die welthandelsrechtliche Perspektive praktische Bedeutung erhalten könnte. Anhand zweier Konstellationen soll das Verhältnis zwischen WTO- und Unionsrecht sowie zwischen den Kompetenzen von Mitgliedstaaten und Union untersucht werden (unter 6. und 7.).

---

267 BGBl. 1994 II, S. 1678 (1718).

268 Vgl. hierzu das Interview mit dem ehemal. EU-Binnenmarktkommissar *McCreevy* in: Spiegel Nr. 43/2006 vom 23.10.2006, S. 90; ferner: *Alber*, ERA Forum (2007) 8, 321 (328).

6. Anwendbarkeit von WTO-Recht im internen Verhältnis der EU-Mitglieder

Der ersten Fallkonstellation liegt ein – hypothetischer – rein unionsinterner Sachverhalt zugrunde. Angenommen, das Vereinigte Königreich fühlt sich dem Wohle seiner ehemaligen Kolonien verpflichtet und akzeptiert daher Sportwettlizenzen aus Sri Lanka wie seine eigenen. Dies beinhaltet, dass britische Spieler sich an den Spielen beteiligen und britische Banken Zahlungen abwickeln dürfen. Aufgrund einer Neuausrichtung seiner Marketingstrategie will ein großer italienischer Sportwettveranstalter ebenfalls auf dem britischen Online-Markt tätig werden, was ihm aber durch die dortigen Behörden verwehrt wird.

Da, wie bereits festgestellt, eine unmittelbare Anwendung des WTO-Rechts nicht möglich ist, soll dieser Fragenkreis hier ausgeblendet werden[269] und von einem Auftreten des italienischen Staates anstelle des privatrechtlichen Unternehmens ausgegangen werden. Ein Interesse daran könnte beispielsweise gegeben sein, wenn eine Beteiligung der öffentlichen Hand an dem Unternehmen besteht.

Es ist daran zu denken, dass sich Italien nun gegenüber Großbritannien auf den Grundsatz der Meistbegünstigung beruft, um sich die gleichen Privilegien wie Sri Lanka zu erstreiten und bei festgestellter Missachtung ein Streitbeilegungsverfahren einleitet. Dieser Weg wird jedoch als im Regelfall versperrt angesehen. Denn das allgemeine Völkerrecht soll grundsätzlich[270] in den innergemeinschaftlichen Rechtsbeziehungen gerade keine Anwendung finden, da es durch die spezielleren Regeln des Unionsrechts verdrängt werde.[271] So sei es den Mitgliedstaaten insbesondere nicht gestattet, bei Vertragsverletzung durch ein anderes Mitglied völkerrechtliche Repressalien zu ergreifen.[272] Für diesen Fall sehe der AEU-Vertrag nach Art. 259 ff. AEUV (ex. Art. 226 ff. EG) Verfahren der gerichtlichen Streiterledigung vor, die eine ausschließliche Geltung beanspruchen.[273]

---

269 Siehe hierzu oben: Teil 5 A. VI. 2.

270 Zu Ausnahmen siehe: *Simma/Vedder*, in: Grabitz/Hilf, Recht der EU, Bd. III, 40. Erg.-L. 2009 (Vorauflage), Art. 281 EG Rn. 36; zum Meinungsstand: *Schwarze*, EuR 1983, 1 (5 ff.; 10 ff.).

271 *Krück*, in: Schwarze, EU-Kommentar, 2000 (Vorauflage), Art. 281 EG Rn. 22; *Simma/Vedder*, in: Grabitz/Hilf, Recht der EU, Bd. III, 40. Erg.-L. 2009 (Vorauflage), Art. 281 EG Rn. 37; *Tomuschat*, in FS Börner, 1992, S. 441 (451).

272 EuGH, Gutachten 1/91 – EWR I, Slg. 1991, I-6070 (6175 in engl. Sprache); verb. Rs. 90/63 und 91/63, Slg. 1964, 1331 – *Komm./Luxemburg und Belgien*, Ls. Nr. 1; Rs. 7/71, Slg.1971, 1003 – *Komm./Frankreich*, Rn. 18, 20; *Wichard*, in: Calliess/Ruffert, EUV/EGV, 3. Aufl. 2007 (Vorauflage), Art.281 EG Rn. 13; *Simma/Vedder*, in: Grabitz/Hilf, Recht der EU, Bd. III, 40. Erg.-L. 2009 (Vorauflage), Art. 281 EG Rn. 37; *Tomuschat*, in: von der Groeben/Schwarze, EUV/EGV, Bd. IV, 6. Aufl. 2003, Art. 281 EG Rn. 45; *Zimmerling*, in: Lenz/Borchardt, EU- und EG-Vertrag, 3. Aufl. 2003 (Vorauflage), Art. 281 EG Rn. 16; *Schwarze*, EuR 1983, 1 (18 ff.).

273 EuGH, Rs. 90/63 und 91/63, Slg. 1964, 1329 (1344 f.) – *Komm./Luxemburg und Belgien*; *Schwarze*, EuR 1983, 1 (18 ff.); *Tomuschat*, in: von der Groeben/Schwarze, EUV/EGV, Bd. IV,

Die Einlegung eines Streitbeilegungsverfahrens nach dem DSU wäre also im Verhältnis zwischen den EU-Mitgliedstaaten ausgeschlossen. Italien müsste daher den Weg über das Unionsrecht gehen.

7. Sachverhalte mit Bezug zu Nicht-EU-Mitgliedstaaten

Der eben vorgestellte Fall lässt sich dahingehend abwandeln, dass sich anstelle Italiens ein Karibikstaat auf den Meistbegünstigungsgrundsatz beruft, d.h. die gleiche bevorzugte Behandlung einfordert, die Großbritannien ausschließlich Sri Lanka zukommen lässt, anderen Staaten hingegen verwehrt. In diesem Falle träte durch das EU-Recht keine „Sperrwirkung“ ein, die eine Berufung auf die Vorgaben des GATS verhinderte. Da es sich – wie bereits dargestellt – um eine Materie handelt, die in den Zuständigkeitsbereich der Union fällt, diese aber nicht harmonisierend tätig wird, stellt sich die Frage, wer als Streitpartner des Karibikstaates aufträte.

Auf die interne Kompetenzverteilung zwischen Union und Mitgliedstaaten muss die Gegenpartei im Konfliktfall keine Rücksicht nehmen, da beide vollwertige WTO-Mitglieder und damit für die Einhaltung der welthandelsrechtlichen Vorgaben verantwortlich sind.[274] Die Kompetenzabgrenzung zwischen der EU und den Mitgliedstaaten wirkt nur im Innenverhältnis und lässt die Beziehungen zu anderen WTO-Mitgliedern unberührt.

Somit ist es durchaus denkbar, dass entweder die EU oder ein bzw. mehrere Mitgliedstaaten einer Vertragsverletzung in einem Sachverhalt beschuldigt werden, der unionsintern der Zuständigkeit des anderen Teils zugewiesen ist.[275] Spürbare Auswirkungen könnte dies vor allem dann zeitigen, wenn der Drittstaat mit seiner Beschwerde durchdringt und ihm, nachdem der originär zuständige Verfahrensgegner seiner Verpflichtung nicht nachgekommen ist, die Vornahme einer „cross-retaliation“ gestattet wird. Da sich die Maßnahme nicht auf das dem Streitgegenstand zugrunde liegende Handelsabkommen beschränkt, könnten bei Missachtung des Dienstleistungsabkommens negative Folgen für andere Wirtschaftsbereiche der EU drohen. In Betracht kommen beispielsweise Strafzölle auf Waren oder eine Duldung von Urheberrechtsverletzungen.[276]

Typischerweise gehen Drittstaaten gegen die EU-Mitglieder selbst vor, wenn nationale Regelungen in Rede stehen; gegen die Union indessen, falls europa-

---

6. Aufl. 2003, Art. 281 EG Rn. 45, weist darauf hin, dass im allgemeinen Völkerrecht ein Mangel an institutionellen Verfahren und Mechanismen zu beklagen sei. Angesichts des mehrstufigen, komplexen Streitbeilegungsverfahrens nach dem DSU ist dieser Befund sicherlich angreifbar.

274 *Sattler*, Gemischte Abkommen, 2007, S. 290.

275 *Satttler*, Gemischte Abkommen, 2007, S. 290.

276 *Satttler*, Gemischte Abkommen, 2007, S. 290 f.

rechtliche Vorschriften streitentscheidend sind.[277] Praktisch wird das Streitbeilegungsverfahren gleichwohl überwiegend von der Kommission betreut.[278]

Für das Fallbeispiel bedeutete dies, dass die Einleitung eines Streitbeilegungsverfahrens des Karibikstaates gegen Großbritannien durchaus denkbar wäre. Durch die Tatsache, dass gem. Art. 133 Abs. 5 EG, nun gem. Art. 207 Abs. 4 AEUV, heute die Regelungskompetenz vollständig bei der Gemeinschaft liegt[279] und dank der intensiven Befassung der Kommission mit Fragen des grenzüberschreitenden Glücksspiels ist es sehr wahrscheinlich, dass die Union zumindest als „co-defendant“[280] an der Seite Großbritanniens aufträte und die Verfahrensführung übernähme.[281]

8. Ergebnis zu VI.

Den EU-Mitgliedstaaten steht im Dienstleistungsbereich, von dem der Glücksspielsektor erfasst wird, keine eigenständige welthandelsrechtliche Regelungskompetenz zu. Ebenso wenig können sich die EU-Staaten untereinander auf WTO-Recht berufen und eine Streitbeilegung anberaumen.

Sollte ein einzelnes EU-Mitglied wie Deutschland wegen der Ausgestaltung seines Glücksspielsrechts mit einem Drittstaat auf welthandelsrechtlicher Ebene in Konflikt geraten, so ist davon auszugehen, dass die EU für sein Mitglied die Führung des Schlichtungsverfahrens übernimmt.

B. Die welthandelsrechtliche Behandlung des Zahlungsverkehrs

Auch der Eingriff in die Zahlungsströme für unerlaubte Glücksspiele kann eine weltweite Dimension annehmen. Nicht nur die Glücksspielanbieter, auch die Dienstleister, derer sie sich für die Zahlungsabwicklung bedienen, können außerhalb der EU ansässig sein und ihre Dienste über Fernkommunikationsmittel wie das Internet zur Verfügung stellen. Entsprechend den Darlegungen im EU-rechtlichen

---

277 Ohnehin nimmt die Kommission regelmäßig die Außenvertretung der EU einschließlich der einzelstaatlichen Interessen wahr. Dazu: *Stoll/Schorkopf*, WTO, 2002, Rn. 665.

278 Zur Zulassung der EG im Verfahren gegen einzelne Mitgliedstaaten: *Weiß*, in: Herrmann/Weiß/Ohler, Welthandelsrecht, 2. Aufl. 2007, Rn. 274.

279 Eingehend: *Schwartmann*, Private im Wirtschaftsvölkerrecht, 2005, S. 401 ff.

280 Dazu näher: *Sattler*, Gemischte Abkommen, 2007, S. 291 f.

281 So z.B. in den Fällen WT/DS80/1 (*Belgium* – Measures Affecting Commercial Telephone Directory Services), WT/DS83/1 (*Denmark* – Measures Affecting the Enforcement of Intellectual Property Rights) und WT/DS86/1 (*Sweden* – Measures Affecting the Enforcement of Intellectual Property Rights).

Teil kommen nur inländische Unternehmen als unmittelbare Adressaten der Bekämpfungsstrategie in Betracht. Sofern deutsche Herausgeberbanken bzw. ihre Processingunternehmen verpflichtet werden, Zahlungsanfragen zurückzuweisen, vermag dies aber auch starke Auswirkungen auf die Geschäftstätigkeit der Internetcasinos sowie der Akquirierungsunternehmen und deren Processoren im außereuropäischen Ausland haben. Ein Blick auf den welthandelsrechtlichen Rahmen ist daher geboten. Er umfasst eine Einordnung der fraglichen Dienstleistungen in die begrifflichen Kategorien des Welthandelsrechts (unter I.) und eine Skizzierung des bisherigen Liberalisierungsstandes (unter II.) und setzt sich schließlich mit der Anwendbarkeit des Maßnahmenbegriffs auf den Untersuchungsgegenstand der Blockade von Autorisierungsanfragen auseinander (unter III.).

I. Begriff der Finanzdienstleistungen

Zunächst ist eine Kategorisierung der fraglichen Tätigkeiten in die welthandelsrechtlichen Termini vorzunehmen. In den WTO-Abkommen ist dem Kapital- und Zahlungsverkehr kein eigenständiger Teil zugewiesen. Allerdings haben Verpflichtungen, die im Zusammenhang mit Dienstleistungen im Finanzsektor übernommen werden, maßgebliche Auswirkungen auf die Liberalisierung des Kapital- und Zahlungsverkehrs. Nähere Erkenntnisse zu den Verpflichtungen, die Einfluss auf die Tätigkeit der Akquirierungs- und der Glücksspielunternehmen im Hinblick auf den Geldfluss haben, ergeben sich aus den Regelungen zu Dienstleistungen.

Während der Dienstleistungsbegriff als solcher im GATS nicht legaldefiniert ist,[282] geht die Anlage zu Finanzdienstleistungen,[283] die gem. Art. XXIX integraler Bestandteil des GATS ist, nicht nur auf die Besonderheiten nationaler Regulierungsmaßnahmen ein,[284] sondern enthält in Abs. 5 überdies eine präzise Bestimmung des Begriffs „Finanzdienstleistungen".

Danach ist eine Finanzdienstleistung jede Dienstleistung finanzieller Art, die von einem Finanzdienstleistungserbringer eines Mitglieds angeboten wird. Die nicht abschließende[285] Aufstellung umfasst zum einen alle Versicherungs- und versicherungsbezogenen Dienstleistungen und zum anderen alle Bank- und sonsti-

---

282 *Kampf*, in: Grabitz/Hilf, Recht der EU, Bd. V, 40. Erg.-L. 2009, E 26 (Finanzdienstleistungen) Rn. 79; *Eckert*, Liberalisierung, 1997, S. 12.

283 Gesamtes GATS in: ABl. L 336 vom 23.12.1994, S. 191 ff.; abgedruckt auch bei: *Benedek*, WTO, 1998, B. III.18 – GATS, Anlage zu Finanzdienstleistungen, S. 413 ff.; dazu: *Ohler*, K-/ZVF, 2002, Art. 56 EG Rn. 360; *Stoll/Schorkopf*, WTO, 2002, Rn. 575.

284 Näher dazu: *Eckert*, Liberalisierung, 1997, S. 118.

285 *Ohler*, K-/ZVF, 2002, Art. 56 EG Rn. 360; *Kokott*, RIW 2000, 401 (402).

gen Finanzdienstleistungen.[286] Gem. Abs. 5 a) viii) zählen zur zweiten Kategorie sämtliche Zahlungs- und Überweisungsdienstleistungen einschließlich Kredit- und Scheckkarten, Reiseschecks und Bankwechsel und damit beispielsweise auch die Tätigkeit der Akquirierungsunternehmen.

II. Liberalisierungsstand

Eine Berufung auf welthandelsrechtliche Gewährleistungen kommt für Staaten, denen an einer möglichst freien wirtschaftlichen Betätigung ihrer Glücksspielanbieter und deren Finanzdienstleister gelegen ist, in Betracht, wenn der „Zielstaat" tatsächlich spezifische Liberalisierungsverpflichtungen eingegangen ist.

Der Öffnungsgrad der Union im Bereich der Finanzdienstleistungen soll allerdings nicht umfassend betrachtet werden, sondern im Anschluss an die vorausgegangenen Darlegungen nur im Hinblick auf die erste Erbringungsmodalität.[287] Da es um eine Zahlungsabwicklung im Fernabsatz ohne persönlichen Kontakt der Beteiligten geht,[288] ist lediglich das Pendant zur Korrespondenzdienstleistungsfreiheit, die grenzüberschreitende Dienstleistungserbringung, betroffen.[289]

Über den Verpflichtungsstand hinsichtlich des Marktzugangs geben im Regelfall die spezifischen Verpflichtungslisten, die sich ihrerseits zur Bezeichnung der erfassten Sektoren weitgehend[290] auf den CPC-Code[291] beziehen, eine umfassende Auskunft.[292] Für den politisch und wirtschaftlich sensiblen Bereich der Finanzdienstleistungen führen die Industrienationen nicht nur die typischen Erscheinungsformen separat in der „Anlage zu Finanzdienstleistungen" auf, sondern wählen auch bei ihren Verpflichtungen einen anderen Weg. So einigen sich die meisten OECD-Staaten, darunter auch die EU, auf das sog. „Understanding on Commitments in Financial Services", zu deutsch: die „Vereinbarung über Verpflichtungen bei Finanzdienstleistungen", die sich wiederum auf die in der „Anlage zu Finanzdienstleistungen" verwendeten Begrifflichkeiten stützt.[293] Die

286 *Kampf*, in: Grabitz/Hilf, Recht der EU, Bd. V, 40. Erg.-L. 2009, E 26 (Finanzdienstleistungen) Rn. 5; *Krajewski*, Wirtschaftsvölkerrecht, 2. Aufl. 2009, Rn. 473.

287 Zu den vier Erbringungsformen siehe oben Teil 5 A. II. 1.

288 Beispiele dazu bei: *Eckert*, Liberalisierung, 1997, S. 20; *Steenkamp*, in: Nettesheim/Sander, WTO-Recht, 2003, S. 189 (199 f.).

289 Offengelassen durch: *Steenkamp*, in: Nettesheim/Sander, WTO-Recht, 2003, 189 (203 f.)

290 *Kampf*, in: Grabitz/Hilf, Recht der EU, Bd. V, 40. Erg.-L. 2009, E 26 (Finanzdienstleistungen) Rn. 5 zu den Abweichungen.

291 Vgl. dazu oben Teil 5 A. II. 2. b) cc).

292 BGBl. 1999 II, S. 314 (329 ff.).

293 Unter: www.wto.org/english/tratop_e/serv_e/21-fin_e.htm; zul. aufgerufen am 10.09.2012; siehe hierzu den: 1999/61/EG: Beschluss des Rates vom 14.121998 über die Annahme der Er-

Vereinbarung ist als eine freiwillige Alternative zur üblichen Auflistung der Liberalisierungsverpflichtungen nach Art. XVI (Marktzugang) und Art. XVII GATS (Inländerbehandlung) zu verstehen. Durch eine Erklärung beziehen die EU und ihre Mitgliedstaaten sie ausdrücklich in ihre Positivlisten ein.[294]

In der Vereinbarung geben die EU und ihre Mitgliedstaaten in der ersten Modalität hauptsächlich Zusagen im Versicherungssektor ab. Die Verpflichtungen im Banken- und Finanzdienstleistungssektor beschränken sich dagegen im Wesentlichen auf die Bereitstellung und Übermittlung von Finanzinformationen[295] sowie Beratungs- und Hilfstätigkeiten.[296] Im Bereich der Zahlungs- und Überweisungsdienstleistungen einschließlich der Kredit- und Scheckkarten nach Abs. 5 a) viii) der Anlage zu Finanzdienstleistungen gehen die EU und ihre Mitgliedstaaten keine Verpflichtungen in der ersten Modalität ein. Daher bedarf es auch keiner Ausnahmen in den spezifischen Verpflichtungslisten.

Es bestehen daher keine weltweit geltenden Liberalisierungsverpflichtungen der EU im Bereich des Zahlungs- und Kreditkartenverkehrs.

III. Zweifel an Vorliegen einer Maßnahme nach Art. XVI Abs. 2 GATS

Doch selbst bei einem gewährten Marktzugang für die fraglichen Dienstleistungen wäre es sehr zweifelhaft, ob eine beeinträchtigende Maßnahme im Sinne von Art. XVI Abs. 2 GATS festzustellen wäre. Wie bereits dargestellt, bieten die Marktzugangsregelungen in den WTO-Abkommen anders als die Grundfreiheiten des EU-Vertrags keinen umfassenden Schutz vor beschränkenden Handlungen. Eine grundsätzlich mit den Gewährleistungen von Art. XVI GATS unvereinbare Maßnahme liegt nur bei Beschränkungen der Anzahl der Dienstleistungserbringer (Abs. 2 a) oder der Dienstleistungen (Abs. 2 c) insbesondere in Form von Quotenregelungen vor.

Es stellt sich die Frage, ob ein Vorgehen allein gegen die Zahlungsdienstleister im Hinblick auf den Glücksspielveranstalter als ein Anwendungsfall des Art. XVI Abs. 2 a oder c GATS gewertet werden könnte. Hierzu bietet es sich an, die Darlegungen des Schlichtungsgremiums (Panel) im Falle *US-Gambling*

---

gebnisse der Verhandlungen (...) über Finanzdienstleistungen (...), ABl. L 20 vom 27.01.1999, S. 38 f.

294 BGBl. 1999 II, S. 329; näher: *Stoll/Schorkopf*, WTO, 2002, Rn. 579.

295 Abs. 5 a) xv) der Anlage zu Finanzdienstleistungen; abgedr. bei *Benedek*, WTO, 1998, B.III.18 – GATS, Anlage, S. 413 (416).

296 Abs. 5 a) xvi) der Anlage zu Finanzdienstleistungen; abgedr. bei *Benedek*, WTO, 1998, B.III.18. – GATS, Anlage, S. 413 (416).

als Erkenntnisquelle heranzuziehen. Dieses erkennt in dem umfassenden Veranstaltungsverbot einen Anwendungsfall des Art. XVI Abs. 2 a und c GATS, da eine konsequente Umsetzung zu einem Ende der Glücksspieltätigkeit und damit zu einer Nullquote führt.

Zwar kommt es auch bei einer konsequenten Zurückweisung aller Autorisierungsanfragen für Onlineglücksspiele zu einem Erliegen des Zahlungsflusses und in einem zweiten Schritt zu einer Einstellung der Geschäftstätigkeit der Glücksspielveranstalter. Die Fallgestaltung ist aber nicht ohne weiteres mit dem isolierten Internetverbot vergleichbar. Zum einen besteht derzeit nach deutschem Recht noch kein ausdrücklicher Verbotstatbestand, der sich ausdrücklich gegen den Veranstalter selbst richtet und ihm die Annahme und Tätigung von Zahlungen verwehrt. Ein solcher könnte sich lediglich indirekt aus dem Verbot der Glücksspielveranstaltung entnehmen lassen. Als Begründung ließe sich anführen, dass zu selbiger auch der Zahlungsvorgang zählt. Überdies ist der Glücksspielveranstalter im Falle der Zahlungsabwicklung nicht selbst der Anbieter der Dienstleistung, sondern nimmt diese in Anspruch. Diese Konstellation weist große Ähnlichkeit mit dem in *US-Gambling* einschlägigen Vorschriften auf, die Konsumenten eine Teilnahme an Internetglücksspielen untersagen.[297] Aus Sicht des Panels liegt zwar eine Beschränkung des Dienstleistungshandels vor. Die Fallbeispiele des Art. XVI Abs. 2 GATS beschränken sich allerdings darauf, die Leistungserbringung, nicht jedoch den Konsum zu schützen.[298]

Auch im Falle der Akquirierungs- und den ihnen angeschlossenen Prozessorunternehmen, die mit einer umfassenden Ablehnung der Zahlungsanfragen konfrontiert sind und in der Konsequenz deutlich weniger Zahlungen für ihre Klienten, die Glücksspielanbieter, abwickeln könnten, wäre es sehr zweifelhaft, einen Anwendungsfall des Art. XVI Abs. 2 GATS anzunehmen. Da ausländische Unternehmen nicht als Adressaten deutscher Regelungen in Betracht kommen, lassen sich die Konsequenzen für ihre Dienstleistungserbringung lediglich als mittelbarer Eingriff in ihre Geschäftstätigkeit verstehen.

---

297 Aus den Staaten Colorado: Panel Report, paras. 6.381-6.383; Minnesota: Panel Report, paras. 6.396-6.398; New Jersey: Panel Report, paras. 6.399-6.402 und New York: Panel Report, paras. 6.403-6.406; vgl. US-Gambling, Panel Report, para. 6.396: Auszug aus dem Gesetz des Staates Minnesota:

„Whoever does any of the following is guilty of a misdemeanor: (1) makes a bet (…)"

Panel Report, para. 6.381: Auszug aus dem Gesetz des Staates Colorado: "(1) A person who engages in gambling commits a class 1 petty offense.

(2) A person who engages in professional gambling commits a class 1 misdemeanor. If he is a repeating gambling offender, it is a class 5 felony."

298 *US-Gambling*, Panel Report, paras. 6.383, 6.398, 6.402 und 6.406.

IV. Rechtfertigungsmöglichkeiten

Schließlich ließen sich die Eingriffe in die Zahlungsströme zumindest durch den allgemeinen Ausnahmetatbestand des Art. XIV GATS rechtfertigen. Dies zeigen auch die Ausführungen der EU im Rahmen der Geldwäscherichtlinie: Ein Rückgriff auf Art. XIV GATS legitimiert danach auch einschränkende Maßnahmen der Mitglieder, die nötig sind, um die öffentliche Moral zu schützen, Betrugsstraftaten zu verhindern und Maßnahmen aus Vorsichtsgründen zu ergreifen. Hierzu gehört aus Sicht der EU auch die Sicherung der Stabilität und Integrität des Finanzsystems.

Auf diese Weise kann der Ansatz an den Zahlungsströmen sowohl mit dem ordnungsrechtlichen Ziel der Sucht- als auch der Kriminalitätsbekämpfung begründet werden.[299]

V. Ergebnis zu B.

In welthandelsrechtlicher Hinsicht stünden einem Eingriff in den Zahlungsstrom für unerlaubte Glücksspiele keine unüberwindbaren Hindernisse entgegen.

299 Erwägungsgrund 6 der RL 2005/60/EG des Europäischen Parlaments und des Rates vom 26.10.2005 zur Verhinderung der Nutzung des Finanzsystems zum Zwecke der Geldwäsche und der Terrorismusfinanzierung, ABl. L 309 vom 25.11.2005, S. 15.

Schlussbetrachtung

Abschließend sollen thesenartig einige wichtige Aspekte der Arbeit zusammengefasst werden:

Teil 1:

1. Der EuGH und das BVerfG unterstreichen mit der Betonung des weiten Beurteilungsspielraums nicht nur die regulatorische Freiheit, die dem Gesetzgeber zukommt. Zugleich betonen sie damit die Verantwortung, die Richtigkeit seiner Entscheidungen während des gesamten Geltungszeitraums der glücksspielrechtlichen Vorschriften kontinuierlich zu hinterfragen.

2. Hierzu zählen auch die Reformansätze zur Schaffung einer Alternative zum Internettotalverbot angesichts eines nicht zu leugnenden Schwarzmarktes. Die Offenheit, welche die Länder durch eine geplante Aufgabe der Internetabstinenz gegenüber einem liberaleren Ansatz zeigen, ist zu begrüßen.

Teil 2:

1. Die starren Kategorien des § 9 Abs. 1 StGB zur Anwendbarkeit deutschen Strafrechts stoßen bei einem abstrakten Gefährdungsdelikt wie dem unerlaubten Glücksspiel nach § 284 StGB an ihre Grenzen, wenn dieses durch einen im Ausland ansässigen Veranstalter über das Internet verwirklicht wird: Einen Erfolgsort kennt der Deliktstypus nicht; ein inländischer Handlungsort lässt sich nicht oder nur mit systematisch angreifbaren, argumentativen Hilfsgriffen bejahen.

2. Abhilfe kann eine gesetzgeberische Umgestaltung des § 284 StGB in ein konkretes Gefährdungs- oder ein Erfolgsdelikt oder die Ergänzung des § 9 StGB um einen Absatz, der auf eine Tatbegehung über Datennetze eingeht, bieten.

3. Im Vergleich zum Straf- bietet das Verwaltungsrecht einen deutlich flexibleren Rechtsrahmen, um praxistaugliche Lösungsansätze zu schaffen. In beiden Fällen bleibt allerdings das Vollzugsdefizit gegenüber ausländischen Glücksspielveranstaltern bestehen.

Teil 3:

1. Das US-Regelwerk *Unlawful Internet Gambling Enforcement Act* (UIGEA) einschließlich der Umsetzungsverordnung bietet eine geeignete Grundlage für einen Abbruch von Kreditkartentransaktionen für Glücksspiele auf technischem Wege mittels des Merchant Category Code 7995.

2. In den US-Vorschriften ermöglichen der weite Adressatenkreis, den der Kernbegriff *financial transaction provider* eröffnet, und die offen gestalteten Vorgaben auch für andere Zahlungsverfahren, in denen eine automatisierte Blockade nicht möglich ist, die Entwicklung praxisnaher Strategien.

3. Die abschreckende Wirkung des Konzepts resultiert derzeit allerdings vorrangig aus dem repressiven Vorgehen der US-Strafverfolgungsbehörden gegen Onlineveranstalter und ihre Zahlungsdienstleister, wie die unter dem Stichwort *Black Friday* bekannt gewordenen Verfahren zeigen.

4. Die Ermächtigungsgrundlage des § 9 Abs. 1 S. 3 Nr. 4 GlüStV 2008 hat den US-amerikanischen Ansatz zum Vorbild. Allerdings kann bei Erlass des Staatsvertragsentwurfs nur auf die Erfahrungswerte aus den dem UIGEA vorausgegangenen Einzelabsprachen zwischen US-Staatsanwaltschaft und Kreditkartenherausgeber, nicht aber auf das umfassende Regelwerk mit Einbezug mehrerer Zahlungsverfahren und weiterer Vorgaben, zurückgegriffen werden.

5. Die komplexen Leistungsbeziehungen im Kreditkartenverfahren lassen sich mit Hilfe eines Zwei-Säulen-Modells aus Kartenherausgabe- und Akquisitionsseite darstellen.

6. Das Begriffsverständnis des KWG und anderer bundesrechtlicher Vorschriften ist zur Auslegung der Ermächtigungsadressaten „*Kredit- und Finanzdienstleistungsinstitute*“ heranzuziehen.

7. Nach Streichung des § 1 Abs. 1 a Nr. 8 KWG, dem Herausgeben und Verwalten von Kreditkarten, hat der Begriff der Finanzdienstleistungsinstitute keine Bedeutung mehr für die Ermächtigungsgrundlage.

8. § 9 Abs. 1 S. 3 Nr. 4 GlüStV 2008 erfasst nur die Herausgeberbanken sowie die Hausbanken des Spielers und des Glücksspielanbieters.

9. Die Akquirierungsunternehmen bleiben ausgeklammert. Die Ermächtigungsnorm ermöglicht damit noch keine umfassende Strategie wie sie der UIGEA bietet, sondern bleibt auf dem Stand der Einzelabsprachen zwischen US-Banken und Staatsanwaltschaft vor Schaffung des umfangreichen US-Regelwerks stehen.

10. Der Adressatenkreis ist offen genug formuliert, um Institute mit Sitz in anderen EU-Mitgliedstaaten sowie gegebenenfalls auch in dem Europäischen Wirtschaftsraum zu erfassen.

11. Auf außereuropäische Sachverhalte lässt sich die Norm hingegen nicht anwenden. Dieses Ergebnis steht nicht nur im Einklang mit den Regelungen des Finanzaufsichtsrechts, sondern berücksichtigt auch den Grad der Vollstreckungsmöglichkeit gegen die verpflichteten Institute.

12. Der Großteil der Aufgaben innerhalb des Kreditkartenverfahrens einschließlich der Kartenherausgabe und der Akquisition, nicht aber der technischen Dienstleitungen, wird seit Inkrafttreten des ZAG im Oktober 2009 von dem neu geschaffenem Typus des „Zahlungsinstitutes" wahrgenommen.

13. Ein Vorschlag zur Neufassung der Ermächtigungsnorm lautet hinsichtlich des Adressatenkreises: „insbesondere Kredit- und Zahlungsinstituten".

14. Als Alternative zur Bezeichnung der Verpflichteten käme zwar die Schaffung eigener, glücksspielrechtlichen Begrifflichkeiten (z.B. Erbringer von Zahlungsdienstleistungen) in Betracht. Dadurch notwendige Legaldefinitionen und Gesetzeserläuterungen erhöhten aber das Risiko rechtlicher Unsicherheit und damit gerichtlicher Angreifbarkeit.

15. Schon auf Tatbestandsebene ist zu klären, ob die Verfügungsadressaten Störer oder Nichtstörer sind (insbes. wegen Entschädigungsregelungen). Vorschriften des allgemeinen Polizei- und Ordnungsrechts sind hierzu ergänzend heranzuziehen. Zur Klarstellung sollte der Staatsvertrag um eine Verweisvorschrift ergänzt werden.

16. Dienstleister auf Herausgeberseite sind als Nichtstörer, der Acquirer und die Hausbank des Veranstalters dagegen als Störer zu qualifizieren.

17. Die Öffnung des Adressatenkreises in der Nachfolgeregelung nach § 9 Abs. 1 S. 3 Nr. 4 GlüÄndStV-E der 15 Länder mit Ausnahme Schleswig-Holsteins durch Voranstellung des Wortes „insbesondere" ist zu begrüßen.

18. Das neu in beiden Novellierungsentwürfen (§ 9 Abs. 1 S. 3 Nr. 4 GlüÄndStV-E; § 30 Abs. 1 Nr. 4 GlüSpG-E S-H) enthaltene Erfordernis einer „vorherigen Bekanntgabe unerlaubter Glücksspielangebote" ist abzulehnen:

- Eine Pflicht zur individuellen Information würde das Präventivkonzept zur Kreditkartenblockade erheblich einschränken.
- Es ist unnötig, da durch die Marktöffnung im Wettbereich ein legales Pendant besteht.

– Eine Unterrichtungspflicht der Adressaten kann vor Verfügungserlass ohnehin im Rahmen pflichtgemäßer Ermessensausübung geboten sein.

Teil 4:

1. Anders als von der EU-Kommission angenommen, ist in der Valutaebene zwischen Spieler und Glücksspielveranstalter bei einer an die Zahlungsdienstleister gerichteten Untersagung des Geldtransfers nur die Zahlungs-, nicht aber die Kapitalverkehrsfreiheit betroffen.

2. Eingriffe in den Herausgeber- oder Akquisitionsstrang innerhalb des Kreditkartenverfahrens werden als Beschränkungen der Dienstleistungsfreiheit erfasst. Die Abrechnung über das Kreditkartennetz (Clearing und Settlement) kann eine kurzfristige Gewährung von Krediten notwendig machen und aus diesem Grund als verbundene Dienstleistung nach Art. 58 Abs. 2 AEUV zu behandeln sein.

3. Lediglich eine Verpflichtung, mittels einer Kontensperre das Vermögen des Onlineanbieters einzufrieren, könnte als Beschränkung der Kapitalverkehrsfreiheit eingestuft werden.

4. Die geschriebenen Rechtfertigungsgründe würden als Grundlage für sämtliche Eingriffe in die Zahlungsabwicklung auf Basis des § 9 Abs. 1 S. 3 Nr. 4 GlüStV 2008 ausreichen. Jedoch entspricht die Entscheidung der EU-Kommission, auf die ungeschriebenen Allgemeininteressen zurückzugreifen, der ständigen Rechtsprechung des EuGH. Der einheitliche Prüfungsmaßstab für alle Leistungsbeziehungen erleichtert die Eingriffskontrolle.

5. Von der Ermächtigungsnorm allein geht keine abschreckende Wirkung für Glücksspielanbieter aus. Die Regelung bietet aber bereits nach heutigem Stand die Grundlage für verhältnismäßige Maßnahmen.

Teil 5:

1. Der US-Rechtsrahmen für Online-Glücksspiele, der den Streitgegenstand des WTO-Schlichtungsverfahrens zwischen den USA und Antigua bildet, enthält vergleichbare systematische Brüche wie das deutsche Glücksspielrecht.

2. Die auf gegenseitiges Nachgeben basierende Streitbeilegung im WTO-Recht unterscheidet sich stark von den gerichtlichen Verfahren im Verfassungs- und

Unionsrecht. Der materielle Prüfungsmaßstab im Dienstleistungssektor und speziell in einem glücksspielrechtlichen Verfahren wie *US-Gambling* ist allerdings ähnlich ausgestaltet.

3. Im Glücksspielsektor liegt die Regelungskompetenz nicht bei den EU-Mitgliedstaaten, sondern der Union. Eine Marktöffnung durch Eingehen völkerwirtschaftsrechtlicher Verpflichtungen kann nicht isoliert durch einzelne Mitgliedstaaten erfolgen

4. Im Gegensatz zu den USA ist die EU bislang keine Marköffnungsverpflichtungen im Glücksspielsektor eingegangen.

5. Es bestehen auch keine weltweit geltenden Liberalisierungsverpflichtungen der EU im Zahlungsverkehr im Allgemeinen und im Kreditkartenwesen im Besonderen. Sollte es zu einer Marköffnung kommen, so gelten für Beschränkungen im Einzelfall die für den allgemeinen Dienstleistungsbereich anwendbaren Rechtfertigungsmöglichkeiten.

Literaturverzeichnis

Alber, Siegbert Grundprinzipien des europäischen Glücksspielrechts, Freier Dienstleistungsverkehr auch für Glücksspiele? – Zur Rechtsprechung des EuGH zum Glücksspielbereich, S. 1 in: Becker, Der Staatsvertrag zum Glücksspielwesen und dessen Umsetzung – Beiträge zum Symposium 2007 und 2008 der Forschungsstelle Glücksspiel, 2009, Frankfurt/Main u. a., 2009. (*zit: Staatsvertrag*)

Alber, Siegbert Anmerkungen zum Urteil in der Sache Liga Portuguesa, ZfWG 2009, 325.

Alber, Siegbert Freier Dienstleistungsverkehr auch für Glücksspiele? Zur Rechtsprechung des EuGH zum Glücksspielbereich, ERA Forum (2007) 8, 321.

Albers, Norman Struktur und ökonomische Bedeutung des Sportwettenmarktes in Deutschland, § 4 (S. 56), in: Gebhardt / Gruesser-Sinopoli, Glücksspiel in Deutschland – Ökonomie, Recht, Sucht, 2008, Berlin.

Arendts, Martin Auswirkungen des Placanica-Urteils auf Deutschland, ZfWG 2007, 79.

Backu, Frieder Aktuelles Lotterie- und Glücksspielrecht – Zugleich Anmerkung zu den Entscheidungen des EuGH v. 8.9.2010, ITRB 2011, 17.

Badura, Peter Verfassungsrechtliche und gemeinschaftsrechtliche Fragen einer Neuordnung des Glücksspielwesens in Deutschland, S. 7 in: Ennuschat, Aktuelle Probleme des Rechts der Glücksspiele – Vier Rechtsgutachten, München, 2008. (*zit: Aktuelle Probleme d. Rechts d. GS*)

Bahr, Martin Glücks- und Gewinnspielrecht – Eine Einführung in die wichtigsten rechtlichen Aspekte, 2. Aufl., Berlin, 2007.

Bamberger, Heinz Georg / Roth, Herbert (Hrsg.) Beck'scher Online-Kommentar BGB, Stand: 1) 01.03.2011; 2) 01.10.2007 für § 676h BGB (aufgehoben), Ed. 20, München. (*zit: BeckOK-BGB*)

Barth, Dietrich Das Allgemeine Übereinkommen über den internationalen Dienstleistungshandel (GATS), EuZW 1994, 455.

Bartholmes, Thomas Anmerkung zum Beschluss des Verwaltungsgerichts Gießen vom 07.05.2001 – 10 E 13/07, ZfWG 2007, 233.

Barton, Dirk-Michael / Gercke, Björn / Janssen, Gerhard Die Veranstaltung von Glücksspielen durch ausländische Anbieter per Internet unter besonderer Berücksichtigung der Rechtsprechung des BGH, wistra 2004, 321.

Baumann, Helmut Die Dienstleistungsfreiheit auf dem Gebiet der audiovisuellen Medien im Rahmen des GATS im Spannungsfeld von Marktfreiheit und kultureller Selbstbestimmung der Staaten der Europäischen Union, Berlin, 1998. (*zit: Dienstleistungsfreiheit*)

Baumann, Jürgen / Weber, Ulrich / Mitsch, Wolfgang Strafrecht Allgemeiner Teil, 11. Aufl., Bielefeld, 2003. (*zit: StrafR AT*)

Baumbach, Adolf / Hefermehl, Wolfgang / Casper, Matthias Wechselgesetz, Scheckgesetz, Recht der kartengestützten Zahlungen mit Nebengesetzen und einer Einführung in das Wertpapierrecht, 23. Aufl., München, 2008. *(zit: Kartenzahlung = Teil 4 der Kommentierung)*

Beckemper, Katharina Strafbarkeit von „Oddset-Wetten", Anm. zu BGH, Urteil vom 28.11.2002 – 4 StR 260/02 (NStZ 2003, 372), NStZ 2004, 39.

Becker, Tilman — Wie weit geht der Ermessensspielraum des Gesetzgebers bei der Regulierung des Glücksspielmarktes?, ZfWG 2009, 1.

Becker, Tilman — Ein Prüfprogramm für Glücksspielwerbung, ZfWG 2012, 229.

Beisel, Daniel / Heinrich, Bernd — Die Strafbarkeit der Ausstrahlung pornographischer Sendungen in codierter Form durch das Fernsehen, JR 1996, 95.

Benedek, Wolfgang — Die Welthandelsorganisation (WTO) – alle Texte einschließlich GATT (1994), GATS und TRIPS, München, 1998. (*zit: WTO*)

Berberich, Bernd — Das Internet-Glücksspiel – Ein Beitrag zur systematischen Fortentwicklung des deutschen Glücksspielrechts, Berlin, 2004.

Berka, Walter — Lehrbuch Verfassungsrecht, 2. Aufl., Wien, 2008. (*zit: Verfassungsrecht*)

Bethge, Herbert — Die begrenzte Legitimation von „DDR-Lizenzen" für das Unternehmen von Glücksspielen in den alten Ländern, BayVBl. 2008, 97.

Bethge, Herbert — Die rechtlichen Konsequenzen der Entscheidung des Bundesverfassungsgerichts vom 28. März 2006 (ODDSET) zur Zulässigkeit gewerblicher Veranstaltung und Vermittlung von Glücksspielen in den Ländern, ZfWG 2007, 169 (Teil 1) und 245 (Teil 2).

Blaurock, Uwe — Zahlungsverkehr im Internet, in: Leipold, Rechtsfragen des Internet und der Informationsgesellschaft, S. 155, Heidelberg, 2002.

Boele-Woelki, Katharina — Internet und IPR: Wo geht jemand ins Netz?, in: Dicke / Hummer, Berichte der Deutschen Gesellschaft für Völkerrecht, Bd. 39, S. 307, Heidelberg, 2000. *(zit: Völkerrecht)*

Böhm, Steffen Telefonmehrwertdienste und unlautere Geschäftspraktiken, MMR 1998, 585.

Bolay, Stefan Internet-Geschicklichkeitsspiele – Zulassungsfrei, durch den RStV beschränkt oder nach der GewO genehmigungspflichtig?, ZfWG 2010, 88.

Bolay, Stefan Glücksspiel, Glücksspiel oder doch Gewinnspiel – Einheitlichkeit zwischen straf- und glücksspielstaatsvertraglichem Gewinnspielbegriff, MMR 2009, 669.

Boos, Karl-Heinz / Fischer, Reinfrid / Schulte-Mattler, Hermann (Hrsg.) Kreditwesengesetz, Kommentar zu KWG und Ausführungsvorschriften, 3. Aufl., München, 2008. (*zit: KWG*)

Brandl, Harald Spielleidenschaft und Strafrecht: Eine Betrachtung zu den Glücksspieltatbeständen der §§ 284 ff. StGB, Frankfurt/Main u.a., 2003.

Braun, Jens-Daniel Mitgliedstaatliche Glücksspielmonopole vs. EG-Wettbewerbsrecht?, ZEuS 2005, 211.

Bremer, Karsten Strafbare Internet-Inhalte in internationaler Hinsicht – Ist der Nationalstaat wirklich überholt, Frankfurt/ Main u. a., 2001. *(zit: Strafbare Internet-Inhalte)*

Bremer, Karsten Radikal-politische Inhalte im Internet – ist ein Umdenken erforderlich?, MMR 2002, 147.

Breuer, Barbara Anwendbarkeit des deutschen Strafrechts auf exterritorial handelnde Internet-Benutzer, MMR 1998, 141.

Brüning, Christoph „Nichts geht mehr?" – Zum grundrechtlichen Schutz der Berufsfreiheit vor staatlicher Wirtschaftstätigkeit, JZ 2009, 29.

Brugger, Christina Abbruch der Zahlungsströme als Mittel zur Bekämpfung unerlaubter Internetglücksspiele, S. 91 in: Becker, Glücksspiel im Internet – Beiträge zum

Symposium 2009 der Forschungsstelle Glücksspiel, Frankfurt/Main u. a., 2011.

Brugger, Christina Werbeverbote und -beschränkungen des GlüStV für staatliches Glücksspiel im Fokus der Rechtsprechung, ZfWG 2009, 256.

Brugger, Christina Die Erlaubnispflichtigkeit von Glücksspielen nach dem neuen Staatsvertrag, ZfWG 2008, 20.

Büssow, Jürgen / von Schmeling, Margret Die Internetaufsicht über unerlaubtes Glücksspiel – Ein Praxisbericht aus der Sicht einer Ordnungsbehörde, ZfWG 2010, 239.

Bungenberg, Marc Das Sportwettenmonopol zwischen deutschem und europäischem Wirtschaftsverfassungsrecht, DVBl. 2007, 1405.

Bunk, Artur Die Verpflichtung zur kohärenten Politikgestaltung im Vertrag über die Europäische Union, Berlin, 1999. (*zit: Verpflichtung*)

Calliess, Christian / Ruffert, Matthias EUV/AEUV – Das Verfassungsrecht der Europäischen Union mit Europäischer Grundrechtecharta, Kommentar, 4. Aufl., München, 2011; Vorauflage: EUV/EGV, 3. Aufl., München, 2007. (*zit: EUV/EGV*)

Clauß, Felix Anmerkung zu BGH, MMR 2001, 228 (= BGHSt 46, 212), MMR 2001, 232.

Collardin, Marcus Straftaten im Internet – Fragen zum internationalen Strafrecht, CR 1995, 618.

Conradi, Ulrich / Schlömer, Uwe Die Strafbarkeit der Internet-Provider – 1. Teil, NStZ 1996, 366.

Cornils, Karin Der Begehungsort von Äußerungsdelikten im Internet, JZ 1999, 394.

Cremer, Wolfram Freiheitsgrundrechte: Funktionen und Strukturen, Tübingen, 2004.

Dannenberg, Marius / Ulrich, Anja — E-Payment und E-Billing – Elektronische Bezahlsysteme für Mobilfunk und Internet, Wiesbaden, 2004. (*zit: E-Payment*)

Derksen, Roland — Strafrechtliche Verantwortung für in internationalen Computernetzen verbreitete Daten mit strafbarem Inhalt, NJW 1997, 1878.

Derleder, Peter / Knops, Kai-Oliver / Bamberger, Heinz Georg (Hrsg.) — Handbuch zum deutschen und europäischen Bankrecht, Berlin u. a., 2004. (*zit: HB BankR*)

Dickersbach, Alfred — Der Geschicklichkeitsautomat als Problem des gewerblichen Spielrechts, GewArch 1998, 265.

Diegmann, Heinz / Hoffmann, Christof / Ohlmann, Wolfgang — Praxishandbuch für das gesamte Spielrecht, Stuttgart, 2008. (*zit: Spielrecht*)

Diesbach, Martin / Ahlhaus, Martin — Verfassungs- und europarechtliche Vorgaben für die Neuordnung des Glücksspielrechts, ZUM 2011, 129.

Dietlein, Johannes / Hecker, Manfred / Ruttig, Markus (Hrsg.) — Glücksspielrecht, Kommentar, München, 2008.

Dietlein, Johannes — Anmerkungen zum Urteil des EuGH in Sachen Liga Portuguesa (Urteil vom 8. September 2009, Rs. C-42/07), ZfWG 2009, 327.

Dietlein, Johannes — Die Gesetzgebungszuständigkeit der Länder für das Spielhallenwesen – Kompetenzielle und materielle Fragen des neuen Art. 74 I Nr. 11 GG, ZfWG 2008, 12 (Teil 1) und 77 (Teil 2).

Dietlein, Johannes — Illegales Glücksspiel und staatliche Gefahrenabwehr – Herausforderungen an die staatliche Gefahrenabwehr im Informationszeitalter, GewArch 2005, 89.

Dietlein, Johannes Anordnungen gegen ungenehmigte Glücksspielvermittlung – Anmerkungen zu BVerfG – Kammerbeschluss vom 27.4.2005, WRP 2005, 1001.

Dietlein, Johannes / Hecker, Manfred Die Vermittlung von Oddset-Wetten zwischen Gefahrenabwehr und Wettbewerbsschutz, WRP 2003, 1175.

Dietlein, Johannes Das staatliche Glücksspiel auf dem Prüfstand, BayVBl. 2002, 161.

Dorner, Herbert Das Kreditkartengeschäft, Frankfurt/Main, 1991.

Duesberg, Erik Die Strafbarkeit des Online-Poker – Strafrechtliche Aspekte des Veranstaltens und Spielens von Poker im World Wide Web, JA 2008, 270.

Durner, Wolfgang Internationales Umweltverwaltungsrecht, in: Möllers / Voßkuhle / Walter, Internationales Verwaltungsrecht: eine Analyse anhand von Referenzgebieten, S. 121, Tübingen, 2007. (*zit: Internat. VwR*)

Ebensperger, Stefan Die Verbreitung von NS-Gedankengut im Internet und ihre strafrechtlichen Auswirkungen unter besonderer Berücksichtigung des E-Commerce-Gesetzes, ÖJZ 2002, 132.

Eckert, Martin Georges Die Liberalisierung internationaler Finanzdienstleistungen durch das General Agreement on Trade in Services (GATS) – Unter besonderer Berücksichtigung internationaler Bankdienstleistungen, Hamburg, 1997. (*zit: Liberalisierung*)

Eichmann, Daniel / Sörup, Thorsten Das Telefongewinnspiel – Zwischen Strafbarkeit und Wettbewerbsverstoß, MMR 2002, 142.

Einsele, Dorothee Der bargeldlose Zahlungsverkehr – Anwendungsfall des Garantievertrags oder abstrakten Schuldversprechens, WM 1999, 1801.

Emmerich-Fritsche, Angelika — Recht und Zwang im Völkerrecht, insbesondere im Welthandelsrecht, in: Schachtschneider, Rechtsfragen der Weltwirtschaft, S. 123, Berlin, 2002.

Engel, Christoph — Inhaltskontrolle im Internet, AfP 1996, 220.

Engelhardt, Hanns / App, Michael / Schlatmann, Arne (Hrsg.) — Verwaltungs-Vollstreckungsgesetz – Verwaltungszustellungsgesetz, 9. Aufl., München, 2011. (*zit: VwVG/VwZG*)

Engels, Stefan — Glücksspielstaatsvertrag 2008 – Marketing und Vertrieb für erlaubtes Glücksspiel, WRP 2008, 470.

Ennuschat, Jörg — Verfassungsrechtliche Aspekte der Blockierung eines illegalen Online-Glücksspielangebots, S. 51 in: Becker, Glücksspiel im Internet – Beiträge zum Symposium 2009 der Forschungsstelle Glücksspiel, Frankfurt/Main u. a., 2011.

Ennuschat, Jörg — Glücksspielrechtliche Kohärenz und Werbung, ZfWG 2011, 153.

Ennuschat, Jörg — Europäischer Gerichtshof kippt Glücksspielmonopol! Oder doch nicht? – Anmerkung zu den Urteilen des EuGH vom 08.09.2010 – C-409/06 (Winner Wetten), C-316/07 (Markus Stoss) und C-46/08 (Carmen Media), GewArch 2010, 425.

Ennuschat, Jörg — Erneute Anerkennung der mitgliedstaatlichen Gestaltungsspielräume im Glücksspielbereich durch den EuGH, ZfWG 2009, 329.

Ennuschat, Jörg — Zur gemeinschafts- und verfassungsrechtlichen Zulässigkeit eines staatlichen Monopolangebotes für Online-Glücksspiele, S. 55 in: ders., Aktuelle Probleme des Rechts der Glücksspiele – Vier Rechtsgutachten, München, 2008. (*zit: Aktuelle Probleme d. Rechts d. GS*)

Ennuschat, Jörg	Der gemeinschaftsrechtliche Rahmen für Glücksspiele, § 12 (S. 216), in: Gebhardt / Gruesser-Sinopoli, Glücksspiel in Deutschland – Ökonomie, Recht, Sucht, Berlin, 2008.
Ennuschat, Jörg	Aktuelle Rechtsfragen des staatlichen Lotteriemonopols in Deutschland, ZfWG 2008, 83.
Ennuschat, Jörg	Zur Unterscheidung der Glücksspiele von Geschicklichkeitsspielen, in: Gedächtnisschrift für Peter J. S. Tettinger, S. 41, Hrsg.: Ennuschat, Jörg / Geerlings, Jörg / Mann, Thomas / Pielow, Johann-Christian, Köln u.a., 2007. (*zit: GS Tettinger*).
Ennuschat, Jörg	Nichts Neues aus Europa?! Anmerkung zu EuGH, Urteil vom 06.03.2007 – C-338/04 – Placanica und zu EFTA-Gerichtshof, Urteil vom 14.03.2007 – E-1/06, ZfWG 2007, 77.
Ennuschat, Jörg / Brugger, Christina	Gesetzgebungskompetenzen im Spielhallenrecht nach der Föderalismusreform, ZfWG 2006, 292.
Ennuschat, Jörg	Kommentar zum Urteil des Bundesverfassungsgerichts v. 28.03.2006, ZfWG 2006, 31.
Ennuschat, Jörg	Vor dem Ende des Staatsmonopols im Glücksspielbereich? – Zugleich Anmerkung zu BVerfG, Beschluss vom 27.4.2005 – 1 BvR 223/05, DVBl. 2005, 1288.
Ennuschat, Jörg	Zur verfassungs- und europarechtlichen Zulässigkeit landesrechtlicher Restriktionen für private Glücksspielveranstalter, NVwZ 2001, 771.
Ennuschat, Jörg / Brugger, Christina	Gesetzgebungskompetenzen im Spielhallenrecht nach der Föderalismusreform, ZfWG 2006, 292.
Ennuschat, Jörg / Klestil, Stephanie	Der Glücksspielstaatsvertrag auf dem Prüfstand der Rechtsprechung, ZfWG 2010, 153.

Ennuschat, Jörg / Klestil, Stephanie — Sperrverfügungen gegenüber dem Access-Provider als Instrument zur Bekämpfung des illegalen Online-Glücksspiels?, ZfWG 2009, 389.

Epiney, Astrid — Zur Stellung des Völkerrechts in der EU – Zugleich Besprechung von EuGH, EuZW 1998, 572 – Hermès und EuGH, EuZW 1998, 694 – Racke, EuZW 1999, 5.

Epping, Volker / Hillgruber, Christian (Hrsg.) — Beck'scher Online-Kommentar Grundgesetz, Stand: 01.07.2011, Ed. 11, München. (*zit: BeckOK-GG*)

Erbs, Georg / Kohlhaas, Max (fortgeführt von Hrsg. Ambs, Friedrich) — Strafrechtliche Nebengesetze, Stand: 184. Erg.-L., München, 2011. (*zit: Strafrechtl. NebenG*)

Ernst, Stefan — Telefonrechnungen mit 0137-9-Verbindungen aus TV-Sendungen, MMR 2005, 735.

Escher, Markus — Bankaufsichtsrechtliche Änderungen im KWG durch das Vierte Finanzmarktförderungsgesetz, BKR 2002, 652.

Eser, Albin — Internet und Internationales Strafrecht, S. 303, in: Leipold, Rechtsfragen des Internet und der Informationsgesellschaft, Heidelberg, 2002.

Fezer, Karl-Heinz — Markenrecht, 4. Aufl., München, 2009.

Finke, Thorsten — Die strafrechtliche Verantwortung von Internet-Providern, Tübingen, 1998. (*zit: Die strafrechtliche Verantwortung*)

Fischer, Thomas — Strafgesetzbuch und Nebengesetze, Kommentar, 58. Aufl., München, 2011.

Fischhaber, Susanne / Manz, Tobias — Grenzen der Zulässigkeit von Pokerturnieren, GewArch 2007, 405.

Frank, Reinhard — Das Strafgesetzbuch für das Deutsche Reich, 18. Aufl., Tübingen, 1931.

Freitag, Robert — Vom Forderungskauf zum abstrakten Schuldanerkenntnis und die Verteilung des Missbrauchsrisikos im Kreditkartengeschäft, ZBB 2002, 322.

Frenz, Walter — Handbuch Europarecht, Bd. I: Europäische Grundfreiheiten, 2004; Bd. V: Wirkungen und Rechtsschutz, 2010, Berlin u.a. (*zit: HB EuropaR*)

Frhr. Raitz von Frentz, Wolfgang / Masch, Christian L. — Glücksspiele, Sportwetten, Geschicklichkeitsspiele, Lotterien, Unterhaltungsspiele, Spielbanken, Spielhallen und Gewinnspiele in Deutschland – Eine Übersicht zur jüngsten Entwicklung des Spielrechts, ZUM 2006, 189.

Fritzemeyer, Wolfgang / Rinderle, Regina — Das Glücksspiel im Internet – Straf- und wettbewerbsrechtliche Verantwortlichkeiten sowie vertragsrechtliche Rahmenbedingungen, CR 2003, 599.

Fröhler, Ludwig / Kormann, Joachim — Kommentar zur Gewerbeordnung, Heidelberg, 1978.

Gebhardt, Ihno — Zur aktuellen Situation des Glücksspielwesens, ZfWG 2011, 161.

Gebhardt, Ihno — Zur aktuellen Situation des Glücksspielwesens in Deutschland, § 15 (S. 276), in: Gebhardt / Gruesser-Sinopoli, Glücksspiel in Deutschland – Ökonomie, Recht, Sucht, Berlin, 2008.

Gebhardt, Ihno / Gohrke, Thomas — Spielbankenrecht, § 22 (S. 464); in: Gebhardt / Gruesser-Sinopoli, Glücksspiel in Deutschland – Ökonomie, Recht, Sucht, Berlin, 2008.

Gebhardt, Ihno / Postel, Dirk — Die Neuregelung des Glücksspielwesens in Deutschland, § 21 (S. 421), in: Gebhardt / Gruesser-Sinopoli, Glücksspiel in Deutschland – Ökonomie, Recht, Sucht, Berlin, 2008.

Gebhardt, Ihno / Postel, Dirk — Der weite Weg zur Kohärenz – Erste Anmerkungen zum neuen Glücksspielstaatsvertrag (Teil 1), ZfWG 2012, 1.

Geidies, Michael Betrieb wilder Müllkippen durch Unterlassen, NJW 1989, 821.

Geppert, Klaus Die Brandstiftungsdelikte (§§ 306 bis 306 f StGB) nach dem Sechsten Strafrechtsreformgesetz, JURA 1998, 597.

Gerland, Heinrich B. Deutsches Reichsstrafrecht, 2. Aufl., Berlin/Leipzig, 1932.

Germann, Michael Gefahrenabwehr und Strafverfolgung im Internet, Berlin, 2000. (*zit: Gefahrenabwehr*)

Glöckner, Jochen Grundverkehrsbeschränkungen und Europarecht – Zugleich ein Beitrag zum Anwendungsbereich der Kapitalverkehrsfreiheit, EuR 2000, 592.

Glöckner, Jochen Wettbewerbsverstöße im Internet – Grenzen einer kollisionsrechtlichen Problemlösung, ZVglRWiss 99 (2000), 278.

Goetz, Stefan Das internationale Kreditkartenverfahren, Basel u. a., 1992.

Grabitz, Eberhard / Hilf, Meinhard (fortgeführt von Hrsg. Nettesheim, Martin) Das Recht der Europäischen Union, EUV/AEUV, Kommentar, Stand: 43. Erg.-L., München, 2011. (*zit: Recht der EU*)

Graf, Jürgen P. Internet: Straftaten und Strafverfolgung, DRiZ 1999, 281.

Gras, Oliver Zahlungszusagen im bargeldlosen Zahlungsverkehr: Bestandsaufnahme – Analyse – Kritik, Eine rechtsdogmatische Untersuchung unter besonderer Berücksichtigung der Einwendungsproblematik, Berlin, 2006. *(zit.: Zahlungszusagen)*

Grünwald, Andreas / Koch, Hannah Nichts geht mehr? Sportwetten im Internet, MMR 2008, 711.

Gruhn, Volker / Striemer, Rüdiger / Turzinski, Franz-Josef Technische Aspekte des Glücksspiels im Internet, ZfWG 2008, 89.

Gülzow, Hagen Examensklausur: Strafrecht – Die Pokerrunde, JURA 1983, 49 (Sachverhalt), 102 (Lösung).

Hadding, Walther Risikoverteilung bei der Kreditkartenzahlung im Telephone- und Mailorderverfahren nach der Rechtsprechung des Bundesgerichtshofs, DRiZ 2006, 355.

Hadding, Walther Zahlung mittels Universalkreditkarte, in: Festschrift für Klemens Pleyer, S. 17, Hrsg.: Hofmann, Paul; Meyer-Cording, Ulrich; Wiedemann, Herbert, Köln, 1986. (*zit: FS Pleyer*)

Haltern, Ulrich Lotteriemonopol und Öffnung des Sportwettenmarktes – Teil 2, ZfWG 2011, 77.

Haltern, Ulrich Der Fachbeirat nach § 10 Abs. 1 S. 2 GlüStV: Aufgaben, Verfahren und Stellung, ZfWG 2009, 313.

Hamacher, Karl / Soldner, André „Placanica“: Grenzen des Spielens oder Spielen ohne Grenzen? – Zur aktuellen Entwicklung des Sportwettenrechts – zugleich Anmerkung zum „Placanica“-Urteil des EuGH, SpuRt 2007, 89.

Hambach, Wulf Die aktuelle Rechtsprechung zur Rechtmäßigkeit der privaten Vermittlung von Sportwetten, SpuRt 2004, 102.

Hambach, Wulf / Münstermann, Susanna 50-Cent-Gewinnspiele: Im TV erlaubt, im Internet verboten? Zugleich Kommentar zu LG Köln, Urteil vom 7.4.2009 – 33 O 45/09, K&R 2009, 457.

Hannich, Rolf (Hrsg.) Karlsruher Kommentar zur Strafprozessordnung mit GVG, EGGVG und EMRK, 6. Aufl., München, 2008. (*zit: KK-StPO*)

Harte-Bavendamm, Henning / Henning-Bodewig, Frauke (Hrsg.) — Gesetz gegen den unlauteren Wettbewerb – Mit Preisangabenverordnung, 2. Aufl., München, 2009. (zit: UWG)

Härting, Niko — Kommentar zu Urteil des OLG Hamburg, K&R 2000, 138 (goldenjackpot.com), K&R 2000, 143.

Hartmann, Arthur — Sonderregelungen für die Beihilfe durch „neutrales" Verhalten?, ZStW 116 (2004), 585.

Hauser, Heinz / Schanz, Kai-Uwe — Das neue GATT – Die Welthandelsordnung nach Abschluss der Uruguay-Runde, München, 1995.

Hayer, Tobias / Bachmann, Meinolf / Meyer, Gerhard — Pathologisches Spielverhalten bei Glücksspielen im Internet, Wiener Zeitschrift für Suchtforschung (WZS) 2005, Nr. 1/2, 29.

Hecker, Bernd — Die Strafbarkeit grenzüberschreitender Luftverunreinigungen im deutschen und europäischen Umweltstrafrecht, ZStW 115 (2003), 880.

Hecker, Manfred — Das ergänzende Aufforderungsschreiben der Europäischen Kommission vom 21.03.2007 im Vertragsverletzungsverfahren 2003/4350 – Eine erste Anmerkung, ZfWG 2007, 119.

Hecker, Manfred — Italien und das Glücksspiel – Zenatti, Gambelli, Placanica und keine Ende? – Anmerkung mit Blick auf die aktuelle Rechtslage in Deutschland, ELR 10/2007, 357.

Hecker, Manfred — Zum BGH Kartell-Beschluss vom 08.05.2007 (Az. KvR 31/06), ZfWG 2007, 276.

Hecker, Manfred — Was verspricht und was hält der GlüÄndStV?, WRP Die erste Seite 2012, Nr. 2.

Hecker, Manfred / Ruttig, Markus — „Versuchen Sie es noch einmal" – Telefon-Gewinnspiele im Rundfunk unter Einsatz von Mehrwertdienste-Rufnummern und ihre Beurteilung nach StGB und neuem UWG, GRUR 2005, 393.

Hecker, Manfred / Schmitt, Christian — Zur Strafbarkeit des privaten Anbietens von Sportwetten gem. § 284 StGB, ZfWG 2006, 59 (Teil 1) und 301 (Teil 2).

Hecker, Manfred / Schmitt, Christian — Causa: Kommission versus Generalanwalt – Eine Anmerkung zum Schriftsatz der Europäischen Kommission an den EuGH vom 19.05.2008 in der Rechtssache C-46/08 „Carmen Media Group Ltd.“, ZfWG 2008, 436.

Hecker, Manfred / Steegmann, Matthias — Zur Mithaftung von Kreditinstituten und sonstigen Teilnehmern am illegalen Glücksspiel (gem. §§ 284, 287 StGB) – Anmerkung zum Urteil des Thüringer Oberlandesgerichts vom 02.11.2005, WRP 2006, 1293.

Heermann, Peter W. — Werbebeschränkungen für öffentliches Glücksspiel nach dem Glücksspielstaatsvertrag, WRP 2008, 479.

Heine, Günter — Oddset-Wetten und § 284 StGB – Rechtsfragen im Zusammenhang mit der Vermittlung von nach DDR-Recht erlaubten Sportwetten, wistra 2003, 441.

Heinrich, Bernd — Handlung und Erfolg bei Distanzdelikten, in: Festschrift für Ulrich Weber, S. 92, Hrsg.: Mitsch, Wolfgang; Hilgendorf, Eric; Heinrich, Bernd; Sternberg-Lieben, Detlev, Bielefeld, 2004. (*zit: FS Weber*)

Heinrich, Bernd — Der Erfolgsort beim abstrakten Gefährdungsdelikt, GA 1999, 72.

Held, Simeon — Die Haftung der EG für die Verletzung von WTO-Recht, Tübingen, 2006. (*zit: Die Haftung der EG*)

Herdegen, Matthias — Internationales Wirtschaftsrecht, 7. Aufl., München, 2008.

Hermes, Georg / Horn, Hans-Detlef / Pieroth, Bodo — Der Glücksspielstaatsvertrag – Drei verfassungs- und europarechtliche Gutachten, Heidelberg, 2007. (*zit: Glücksspielstaatsvertrag*)

Herrmann, Christoph / Weiß, Wolfgang / Ohler, Christoph Welthandelsrecht, 2. Aufl., München, 2007.

Herzig, Norbert / Stock, Cornelius Bemessungsgrundlage für Glücksspielabgaben – Rohertrag oder Spieleinsatz, ZfWG 2012, 12.

Herzog, Felix / Mülhausen, Dieter (Hrsg.) Geldwäschebekämpfung und Gewinnabschöpfung, Handbuch der straf- und wirtschaftsrechtlichen Regelungen, München, 2006. (*zit: GwHdb*)

Herzog, Roman Gesetzgebung und Einzelfallgerechtigkeit, NJW 1999, 25.

Hettich, Michael Neue Fragen des öffentlichen Glücksspielrechts, Berlin, 2006. (*zit. Neue Fragen*)

Hilf, Juliane / Ploeckl, Barbara Glücksspielgenehmigungen in Großbritannien und Malta – Vorbild für eine Neuregelung in Deutschland?, ZfWG 2011, 311.

Hilf, Juliane / Ploeckl, Barbara Der Nichtannahmebeschluss des BVerfG vom 14.12.2008 (Az. 1 BvR 928/08) – Nur die Nichtannahme ist beschlossene Sache, ZfWG 2009, 8.

Hilf, Juliane / Ploeckl, Barbara / Gindler, Michael Untersagung von Internetglücksspiel nach dem GlüStV – Kein Halt an Landesgrenzen?, ZfWG 2010, 1.

Hilf, Meinhard / Oeter, Stefan (Hrsg.) WTO-Recht – Rechtsordnung des Welthandelsrecht, 2. Aufl., Baden-Baden, 2010.

Hilf, Meinhard / Schorkopf, Frank WTO und EG: Rechtskonflikte vor dem EuGH? – Anmerkung zum Urteil des EuGH vom 23.11.1999 – Rs. C-149/96, Portugal/Rat, EuR 2000, 74.

Hilgendorf, Eric Neue Medien und Strafrecht, ZStW 113 (2001), 650.

Hilgendorf, Eric Überlegungen zur strafrechtlichen Interpretation des Ubiquitätsprinzips im Zeitalter des Internet, NJW 1997, 1873.

Hilgendorf, Eric / Frank, Thomas / Valerius, Brian Computer- und Internetstrafrecht, Berlin, 2005. (*zit: Computer- u. InternetStR*)

Hinterseh, Sven Die strafrechtliche Verantwortlichkeit für Pornographie im Internet, JurPC 1996, 460.

Hoekman, Bernard M. / Kostecki, Michel M. (Hrsg.) The Political Economy of the World Trading System – The WTO and Beyond, 2. Aufl., Oxford, 2001.

Hoekman, Bernard M. / Mattoo, Aaditya / English, Philip (Hrsg.) Development, Trade and the WTO – a handbook, Washington, 2002.

Hoeller, Boris / Bodemann, Rüdiger Das „Gambelli"-Urteil des EuGH und seine Auswirkungen auf Deutschland, NJW 2004, 122.

Hoenike, Mark / Szodruch, Alexander Rechtsrahmen innovativer Zahlungssysteme für Multimediadienste, MMR 2006, 519.

Hoeren, Thomas Rechtsoasen im Internet – Eine erste Einführung, MMR 1998, 297.

Hofmann, Christian Die Zahlungsverpflichtung des Kartenemittenten gegenüber dem Unternehmer – ec-Karte, Geldkarte und Kreditkarte im Vergleich, BKR 2003, 321.

Hofmann, Jens / Mosbacher, Andreas Finanzprodukte für den Fußballfan: strafbares Glücksspiel?, NStZ 2006, 249.

Hohmann, Harald Die WTO-Streitbeilegung in den Jahren 1998-1999, EuZW 2000, 421.

Hohmann, Harald Die WTO-Streitbeilegung im Jahr 2000, RIW 2001, 649.

Holthausen, Dieter Entgegnung zum Beitrag von Pottmeyer „Die Strafbarkeit von Auslandstaten nach dem Kriegswaffenkontroll- und dem Außenwirtschaftsrecht" (NStZ 1992, 57 ff.), NStZ 1992, 268.

Holtschneider, Henning Von Pipelines und Strohhalmen – Der Aufbau des Internet in Deutschland, c't 1996, Heft 1, S. 114.

Holznagel, Bernd Poker – Glücks- oder Geschicklichkeitsspiel?, MMR 2008, 439.

Horn, Eckard / Hoyer, Andreas Rechtsprechungsübersicht zum 27. Abschnitt des StGB – „Gemeingefährliche Straftaten, JZ 1987, 965.

Horn, Hans-Detlef Zum Recht der gewerblichen Veranstaltung und Vermittlung von Sportwetten, NJW 2004, 2047.

Huber, Peter M. Glücksspielmonopol und effektive Suchtprävention – Das Beispiel des bayerischen Spielbankenmonopols, in: Festschrift für Hans-Werner Rengeling, S. 57, Hrsg.: Ipsen, Jörn; Stüer, Bernhard, Köln, 2008. (*zit: FS Rengeling*)

Hüsken, Felix B. Die Auswirkungen des Welthandelsrechts (WTO-Recht) auf die deutsche Glücksspielregulierung – GATS versus Online-Glücksspielverbot gemäß § 4 Abs. 4 GlüStV?, GewArch 2010, 49.

Hüsken, Felix B. Verfassungsgerichtliches Übergangsrecht im Spiegel des Gemeinschaftsrechts, ZfWG 2009, 13.

Hüsken, Felix B. Zur Zulässigkeit von Turnierpokerveranstaltungen nach dem Glücksspielstaatsvertrag und dem gewerblichen Spielrecht – Zugleich Anmerkung zum Urteil des VG Trier vom 03.02.2009, 1 K 592/08.TR, ZfWG 2009, S. 66 ff., ZfWG 2009, 77.

Hüsken, Felix B. Staatsaufsicht über die Landesmedienanstalten und Sportwettenwerbung im Privatfernsehen – Unter besonderer Berücksichtigung des materiell-rechtlichen Fernsehwerbeverbotes für Glücksspiele gemäß § 5 Abs. 3 Alt. 1 GlüStV, Baden-Baden, 2008. (*zit: Staatsaufsicht*)

Ibler, Martin Gefahrenabwehr und Internet-Spielcasinos, in: Festschrift für Volkmar Götz, S. 421, Hrsg.: Hendler, Reinhard; Ibler, Martin; Martínez Soria, José, Göttingen, 2005. (*zit: FS Götz*)

Iburg, Ulrich — Zur Unterlassungstäterschaft im Abfallstrafrecht bei „wilden“ Müllablagerungen, NJW 1988, 2338.

Jahndorf, Christian — Veranstaltung von Glücksspielen durch Private – Verwaltungs-, verfassungs- und europarechtliche Fragen der Zugangsbeschränkung zu einem staatlichen Monopolbereich, VerwArch 95 (2004), 359.

Janz, Norbert — Rechtsfragen der Vermittlung von Oddset-Wetten in Deutschland, NJW 2003, 1694.

Janz, Norbert — 1:0 für private Wettanbieter? – Die Sportwettenentscheidung des BVerfG v. 28.3.2006, 1 BvR 1054/01, NWVBl. 2006, 248.

Jarass, Hans D. — Folgerungen aus der neueren Rechtsprechung des BVerfG für die Prüfung von Verstößen gegen Art. GG Artikel 3 GG Artikel 3 Absatz I GG – Ein systematisches Konzept zur Feststellung unzulässiger Ungleichbehandlungen, NJW 1997, 2545.

Jarass, Hans S. — Grundrechtliche Vorgaben für die Zulassung von Lotterien gemeinnütziger Einrichtungen, DÖV 2000, 753.

Jarass, Hans D. / Pieroth, Bodo — Grundgesetz für die Bundesrepublik Deutschland, Kommentar, 11. Aufl., München, 2011.

Jaschinski, Joachim — Die Entwicklung des Begriffs „Erfolg“ in § 13 Abs. I StGB, Frankfurt/Main u. a., 1995. *(zit: Erfolg)*

Jauernig, Othmar (Hrsg.) — Bürgerliches Gesetzbuch mit Allgemeinem Gleichbehandlungsgesetz (Auszug), Kommentar, 13. Aufl., München, 2009. (*zit: BGB*)

Jescheck, Hans-Heinrich / Weigend, Thomas — Lehrbuch des Strafrechts, Allgemeiner Teil, 5. Aufl., Berlin, 1996. (*zit: StrafR AT*)

Joecks, Wolfgang / Miebach, Klaus — Münchener Kommentar zum Strafgesetzbuch, Bd. I: 2003, Bd. III: 2003, Bd. IV: 2006, Bd. V: 2007, München. (*zit: MK-StGB*)

Jofer, Robert — Strafverfolgung im Internet, Frankfurt/Main u. a., 1999. (*zit. Strafverfolgung*)

Johnston, Nantje — Lauterkeitsrechtliche Unterlassungsansprüche im Glücksspielrecht – Eine Analyse des deutschen Glücksspielrechts unter Berücksichtigung verfassungs- und gemeinschaftsrechtlicher Aspekte, Frankfurt/Main u. a., 2009. (*zit: Unterlassungsansprüche*)

Jungmann, Carsten — Die Verteilung des Missbrauchsrisikos beim Einsatz von Kreditkarten im E-Commerce – Einführung neuer Sicherheitsstandards und Neugestaltung der Akquisitionsverträge als Reaktionen der Praxis auf die Rechtsprechung des Bundesgerichtshofs, WM 2005, 1351.

Junker, Carolin — Rechtsbeziehungen im Kreditkartengeschäft, DStR 1994, 1461.

Katko, Peter — Unlawful Internet Gambling Enforcement Act – Das Aus für das Internet-Glücksspiel in den USA?, MMR 2007, 278.

Kaufmann, Michael — Die Bedeutung der Einbeziehung von Bankmitarbeitern in die strafrechtliche Bekämpfung der Geldwäsche, 2. Aufl., Frankfurt/Main u. a., 2003. (*zit: Geldwäsche*)

Keber, Tobias O. — Die Internet-Verbote des Glücksspielstaatsvertrags und das unionsrechtliche Kohärenzgebot – Die Neujustierung des EuGH durch Rs. C-46/08 (Carmen Media) im Kontext und Folgen für §§ 4 Abs. 4, 5 Abs. 3 GlüStV, ZfWG 2011, 83.

Kienholz, Gerfried — Die Zahlung mit Kreditkarte im Nah- und Fernabsatz, München, 2000. *(zit.: Kreditkarte)*

Kienle, Michael — Internationales Strafrecht und Straftaten im Internet – Zum Erfordernis der Einschränkung des Ubiquitätsprinzips des § 9 Abs. I Var. 3 StGB, Konstanz, 1998. *(zit.: Internationales Strafrecht)*

Kilian, Wolfgang / Heussen, Benno (Hrsg.) — Computerrechts-Handbuch – Informationstechnologie in der Rechts- und Wirtschaftspraxis, Stand: 29. Erg.-L., München, 2011. (*zit: ComputerR-HB*)

Kimms, Frank — Die Kapitalverkehrsfreiheit im Recht der Europäischen Union, Frankfurt/Main u. a., 1996. (*zit: Kapitalverkehrsfreiheit*)

Kindhäuser, Urs / Neumann, Ulfrid / Paeffgen, Hans-Ullrich (Hrsg.) — Strafgesetzbuch, Nomos Kommentar, 3. Aufl., Baden-Baden, 2010. (*zit: NK-StGB*)

Kischel, Uwe — Die Kontrolle der Verhältnismäßigkeit durch den Europäischen Gerichtshof, EuR 2000, 380.

Klam, Cornelia — Die rechtliche Problematik von Glücksspielen im Internet, Berlin, 2002. (*zit: Problematik von Glücksspielen*).

Kleinschmidt, Broder — Gewinnspiele in Deutschland und der Europäischen Union – Rechtliche Grenzen und Möglichkeiten, Hamburg, 2005. (*zit: Gewinnspiele*)

Klengel, Jürgen Detlef W. / Heckler, Andreas — Geltung des deutschen Strafrechts für vom Ausland aus im Internet angebotenes Glücksspiel – Ein Beitrag zur Frage des Erfolgsortes bei abstrakten Gefährdungsdelikten und zugleich eine Besprechung der Entscheidung des BGH v. 12.12.2000 – 1 StR 184/00, CR 2001, 243.

Klenk, Friedrich — Der Lotteriebegriff in straf- und steuerrechtlicher Sicht, GA 1976, 361.

Klingbeil, Jörg — Internet-Blocking – Was sagt der Datenschutz, S. 51 in: Becker, Glücksspiel im Internet – Beiträge zum Symposium 2009 der Forschungsstelle Glücksspiel, Frankfurt/Main u. a., 2011.

Kment, Martin — Grenzüberschreitendes Verwaltungshandeln, Tübingen, 2010.

Kment, Martin — Ein Monopol gerät unter Druck – Das „Sportwetten-Urteil" des BVerfG, NVwZ 2006, 617.

Knoll, Joachim H. — Über 99 Prozent spielen ohne Probleme, Forum Nr. 10/Mai 2009.

Koch, Arnd — Nationales Strafrecht und globale Internet-Kriminalität – Zur Reform des Strafanwendungsrechts bei Kommunikationsdelikten im Internet, GA 2002, 703.

Koehler, Matthias — Das Allgemeine Übereinkommen über den Handel mit Dienstleistungen (GATS), Berlin, 1999.

Koenig, Christian — Gemeinschaftsrechtliche Kohärenzanforderungen an mitgliedstaatliche Beschränkungen im Glücksspielbereich – Zur Relevanz des Urteils des Gerichtshofs in der Rechtssache C-169/07 vom 10. März 2009 (Hartlauer Handelsgesellschaft mbH / Wiener Landesregierung u.a.), ZfWG 2009, 229.

Koenig, Christian / Braun, Jens-Daniel — „Das Geld muss im Lande bleiben" – Über die Unvereinbarkeit der Neuregelung des hessischen und des sachsen-anhaltinischen Lotterierechts mit der EG-Dienstleistungs- und Kapitalverkehrsfreiheit, SächsVBl. 2002, 157.

Koenig, Christian / Ciszewski, Simon — Texas Hold'em Poker – Glücksspiel oder Geschicklichkeitsspiel, GewArch 2007, 402.

Koenig, Christian / Ciszewski, Simon — Darlegungs- und Nachweismaßstäbe bei regulatorischen Systemwidersprüchen im Glücksspielbereich, ZfWG 2008, 397.

Koenig, Christian / Ciszewski, Simon Die Bedeutung des Urteilstenors und der Urteilsgründe in der Rs.C-42/07 (Liga Portuguesa) für die deutsche Rechtslage im Glücksspielsektor, ZfWG 2009, 330.

Koenig, Christian / Ciszewski, Simon Novellierung der gesetzlichen Grundlagen des Glücksspielrechts durch eine duale Glücksspielordnung, DÖV 2007, 313.

Koenig, Christian / Fechtner, Sonja EG-Wettbewerbsrecht versus staatliches Glücksspielmonopol?, EWS 2006, 529.

Köhler, Helmut Die Leistung erfüllungshalber, WM 1977, 250.

Kokott, Juliane Liberalisierung der Finanzdienstleistungen im Rahmen der WTO – Auswirkungen auf Deutschland, Österreich und die Schweiz, RIW 2000, 401.

Korte, Stefan Das staatliche Glücksspielwesen, Köln u.a., 2004. *(zit: Glücksspielwesen)*

Korte, Stefan Die Veranstaltung und Vermittlung von Glücksspielen im Internet – zwei Seiten einer verbotenen Medaille? – Zugleich Besprechung der Nichtannahmebeschlüsse des BVerfG vom 14.10. und 17.12.2008, NVwZ 2009, 283.

Kössel, Axel Online-Kasse – Sicher und bequem bezahlen im Internet, c't 2007, Heft 3, S. 172.

Krajewski, Markus Wirtschaftsvölkerrecht, 2. Aufl., Heidelberg, 2009.

Krajewski, Markus Verfassungsperspektiven und Legitimation des Rechts der Welthandelsorganisation (WTO), Berlin, 2001. (*zit: Verfassungsperspektiven*)

Krancke, Jan Liberalisierung des internationalen Dienstleistungshandels: Analyse des GATS und Perspektiven für die zukünftige Handelsliberalisierung, Kiel, 1999. (*zit: Liberalisierung*)

Krancke, Jan Internationaler Handel mit Kommunikationsdienstleistungen – Anforderungen an ein multilaterales Regelwerk und die Reform des GATS, Berlin u.a., 2003. (*zit: Kommunikationsdienstleistungen*)

Krenzler Horst G. / Schneider, Henning C. Die Gemeinsame Außen- und Sicherheitspolitik der Europäischen Union, EuR 1994, 144.

Kretschmer, Bernhard Poker – ein Glücksspiel?, ZfWG 2007, 93.

Krewer, Norbert / Wagner, Thomas Staatliches und gewerbliches Glücksspiel nach den Entscheidungen des EuGH vom September 2010 – Eine Schicksalsgemeinschaft?, ZfWG 2011, 90.

Krieger, Heike Europäische Grundfreiheiten und deutsches Ordnungsrecht am Beispiel des staatlichen Glücksspielmonopols, JZ 2005, 1021.

Kröner, Michaela „Wettschulden sind Ehrenschulden" – Die Regelung von Spiel und Wette im BGB, ZfWG 2006, 71.

Kühne, Hans-Heiner Einige Bemerkungen zu Fragen des Glücksspiels bei Sportwetten, in: Festschrift für Friedrich-Christian Schroeder, S. 545, Hrsg.: Hoyer, Andreas; Müller, Henning E.; Pawlik, Michael, Heidelberg, 2006. (*zit: FS Schroeder*)

Kuner, Christopher Internationale Zuständigkeitskonflikte im Internet, CR 1996, 453.

Kuschel, Hans-Dieter Die EG-Bananenmarktordnung vor deutschen Gerichten, EuZW 1995, 689.

Lackner, Karl / Kühl, Kristian (von letzterem allein bearbeitet) Strafgesetzbuch, Kommentar, 27. Aufl., München, 2011.

Lampe, Ernst-Joachim Falsches Glück – BayObLG (NJW 1993, 2820), JuS 1994, 737.

Landmann, Robert von / Rohmer, Gustav (herausgegeben von Beckmann, Martin) Umweltrecht, Stand: 60. Erg.-L., München, 2010.

Landmann, Robert von / Rohmer, Gustav (herausgegeben von Bleutge, Peter / Böhme, Ralph / Fuchs, Bärbel / Gotthardt, Michael / Kahl, Georg / Marcks, Peter / Neumann, Dirk / Pielow, Johann-Christian / Schönleiter, Ulrich) Gewerbeordnung, Stand: 57. Erg.-L., München, 2010.

Langenbucher, Katja Die Risikozuordnung im bargeldlosen Zahlungsverkehr, München, 2001. *(zit.: Risikozuordnung)*

Langenbucher, Katja Zusatzkreditkarten – Haftungsrisiko ohne Ende? Zur dogmatischen Einordnung von „Partnerkarten", NJW 2004, 3522.

Langenbucher, Katja / Gößmann, Wolfgang / Werner, Stefan Zahlungsverkehr – Handbuch zum Recht der Überweisung, Lastschrift, Kreditkarte und der elektronischen Zahlungsformen, München, 2004.

Laufhütte, Heinrich Wilhelm / Rissing-Van Saan, Ruth / Tiedemann, Klaus (Hrsg.) Leipziger Kommentar, Strafgesetzbuch, 12. Aufl., Berlin, 2008. (*zit: LK-StGB*)

Lehle, Thomas Der Erfolgsbegriff und die deutsche Strafrechtszuständigkeit im Internet, Konstanz, 1999. *(zit: Erfolgsbegriff)*

Leistner, Matthias Störerhaftung und mittelbare Schutzrechtsverletzung, GRUR-Beil. 2010, 1.

Lenz, Carl Otto / Borchardt, Klaus-Dieter (Hrsg.) EU- und EG-Vertrag, Kommentar, 3. Aufl., Köln, 2003 (Vorauflage). (*zit: EUV/EGV*)

Lesch, Heiko Sportwetten via Internet – Spiel ohne Grenzen?, wistra 2005, 241.

Lesch, Heiko Die Sportwette als Glücksspiel im Sinne des § 284 StGB?, GewArch 2003, 321.

Leupold, Andreas / Bachmann, Peter / Pelz, Christian Russisches Roulette im Internet? – Zulässigkeit von Glücksspielen im Internet unter gewerbe- und strafrechtlichen Gesichtspunkten, MMR 2000, 648.

Leupold, Andreas / Glossner, Silke Münchener Anwaltshandbuch IT-Recht, 2. Aufl., München, 2011. (*zit: MAH IT-Recht*)

Liesching, Marc Anmerkung zu VG Berlin (MMR 2009, 794), MMR 2009, 795.

Lippert, André Das Kohärenzerfordernis des EuGH – Eine Darstellung am Beispiel der Rechtsprechung zum deutschen Glücksspielmonopol, EuR 2012, 90.

Lüderssen, Klaus Desavouierung kartellrechtlicher Monopolverbote durch Strafvorschriften? Am Beispiel des neuen Hessischen Glücksspielgesetzes, in: Festschrift für Manfred Seebode, S. 219, Hrsg.: Schneider, Hendrik; Kahlo, Michael; Klesczewski, Diethelm; Schumann, Heribert, Berlin, 2008. (*zit: FS Seebode*)

Lukes, Rudolf Rechtliche Schranken für Glücksspiele, Lotterien und Ausspielungen, in: Festschrift für Walter Stree und Johannes Wessels, S. 1013, Hrsg.: Dencker, Friedrich; Küper, Wilfried; Welp, Jürgen (u.a.), Heidelberg, 1993. (*zit: FS Stree/Wessels*)

Mailänder, Peter Haus im Glück – Hausgewinne bei Internetspielen – wenn überhaupt, dann nur mit Geschick!, ZfWG 2009, 395.

Mailänder, Peter — Aus aktuellem Anlass: Kartellrechtliche Überlegungen zur Kohärenzdebatte – eine Anmerkung zum Urteil des EuGH vom 08.09.2009 – Rs. C-42/07, Liga Portuguesa, ZfWG 2009, 334.

Mankowski, Peter — Anm. zu OLG Hamm (MMR 2002, 551), MMR 2002, 552.

Manthey, Leslie / Rubin, Hannah — Der Fachbeirat nach § 10 Abs. 1 Satz 2 Glücksspielstaatsvertrag als Kläger im Verwaltungsprozess, ZfWG 2010, 324.

Marberth-Kubicki, Annette / Hambach, Wulf / Berberich, Bernd — Aktuelle Entwicklungen im deutschen Glücksspielrecht, K&R 2012, 27.

Martin, Jörg — Strafbarkeit grenzüberschreitender Umweltbeeinträchtigungen – Zugleich ein Beitrag zur Gefährdungsdogmatik und zum Umweltvölkerrecht, Freiburg, 1989. (*zit: Umweltbeeinträchtigungen*)

Martin, Jörg — Grenzüberschreitende Umweltbeeinträchtigungen im deutschen Strafrecht, ZRP 1992, 19.

Matscher, Franz — Gibt es ein Internationales Verwaltungsrecht?, in: Festschrift für Otto Beitzke, S. 641, Hrsg.: Sandrock, Otto, Berlin u.a., 1979. (*zit: FS Beitzke*)

Maunz, Theodor / Dürig, Günter (fortgeführt von Hrsg. Herzog, Roman / Scholz, Rupert / Herdegen, Matthias / Klein, Hans — Grundgesetz, Stand: 61. Erg.-L., München, 2011. (*zit: GG*)

McDonald, Kevin M. — Der Begriff der Dienstleistungen im europäischen Binnenmarkt und WTO-System (GATS), Frankfurt/Main u.a., 2001. (*zit: Binnenmarkt und WTO-System*)

Meder, Stephan Die Kreditkartenzahlung als Anweisungsgeschäft, AcP 198 (1998), 72.

Meder, Stephan / Grabe, Olaf Pay Pal – Die „Internet-Währung" der Zukunft?, BKR 2005, 467.

Meng, Werner / Lahann, Tilmann Glücksspiel-Dienstleistungen im Lichte des WTO-Rechts, § 14 (S. 255), in: Gebhardt / Gruesser-Sinopoli, Glücksspiel in Deutschland – Ökonomie, Recht, Sucht, Berlin, 2008.

Meurer, Dieter / Bergmann, Alfred Tatbestandsalternativen beim Glücksspiel – BayObLG NJW 1979, 2258, JuS 1983, 668.

Meyer, Gerhard / Hayer, Tobias Poker – Glücksspiel mit Geschicklichkeitsanteil und Suchtpotential, ZfWG 2008, 153.

Meyer, Sebastian Sportwetten als illegales Glücksspiel? – Zur Anwendbarkeit des § 284 StGB auf Sportwetten, JR 2004, 447.

Michael, Lothar / Morlok, Martin Grundrechte, Baden-Baden, 2008.

Micklitz, Hans-W. Fernabsatz und E-Commerce im Schuldrechtsmodernisierungsgesetz, EuZW 2001, 133.

Mintas, Laila Die Strafbarkeit von Hausverlosungen im Internet, ZfWG 2009, 82.

Mintas, Laila Glücksspiele im Internet – Insbesondere Sportwetten mit festen Gewinnquoten (Oddset-Wetten) unter strafrechtlichen, verwaltungsrechtlichen und europarechtlichen Gesichtspunkten, Berlin, 2009.

Müller, Johannes C. W. Kapitalverkehrsfreiheit in der Europäischen Union – Bedeutung, Inhalt und Umfang, Weiterentwicklung, Auswirkung auf Völkerrecht und nationales Recht, Berlin, 2000. (*zit: Kapitalverkehrsfreiheit*)

Müller-Glöge, Rudi / Preis, Ulrich / Schmidt, Ingrid Erfurter Kommentar zum Arbeitsrecht, 11. Aufl., München, 2011. (*zit: ErfK-ArbR*)

Mundt, Andreas / Buch, Michael — Die Vereinbarkeit von kollektiven Interbankenentgelten in bargeldlosen Zahlungssystemen mit dem Kartellverbot des Art. 81 EGV und § 1 GWB, WM 2001, 2142.

Nettesheim, Martin — Die europarechtlichen Grundrechte auf wirtschaftliche Mobilität (Art. EGV Artikel 48, EGV Artikel 52 EGV), NVwZ 1996, 342.

Nettesheim, Martin — Grundrechtliche Prüfdichte durch den EuGH, EuZW 1995, 106.

Nettesheim, Martin / Sander, Gerald G. — WTO-Recht und Globalisierung, Berlin, 2003. (*zit: WTO-Recht*)

Neumann, Dania / Bock, Christian — Zahlungsverkehr im Internet – Rechtliche Grundzüge klassischer und innovativer Zahlungsverfahren, München, 2004. *(zit.: Zahlungsverkehr)*

Nobbe, Gerd — Bereicherungsausgleich bei Zahlungen mittels Universalkreditkarte, in: Festschrift für Walther Hadding, S. 1007, Hrsg.: Häuser, Franz; Hammen, Horst; Hennrichs, Joachim, Berlin, 2004. (*zit: FS Hadding*)

Ochsenbein, Andreas / Heinzmann, Peter / Ochsenbein, Andreas — Strafrechtliche Aspekte des Internet – Technische und rechtliche Grundlagen, Kriminalistik 1998, 599.

Odenthal, Hans-Jörg — Virtuelle Geldspielgeräte im Internet – Anmerkung zum Beschluss des Amtsgerichts Wiesbaden vom 09.08.2005 (GewArch 2005, 485), GewArch 2006, 58.

Odenthal, Hans-Jörg — Rechtsprobleme der neuen Spielverordnung, ZfWG 2006, 286.

Oechsler, Jürgen — Grundprobleme der Zivilrechtsdogmatik des Kreditkartengeschäfts, WM 2000, 1613.

Oehler, Dietrich Anmerkung zu BGH-Ermittlungsrichter (NStZ 1994, 232) – Verfolgung von Völkermord im Ausland, NStZ 1994, 485.

Ohler, Christoph Die Kapitalverkehrsfreiheit und ihre Schranken, WM 1996, 1801.

Ohler, Christoph Europäische Kapital- und Zahlungsverkehrsfreiheit – Kommentar zu den Artikeln 56 bis 60 EGV, der Geldwäscherichtlinie und Überweisungsrichtlinie, Berlin u.a., 2002. (*zit: K-/ZVF*)

Ohlmann, Wolfgang Lotterien in der Bundesrepublik Deutschland – Der kooperative Lotterieföderalismus und seine praktischen Auswirkungen, WRP 1998, 1043.

Ohlmann, Wolfgang Lotterien im Prokrustesbett der Ökonomen? – Erwiderung auf Adams/Tolkemitt (ZRP 2001, 511), ZRP 2002, 354.

Ohlmann, Wolfgang Lotterien, Sportwetten, der Lotteriestaatsvertrag und Gambelli – Eine Rechtszustandsanalyse, WRP 2005, 48.

Ohlmann, Wolfgang Lotterien und Glücksspiele in Deutschland – Schlaglichter der rechtshistorischen Entwicklung vom 18. bis zum 20. Jahrhundert, ZfWG 2007, 101.

Pache, Eckhard Der Grundsatz der Verhältnismäßigkeit in der Rechtsprechung der Gerichte der Europäischen Gemeinschaften, NVwZ 1999, 1033.

Pechstein, Matthias Rechtssubjektivität für die Europäische Union?, EuR 1996, 137.

Peine, Franz-Joseph Öffentliches Baurecht, 4. Aufl., Tübingen, 2003.

Pelz, Christian Die strafrechtliche Verantwortlichkeit von Internet-Providern, ZUM 1998, 530.

Pelz, Christian — Die Strafbarkeit von Online-Anbietern – zugleich eine Besprechung AG München (wistra 1999, 32), wistra 1999, 53.

Pelz, Christian / Stempfle, Thomas — Nationales Glücksspielverbot vs. internationale Glücksspielfreiheit – Aus für das Staatsmonopol?, K&R 2004, 570.

Petropoulos, Vasileios — Die Strafbarkeit des Sportwettens mit festen Gewinnquoten – Zugleich Besprechung von BVerfG, Urt. v. 28.3.2006 – 1 BvR 1054/01, wistra 2006, 332.

Pichler, Rufus — Kreditkartenzahlung im Internet – Die bisherige Verteilung des Mißbrauchsrisikos und der Einfluss der Verwendung von SET, NJW 1998, 3234.

Pielow, Johann-Christian — Beck'scher Online-Kommentar Gewerberecht, Stand: 01.07.2011, Ed. 15, München. (*zit: BeckOK-GewO*)

Pieroth, Bodo / Lammers, Thomas — Das Berliner Spielhallengesetz und die Kompetenzordnung des Grundgesetzes, GewArch 2012, 1.

Pieroth, Bodo / Störmer, Rainer — Rechtliche Maßstäbe für die normative und administrative Zulassung von Spielbanken, GewArch 1998, 177.

Pischel, Gerhard — Glück im Spiel – Pech vor Gericht?, JA 2008, 202.

Pitschas, Christian — Die Liberalisierung des internationalen Dienstleistungshandels im Rahmen des GATS, RIW 2003, 676.

Postel, Dirk — Spielhallen im Internet? – Zugleich Anmerkung zum Urteil des VG Halle vom 26.03.2009, ZfWG 2009, 246.

Postel, Dirk — Glücksspielrechtliche Wirkungen des tatsächlichen Inhalts der nach dem DDR-Gewerbegesetz erteilten Erlaubnisse, ZfWG 2007, 181 (Teil 1) und 328 (Teil 2).

Postel, Dirk Das Glücksspielstrafrecht im Fokus des Gemeinschafts- und Verfassungsrechts, WRP 2006, 703.

Preisendanz, Holger Strafgesetzbuch, Lehrkommentar mit Erläuterungen und Beispielen, ausgewählten Nebengesetzen sowie einem Anhang über Jugendstrafrecht, 30. Aufl., Berlin, 1978. (*zit: StGB*)

Prieß, Hans-Joachim / Berrisch, Georg M. (Hrsg.) WTO-Handbuch – World Trade Organisation, München, 2003.

Pütthoff, Heinz-Helmer Die Kreditkarte in rechtsvergleichender Sicht Deutschland – USA, München, 1974.

Rausch, Jan-Dirk Die verfassungsrechtliche Unzulässigkeit staatlicher Monopole bei Sportwetten, GewArch 2001, 102.

Reeckmann, Martin Gewerbliches Automatenspiel am Scheideweg – Zur Inkompatibilität von Glücksspiel und Gewerbefreiheit, ZfWG 2010, 229.

Reeckmann, Martin Die Spielhallengesetzgebung der Länder – Chaos oder Gleichklang?, ZfWG 2012, 255.

Reinfeld, Richard Rechtsfragen des Interchange-Kreditkartensystems am Beispiel von VISA und EUROCARD, WM 1994, 1505.

Ress, Georg Die Europäische Union und die neue juristische. Qualität der Beziehungen zu den Europäischen Gemeinschaften, JuS 1992, 985.

Ringel, Kurt Rechtsextremistische Propaganda aus dem Ausland im Internet, CR 1997, 302.

Ristelhuber, Johannes / Schmitt, Christian „Lotto im Internet" – Das Recht oder die Pflicht zum Wettbewerb, ZfWG 2007, 261.

Rixen, Stephan Das öffentliche Sportwettenrecht der Länder und das DDR-Gewerberecht: Bricht Landesrecht Bundesrecht?, NVwZ 2004, 1410.

Robinski, Severin (Hrsg. Sprenger-Richter, Bernhard) Gewerberecht, Ein Studienbuch, 2. Aufl., München, 2002.

Rock, Jan-Philipp / Fiedler, Ingo Die Empirie des Online-Pokers – Bestimmung des Geschicklichkeitsanteils anhand der kritischen Wiederholungshäufigkeit, ZfWG 2008, 412.

Rock, Jan-Philipp / Seifert, Mareike Abwicklung von Kreditkartenzahlungen für unerlaubtes Glücksspiel – ein Fall strafbarer Geldwäsche?, ZBB 2009, 377.

Rock, Jan-Philipp / Seifert, Mareike „Spiel ohne Reue" – Widerrufsmöglichkeiten von Zahlungen bei Online-Glücksspielen, ZBB 2008, 259.

Rohde, Andreas Wirtschafts- und Währungsunion und freier Kapitalverkehr, EWS 1999, 453.

Römer, Nicole Verbreitungs- und Äußerungsdelikte im Internet, Frankfurt/Main u.a., 2000. (*zit: Verbreitungs- und Äußerungsdelikte*)

Rose, Nelson The U.S. and the Ongoing Mess with the WTO, Gaming Law Review and Economics, 2008, Vol. 12, No. 2, 105.

Rossen-Stadtfeld, Helge Sportwettenwerbung im Programm privater Fernsehveranstalter, ZUM 2006, 793.

Roxin, Claus Bemerkungen zum Regreßverbot, in: Festschrift für Herbert Tröndle, S. 177, Hrsg.: Jescheck, Hans-Heinrich; Vogler, Theo, Berlin, 1989. (*zit: FS Tröndle*)

Royla, Pascal WTO-Recht – EG-Recht: Kollision, Justiziabilität, Implementation, EuR 2001, 495.

Rüping, Hinrich Strafrechtliche Fragen staatlich genehmigter Lotterien, JZ 2005, 234.

Ruffert, Matthias Perspektiven des Internationalen Verwaltungsrechts, in: Möllers / Voßkuhle / Walter, Internationales Verwaltungsrecht: eine Analyse anhand von Referenzgebieten, S. 395, Tübingen, 2007. (*zit: Internat. VwR*)

Ruttig, Markus Auf Gambelli folgt Placanica – und keine Liberalisierung der Glücksspielmärkte in Europa, WRP 2007, 621.

Sachs, Michael (Hrsg.) Grundgesetz, Kommentar, 5. Aufl., München, 2009. (*zit: GG*)

Säcker, Franz Jürgen / Rixecker, Roland (Hrsg.) Münchener Kommentar zum Bürgerlichen Gesetzbuch, Bd. 5, 5. Aufl., München, 2009. (*zit: MK-BGB*)

Salaw-Hanslmaier, Stefanie / Brunner, Hilmar Das Rechtsverhältnis zwischen bundesdeutschen Lotterieunternehmen und deren Vertriebsstellen, ZfWG 2012, 240.

Saliger, Frank / Rönnau, Thomas / Kirch-Heim, Claudio Täuschung und Vermögensschaden beim Sportwettenbetrug durch Spielteilnehmer – Fall „Hoyzer", NStZ 2007, 361.

Sattler, Sven Gemischte Abkommen und gemischte Mitgliedschaften der EG und ihrer Mitgliedstaaten – Unter besonderer Berücksichtigung der WTO, Berlin, 2007. (*zit: Gemischte Abkommen*)

Satzger, Helmut Die Anwendung des deutschen Strafrechts auf grenzüberschreitende Gefährdungsdelikte, NStZ 1998, 112.

Satzger, Helmut Internationales und Europäisches Strafrecht, 2. Aufl., Baden-Baden, 2008. (*zit: IES*)

Schack, Haimo Rechtsprobleme der Online-Übermittlung, GRUR 2007, 639.

Schäfer, Torsten Finanzsanktionen – Rechtsgrundlagen und Inhalte, BKR 2002, 1.

Schäfers, Beatrice Das Meinungsspektrum zum „Hoyzer-Fall“ – Eine Bestandsaufnahme, ZfWG 2008, 236.

Schilling, Friedhelm Zur Abgrenzung von Zufall und Geschicklichkeit bei „anderen Spielen“ mit Gewinnmöglichkeit (§ 33d GewO), GewArch 1995, 318.

Schimansky, Herbert / Bunte, Hermann-Josef / Lwowski, Hans-Jürgen (Hrsg.) Bankrechts-Handbuch, 3. Aufl., München, 2007. (*zit: BankR-HB*)

Schlabach, Erhard / Simon, Alexander Die Rechtsnachfolge beim Verhaltensstörer, NVwZ 1992, 143.

Schlösser, Jan Der „Bundesliga-Wettskandal” – Aspekte einer strafrechtlichen Bewertung, NStZ 2005, 423.

Schmits, Volker Betrachtung von Werbeverboten unter anderem für Lotterien im Rundfunk – Gleichzeitig eine Besprechung des VG München, Beschluss vom 18. August 2006, ZfWG 2007, 197.

Schmitt, Christian Die wettbewerbswidrige Übernahme der LOTTO-Zahlen bei schwarzen Lotterien – Anmerkung zum Urteil des OLG Köln vom 18.09.1998 (Az. 6 U 47/98), ZfWG 2009, 23.

Schmitt, Christian Vermittlung von Sportwetten – Straftat oder Bagatelle?, ZfWG 2006, 11.

Schmitt, Christian Geldspielgeräte im Internet – nicht erlaubnisfähig nach der GewO, verboten durch den GlüStV?!, ZfWG 2010, 235.

Schnattinger, Andrea Die Rückwirkung des Europarechts auf das deutsche Gewerberecht, Göttingen, 2005. (*zit: Rückwirkung*)

Scholz, Rupert / Weidemann, Clemens — Die bundesweite Tatbestandswirkung von DDR-Sportwetterlaubnissen und ihre Konsequenzen für den geplanten Glücksspielstaatsvertrag – Zur Kritik des BVerwG vom 21. Juni 2006, ZfWG 2007, 83.

Schön, Wolfgang — Prinzipien des bargeldlosen Zahlungsverkehrs, AcP 198 (1998), 401.

Schön, Wolfgang — Europäische Kapitalverkehrsfreiheit und nationales Steuerrecht, in: Gedächtnisschrift für Brigitte Knobbe-Keuk, S. 743, Hrsg.: Schön, Wolfgang, Köln, 1997. (*zit: GS Knobbe-Keuk*)

Schönke, Adolf / Schröder, Horst (fortgeführt von Hrsg. Eser, Albin u.a.) — Strafgesetzbuch, Kommentar, 28. Aufl., München, 2010. (*zit: Sch/Sch, StGB*)

Schöttle, Hendrik — Online-Glücksspiele und der Glücksspiel-Staatsvertrag – Ein Überblick über die jüngste Entwicklung und die neue Rechtslage, K&R 2008, 155.

Schröder, Horst — Abstrakt-konkrete Gefährdungsdelikte, JZ 1967, 522.

Schröder, Horst — Die Gefährdungsdelikte im Strafrecht, ZStW 81 (1969), 7.

Schulze, Reiner u.a. (Hrsg.) — Nomos Handkommentar zum Bürgerlichen Gesetzbuch, 6. Aufl., Baden-Baden, 2009. (*zit: HK-BGB*)

Schwab, Rouven — Das zivilrechtliche Nachspiel im Fall Hoyzer, NJW 2005, 938.

Schwan, Alexander — Trotz Kammerbeschluss des BVerfG alles offen? – Erwiderung zu Hilf/Ploeckl, ZfWG 2009, S. 8 ff., ZfWG 2009, 80.

Schwartmann, Rolf — Private im Wirtschaftsvölkerrecht, Tübingen, 2005.

Schwarze, Jürgen — EU-Kommentar, Baden-Baden, 2000 (Vorauflage).

Schwarze, Jürgen Das allgemeine Völkerrecht in den innergemeinschaftlichen Rechtsbeziehungen, EuR 1983, 1.

Schwarzenegger, Christian Der räumliche Geltungsbereich des Strafrechts im Internet – Die Verfolgung von grenzüberschreitender Internetkriminalität in der Schweiz im Vergleich mit Deutschland und Österreich, ZStR 118 (2000), 109.

Schwintowski, Hans-Peter / Schäfer, Frank A. Bankrecht – Commercial Banking, Investment Banking, 2. Aufl., Köln u. a., 2004. *(zit: BankR)*

Seelmann, Kurt Atypische Zurechnungsstrukturen im Umweltstrafrecht, NJW 1990, 1257.

Selmer, Peter Gedanken zur polizeirechtlichen Verhaltensverantwortlichkeit, in: Gedächtnisschrift für Wolfgang Martens, S. 484, Hrsg.: Selmer, Peter; von Münch, Ingo, Berlin u. a., 1987. (*zit: GS Martens*)

Senge, Lothar (Hrsg.) Karlsruher Kommentar zum Gesetz über Ordnungswidrigkeiten, 3. Aufl., München, 2006. *(zit: KK-OwiG)*

Siara, Carsten Zur Legalität und Illegalität von Sportwetten – Eine Bestandsaufnahme, ZfWG 2007, 1.

Sick, Sebastian Das Kohärenzgebot bei Wirtschaftssanktionen der EU, Baden-Baden, 2001. (*zit: Kohärenzgebot*)

Sieber, Ulrich Internationales Strafrecht im Internet – Das Territorialprinzip der §§ 3, 9 StGB im globalen Cyberspace, NJW 1999, 2065.

Siebold, Dagmar I. Die Ordnung des internationalen Handels – GATT – WTO – GATS, in: Schachtschneider, Rechtsfragen der Weltwirtschaft, S. 47, Berlin, 2002.

Siebold, Dagmar I. Die Welthandelsorganisation und die Europäische Gemeinschaft – Ein Beitrag zur globalen wirtschaftlichen Integration, Berlin, 2003. (*zit: Die Welthandelsorganisation*)

Simon, Alfons/ Busse, Jürgen (Hrsg.) Bayerische Bauordnung, Stand: 87. Erg.-L., München, 2007 (frühere Aufl.). (*zit: Bayer. Bauordnung*)

Sittmann, Jörg W. Das Streitbeilegungsverfahren der World Trade Organisation (WTO) – „Understanding on Rules and Procedures Governing the Settlement of Disputes", RIW 1997, 749.

Sodan, Helge Grundgesetz, Beck'scher Kompakt-Kommentar, München, 2009. *(zit: GG)*

Spindler, Gerald Anmerkung zu OVG Münster, MMR 2003, 348, MMR 2003, 353.

Spindler, Gerald / Schuster, Fabian Recht der elektronischen Medien, München, 2008. (*zit: Recht der elektron. Medien*)

Spindler, Gerald / Volkmann, Christian Die öffentlich-rechtliche Störerhaftung der Access-Provider – Zur Sperrung von Internetinhalten durch Access-Provider, K & R 2002, 398.

Staudinger, Julius von (Bd. X bearbeitet von: Andreas Bergmann / Martinek, Michael / Reuter, Dieter / Werner, Olaf) Kommentar zum Bürgerlichen Gesetzbuch mit Einführungsgesetz und Nebengesetzen, Bd. X: Neubearbeitung, Berlin, 2006. (*zit: BGB*)

Steegmann, Matthias Haftungsrechtliche Aspekte bei der Blockierung eines illegalen Internetangebots, S. 69 in: Becker, Glücksspiel im Internet – Beiträge zum Symposium 2009 der Forschungsstelle Glücksspiel, Frankfurt/ Main u. a., 2011.

Steegmann, Matthias Die Haftung der Basisinfrastruktur bei rechtswidrigen Internetangeboten – Verantwortlichkeit von Internet- und Finanzdienstleistern im Rahmen des illegalen Online-Glücksspiels, Baden-Baden, 2010. (*zit: Basisinfrastruktur*)

Steenkamp, Johan Leon The Impact of E-Commerce on the Balance of Commitments in the GATS Financial Services Agreement, in: Nettesheim/Sander, WTO-Recht und Globalisierung, S. 189, Berlin, 2003.

Stein, Torsten „Wo laufen sie denn?“ – „Last Call“ des EuGH für das Sportwettenmonopol?, ZfWG 2010, 353.

Stein, Torsten „Do princípio ao fim“ – Bemerkungen zum Urteil des EuGH in der Rs. C-42/07 (Liga Portuguesa), ZfWG 2009, 332.

Stein, Torsten Zum „Glück“ haben wir den EuGH, in: Festschrift für Günter Hirsch, S. 185, Hrsg.: Müller, Gerda; Osterloh, Eilert; Stein, Torsten, München, 2008. (*zit: FS Hirsch*)

Stein, Torsten Anmerkung zum Schriftsatz der EU-Kommission an den EuGH vom 10.12.2007 in den verb. Rechtssachen C-316/07 – Marcus Stoss u.a., ZfWG 2008, 102.

Stein, Torsten Die Notifizierung des Glücksspielstaatsvertrags – Notwendig? Nicht erforderlich? Missbraucht?, ZfWG 2007, 397.

Stein, Torsten Anmerkung zum Urteil des EuGH im Fall „Placanica“ u.a., ZfWG 2007, 133.

Stein, Torsten / von Buttlar, Christian Europarechtliche Konsequenzen eines begrenzten Lizenzierungsmodells für die (private) Veranstaltung von Sportwetten, ZfWG 2006, 273.

Stein, Torsten Glücksspiel im Europäischen Binnenmarkt – Kein „Markt“ wie jeder andere, RIW 1993, 838.

Stein, Torsten / von Buttlar, Christian Europarechtliche Konsequenzen eines begrenzten Lizenzierungsmodells für die (private) Veranstaltung von Sportwetten, S. 81 in: Ennuschat, Aktuelle Probleme des Rechts der Glücksspiele – Vier Rechtsgutachten, München, 2008. (*zit: Aktuelle Probleme d. Rechts d. GS*)

Stieglitz, Edgar	Anmerkung zu EuGH: GATT 1994 begründet keine Rechte des Einzelnen – EuGH, Beschluß vom 02.05.2001 – Rs. C-307/99 (EuZW 2001, 529), EuZW 2001, 530.
Stober, Rolf	Zur staatlichen Regulierung der gewerblichen Spielevermittlung, GewArch 2003, 305.
Stögmüller, Thomas	Glücksspiele, Lotterien und Sportwetten im Internet, K&R 2002, 27.
Stoll, Peter-Tobias / Schorkopf, Frank	WTO – Welthandelsordnung und Welthandelsrecht, Köln, 2002.
Streinz, Rudolf / Herrmann, Christoph / Kruis, Tobias	Die Notifizierungspflicht des Glücksspielstaatsvertrags und der Ausführungsgesetze der Länder gem. der Richtlinie Nr. 98/34/EG (Informationsrichtlinie), ZfWG 2007, 402.
Stüer, Bernhard	Entschädigungspflichten der Gemeinden und der Bauaufsichtsbehörden bei der Verhinderung von Windenergieanlagen?, ZfBR 2004, 338.
Szagunn, Volkhard / Haug, Ulrich / Ergenzinger, Wilhelm	Gesetz über das Kreditwesen, 6. Aufl., Stuttgart u. a., 1997. (*zit: KWG*)
Tettinger, Peter J.	Voraussetzungen einer lotterierechtlichen Konzessionserteilung unter besonderer Berücksichtigung der Bedürfnisprüfung und des Ermessens – Die Bedürfnisprüfung – ein antiquiertes Recht aus vorkonstitutioneller Zeit?, GewArch 2002, 89.
Tettinger, Peter J.	Lotterien im Schnittfeld von Wirtschaftsrecht und Ordnungsrecht, DVBl. 2000, 868.
Tettinger, Peter J. / Ennuschat, Jörg	Grundstrukturen des deutschen Lotterierechts, München, 1999.
Tettinger, Peter J. / Wank, Rolf / Ennuschat, Jörg	Gewerbeordnung, Kommentar, 8. Aufl., München, 2011.

Thaysen, Maren Sportwetten in Deutschland – Zur rechtlichen Zulässigkeit des neuen Staatsmonopols und eines liberalisierten Sportwettenmarktes, Baden-Baden, 2009. (*zit: Sportwetten*)

Thomas, Stefan Die Relevanzregel in der europäischen Grundfreiheitendogmatik – Zur Frage eines Spürbarkeitserfordernisses bei der Beeinträchtigung von Grundfreiheiten, NVwZ 2009, 1202.

Thumm, Maya Strafbarkeit des Anbietens von Internetglücksspielen gemäß § 284 StGB, Hamburg, 2004. (*zit: Strafbarkeit von Internetglücksspielen*)

Thym, Daniel Die völkerrechtlichen Verträge der Europäischen Union, ZaöRV 66 (2006), 863.

Thym, Daniel Mehrwertsteuerpflicht für Glücksspielbetrieb außerhalb von Spielbanken europarechtswidrig, EuZW 2005, 210.

Tiedemann, Klaus / Kindhäuser, Urs Umweltstrafrecht – Bewährung oder Reform?, NStZ 1988, 337.

Tietje, Christian Internationalisiertes Verwaltungshandeln, Rechtstheorie 39 (2008), S. 255.

Tietje, Christian / Nowrot, Karsten Verfassungsrechtliche Dimensionen des internationalen Wirtschaftsrechts, Stuttgart u. a., 2007.

Tomuschat, Christian Völkerrechtliche Schadensersatzansprüche vor dem EuGH, in: Festschrift für Bodo Börner, S. 441, Hrsg.: Baur, Jürgen F.; Müller-Graff, Peter-Christian; Zuleeg, Manfred, S. 441, Köln, 1992. (*zit: FS Börner*)

Tschall, Christian Das Kreditkartengeschäft als Finanzdienstleistung – Zusätzliche Pflichten für Kreditkartenunternehmen, ZBB 2003, 380.

Vahldiek, Wolfgang GATS und Bankaufsichtsrecht, BKR 2003, 971.

Vec, Miloš Internet, Internationalisierung und nationalstaatlicher Rechtsgüterschutz, NJW 2002, 1535.

Vogel, Klaus Räumlicher Anwendungsbereich der Verwaltungsrechtsnorm, Frankfurt/Main, 1965. (*zit: Verwaltungsrechtsnorm*)

Volk, Annette Glücksspiel im Internet, Köln, 2006.

Von Danwitz, Thomas Der Grundsatz der Verhältnismäßigkeit im Gemeinschaftsrecht, EWS 2003, 393.

Von Danwitz, Thomas Der EuGH und das Wirtschaftsvölkerrecht – ein Lehrstück zwischen Europarecht und Politik, JZ 2001, 721.

Von der Groeben, Hans / Schwarze, Jürgen (Hrsg.) Kommentar zum Vertrag über die Europäische Union und zur Gründung der Europäischen Gemeinschaft, 6. Aufl., Baden-Baden, 2003. (*zit: EUV/ EGV*).

Von Heintschel-Heinegg, Bernd Beck'scher Online-Kommentar Strafrecht, Stand: 01.05.2011, Ed. 15, München. (*zit: BeckOK-StGB*)

Von Liszt, Franz Lehrbuch des deutschen Strafrechts, 10. Aufl., Berlin, 1900.

Von Vogel, Alexander Verbrauchervertragsrecht und allgemeines Vertragsrecht – Fragen der Kohärenz in Europa, Berlin, 2006. (*zit: Verbrauchervertragsrecht*)

Von Wilmowsky, Peter Freiheit des Kapital- und Zahlungsverkehrs, § 12 (S. 343) in: Ehlers, Dirk, Europäische Grundrechte und Grundfreiheiten, 2. Aufl., Berlin, 2005. (*zit: in: Ehlers, EuGR, ..., § 12 Rn.*)

Voßkuhle, Andreas Glücksspiel zwischen Staat und Markt – Eine Bestandsaufnahme vor dem Hintergrund verfassungs- und europarechtlicher Vorgaben, VerwArch 87 (1996), 395.

Voßkuhle, Andreas / Baußmann, Maya — Die Veranstaltung und Vermittlung von Sportwetten auf der Grundlage einer DDR-Gewerbegenehmigung, GewArch 2006, 395.

Voßkuhle, Andreas / Bumke, Christian — Rechtsfragen der Sportwette, Berlin, 2002.

Wabnitz, Heinz-Bernd / Janovsky, Thomas (Hrsg.) — Handbuch des Wirtschafts- und Steuerstrafrechts, 3. Aufl., München, 2007. (*zit: HB Wirtsch- u. St-StR.*)

Wandtke, Artur-Axel / Bullinger, Winfried (Hrsg.) — Urheberrecht, 3. Aufl., München, 2009.

Weber, Albrecht / Moos, Flemming — Rechtswirkungen von WTO-Streitbeilegungsentscheidungen im Gemeinschaftsrecht, EuZW 1999, 229.

Weber, Beatrix — Recht des Zahlungsverkehrs, Überweisung – Lastschrift – Scheck – ec- und Kreditkarte – Internet – Insolvenz, 4. Aufl., Berlin, 2004.

Weber, Christoph — Marktzugang von Auslandsbanken – unter Berücksichtigung der neuen Regeln des GATS, Heidelberg, 1996. (*zit: Marktzugang*)

Weber, Stefan — Kapitalverkehr und Kapitalmärkte im Vertrag über die Europäische Union, EuZW 1992, 561.

Weller, Michael — Das Kreditkartenverfahren, Köln, 1986.

Wild, Tobias — Die Spielhallengesetze der Länder Berlin und Freie Hansestadt Bremen, ZfWG 2011, 385.

Wild, Tobias — Strengere Regulierung des gewerblichen Automatenspiels in Spielhallen und Gaststätten durch den neuen Glücksspielstaatsvertrag seit 1. Juli 2012, ZfWG 2012, 247.

Wilms, Heinrich Grenzüberschreitende Lotterietätigkeit in der Europäischen Gemeinschaft, Berlin, 2001. *(zit: Lotterietätigkeit)*

Windoffer, Alexander Die Neuregelung des Glücksspielrechts vor dem Hintergrund unions- und verfassungsrechtlicher Rahmenbedingungen, DÖV 2012, 257.

Winkelmüller, Michael Das Urteil des EFTA-Gerichtshofs vom 30.05.2007 zum norwegischen Glücksspielmonopol (Ladbrokes Ltd. ./. Norwegen, Case E-3/06), GewArch 2007, 411.

Winkelmüller, Michael / Kessler, Hans Wolfram Territorialisierung von Internet-Angeboten – Technische Möglichkeiten, völker-, wirtschaftsverwaltungs- und ordnungsrechtliche Aspekte, GewArch 2009, 181.

Wissenschaftliches Forum Glücksspiel Mess- und Bewertungsinstrument zur Feststellung des Gefährdungspotentials von Glücksspielprodukten, ZfWG 2010, 305.

Wissenschaftliches Forum Glücksspiel Mess- und Bewertungsinstrumente zur Feststellung des Gefährdungspotenzials von Glücksspielprodukten, ZfWG 2008, 1.

Wohlers, Wolfgang Anmerkung zum Urteil des BayObLG vom 12.12.2002 – 5 St RR 296/2002, JR 2003, 388.

Wolfrum, Rüdiger / Stoll, Peter-Tobias / Feinäugle, Clemens (Hrsg.) WTO – Trade in Services, Leiden, 2008. (*zit: Trade in Services*)

Wolfrum, Rüdiger / Stoll, Peter-Tobias / Kaiser, Karen (Hrsg.) WTO – Institutions and Dispute Settlement, Leiden, 2006.

Wolters, Gereon Die Neuregelung der Brandstiftungsdelikte, JR 1998, 271.

Wrage, Nikolaus Anmerkung zu AG Karlsruhe-Durlach, (NStZ 2001, 254), NStZ 2001, 256.

Wunsch-Vincent, Sascha The Internet, cross-border trade in services, and the GATS: lessons from US-Gambling; World Trade Review (2006), 5:3, 319.

Zahrnt, Christoph Die Kreditkarte unter privatrechtlichen Gesichtspunkten, NJW 1972, 1077.

Zangl, Bernhard Die Internationalisierung der Rechtsstaatlichkeit, Frankfurt/Main, 2006. (*zit: Internationalisierung*)

Zieschang, Frank Die Gefährdungsdelikte, Berlin, 1998.

Schriftenreihe zur Glücksspielforschung

Herausgegeben von Tilman Becker

Band 1 Tilman Becker / Christine Baumann (Hrsg.): Gesellschaft und Glücksspiel: Staatliche Regulierung und Suchtprävention. Beiträge zum Symposium 2005 der Forschungsstelle Glücksspiel. 2006.

Band 2 Tilman Becker / Christine Baumann (Hrsg.): Glücksspiel im Umbruch. Beiträge zum Symposium 2006 der Forschungsstelle Glücksspiel. 2007.

Band 3 Tilman Becker (Hrsg.): Der Staatsvertrag zum Glücksspielwesen und dessen Umsetzung. Beiträge zum Symposium 2007 und 2008 der Forschungsstelle Glücksspiel. 2009.

Band 4 Tilman Becker: Glücksspielsucht in Deutschland. Prävalenz bei verschiedenen Glücksspielformen. 2009.

Band 5 Tilman Becker: Werbung für Produkte mit einem Suchtgefährdungspotential. Tabak-, Alkohol- und Glücksspielwerbung aus rechtlicher, ökonomischer und psychologischer Sicht. 2010.

Band 6 Tilman Becker (Hrsg.): Glücksspiel im Internet. Beiträge zum Symposium 2009 der Forschungsstelle Glücksspiel. 2011.

Band 7 Tilman Becker: Soziale Kosten des Glücksspiels in Deutschland. 2011.

Band 8 Tilman Becker (Hrsg.): Zwischenbilanz zum Glücksspielstaatsvertrag für Lotterien und Sportwetten. Beiträge zum Symposium 2010 der Forschungsstelle Glücksspiel. 2011.

Band 9 Tobias Hayer: Jugendliche und glücksspielbezogene Probleme. Risikobedingungen, Entwicklungsmodelle und Implikationen für präventive Handlungsstrategien. 2012.

Band 10 Tilman Becker (Hrsg.): Neueste Entwicklungen zum Glücksspielstaatsvertrag. Beiträge zum Symposium 2011 der Forschungsstelle Glücksspiel. 2012.

Band 11 Christina Brugger: Abbruch der Zahlungsströme als Mittel zur Bekämpfung unerlaubter Internetglücksspiele. 2013.

www.peterlang.de